暖卫通风空调工程施工技术与资料管理手册

欧阳金练　欧阳曜　刘建刚　张　洁　杨敬峰　编著

中国建筑工业出版社

图书在版编目(CIP)数据

暖卫通风空调工程施工技术与资料管理手册/欧阳金练等
编著.—北京:中国建筑工业出版社,2004
ISBN 7 – 112 – 06724 – 3

Ⅰ.暖··· Ⅱ.欧··· Ⅲ.①采暖设备—建筑安装工程
—工程施工—技术档案—档案管理—手册②卫生设备—
建筑安装工程—工程施工—技术档案—档案管理—手册
③通风设备—建筑安装工程—工程施工—技术档案—
档案管理—手册④空气调节设备—建筑安装工程—工程
施工—技术档案—档案管理—手册 Ⅳ.G275.3 – 62

中国版本图书馆 CIP 数据核字(2004)第 063509 号

暖卫通风空调工程施工技术与资料管理手册

欧阳金练 欧阳曜 刘建刚 张洁 杨敬峰 编著
*
中国建筑工业出版社出版、发行(北京西郊百万庄)
新 华 书 店 经 销

广东昊盛彩印有限公司

开本:787×1092毫米 1/16 印张:41 字数:998千字
2004 年 12 月第一版 2004 年 12 月第一次印刷
印数:1—3500册 定价:**88.00**元
ISBN 7 – 112 – 06724 – 3
TU·5872(12678)

本书是为配合北京地区 DBJ 01—51—2000《建筑安装工程资料管理规程》(以下简称《规程》)的颁发实施而作,全书正文共 2 篇,第一篇主要是暖卫通风空调工程施工技术资料管理,着重阐述该《规程》对暖卫通风与空调安装工程相关工程资料管理的要求、相应记录表格的填写及竣工工程施工管理资料的整理,并针对工程现场施工的实际情况,结合相关施工规范和规程的规定,对各施工工序应检查的内容、质量要求、试验标准进行详细的论述;同时也增加了一些施工中可能涉及到的记录表格,供现场管理技术人员采用。第 2 篇主要是暖卫、通风空调安装与调试的概要及问题讨论,介绍了暖卫安装工程常见工序的安装程序和质量要求,这些内容均是来自现场提出的相关问题;同时也对施工现场遇到的若干技术性问题进行探讨,并提出解决措施。

　　本书可供暖卫、通风空调等工程施工、安装、技术资料管理人员等使用,也可供相关建设工程技术人员参考。

＊　　＊　　＊

责任编辑　常　燕

前　言

　　《暖卫通风空调工程施工技术与资料管理手册》是编者从施工现场技术管理和工程监理实践中的总结,也是编者为了紧密配合新的施工技术资料管理规程 DBJ 01—51—2000《建筑安装工程资料管理规程》的实施而编写的参考资料。书中阐述的内容和讨论的问题紧密结合当前施工现场的实际和技术管理人员需要解决的问题,是一本从现场中来,又回到现场中去的参考资料。

　　《暖卫通风空调工程施工技术与资料管理手册》全书共分两个部分(两篇)。第 1 篇"暖卫通风空调工程施工技术资料管理"紧密结合 DBJ 01—51—2000《建筑安装工程资料管理规程》(以下简称《规程》)的特点,对工程资料管理的质量要求、记录单的填写及涉及到的规范、规程条文和质量标准,以及《规程》对工程资料质量强调其完整性、真实性、准确性、系统性、时限性和同一性进行阐述。

　　完整性:要求资料成套齐全,不得遗漏、缺项。《规程》还明确规定了分包单位分项、分部工程的质量管理、验收和资料整理、移交的规定,不给工程质量和施工资料的管理留下漏洞。

　　真实性:要求工程资料必须真实地反映工程竣工后的实际情况,各个施工过程的验收必须有相关部门的签字认同。

　　准确性:明确规定工程建设各方的职责,各方相互监督。资料必须如实反映实际情况,不得造假。

　　系统性:资料必须严格按组卷要求整理组卷,必须环环相扣,不得遗漏和缺项。

　　时限性:为了保证工程资料的完整性、真实性、准确性、系统性,《规程》规定资料的时限性,即工程资料的建立必须与施工流程同步、工程资料的验收应在工程竣工验收之前。

　　同一性:《规程》明确工程资料对工程质量的否决权,即工程资料验收不合格,工程质量也属于不合格品。

　　同时在编写过程中也注意阐明在应用中尚应注意到其管理实施过程与 418 号文件的区别,给施工技术资料管理带来的严格性。如;

　　(1)专业工程分类编码的设置:过去在贯彻 418 号文件过程中被混淆、简化、省略的施工质量管理记录,因为它的存在而避免。使记录单的完整性、真实性、准确性、系统性、时限性得到更充分的体现和保证。如在 418 号文件中同一大类同一分项可以简化地填写在同一施工工序记录单上,而在本《规程》中由于专业工程分类编码的存在就得分开填写。例如暖卫工程中同一层或同一单元的生活给水、消火栓给水、消防喷洒给水、供暖系统等的管道预留孔洞或预埋件预检记录单,在 418 号文件中可以填写在同一记录表中。但在本《规程》中因它们的专业分类代码不同,在同一部位暖卫专业管道预留孔洞或预埋件预

1

检记录单就得各自分开填写。其他工序也一样。

（2）报审、报批的程序增多：特别对施工合同约定的材料、设备和设计规定的材料和设备，必须严格执行报审、报批程序。

（3）《不合格项处置记录表》的设置：验收中出现不符合要求的检验过程必须填写《不合格项处置记录表》申明对不合格品的设备、材料及施工过程中质量不合格项的处理去向等等。

（4）通过增加记录单中的部位记录项目，来保证记录单的完整性、真实性、准确性、系统性和时限性。如预检记录单和隐检记录单中均比418号文件的同类记录单增设高程一项，它的存在使得记录单的时限性、真实性更加得以体现，增加造假的难度。

其次，编写中也注意到现场技术管理人员对某些具体事项执行的难度。如"通风空调工程系统调试方案"的编制。通风空调工程系统参数的测定和系统的调试工作是涉及到检验施工质量、设计功能能否满足工艺的要求和节约能源消耗、减少环境污染的关键技术措施，但是这方面资料却很少在某些论著中进行比较完整的论述；在教学中也往往对此缺乏必要的关注。因此造成现场施工技术管理人员对此项工作的编制异常生疏，为此在本书中编者专门编入"通风空调工程系统调试方案编制提纲"和二个"通风空调工程系统调试方案"的工程实例，供读者参考。

结合GB 50300—2001、GB 50242—2002及GB 50243—2002替代原GBJ 300—88、GBJ 242—82、GBJ 302—88及GB 50243—97、GBJ 304—88的实施，在第1篇中的第11章，编者依据GB 50300—2001的要求和GB 50242—2002及GB 50243—2002附录中提供的表式，并结合北京市对GB 50243—2002规范的讲课精神，将暖卫通风空调施工质量检验验收记录单进行整合，统一到DBJ 01—51—2000《建筑安装工程资料管理规程》的格式，便于现场人员引用和组卷。

由于本资料编写较早，在送出版社审稿期间，新规范陆续颁布实施，致使在第1篇中涉及到某些试验、验收质量标准的依据发生变化，因为牵涉篇幅面较广，虽然对相关内容进行全面改写，但是难免会有遗漏。况且今后技术规范的更新将会不断发生，出版资料总是落后于技术规范的更新，故除了涉及资料记录管理方面变化大的内容进行调整外，其余涉及历史时限性部分的施工质量要求和技术措施可能有未彻底的修正之处。但是在第3篇的"暖卫通风空调施工组织设计参考稿"中对新规范颁布后的相关规定有较详细和全面的引证与阐述，以弥补此方面的不足。

在第2篇"暖卫通风工程安装概要及问题探讨"中，编者较简明扼要地介绍了暖卫安装工程常见工序的安装程序和质量要求，并对现场出现和提出的问题阐明编者的观点和对策，以供同行进行研究与探讨。

除此之外，编者尚编辑一本《暖卫通风空调工程施工组织设计实例集》，书中的实例均具有比较典型的代表性。由于投标稿与施工实际实施稿有所不同。鉴于当前各施工现场专业技术管理人员比较缺乏，且相当一部分技术管理人员属于实践经验比较缺乏的刚出学校的学生和文化程度比较欠缺、实践经验比较丰富的技术管理人员。他们的书写能力比较困难,因此,在实例的后面,编者安排一个篇幅较大的"暖卫通风空调工程施工组织设计参考稿",借此为现场施工管理人员提供某些必要的帮助。

由于笔者水平有限,差错在所难免,欢迎指正。

编　者
2003 年 02 月 20 日

目　录

前言 ··· 1

第1篇　暖卫通风空调工程施工技术资料管理 ········· 1

  0　概　述 ··· 3

    0.1　《规程》的特点 ·· 3

    0.2　在实施中现场提出的问题和应注意的事项 ·········· 3

  1　工程资料的管理与有关各方的职责 ························· 9

    1.1　规程编制的依据与相关的问题 ························· 9

    1.2　管理与职责 ·· 9

  2　工程资料的分类与管理流程 ································· 10

    2.1　工程资料的分类 ·· 10

    2.2　管理原则与流程 ·· 17

  3　工程技术资料的内容和组成 ································· 20

    3.1　基建文件 ·· 20

    3.2　监理资料 ·· 21

    3.3　施工资料 ·· 21

  4　施工管理资料(C1)的内容和要求 ······················ 23

    4.1　工程概况表(表式 C1－1) ······························· 23

    4.2　项目大事记(表式 C1－3) ······························· 24

    4.3　施工日志(表式 C1－4) ·································· 24

    4.4　不合格项处置记录(表式 C1－5) ······················ 24

    4.5　建设工程质量事故调(勘)查记录(表式 C1－6－1) ·· 25

    4.6　建设工程质量事故报告书(表式 C1－6－2) ·········· 25

    4.7　施工总结 ·· 25

  5　施工技术资料(C2)的管理内容和要求 ················· 26

    5.1　施工技术资料(C2)的管理内容 ······················· 26

    5.2　技术交底记录(表式 C2－2－1) ······················· 29

    5.3　施工组织设计或施工方案(表式 C2－2－2) ·········· 36

  6　工程物资资料(C3)的管理内容和要求 ················· 53

    6.1　工程物资资料(C3)管理的有关规定 ·················· 53

    6.2　工程物资的选样送审 ······································ 56

    6.3　工程物资进场报验 ··· 57

    6.4　材料、设备进场检验记录(表式 C3－4) ············· 58

  7　施工记录(C5) ··· 68

    7.1　施工记录(C5)包含的内容 ······························ 68

7.2 隐蔽工程检查记录(表式 C5－1－1) ···································· 68

7.3 工程预检检查记录 ·· 70

7.4 施工通用记录(表式 C5－1－3) ·································· 74

7.5 中间检查交接记录(表式 C5－1－4) ··························· 75

7.6 建筑烟(风)道、垃圾道检查记录(表式 C5－2－12) ·········· 75

8 施工试验记录(C6) ··· 76

8.1 施工试验记录的分类和重要性 ··································· 76

8.2 设备单机试运转记录(表式 C6－2－1) ····················· 77

8.3 调试报告(表式 C6－2－2)和锅炉设备 48 小时整体试运转记录单

(表式 C6－3－8C) ··· 81

8.4 超声波探伤报告(表式 C6－3－7) ··························· 86

8.5 超声波探伤记录(表式 C6－3－8) ··························· 88

8.6 管道专业用的施工试验记录(表式 C6－5) ·············· 89

8.7 通风空调专业用的施工试验记录(表式 C6－6) ··········· 107

9 通风空调系统调试方案的编制 ··································· 128

9.1 通风空调工程系统的划分和系统设计方案及功能介绍 ······· 128

9.2 测试仪表的选择及调试辅助附件的制作 ·················· 129

9.3 确定测试人员数量和职责 ··································· 130

9.4 编制测试程序和测试工作计划 ······························· 130

9.5 通风空调工程调试方法和若干参数测试方法简介 ········· 130

9.6 测试调整中发现问题的分析及改进方法 ·················· 150

9.7 通风空调工程调试方案编制实施细则 ····················· 154

9.8 通风空调工程调试方案示例 ································· 159

10 施工验收资料 ·· 185

10.1 分部/分项工程施工报验表(表式 C7－1) ··············· 185

10.2 竣工验收通用表(表式 C7－2－1) ························ 185

10.3 单位工程验收记录(表式 C7－3) ·························· 185

11 质量评定资料(工程质量检验验收记录 C8) ················ 186

11.1 工程施工质量控制的规定 ··································· 186

11.2 建筑工程施工质量应按下列要求进行验收 ··············· 186

11.3 与建筑工程施工质量验收相关的专业验收规范和规定 ····· 187

11.4 工程检验批质量验收评定记录的抽样方案 ··············· 187

11.5 建筑工程施工质量检验验收记录的分类 ·················· 187

11.6 建筑单位工程质量检验验收等级的评定 ·················· 189

11.7 工程质量检验验收的进程 ··································· 190

11.8 工程质量验收的合格标准 ··································· 190

11.9 建筑工程质量验收的程序和组织 ·························· 191

11.10 建筑安装工程质量检验验收记录单的填写 ·············· 191

12 竣工图的整理 ·· 192

12.1 竣工图的基本要求 ··· 192

12.2 竣工图纸的内容 ··· 193

12.3 竣工图的类型和绘制要求 ……………………………………………… 193

13 工程资料、档案封面和目录 …………………………………………… 194
    13.1 工程资料总目录卷(E1) ……………………………………………… 194
    13.2 工程资料封面和目录(E2) …………………………………………… 194
    13.3 工程档案封面和目录(E3) …………………………………………… 195
    13.4 资料移交书(E4) ……………………………………………………… 195

14 工程资料编号的填写规定 …………………………………………… 196
    14.1 工程资料表格的编码 …………………………………………………… 196
    14.2 专业工程分类码 ………………………………………………………… 196
    14.3 顺序码 …………………………………………………………………… 197

15 资料的编制与组卷 …………………………………………………… 198
    15.1 工程资料与工程竣工验收的关系 ……………………………………… 198
    15.2 编制工程资料的质量要求 ……………………………………………… 198
    15.3 工程资料和档案的载体形式和要求 …………………………………… 199
    15.4 工程资料的组卷要求 …………………………………………………… 200
    15.5 案卷规格、图纸折叠与案卷装订 ……………………………………… 203

16 验收与移交、计算机管理 ……………………………………………… 204
    16.1 验 收 …………………………………………………………………… 204
    16.2 移 交 …………………………………………………………………… 204
    16.3 计算机管理 ……………………………………………………………… 204

17 向城建档案馆报送工程档案的工程范围 …………………………… 205
    17.1 民用建筑 ………………………………………………………………… 205
    17.2 工业建筑 ………………………………………………………………… 207

18 向城建档案报送的工程档案内容和组卷表 ………………………… 208

19 贯彻 GB 50300—2001、GB 50242—2002、GB 50243—2002 及 DBJ 01—51—2003
    规范和规程中若干问题的处理意见 ………………………………… 212
    19.1 对 GB 50242—2002《建筑给水排水及采暖工程质量验收规范》的几点认识 ……… 212
    19.2 对 GB 50243—2002《通风与空调工程施工质量验收规范》的几点认识 ……… 212
    19.3 贯彻 DBJ 01—51—2003《建筑工程资料管理规程》的若干问题(关于 DBJ 01—51
        —2003 与 DBJ 01—51—2000 的比较——暖卫通风空调部分) ……… 213

20 北京市及总公司、公司相关文件摘录 ……………………………… 246
    20.1 京建材[1998]480 号"关于限制和淘汰……11 种落后建材产品的通知" …… 246
    20.2 京建材[1997]298 号"关于禁止使用市场上销售的螺旋升降式三通阀的通知" …… 247
    20.3 京建材[1999]518 号"关于公布第二批 12 种限制和淘汰落后建材产品目录的通知"
        (摘录) ……………………………………………………………………… 247
    20.4 京建材[1998]419 号"关于加强用水器具质量管理的通知"(摘录) …… 247
    20.5 京建材[1999]243 号"关于公布第一批用水器具准用产品目录的通知"(略) …… 248
    20.6 北京市建设工程质量监督总站(92)质监总站第 079 号《关于印发〈住宅工程
        室内排水管通球试验管理规定(试行)的通知〉》(摘录) …………… 248
    20.7 北京市建设工程质量监督总站(94)质监总站第 036 号《关于印发〈北京市建筑工程
        暖卫设备安装质量管理规定〉的通知》 …………………………………… 248

20.8 总公司[1999]总技质字第 222 号《关于"暖卫、电气安装质量的若干规定"的通知》
（摘录） ··· 256

20.9 新兴五公司建五技安[2000]1 号《关于暖卫安装工程材料进场检验的若干问题》
的通知(摘录) ··· 257

20.10 《民用建筑节能管理规定》摘录与注解 ··· 259

20.11 建五技质[2001]159 号《加强工程施工全过程各工种之间的协调,防止造成
不应出现质量事故的规定》 ·· 261

20.12 建五技质[2001]169 号下发《通风空调工程安装中若干问题的技术措施》
的通知 ··· 262

20.13 暖卫通风专业施工技术管理人员工种职责 ···································· 269

21 暖卫通风空调工程施工技术管理记录表集 ··· 272

第2篇 暖卫、通风工程安装概要及问题讨论 ··· 417

0 概 述 ··· 419

1 室内给水管道的安装 ··· 419
  1.1 常用材料 ··· 419
  1.2 管道安装 ··· 422
  1.3 质量标准 ··· 427

2 管道附件及卫生器具给水配件的安装 ·· 430
  2.1 常用器材 ··· 430
  2.2 附件及配件的安装 ··· 432
  2.3 应注意的问题 ··· 434
  2.4 质量标准 ··· 434

3 水箱、水泵、气压稳压给水装置的安装 ··· 435
  3.1 水箱的分类及标准图集 ··· 436
  3.2 水泵的分类、参数、常用型号 ·· 437
  3.3 供水稳压装置 ··· 442
  3.4 WPS 系列变频给水设备和 WZX 系列变频消防给水设备 ················· 442
  3.5 水箱、水泵、供水设备安装的施工条件 ······································ 442
  3.6 钢板水箱的安装 ·· 443
  3.7 离心水泵的安装调试与试运转 ··· 445
  3.8 稳压供水装置和变频供水装置的安装与调试 ································ 448
  3.9 成品保护措施 ··· 448

4 排水管道的安装 ··· 449
  4.1 室内排水管道常用的材料 ·· 449
  4.2 室内排水管道安装的条件 ·· 451
  4.3 室内排水管道的安装 ·· 451
  4.4 室内排水管道安装中应注意的问题 ·· 459

5 卫生器具的安装 ··· 463
  5.1 常用型号规格与材料 ·· 463
  5.2 室内卫生器具安装的条件 ·· 466

    5.3   卫生器具的安装 ……………………………………………………… 466

6   室内供暖及热水供应管道的安装 …………………………………… 472

    6.1   常用材料 …………………………………………………………… 472

    6.2   室内供暖和热水供应管道安装的条件 ………………………… 477

    6.3   室内供暖和热水管道的安装 …………………………………… 477

    6.4   供暖系统和热水供应系统的热工调试 ………………………… 486

7   热水地板辐射供暖和交联铝塑复合管的应用 …………………… 486

    7.1   低温热水地板辐射供暖对材料的要求 ………………………… 486

    7.2   交联铝塑复合管(简称铝塑复合管 XPAP)、无规共聚丙烯管(简称聚丙烯管即 PP – R)、
交联聚乙烯管(简称聚乙烯管即 PE – X)及聚丁烯管(简称 PB 管)的连接 ……… 489

    7.3   交联铝塑复合管(简称铝塑复合管 XPAP)、无规共聚丙烯管(简称聚丙烯管即 PP – R)、
交联聚乙烯管(简称聚乙烯管即 PE – X)及聚丁烯管(简称 PB 管)的裁剪 ……… 490

    7.4   低温热水地板辐射供暖和生活热水供应的安装与试验 ……… 490

    7.5   低温热水地板辐射供暖系统的检验、调试与验收 …………… 493

    7.6   低温热水地板辐射供暖地板构造图 …………………………… 494

8   建筑给水塑料及铝塑复合管道水压试验压力和安装、采购中应注意的问题 … 495

    8.1   给水塑料和复合管材的物理化学机械性能 …………………… 496

    8.2   管道安装前应具备的条件 ……………………………………… 512

    8.3   材料的质量要求 ………………………………………………… 513

    8.4   材料的运输和存储 ……………………………………………… 514

    8.5   管材的切割 ……………………………………………………… 515

    8.6   管材的连接 ……………………………………………………… 515

    8.7   给水塑料和复合管材的水压试压标准 ………………………… 518

    8.8   建筑给水塑料及铝塑复合管材在采购和使用中的几点实施意见 ……… 520

    8.9   编后与主要参考资料 …………………………………………… 521

9   紫铜管和黄铜管管道安装技术指南 ……………………………… 521

    9.1   总   则 ………………………………………………………… 521

    9.2   材   质 ………………………………………………………… 522

    9.3   铜管的安装 ……………………………………………………… 523

    9.4   铜管管道的试验 ………………………………………………… 528

    9.5   紫铜管和黄铜管管道安装的工程质量检验评定标准 ………… 532

10   供热外线管网概算提纲 …………………………………………… 536

    10.1   依据建筑总平面布置图拟定外线管网平面布置图 ………… 536

    10.2   依据各分栋建筑的结构性质和建筑面积概算各建筑物的供暖热耗 ……… 536

    10.3   热网负荷的概算 ……………………………………………… 537

    10.4   供热管网管径的确定 ………………………………………… 537

    10.5   管道总阻力及热水供暖系统的循环输送泵扬程计算 ……… 542

    10.6   多层建筑供暖热耗失量的概算(本概算也可用于建筑物室内房间热耗失量
的概算) ……………………………………………………… 542

11   热力管道固定支架间距、管道伸缩量、推力及伸缩器的设置 … 546

    11.1   管道伸缩量 ΔL 的计算 ……………………………………… 546

11.2　固定支架的间距选择表 ·························· 547
11.3　Ⅱ型补偿器规格选用表(由管道的伸缩量和管径查表) ·········· 547
11.4　管道固定支架(固定点)之间允许的最大距离 ············· 548
11.5　管道推力 P 的计算 ··························· 549
11.6　Ⅱ型伸缩器的制作和支架水平推力(摘录自图集 91SB 供暖分册的说明) ··· 551
11.7　钢制焊接弯头和渐变径短管尺寸表 ·················· 552

12　无法兰金属通风管道制作安装简介 ···················· 555
12.1　概　述 ······························· 555
12.2　无法兰金属风管连接节点的构造 ··················· 555
12.3　无法兰风管连接的密封和咬口漏风量测试 ··············· 562

13　供热锅炉及辅助设备安装 ························· 564
13.1　一般规定 ······························ 564
13.2　锅炉主机的安装 ··························· 565
13.3　辅助设备及管道的安装 ······················· 570
13.4　安全附件的安装 ··························· 577
13.5　烘炉、煮炉和试运行 ························· 580
13.6　换热站安装 ····························· 584

14　通风与空调系统的调试 ·························· 585
14.1　作业条件 ······························ 585
14.2　通风空调系统调试方案的编制 ···················· 585
14.3　一般规定 ······························ 586
14.4　系统调试主控项目 ························· 588
14.5　一般调试项目 ··························· 593

15　给水、排水、供暖、通风空调工程相关试验规定汇编 ············ 596
15.1　进场阀门强度和严密性试验 ···················· 596
15.2　水暖附件的检验 ··························· 597
15.3　卫生器具的进场检验 ························· 597
15.4　太阳能集热器的水压试验 ······················ 597
15.5　热交换器的水压试验 ························· 597
15.6　组装后散热器的水压试验 ······················ 598
15.7　金属辐射板水压试验 ························· 598
15.8　室内生活给水管道和消防栓供水管道的水压试验 ············ 598
15.9　室内热水供应管道的水压试验 ···················· 598
15.10　冷却水管道及空调冷热水循环管道的水压试验 ············· 599
15.11　空调凝结水管道的充水试验 ···················· 600
15.12　室内消防栓供水系统的试射试验 ·················· 600
15.13　室内消防自动喷洒灭火系统管道的试压 ··············· 600
15.14　室内干式喷水灭火系统和预作用喷洒灭火系统的气压试验 ······· 602
15.15　室内蒸汽、热水供暖系统管道的水压试验 ·············· 602
15.16　低温热水地板辐射供暖系统的水压试验 ··············· 603
15.17　室外供热蒸汽管道、供热热水管道和蒸汽凝结水管道的水压试验 ···· 603

15.18　室外给水管道的水压试验 ……………………………………………… 603

15.19　室外消火栓给水系统的水压试验 …………………………………… 604

15.20　密闭水箱(罐)的水压试验 ………………………………………… 604

15.21　锅炉本体的水压试验 …………………………………………………… 604

15.22　锅炉和热力站附件的水压试验 ……………………………………… 605

15.23　氢气、氮气和氩气输送管道的强度和严密性试验 ………………… 605

15.24　大口径无缝钢管焊缝的超声波试验 ………………………………… 606

15.25　灌水和满水试验 ………………………………………………………… 606

15.26　供暖系统伸缩器预拉伸试验 …………………………………………… 607

15.27　管道冲洗和消毒试验 …………………………………………………… 607

15.28　输送氢、氮、氩气管道的吹洗试验 …………………………………… 608

15.29　输送氢、氮、氩气管道的脱脂 ………………………………………… 608

15.30　氢气、氮气、氩气管道阀门清洗与脱脂前的拆卸清除污物与研磨要求 … 609

15.31　输送纯净水、高纯净水,洁净压缩空气、氢、氮、燃气管道及真空管道的吹洗
　　　试验 …………………………………………………………………………… 609

15.32　纯净水、高纯净水输送管道脱脂试验的脱脂工艺流程 …………… 609

15.33　供暖工程铜管热水管道的冲洗试验 ………………………………… 610

15.34　通水试验 ………………………………………………………………… 610

15.35　室内排水管道通球试验 ………………………………………………… 610

15.36　锅炉受热面管子的通球试验 …………………………………………… 611

15.37　供暖系统的热工调试 …………………………………………………… 611

15.38　通风风道、部件、系统、空调机组的检漏试验 ……………………… 611

15.39　通风系统的重要设备(部件)－DA－1型射流风机设计参数的试验 … 613

15.40　风机性能的测试 ………………………………………………………… 613

15.41　水泵的单机试运转 ……………………………………………………… 613

15.42　大型水泵的试运转 ……………………………………………………… 614

15.43　通风机、空调机组中风机的单机试运转 …………………………… 615

15.44　新风机组、风机盘管、制冷机组、单元式空调机组的单机试运转 … 615

15.45　冷却塔的单机试运转 …………………………………………………… 616

15.46　电控防火、防排烟风阀(口)的试运转 ……………………………… 616

15.47　新风系统、排风系统风量的检测与平衡调试 ……………………… 616

15.48　空调房间室内参数的检测 ……………………………………………… 617

15.49　通风工程系统无生产负荷联动试运转及调试 ……………………… 618

15.50　空调工程系统无生产负荷联动试运转及调试 ……………………… 618

15.51　通风与空调工程的控制和监控设备的调试 ………………………… 618

15.52　制冷剂输送管道的强度和真空度试验 ……………………………… 619

15.53　锅炉的各项参数测试和试运转 ………………………………………… 620

15.54　洁净室有关参数的测试 ………………………………………………… 621

15.55　人防工程通风系统的调试 ……………………………………………… 626

16　ISO金属基层表面碟形帽金属保温钉焊接固定工艺简介 …………… 627

16.1　HBS BOLZENSCHWEISS SYSTEME ISO型碟形帽金属保温钉焊接固定单元的
　　　组成 …………………………………………………………………………… 627

16.2 ISO 型碟形帽金属保温钉焊接固定单元(动力单元 Power Unit)工艺流程图 ……… 627

16.3 CD1500 型电焊机的性能、输出能量的调节和 PMK – 20 ISO TS 型金属碟形帽
保温钉焊枪焊接参数的调节 ……………………………………………… 628

16.4 PMK – 20 ISO TS 型碟形帽金属保温钉焊枪的工作原理 …………………… 629

16.5 ISO 金属基层表面碟形帽金属保温钉焊接固定工艺的试验结论和实际工程应用
的评价 …………………………………………………………………… 630

17 ISO 金属基层表面盘状保温钉焊接固定工艺技术规程(摘录) ……………… 632

17.1 总 则 …………………………………………………………………… 632

17.2 设备与材料 …………………………………………………………… 633

17.3 质量要求 ……………………………………………………………… 635

17.4 工程验收 ……………………………………………………………… 636

18 联轴器不同轴度的测量和离心风机叶轮间隙的安装要求 ………………… 637

18.1 联轴器不同轴度的测量方法 ………………………………………… 637

18.2 离心风机叶轮间隙的安装要求 ……………………………………… 638

第 1 篇　暖卫通风空调工程施工技术资料管理

0 概 述

为配合新 DBJ 01—51—2000《建筑安装工程资料管理规程》(以下简称《规程》)的实施,特编制本参考资料。

0.1 《规程》的特点

DBJ 01—51—2000《建筑安装工程资料管理规程》的特点在于该《规程》对工程资料质量要求强调其完整性、真实性、准确性、系统性、时限性和同一性。

完整性:要求资料成套齐全,不得遗漏、缺项。《规程》还明确规定了分包单位分项、分部工程的质量管理、验收和资料整理、移交的规定,不给工程质量和施工资料的管理留下漏洞。

真实性:要求工程资料必须真实地反映工程竣工后的实际情况,各个施工过程的验收必须有相关部门的签字认同。

准确性:明确规定工程建设各方的职责,各方相互监督。资料必须如实反映实际情况,不得造假。

系统性:资料必须严格按组卷要求整理组卷,必须环环相扣,不得遗漏和缺项。

时限性:为了保证工程资料的完整性、真实性、准确性、系统性,《规程》规定资料的时限性,即工程资料的建立必须与施工流程同步、工程资料的验收应在工程竣工验收之前。

同一性:《规程》明确工程资料对工程质量的否决权,即工程资料验收不合格,工程质量也属于不合格品。

0.2 在实施中现场提出的问题和应注意的事项

0.2.1 在应用中尚应注意到其管理实施过程与418号文件的区别

(1) 专业工程分类编码的设置:过去在贯彻418号文件过程中被混淆、简化、省略的施工质量管理记录,因为它的存在而避免。使记录单的完整性、真实性、准确性、系统性、时限性得到更充分的体现和保证。如在418号文件中同一大类同一分项可以简化地填写在同一施工工序记录单上,而在本《规程》中由于专业工程分类编码的存在就得分开填写。例如暖卫工程中同一层或同一单元的生活给水、消火栓给水、消防喷洒给水、供暖系统等的管道预留孔洞或预埋件预检记录单,在418号文件中可以填写在同一记录表中。但在本《规程》中因它们的专业分类代码不同,在同一部位暖卫专业管道预留孔洞或预埋件预检记录单就得各自分开填写。其它工序也一样。

(2) 报审、报批的程序增多:特别对施工合同约定的材料、设备和设计规定的材料和设备,必须严格执行报审、报批程序。

(3)《不合格项处置记录表》的设置:验收中出现不符合要求的检验过程必须填写《不

合格项处置记录表》，申明对不合格品的设备、材料及施工过程中质量不合格项的处理等等。

（4）通过增加记录单中的部位记录项目，来保证记录单的完整性、真实性、准确性、系统性和时限性。如预检记录单和隐检记录单中均比 418 号文件的同类记录单增设高程一项，它的存在使得记录单的时限性、真实性更加得以体现，增加造假的难度。

0.2.2　施工现场实施中反馈的若干问题

随着 DBJ 01—51—2000《建筑安装工程技术资料管理规程》的执行，现场提出一些疑难问题，在此就当前反映较多的记录单编号和组卷等问题的处理意见如下，以供参考。

（1）记录单的编号：依据《规程》第 6.6.1 条规定，各种记录单中有三个编码（详见《规程》第 57 页）。

A. 表式码——它是各种记录表的编码，附于记录表名称之后。

B. 记录单编号码中的专业工程分类码（它的引入使记录单的填写更加细致、详实，过去被混淆的相同类型的安装工序，现在必须分专业进行填写），位于记录表编号的上一格，标写按《规程》附录 E（详见该《规程》第 98 ~ 102 页），与暖卫和通风空调工程有关的专业工程分类码如下表。

分项专业名称	给水工程	排水工程	卫生器具	雨水排水	中水工程	其他（如游泳池室内喷泉或其他特殊污水处理等）			消火栓系统	自动喷洒系统	气体灭火系统	其他	室内供暖、供汽工程
专业工程分类码	J2－1	J2－2	J2－3	J2－4	J2－5	J2－6			J3－1	J3－2	J3－3	J3－4	J4－1
分项专业名称	空调冷热水、制冷剂输送、冷却水及相应的水质处理等工程	通风空调工程	其他（如锅炉安装、压缩空气和其他特种管道安装等工程）	燃气工程	室外消防	室外水景（喷泉、灌溉等）			室外管线接驳		室内热网安装、室外给排水工程		
专业工程分类码	J4－2	J4－3	J4－4	J7	Z2－2	Z2－3			Z1－1 ~ Z1－11		Z2－4		

C. 记录单编号码中的顺序码，位于记录表编号的下一格。它是填写按安装实际时间顺序编排的号码，《规程》规定为阿拉伯数字 1 开始的顺序数字。

以上是处理问题的举例，如何编排应灵活处理。处理方法和原 418 号文件类似，原则也相同，即各相关工序的验收和试验日期不应矛盾，例如隐检记录验收时间与试压、灌水、保温等相应的施工、试验记录单的日期应符合施工工艺顺序和时限要求。

（2）关于组卷原则和具体要求：组卷原则和具体要求按《规程》第 7.3 节规定组卷，即按《规程》第 4 章的 C1 ~ C8 分八大类组卷，这样既简单又方便。但应说明的是：

A. 第 7.3.3 条第 3 款中的规定：第 7.3.3 条第 3 款中"C1、C2、C4、C7 根据保存单位和资料数量的多少汇总组成一卷或多卷"。

C1 为施工管理资料：对于设备专业除了独立承建的工程外，发生的机率很少，因此不必按分项工程（如 J2－1、J3－1、J4－1 等）组卷，只合并按 C1 类组卷，份数按保存单位多少而定。

C2 为施工技术资料:这些资料数量不多,数量较多的是 C2-2-1,但保存单位仅施工单位自己,当然也不必按分项工程(如 J2-1、J3-1、J4-1 等)组卷,只合并按 C2 类组卷,份数按保存单位多少而定。

C4 为施工测量记录:设备专业发生率极少,就是土建专业此项资料也是数量很少,因此合并按 C4 类组卷已足够。

C7 为施工验收资料:这些资料数量不多,因此合并按 C7 类组卷已足够。

从上述分析,就可以理解"C1、C2、C4、C7 根据保存单位和资料数量的多少汇总组成一卷或多卷"的含义。反过来也可更深入地理解第 1 个问题了——即如何编号。

B. 在按表式码(C1～C8)八大类顺序组卷时,尚应按专业工程分类码组卷:若仅按(C1～C8)八大类组卷而不再按专业工程分类码组卷将会出现如下问题。

(A) 仅按表式码顺序组卷会引发出的恶果:若按表式码的顺序组卷,必然带来同一类别中的第二级编码——专业工程分类码繁多(T1-1～T1-3、T2-1～T2-4、T3-1～T1-3……T8-1～T8-5;J1-1～J1-5、J2-1～J2-6、J3-1～J3-4、J4-1～J4-4、J5-1～J5-7、J6-1～J6-3、J7、Z1-1～Z1-11、Z2-1～Z2-4、Z3-1～Z3-4),第三级编码——按安装日期顺序填写的顺序码陆续出现。如此编排虽然编码有序,但每一表式码下将出现金字塔式的排序,越往塔底层次,金字塔每层的编码数量越多,使阅读者头晕脑胀,混乱不堪。且组卷中涉及到的专业人员也多,不便于校对与审核。

(B) 在按表式码组卷的前提下再按专业工程分类码编制组卷:但是若在表式码的前提下,再按专业工程分类码进行编制分类组卷就可以减少每卷的份量,也可克服上述的缺陷。

(C) 案卷的份量:不同案卷的份量视其用途不同而异,它取决于两个方面的因素。即该卷需保存单位的数量和保存该卷单位的不同,该卷的份量也不同。卷内应编入的内容应依据《规程》第 4 节中的"工程资料分类表"确定。

C. 由施工单位保存的 A、B 类文件资料的组卷:由施工单位保存的 A、B 类文件资料的组卷原则和具体要求按《规程》第 7.3 节规定组卷,即按《规程》第 4 章的要求组卷。

(3) 关于隐检和预检记录单中标高(高程)如何填写?

它应依据资料的性质确定。熟悉建筑工程施工工艺的人员对此不难理解。对于土建工程有些工序因工艺要求必须分阶段进行,如砌块墙体的砌筑,每次有一定高度限制,每段砌完后均应进行质量验收,当然在同一层中就有分不同高程墙体砌筑质量的验收记录单;又如地基验槽的隐检必须填写高程,但钢筋绑扎的隐检,则可以不必填写,可用画斜杠(\)代替。而对于暖通专业除非该安装项目属于高空间的安装工程,或很特殊的某一安装工艺,才需要分不同高度进行分阶段验收。因此高度也好、高程也好一般均填写管道或设备的标高。但是由于标高(或高程)的增设,使得记录单必须执行按部位或位置(其实418 号文件也有此规定,只是实施时被马虎地省略而已)填写的规定更为突出,想无原则的省略念头被堵死。

至于顶板标高问题,从建筑制图的习惯,一般均指板底标高。墙体标高从上面的阐述中已经非常明确,不必赘述。

(4) 关于各种实验记录单的填写要求是否与418号文件的填写要求一样的问题?

此问题应从 418 号文件与 DBJ 01—51—2000《规程》的基本使命和基本区别来理解。418 号文件与 DBJ 01—51—2000《规程》是为了解决施工资料管理有序可循而制定的，它们之间的区别仅在于对施工资料记录的分类、要求、格式、方法的差别。而控制施工质量的标准、规范、规程、规定、质量评定标准和国家、地方、企业的相关质量控制要求的文件并没有改变，因此对各类试验单的填写要求仍然不变。

（5）关于自检、互检、交接检（三检）是否取消？

此问题同样得从原来规定每分项工程施工过程要求进行"三检"以达到控制施工质量的目的来理解，"三检"是施工单位内部工程质量管理控制的管理（贯标）程序（有的专业如电气专业也是施工质量控制过程），其性质和上述的控制工程施工质量的规范、规程等一样，不会因 DBJ 01—51—2000《规程》替代原 418 号文件的贯彻就被取消。

（6）关于技术交底记录和变更洽商记录、材料报验单的分类码如何划分？

提此问题的根源：提此问题的根源在于对 DBJ 01—51—2000《规程》对施工技术资料管理深度与 418 号文件对施工技术资料管理深度的根本区别所在不明确。其实与"孔洞预留和预埋件预埋"、"管道安装"、"管道防腐"、"管道保温"各专业的施工分项工序一样，过去在暖卫分项工程中的孔洞预留和预埋件预埋工序，可以不分是生活给水工程、消防喷洒给水工程、消火栓给水工程、中水工程、供暖工程、排水工程，只要在同一层（不分是墙上、楼板中）均填写在一张记录单内。其原因就是没有设置专业工程分类码（严格说 418 号文件原要求也不是如此简化的，也应分专业填写。但是由于它没有设置专业工程分类码，于是在现场实地执行中就被简化了），而 DBJ 01—51—2000《规程》记录单中增设了专业工程分类码，这就从记录表格的格式上强制性地迫使我们非分开检查验收与记录不可。因此，在现场实地操作时就得注意分开办理与记录。而三者之间在资料组卷中还是有所区别的。

A. 技术交底记录和变更洽商记录：技术交底记录和变更洽商记录单的表式码、专业工程分类码、顺序码的编号当然应遵循上述的编码规则，至于组卷问题在上述第（1）- A 中已说明，不再赘述。但是技术交底有三类：

（A）技术交底的分类

a. 设计技术交底：此类份数较少，它一般还兼备设计变更和工程洽商的功能，因此也牵涉到最终工程结算的问题。

b. 整个工程的技术交底：这类交底一般也只有一份或少量的几份。它的特点是内容比较简明扼要，主要突出重点和难点的技术措施交代。

c. 各专业各工序的技术交底：此类技术交底内容较详细，技术措施较明确和单一，不给实施施工人员留有选择的余地，数量也较多。

（B）技术交底记录和变更洽商记录的组卷：

a. 设计技术交底和变更洽商的组卷：由于涉及到工程合同规定变更洽商要达到一定金额，竣工工程结算中甲方才予以补贴。因此可将这两大项合并在一张记录单中，但应注意两点。即涉及到的专业均应有一份，分类码和顺序码应按组卷时属于该专业的编号填写；其次为了将来工程结算时不发生重复计算，在记录单内应增加注明"本记录单的内容已包括某专业部分"。

b. 整个工程的技术交底和某工序(如预留孔洞和预埋件施工工序)技术交底的组卷:此两类技术交底记录单可按上述((A)款)的组卷方式组卷,但内容应分暖卫、通风两大类编写。

c. 各专业各工序的技术交底的组卷:除了"预留孔洞和预埋件施工工序"外,其余工序记录单的组卷不变。

B. 技术交底记录、变更洽商记录与相关单位的关系:在工程开工前应将设计变更、洽商单的格式通知设计单位,以免以后发生格式不符合工程资料组卷要求的情况。在工程开工时间较紧迫的情况下,可以先依据设计院的设计变更、洽商通知单或传真件进行施工。但是过后应及时去设计院按设计变更、洽商单的格式更换原件。

C. 材料报验单的分类码的编制和组卷:它们仍然应遵循上述的编码和组卷规则。这里应注意的是,同一种材料、附件或设备用于不同专业或不同部位时必须分专业、分部位进行验收与填写记录单。因此对于不进行材料、附件、设备进场检验手续,而以造假替代的行为就较难实施。

(7) 关于其他记录单中填写的补充说明:

A. 工程概况的填写:工程概况表(C1-1)应在工程竣工后填写,只填写一张即可。

B. 工程物资进场报验表(C3-2)的填写:

(A) 工程物资进场报验表(C3-2)中的"进场检查记录"主要是指表式(C3-4-1)《设备开箱检查记录》和表式(C3-4-2)《材料、配件检查记录》。

(B) 表式C3-2中"现报上关于( )工程的…"的括号内,应填写分项工程的名称,如给水管道安装工程、供暖管道安装工程等,而不是填写工程或单位工程的名称。

(C) 施工过程物资的采购与使用应坚持"谁采购谁负责;谁使用谁负责"的原则。若甲方进行物资采购,则由甲方负责填写表式C3-1;但是不管谁采购的物资,进场验收合格后都归施工单位使用,因此表式C3-2应由施工单位填写(但应注意在签定施工合同时,应在合同示范文本"通用条款"中注明,规定进场后由甲方供货、施工单位进行检验、试验的一切费用由甲方承担)。物资进场检查或复验是施工单位的义务,因此在表式C3-2中技术/质量负责人、申报人应由施工单位的人员签名,而不是供货单位的人员签名。

若甲方对表式C3-1的填写不熟悉或有困难,施工单位应及时进行协助,不可拖而不办,以免将来竣工资料组卷时造成缺项。

(D) 在表式C3-2中总承包单位的检验人员,应是指经总承包单位技术总负责人授权的、可以在此处签字的相应人员,如工程项目经理部技术总负责人委托的暖卫通风空调专业技术负责人或电气专业技术负责人。若暖卫通风空调专业技术负责人或电气专业技术负责人因故暂时不在场,在急需的特殊情况下,可以由专业公司(或专业队)的专业项目技术总负责人代签字,但签字前必须会同该专业的施工工长或有经验的专业施工组长共同进行检验。若不存在分包单位,物资检验应由总承包单位的技术负责人负责进行。

C. 对施工资料中插图或附图的要求:施工资料中的插(附)图必须是通过计算机 AutoCAD 或暖通、给排水专业的绘图软件绘制的插(附)图。插图可以复制粘贴在施工资料记录原件中;较大的插(附)图可以以附页的形式附于该项施工资料记录原件的后面。

D. 关于施工资料中部位的划分:施工资料中部位的划分不可以用流水段填写,应分层和以轴线划分填写。

E. 关于合格证等质量文件的组卷：

（A）无复试报告合格证的质量证明文件：无复试报告合格证的质量证明文件，如焊条、焊剂、垫料等的合格证，组卷时分别粘贴在补充表式 C3-4-0 上，归入 C3 类资料中。

（B）有复试报告合格证的质量证明文件：有复试报告合格证的质量证明文件，与复试报告放在一起，形成"一试一证"的对应编排，便于审阅。

F. 关于预检内容的填写：预检内容的填写仍需详细，使人明了检查项目安装的详细和真实情况。

G. 关于施工日志的填写：施工日志是记载每日施工安装过程的主要人力、机具安排及施工质量、重要技术措施、安全措施交底和实施的情况，也是出现施工质量问题或施工安全事故时追查原因和确定责任事故负责人的重要依据。施工日志不得用手写，必须用计算机编写与打印。内容应突出重点，简明扼要。份数只需一份，无须复印，由施工单位自己保存。

H. 对施工现场产生的施工资料的要求：凡施工现场产生的施工资料必须是原件，不得采用复印件。但对于合格证、群体工程的设计变更、洽商可以采用复印件，但在复印件上必须注明原件存放单位、经办人签名、日期及加盖存放单位的公章，公章应是原件，不得采用复印件。

I. 关于孔洞预留和预埋件预埋记录单的填写：依据 GB 50300—2001 附录 B"建筑工程分部（子分部）工程分项工程划分"的规定，"孔洞预留和预埋件预埋"均不列入单一的分项工程计算，且验收时在同一部位的"孔洞预留和预埋件预埋"也是一起验收的，因此可不严格按照专业分别填写记录单，合并为暖卫专业和通风专业两类填写。在专业分类码内分别填写 J_N（暖卫）和 J_T（通风）。

0.2.3 关于质量评定资料（C8）的编制

（1）新标准颁布后质量评定资料（C8）的名称：由于原 GBJ 300—88、GBJ 302—88、GBJ 304—88、GBJ 243—82 和 GB 50243—97 已 被 GB 50300—2001、GB 50242—2002 和 GB 50243—2002 取代。原工程质量评定资料也被工程质量检验验收记录所代替，原工程施工质量评定等级"优良"、"合格"、"不合格"也被"合格可予以验收"、"不合格不予以验收"代替，因此建议此部分资料的名称由"工程质量评定资料"改为"工程质量检验验收记录"。

（2）新标准颁布后质量评定资料（C8）的编制："工程质量检验验收记录"单应遵循 GB 50300—2001、GB 50242—2002 和 GB 50243—2002 规范的要求分"检验批质量验收记录"、"分项工程质量验收记录"、"子分部工程质量验收记录"、"分部工程质量验收记录"、"单位（子单位）工程质量竣工验收记录"和"单位（子单位）工程质量控制资料核查记录"、"单位（子单位）工程安全和功能检验资料核查及主要功能抽查记录"进行编制。

本资料除了阐述《规程》贯彻执行中的问题（如检验内容和方法、施工记录表的填写等）外，尚增加了若干个施工记录和测试记录表格（表式码末字为 A、B、C 的表格），以便于现场施工管理人员选用。

1　工程资料的管理与有关各方的职责

1.1　规程编制的依据与相关的问题

在《规程》的总则中主要阐述编制依据(《中华人民共和国建筑法》、《建筑工程质量管理条例》、《建筑工程勘察设计管理条例》及国家有关规范和标准、北京市有关规定)、使用范围、工程管理资料与工程竣工的关系、管理人员的资质、资料保管体制与资料载体类别等问题。着重说明的是工程资料的验收应与工程竣工验收同步,工程资料不符合要求的,不得进行竣工验收。这里应特别明确"任何一项工程如果工程管理技术资料不符合标准规定。则该项工程为不合格,工程资料对工程质量有否决权"。

1.2　管理与职责

管理职责分为:通用职责、建设单位职责、监理单位职责、施工单位职责与城市档案馆职责。

1.2.1　通用职责:共四条

第一条说明填写资料的依据。

第二条说明工程管理资料应随工程进度同步进行,应按专业归类及资料的填写要求(注:同原来规定)及因工程需要增加的表格,应依据本规程同类表格进行归类。

第三条说明工程管理资料应进行分级管理。单位工程技术负责人负责本工程技术资料的全过程管理工作,资料的收集、整理、审核工作由各单位城建档案管理员负责(注:这里的城建档案管理员相当于原资料员)。

第四条说明违反规定的处罚和追究责任或法律责任的规定。

1.2.2　施工单位的职责:共五条

第一条　实行工程资料技术负责人负责制和逐级技术资料管理岗位责任制,要设置专人负责监理资料的收集、整理和归档工作。配备专职城建档案管理员(注:公司一级应具备有市一级的上岗证件,项目经理部资料员不一定要)负责施工技术资料管理工作。

第二条　总承包单位负责汇总整理各分包单位编制的全部施工资料,分包单位应负责对承包范围内的施工技术资料进行收集和整理,并对其施工技术管理资料的完整性和真实性负责。

第三条　接受建设单位的委托进行工程档案的组织编制工作。

第四条　按本规程要求在竣工前将施工资料整理汇总完毕移交给建设单位进行工程

竣工验收(注:这里应注意两点。即竣工前汇总完毕并移交;汇总的含义是包括施工方和甲方分包出去的工程承包单位所承建的分项工程的所有工程技术管理资料)。

第五条 规定编制施工资料的份数≥3份(每份资料均为原件,超出份数应于施工合同中约定),移交建设单位两套(超出份数另行收费)、自存一套,保存期5年(竣工之日算起)。

2 工程资料的分类与管理流程

2.1 工程资料的分类

工程资料的分类由五部分组成,即A类基建文件、B类监理资料、C类施工资料、D类竣工图、E类工程资料档案封面和目录。

2.1.1 工程档案和工程资料的分级管理

(1)工程档案:即竣工档案,它是工程立项、设计、施工、监理、竣工活动中形成的具有归档保存价值的工程基建文件、监理文件、施工文件和竣工图的统称。

(2)工程资料的分级管理:工程资料由五部分组成,即A、B、C、D、E五类,其中A类为基建文件(建设单位收集、整理汇编的文件)、B类为监理资料(监理单位收集、整理汇编的文件)、C类为施工资料(施工单位收集、整理汇编的文件)、D类为竣工图、E类为工程资料档案封面和目录(即档案相关资料,它是施工单位收集、整理汇编的文件和建设单位委托施工单位整理汇编的文件)。工程资料的保存单位分别为施工单位、监理单位、建设单位、城市档案馆。

2.1.2 施工资料(C、D、E)的分类与保存单位(表1.2.1-1)

从摘录中可以看出它与原418号文件不同之处,在于资料的编排是按施工过程顺序进行的,这就是说,它更要求资料的真实性、准确性和与施工过程的同步性。

施工资料(C、D、E)的分类与保存单位(摘录) 表1.2.1-1

编 号	资 料 名 称	采用表格	保 存 单 位			
			施工单位	监理单位	建设单位	档案馆
C	施 工 资 料					
C1	施 工 管 理 资 料					
C1-1	工程概况表	C1-1	一般由土建专业承担			●
C1-2	施工进度计划分析	C1-2	●	●	●	

编 号	资 料 名 称	采用表格	保 存 单 位			
			施工单位	监理单位	建设单位	档案馆
C1－3	项目大事记	C1－3	●		●	●
C1－4	施工日志	C1－4	●			
C1－5	不合格项处置记录	C1－5	●	●	●	
C1－6	工程质量事故报告					
C1－6－1	建设工程质量事故调(勘)查记录	C1－6－1	●	●	●	●
C1－6－2	建设工程质量事故报告书	C1－6－2	●	●	●	●
C1－7	施工总结	C1－7	●		●	●
C2	施工技术资料					
C2－1	工程技术文件报审表	C2－1	●	●	●	
C2－2	技术管理资料					
C2－2－1	技术交底记录	C2－2－1	●			
C2－2－2	施工组织设计、施工方案		●			
C2－3	设计变更文件					
C2－3－1	图纸审查记录	C2－3－1	●	●	●	
C2－3－2	设计交底记录	C2－3－2	●	●	●	●
C2－3－3	设计变更、洽商记录	C2－3－3	●	●	●	●
C3	工程物资资料					
C3－1	工程物资选样送审表	C3－1	●	●	●	
C3－2	工程物资进场报验表	C3－2	●	●		
C3－3	产品质量证明文件	C3－3	●			
C3－4	材料、设备进场检验记录					
C3－4－1	设备开箱检查记录	C3－4－1	●			
C3－4－2	材料、配件检查记录	C3－4－2	●			
C3－4－2A	材料、配件、设备合格证、试验单、说明书	C3－4－2A	●			
C3－4－3	设备及管道附件试验记录	C3－4－3	●		●	
C3－4－3A	安全阀最初调试记录表	C3－4－3A	●		●	
C3－4－3B	安全阀最终调试记录表	C3－4－3B	●		●	
C4	施工测量记录					
C5	施工记录					

编　号	资　料　名　称	采用表格	保　存　单　位			
			施工单位	监理单位	建设单位	档案馆
C5－1	施工通用记录					
C5－1－1	隐蔽工程检查记录	C5－1－1	●		●	●
C5－1－2	预检工程检查记录	C5－1－2	●			
C5－1－3	施工通用记录	C5－1－3	视情况而定			
C5－1－4	中间检查交接记录	C5－1－4	●			
C5－2	土建施工专用记录					
C5－2－12	建筑烟(风)道、垃圾道检查记录	C5－2－12	●			
C6	施工试验记录					
C6－1	施工试验(通用)记录表	C6－1	视情况而定			
C6－2	设备试运转记录					
C6－2－1	设备单机试运转记录	C6－2－1	●		●	●
C6－2－2	调试报告	C6－2－2	●		●	●
C6－3	土建专业施工试验记录					
C6－3－7	超声波探伤报告	C6－3－7	●		●	●
C6－3－8	超声波探伤记录	C6－3－8	●		●	●
C6－3－8A	射线照相检验记录报告表	C6－3－8A	●		●	●
C6－3－8B	磁粉检验记录报告表	C6－3－8B	●		●	●
C6－3－8C	锅炉设备48小时整体试运转记录表	C6－3－8C	●			
C6－5	管道专业用的施工试验记录					
C6－5－1	管道灌水试验记录	C6－5－1	●			
C6－5－2	管道强度严密性试验记录	C6－5－2	●		●	●
C6－5－3	管道通水试验记录	C6－5－3	●			
C6－5－4	管道吹(冲)洗(脱脂)试验记录	C6－5－4	●			
C6－5－4A	管道吹(冲)洗(脱脂)试验记录	C6－5－4A	●			
C6－5－5	室内排水管道通球试验记录	C6－5－5	●	●		
C6－5－6	伸缩器安装记录表	C6－5－6	●			
C6－6	通风空调专业用的施工试验记录					

编号	资料名称	采用表格	保存单位			
			施工单位	监理单位	建设单位	档案馆
C6－6－1	现场组装除尘器、空调机漏风检测记录表	C6－6－1	●			
C6－6－2	风道(管)漏风检测记录表	C6－6－2	●			
C6－6－2A	风道(管)灯光检漏测试记录表	C6－6－2A	●			
C6－6－3	各房间室内风量测量记录表	C6－6－3	●		●	
C6－6－3A	各房间室内风量测量数据表	C6－6－3A	●		●	
C6－6－3B	通风空调系统室内温度、湿度测试记录表	C6－6－3B	●		●	
C6－6－3C	通风空调系统室内噪声测试记录表	C6－6－3C	●		●	
C6－6－3D	空气净化系统检测记录	C6－6－3D	●		●	
C6－6－4	管网风量平衡记录	C6－6－4	●			
C6－6－5	通风系统试运行记录	C6－6－5	●			
C6－6－6	制冷系统气密性试验记录	C6－6－6	●		●	●
C7	施工验收资料					
C7－1	分部/分项工程施工报验表	C7－1	●	●		
C7－2	分部工程验收记录					
C7－2－1	竣工验收通用表	C7－2－1	●	●	●	●
C7－3	单位工程验收记录	C7－3	●	●	●	●
C8	工程质量检验验收记录					
C8－1－1－0	建筑给排水及采暖工程检验批质量验收通用记录表	C8－1－1－0	●			
C8－1－1－1	建筑室内给水管道及配件安装检验批质量验收记录	C8－1－1－1	●			
C8－1－1－2	建筑室内消火栓给水管道系统安装检验批质量验收记录	C8－1－1－2	●			
C8－1－1－3	建筑室内给水设备安装检验批质量验收记录	C8－1－1－3	●			
C8－1－1－4	建筑室内热水管道及配件安装检验批质量验收记录	C8－1－1－4	●			
C8－1－1－5	建筑室内热水辅助设备安装检验批质量验收记录	C8－1－1－5	●			
C8－1－1－6	建筑室内排水管道及配件安装检验批质量验收记录	C8－1－1－6	●			

编 号	资 料 名 称	采用表格	保 存 单 位			
			施工单位	监理单位	建设单位	档案馆
C8-1-1-7	建筑室内排、雨水管道及配件安装检验批质量验收记录	C8-1-1-7	●			
C8-1-1-8	建筑室内卫生器具安装检验批质量验收记录	C8-1-1-8	●			
C8-1-1-9	建筑室内卫生器具给水配件安装检验批质量验收记录	C8-1-1-9	●			
C8-1-1-10	建筑室内卫生器具排水管道安装检验批质量验收记录	C8-1-1-10	●			
C8-1-1-11	建筑室内采暖管道及配件安装检验批质量验收记录	C8-1-1-11	●			
C8-1-1-12	建筑室内采暖辅助设备及散热器安装检验批质量验收记录	C8-1-1-12	●			
C8-1-1-13	建筑低温热水地板辐射采暖系统安装检验批质量验收记录	C8-1-1-13	●			
C8-1-1-14	建筑室外给水管道安装检验批质量验收记录	C8-1-1-14	●			
C8-1-1-15	室外消防水泵结合器及室外消火栓安装检验批质量验收记录	C8-1-1-15	●			
C8-1-1-16	室外给水系统管沟与井室施工检验批质量验收记录	C8-1-1-16	●			
C8-1-1-17	室外排水管道安装检验批质量验收记录	C8-1-1-17	●			
C8-1-1-18	室外供热管网安装检验批质量验收记录	C8-1-1-18	●			
C8-1-1-19	建筑中水系统管道及辅助设备安装检验批质量验收记录	C8-1-1-19	●			
C8-1-1-20	游泳池水系统安装检验批质量验收记录	C8-1-1-20	●			
C8-1-1-21	锅炉安装检验批质量验收记录	C8-1-1-21	●			
C8-1-1-22	锅炉辅助设备及管道安装检验批质量验收记录	C8-1-1-22	●			
C8-1-1-23	锅炉安全附件安装检验批质量验收记录	C8-1-1-23	●			
C8-1-1-24	锅炉烘炉、煮炉检验批质量验收记录	C8-1-1-24	●			
C8-1-1-25	换热站安装检验批质量验收记录	C8-1-1-25	●			
C8-1-2-1	风管与配件制作检验批质量验收记录	C8-1-2-1	●			
C8-1-2-2	风管与配件制作检验批质量验收记录（金属风管）	C8-1-2-2	●			

编　号	资　料　名　称	采用表格	保　存　单　位			
			施工单位	监理单位	建设单位	档案馆
C8-1-2-3	风管与配件制作检验批质量验收记录（非金属风管）	C8-1-2-3	●			
C8-1-3	风管部件与消声器制作检验批质量验收记录	C8-1-3	●			
C8-1-4-1	风管系统安装检验批质量验收记录（送、排风、排烟系统）	C8-1-4-1	●			
C8-1-4-2	风管系统安装检验批质量验收记录（空调系统）	C8-1-4-2	●			
C8-1-4-3	风管系统安装检验批质量验收记录（净化空调系统）	C8-1-4-3	●			
C8-1-5	风机安装检验批质量验收记录	C8-1-5	●			
C8-1-6-1	通风与空调设备安装检验批质量验收记录（通风系统）	C8-1-6-1	●			
C8-1-6-2	通风与空调设备安装检验批质量验收记录（空调系统）	C8-1-6-2	●			
C8-1-6-3	通风与空调设备安装检验批质量验收记录（净化空调系统）	C8-1-6-3	●			
C8-1-7	空调制冷系统安装检验批质量验收记录	C8-1-7	●			
C8-1-8-1	空调水系统安装检验批质量验收记录（金属管道）	C8-1-8-1	●			
C8-1-8-2	空调水系统安装检验批质量验收记录（非金属管道）	C8-1-8-2	●			
C8-1-8-3	空调水系统安装检验批质量验收记录（设备）	C8-1-8-3	●			
C8-1-9-1	防腐与绝热施工检验批质量验收记录（风管系统）	C8-1-9-1	●			
C8-1-9-2	防腐与绝热施工检验批质量验收记录（管道系统）	C8-1-9-2	●			
C8-1-10	通风工程系统调试检验批质量验收记录（非金属管道）	C8-1-10	●			
C8-2-1	建筑给水排水采暖分项工程质量验收记录	C8-2-1	●			
C8-2-2	通风与空调分项工程质量验收记录	C8-2-2	●			
C8-3-1-0	建筑给水排水采暖子分部工程质量验收通用记录	C8-3-1-0	●			
C8-3-1-1	建筑给水排水采暖子分部工程质量验收记录	C8-3-1-1	●			

编　号	资　料　名　称	采用表格	保　存　单　位			
			施工单位	监理单位	建设单位	档案馆
C8－3－1－2	建筑给水排水采暖子分部工程质量验收记录	C8－3－1－2	●			
C8－3－1－3	建筑给水排水采暖子分部工程质量验收记录	C8－3－1－3	●			
C8－3－1－4	建筑给水排水采暖子分部工程质量验收记录	C8－3－1－4	●			
C8－3－1－5	建筑给水排水采暖子分部工程质量验收记录	C8－3－1－5	●			
C8－3－1－6	建筑给水排水采暖子分部工程质量验收记录	C8－3－1－6	●			
C8－3－1－7	建筑给水排水采暖子分部工程质量验收记录	C8－3－1－7	●			
C8－3－1－8	建筑给水排水采暖子分部工程质量验收记录	C8－3－1－8	●			
C8－3－1－9	建筑给水排水采暖子分部工程质量验收记录	C8－3－1－9	●			
C8－3－1－10	建筑给水排水采暖子分部工程质量验收记录	C8－3－1－10	●			
C8－3－1－11	建筑给水排水采暖子分部工程质量验收记录	C8－3－1－11	●			
C8－3－1－12	自动喷水灭火系统子分部工程质量验收记录	C8－3－1－12	●			
C8－3－2－1	通风与空调子分部工程质量验收记录（送、排风系统）	C8－3－2－1	●			
C8－3－2－2	通风与空调子分部工程质量验收记录（防、排烟系统）	C8－3－2－2	●			
C8－3－2－3	通风与空调子分部工程质量验收记录（除尘系统）	C8－3－2－3	●			
C8－3－2－4	通风与空调子分部工程质量验收记录（空调系统）	C8－3－2－4	●			
C8－3－2－5	通风与空调子分部工程质量验收记录（净化空调系统）	C8－3－2－5	●			
C8－3－2－6	通风与空调子分部工程质量验收记录（制冷系统）	C8－3－2－6	●			
C8－3－2－7	通风与空调子分部工程质量验收记录（空调水系统）	C8－3－2－7	●			
C8－4－1	建筑给水排水采暖分部工程质量验收记录	C8－4－1	●			

编号	资料名称	采用表格	保存单位			
			施工单位	监理单位	建设单位	档案馆
C8-4-2	通风与空调分部工程质量验收记录	C8-4-2	●			
C8-5-1	单位(子单位)工程质量竣工验收记录	C8-5-1	●			
C8-5-2	单位(子单位)工程质量控制资料核查记录	C8-5-2	●			
C8-5-3	单位(子单位)工程安全和功能检验资料核查及主要功能抽查记录	C8-5-3	●			
C8-5-4	单位(子单位)工程观感质量检查记录	C8-5-4	●			
D类	竣工图		●		●	●
E类	工程资料、档案封面和目录					
E1-1	工程资料总目录卷汇总表	E1-1	●		●	●
E1-2	工程资料总目录卷	E1-2	●		●	●
E2	工程资料封面和目录					
E2-1	工程资料案卷封面	E2-1				
E2-2	工程资料卷内目录	E2-2				
E2-3	工程资料卷内备考表	E2-3				
E3	工程档案封面和目录					
E3-1	城市建设档案封面	E3-1				
E3-2	城建档案卷内目录	E3-2				
E3-3	城市建设档案案卷审核备考表	E3-3				
E4	资料移交书					
E4-1	工程资料移交书	E4-1			●	●
E4-2	城市建设档案移交书	E4-2			●	●
E4-3	城市建设档案缩微品移交书	E4-3			●	●
E4-4	城市建设档案移交目录	E4-4			●	●

注:关于保存单位的规定是指竣工后有关单位对于工程资料的保存,过程中的工程资料应按有关程序进行保存。

2.2 管理原则与流程

2.2.1 工程资料的管理原则

(1)工程资料的报验与报审:基建文件必须按有关主管部门规定和要求申报和审批。施工过程的报验、报审均应采用报审报验表和质量记录文件,质量记录文件包括产品质量文件、施工记录、施工试验记录、质量评定资料、设计文件等。分承包单位的送审、报验表应先通过总承包单位审核后方可报监理(建设)单位审批。

(2) 资料流程的时限性:为保证各管理流程的进行,以及工程资料的时效性、准确性、完整性,就要求工程相关各方宜在合同中约定资料(报审、报验资料等)的提交时间、答复时间和有关责任方应承担的责任。应明确时限的资料包括物资选样送审、技术送审(包括方案送审和深化设计送审)、物资进场报验、分项工程报验、分部工程报验和竣工报验等(注:如果按此规定执行就可避免甲方对设备、材料长期迟迟不定而影响施工进度)。下面是《规程》辅导材料提供的某些时限规定。

A. 工程开工报告:乙方提前5d通知监理,监理收文后应于3d内书面回复乙方。

B. 年度、季度、月生产计划:年计划为乙方实施前7d报监理,监理7d内书面回复乙方。月(季度)计划为乙方实施前3d报监理,监理3d内书面回复乙方。

C. 关于施工组织设计、施工方案报审:甲方提供图纸15d后,由甲方组织图纸会审和设计交底,一般乙方应于开工前15d提供甲方施工组织设计或施工方案,以报监理批准。

D. 分项工程报验:乙方应在完工前48h书面通知甲方进行验收。

E. 隐检工程和中间验收:乙方应在完工前48h书面通知甲方进行隐检工程和中间检查交接验收。

F. 甲方提供设备的验收:甲方提供设备的验收,甲方应提前24h通知乙方。

2.2.2 工程资料管理的流程

分基建文件管理流程(略)、监理资料管理流程(略)、施工资料管理流程三类,这里只介绍部分施工资料管理流程。

(1) 工程技术报审资料的管理流程:上报下列资料时使用《工程技术文件报审表》。施工组织设计、施工方案、深化设计(应附深化设计图纸等)等。见图1.2.2-1。

(2) 工程物资选样资料的管理流程:进场物资选样报审时应填报《工程物资报审表》。并附产品性能说明书、质量检验报告、工程应用实例目录、生产企业资质文件等。见图1.2.2-2。

(3) 工程物资进场报验资料的管理流程:进场物资报验时应填报《工程物资进场报验表》,并附物资出厂质量证明文件、进场数量清单、进场复验报告或检查(检查记录)等资料。见图1.2.2-3。

(4) 分项工程施工报验资料的管理流程:分项工程施工报验时应填报《分项/分部工程施工报验表》,并附

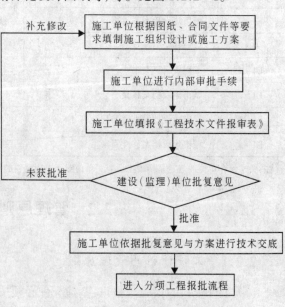

图1.2.2-1 工程技术报审资料的管理流程图

18

施工验收记录、施工记录、施工试验记录和质量检查评定表等资料。见图1.2.2-4。

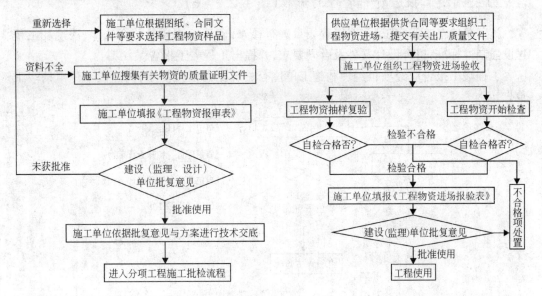

图1.2.2-2 工程物资选样资料的管理流程图　图1.2.2-3 工程物资进场报验资料管理流程图

(5) 分部工程报验资料的管理流程:分部工程验收通过,并出具相应的验收证明,同时还应附下列资料:分项/分部工程施工报验表、分部工程质量核定表、分项工程质量评定汇总表、施工试验资料和调试报告等资料。见图1.2.2-4和图1.2.2-5。

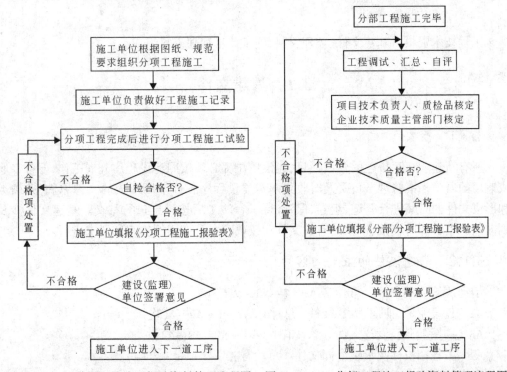

图1.2.2-4 分项工程施工报验资料管理流程图　图1.2.2-5 分部工程施工报验资料管理流程图

2.2.3 竣工报验资料管理的流程(图 1.2.2 – 6)

施工单位在工程完工后,对工程质量进行检查,确认工程质量符合法律、法规和工程建设强制性标准,符合设计文件及合同要求,并提出工程竣工报告。

工程竣工报告应经项目经理和施工单位有关负责人审核签字,向建设单位申请竣工验收。

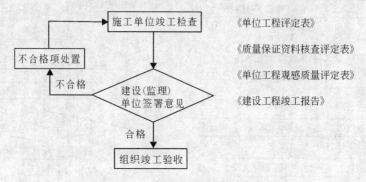

图 1.2.2 – 6 竣工报验资料管理的流程

3 工程技术资料的内容和组成

工程技术资料由基建文件、监理资料、施工技术管理资料组成。

3.1 基建文件

3.1.1 概要

所有新建、改建、扩建的建设项目,建设单位都必须按照建设程序开展工作,配备专职或兼职的城建档案管理员负责及时收集基本建设程序各环节所形成的文件原件,并按类和形成文件的时间进行登记、组卷、保管,待工程竣工后按规定进行移交。基建文件涉及到向政府主管部门申报、审批的有关文件均按政府主管部门的规定和要求进行。

3.1.2 基建文件的主要内容

A1　决策立项文件。总计有 A1 – 1 ~ A1 – 9(略)。

A2　建设用地、征地、拆迁文件。总计有 A2 – 1 ~ A2 – 5(略)。

A3　勘探、测绘、设计文件。总计有 A3 – 1 ~ A3 – 12(略)。

A4　工程招投标及承包合同文件。总计有 A4 – 1 ~ A4 – 2(略)。

A5　工程开工文件。总计有 A5 – 1 ~ A5 – 6(略)。

A6 商务文件。总计有 A6 – 1 ~ A6 – 7(略)。

A7 工程竣工备案文件。总计有 A7 – 1 ~ A7 – 5(略)。

A8 其他文件。总计有 A8 – 1 ~ A8 – 4(略)。

3.1.3 工程竣工总结

应由建设单位和档案馆保存(略)。

3.2 监理资料

监理资料分为设计监理资料(B1)和施工监理管理资料(B2)、监理工作记录(B3)、监理验收资料(B4)四类(略)。

3.3 施工资料

施工资料分为施工管理资料(C1)、施工技术资料(C2)、施工物资资料(C3)、施工测量资料(C4)、施工记录(C5)、施工试验(调试)记录(C6)、施工验收资料(C7)、工程质量检验验收记录(C8)八种。纸质载体技术资料的纸张规格为 A4 幅(297mm × 210mm,这是与原418 号文件有区别的地方),下面就暖卫通风空调专业相关内容摘录于下。

3.3.1 施工管理资料(C1)

暖卫通风空调专业涉及到的施工管理资料有工程概况表(表式 C1 – 1)、项目大事记(表式 C1 – 3)、施工日志(表式 C1 – 4)、不合格项处置记录(表式 C1 – 5)、建设工程质量事故调(勘)查记录(表式 C1 – 6 – 1)、建设工程质量事故报告书(表式 C1 – 6 – 2)、施工总结(表式 C1 – 7)等。它们主要记录工程概况、工程总结和从工程开工到竣工全过程的施工安装过程、发生的大事及处理工程质量的过程,以便将来对建筑的维护和管理中起到指导、提示和参考作用。

3.3.2 施工技术资料(C2)

暖卫通风空调专业涉及到的施工技术资料有施工技术管理资料和设计变更文件两类,共包括六项内容。即施工技术管理资料中有工程技术文件报审表(表式 C2 – 1)、技术交底记录(表式 C2 – 2 – 1)、施工组织设计、施工方案(表式 C2 – 2 – 2)。设计变更文件中有图纸审查记录(表式 C2 – 3 – 1);设计交底记录(表式 C2 – 3 – 2);设计变更、洽商记录(表式 C2 – 3 – 3)。

3.3.3 施工物资资料(C3)

暖卫通风空调专业涉及到的施工物资资料有工程物资报审(报验)表和材料、设备进场检验记录两类,共包括六项内容。即工程物资报审(报验)表中有工程物资选样报审表(表式 C3 – 1)、工程物资进场检验表(表式 C3 – 2);产品质量证明文件(表式 C3 – 3),材料、设备进场检验记录有设备开箱检查记录(表式 C3－4－1),材料、配件检查记录(表式 C3－4－2),设备及管道附件试验记录(表式 C3－4－3)等。

另外补充"材料、配件、设备合格证、试验单、说明书(表式 C3－4－2A)"供规范小尺寸的产品合格证粘贴整理组卷之用。

3.3.4　施工记录(C5)

暖卫通风空调专业涉及到的施工记录资料有隐蔽工程检查记录表(表式 C5－1－1)、预检工程检查记录表(表式 C5－1－2)、施工通用记录表(表式 C5－1－3)(视工程实际情况而定是否选用)、中间检查交接记录表(表式 C5－1－4)、建筑烟(风)道、垃圾道检查记录(表式 C5－2－12)共五项内容。

3.3.5　施工试验记录(C6)

暖卫通风空调专业涉及到的施工试验记录资料有设备试运转记录、与土建共用的施工试验记录表、暖卫制冷管道专用的施工试验记录和通风空调专用试验记录四类共十七项内容(不含锅炉设备安装的试验记录)。其中施工试验(通用)记录表(表式 C6－1)为设备安装试验的备用表,设备试运转记录表有设备单机试运转记录(表式 C6－2－1)、调试报告(表式 C6－2－2),与土建共用的施工试验记录表有超声波探伤报告(表式 C6－3－7)、超声波探伤记录(表式 C6－3－8),暖卫制冷管道专用的施工试验记录有管道灌水试验记录(表式 C6－5－1)、管道强度严密性试验记录(表式 C6－5－2)、管道通水试验记录(表式 C6－5－3)、管道吹(冲)洗(脱脂)试验记录(表式 C6－5－4)、室内排水管道通球试验记录(表式 C6－5－5)、伸缩器安装记录表(表式 C6－5－6),通风空调专用试验记录表有现场组装除尘器、空调机漏风检测记录(表式 C6－6－1)、风管漏风检测记录(表式 C6－6－2)、各房间室内风量测量记录(表式 C6－6－3)、管网风量平衡记录(表式 C6－6－4)、通风系统试运行记录(表式 C6－6－5)、制冷系统气密性试验记录(表式 C6－6－6)。

另外补充"管道吹(冲)洗(脱脂)试验记录(表式 C6－5－4A)"、"风管(道)灯光检漏测试记录表(表式 C6－6－2A)"、"各房间室内风量测量记录(表式 C6－6－3)"、"通风空调系统室内温度、湿度测试记录表(表式 C6－6－3B)"、"通风空调系统室内噪声测试记录表(表式 C6－6－3C)"供规范小尺寸的产品合格证粘贴整理组卷之用。

3.3.6　施工验收资料(C7)

暖卫通风空调专业涉及到的施工验收资料有分部/分项工程施工报验记录(表式 C7－1)、竣工验收通用记录(表式 C7－2－1)、单位工程验收记录(表式 C7－3)三项。

3.3.7　工程质量检验验收记录(C8)

依据 GB 50301—2001、GB 50242—2002、GB 50243—2002 新规定,暖卫通风空调专业涉及到的工程质量检验验收记录共分八类,即检验批质量验收记录、分项工程质量验收记录、子分部工程质量验收记录、分部工程质量验收记录、单位(子单位)工程质量验收记录、单位(子单位)工程质量控制资料核查记录、单位(子单位)工程安全和功能检验资料核查和主要功能抽查记录、单位(子单位)工程观感质量检查记录共计八类。其中通风空调工程安装的批质量验收记录、分项工程质量验收记录、子分部工程质量验收记录、分部工程质量验收记录表式在 GB 50243—2002 规范中已有格式,并且相关部门也组织过培训。但是暖卫工程方面,在 GB 50242—2002 中仅有通用格式,没有实用的针对某分项工程安装内容的具体格式。为了满足现场管理人员的需要,编者依据 GB 50301—2001、GB 50242—2002、GB 50243—2002 规范的新规定和 GB 50243—2002 规范培训内容,结合北京市 DBJ 01—51—2000《规程》的记录表格式,编制了一整套建筑安装工程质量检验验收记录表附于本文中,供参考和引用。

3.3.8 竣工图(D)

4 施工管理资料(C1)的内容和要求

4.1 工程概况表(表式 C1－1)

包括工程的一般情况、构造特征和其他三部分。

一般栏目:有工程名称、编号、建设性质(用途)、建设地点、建设单位、监理单位、施工单位、建筑面积、结构类型、建筑层数、基础类型、建筑檐高、地上面积、地下面积、人防等级、抗震等级等。其中编号的填写(下同,不再详述)应遵循《规程》第 6.6.1 条的规定和《规程》附录 E 专业工程分类码参考表的分类进行填写,编号下行填写顺序码,编号上行填写专业分类码。即:

给水排水工程为 J2:其中给水 H2－1、排水 J2－2、卫生器具 J2－3、雨水 J2－4、中水 J2－5、其他 J2－6。

消防工程为 J3:其中消火栓系统 J3－1、自动喷洒系统 J3－2、气体灭火系统 J3－3、其他 J3－4。

暖通工程为 J4:其中供暖系统 J4－1,空调冷冻(热)水、冷却水系统 J4－2,通风系统 J4－3,其他 J4－4。

燃气工程为 J7。

总图工程为 Z:其中给水接驳 Z1－1、污水接驳 Z1－2、雨水接驳 Z1－4、消防接驳 Z1－5、热力接驳 Z1－9、煤气接驳 Z1－10、其他 Z1－11。

室外安装工程 Z2:室外消防安装工程 Z2－2、室外水景(喷泉、灌溉等)安装工程 Z2－3、其他 Z2－4。

一般单栋建筑给水、排水、热力网工程可以列入该项的其他类型中。

结构特征栏:应对地基、基础、内外墙、梁柱、楼盖、楼地面面层、内外装饰、屋面面层、屋面防水、门窗油漆、防火装备、机电系统等项的设计概况进行简明扼要描述。

其他栏:填写对本工程施工的关键部位、上级对本工程的重要指示与要求等。

4.2 项目大事记(表式 C1 - 3)

内容包括编号、序号、年、月、日、记载内容、工程负责人、整理人等。主要填写项目开工、竣工、停工、复工、分包工程招投标、合同签定、中间验收及对工程性质、施工进度、安全事故、投资有影响的上级通知和指令、重要会议纪要、获得的荣誉、发生的供料计划改变等日期及内容简述。

4.3 施工日志(表式 C1 - 4)

以单位工程为对象,应由专人从开工至竣工全过程进行记载。工程日志应逐日填写,但不能填写成为施工日记。工程日志主要填写每日生产和技术质量安全的情况,记载内容应保持连续和完整性。内容包括:

一般栏目:有工程编号、年、月、日、星期、天气状况、风力、最高/最低气温、工程负责人、记录人等。

生产情况记录栏:安装项目的部位、内容、机械作业的情况、施工班组的安排、安装中存在的问题,技术难点及解决的技术措施。

技术质量安全工作记录:施工质量的大致情况,有效的技术措施或失败的经验教训,出现的安装质量事故、检验和评定的情况等。

4.4 不合格项处置记录(表式 C1 - 5)

当工程施工或进场物资检验不合格时,检验部门(检验员)、建设(监理)单位或总包单位应下达不合格项的整改通知,并要求处置、整改完毕后反馈到下达通知的部门,再进行复验,整改未达到要求的应如实记录。但它与贯标中的"不合格品控制程序"的使用频率应有所区别,即应适当地加以控制,着重应用于质量事故性质较严重、对工程质量影响较大的质量事故中。填写的内容包括:

一般栏目:有工程名称、编号、发生/发现日期(年月日)。

不合格项发生部位与原因栏:此栏应填写致整改单位的名称、发生部位、安装工序及指出严重性的级别(严重或一般),并填写具体情况。是自行整改还是整改后须报检验方复验及签发人签名。

不合格项整改措施栏:此栏一般由整改单位的技术负责人填写(较复杂的整改项目也可以直接由提出整改意见的人员填写)。此栏内应针对上述的具体内容和性质,填写具体的整改技术措施,并提出整改期限,整改人签名等。

不合格项整改结果栏:此栏一般由整改单位的技术负责人填写,在此栏内应填写致下达整改单位的名称、下达整改单位验收人员的整改结论、下达整改单位验收入签名等内容。

4.5 建设工程质量事故调(勘)查记录(表式 C1－6－1)

当工程施工中发生重大的质量事故时应按表式 C1－6－1 的要求进行记载。此项一般在暖卫通风空调专业中极少出现,但是在分户供暖中,由于设计考虑不周,施工前未进行各专业的认真会审或土建专业楼板结构层严重超高,也会出现埋地供暖管道埋层不够,将引起将来地板开裂的严重恶果。其填写内容包括:

一般栏目:有工程名称、编号、调(勘)查时间(年月日),调(勘)查地点、参加人员(单位、姓名、职务、电话号码)、被调查人员(单位、姓名、职务、电话号码)、陪同调(勘)查人员(单位、姓名、职务、电话号码),被调查人员和调(勘)查人员签字。

调(勘)查笔录:调(勘)查人员将调(勘)查的情况,事故原因、事故性质、事故等级及可能采取的补救技术措施等填写在本栏内。

事故证物照片:填写有或无,数量等。

事故证据资料:填写有或无,数量等。

4.6 建设工程质量事故报告书(表式 C1－6－2)

当工程施工中发生重大的质量事故时应按表式 C1－6－2 的要求进行记载。此项一般在暖卫通风空调专业中极少出现,其余同建设工程质量事故调(勘)查记录。其填写内容包括:

一般栏目有:工程名称、编号、建设地点、建设单位、设计单位、施工单位、建筑面积(两项内容即面积 m²、工作量(元)、结构类型、事故发生时间(年月日)、上报时间(年月日)、经济损失(元)、负责人和报告人签名等。

事故经过、后果与原因分析栏:将事故发生的过程简要阐述。后果除了经济损失外,还应包括其对其他相关部位的质量影响及近期和远期的质量影响。事故原因包括设计原因(如计算错误或方案性错误等)、施工原因(如野蛮操作、操作失误、材料规格选用错误、材料低劣等)或设计施工双方均存在问题,天灾人祸等。

事故发生后采取的措施栏:包括处理意见、现场处理情况、设计和施工的技术措施等。

事故责任单位、责任人及处理意见栏:应指出对事故的责任单位、主要负责人的处理意见等。

4.7 施工总结

工程竣工后应根据工程的特点、性质对施工方案、施工组织、施工行政和技术管理进行全面的总结,总结中应突出重点,对行之有效的施工管理、技术方案、技术措施、科研成果、新技术新材料新工艺的应用予以重点总结。总结中应包含各项失败的经验教训。

5 施工技术资料(C2)的管理内容和要求

5.1 施工技术资料(C2)的管理内容

施工技术资料(C2)的管理由工程技术文件报审表(表式 C2－1)、施工技术管理资料和设计变更文件三部分组成。

5.1.1 工程技术文件报审表(表式 C2－1)

工程技术文件报审表(表式 C2－1)主要用于施工组织设计、施工方案、较大的施工组织设计改变、深化设计等技术文件的报审。

(1) 工程技术文件报审前的准备工作:工程技术文件报审前施工单位应按照内部程序对报审的工程技术文件进行审批,且一切内部审批手续应齐全。即编制文件人、审核人、审批人应签字,并批注审核、审批意见。然后装订成册,加盖公章。份数和报审时间(如施工组织设计一般规定为开工前 15d 或另行约定的时间)应符合《规程》规定或约定的要求。

(2) 工程技术文件报审表(表式 C2－1)的填写:工程技术文件报审表(表式 C2－1)的填写内容包括:

一般栏目:有工程名称、编号(填写方法如前)、日期、呈报技术文件名称、类别、册数、页数、施工单位名称和技术负责人、编制人、申报人签名等。

总承包单位审核意见栏:应填写对技术文件的审核意见,并填写有无附页、总承包单位名称和审核人签名等。

监理审定意见栏:应签署监理审核意见、审定结论、监理单位名称和监理工程师签名等。

(3) 工程技术文件审核表的保存:一般报审的工程技术文件应有三份(不含施工单位内部需要和有约定增加的份数),经监理单位审批后,此表建设、监理、施工单位各保存一份。

5.1.2 技术管理资料(C2－2)

技术管理资料主要有技术交底记录(表式 C2－2－1)和施工组织设计、施工方案(C2－2－2)两类(另详见后文 5.2 和 5.3 条)。

5.1.3 设计变更文件(C2－3)

设计变更文件主要有图纸审查记录(表式 C2－3－1)、设计交底记录(表式 C2－3－2)和设计变更、洽商记录(表式 C2－3－3)三项。

(1) 图纸审查记录(表式 C2－3－1):图纸审查应包括本专业图纸审查、各专业之间的图纸会审两部分。图纸审查和图纸会审一般在领到施工图纸后,设计技术交底前进行,它们由项目主管工程师(项目负责人)组织各专业的专业技术负责人、施工工长、质量检查人员进行实施。在图纸审查和图纸会审中除了应结合相关的规范、规程、中央或地方政府的规定去了解设计意图和设计图纸存在的问题,图纸中各专业存在的矛盾,也一并归纳成文,以备设计技术交底中向设计和建设单位等相关部门提出并获得解决外。在条件具备时还可以依据设备产品样本要求提出更深的问题,争取将设计图纸中隐藏较深的矛盾在实施前予以彻底解决。

图纸审查记录(表式 C2-3-1)的填写:此表的填写较为简单,编号的填写同前。应填写的专业分类码和顺序码(专业分类码详见 4.1 条)、提出单位、提出人及提出问题的具体内容。内容应条理分明,简明扼要,切中要害,笔迹清楚。

《规程》规定"图纸审查记录(表式 C2-3-1)"为工程施工的设计文件,不得在图纸审查记录(表式 C2-3-1)上涂改或变更其内容。

(2) 设计交底记录(表式 C2-3-2):设计交底由建设单位组织设计单位、监理单位、施工单位和建设单位内部的具体用户(使用或工艺流程编制的单位负责人、相关人员)统一进行,由设计部门对工程建筑的设计风格、使用功能、设计意图、工程的关键部位、重点部位、特殊部位的特殊作用及其采用的设计技术规范要求进行介绍与讲解。同时依据图纸会审中提出的问题予以解答,并办理设计变更或洽商等手续。设计交底记录应按《规程》中规定设计交底记录(表式 C2-3-2)格式进行填写,填写工作由施工单位整理、汇总,各参加交底的单位技术负责人会签后,加盖建设单位公章,形成正式设计文件。

设计交底记录(表式 C2-3-2)的填写:

编号的填写:设计交底记录(表式 C2-3-2)的编号与其他施工技术管理资料记录有所不同,不同点是编号仅占一行。因此,如何填写值得研究,依据实际运作中的规律是:在设计技术交底会上,先由设计单位项目总负责人对工程设计概况进行统一介绍后,然后分专业进行对口交底;在施工单位图纸会审时也是分专业审图与整理设计中的书面材料。因此编者建议编号栏内按专业分类码加顺序码填写,但为了减少篇幅在专业分类码方面,还应适当合并,仅分暖卫(给水、排水、中水、雨水、供暖……等)J_N 和通风(一般通风和空调)J_T 两大专业。即 J/××,分子为专业分类码,分母为顺序码。顺序码仍然用阿拉伯数字 01、02、03……表达,它代表第几次设计交底的编号。专业分类码适当合并也有利于将来竣工决算时避免因施工合同预约在一张设计变更或洽商单中,变更项目造价累计必须达到一定金额才参加工程决算的要求,但是与设计变更、洽商单一样,为了将来工程结算时不发生重复计算,在记录单内应增加注明"本记录单的内容已包括某专业部分"。

一般栏目有:工程名称、日期、时间、地点、建设单位、设计单位、监理单位、施工单位技术负责人会签栏和建设单位加盖公章栏。

主要栏目的填写:序号应填写交底内容问题的顺序号码。提出的图纸问题列应填写需要解决问题的相应内容。图纸修订意见列应填写要求解决问题的相应处理办法、技术措施或意见。设计负责人列应填写专业设计负责人(该专业的设计人员或设计单位指定的替代人员)的签名(不得用打印签名)。

(3) 设计变更、洽商记录(表式 C2-3-3)

A. 设计变更记录:设计变更是由设计单位对原设计图纸个别问题,或施工、建设、监理单位对工程图纸设计中问题向设计方提出合理化建议被设计单位采纳后提出的对原设计图纸局部修改的变更技术文件。它的功效与设计图纸等同，是施工单位施工和编制工程决算、图纸存档的依据。

B. 洽商记录：洽商记录分技术洽商和经济(建设经费)洽商两类。洽商记录本来主要是施工单位在施工过程中因自身的施工技术条件达不到设计要求，或施工单位掌握了比原设计技术条件更先进的施工工艺、施工方法或设计图纸中局部存在某些缺陷，依据施工单位自身的技术条件、施工设备配置的情况，而向设计单位(或建设单位)提出并被设计单位(或建设单位)采纳的技术性或功能性修改意见的文字记录。它是工程验收、今后工程改扩建、维修、竣工决算和竣工图纸编制的重要基础资料。

"洽商"顾名思义就是商量的意思。因施工单位或其他非设计单位不具备"工程设计的资质"，无权对设计图纸中的问题进行修改，为了改变原设计来达到自身合理建议的目的，而与设计单位进行洽商，以便征得设计单位的认同。而设计单位是受建设单位委托并按照建设单位提出的工程设计资料进行设计的工程设计者，按理建设单位在施工过程中要对某些设计进行修改，理应通过设计单位下达设计变更文件。但是在实际施工过程中，为了加速问题的解决，对于一些不关大局的技术变动，经某一方提出，由设计、监理、施工(涉及到功能性和较大的经费支出的应有建设方参加)共同协商后，也可以以洽商记录形式予以变动。

C. 设计变更、洽商记录(表式 C2-3-3)的填写要求：

(A) 在工程开工前应将设计变更、洽商单的格式通知设计单位，以免以后发生格式不符合工程资料组卷要求的情况。在工程开工时间较紧迫的情况下，可以先依据设计院的设计变更、洽商通知单或传真件进行施工。但是过后应及时去设计院按设计变更、洽商单的格式更换原件。

(B) 应阐明变更原因，并说明提出改变要求的单位(即设计方、监理方、施工方、建设方，且四方均应签字才有效)，设计变更和洽商中还应明确承担经济责任方。

(C) 内容必须明确具体，应有具体的变更内容所在的图纸编号、变更部位(轴编号或网格编号)、变更内容，文字表达应简明扼要；文字表达不清楚的，应有附图或样板示范。尤其经济洽商中，对变更原因、结论和承担经济责任方必须清楚，必要时应有附图，以利工程经济结算。

(D) 应阐明变更或洽商的日期，有关各方——设计、施工、建设、监理——单位负责人(或代表)应签名认可。签名应及时、齐全，签名不得用圆珠笔，应按《规程》规定的签字笔和黑色墨水填写和签字。设计单位若要委托建设或监理单位承办，应有设计单位的委托文件，委托手续应完善，委托文件应与施工管理资料一起存档。

(E) 在一个工程中，如果相同的单位工程需要同一份洽商记录单时，可以用复印件，但是应注明原件的编号和保存地点。

(F) 分包单位有关设计变更或洽商记录，应通过总包单位办理。这是指总包单位与分包单位的关系而言，但相关的设计技术变更或洽商，尚应经过各专业之间(土建、暖卫、通风、电气、工艺等)会审、交圈对口，以利于单位工程整体性合理、可靠。避免因变更引起其他专业发生矛盾。

(G) 设计变更、洽商记录采用(表式 C2－3－3)。

5.2 技术交底记录(表式 C2－2－1)

5.2.1 施工技术交底记录的分类

(1) 图纸会审记录、设计交底记录、设计变更技术交底记录、工程洽商技术交底记录。

(2) 施工组织设计(施工方案)交底记录。

(3) 分项工程施工技术交底记录:应按施工工序分阶段进行,分项工程施工技术交底分前期交底和施工过程中的交底两种。为了审阅方便和查找有序,应在交底提要中注明交底日期。

分项工程施工技术交底应依据施工规范、规程、施工工艺、细部做法和设计图纸要求,针对季节变化分别结合土建不同施工阶段的结构施工、建筑装修和土建施工方法、施工部位,按施工组织设计的部署及要求进行书面交底。和施工组织设计交底一样,对本工序的施工进度目标、质量目标、所用材料设备要求的交代要具体、明确。

对本工序的施工重点、难点及采用的相应的技术措施、组织管理措施要详细、明确、惟一。要有可操作性和针对性,应指出易出现的通病、质量事故、安全等问题,并要有具体的、可行的相应对策。

分项工程施工技术交底的双方应办理签认手续,注明交底日期。因同种工序的交底随工程进程的延伸,可能会有多次,为了查找方便和避免资料记载时间与现场安装阶段实际时间相互发生错位,因此应在交底提要栏内标注交底日期。

(4) 新技术、新材料、新产品、新工艺使用的技术交底:新技术、新材料、新产品、新工艺使用的技术交底应先收集资料,资料来源主要是说明书及社会调查。施工工艺、技术措施、技术标准主要还是厂家在使用说明书介绍的企业技术标准和操作方法。

5.2.2 技术交底的编制和记录

(1) 设计技术交底记录:设计技术交底记录的编制和记录详见 5.1.3－(2)。

(2) 施工组织设计的编制和交底记录:施工组织设计的编制和交底记录详见施工组织设计部分,即 5.3 条。

(3) 分项工程施工技术交底的编制与实施:分项工程施工技术交底文件由该专业技术负责人编制,并向施工工长、专业质量检查员、施工班组长进行交底,然后由施工工长组织实施。

(4) 分项工程施工技术交底编制的要求和交底记录。

A. 分项工程施工技术交底编制的要求

(A) 分项工程施工阶段的划分:应将单位工程的各专业按照 GB 50301—2001《建筑安装工程施工质量验收统一标准》附录 B 进行各专业分部、分项工程的阶段划分,即按表 1.5.2－1"建筑工程分部工程、分项工程的划分"进行。但是为了保障各专业工程后续工序的安装质量,各专业在编制分项工程施工项目技术交底时,应增加"预留孔洞、预埋件预埋"分项工程的技术交底。

建筑工程分部工程、分项工程的划分   表 1.5.2 - 1

分部工程	子分部工程	分 项 工 程
建筑给水排水及采暖	室内给水系统	给水管道及配件安装、室内消火栓系统安装、室内消防喷淋系统安装、气体灭火系统安装、给水设备安装、管道防腐、绝热
	室内排水系统	排水管道及配件安装、雨水管道及配件安装
	室内热水供应系统	热水供应管道及配件安装、辅助设备安装、防腐、绝热
	卫生器具安装	卫生器具安装、卫生器具给水配件安装、卫生器具排水管道安装
	室内采暖系统	采暖管道及配件安装、辅助设备及散热器安装、金属辐射板安装、低温热水地板辐射采暖系统安装、系统水压试验及调试、防腐、绝热
	室外给水管网	给水管道安装、消防水泵结合器及室外消火栓安装、管沟及管井
	室外排水管网	排水管道安装、排水管沟与井池
	室外供热管网	室外供热管道及配件安装、系统水压试验及调试、防腐、绝热
	建筑中水系统及游泳池系统	建筑中水系统管道及辅助设备安装、游泳池水系统安装
	供热锅炉及辅助设备安装	锅炉安装、辅助设备及管道安装、安全附件安装、烘炉、煮炉和试运行、换热站安装、防腐、绝热
通风与空调	送、排风系统	风管与配件的制作、部件的制作、风管系统的安装、空气处理设备安装、消声设备制作与安装、风管与设备防腐、风机安装、系统调试
	防、排烟系统	风管与配件的制作、部件的制作、风管系统的安装、防排烟风口、常闭正压风口与设备安装、风管与设备防腐、风机安装、系统调试
	除尘系统	风管与配件的制作、部件的制作、风管系统的安装、除尘器与排污设备安装、风管与设备防腐、风机安装、系统调试
	空调系统	风管与配件的制作、部件的制作、风管系统的安装、空气处理设备安装、消声设备制作与安装、风管与设备防腐、风机安装、风管与设备的绝热、系统调试
	净化空调系统	风管与配件的制作、部件的制作、风管系统的安装、空气处理设备安装、消声设备制作与安装、风管与设备防腐、风机安装、风管与设备的绝热、高效过滤器安装、净化设备的安装、系统调试
	制冷系统	制冷机组的安装、制冷剂管道及配件安装、制冷附属设备安装、管道及设备的防腐与绝热、系统调试
	空调水系统	冷热(媒)水管道系统的安装、冷却水系统安装、冷凝水系统的安装、阀门及部件安装、冷却塔安装、水泵及附属设备的安装、管道与设备的防腐与绝热、系统调试

室外工程的划分可依据专业类别和工程规模划分单位(子单位)工程；或依据 GB

50300—2001 附录 C 划分,即表 1.5.2－2 室外单位(子单位)工程和分部工程的划分。

室外单位(子单位)工程和分部工程的划分 表 1.5.2－2

单位工程	子单位工程	分部(子分部)工程
室外建筑环境	附属建筑	车棚、围墙、大门、挡土墙、垃圾收集站
	室外环境	建筑小品、道路、亭台、连廊、花坛、场坪绿化
室外安装	给排水与采暖	室外给水系统、室外排水系统、室外供热系统
	电气	室外供电系统、室外照明系统

(B) 分项工程施工技术交底应分阶段进行编制:为了提高分项工程施工技术交底的功效,各阶段的施工技术交底不应一次性地进行编制,应随着安装工程的进度,有计划、有顺序、有条不紊地分工序和阶段进行编制。

(C) 分项工程施工技术交底应注意时限性和完整性:即各阶段的施工技术交底的编制应于该工序的实施前编制完成,并及时向施工工长、施工质量检查员、施工班组长和该工序实施的工人进行交底完毕。

(D) 分项工程施工技术交底应突出重点和难点:一般常规的操作工艺和流程可不必进行交底,应重点交代完成此工序的关键部位和技术难点,解决这些问题的具体技术措施和管理措施,以及常见通病的预防,和预防这些通病的具体技术措施和自检、交接检的具体规定。在交底中也不要使用模棱两可的语句,更不要使用规范和规程的语言。技术措施要明确,质量标准要惟一,不得出现××到××的数字,使工人在操作时没有选择的余地。

(E) 分项工程施工技术交底应突出与其他专业的关系:即可能出现的矛盾,解决这些矛盾的技术措施和管理措施。

(F) 施工技术交底的主要参考资料:编制分项工程施工技术交底时应依据设计图纸的要求、现场的具体情况和参照表 1.5.2－3 所列的规范和规程进行。

施工技术交底依据的规范、规程和图集 表 1.5.2－3

序号	标准编号	标 准 名 称
1	GB 50242—2002	建筑给水排水与采暖工程施工质量验收规范
2	GB 50243—2002	通风与空调工程施工质量验收规范(2002 年修订版)
3	GB 50038—94	人民防空地下室设计规范
4	GB 50041—92	锅炉房设计规范
5	GB 50045—95	高层民用建筑设计防火规范(2001 年修订版)
6	GB 50073—2001	洁净厂房设计规范
7	GB 50098—98	人防工程设计防火规范(2001 年修订版)

序号	标准编号	标 准 名 称
8	GB 50151—92	低倍数泡沫灭火系统设计规范(2000年修订版)
9	GB 50166—92	火灾自动报警系统施工及验收规范
10	GB 50193—93	二氧化碳灭火系统设计规范(1999年修订版)
11	GB 50219—95	水喷雾灭火系统设计规范
12	GB 50231—98	机械设备安装工程施工及验收通用规范
13	GB 50235—97	工业金属管道工程施工及验收规范
14	GB 50236—98	现场设备、工业管道焊接工程施工及验收规范
15	GB 50261—96	自动喷水灭火系统施工及验收规范
16	GB 50263—97	气体灭火系统施工及验收规范
17	GB 50264—97	工业设备及管道绝热工程设计规范
18	GB 50268—97	给水排水管道工程施工及验收规范
19	GB 50270—98	连续输送设备安装工程施工及验收规范
20	GB 50273—98	工业锅炉安装工程施工及验收规范
21	GB 50274—98	制冷设备、空气分离设备安装工程施工及验收规范
22	GB 50275—98	压缩机、风机、泵安装工程施工及验收规范
23	GB 6245—98	消防泵性能要求和试验方法
24	CJJ 33—89	城镇燃气输配工程施工及验收规范
25	CJJ 63—95	聚乙烯燃气管道工程技术规程
26	CECS 14:89	游泳池给水排水设计规范
27	CECS 17:2000	埋地硬聚氯乙烯给水管道工程技术规程(代替 CECS 17:90 和 CECS 18:90)
28	CECS 41:92	建筑给水硬聚氯乙烯管道设计与施工验收规范
29	CECS 94:97	建筑排水用硬聚氯乙烯螺旋管管道工程设计、施工及验收规范
30	CECS 105:2000	建筑给水铝塑复合管道工程技术规程
31	CECS 108:2000	公共浴室给水排水设计规程
32	CECS 125:2001	建筑给水钢塑复合管道工程技术规程
33	CECS 126:2001	叠层橡胶支座隔震技术规程
34	CJJ/T 29—98	建筑排水硬聚氯乙烯管道工程技术规程
35	CJJ/T 81—98	城镇直埋供热管道工程技术规程

序号	标准编号	标 准 名 称
36	JGJ 26—95	民用建筑节能设计标准(采暖居住建筑部分)
37	JGJ 71—90	洁净室施工及验收规范
38	GBJ 14—87	室外排水设计规范(1997 年版)
39	GBJ 15—88	建筑给水排水设计规范(1997 年版)
40	GBJ 16—87	建筑设计防火规范(1997 年版)
41	GB 50019—2003	采暖通风与空气调节设计规范
42	GBJ 67—84	汽车库设计防火规范
43	GBJ 84—85	自动喷水灭火系统设计规范
44	GBJ 93—86	工业自动化仪表工程施工及验收规范
45	GBJ 126—89	工业设备及管道绝热工程施工及验收规范
46	GBJ 134—90	人防工程施工及验收规范
47	GBJ 140—90	建筑灭火器配置设计规范(1997 版)
48	GB 50184—93	工业金属管道工程质量检验评定标准
49	GB 50185—93	工业设备及管道绝热工程质量检验评定标准
50	GB 50352—2001	民用建筑工程室内环境污染控制规范
51	GB/T 16292—1996	医药工业洁净室(区)悬浮菌的测试方法
52	GB/T 16294—1996	医药工业洁净室(区)沉降菌的测试方法
53	DBJ 01—26—96	北京市建筑安装分项工程施工工艺规程(第三分册)
54	DBJ 01—605—2000	新建集中住宅分户热计量设计技术规程
55	DBJ/T 01—49—2000	低温热水地板辐射供暖应用技术规程
56	GB/T 3091—1993	低压流体输送用镀锌焊接钢管
57	GB/T 3092—1993	低压流体输送用焊接钢管
58	劳动部(1990)	压力容器安全技术检察规程
59	劳动部(1996)276 号	蒸汽锅炉安全技术检察规程
60	劳动部(1997)	热水锅炉安全技术检察规程
61	建设部(2000)第 76 号令	关于实施《民用建筑节能管理规定》
62		FT 防空地下室通用图(通风部分)
63	京 01SSB1	新建集中供暖住宅分户热计量设计和施工试用图集

序号	标准编号	标 准 名 称	
64	91SB 系列	华北地区标准图册	
65	国家建筑标准设计图集	暖通空调设计选用手册(上、下册)	
66	98T901	《管道及设备保温》	中国建筑标准设计研究所
67	99S201	《消防水泵结合器安装》	中国建筑标准设计研究所
68	99S202	《室内消火栓安装》	中国建筑标准设计研究所

(G) 分项工程技术交底记录:分项工程技术交底后应及时按贯标程序的要求填写贯标记录,在贯标记录表中应有交底时间、地点、参加人员、交底的主要项目和主要内容,以及交底人和被交底人的签名。

B. 分项工程技术交底记录(表式 C2－2－1)的填写

分项工程技术交底记录包括的内容有:

(A) 一般栏目:有工程名称(或分部分项工程名称)、编号、施工单位、技术负责人、交底人、接受交底人的签名。

(B) 交底提要:应填写工程数量、施工班组、参加人员、计划完成时间、工程重点、难点和主要技术措施、交底时间(以便区分相同工序中的不同区段、交底时间)等。

(C) 交底内容

主要材料:说明使用材料的具体材质、型号规格、外观质量的要求、材料质量试验的技术要求,同时说明相关的检验手段,手续是否齐全合格。

质量要求:说明该工序要达到质量目标(涉及质量标准的应提出误差允许值的具体数字。数值只能是惟一的,不能有选择的余地),具体的技术措施(措施应是肯定的、且是惟一的,不允许有第二种方法),注意事项及引用规范、规程的条文和条款等。

安全操作事项:说明防止出现人身伤亡事故、人身安全及质量事故的常规操作和保证安全的正确操作方法与过程。

技术操作方法及措施:说明对本工序的实施条件(如本专业前面工序和土建专业、其他专业的相应工序应做到什么程度)、正确的施工方法、流程、技术措施,特别是技术难点及解决技术难点的实施的技术措施更应交代清楚。

其他事项:如成品保护、冬雨季施工应注意的事项,露天施工或其他环境气候对施工质量、施工安全的影响及注意事项,以及防止环境污染应采取的技术和管理措施。

书写要求:书写语气应是肯定的、惟一的,不能用空洞无物的语言(例如"应符合设计和规范要求",应具体阐明规范、规程名称和编号,及相关条文编号,并将条文内容列出来)。文字编排应采用计算机文字处理程序,插图应用计算机的 AutoCAD 制作、粘贴插入。

C. 施工技术交底示例

(A) 广安门医院医用辅助楼工程地下一、二层孔洞预留和预埋件、短管预埋分项工程技术交底(表式 C2－2－1)。

(B) 交底附图,见图 1.5.2-1。

技术交底记录 (表式 C2-2-1)						编号	J_N
							001
工程名称	广安门医院扩建医用辅助楼工程 地下一、二层和夹层孔洞预留和预埋件、短管的预埋					施工单位	新兴建设总公司 五公司六项

交底提要:

本交底包括地下一层夹层和地下二层通风管道预留孔洞预留和预埋件预埋部分,共计墙体上预留孔洞3个、楼板上预留孔洞两个;预埋件58件,其中楼板上30件、墙体上10件、柱子上18件;短管1件。预埋件主要用于固定风道的支、吊、托架。安装难点是位置、标高的准确性,控制预留和埋设位置准确性的技术措施是:(1)以墙柱中心线为度量尺寸的基准线;(2)采用钢尺和水准尺丈量;(3)丈量尺寸由两人操作。施工班组为王小明班共计五人。工程完成日期为2001年11月25日~2002年1月13日。交底时间2001年11月20日。交底人佟杰。接受交底人有通风工长、质量检查员及施工人员王小明班五人共计七人。

交底内容:

1.主要材料:预埋件采用 $\delta=6$mm 的 Q235 冷轧钢板和 ϕ10mm 钢筋制作详见图 1.5.2-1(a);预埋短管采用 $\delta=3$mm的 Q235 冷轧钢板制作,钢板表面应光滑、无严重锈蚀,无污染,短管的内表面刷防锈漆两道见图 1.5.2-1(b);预留孔洞的模具圆形孔洞用 $\delta=10$mm 木板制作成内模,外包 $\delta=0.7$mm 镀锌铁皮,内衬 30mm×30mm 木枋支撑;方形孔洞木模用 $\delta=10$mm 木板制作成模,相互连接的两块模板采用榫接头连接,模板外侧应用刨刀刨光。模板内侧四角采用 30mm×30mm 木枋倾斜支撑,倾斜角度为 45°详见图 1.5.2-1(c)、(d)。

2.预埋件和预留孔洞的数量、规格尺寸和埋设位置如下表:尺寸依据 GB 50243—97 第 3.2.3 条表 3.2.3-1 和表 3.2.3-2 的规定制作。

序号	名 称	规 格	模(埋)板尺寸	板材尺寸	斜撑或埋筋尺寸	数量	标高	平面位置
1	预埋铁件	—	120×120×6	120×120×6	2-ϕ10 L=280	58		详见设施 05、06
2	圆形木模	ϕ350	ϕ450	10×200×450	30×30×390	2		详见设施 05、06、07
3	方形模板	800×320	900×450	10×250×450 10×250×900	30×30×200	2		详见设施 05、06、07
4	方形模板	1200×500	1300×600	10×300×600 10×300×1300	30×30×250	1		详见设施 05、06、07
5	预埋短管	1200×500	1200×500	$\delta=2$mm		1		详见设施 05

3.质量标准要求:(1)位置和标高应准确,其误差在 ±5mm 以内。(2)圆形风道模板外径的误差应小于 ±2mm,椭圆度用丈量互相垂直 90°两外径相差不应大于2mm。(3)矩形风道模板外边长度误差应小于 ±2mm,模板相互之间的垂直度为两对角线丈量相差不应大于 3mm。(4)孔洞内表面应光滑平整,不起毛或无蜂窝、狗洞现象。(5)预埋件的脚筋与铁板的焊接质量应焊缝均匀,无气泡、气孔、夹渣和烧熔、熔坑现象,焊渣应清除干净,脚筋应垂直钢板,且尺寸应符合图示要求。

4.施工前提(施工条件):预留孔洞和预埋件预埋应在土建专业钢筋绑扎就绪、合模之前进行安装就位。同时应在再次校核施工图纸和与其他专业会审无误后施工。

5.预埋件和预留孔洞模板固定措施:

(1)预埋件的固定只许用火烧丝绑扎固定,不允许用焊接固定,若土建钢筋与固定位置要求不一致,可增设辅助钢筋,将预埋件脚筋焊接在辅助钢筋上,然后再将辅助钢筋绑扎在土建的钢筋网上。辅助钢筋的直径采用 ϕ12mm。短管用 4 根焊接于短管侧面(互成井字形)的 $L=$边长 $+2×250$,ϕ16 8 根锚固。

（2）孔洞模板的固定,可用2英寸的圆钉钉于楼板或墙板的木模板上,然后增设加固钢筋。其中圆形孔洞模板用4根$\phi16mm$、$L=800mm$的井字形加固钢筋绑扎固定在土建的钢筋网片上,矩形孔洞模板可用8根或16根$\phi12mm$,长度分别为$L=$边长$+800mm$(井字筋,共8根)和$L=600mm$(8根与井字筋成45°的加固筋,仅长边$L=1300mm$的孔洞模板才有)固定筋绑扎在土建的钢筋网片上。

（3）土建专业浇筑混凝土时应派工人在现场进行成品保护和校正埋设位置移动的误差。

（4）在此工序的实施过程中,应特别关注埋设位置的准确性,措施如前所述。

6.安全措施:（1）施工人员应戴安全帽进行作业。（2）施工人员应穿硬底和防滑鞋进入现场,防止圆钉扎脚伤人。（3）安装前应检查焊接设备是否符合安全使用要求,电源、接线有无破皮、漏电等不安全因素,严禁未检查就启用焊接设备进行焊接工作。（4）高空作业施工人员应系好安全带。

7.施工过程检查合格后,预留孔洞应填写《预检工程检查记录表》C5-1-2,预埋件和预埋短管的预埋应填写《隐蔽工程检查记录表》C5-1-1。不合格项应填写《不合格项处置记录表》C1-5。

8.插图详见图1.5.2-1。

技术负责人	佟 杰	交底人	佟 杰	接受交底人	杨学峰、王延岭、王小明等

本表由施工单位填报,交底单位与接受交底单位各保存一份。

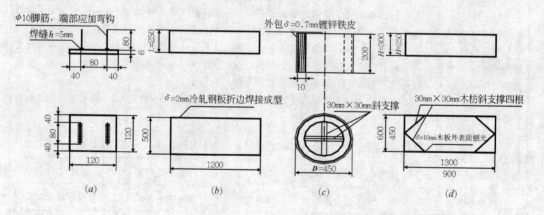

J4-3　1-1001预留孔洞预留和预埋件埋设技术交底插图

图1.5.2-1　施工技术交底示例图
（a）预埋件;（b）预埋短管;（c）圆形木模制作;（d）矩形木模制作

5.3　施工组织设计或施工方案（表式C2-2-2）

5.3.1　暖卫通风空调专业施工组织设计编写的一般规定和存在的问题

（1）暖卫通风空调专业施工组织设计编写的一般规定:单位工程施工组织设计(或施工方案)应在组织施工前编制,并应依据施工组织设计编制更细致的分部位、阶段和专项施工方案。编制的内容应齐全,不应漏项,且应有审批手续。发生较大的施工措施和工艺变更时,应对施工组织设计进行补充修改,并上报审批。

(2) 暖卫通风空调专业施工组织设计编制中存在的问题

A. 施工组织设计的类型分辨不请:经常出现将施工现场需要实施执行的施工组织设计按照招投标时需要的格式进行编写。

B. 工程概况编制混乱无序:对分部、分项工程和工序分辨不请,因此工程概况编制内容组合无序与混乱,让第三者审阅困难,难以理解作者的表达意思。例如将锅炉房内的通风分部工程与锅炉设备安装中的风烟系统混合阐述;又如将锅炉房内的供暖、给水、排水系统分部工程与锅炉设备安装中的水汽系统/排污系统混合阐述等。

C. 缺乏概括能力,照搬照套题义致使内容重复:如在"主要分项项目施工方法与技术措施"的编写中同样内容反复出现,文章冗长,重复现象严重。

D. 照本宣科、文无重点:照搬书本,该说的不说,不该说的篇幅繁多。例如在施工方法中,将常规的、人所共知的安装流程不厌其烦地照抄无误,而特别需要阐述的工序流程(工序搭接)、工程重点、难点与解决这些重点、难点的相应技术措施和管理措施,却只字不提。同样对易产生质量事故的问题及其防止出现质量事故的操作规程、技术措施也一言不发,而一般的操作工艺流程却反复阐述。

E. 脱离工程实际、内容短缺严重:主要表现在不按上级编制施工组织设计的文件要求编写,内容短缺,避重就轻,空喊口号,言之无物,技术和管理措施奇缺,起不到指导施工的作用。

F. 文理不顺、错误百出:文件打印后不加校对,就草率上报。因此经常出现错字、别字繁多,用词不当,文理不顺,以口语替代科学语言等现象。

G. 责任心不强、文字编辑水平差劲,错误百出:主要表现在打印水平差劲,排版混乱,段落编排杂乱无序,主字与角码(上、下标)不清,单位英文代码不规范,该用附图(插图)表达仅用文字表达不清的未用附图表达等等。

H. 缺乏对施工组织设计的作用认识:主要体现在不是将施工组织设计作为施工全过程的指导性的技术文件来认识,而是将其作为应付差使的手段。

5.3.2 施工组织设计的类别

按施工组织设计的用途可分为三类。它们之间的编制格式、包含内容、编写要求相同,不同的是编写条件、深度和内容的修饰性有所不同。

(1) 工程招投标的施工组织设计

A. 它是为工程投标而编写的。在编写条件上往往建设方提供的图纸不齐,有时提供的图纸属于扩初设计图纸,甚至有的工程暖卫通风空调某项图纸尚未设计,仅在标书上有简单的文字说明。因此它要求编制人员的专业知识扎实且对各种建筑物的用途及内部设备的配置情况应有较广泛的认识,否则就难以编制出比较完整的、有水平的施工组织设计。

B. 在编制依据项目中应有招标文件等内容。

C. 在整篇文件中不得出现投标单位公司名称、人员名字(领导或一般人员)、公司的标志(图标、图框、专有名词)等。

（2）施工现场实施的施工组织设计

A．它是为整个工程施工全过程而编制的施工组织设计文件。

B．它是工程质量目标和工程施工全过程的工程进度、工种搭接与协调、工序安排、工程质量及工程物资保证的技术与管理措施而编写的指导性文件。

C．在编制依据项目中不得有招标文件内容，但应有施工合同等内容。

D．在施工组织机构中应明确各类人员的具体姓名和职务，可以显示公司和项目经理部的具体名称。

E．应删除投标稿中为了工程中标所使用的对工程进度计划和施工质量保障中带有夸大成分的内容，用实际的与设备、实际技术力量配置相适应的技术措施取代原有内容。

F．施工组织设计无特殊情况时，应在工程开工 20d 前编制和内部审批完毕，送监理审批。

G．施工组织设计一般 4 份，在内部报审时应随附施工文件和贯标文件工程审图记录、设计交底记录、施工组织设计研讨记录各一份。

H．施工组织设计审批后，应及时向相关人员进行技术交底，并向上级主管部门上报贯标文件施工组织设计交底记录一份。

（3）修改或补充的施工组织设计

A．它是随工程进展中因某些工程内容的变动而补充编制的施工组织设计。

B．它分为两类：

（A）变动范围较小的可将修改内容附加在原施工组织设计中即可。

（B）变动范围较大的，应将修改或增补的内容上报上级主管部门审批后实施。

C．修改或补充的施工组织设计应归并到原施工组织设计中一起归档。

5.3.3　施工组织设计的交底

（1）施工组织设计的交底应及时，以利于对工程施工起到指导作用。

（2）施工组织设计应由主要负责编制人向专业技术负责人、质量检查人员、施工工长、资料管理人员、施工班组长、材料供应负责人与采购人员等相关人员交底。

（3）施工组织设计交底内容

A．交底内容应简明扼要、重点明确、条理清晰、实用性和可操作性强。

B．交底内容应突出重点、难点与相应的技术和管理措施，措施和实施条件应明确。

C．交底内容应突出工程进度计划、物资设备、人员进场计划的阶段性、时限性。

D．交底内容应突出与其他工种交叉可能出现的矛盾和位置，并提出协调办法与计划。

E．交底内容应突出各工序连接的环境条件和通病的预防措施。

F．交底内容应突出预防人身安全和质量事故的管理措施和处罚奖励制度。

G．交底内容应突出防止环境污染的措施。

5.3.4　暖卫通风空调工程施工组织设计编制提纲

（1）施工组织设计的格式选择

施工组织设计的格式随着不同的施工单位有不同的规定,这里采用突出建设单位或评标单位希望能比较明确表达质量目标与实现质量目标保证措施、施工工期目标与实现工期目标保证措施、环境保护目标与实现环境保护目标保证措施的格式编写。

(2) 暖卫通风空调工程施工组织设计编制提纲的内容

A．编制依据和采用标准

(A) 编制依据:主要有工程招投标文件(现场施工实施稿应改为工程施工合同,是编制施工组织设计的纲领性文件)、工程设计施工图纸(含设计技术交底,是编制施工组织设计的最主要依据文件)、工程概算(是确定投入施工力量和完成工期的依据)、公司施工组织设计贯标控制程序(是施工单位编制施工组织设计的内部控制文件)、国家和地方政府的相关文件(是编制施工组织设计的补充依据材料)、现场场地情况(是编制施工组织设计能更好符合现场实际必不可少的条件之一)。

(B) 采用标准:主要有国家颁布的施工验收规范、行业标准与规程、当地政府管理部门颁发的补充规定与规程、国家和地区编制的施工标准图集。它们是保障和控制工程施工质量的主要标准。暖卫通风空调工程施工涉及到的主要规范、规程、图集见表1.5.2－3。

在一个具体工程的施工组织设计中如何确定采用的规范、规程等标准时,应从施工图纸的设计总说明和其他说明中了解各分部和分项工程采用的具体设备、附件、管材材质和连接方法,以及防腐保温材料等相关信息中确定该工程需要选用的标准。

B．工程概况

(A) 工程概况编写内容的特点:工程概况部分的编制是编制施工组织设计全过程中工作量最大的部分,它与实际工程的具体设计内容息息相关,必须依据各分部工程的具体设计逐一编写,不存在套用以往工程事例内容的可能性。

(B) 工程概况在整个施工组织设计中的重要性:它是后续部分编写的依据,比如是确定分项工程试验、测试和调试的前提,也是选用施工机具、试验测试仪表的依据,更是保证施工质量采取技术措施、人员配备的前提。一个工程技术负责人和实施的组织者,如果对工程的设计概况不清楚,则他在组织工程施工中一定会出现盲目与混乱,工程质量就难以保证。

(C) 工程概况编制内容的表达形式:可以采用"文字叙述法"、"列表法"、"倒树枝状流程框图法"和"简明系统图(流程图)表达法",建议采用后三种方法表达比较简明扼要,且缩短篇幅。

(D) 工程概况各分部工程的编制:

a．工程简介:主要介绍工程的建设单位、监理单位、地理位置、建筑概况(面积、层高、总高、功能、防火等级等)、建筑结构概况(结构形式、抗震烈度、安全等级等)以及涉及到其他专业分部工程的内容等。工程简介宜采用列表法比较好(表1.5.3－1、表1.5.3－2),它能表达各层建筑的使用功能,为后文通风空调的调试及施工技术措施做好铺垫,使阅读者了解通风空调采取相关措施和调试方法的必要性。

建筑设计的主要元素

表 1.5.3-1

项 目	内 容
工程名称	××工程
建设单位	××
设计单位	北京市××建筑设计研究院
监理单位	××
地理位置	北京市××区×××街×××号
建筑面积	××.×××m²
建筑层数	地下2层、地上9层
檐口高度	××.×××m
建筑总高度	××.×××m
结构形式	现浇钢筋混凝土框剪结构
人防等级	人防×级
抗震烈度	抗震烈度8度
安全等级	二级
耐火等级	二级
节能要求	50%

建筑各层的主要用途

表 1.5.3-2

序 号	层高 (m)	用 途	
		(A)-(G)轴	(G)-(L)轴
-2	3.30	汽车车库(地面标高-9.80)	六级人防兼汽车车库(地面标高-9.80)
-1		汽车车库(地面标高-5.50,层高3.20)	设备机房和后勤办公用房 (地面标高-5.85、层高3.95)
1	3.90		大堂、血透中心、供应室、消防及监控中心
2	3.50		图书馆及档案室
3	3.50		医务办公室
4	3.50		会议室及基础研究室
5	3.50		基础研究实验室
6	3.50		动物室及同位素研究室等
7、8	4.05		音像中心、大会议室及附属用房
9			电梯机房和热交换间、水箱间

b.供暖与供热工程:本项内容中包括室内供暖系统、蒸汽供应系统和室外供热管网部分。它由三部分组成:

(a)热源(汽源)和设计参数:热源(汽源)应阐述热源(汽源)的来源和热媒参数等概况。设计参数包括室内和室外的设计参数两部分,以采用列表法比较简捷清楚。

(b)系统划分与服务对象:此部分以列表法编制比较好,当系统比较复杂时也可以采用流程图的形式表达。在表达的内容方面应将设备和引入、引出干管的设计情况加以阐述。

(c)采用材质、连接方法与防腐保温:此部分以列表法或文字叙述法编制均可,具体采用何种方法视实际工程设计情况而定。比较简单的工程也可以与系统划分和服务对象一起在列表法中阐述。

c.给水、消防给水和气体灭火系统工程:本项内容中包括室内生活给水系统、室内热水供应系统、室内消火栓给水与干粉灭火剂配置系统、室内消防喷淋(喷洒)灭火系统、气体灭火系统、人防给水系统、游泳池给水系统、工艺纯净水供给系统、中水供水系统和室外给水管网与水景系统部分。编制内容的分项与供暖工程基本相同,不再重复阐述。这里应说明的是为什么将干粉灭火剂的配置与消火栓合并在一起,其原因是一般干粉灭火剂的配置位置均与消火栓箱放在一起。

d.通风空调工程:本项内容中包括:

(a)一般通风工程:一般送风系统、一般排风系统、消防排烟送风系统、消防排烟排风系统、人防通风系统和空气幕安装等。见表1.5.3-3。此项工程系统的划分和服务对象一般以列表法表达较为简捷,但比较复杂的人防通风以简明系统图(流程图)表达法比较简捷。

一般送排风工程   表1.5.3-3

类型	系统编号	服务范围	设备名称	型号	规格	数量	单位
排风系统	P-1	地下一层普通中药品储存区	斜流风机	GXF5.5A	$L=7891m^3/h$、$H=427Pa$、$N=1.5kW$	1	台
			排风竖井	土建式	500×1500	1	个
			回风口	FK-20	100×300	1	个
			回风口	FK-20	300×450	5	个
	P-2	地下一层阴凉药品成品库区	斜流风机	GXF6A	$L=13488m^3/h$、$H=298Pa$、$N=2.2kW$	1	台
			排风竖井	土建式	500×2000	1	个
			回风口	FK-20	250×400	2	个
			回风口	FK-20	300×500	2	个
			回风口	FK-20	300×550	2	个
	P-3	地下一层制冷站、循环水设施机房	斜流风机	GXF4.5A	$L=4971m^3/h$、$H=206Pa$、$N=0.55kW$	1	台
			排风百叶窗	防水型	800×700	1	个
			回风口	FK-20	250×400	4	个

类型	系统编号	服务范围	设备名称	型号	规格	数量	单位
排风系统	P－15	地下一层阴凉药品成品库区	新风换气机组	XHB－D26型	$L = 2600m^3/h$、$H = 170Pa$、$N = 0.83kW$	1	台
			进风竖井	土建式	300×700	1	个
			排风竖井	土建式	300×800	1	个
			送风口	FK－20	250×250	5	个
			回风口	FK－20	250×250	5	个

　　(b) 空调工程:可分三类,即一般空调工程、洁净空调工程、空调冷冻(热水)水和循环冷却水系统等。

　　一般空调工程有新风(新风补给系统)系统、全空气空调系统、风机盘管加新风补给系统、VRV空调系统(包括室内机组安装、室外机组安装、冷冻剂输送系统安装和冷凝结水排放系统安装等,示例见表1.5.3－4)、局部空调系统(立式或壁挂分体式空调机组)等。

　　洁净空调系统(单向流洁净室空调系统和非单向流洁净室空调系统;正压洁净室和负压洁净室系统)。

　　空调冷冻(热水)水和循环冷却水系统。

VRV空调系统　　　　　　　　　　　　　表1.5.3－4

系统编号	室外机		服务范围	室内机(注:风量中分数为高/低风速的风量值)					
	型号规格	功率(kW)		型号规格	制冷量(kcal/h)	制冷量(kcal/h)	风量(m³/min)	功率(kW)	数量
系统－1	RHXY280K	11.8	一层门厅(一)	FXYD50K	5000	5400	15/13	0.131	2
			一层医疗保健	FXYD40K	4000	4300	13/11	0.131	1
			一层门厅(三)	FXYD63K	6300	6900	18/15	0.12	2
系统－2	RHXY280K	11.8	二层招待用房	FXYD25K	2500	2800	12/11	0.078	10
系统－3	RHXY280K	11.8	三层招待用房	FXYD25K	2500	2800	12/11	0.078	8
			三层西侧两间	FXYD40K	4000	4300	13/11	0.131	2
系统－4	RHXY280K	11.8	四层招待用房	FXYD25K	2500	2800	12/11	0.078	8
			四层西侧两间	FXYD40K	4000	4300	13/11	0.131	2
注解	室外机的型号规格	型　号 RHXY280K	标准制冷量 25000 kcal/h		标准制热量 27000 kcal/h		功　率 11.8kW		数量 4台

注:1.室外机在屋顶的安装位置设计图纸未提供。

　　2.表中的制冷量和制热量均为标准制冷量和标准制热量。

　　(c) 编制方法:编制内容的分项与供暖工程基本相同,不再重复阐述。系统划分的表达方式以列表法和简明系统图(流程图)表达法比较简捷。

(d) 应注意的问题:因通风空调系统各项设计环境参数和功能性参数的测试、调试项目较多,应注意审查设计图纸中配合众多参数测试的条件是否齐备。

e. 工艺需要的特种气体输送系统:如氢气、氮气、氩气等供应系统。

f. 排水工程:可分为有压排水系统(包括有压的生活污水和废水排放系统)、无压生活污水排水系统、无压废水排水系统、内排雨水系统四类。编制内容的分项与供暖工程基本相同,不再重复阐述。系统划分的表达方式以文字叙述法和列表表达法比较简捷。

g. 锅炉设备安装工程:本分部工程包括锅炉主机和附件安装、风烟系统安装、给水排污系统安装、热水供应系统安装、蒸汽供应系统安装、主要控制测试仪表安装和锅炉房自身给水、排水、供暖、通风系统的安装等分项工程。其表达方式可分三个主线路(风烟系统、给水排污系统、供热供汽系统)编写,并以工艺流程图表示较为简捷。

(a) 锅炉主机和附件安装:本系统包括锅炉主机安装、空气预热器附件安装、省煤器附件安装等,在这部分编制中,应依据锅炉的体积与重量、锅炉安装位置、建筑周围场地对运输路线的影响、设计吊装孔的情况,以便为后面锅炉主机的运输和就位创造条件。

(b) 风烟系统的安装:本系统包括送、引风机安装,送、引风道的制作与安装,消声器的安装以及装配式烟囱的吊装等。

(c) 给水排污系统的安装:本系统包括锅炉给水软化处理系统和补水系统的安装,软化水水箱与凝结水箱的安装,锅炉补水(给水)泵、软化水循环泵和凝结水提升输送泵的安装,除氧除铁系统的安装、锅炉及附属设备排污系统的安装等。

(d) 热水供应系统的安装:本系统包括汽水热交换器(或水水热交换器)的安装、分水器与集水器的安装、一次水和二次水循环系统的安装、一次水系统和二次水系统膨胀水箱的安装等。

(e) 蒸汽供应系统的安装:本系统包括分汽缸的安装、蒸汽供应管道的安装、凝结水排放系统的安装等。

(f) 主要控制测试仪表及附件的安装:主要有安全阀、水位计、减压阀等控制检测仪表的安装。

(g) 锅炉房自身给水、排水、供暖、通风系统的安装等。

h. 工程的重点难点和着重注意的问题:此项依据工程设计的概况阐明工程施工中的重点和难点,并阐述对策。其次阐述需要设计或建设单位协助解决的问题和是否需要组成施工现场各方的协调小组。

i. 工程主要设备和材料明细表:本项应分暖通工程和给排水工程两部分列表统计(表1.5.3-5和表1.5.3-6)。

暖通工程设备材料明细表 　　　　　　　　　　　表1.5.3-5

序号	名　称	型号规格	数量	单位	备　注

给排水工程设备材料明细表					表 1.5.3 – 6
序号	名　　称	型号规格	数量	单位	备　　注

C. 施工部署

（A）施工现场组织机构及施工组织管理措施

a. 施工现场领导机构的建立：建立以工程项目经理、项目技术负责人（指土建专业）、设备安装工程项目总负责人（技术主管）和专业技术负责人（暖卫、通风、电气、锅炉设备专业）、材料供应组长、劳务队队长组成的工程进度、工序搭接、施工力量调配、材料供应等的协调和领导核心小组。

b. 施工现场技术管理机构的建立：建立以工程项目技术负责人（指土建专业）、设备安装工程项目总负责人（技术主管）、专业技术负责人（暖卫、通风、电气、锅炉设备专业）、材料供应组长、专业施工工长（暖卫、通风、电气、锅炉设备专业）、专业施工质检员（暖卫、通风、电气、锅炉设备专业）、专业资料员（暖卫、通风、电气、锅炉设备专业）组成的施工技术管理、协调小组。

c. 暖卫通风空调工程管理网络图：

（a）一般工程的暖卫通风空调工程管理网络图（图 1.5.3 – 1）。

（b）重大工程的暖卫通风空调工程管理网络图（图 1.5.3 – 2）。

（B）施工流水作业的安排

简单阐述土建专业施工流水作业段的划分以及为了实现按预定工期竣工，设备专业如何配合土建专业的进度划分施工流水作业段的概况。

（C）施工力量的部署

a. 各分部分项工程工程量分布的特点：阐明各分部分项工程工程量分布的特点为下面施工力量的投入和施工作业的具体实施方案做好铺垫。

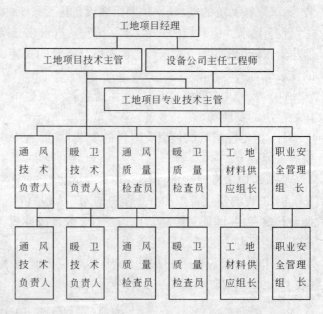

图 1.5.3 – 1　一般工程的暖卫通风空调工程管理网络图

b. 通风工程施工力量的安排：应依据上述通风专业安装工程量分布的特点和工程概算提供的通风专业的用工量，配合土建施工工序的进度，确定随着工程进度的进展各阶段应投入的施工总力量和工种的人数。

c.暖卫工程施工力量的安排:和通风工程类似,也应依据上述暖卫专业安装工程量分布的特点和工程概算提供的暖卫专业的用工量,配合土建施工工序的进度,确定随着工程进度的进展各阶段应投入的施工总力量和工种的人数。

D.施工准备

(A)技术准备

a.施工技术管理机构的建立。

b.施工图纸审图班子的建立。

c.成立以甲方、设计、监理、总包分包单位组成的常住现场协调小组。

d.编制通风空调设计参数测试、系统调节方案。

(B)施工机具和测试仪表的配备

a.现场办公用房、材料周转库房、加工间的配备。

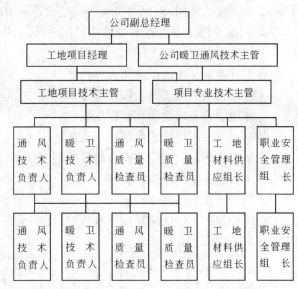

图1.5.3-2 重大工程的暖卫通风空调工程管理网络图

b.应分暖卫工程和通风工程分别编写,应特别注意不要忽略通风空调工程测试仪表、设备和测试辅助附件的配置。

(C)施工进度计划和材料设备与人员进场进度的编制

a.应有工程进度计划的条形图或网络图。

b.应有施工力量投入的形象图表。

c.应有设备和材料的进场计划书及形象图表。

E.工程质量、工期、环境保护目标和实现工程质量目标的技术措施

(A)工程质量目标

a.工程竣工后要达到的质量目标。

b.工程竣工后要达到的观感目标。

c.工程竣工后要达到的使用功能目标。

d.工程竣工后要达到的施工技术管理资料的质量目标。

(B)工期目标

a.定额工期。

b.甲方要求工期。

c.我方承诺工期及开工竣工日期。

(C)环境保护目标

(D)保证达到工程质量目标的技术措施

a.组织管理措施:建立施工技术管理机构;建立施工图纸审图汇总班子。

b.加强施工全过程的协调:实行项目技术总负责人对施工质量总负责的责任制,加

强施工全过程的协调,避免因协调欠缺造成不应出现的质量事故。

c. 制定关键工序的施工质量控制程序(施工流程),如:

工程重要部位施工工序和质量控制程序

各工种施工工序搭接协调控制程序

土建通风竖井施工质量控制程序

竖井内管道安装质量控制程序

材料、设备、附件质量保证控制程序

低温地板辐射供暖管道安装质量控制程序

暖卫管道安装质量控制程序

通风管道安装质量控制程序

洁净室施工工序搭接顺序控制程序(图1.5.3－3)

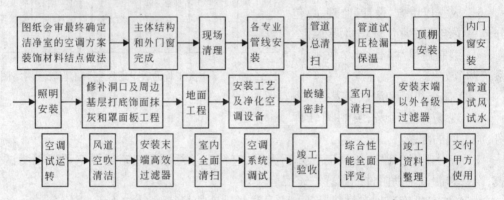

图1.5.3－3 洁净室施工工序搭接顺序控制程序

d. 新技术、新材料、新工艺的应用。

e. 控制质量通病,提高施工质量。

f. 规范施工技术记录资料的管理。

g. 指定成品、半成品保护措施。

F. 主要分项工程施工方法及技术措施

为了避免出现类似内容反复出现,这部分的编写应以材质为单元进行编写,例如在同一工程中生活给水、消防喷淋给水、热水供应等系统,它们管材均采用热镀镀锌钢管,如果按分部工程顺序编写,就会出现内容重复,但是如果采用以材质为单元进行编写,就不会出现反复重复现象。本款内基本可分为三类,即暖卫工程、通风空调工程、锅炉设备安装工程。

(A) 暖卫工程

a. 预留孔洞及预埋件预埋:应阐明进场材料设备检验试验管理措施。

b. 管道安装:焊接钢管、热镀镀锌钢管、钢塑复合管道、无缝钢管、不锈钢管、XPAP铝塑复合管道、UPVC聚氯乙烯硬塑料管道、PPR聚丙烯硬塑料管道、PEX交联聚乙烯塑料管道、铸铁给水管道、铸铁排水管道、紫铜管道等。应阐明与土建施工工序的配合,编写中应引用相关规范、规定条文,使用的附件(阀门等)的材质及连接方法、质量要求。在阐述中应着重说明克服安装中的质量通病和保证重点、难点施工质量的技术措施。

  c. 卫生洁具安装。

  d. 供暖散热器的安装。

  e. 低温热水辐射地板供暖系统的安装。

  f. 消火栓箱的安装。

  g. 水泵和气压稳压装置的安装。

  h. 水箱的安装。

  i. 热交换器的安装。

  j. 软化水装置的安装。

  k. 管道和设备的防腐和保温。

  l. 伸缩器安装应注意的事项。

  m. 小型锅炉设备的安装。

  (B) 通风工程

  a. 预留孔洞及预埋件预埋。

  b. 通风管道及附件的制作。

  c. 管道的吊装。

  d. 风口的安装。

  e. 净化空调系统中效和高效过滤风口的安装。

  f. 风帽、吸排气罩的制作与安装。

  g. 风道风量、风压测孔的安装。

  h. 柜式和壁挂分体式空调机组的安装。

  i. 新风机房配管和新风机组的安装。

  j. 消声器的安装。

  k. 风机盘管的安装。

  l. 活塞式制冷机组的安装。

  m. 螺杆式制冷机组的安装。

  n. 冷却塔和冷却水循环系统的安装。

  o. 风道及部件的保温。

  (C) 锅炉房锅炉设备和管道的安装与调试

  a. 锅炉本体的安装:

  (a) 安装准备:锅炉进场路线的选择、设备的清点与验收、锅炉设备基础的放线与验收、锅炉安装基准线的放线与标记。

  (b) 锅炉的就位:锅炉基础验收、锅炉就位方案的确定(如采用滚扛牵引就位方案)、锅炉牵引路线的准备。

  (c) 锅炉就位应注意的事项

  b. 锅炉附件的安装:省煤器的安装、安全阀的安装、水位计的安装、温度计的安装、减压阀的安装、排污阀的安装、烟囱的安装。

  c. 锅炉附属设备的安装:锅炉给水泵及其他输送泵的安装、水泵配管的安装、水泵的试运转、贮水箱(膨胀水箱、凝结水箱、软化水箱、贮水箱等)的安装、热交换器的安装、软化水装置(含电子软化水装置、除氧器等)的安装、锅炉鼓风机的安装、分汽缸与分水器集水器的安装。

d. 锅炉配管管道的安装。

e. 锅炉设备及其他系统的调试:水泵、风机、热交换器等的单机试运转、软化水系统应进行联合运行试运转、锅炉的各项参数测试和试运转。

f. 锅炉安装工程的验收。

G. 工期目标与保证实现工期目标的措施

主要阐述管理措施,其表达方式以目标因果图的表达方式比较简捷。

H. 现场管理的各项目标及措施

主要有降低成本目标和措施、文明工地和环境保护目标与措施三项。前者要有具体的降低造价的百分数,第二项以达到文明工地为目的,最后一项是减少环境污染的目标。应着重阐述达到这些目标的管理措施,其中前两项表达方式以目标因果图的表达方式比较简捷,而最后一项以叙述方式表达比较好。

I. 施工现场供水设计

应有施工用水量计算、贮水池容积计算(当市政管网供水有困难时)、水泵选型、输水管道管径计算、施工现场供水管网布置图。由于原有施工用水量的计算过于专业化,计算比较复杂,对于一般单位工程或建设区域一般工期不是很长的工程,编者推荐简化计算法。

5.3.5 施工现场供水简化设计(仅供参考)

施工现场供水设计包括水源选择、用水量计算、管网布局、管材管径选择和阻力损失计算、储水池容积计算、水泵扬程和流量计算与型号选择、消防设备的选择和供水平面布局设计等。

在施工现场供水设计的几项内容中,水源的选择除了应注意水源的位置、可供应容量、压力的大小外,还应注意水质的情况。前者涉及到设施供水管道的敷设、设备投资和运行的经济性,后者涉及工程质量和安全性的保证。但这几项内容中,尤以用水量的计算比较复杂,它不仅涉及到施工管道敷设、设备投资和运行的经济性,也给现场管理技术带来一定的难度。鉴于现场供水重点在于保证主要工序和环节用水(如工程主体区域的施工用水和消防用水),且施工水量的准确率不如使用中建筑用水量的准确率高和非"给水专业"技术管理人员简化施工用水设计的需要,故提供简单的施工用水设计计算方法很有必要。本文将着重探讨此方面的问题。

(1) 施工用水量的计算

施工现场用水量由工程施工用水、施工机械用水、施工现场人员生活用水、生活区(家属区)用水、消防用水五类组成。其中以施工用水量的计算最复杂。因此本文重中之重是探讨施工用水的计算问题。

A. 工程施工用水量:工程施工用水量的计算在《建筑施工手册》及其他教科书中均有论述,但笔者认为其计算方法过于繁复,笔者认为对于一般的单项工程和建筑类型较单一的建设小区可以依据土建工程主要工序的内容采用较简便的概算法予以代替。例如对于现浇钢筋混凝土结构,若混凝土为现场就地搅拌,其施工用水量可以耗水量最大的混凝土搅拌工序的用量代替工程施工用水量;而混凝土为商品混凝土时,则以装修阶段的砂浆搅拌的用水量代替。其他工程可以用同时并存的两个或多个基本工序的复合用水量代替。因此分析工程各个工序的用水量即成为探讨的对象。

(A) 工程各工序用水量的分析

a. 现浇混凝土每 m^3 用水量的分析:

(a) 每 m^3 混凝土自身用水量

水灰比	水泥用量(kg)	用水量(L)
0.7	250	175
0.65	275	179
0.60	300	180

平均每 m^3 用水量 $= 1.1 \times (175 + 179 + 180) \div 3 = 198.5 \approx 200L$

(b) 石子和砂子冲洗用水量　每 m^3 混凝土扣除水泥和水的重量后,石子和砂子的重量 $\approx 1900kg$

每 m^3 混凝土石子和砂子的体积 $\approx 1m^3$(因为水泥主要用于填充石子和砂子的缝隙),所以每 m^3 混凝土冲洗石子和砂子的用水量 $\approx 1000L$

(c) 冲洗模板的用水量　每 m^3 混凝土冲洗模板的用水量 $\approx 5L$

(d) 养护混凝土的用水量(按厚度 100mm 折算为钢筋混凝土板 $10m^2$ 计算,一天养护 5 次,每次 20L)　每 m^3 混凝土养护用水量 $\approx 100L$

(e) 搅拌机冲洗用水量(按 600L/台班计算,一个台班平均按搅拌 10 罐,搅拌机的容积按 400L 计)　每 m^3 混凝土冲洗搅拌机的用水量 $\approx 600 \div (400 \times 10) = 0.15L$

(f) 冲洗混凝土输送泵等的用水量　每 m^3 混凝土冲洗混凝土输送泵等的用水量 $\approx 5L$

合计现浇混凝土每 m^3 用水量 $= 1310.15L$

建议现浇混凝土每 m^3 用水量取 $1200 \sim 1300L/m^3$

b. 商品混凝土现场每 m^3 用水量:依据上述分析建议每 m^3 商品混凝土用水量取 $100 \sim 200L/m^3$

c. 砂浆搅拌每 m^3 用水量:　　　　　　　　　　　　　　　　　　　$300L/m^3$

d. 其他工序所需用水量建议按下列数字选取:

(a) 砌砖工程(全部)　　　　　　　　　　　　　　　　　　　　　$200L/m^3$

(b) 砌石工程(全部)　　　　　　　　　　　　　　　　　　　　　$60L/m^3$

(c) 空心混凝土砌块工程(全部)　　　　　　　　　　　　　　　　$150L/m^3$

(d) 陶粒空心混凝土砌块工程(全部)　　　　　　　　　　　　　　$200L/m^3$

(e) 抹灰工程(全部)　　　　　　　　　　　　　　　　　　　　　$30L/m^3$

(f) 抹面工程(不包括砂浆调制)　　　　　　　　　　　　　　　　$5L/m^2$

(g) 地面找平层工程(全部)　　　　　　　　　　　　　　　　　　$200L/m^2$

(h) 上水管道安装工程(室外工程未包括冲洗用水)　　　　　　　　$98L/m$

(i) 工业管道安装工程(室外工程未包括冲洗用水)　　　　　　　　　　　　35L/ m

(j) 排水管道安装工程(全部)　　　　　　　　　　　　　　　　　1130~1200L/ m

(B) 工程用水量的计算:工程用水量按下式计算

$$q_1 = k_1 A q_A k_2 (3600 B_d S_B)^{-1} = 3.4722 \times 10^{-5} k_1 A q_A k_2$$

式中　　q_1——现场施工用水量(L/s);

　　　　k_1——未预计的施工用水系数(1.05~1.15);

　　　　k_2——用水不均衡系数,一般取 1.5;

　　　　A——施工工序的日产量(m^3/d、m^2/d 或 m/d);

　　　　q_A——每个工序单位工程量的用水量(L/ m^3、L/ m^2 或 L/ m);

　　　　B_d——每天施工班数(b/d);

　　　　S_B——每班工作小时数(h/b);

　　　　3600——转换系数(s/h)。

B. 施工机械用水量:施工机械用水量按下式计算

$$q_2 = k_1 \sum Q_2 N_2 k_3 (3600 B_d S_B)^{-1} = 3.4722 \times 10^{-5} k_1 \sum k_3 Q_2 N_2 \qquad L/s$$

式中　　q_2——施工机械用水量(L/s);

　　　　k_1——未预计的施工用水系数(1.05~1.15);

　　　　k_3——施工机械用水不均衡系数,一般取 1.4;

　　　　Q_2——同一种机械的定额用水量(如运输汽车冲洗用水量 700L/T·d)(L/T·d);

　　　　N_2——同一种机械的台数(T)。

C. 施工现场人员生活用水:施工现场人员生活用水量可按下式计算

$$q_3 = k_4 Q_3 N_3 (3600 B_d S_B)^{-1} = 3.4722 \times 10^{-5} k_4 Q_3 N_3 \qquad L/s$$

式中　　q_3——施工现场人员生活用水量(L/s);

　　　　k_4——施工人员用水不均衡系数,一般取 1.4;

　　　　N_3——现场施工高峰期的施工人员数量(人);

　　　　Q_3——施工人员用水量标准(L/人·d)。

生活用水(盥洗、饮水)　　　　20L/人·d

食堂用水　　　　　　　　　　20L/人·次

浴室(淋浴)　　　　　　　　　40L/人·次

建议施工人员用水量标准平均取　　　　　　50L/人·d

D. 生活区(家属区)用水量 q_4:此项目一般工程很少发生,可以忽略不计。

E. 消防用水量 q_5:按下列原则计算

(A) 施工场地面积 $S \leqslant 25ha$　　　　　　$q_5 = 5 \sim 10L/s$

(B) 施工场地面积 $S \geqslant 25ha$　　　　　　$q_5 = 10 \sim 15L/s$

F. 总的施工用水量 q

(A) 当　　$q_1 + q_2 + q_3 > q_5$　　　　　　$q = q_1 + q_2 + q_3$

(B) 当　　$q_1 + q_2 + q_3 \leqslant 0.75 q_5$ 时　　　　$q = q_5$

（C）当 $q_1 + q_2 + q_3 > 0.75 q_5$ 时 $\qquad q = q_5 + 0.5(q_1 + q_2 + q_3)$

（2）储水池容积 V 的确定

A. 储水池容积必须具有 10min 消防储水容量 V_1：即

$$V_1 = 0.6 q_5 \qquad\qquad \text{m}^3$$

B. 施工用水的储水量 V_2 应依据当地市政水源供应情况而定

C. 储水池的总容量 V

$$V = V_1 + V_2 \qquad\qquad \text{m}^3$$

（3）输水管网干管管径 D 的确定：

$$D = [0.004 q (\pi v)^{-1}]^{0.5} \qquad\qquad \text{m}$$

式中 D——计算管径(m)；

v——管内水的流速(按消防管内最小流速 2.5m/s 计算)(m/s)。

或按表 1.5.3－7 估算(干管和其他支管)：

供水管网管道估算表(钢管) 表 1.5.3－7

管径 (mm)	环状管网		树 枝 式 系 统					
			末 端		中 端		始 端	
	$\Delta h = 394\text{Pa}$		$\Delta h = 196\text{Pa}$		$\Delta h = 245\text{Pa}$		$\Delta h = 394\text{Pa}$	
	L／h	L/S	L／h	L/S	L／h	L/S	L／h	L/S
15	180	0.05	144	0.040	162	0.045	180	0.05
20	432	0.12	342	0.095	396	0.110	432	0.12
25	900	0.25	684	0.190	720	0.200	900	0.25
32	1980	0.55	1480	0.411	1728	0.480	1980	0.55
40	2700	0.75	2268	0.630	2520	0.700	2700	0.75
50	5580	1.55	4500	1.250	5184	1.441	5580	1.55
70	11160	3.10	9000	2.500	10080	2.800	11160	3.10
80	18000	5.00	14400	4.000	16200	4.500	18000	5.00
100	37800	10.50	30600	8.500	34560	9.600	37800	10.50
125	60480	16.80	48600	13.50	55080	15.30	60480	16.80
150	93600	26.00	75600	21.00	84600	23.50	93600	26.00
175	143280	39.80	117000	32.50	130680	36.30	143280	39.80
200	205200	57.00	167400	46.50	187200	52.00	205200	57.00

管径 (mm)	环状管网		树　枝　式　系　统					
			末　端		中　端		始　端	
	$\Delta h = 394\text{Pa}$		$\Delta h = 196\text{Pa}$		$\Delta h = 245\text{Pa}$		$\Delta h = 394\text{Pa}$	
	L/h	L/S	L/h	L/S	L/h	L/S	L/h	L/S
225	284400	79.00	231840	64.40	25920	72.00	284400	79.00
250	388800	108.0	316800	88.00	354240	98.40	388800	108.0
275	504000	140.0	410400	114.0	460800	128.0	504000	140.0
300	644400	179.0	525600	146.0	644400	179.0	586800	163.0

说明：1. 环状管网每延米摩擦阻力采用 394Pa(即 30mmH$_2$O)是基于当管内水流流速为 $v = 2.5\text{m/s}$(消防供水管内最小流速)和 $q = 5\text{L/s}$ 或 $q = 10\text{L/s}$ 时,用概算公式算出的管径与每延米管内摩擦阻力为 394Pa 时的管径近似相等)。

　　　2. 树枝状管网采用三段不同的每延米摩擦阻力值是为了降低距离不同管段间的总阻力差异,有利于管路总的水力平衡。降低每延米摩擦阻力值,就相当于在同等总阻力条件下缩短后面管段的距离。

(4) 水泵扬程 H 估算:

$$H_0 = \sum h + h_0 + h_\text{s} + h_1 \qquad \text{mH}_2\text{O}$$

式中　H_0——水泵应具备的最小扬程(mH$_2$O);

　　　$\sum h$——供水管道的总阻力(mH$_2$O);

　　　$\sum h = 1.02(1 + 0.1 \sim 0.15)10^{-4} \sum h_\text{IJ} L_\text{IJ}(\text{mH}_2\text{O})$;

　　　L_IJ——第 I–J 段管路的长度(m);

　　　h_IJ——第 I–J 段管路的沿程摩擦阻力(供水系统按表 1.5.3–7 取值)(Pa/m);

　0.1 ~ 0.15——局部阻力占沿程摩擦阻力的百分比值,视局部阻力情况而选取;

　　　I、J——管段的编号(I、$J = 0,1,2,3,4\cdots\cdots$);

　　　h_0——水泵吸入段的阻力(mH$_2$O);

　　　h_s——用水点的资用压力(一般用水器具取 1.0 ~ 1.5m;消防栓取 10m)(m);

　　　h_1——水泵中心标高与最高用水点标高之差(m)。

输送水泵的扬程 H:

$$H = kH_0 = (1.05 \sim 1.2)H_0 \qquad \text{mH}_2\text{O}$$

式中　H_0——输送水泵的扬程(mH$_2$O);

　　　k——安全系数,为 1.05 ~ 1.2。

输送水泵的流量 G:

$$G = (1.05 \sim 1.15)G_0$$

式中　G_0——系统的计算供水总水量 $G_0 = 3.6q(\text{m}^3/\text{h})$;

　　　q——总的施工用水量(L/s);

52

1.05~1.15——安全系数。

6 工程物资资料(C3)的管理内容和要求

6.1 工程物资资料(C3)管理的有关规定

6.1.1 施工工程物资的定义和分类

(1) 施工工程物资的定义

工程物资包括工程中采购的主要原材料、成品、半成品、构配件、设备等。暖卫通风空调采用的设备和原材料的区分大体如下：

A. 进场的设备类：是指成套设备和主要设备。如高效过滤送(回)风口、空气过滤器、高级卫生设备(指高档次、价格高的卫生设备)、热交换器、空调用的表面式热交换器(含表面式蒸发器)、软化水设备(含电子软化水设备)、除氧器、水质消毒加氯(药)设备、脱硫设备、水箱(含膨胀水箱)、水罐(含气压罐)、通风空调静压箱、水泵类、风机类(含鼓引风机、暖风机、风扇)、风幕、通风柜、加压风机箱、空气诱导器、空气除湿机或除湿装置、空气加湿器、空气余热回收器、太阳能热水器、空调机(含壁挂式、窗式、柜式、风机盘管)、现场组装式空调机组、冷水机组及罐体、冷却设备(含冷却塔)、制冷设备、洁净工作台、洁净小室、风淋室、消声器材、压力容器、锅炉、锅炉机组、消防设备、卫生防疫设备、燃气设备、煮沸消毒器、测试仪表等等。

B. 材料、配件、附件、卫生洁具类：如饮水器、水表、消火栓(含消火栓箱)、水龙头、阀件(各类阀门、疏水器、减压阀、调节阀、安全阀、旋塞、蝶阀、球阀等)、过滤器、喷头(含喷洒喷头)、卫生洁具的给水配件(水龙头、角阀、软管)、污水盆、洗涤盆、洗脸(洗手)盆、普通浴盆、淋浴器、大便器、小便器、妇女卫生盆、化验盆、地漏、供暖散热器及一般较简单的设备等。

(2) 工程物资的分类：工程物资分为三类，暖卫通风空调工程采用物资的归类如下：

Ⅰ类物资：指仅须有质量证明文件的工程物资。暖卫通风空调工程涉及到此类物资有防火涂料、保温材料、焊条、焊剂和焊药、管材、法兰、衬垫等原材料以及焊接、防腐、保温、隔热(粘接)辅料，风道及配件制作安装所使用的各种板材，制冷管道系统的管材、防腐保温材料、衬垫、柔性软管等及加工预制件。

Ⅱ类物资：指物资到场后除了必须有出厂质量证明文件外，还必须通过复试检验(试验)才能认可其质量合格的工程物资。暖卫通风空调工程涉及到此类物资有散热器、锅炉及锅炉设备、暖风机、辐射板、热水器、卫生洁具及配件、水箱(含膨胀水箱)、水罐(含气压罐)、除污器等及附属设备；各类阀门、仪表及调压装置；空气处理设备、通风设备(消声器、除尘器、空调机组、热交换器、风机盘管、诱导器、通风机等)、制冷设备(各式制冷机组及附件等)及各系统中的专用设备。

Ⅲ类物资:指除了必须有出厂质量证明文件、复试检验(试验)报告外,施工完成后,需要通过规定龄期后再检验(试验)方能认可其质量的工程物资。如混凝土、砌筑砂浆等。暖卫通风空调无此类物资。

6.1.2 施工工程物资管理的要求

(1) 工程物资的质量要求:物资质量必须合格,并有出厂质量证明文件(包括质量合格证明或检验/试验报告、产品生产许可证、产品合格证等)。

(2) 工程物资质量证明文件的要求:依据 GB 50242—2002《建筑给水排水及采暖工程施工质量验收规范》第 3.2.1 条、第 3.2.2 条,GB 50243—2002《通风与空调工程施工质量验收规范》第 4.1.1 条、第 4.1.2 条、第 7.1.2 条等,GB 50273—98《工业锅炉安装工程施工及验收规范》第 1.0.3 条,JGJ 71—90《洁净室施工及验收规范》第 1.0.5 条,GBJ 134—90《人防工程施工及验收规范》第 1.0.4 条的规定,暖卫、通风空调工程所用的主要材料、设备、成品、半成品应是按标准生产的产品,应有符合国家或部颁现行标准的质量检验合格鉴定文件和产品合格证,并且应符合国家有关强制性标准的规定。

A. 工程物资质量证明文件的具体要求:合格证书应具备有产品名称、型号、规格、国家质量标准的标准代号、出厂日期、生产厂家的名称、地点、出厂产品质量检验证书(质量检测鉴定报告书),证书应有质量检测部门的证章、质量检查员的签字或质量检查员的代号证章。质量证书上的证章应是国家承认的厂家或国家、地方专业质量检测机构的印章。不得以公司、厂办公室、财务、合同、销售部门等非质量鉴定部门的证章代替。盖有未经相关授权部门批准、不具备检测条件的质量检测机构印章的检测鉴定报告书无效(如经营销售公司的质量证章,不但要证明该公司质量鉴定部门的证章有效,尚应提供国家相关授权部门的质量鉴定资质批准认证证书)。对各类工程物资质量证明文件的具体要求如下:

(A) 材料、附件产品合格证及质量检测报告书:管材、板材、型材、管件、法兰、衬垫等金属或非金属原材料,焊条及焊接辅助材料、防腐、胶粘剂等材料应有合格证书,还要有化学成分、机械性能的检测报告书。保温、隔热(隔冷)等材料应有合格证书和隔热性能与温度变化的关系曲线图或性能表。消防防火及净化工程的材料(如阻燃性的柔性短管、阻燃性的消防输送软管、阻燃性的保温材料及阻燃性的排烟防火材料等)、消声材料等尚应有相关部门的认证书和有关法定检测单位的证明书。同类材料、同一生产批号的不同规格产品应有一份检测报告书和合格证书。

(B) 设备、器具的产品合格证及质量检测报告书:散热器、卫生器具及附件、暖卫通风空调工程的阀门及调节测量仪表和装置、送回风口、高(中)效过滤器送(回)风口、空气过滤器、高级卫生设备(指高档次的卫生设备)、热交换器、空调用的表面式的热交换器(含表面式的蒸发器)、软化水设备(含电子软化水设备)、除氧器、水质消毒加氯(药)设备、脱硫设备、水箱(含膨胀水箱)、水罐(含气压罐)、通风空调静压箱、水泵类、风机类(含鼓引风机、暖风机、风扇)、风幕、通风柜、加压风机箱、空气诱导器、空气除湿机或除湿装置、空气加湿器、空气余热回收器、太阳能热水器、空调机(壁挂式、窗式、柜式、风机盘管等)、现场组装式空调机组、冷水机组及罐体、冷却设备(含冷却塔)、制冷设备、洁净工作台、洁净小室、风淋室、消声器材、压力容器、锅炉及锅炉机组、消防设备、卫生防疫设备、燃气设备等，除了应有合格证书外，尚应有相关产品技术参数、使用、安装说明书及附件明细表。

（C）消声器材、压力容器、锅炉和锅炉机组、消防设备、卫生防疫设备、燃气设备、空气净化设备、背水箱配件、通风工程的防火阀、人防工程的产品（如电动手摇两用风机、滤毒器、余压阀、密闭阀、止回阀等），尚应有相关管理部门的认证证明及相关法定检测部门的检测证书。

（D）进口设备及材料应有商检部门的检验情况通知书（副本）。

B．工程物资质量证明文件的整理

（A）质量证明文件要按专业分类进行整理。

（B）质量证明文件的整理要按专业施工工序的先后进行整理。

（C）合格证等质量证明文件应贴在统一规格的白纸上（一般为 A4），装订成册，页数和字号应与目录一致，并进行编号（它是表式 C3－4－2 和表式 C3－4－3 中合格证号和设备/管道附件名称编号的填写内容）、注明使用部位和使用数量，与设备开箱检查记录（表式 C3－4－1）、材料、配件检查记录（表式 C3－4－2）、设备及管道附件试验记录（表式 C3－4－3）放在它们之后，形成一一对照关系。较小的合格证可贴在"材料、配件、设备合格证试验单、说明书（表式 C3－4－0）"上。

（D）同一产品的质量证明文件、说明书等资料应装订在一起，且不同产品之间在装订时质量证明文件、说明书的顺序应一致，以便于阅读。

（E）同一规格、同一厂家的同类材料，只需一份质量证明文件。

（F）同一厂家的同一产品、同型号、同规格的设备质量证明文件也只需一份。

C．质量证明文件的有效期限：质量证明检验证书的有效期为两年，超过两年的质量证明文件无效。

D．质量证明文件的抄件：

（A）质量证明文件的抄件（复印件）应保留原件的所有内容，且复印件的原生产厂家质量检测部门的证章应清楚，不清楚的无效。

（B）在质量证明文件的抄件（复印件）上应注明原件的存放单位、抄件人签名，复印件应有复印单位（供货商）的印章。

E．质量证明文件的编号：质量证明文件的编号应按《规程》第 6.6.2 条无表式码工程资料表格的规定，在资料页的右上角进行编码。编码的规则同有表式码的工程资料表格。

（3）不合格物资的处置：检验不合格的物资不准使用，并应填写表式 C1－5 的《不合格项处置记录》，在《不合格项处置记录》中应注意处理去向。需要采用技术措施的产品，应满足相关的技术要求，并经项目技术负责人批准后方可使用。涉及功能性（原文指土建结构）安全的，应征得设计单位的同意，并符合有关规定方可使用。

（4）新材料、新产品、新工艺、新技术使用的规定：凡使用新材料、新产品、新工艺、新技术应具备有鉴定资格单位出具的鉴定证明文件和北京市建委批准的《新技术、新材料试点申报书》。同时应有产品质量标准、使用说明书和工艺要求。使用前应按其质量标准进行检验和试验。

（5）实行见证取样和送检的管理制度：按《规程》规定实行有见证取样和送检的管理

制度,并做好见证记录。

(6) 特定设备和材料的规定:如压力容器、消防设备等国家、北京市所规定的特定设备和材料应附有有关审批文件和法定检测单位的质量检测证明。

(7) 工程物资的分级管理:工程物资应实行分级管理。

A. 半成品的供应单位或半成品的加工单位(如通风专业的风管加工厂)应负责收集、整理、保存所供应物资(如采购的附件)或原材料(制作零部件的原材料,如镀锌钢板、型钢等)的质量证明文件。

B. 施工(安装)单位需收集、整理、保存供应物资单位或加工单位提供的物资或半成品的质量合格证明文件和进场后进行的检验、试验文件。

C. 各单位应对各自范围内的工程物资资料的汇集整理结果负责,并保证工程物资资料的可溯性。

(8) 工程物资的分类管理:工程物资应按工程物资的类别编制质量管理措施(如通风工程零部件加工的质量控制和进场的半成品检测)和进行物资选样送审、报验工作。

6.2 工程物资的选样送审

6.2.1 工程物资选样送审的范围和程序

《规程》规定工程使用的物资需履行选样送审制度。施工单位必须依据签定工程合同时约定的或其他文件(如设计图纸)的约定,在工程物资订货采购前履行送样审批手续,经监理、设计、建设单位审定认可后,才能与供货方签订采购合同,送审时应将样品、附件与《工程物资选样送审表》(表式 C3-1)一起送审。《规程》还规定分包单位的工程使用的物资也需履行选样送审制度,并在工程物资订货采购前履行送样审批手续,经总承包单位、监理、设计、建设单位审定认可后,才能与供货方签订采购合同或才能实施物资进场计划。送审时应将样品、附件与《工程物资选样送审表》(表式 C3-1)一起送审。

6.2.2 工程物资送审样品的封存

《规程》规定工程使用物资送审样品应是免费提供、永久封存,随时作为样品与今后进货实物进行比较的依据。它也是今后发生质量事故核定事故责任归属的依据。在实际工程中,曾经出现由于施工单位未保存好送审样品和及时要求监理、建设单位签批送审手续(已有口头同意),当工程验收时,因约定订货的工程物资质量较差,出现外观质量事故后,监理、建设单位不签收的事例。

6.2.3 工程物资选样送审表(表式 C3-1)的填写

依据《规程》第 6.3.3 条的规定,工程中采购的主要原材料、成品、半成品、构配件、设备等均属履行选样送审审批手续的工程物资,均应填写《工程物资选样送审表》(表式 C3-1)。其填写内容包括:

一般栏目:工程名称、编号、日期。

呈报栏目:应填写呈报物资样品所属专业安装工程的材料、设备的品种(如供暖工程的温控调节阀),并填写审批期限(年 月 日)。

物资名称栏目:应填写材料、设备的名称、型号规格、质量等级、生产厂家、拟用部位等。

物资附件栏目:应填写材料、设备的生产厂家资质文件、产品性能说明书、质量检测报告、质量保证书、工程应用实例、报价单、施工单位名称、技术负责人、申报人等内容。

总承包单位审核意见栏目:填写总承包单位的审批意见、有无附页、总承包单位名称、审核人、审核日期等。

监理(设计)审核意见栏目:填写审批意见、监理工程师(设计负责人)签名和审核日期等。

建设单位审核意见栏目:填写审批意见、审定结论、技术负责人签名和审核日期等。

6.3 工程物资进场报验

6.3.1 工程物资进场报验中的有关问题

(1) 工程物资进场后,施工单位应组织质量检查员、工长、技术负责人会同供货方代表(厂家、器材采购人员或甲方供货人员)对进场物资进行共同检查,经施工单位自检、互检合格后,再填报《工程物资进场报验表》(表式 C3 - 2),向建设/监理单位报请核验。

(2) 报验表应分批填写,同一类别、同一规格、不同(或同一)厂家、不同进料日期的产品,应分批进行验收和分别填写《工程物资进场报验表》(表式 C3 - 2)。同一批材料的验收单上还应注明使用地点和数量(同一批用在不同位置的还应注明各部位的使用数量分配)。

(3)《工程物资进场报验表》(表式 C3 - 2)的附件(即产品性能说明书、质量检测报告、质量保证书等)应齐全。

6.3.2 《工程物资进场报验表》(表式 C3 - 2)的填写

《工程物资进场报验表》(表式 C3 - 2)应与《工程物资选样送审表》(表式 C3 - 1)相对应。其填写内容包括:

一般栏目:工程名称、编号、日期。

呈报栏目:应填写呈报物资所属专业安装工程的材料、设备的品种(如供暖工程的温调控工程)。

物资名称栏目:应填写材料、设备的名称、主要型号规格、单位、数量、选样送审表的编号、使用部位等。

物资附件栏目:应填写材料、设备的出厂合格证、厂家的质量检测报告、厂家的质量保证书、商检号、进场检查记录、进场复试报告等,以及施工单位技术/质量负责人、申报人等内容。

总承包单位检验意见栏目:填写总承包单位的检验意见、有无附页、总承包单位名称、检验人、检验日期等。

建设(监理)验收意见栏目:应签署意见、填写审定结论、建设(监理)单位工程师签名和验收日期等。

6.4 材料、设备进场检验记录(表式 C3 - 4)

材料、设备进场检验记录共计三项。即设备开箱检查记录(表式 C3 - 4 - 1),材料、配件检验记录(表式 C3 - 4 - 2)和设备及管道附件试验记录(表式 C3 - 4 - 3)。

6.4.1 设备开箱检查记录(表式 C3 - 4 - 1)

(1) 设备开箱检查人员的组成:设备进场后安装前,应由建设单位、监理单位、施工单位(专业技术负责人、工长、质量检查员、器材供应单位)、生产厂家和必要时邀请设计单位人员参加组成检查小组共同进行。

(2) 设备开箱检查的内容:进场设备应按 GB 50243—2002《通风与空调工程施工质量验收规范》第 7.1.2 条 ~ 第 7.1.5 条规定的开箱检验、清点随机附件及资料,按产品说明书及设备明细表认真检查其型号、规格、材质、性能、数量、生产日期、专用工具、装配情况,并进行外观质量和装配情况的检查和测试。以手动或接电源电动检查可转动部件的情况,观察安装间隙是否均匀,有无偏心、碰撞现象,缺件、损坏情况,以及是否符合设计和国家施工规范相关条文的要求等。检查数量大型设备为 100%,经常使用、质量较可靠的设备可抽样检查,检查数量由抽查小组共同确定,但不宜少于 10% 或一个。需要做相应压力试验的应及时试验,并填写《设备及管道附件试验记录》(表式 C3 - 4 - 3)。

泵类、风机类设备应检查出厂合格证与产品的型号是否相符,依据设备装箱清单检查随机附件及资料是否齐全,所有敞口应有盖板严密遮盖,检查各切削加工面与机壳的防锈情况,转轮有无锈蚀损伤或变形,转轮与机壳是否碰撞。

空调设备、通风柜等应检查出厂合格证与产品的型号是否相符,依据设备装箱清单检查随机附件及资料是否齐全,外观检查所有敞口应有盖板严密遮盖,转轮有无锈蚀损伤或变形。以手动或接电源电动检查可转动部件的情况,观察检查转轮与机壳是否碰撞外,尚应检查设备外形是否规则、平直,弧形表面是否圆滑,尺寸是否准确,焊缝是否饱满,结构是否紧密,有无缺损和孔洞,设备金属外壳的防腐处理情况及外表面的色泽是否一致,面层有无划伤、锈斑、气泡和脱落等现象。非金属设备还应检查其构件材质是否符合使用环境的要求(如温度)等。

不合格的设备不得使用,有疑问的应请具有测定资质的法定检查单位进行检测,并出具检测报告单。不合格的设备应填写《不合格项处置记录》(表式 C1 - 5),说明不合格品的处置去向(包括修复后投入使用)。

检查合格的设备,应填写《设备开箱检查记录》(表式 C3 - 4 - 1)。检查中需要进行试验的设备,应将试验记录填写在《设备及管道附件试验记录》(表式 C3 - 4 - 3)内。

(3) 设备开箱检查记录(表式 C3 - 4 - 1)的填写

一般栏目:编号(应填写专业分类码和顺序码)、设备名称、检查日期、型号规格、装箱单号、总数量、检查数量、建设(监理)单位、施工单位、供应单位负责人签字。

检查记录栏目:有包装情况(应简明扼要说明)、随机文件(文件名称、份数、页数)、备件与附件(名称、规格、数量、质量和外观情况)、外观情况(简要说明油漆、碰撞损坏、各部结合严密情况)、测试情况(填写测试项目的测试结论或手动、接电电动情况等)。

检查结果栏目:将缺损附件备件填入缺损、备件附件明细表内。

结论栏目:将共同检查结果记录在内,并说明可否使用。

6.4.2 材料、配件检验记录(表式 C3-4-2)

(1) 材料、配件检查人员的组成:材料、配件进场后安装前,施工单位应组织专业技术负责人、工长、质量检查员、器材供应单位、生产厂家组成检查小组共同进行检查。

(2) 配件、卫生器具及成品、半成品的进场检查与试验

A. 检查使用的工具类型、数量、要求应按相关规范、规程规定选用,并将检查手段、检查数量、检查情况、检查数据和规范允许的误差比较后的结论、合格证的编号(参见 6.1.2 -(2)-B 款)和使用地点填写在《材料、配件检验记录》(表式 C3-4-2)内。涉及到强度试验项目的应将记录填写在《设备及管道附件试验记录》(表式 C3-4-3)内,但是在进场检查记录单内应填写试验结果。

B. 应做外观质量观察及尺寸丈量,检查材质、型号、规格、外观质量及相应的合格证、材质检测报告书、说明书等是否齐全和符合规范、规程规定的要求。并分类、分批分别进行填写。抽查数量为该批数量的(不少于)10%。

C. 同一类别、同一规格、不同(或同一)厂家、不同进料日期的产品,应分批进行验收和分别填写《材料、配件检验记录》(表式 C3-4-2)。同一批材料的检验记录单上还应注明使用地点和数量(同一批用在不同位置的还应注明各部位的使用数量分配)。

D. 主控阀门和设计要求逐个试验的阀门:应在设计图纸上进行标识,按100%的数量逐个进行试验。试验后作好工程标识,分别填写《设备及管道附件试验记录》(表式 C3-4-3)、分开存放,安装时与设计图纸标识的号码对号安装。

非主控阀门:按照10%的抽查数量进行检验,如检验中有出现不合格的,应再抽查20%(含第一次共计30%)。如果20%中又出现不合格的,应100%的逐个进行试验(建议在20%中再次发现不合格品时,就不再进行试验,而是办理退货手续)。并对不合格品填写《不合格项处置记录》(表式 C1-5),说明不合格品的处置去向(包括修复后投入使用)。

E. 其他一般设备和材料:按同牌号、同型号、同批号、同规格抽查10%,但不少于1件(有的规范规定不少于2件或5件)。

F. 对设计、规范有要求和材质有疑问的材料、设备:应进行抽样检查,并填写《不合格项处置记录》(表式 C1-5),说明不合格品的处置去向(包括修复后投入使用)。

G. 燃气专用设备及器具:按不同规格送法定单位检测的数量应不少于3%。

(3) 主要材料的检验内容

A. 铸铁管道及配件:应有符合国家或部门现行标准的技术质量鉴定文件或产品合格证书,其规格品种和外观质量应符合设计要求,且有出厂合格证和材质检测报告单。

B. 热镀镀锌钢管、焊接钢管、无缝钢管等:应有符合国家或部门现行标准的技术质量

鉴定文件或产品合格证书,热镀镀锌钢管内外表面的锌皮应均匀、无脱落,此类管材内外表面应无明显锈蚀、无毛刺、无凹陷、无扭曲等庇病,管件无偏扣、乱扣、丝扣不全或角度不准确等现象。壁厚 $\delta \leqslant 3.5mm$ 时,表面不准有 0.5mm 深的划痕,当壁厚 $\delta > 3.5mm$ 时,表面不准有 1.0mm 深的划痕。应有出厂合格证书和材质检测报告书。

C. 铜管:应有出厂合格证书和材质化验分析报告书。表面光滑、厚度均匀、不得有裂纹、凹陷等缺陷。其纵向划痕深度不应大于 0.03mm,局部突出高度应不大于 0.35mm。疤块、碰伤的凹坑深度不应大于 0.03mm,且其表面积不超过管子表面积的 5%。管径、厚度及材质的化学成分应符合设计和国家规范的要求。其标志为外径×厚度。

D. 钢塑复合管道:材质要求应符合依据 CECS 125:2001《建筑给水钢塑复合管管道工程技术规程》第 1.0.3 条、第 1.0.4 条、第 3.0.1 条～第 3.0.7 条的规定。

E. UPVC 硬聚氯乙烯排水管道管材、管件、胶粘剂:管材、管件、胶粘剂应有合格证、说明书、生产厂名、生产日期(胶粘剂尚应有使用有效日期)、执行标准、检验员代号。防火套管、阻火圈应有规格、耐火极限、生产厂名等标志及材质化验分析报告书。表面光滑、厚度均匀,不得有裂纹、凹陷等缺陷。表面不准有大于 0.5mm 深的划痕,管径、厚度及材质的化学成分应符合设计和国家规范的要求。

F. 铝塑复合管道和铜管件

(A) 铝塑复合管道的型号规格必须符合 CECS 105:2000《建筑给水铝塑复合管道工程技术规程》第 3.1.4 条的规定,用于供暖和热水供应的热水管道其管道的用途代号为"R"、外层颜色为橙红色。用于给水工程的冷水管道其管道的用途代号为"L"、外层颜色为白色。

(B) 管材的外观质量:管壁的颜色应一致,无色泽不均及分解变色线,内外壁应光滑、平整、无气泡、裂口、裂纹、脱皮、痕纹及碰撞凹陷,盘材的截面应无明显的椭圆变形。

(C) 管材的截面尺寸应符合 CECS 105:2000《建筑给水铝塑复合管道工程技术规程》第 3.2.2 条表 3.2.2-1、表 3.2.2-2 的规定。

(D) 管材的静压强度及环向拉伸力和爆破强度应符合 CECS 105:2000《建筑给水铝塑复合管道工程技术规程》第 3.2.3 条～第 3.2.5 条表 3.2.4、表 3.2.5 的规定。

(E) 铜质管件必须符合现行国家 GB/T 5232《加工黄铜》标准中的 HPb59-1 的要求。管件必须是管材生产厂家的配套产品。管件表面应光滑、无毛刺,无缺损和变形,无气泡和砂眼。同一口径的锁紧螺母、紧箍环应能互换。管件内使用的密封圈材质应是符合卫生要求的丁氰橡胶或硅橡胶。

(F) 进场材料必须有质量合格证书和产品说明书。

G. 埋地硬聚氯乙烯(PVC-U)给水管道

(A) 埋地硬聚氯乙烯(PVC-U)给水管道的公称压力(PN)、公称外径(DN)、公称壁厚(e_n)必须符合 CECS 17:2000 表 3.1.1 的规定。

(B) 埋地硬聚氯乙烯(PVC-U)给水管道的颜色一般为蓝色。

(C) 埋地硬聚氯乙烯(PVC-U)给水管道的管材物理性能应符合表 1.6.4-1 的要求。

埋地硬聚氯乙烯(PVC-U)给水管道的管材物理性能 表 1.6.4-1

项 目	密度(kg/m³)	维卡软化温度(℃)	弹性模量(MPa)	轴向线膨胀系数(mm/m℃)
指 标	1350~1460	不小于 80	3000	0.06~0.07

(D) 埋地硬聚氯乙烯(PVC-U)给水管道的管材必须在规定的温度和内压下进行试验,且不破坏。其环向抗拉强度及试验内压力不得小于 CECS 17:2000 表 3.1.4 的规定(本条指生产厂家的出厂产品试验标准,现场应检查其质量检测报告文件的指标是否符合此指标)。

(E) 用于埋设在有酸碱介质环境中的管道,应根据介质的性质要求厂方提供符合防腐要求的管材。

(F) 管材的外观质量:管壁的颜色应一致,无色泽不均及分解变色线,内外壁应光滑、平整、无气泡、裂口、裂纹、脱皮、痕纹及碰撞凹陷,管材的截面应无明显的椭圆变形。

(G) 弹性的密封胶圈:应是采用模压成型或挤压成型的圆形或异形截面,应由管材生产厂家配套供应。其物理力学性能应符合表 1.6.4-2 的要求。

弹性的密封胶圈的物理力学性能 表 1.6.4-2

项 目	邵氏硬度	伸长率	拉断强度(MPa)	永久变形	老化系数
指 标	4555 度	不小于 500%	不小于 16	不大于 20%	不小于 0.8(70℃、144h)

输送饮用水的弹性的密封胶圈应采用食品级橡胶,其卫生指标应符合 GB 4806.1《食品用橡胶制品卫生标准》的规定。

(H) 粘接溶剂:应由管材生产厂家配套供应。其卫生性能不得影响生活饮用水水质,其物理化学指标应符合表 1.6.4-3 的规定。

粘接溶剂的物理化学指标 表 1.6.4-3

项 目	黏度(厘泊)	含固量(%)	色 度	浑浊度	残余氯减量(mg/L)
指 标	100~110	11.9~12	<1°	<0.5°	<0.7
项 目	氰化物	挥发酸类(mg/L)	高锰酸钾消耗量(mg/L)	粘接头的剪力强度(MPa)	
指 标	不得检出	<0.005	1.0	≥5	

H. 板材

(A) 热镀镀锌钢板:应有出厂合格证及材质化验分析报告书。表面平整光滑、厚度均匀、不得有裂纹、结疤、水印、划痕、凹陷等缺陷,应有镀锌层结晶,锌皮没有氧化发白。外形尺寸及厚薄应在标准允许的规定范围之内。

(B) 普通钢板:应为冷轧薄板,热轧薄板不得使用。还应有出厂合格证及材质化验分析报告书。表面平整光滑、厚度均匀、不得有裂纹、结疤、划痕、凹陷等缺陷,允许有紧密的氧化铁薄膜。外形尺寸及厚薄应在标准允许的规定范围之内。

(C) 不锈钢板:应有出厂合格证及材质化验分析报告书。表面平整光滑、厚度均匀、不得有裂纹、结疤、刮伤、划痕、锈斑、凹凸等缺陷,外形尺寸及厚薄应在标准允许的规定范围之内。

(D) 铝板:应有出厂合格证及材质化验分析报告书。表面平整光滑、厚度均匀、不得有裂纹、结疤、刮伤、划痕、磨损、凹陷等缺陷,外形尺寸及厚薄应在标准允许的规定范围之内。

I. 风管、附件等成品、半成品的检验:应检验风管的结合缝(咬口、焊缝)的加工质量、外观观感质量、风管的断面尺寸、矩形风管的两对角线之差(检查风管的方正性)、法兰尺寸及平整度、螺栓孔和铆钉孔的间距(详见 GB 50243—2002《通风与空调工程施工质量验收规范》第 4 节)、风管的翻边质量(宽度为 6~9mm、四角不得开裂、不得凸起结疤)、风管拼接缝的严密性(灯光检漏检查,抽查数量低压系统每批为 10%、中压系统每批为 20%、高压系统每批为 100%,但每批不少于 1 节)、加固件的制作和设置是否符合设计和规范要求(洁净空调风管的加固有特殊规定)。

J. 风阀及通风工程部件的检验:这里指的是由生产厂家加工制作的风阀、风口、防火阀、静压箱等产品的检验。产品应有品名、厂家的名称、地址、生产日期、型号、规格、材质、技术参数和检验人员签证等的合格证。防火阀还应有生产厂家的资质证书。以上证书应与产品相符。

风阀:结构应牢靠,调节应灵活,定位应准确、可靠,并应注明启闭方向及调节角度。

插板阀:外壳应严密,壳体内壁应有防腐处理,插板应平整、启闭灵活,阀板有可靠的固定装置。

蝶阀:阀板与壳体的间隙应均匀,不得擦碰。

三通调节阀:拉杆或手柄转轴与风管结合处应严密,手柄开关应标明调节角度,阀板调节应方便。

多叶调节阀:叶片间距应均匀,关闭应相互贴合,搭接应一致。大截面的多叶调节阀应提高叶片与轴的刚度,并且实施分组调节。

防火阀和排烟阀:阀板板材厚度应不小于2mm,阀门动作可靠,关闭严密,允许漏风率应符合规范要求。

(4) 材料、配件检验记录(表式 C3-4-2)的填写:材料、配件检验记录(表式 C3-4-2)包括的内容。

一般栏目:工程名称、编号、检查日期、施工单位名称、质量检查员、工长、检测员、建设(监理)单位签字等。

检测内容栏目:检测内容序号、材料配件名称、型号规格、合格证号(指汇编整理合格证时它在资料集中的编号,详见 6.1.2-(2)-B)、复验量和检测手段(指目测、尺量、拧动、敲击、听、嗅、闻等)。

复验结果栏目:应简明扼要阐述检查的具体数据和观感效果,再下结论可否应用(最好在此也注明使用的地点)。

注:若检验不合格,应填写(表式 C1－5)《不合格项处置记录》单,说明不合格材料、配件的去向。

6.4.3　设备及管道附件试验记录(表式 C3－4－3)

(1) 涉及到进场需进行试验的设备和管道附件:在工程物资的Ⅱ类产品中,有的必须履行进场复验手续,经复验合格后方可投入使用,如组装后的散热器组、阀门类、锅炉及锅炉附属设备、密闭箱罐、风机盘管等。有的产品还应由具备有国家批准资质的检测鉴定机构进行复验合格,经铅封后才能投入使用,如安全阀、与压力容器(锅炉、分水器、集水器、分汽缸等)连接的阀门,均应由政府的检测部门核验与测定。

(2) 部分设备和管道附件的试验标准

A. 进场阀门的试验

依据 GB 50242—2002《建筑给水排水及采暖工程施工质量验收规范》第 3.2.4 条、第 3.2.5 条和 GB 50243—2002《通风与空调工程施工质量验收规范》第 8.3.5 条、第 9.2.4 条的规定。

(A) 阀门试验的数量:若设计无要求,应按规范的规定进行抽验,主要检查阀门安装前的耐压试验。试验数量如下:

a. 主控阀门和设计要求逐个试验的阀门:指安装在主干管上起切断作用的关断和控制阀门(主控阀门),以及设计要求测试的阀门,本项目也包括减压阀、止回阀、调节阀、水泵结合器等。应在设计图纸上进行标识,按 100%的数量逐个进行试验。试验后作好工程标识,分别填写《设备及管道附件试验记录》(表式 C3－4－3),分开存放,安装时与设计图纸标识的号码对号安装。

b. 非主控阀门:

(a) 按不同进场日期、批号、不同厂家(牌号)、不同型号、规格进行分类。

(b) 每类分别抽 10%,但不少于 1 个进行试压,合格后分类填写试压记录单。

(c) 如 10%的抽查数量检验中有出现不合格的,应再抽查 20%(含第一次共计 30%)。如果 20%中又出现不合格的,应 100%的逐个进行试验(建议在 20%中再次发现不合格品时,就不再进行试验,而是办理退货手续)。并对不合格品填写《不合格项处置记录》(表式 C1－5),说明不合格品的处置去向(包括修复后投入使用)。

c. 进场阀门强度和严密性试验的试验压力

依据 GB 50242—2002《建筑给水排水及采暖工程施工质量验收规范》第 3.2.4 条、第 3.2.5 条和 GB 50243—2002《通风与空调工程施工质量验收规范》第 8.3.5 条、第 9.2.4 条的规定。强度试验为该阀门额定工作压力的 1.5 倍作为试验压力;严密性试验为该阀门额定工作压力的 1.1 倍作为试验压力。在观察时限内试验压力应保持不变,且壳体填料和阀瓣密封面不渗不漏为合格。

阀门强度试验和严密性试验的时限见表 1.6.4－4。

d. 水暖附件的检验

(a) 进场的管道配件(管卡、托架)应有出厂合格证书。

(b) 应按 91SB3 图册附件的材料明细表中各型号的零件规格、厚度及加工尺寸相符,且外观美观,与卫生器具结合严密等要求进行验收。

阀门强度试验和严密性试验的时限　　　　　　　　　　表1.6.4-4

公称直径 DN(mm)	最短试验持续时间(s)			
	严密性试验			强度试验
	金属密封	非金属密封	制冷剂管道	
≤50	15	15	30	15
65~200	30	15		60
250~450	60	30		180
≥500	120	60		

注:GB 50243—2002《通风与空调工程施工质量验收规范》第8.3.5条和第9.2.4条规定阀门强度试验耐压时限为5min。

（B）锅炉房和热力站主控阀门的校验

依据 GB 50273—98《工业锅炉安装工程施工及验收规范》第6.2.1条及中华人民共和国劳动人事部颁发的《蒸汽锅炉安全技术监察规程》的有关规定,锅炉房和热力站的主汽阀、排空管的排气阀,省煤器的给水阀、截止阀、止回阀,锅炉自动给水的调节阀,锅筒最低安全水位和正常水位间所接出的紧急放水阀、过热器、再热器和给水系统的阀门均应逐个进行严密性试验。试验压力为该阀的额定工作压力的1.25倍,不渗不漏为合格。同时还应通过有关职能部门校验合格,并加铅封标志后方可安装使用。

B. 锅炉和热力站附件的水压试验

（A）分汽缸（分水器、集水器）的水压试验:GB 50242—2002《建筑给水排水及采暖工程施工质量验收规范》第13.3.3条的规定,分汽缸（分水器、集水器）安装前应做水压试验,试验压力为工作压力的1.5倍,但不得小于0.6MPa。试验时在试验压力下,维持5min,无压降、无渗漏为合格。

（B）省煤器安装前的检查和试验:

a. 外观检查:安装前应认真检查省煤器四周嵌填的石棉绳是否严密牢固,外壳箱板是否平整、各部结合是否严密,缝隙过大的应进行调整。肋片有无损坏,每根省煤器管上破损的翼片数不应大于总翼片数的5%;整个省煤器中有破损翼片的根数不应大于总根数的10%。

b. 水压试验:外观检查无问题后,应进行水压试验。依据 GB 50273—98《工业锅炉安装工程施工及验收规范》第5.0.3条~第5.0.5条的规定,试验压力为1.25P+0.49MPa,本工程锅炉的工作压力为1.27MPa,故试验压力为2.08MPa。试验时将压力升至0.3~0.4MPa 时,应进行检查,没有问题后再继续升压,压力升至试验压力2.08MPa 时稳压5min,且压力降≤0.05MPa。然后将压力降到工作压力1.27MPa,再进行检查无渗漏为合格。

C. 卫生器具的进场检验

（A）卫生器具应有出厂合格证书;

（B）卫生器具的型号规格应符合设计要求;

（C）卫生器具外观质量应无碰伤、凹陷、外凸等质量事故；

（D）卫生器具的排水口应阻力小、泄水通畅，避免泄水太慢；

（E）坐式便桶盖上翻时停靠应稳，避免停靠不住而下翻；

（F）器具进场必须经过严格交接检，填写检验记录，没有合格证、检验记录，不能就位安装。

D．组装散热器的水压试验

依据 GB 50242—2002《建筑给水排水及采暖工程施工质量验收规范》第 8.3.1 条规定，组对后或整组出厂的散热器，在安装前应做水压试验。

试验数量及要求：要 100% 进行试验，试验压力为工作压力（设计工作压力）的 1.5 倍，但不小于 0.6MPa，试验时间 2～3min 内，压力不降、不渗不漏为合格。试压后办理散热器组对预检记录和水压试验记录单（按系统分层填写）。

E．太阳能集热器的水压试验

依据 GB 50242—2002《建筑给水排水及采暖工程施工质量验收规范》第 6.3.1 条、第 13.6.1 条规定，在安装太阳能集热器玻璃前应对集热器排管和上、下集管进行水压试验。试验压力为 1.5 倍的工作压力，时限 10min 内，压力不降、不渗不漏为合格。

F．热交换器的水压试验

依据 GB 50242—2002《建筑给水排水及采暖工程施工质量验收规范》第 6.3.2 条规定，水—水热交换器和汽—水热交换器的水部分的试验压力为 1.5 倍的工作压力，时限 10min 内，压力不降、不渗不漏为合格。汽—水热交换器的蒸汽部分的试验压力应不低于蒸汽供汽压力加 0.3MPa；热水部分应不低于 0.4MPa，在试验压力下时限 10min 内，压力不降、不渗不漏为合格。

G．金属辐射板水压试验

依据 GB 50242—2002《建筑给水排水及采暖工程施工质量验收规范》第 8.4.1 条规定，辐射板在安装前应做水压试验。

试验数量及要求：要 100% 进行试验，试验压力为工作压力（设计工作压力）的 1.5 倍，但不小于 0.6MPa，试验时间 2～3min 内，压力不降、不渗不漏为合格。试压后办理散热器组对预检记录和水压试验记录单（按系统分层填写）。

H．热交换器的水压试验

依据 GB 50242—2002《建筑给水排水及采暖工程施工质量验收规范》第 6.3.2 条规定，水—水热交换器和汽—水热交换器的水部分的试验压力为 1.5 倍的工作压力，时限 10min 内，压力不降、不渗不漏为合格。汽—水热交换器的蒸汽部分的试验压力应不低于蒸汽供汽压力加 0.3MPa；热水部分应不低于 0.4MPa，在试验压力下时限 10min 内，压力不降、不渗不漏为合格。

I．密闭水箱（罐）的水压试验

依据 GB 50242—2002《建筑给水排水及采暖工程施工质量验收规范》第 4.4.3 条、第 6.3.5 条、第 8.3.2 条、第 13.3.4 条的规定，密闭水箱（罐）的水压试验必须符合设计和本规范的规定，试验压力为工作压力的 1.5 倍，但不得小于 0.4MPa，在试验压力下 10min 内压力不降、不渗不漏为合格。

J. 安全阀、水位计、减压阀及锅炉各种附属仪表的试验

依据 GB 50273—98《工业锅炉安装工程施工及验收规范》第 6.1.2 条的规定,热工仪表及控制装置安装前应进行检查与校验,其精度等级、使用条件应符合使用要求。同时还应通过有关职能部门校验合格,并加铅封标志后方可安装使用。

(A) 安全阀的调试

a. 蒸汽锅炉安全阀的调试

(a) 安全阀安装前必须逐个进行严密性试验,并应送锅炉检测中心检验其始启压力、起座压力、回座压力,在整定压力下安全阀应无渗漏和冲击现象。经调整合格的安全阀应铅封和做好标志。安全阀必须垂直安装,并有足够的截面积的排汽管道及直通安全地点,排汽管底部应安装疏水器。省煤器的安全阀应装排水管。

(b) 依据 GB 50273—98《工业锅炉安装工程施工及验收规范》第 6.2.2 条的规定,锅筒上必须安装两个安全阀,其中一个的启动压力应比另一个的启动压力高,其他设备为一个。有过热器的锅炉,其过热器上的安全阀的启动压力应等于锅炉启动压力较低的安全阀的启动压力。它们的启动压力如表 1.6.4－5。

蒸汽锅炉过热器及附属配件安全阀启动压力表(MPa)　　　　表 1.6.4－5

锅炉工作 压力	设备及 安全阀编号	蒸汽锅炉本体		蒸汽锅炉附属配件	备　注
		1	2	分汽缸、热交换器	
<1.27	起始压力 MPa	$P+0.02$	$P+0.04$	$1.02P$	P 为安装地点 的工作压力
1.27～2.50		$1.04P$	$1.06P$	$1.04P$	

(c) 蒸汽锅炉锅筒和过热器安全阀启动压力在锅炉蒸汽严密性试验后必须进行最后调整。省煤器安全阀的启动压力为安装地点工作压力的 1.1 倍,调整应在锅炉蒸汽严密性试验前用水压试验方法调整。

(d) 安全阀门应检验其起始启动压力、起座压力、回座压力。在整定压力下,安全阀应无渗漏和冲击现象。经调整合格的安全阀应铅封,并做好标志。

b. 热水锅炉安全阀的调试

(a) 安全阀安装前必须逐个进行严密性试验,并应送锅炉检测中心检验其始启压力、起座压力、回座压力,在整定压力下安全阀应无渗漏和冲击现象。经调整合格的安全阀应铅封和做好标志。安全阀必须垂直安装,并装设排泄管。排泄管应直通安全地点,并有足够的排放面积和防冻措施,确保排泄畅通。

(b) 依据 GB 50273—98《工业锅炉安装工程施工及验收规范》第 6.2.2 条的规定,锅筒上必须安装两个安全阀,其中一个的启动压力应比另一个的启动压力高。

c. 水—水热交换器、分水器、集水器、分汽缸安全阀启动压力的调试:水—水热交换器、分水器、集水器、分汽缸安全阀启动压力的调试按热水锅炉和蒸汽锅炉锅筒上较低的安全阀启动压力的调试标准调试。这里的工作压力不是锅筒的工作压力,而是与安全阀连接的部件的工作压力,见表 1.6.4－5 和表 1.6.4－6。

热水锅炉和附属配件安全阀启动压力表　　　　　表 1.6.4-6

设备及安全阀编号	热水锅炉筒体		附属配件	备　注
	1	2	热交换器、分水器、集水器	
起始压力 MPa	$1.12P=$ $1.43MPa \geqslant P+0.07$	$1.14P=$ $1.45MPa \geqslant P+0.10$	1.43MPa	P 为安装地点的工作压力

（B）减压阀的校验：减压阀的选择必须依据使用介质、介质温度、减压等级进行选择。减压阀进出口的压力差必须 $\geqslant 0.15MPa$。不同减压压力段的减压阀应选择适用于该压力段的减压弹簧。如公称压力为 $PN=1.6MPa$ 的减压阀，就有 $0 \sim 0.3MPa$、$0.2 \sim 0.8MPa$、$0.7 \sim 1.1MPa$ 三种压力段的弹簧，不同减压压力段的工作压力，最好采用与其相适应的减压弹簧才能实现减压值精确的工作精度要求。减压阀门也应经过具备有校验资质的机构进行校验合格后，方可安装使用。

（C）其他仪表的调试：依据 GB 50273—98《工业锅炉安装工程施工及验收规范》第 6.1.3 条、第 6.1.5 条～第 6.1.12 条的规定进行。

K．风管制品的灯光检漏

（A）依据 GB 50243—2002《通风与空调工程施工质量验收规范》第 6.1.2 条、第 6.2.8 条和附录 A 的规定，通风系统管段安装后应分段进行灯光检漏，并分别填写检测记录单。

（B）检查数量及合格标准

a．检查数量：按风道系统类别和材质分别抽查，但不得少于 3 件及 15m²。

b．测试装置：见图 1.6.4-1。

图 1.6.4-1　灯光检漏装置图

c．检查方法及合格标准：依据 GB 50243—2002《通风与空调工程施工质量验收规范》第 6.1.2 条的规定。

低压系统抽查率为 5%，但不少于 1 节。合格标准为每 10m 接缝的漏光点不大于 2 处，且 100m 接缝的漏光点不大于 16 处为合格。

中压系统抽查率为 20%，但不少于 1 节。合格标准为每 10m 接缝的漏光点不大于 1 处，且 100m 接缝的漏光点不大于 8 处为合格。

高压系统抽查率为 100%，应全数合格。

（3）设备及管道附件试验记录（表式 C3-4-3）的填写

一般栏目：工程名称、编号、使用部位、试验单位、试验人、试验日期等。

记录表格栏目：共九项。设备/管道附件名称、型号、规格、编号[填写设备开箱检查记录（表式 C3-4-1），材料、配件检查记录（表式 C3-4-2）中的该物资的相应序号]、介质（填写输送或生产、储存的物质，如水、空气、蒸汽等）、强度试验的压力和停压时间、严密性试验压力、试验结果。

7 施工记录(C5)

7.1 施工记录(C5)包含的内容

暖卫通风空调涉及到施工通用记录(表式 C5-1)和土建施工专用记录(表式 C5-2)的内容共计5项。即：

7.1.1 施工通用记录(表式 C5-1)

暖卫通风空调涉及到施工通用记录(表式 C5-1)的内容有四项。即隐蔽工程检查记录(表式 C5-1-1)、预检工程检查记录(表式 C5-1-2)、施工通用记录(表式 C5-1-3)、中间检查交接记录(表式 C5-1-4)。

7.1.2 土建施工专用记录(表式 C5-2)

暖卫通风空调涉及到土建施工专用记录(表式 C5-2)的内容有一项，即建筑烟(风)道、垃圾道检查记录(表式 C5-2-12)。

7.2 隐蔽工程检查记录(表式 C5-1-1)

7.2.1 需要进行隐蔽工程检查验收的项目

(1) 直埋项目：即直埋于结构中(结构垫层、地面、楼板、墙体等结构层内)或直埋于地下土层中的施工项目(包括管道、刚性预埋套管、埋设于楼地面中的管道固定卡等)的做法和安装质量应进行隐蔽工程检查。其中有加强型防腐要求的直埋管道和设备应进行两次隐蔽工程检查，但是隐蔽工程检查记录(表式 C5-1-1)可以只填写在一张上。

(2) 暗敷项目：敷设于吊顶内、管道井(竖井)内、管槽内、不能进人的设备层内和不能进人的管沟内的明装管道与设备，以及需要进行保温隔热(冷)的管道和设备均应进行隐蔽工程检查。敷设于暗井和其他工程(如设备外墙、管道及设备部件的保温隔热隔冷层等)所掩盖的项目、空气净化系统、制冷管道系统及部件。其中有保温隔冷要求的暗敷管道和设备应进行两次隐蔽工程检查，但是隐蔽工程检查记录(表式 C5-1-1)可以只填写在一张上。

7.2.2 进行隐蔽工程检查验收的前提

(1) 隐蔽前必须对各种管道和附件、设备进行安装质量、观感质量、安装位置(坐标、标高)、坡度,分支的甩口位置、变径、弯头、其他节点处理,变径管的位置、形式、长度、焊缝质量等,各种管道的水平和垂直间距(净距,含其他专业管线的净距),管道安排和套管尺寸,管道与相邻电缆的距离,材质、型号、规格,接头、接口的质量(严密性),附件的使用、支架的固定、基底的处理、绝缘防腐的做法和质量,保温工程的质量,各类活动部件的灵活性等项目进行检查,且验收合格(详见预检项目),即预检记录单必须合格。通风工程的接头(缝)无开脱、风道和管件的严密性良好,附件设置正确,要求项目的管道坡度合理,支吊架固定位置和固定情况正确牢靠,设备安装位置、方向正确,节点处理、保温及防结露保温处理正确,防渗漏功能、防腐处理良好。

(2) 隐蔽前对各种管道、设备必须进行的各种试验验收合格。即排水管道的灌水试验和通球试验合格,给水工程(包括生活给水、生活热水供应、消火栓给水、消防喷淋给水等)、供暖工程、蒸汽供应工程、室外供热管网、室外给水管网的水压试验合格,通风工程的管道灯光检漏试验,漏风率试验合格才能进行隐蔽工序。

(3) 土建工程隐蔽前(吊顶的封闭、沟槽的覆盖、覆土回填前)必须对防腐(加强型防腐)或保温质量进行验收合格后,方可进行覆盖隐蔽施工。

7.2.3　隐蔽工程检查的内容

(1) 隐蔽工程检查验收应按专业、部位、分工序进行:要求检查的内容即上述 7.2.1 条第(1)款的内容(更详细的内容见预检工程的相关项目)。检查数量和质量应按照 GB 50242—2002《建筑给水排水及采暖工程施工质量验收规范》及 GB 50243—2002《通风与空调工程施工质量验收规范》规定的数量和质量继续检查。总之,检查的项目和内容必须齐全。

(2) 有测试和试验的工序隐蔽检查内容尚应将相关检测资料(如灌水试验、通球试验、水压试验、通水试验、灯光检漏试验、漏风率检测试验及有关的强度和严密性试验等)鉴定检查是否合格。

(3) 有两次隐蔽检查验收要求的工程,尚应对上述 7.2.1 条第(2)款的检查内容进行核对。

7.2.4　隐蔽工程检查记录(表式 C5－1－1)的填写

(1) 隐蔽工程检查记录(表式 C5－1－1)填写的内容

一般栏目:工程名称、编号、隐蔽日期等。

呈报隐蔽验收部位和项目内容栏目:应按表中的格式填写层数、轴线号或网格编号[如③～⑥与(D)～(F)网格]、标高(如有多个标高,可用"—"代替)、专业工程名称和工序名称(如生活给水系统干管安装)。

呈报隐蔽验收细节栏目:有依据(施工图纸编号、设计变更/洽商编号的部位或文字说明的第××款)、材质(填主要材料的材质、型号规格)、特殊工艺、申报人等。

审核意见栏目:填写具体的审核意见及存在问题和处理意见(包括方法与措施等)。

参加人员签字栏目:建设(监理)单位、施工单位(技术负责人、质检员、工长)签字。

(2) 隐蔽工程检查记录(表式 C5－1－1)填写注意事项:隐蔽工程检查记录单应有建设(监理)、施工两方的签字,签字不得用圆珠笔书写,各项签字应齐全。

7.3 工程预检检查记录

工程预检检查记录是施工单位"三检"(自检、互检、交接检)的延续,它是在"三检"合格后施工单位对实际工程施工的记录,是保证和控制工程质量的有力措施,也是施工单位现场对工程施工质量自我监测管理必不可少的手段之一。施工单位必须严格执行"三检"制度,未经预检和核定合格的项目,原则上不得进入下一道工序施工。

7.3.1 工程预检检查记录单的分类原则

(1) 工程预检检查记录单应按专业及该专业的分项工程进行分别填写。

A. 供暖工程:包括室内供暖工程、室外供热管网(线)工程(包括蒸汽供应),锅炉设备及配管、附件安装工程,热力点(热力入口或热交换站)安装工程等分别填写。

B. 通风工程:包括一般通风工程(送风、排风、消防送风排烟、人防通风、局部通风等)、空气调节工程(全空气系统、新风加风机盘管系统、VRV 系统和局部空调机组系统)、洁净空调工程(包括正压洁净空调系统、负压洁净空调系统、单向流洁净室和非单向流洁净室等)、特殊实验室(或车间)的空调工程等分别填写。

C. 给水工程:包括室内及室外两部分。并应按生活给水、热水供应、中水系统、消火栓给水工程、消防喷淋给水工程、冷却水循环系统、空调冷冻水(热水)循环系统、游泳池给水循环系统、工业生产用水工程等分别填写。

D. 排水工程:包括室内及室外两部分。并应按生活污水工程、废水排放系统、工业污水排水工程、特种污水排水工程、内排雨水系统等分别填写。

E. 燃气(煤气)工程:分室内、室外、调压站等三部分。尚应分高压、中压和低压系统等分别填写。

F. 特种介质输送管道工程:应按压缩空气输送系统、氧气、氮气、氩气、二氧化碳等特种气体输送系统分别填写。

(2) 预检检查记录单还应按设计划分的不同系统,不同压力等级和高区、低区的划分系统分别填写。

(3) 预检检查记录单还应依管线的布局情况,按部位(如分层、分区、分段、地上或地下),以及施工工序的先后分别填写。

总之,预检检查记录单应反映出上述四个方面(专业、系统、部位、工序)的内容,并注明图纸编号、轴线位置、验收对象的标高、坐标及检查日期等。

7.3.2 工程预检检查的内容

(1) 暖卫工程预留孔洞预留及预埋件预埋的预检

A. 预留孔洞预留的预检:主要检查内容有孔洞尺寸、标高(指墙体上的预留孔洞)、坐标(水平面的位置)。这些参数是否与相应的管线施工图纸相符,是否符合设计要求,尺寸大小是否在施工规范 GB 50242—2002《建筑给水排水及采暖工程施工质量验收规范》和北京市 DBJ 01—26—96(三)《建筑安装分项工程施工工艺规程》表 1.4.3 规定的范围之内。

B. 预埋件预埋的预检

（A）预埋件的分类

a. 预埋钢件：有设备安装、管道固定支座及较大管径支、吊、托架的预埋钢件和管道穿楼板的落地固定卡等。

b. 预埋管道和预埋套管：有直埋于结构层内的管道、刚性防水套管、穿墙和穿楼（地）板的各种套管的预埋。

（B）检查内容

a. 预埋钢件：预埋钢件的材质、型号、规格（厚度、尺寸）、制作工艺、焊缝质量、除锈防腐、埋设位置（标高、坐标）、安装质量等是否符合设计和规范、标准图集做法及相关零件的材质与规格的要求。

b. 预埋管道和预埋套管：预埋管道和预埋套管的材质、型号、规格（厚度、尺寸）、埋设位置（标高、坐标）、制作工艺、焊缝质量和原材料的规格、除锈防腐（外侧除锈、内侧除锈防腐）、安装质量等是否符合设计和 GB 50242—2002《建筑给水排水及采暖工程施工质量验收规范》规范相关条文及北京市 DBJ 01—26—96（三）《建筑安装分项工程施工工艺规程》第 1.4.1 条、第 1.4.9 条的要求。

（2）暖卫管道和通风空调制冷冷冻水（热水）循环系统管道、设备安装工程的预检

A. 预检内容

（A）检查进场材料、设备及管道附件有无进场检验记录和相应的试验记录，并审查这些资料是否合格。

（B）依据施工图纸和表 1.5.2 - 3 相应规范、规程和图集的要求，检查管道布局（走向）、位置（标高与坐标）、坡度（含坡向）、垂直度、水平度、管道弯曲半径、管道材质、规格、支路和设备接口甩口位置（是否形成倒流）、镀锌钢管接口质量（包括丝扣质量、外露丝扣扣数）、锌皮损坏情况的处理、麻丝头和生料带的清除、接口的防腐，焊口质量（包括焊缝高度、表面有无裂纹、气泡及弧坑深度、夹渣、咬口和焊缝的平整度等），承插口的质量（包括捻口材质、捻口密实度、平整度、四周缝隙的均匀度、捻口剩余深度和光洁度），变径管的偏向方式（偏心、同心、上平下偏、上偏下平、变径管的长度）和制作质量，支架（支、吊、托架和支墩）的安装（包括形式、间距、材质和规格、固定方式、制作质量、除锈防腐、安装质量等）、管道和支架的防腐（含接口处及锌皮脱落处的防腐、污染的清除、防锈漆和面漆的遍数的质量、埋地加强防腐的措施和质量等），阀件的型号规格、质量和阀门后是否按规范规定安设可拆卸管件、产品是否为淘汰产品等，PVC - U 硬聚氯乙烯管道的伸缩节、防火套管、阻火圈等的安装位置和质量。管道与套管的间隙是否均匀、大小适当，间隙的填充料的密度和外观质量等。

（C）检查依据的标准和规程见表 1.5.2 - 3。

（3）设备基础的预检检查内容：位置（标高和坐标）、基础尺寸、地脚螺栓预留孔洞的位置和深度尺寸、减振做法及要求、土建的垫层做法、混凝土强度等级、配筋要求等，并与设计图纸和实际设备校核是否符合要求。同时检查基础表面的平整度和污物泥土的污染情况。

（4）泵类、风机类等设备安装的预检检查内容：泵类、风机类等设备应检查出厂合格

证书与产品的型号是否相符,名牌额定参数与设计图纸是否一致,依据设备装箱单检查随机附件及资料是否齐全,有无进场检查记录和相关的试验记录单,所有敞口是否有盖板严密封盖。检查切削加工面、机壳的防锈情况、转轮有无锈蚀损伤或变形。转轮与机壳是否碰撞。设备中心线与基础中心线、管道中心线是否重合,误差是否小于规范的要求。设备安装的水平度、同轴度、标高的误差是否小于规范的要求。进出水(风)管道的转弯是否合理和符合安装工艺要求,有无逆弯现象(即与流体的流线通顺,不形成逆流现象)。密封部位、阀门安装与安排、软接头、偏心变径管的选型和长度、仪表安装是否符合规范要求。设备与基础的结合是否牢靠等。

(5) 通风工程的预检检查内容

A. 风管与部件制作的预检

(A) 预检的依据:依据 GB 50243—2002《通风与空调工程施工质量验收规范》相关章节、JGJ 71—90《洁净室施工及验收规范》第 3 章第 2 节和 DBJ 01—26—96(三)北京市《建筑安装分项工程施工工艺规程》(第三分册)第 1 章~第 3 章有关规定的评定标准进行检查验收。

(B) 检查内容

a. 风管、附件等成品、半成品的检验内容:应检查有无进场检验记录单及其检验结果是否合格。检查风管及附件的材质、型号规格、外观质量(包括锌层及板面的锈蚀情况和板面是否平整)是否符合要求。加工件的外形尺寸(矩形风管的边长及两对角线之差、圆形风管任意两互相垂直直径长度之差)是否符合要求。风管结合缝(咬口、焊缝)的类型、加工质量、配用法兰的材质(型号规格、外观质量)及法兰的加工质量(尺寸误差、平整度、拼缝形式和质量、铆钉和螺栓的材质与规格、铆钉与螺栓孔的布局和间距),风管的翻边质量(宽度为 6~9mm、四角无开裂)及风管与法兰的结合是否符合要求。外观观感质量(风管表面的平整度、拼接缝的位置、大断面尺寸风管的加固形式及加固件的加工安装质量),特别是洁净空调工程风管加工拼接缝的位置与加固件的安装位置(它有特殊要求)。抽检数量按 GB 50243—2002《通风与空调工程施工质量验收规范》有关规定进行,但不少于 1 件,重要工程 100%抽检。除此之外应进行风管的严密性试验(灯光检漏试验(检漏率低压系统抽检率每批 10%,但不少于 1 件,中压系统抽检率每批 20%,但不少于 1 件,中压系统抽检率每批 100%),灯光检漏记录表采用"风道(管)灯光检漏测试记录表(表式C6-6-2A)"。风管制作的质量验收标准详见 GB 50243—2002《通风与空调工程施工质量验收规范》第 4 章。

b. 风阀、部件的检验内容:应检查风阀、部件的材质、型号规格、外观质量(包括锌层及板面的锈蚀情况和板面是否平整)是否符合要求。加工件的外形尺寸(矩形风阀的边长及两对角线之差、圆形风阀任意两互相垂直直径长度之差)是否符合要求。阀件应注明产品名称、生产厂家名称、生产日期、型号规格、材质、相应的技术参数及检验人员的签证等。出厂合格证和进场检验记录单是否合格。风阀的结构是否牢靠、调节是否灵活、定位是否准确可靠,并标明启闭方向及调节角度。插板阀外壳应严密、壳体内壁应有防腐处理、插板平整、启闭灵活、阀板有可靠的固定装置。蝶阀阀板与壳体的间隙应均匀,不得碰擦。三通调节阀的拉杆或手柄转轴与风管结合处应严密,手柄开关应标明调节角度,阀板应调节方便。多叶调节风阀的叶片间距应均匀，关闭应相互贴合，搭接应一致，大截面多叶调节风阀应提高叶片与轴的刚度，并能实施分组调节。防火阀及排烟阀的板材厚度应不小于2mm，阀门动作应可靠，关闭严密，允许漏风率应符合规范的规定。

B. 各类风管、附件及制冷管道安装工程的预检

(A) 预检的依据：依据 GB 50243—2002《通风与空调工程施工质量验收规范》第6章、第8章，JGJ 71—90《洁净室施工及验收规范》第3章第3节，GBJ 134—90《人防工程施工及验收规范》第12章和 DBJ 01—26—96(三)北京市《建筑安装分项工程施工工艺规程》(第三分册)第4章有关规定的评定标准进行检查验收。

(B) 检查内容：包括有无进场检验记录单，安装的标高、坐标、材质、型号规格、外形尺寸，水平风管的坡度和水平度(上拱或下塌值)、垂直风管的垂直度(偏差的实测值)、各类接口的质量及加固措施。各类支吊托架的材质、形式、规格、间距、固定方式和制作安装质量是否符合设计和规范的要求。各类风口、风阀、防火阀、风帽及排风罩类等的型号规格、安装位置、安装形式、安装质量、气流方向、风管变径、分支接口位置及管内气流流场是否符合设计和规范要求。

在安装过程中尚应依据通风系统的压力等级，按照 GB 50243—2002《通风与空调工程施工质量验收规范》第6.2.8条的抽查数量(低压系统为5%，但不少于1个；中压系统为20%，但不少于1个；高压系统全数检测)和第4.1.5条、第4.2.5条、附录A的验收标准要求进行灯光检漏，试验单可采用"(表式 C6－6－2A)风道(管)灯光检漏测试记录表"，如果通风系统不是洁净工程，表中的洁净级别栏可以填写"一般通风"或"一般空调"。同时在风口开洞前尚应依据 GB 50243—2002《通风与空调工程施工质量验收规范》第6.2.8条的抽查数量，运用专用试验设备进行漏风率检测，检测的结果应符合 GB 50243—2002《通风与空调工程施工质量验收规范》第4.1.5条和第4.2.5条的要求。

(C) 制冷管道安装的预检：详见本条第(2)款暖卫管道安装部分。

C. 通风空调设备安装工程的预检

(A) 通风空调工程的主要设备：通风空调工程的主要设备指高中效过滤器、高中效过滤器送风口、中效过滤器回风口、空气过滤器、空调用的表面式热交换器(含表面式蒸发器)、静压箱、水泵类及配套的水箱(罐体)、风机类(含鼓引风机、暖风机、风扇等)、风幕、通风柜、加压风机箱、空气诱导器、空气除湿机或除湿装置、空气加湿器、空气余热回收器、空调机(壁挂式、窗式、柜式、风机盘管等)、现场组装式空调机组、水冷机组及配套的罐体、冷却设备(冷却塔)、制冷设备、洁净工作台、洁净小室、风淋室、消声器材等。

(B) 检查内容：安装质量和按照 GB 50243—2002《通风与空调工程施工质量验收规范》第7章、第9章，JGJ 71—90《洁净室施工及验收规范》第3章第4、5、6节，GBJ 134—90《人防工程施工及验收规范》第13章第2节和 DBJ 01—26—96(三)北京市《建筑安装分项工程施工工艺规程》(第三分册)第7章～第10章有关规定的评定标准进行检查验收。检查内容应有产品的技术参数、使用和安装说明书、附件明细表、合格证和进场检验记录单、相关试验记录单。安装位置和标高(距顶板、墙板的距离等测试值及最大的误差值)、减振固定安装情况。型号规格、技术参数安装方法应与设计相符，安装质量应与设计、使用说明书和规范要求相符。并说明安装部位、系统及检查情况，每台填写一份记录表。

(6) 防腐保温工程的预检

A. 防腐工程的预检

（A）暖卫防腐工程的预检：暖卫工程管道与设备隔热、防结露保温在直埋于地下或结构层内之前必须对管道设备的安装质量、接口、支托架的除锈防腐的质量进行检查。一般明装管道和设备也有防腐质量预检的问题。预检内容是除锈去污质量、油漆涂刷及加强防腐蚀材质的质量和做法、外观质量（如防腐层厚度的均匀性、表面的平整性、有无漏涂等）是否符合设计和规范要求。

（B）通风空调防腐工程的预检：预检内容同暖卫工程。对于冷轧钢板焊接风管除了应对风管本身及支架、法兰接口除锈防腐质量进行预检外，还应对焊口质量进行检查，质量必须符合设计和规范的要求。风管和支架的检查记录应分别填写预检记录单。

B. 保温工程的预检

（A）暖卫通风工程管道和设备的隔热、保温及防结露保温工程必须进行预检，并填写预检记录单。

（B）检查内容：材料质量、型号规格、做法是否符合设计要求。安装质量应检查拼接缝位置是否合理，缝隙是否严密，不能存在缝隙构成"冷桥"，影响保温效果，造成结露和外表面凹陷等质量事故。管道外表结露会破坏保温材料的保温性能，损害建筑装修。对于有棱边的风管，其棱边应平直美观。保温层的外表面的平整度实测值应符合规范的要求和美观耐看。检查合格后应填写保温预检记录单。隐蔽工程保温质量检查实况应在隐检记录单中翔实记录在案。

7.3.3 预检工程检查记录单（表式 C5-1-2）的填写

一般栏目：工程名称、编号、检查日期、施工单位技术负责人、质量检查员、工长签名等。

预检部位栏目：预检项目（填写专业及分项工程的名称）、预检楼层（填写检查项目所在的楼层数）、预检部位（填写网格编号或房间的名称）、层高等。

预检内容栏目：阐述第 7.3.2 条各相关分项工程应检查的内容和按规范及设计要求必须达到的质量标准等。

预检依据栏目：填写设计图纸或设计变更/洽商的编号和有关规范、规程的名称，检查项目的材质、型号规格及特殊工艺要求等。

检查意见栏目：确定是否合格，并简明扼要阐述存在的质量问题。

7.4 施工通用记录（表式 C5-1-3）

此记录单可以作为专用的施工记录单不适用的特殊分项工程施工项目的施工预检记录备用表。

7.5　中间检查交接记录(表式 C5-1-4)

7.5.1　中间检查交接记录(表式 C5-1-4)的应用范围

中间检查交接记录(表式 C5-1-4)主要用于工程施工尚未完工,中间更换施工单位或分项工序已完工,下一工序由另一施工单位进行施工,与完成的施工单位之间对前期工程质量检的交接检查记录。如设备基础土建施工完成后,向专业设备安装单位进行的土建设备基础施工质量的交接验收记录,或甲方承包出去的分项工程施工完成后,转交给总包单位继续施工前的施工资料交接验收。交接验收时,必须就工程的施工质量、检测调试和遗留问题、成品保护、注意事项等情况进行全面的检查与记录。检查的见证单位最好是建设单位监认。

7.5.2　中间检查交接记录(表式 C5-1-4)的填写

一般栏目:工程名称、编号、交接部位、交接日期、交接单位、接收单位、见证单位签名等。

交接简要说明栏目:应简要将工程交接内容和检验工程的质量、检测调试的情况和成品保护、注意事项等情况予以说明。

遗留问题栏目:应将工程验收中的遗留问题和处理意见、注意事项等予以说明。

7.6　建筑烟(风)道、垃圾道检查记录(表式 C5-2-12)

7.6.1　建筑烟(风)道、垃圾道的检查数量和内容

检查数量:建筑烟(风)道、垃圾道的检查数量为 100%。

检查内容:建筑烟(风)道、垃圾道的检查内容有烟(风)道、垃圾道的断面尺寸大小、内表面的光洁程度、接缝砂浆的饱满情况,预留烟(风)道接口位置(标高、距离参照系墙或梁等结构物距离的尺寸)、接口尺寸和连接预埋件的尺寸、质量和埋设的牢靠性。通过通(抽)风、漏风、串风试验检查风道的严密性。

7.6.2　建筑烟(风)道、垃圾道检查记录(表式 C5-2-12)的填写

一般栏目:工程名称、编号、施工单位、检查日期、施工单位技术负责人、质量检查员、工长签名等。

检查部位和检查结果栏目:有检查部位、主烟(风)道和副烟(风)道是否合格,检查人、复验人签名等。

8 施工试验记录(C6)

8.1 施工试验记录的分类和重要性

施工试验记录的重要性随着国家科学技术水平和经济实力的提高,为适应科研、生产工艺的要求和公共建筑、居住建筑节能和功能性环境条件的提高,国家新出台的设计规范,除了增加设计参数、提高设计标准外,对建成后的室内环境参数的检测要求更加严格,在新的建筑施工质量检验验收标准中也增加功能性评定验收要求。为此施工单位加强施工试验与测试是必不可少的,这也是增强本单位的竞争力的有力措施。

暖卫通风空调专业安装工程涉及到的施工试验记录有六类二十七项。

8.1.1 施工试验通用记录表(表式 C6-1)

施工试验通用记录表(表式 C6-1)可以作为专用的施工试验记录单不适用的特殊分项工程施工试验方法的试验数据的记录备用表。

8.1.2 设备试运转记录(表式 C6-2)

设备试运转记录(表式 C6-2)有两项,即设备单机试运转记录(表式 C6-2-1)、调试报告(表式 C6-2-1)等两项。

8.1.3 土建专业施工试验记录(表式 C6-3)

暖通专业涉及到的土建专业施工试验记录(表式 C6-3)有超声波探伤报告(表式 C6-3-7)、超声波探伤记录(表式 C6-3-8)、射线照相检验记录报告表(表式 C6-3-8A)、磁粉检验记录报告表(表式 C6-3-8B)4项。

8.1.4 管道专用施工试验记录(表式 C6-5)

管道专用施工试验记录(表式 C6-5)有管道灌水试验记录(表式 C6-5-1)、管道强度严密性试验记录(表式 C6-5-2)、管道通水试验记录(表式 C6-5-3)、管道吹(冲)洗(脱脂)试验记录(表式 C6-5-4)、管道吹(冲)洗(脱脂)试验记录(表式 C6-5-4A)、室内排水管道通球试验记录(表式 C6-5-5)、伸缩器安装记录表(表式 C6-5-6)共7项。

8.1.5 通风空调专用施工试验记录表(表式 C6-6)

通风空调专用施工试验记录表(表式 C6-6)有现场组装除尘器,空调机漏风检测记录(表式 C6-6-1),风道(管)漏风检测记录(表式 C6-6-2),风道(管)灯光检漏测试记录表(表式 C6-6-2A),各房间室内风量测量记录(表式 C6-6-3),各房间室内风量测量数据表

（表式 C6 - 6 - 3A），通风空调系统室内温度湿度、测试记录表（表式 C6 - 6 - 3B），通风空调系统室内噪声测试记录表（表式 C6 - 6 - 3C），管网风量平衡记录（表式 C6 - 6 - 4），通风系统试运行记录（表式 C6 - 6 - 5），制冷系统气密性试验记录（表式 C6 - 6 - 6）共 10 项。

8.1.6　锅炉设备安装专用施工试验记录

锅炉设备安装专用施工试验记录有安全阀最初调试记录表（表式 C3 - 4 - 3A）、安全阀最终调试记录表（表式 C3 - 4 - 3B）、锅炉 48 小时整体试运转记录表（表式 C6 - 3 - 8C）共 3 项。

8.2　设备单机试运转记录（表式 C6 - 2 - 1）

暖卫通风空调专业安装工程涉及到的设备单机试运转记录有两项，即设备单机试运转记录（表式 C6 - 2 - 1）、调试报告（表式 C6 - 2 - 2）等两项。

8.2.1　设备单机试运转试验的范围

如《规程》规定的泵类、风机类、热交换器类、制冷机类、冷水机组类、冷却塔类、空调机组类（含空调箱）、空气处理设备类等均需要进行单机试运转试验，并在试验中测定其主要参数及轴承与电机外壳表面的发热情况（升温情况）。有的设备安装质量检测后，其单机试运转功能的检测可和系统联合试运转一起进行。其合格标准应符合规范、规程和设计要求。

（1）暖卫工程的单机试运转

暖卫工程的单机试运转主要有：

A. 各类加压输送水泵：依据 GB 50242—2002《建筑给水排水及采暖工程施工质量验收规范》第 9.2.7 条、第 11.2.1 条、第 11.2.2 条、第 13.0.1 条的规定，水泵等设备的单机试运转应在安装预检合格和配管安装后进行，每台设备应有独立的安装预检记录单和单机试运转试验单。检查叶轮旋转方向是否正确。无异常振动和响声，紧固连接部位无松动，电机功率符合设备文件的规定，水泵连续 24h 运转后滑动轴承和机壳的最高温度不超过 70℃，滚动轴承的最高温度不超过 75℃。水泵的型号规格、技术参数（流量、扬程、转速、功率）、轴承和电机发热的温升、噪声应符合设计要求和产品性能指标。无特殊要求的情况下，普通填料泄漏量不应大于 60ml/h，机械密封的泄漏量不应大于 5ml/h。试运转记录单中应有温升、噪声等参数的实测数据和运转情况记录。抽查数量为 100%，每台运行时间不小于 2h。为了测定流量，应在机组前后安装测试口，以便安装测试仪表。

B. 大型水泵的单机试运转

（A）水泵试运转前应做的检查

a. 原动机（电机）的转向应符合水泵的转向。

b. 各紧固件连接部位不应松动。

c. 润滑油脂的规格、质量、数量应符合设备技术文件的规定，有预润滑要求的部位应按设备技术文件的规定进行预润滑。

d. 润滑、水封、轴封、密封冲洗、冷却、加热、液压、气动等附属系统管路应冲洗干净，保持畅通。

e. 安全保护装置应灵敏、齐全、可靠。

f. 盘车灵活、声音正常。

g. 泵和吸入管路必须充满输送的液体,排尽空气,不得在无液体的情况下启动。自吸式水泵的吸入管路不需充满输送的液体。

h. 水泵启动前的出入口阀门应处于下列的启闭位置。

(a) 入口阀门全开。

(b) 出口阀门离心式水泵全闭,其他形式是开的。

(c) 离心式水泵不应在出口阀门全闭的情况下长期运转,也不应在性能曲线的驼峰处运转,因在此点运行极不稳定 。

(B) 泵在设计负荷下连续运转不应少于 2h,且应符合下列要求

a. 附属系统运转正常,压力、流量、温度和其他要求符合设备技术文件规定。

b. 运转中不应有不正常的声音。

c. 各静密封部位不应渗漏。

d. 各紧固连接部位不应松动。

e. 滚动轴承的温度不应高于 75℃,滑动轴承的温度不应高于 70℃。

f. 填料的温升正常,在无特殊要求的情况下,普通软填料宜有少量的渗漏(每分钟不超过 10～20 滴)。机械密封的渗漏量不宜大于 50mL/h(每分钟约 3 滴)。

g. 电动机的电流不应超过额定值。

h. 泵的安全保护装置应灵敏、可靠。

i. 振动振幅应符合设备技术文件规定,如无规定,而又需要测试振幅时,测试结果应符合表 1.8.2-1 要求(用于手提振动仪测量)。

水泵振动振幅要求   表 1.8.2-1

转速 (r/min)	≤375	>375～ 600	>600～ 750	>750～ 1000	>1000～ 1500	>1500～ 3000	>3000～ 6000	>6000～ 12000	>12000
振幅 (≤mm)	0.18	0.15	0.12	0.10	0.08	0.06	0.04	0.03	0.02

(C) 运转结束后应做好如下工作:

a. 关闭泵进出口阀门和附属系统的阀门。

b. 输送易结晶、凝固、沉淀等介质的输送泵,停泵后应及时用清水或其他介质冲洗泵和管路,防止堵塞。

c. 放净泵内的液体,防止锈蚀和冻裂。

C. 软化水处理设备的调试

(A) 安装前应根据设计要求对设备的型号、规格、外形尺寸、材质随机附件、设备表面质量、内部布水设施进行核对、检查。

(B) 安装后按有关规定进行安装质量、接管位置(即管道连续)进行检查是否符合设计要求和规范规定。

（C）安装后进行试运行，检查管道接口、本体、阀门有无渗漏，阀门操作是否灵活可靠，对非金属设备应特别注意压力变化情况，防止压力过高，致使设备超压损坏。

（D）测定经过软化水处理设备后的出水能力，并对水质进行分析，结果是否符合设计和产品说明书的参数要求。

D. 锅炉送、引风机的试运转

（A）依据 GB 50242—2002《建筑给水排水及采暖工程施工质量验收规范》第 13.3.2 条和 GB 50243—2002《通风与空调工程施工质量验收规范》第 9.2.7 条、第 11.2.2 条的规定，检查叶轮旋转方向是否正确、运转是否平稳、有无异常响声和振动，电机功率是否符合设备文件的规定。轴承径向振幅当风机转速小于 1000r/min 时，不应超过 0.10mm；当风机转速为 1000～1450r/min 时，不应超过 0.08mm。在额定转速下连续运行 2h 后，滑动轴承和机壳最高温度不得超过 60～70℃，滚动轴承最高温度不得超过 80℃。试运转记录单中应有温升、噪声等参数的实测数据及运转情况记录。抽查数量为 100%。每台运行时间不小于 2h。

（B）其他事项同水泵单机试运转

（2）通风空调工程的单机试运转

A. 通风空调工程的风机类单机试运转

同本条暖卫工程的第 D 款。

B. 风机盘管、制冷机组、单元式空调机组的单机试运转

依据 GB 50243—2002《通风与空调工程施工质量验收规范》第 11.2.2 条、第 11.2.1 条和 GB 50274—98《制冷设备、空气分离器设备安装工程施工及验收规范》的规定。

（A）风机盘管的单机试运转：依据 GB 50243—2002《通风与空调工程施工质量验收规范》第 11.3.1 条的规定，风机盘管的三速、温控开关动作应正确，并与机组运行状态一一对应。抽查数量为 10%，但不少于 5 台。

（B）空调机组、风冷热泵等的单机试运转：依据 GB 50243—2002《通风与空调工程施工质量验收规范》第 11.3.1 条的规定，设备运行时产生的噪声不宜超过产品说明书的规定值。抽查数量为 20%，但不少于 1 台。正常运转不小于 8h。

（C）活塞式制冷机组的单机试运转：依据 GB 50274—98《制冷设备、空气分离器设备安装工程施工及验收规范》第 2.2.6 条、第 2.2.7 条的规定，压缩机和压缩机组的空负荷试运转应符合下列要求：

a. 应先拆去汽缸盖和吸、排气阀组，并固定汽缸套。启动压缩机运行 10min，停车后检查各部位的润滑和温升应无异常。而后应再继续运转 1h。运转应平稳，无异常响声和剧烈振动。

b. 主轴承外侧面和轴封外侧面的温度应正常，油泵供应油应正常。油封处不应有滴漏现象。停车后检查汽缸内壁面应无异常的磨损。

c. 压缩机和压缩机组吸、排气阀组安装固定后，应调整活塞的止点间隙，并符合设备技术文件的规定。启动压缩机当吸气压力为大气压时，其排气压力对于有水冷却的应为 0.3MPa（绝对压力），对于无水冷却的应为 0.2MPa（绝对压力）。并继续运转且不得少于 1h。运转应平稳，无异常响声和剧烈振动。吸、排气阀片跳动声响应正常。各部位、轴封、

填料、汽缸盖和阀件应无漏气、漏油、漏水等现象。空气负荷试运转后应拆洗空气滤清器和油过滤器,并更换润滑油。

d. 油压调节阀的操作应灵活,调节油压宜比吸气压力高 0.15～0.3MPa。同时能量调节装置的操作应灵活、正确。汽缸套冷却水进口水温不应大于 35℃,出口水温不应大于 45℃。压缩机各部位的允许温升应符合表 1.8.2－2 的要求。

压缩机各部位的允许温升 表 1.8.2－2

检查部位	有水冷却(℃)	无水冷却(℃)
主轴外侧面	≤40	≤60
轴封外侧面		
润滑油	≤40	≤50

e. 依据 GB 50274—98《制冷设备、空气分离器设备安装工程施工及验收规范》第 2.2.8 条的规定,压缩机和压缩机组应进行抽真空试运转。抽真空试运转应关闭吸、排气截止阀,并启动放气通孔,开动压缩机进行抽真空。曲轴箱压力应迅速抽至 0.015MPa(绝对压力),油压不应低于 0.1MPa。

f. 压缩机和压缩机组的负荷试运转除了应符合 GB 50274—98《制冷设备、空气分离器设备安装工程施工及验收规范》第 2.2.7 条相关部分的规定外,尚应符合第 2.2.9 条的规定。

(D) 螺杆式制冷机组的单机试运转:螺杆式制冷机组的试运转和负荷试运转应符合 GB 50274—98《制冷设备、空气分离器设备安装工程施工及验收规范》第 2.3.3 条、第 2.3.4 条的规定。正常运转不小于 8h。

(E) 离心式制冷机组的单机试运转:离心式制冷机组的试运转和负荷试运转应符合 GB 50274—98《制冷设备、空气分离器设备安装工程施工及验收规范》第 2.4.3 条、第 2.4.4 条、第 2.4.6 条的规定。正常运转不小于 8h。

(F) 溴化锂吸收式制冷机组的单机试运转:溴化锂吸收式制冷机组的安装和各附属设备的试运转应符合 GB 50274—98《制冷设备、空气分离器设备安装工程施工及验收规范》第 2.4.6 条和第 2.7.2 条～第 2.7.10 条的规定。

(G) 冷却塔的单机试运转:冷却塔的单机试运转应符合 GB 50274—98《制冷设备、空气分离器设备安装工程施工及验收规范》第 11.2.2 条的规定,冷却塔本体应稳固、无异常振动,其噪声应符合设备技术文件的规定。风机试运转应符合本条暖卫工程的第 D 款的规定。冷却塔风机和冷却水系统的循环试运转不小于 2h,运行应无异常情况。

(3) 锅炉设备 48h 整体试运转:依据 GB 50273—98《工业锅炉安装工程施工及验收规范》第 9.3.1 条～第 9.3.4 条规定,锅炉烘炉、煮炉、严密性试验和安全阀调整合格后,应进行带负荷连续试运行 48h,整体出厂的锅炉宜进行带负荷连续试运行 4～24h,以运行正常为合格。

8.2.2 设备单机试运转记录单(表式 C6－2－1)的填写

(1) 一般栏目:工程名称、编号、试运转时间、设备部位、设备名称、型号规格、试验单位、设备所在系统、额定数据(参数)、建设(监理)单位、施工单位技术负责人、质量检查员、工长签名等。

(2) 试验数据明细表栏目:即检测参数(流量、扬程、压力、转速、冷冻水进出口水温、轴功率、轴承和电机外壳表面温升、噪声等)试验记录,即在试验中实测的数据值,试验结论(应与规范允许的误差值进行比较,再每项地下结论)。

(3) 试运转结果栏目:依据试验结果说明该设备是否符合规范和设计要求,注明存在问题和不合格项内容,并填写(表式 C1-5)《不合格项处置记录》表,阐明处理意见和去向。

(4) 签名栏目:参加单机试运转测试人员的签名应齐全。

8.2.3 锅炉设备 48 小时整体试运转记录单(表式 C6-3-8C)的填写

(1) 一般栏目:工程名称;分部分项工程名称;编号;试机内容;型号规格、台数;参加试运转部位;试运转时间;试车负责人;建设(监理);安装;施工;记录;建设单位技术负责人;监理单位负责人;施工单位技术负责人;质量检查员;工长;班组长签名等。

(2) 测试栏目:将实测数据分别填写在实际达到栏目内。

8.3 调试报告(表式 C6-2-2)和锅炉设备 48 小时整体 试运转记录单(表式 C6-3-8C)

调试报告(表式 C6-2-2)是设备试运转记录(C6-2)中的一项。它与设备单机试运转记录单(表式 C6-2-1)同属于设备试运转记录(C6-2)之类别。

8.3.1 暖卫通风空调专业安装工程涉及到的调试项目

暖卫通风空调专业安装工程涉及到的调试项目如下,在调试过程中应进行具体参数的测试记录,并整理附在报告中。

(1) 采暖工程和热水供应系统的热工调试

依据 GB 50242—2002《建筑给水排水及采暖工程施工质量验收规范》第 8.6.3 条的规定,调试中必须测定的数据有:

A. 测定热水供应系统最远配水点的水温。当设计计量配水点同时开放时,配水点的水温允许误差为 $t_{设}+5℃$。

B. 测定锅炉房及各建筑物、各热力点的热力入口、出口处的连续 24h 热工工况、参数、温度、压力的数据。

C. 若竣工时因季节性关系没有条件进行热工调试,可与建设单位办理甩项手续,待季节条件成熟时再进行调试,但在竣工验收单上应注明热工调试延期,并附有建设单位的书面证明材料。

D. 如设计无特殊要求,供暖系统的热工调试可测定不同栋号、不同层数的有代表性的房间温度,进行简单的平衡调试。

(2) 空调冷冻水和热水循环系统的冷热调试

空调冷冻水和热水循环系统的冷热调试可依据 GB 50243—2002《通风与空调工程施

工质量验收规范》第 11.1.4 条、第 11.2.3 条的有关规定进行。正常的联合试运转时间应大于 8h,当工程竣工时因季节性条件与设计条件相差较大时,可先进行不带冷、热源的试运转。在正常条件下的调试时,应测定冷热水循环系统的进出口水温及系统的流量、压力的变化数据。并将运行情况及相关数据和数据测定顺序、时间反映在试验记录单上。如试运转是不带冷、热源的试运转,也应将测得的流量、压力等的相关数据和运行情况反映在试验记录单上。

(3) 制冷系统(指制冷剂输送循环系统)联合试运转

制冷系统(指制冷剂输送循环系统)联合试运转可依据 GB 50243—2002《通风与空调工程施工质量验收规范》第 11.1.4 条、第 11.2.3 条的有关规定进行。系统带制冷剂正常运行应不少于 8h。在记录单中除了反映出运转的过程外,尚应将各点每一次运行的温度、水量,以及制冷润滑油的油位、油温及各摩擦部位的温升,进入压缩机汽缸套冷却水的进出口水温、制冷剂技术文件中要求测定的数据进行实测,并反映到记录单中。测试结果应对测得的数据及运行工况进行评估,是否符合设计、规范和相关技术文件的要求。

(4) 锅炉设备的烘炉、煮炉试验

当前锅炉设备的烘炉一般仅在大中型锅炉安装中或烧煤的旧型号锅炉安装中出现,而一般燃油、燃气锅炉已极少采用。煮炉试验在进口的燃油、燃气锅炉中一般也不再使用。在新《规程》中也不再提供煮炉试验记录单的格式。用到时可参照以前的记录表式自行设计记录表。

A. 锅炉设备的烘炉试验

(A) 烘炉试验的适用范围和实施过程

a. 烘炉试验的适用范围:锅炉设备的烘炉试验仅对炉膛内有耐火砖炉墙砌体、炉外有耐火砖炉墙、保温材料和一般红砖炉墙砌体的锅炉才存在着烘炉试验。

b. 烘炉试验的实施条件:烘炉前应依据 GB 50273—98《工业锅炉安装工程施工及验收规范》第 9.1.1 条的规定制定烘炉方案,烘炉时尚应具备下列条件:

(a) 锅炉房、锅炉本体锅炉设备有关配套设备、水处理设备、汽水、排污、输煤(输气)除渣、送风、排烟、除尘、脱硫、照明及动力电源的配电、循环冷却水等系统均应安装完毕,并经过试运转合格。防腐保温工程施工完毕并验收合格。

(b) 锅炉内外的砌体砌筑和绝热工程施工完毕,并经炉体漏风率测试合格。

(c) 水位计、压力表、测温仪表等烘炉用的热工和电气仪表均应安装完毕,且测试合格。

(d) 锅炉给水水质应符合现行国家标准《低压锅炉水质标准》的规定。

(e) 锅筒及集箱上的膨胀指示器应安装完毕,在冷状态下应调整到零。

(f) 炉墙上的测温点或灰浆取样应设置完毕,且应有烘炉温升曲线图。

(g) 炉膛内及通道内应清理干净,尤其是容易卡住炉排的铁块、焊渣、焊条头、铁钉等应清理干净,炉门及两侧的检查孔已打开。炉排各部位的油杯、所有设备的油杯、油箱均应加满润滑油,并检查无误。

(h) 管道、风道、烟道、灰道、阀门及挡板均应标明介质流向、开启方向和开度指示。

(i) 炉排应冷态试运行 8h 以上(运行速度最小应在二级以上),经检查及调整达到炉排无卡住现象、无跑偏现象,炉排长销轴与两侧板的间距应大致相等,主炉排片与链轮齿啮合应良好,各链轮齿应同位,炉排片无断裂,煤闸板两端到炉排面的距离应相等,各风室的调节阀应灵活等。

(j) 烘炉的木材、煤炭或蒸汽源应准备充足,用于炉排的燃料应没有铁钉等金属杂物。经过软化处理的炉水应注满。以上各注意事项和准备均检查无误后,方可进行烘炉试验。

(B) 烘炉方法

依据 GB 50273—98《工业锅炉安装工程施工及验收规范》第 9.1.1 条的规定和现场的条件,可采用火焰或蒸汽等方法。

(C) 烘炉时间

依据 GB 50273—98《工业锅炉安装工程施工及验收规范》第 9.1.5 条的规定,烘炉时间应根据锅炉类型、砌体湿度和自然通风干燥程度确定,宜为 14~16d。但整体安装的锅炉宜为 2~4d(最好不少于 4d)。

(D) 烘炉应符合的条件

a. 火焰烘炉法

依据 GB 50273—98《工业锅炉安装工程施工及验收规范》第 9.1.3 条的规定。

(a) 火焰应集中在炉膛中央,先用木材烘烤 12h,若炉膛较湿可适当延长。烘炉初期采用文火烘焙,初期以后的火势应均匀,并逐日缓慢加大。

(b) 链条炉排在烘炉过程中应定期转动,并防止烧坏炉排。

(c) 依据不同炉排的结构,烘炉温升速度应按过热器后(或相当的位置)的烟气温度测定值确定,温升速度应符合下列条件:

第一、重型炉墙第一天温升不宜大于 50℃,以后每天温升不宜大于 20℃,后期每天温升不宜大于 220℃。

第二、砖砌轻型炉墙每天温升不应大于 80℃,后期每天温升不应大于 160℃。

第三、耐火浇筑料炉墙养护期后方可开始烘炉,温升每小时不应大于 10℃,后期烟温不应大于 160℃,在最高温度范围内的持续时间不应小于 24h。

(d) 当炉墙特别潮湿时,应适当减慢温升速度,延长烘炉时间。

(e) 依据 GB 50273—98《工业锅炉安装工程施工及验收规范》第 9.1.6 条的规定,烘炉时应经常检查砌体的膨胀情况。当出现裂纹或变形迹象时应减慢升温速度,并应查明原因采取相应的技术措施。

(f) 依据 GB 50273—98《工业锅炉安装工程施工及验收规范》第 9.1.8 条的规定,烘炉过程中应测定和绘制实际升温曲线图。

b. 蒸汽烘炉法

依据 GB 50273—98《工业锅炉安装工程施工及验收规范》第 9.1.4 条的规定。

(a) 蒸汽压力应采用 0.3~0.4MPa 的饱和蒸汽从水冷壁集箱的排污阀处连续均匀地送入锅炉,逐渐加热炉水。炉水的水位应保持正常,温度宜为 90℃,烘炉后宜采用火焰烘炉。

(b) 应开启必要的挡板和炉门排除湿气,并应使炉墙各部均能烘干。

（c）依据 GB 50273—98《工业锅炉安装工程施工及验收规范》第 9.1.6 条的规定。烘炉时应经常检查砌体的膨胀情况。当出现裂纹或变形迹象时应减慢升温速度，并应查明原因采取相应的技术措施。

（d）依据 GB 50273—98《工业锅炉安装工程施工及验收规范》第 9.1.8 条的规定，烘炉过程中应测定和绘制实际升温曲线图。

（E）烘炉合格的判断标准

依据 GB 50273—98《工业锅炉安装工程施工及验收规范》第 9.1.7 条的规定。

a. 当采用炉墙灰浆试样法时，在燃烧室两侧墙的中部、炉排上方 1.5～2.0m 处，或燃烧器的上方 1.0～1.5m 处和两侧墙的中部取黏土砖、红砖的丁字交叉缝处的灰浆样品各 50g 测定，其含水率均应小于 2.5%。

b. 当采用测温法时，在燃烧室两侧墙中部、炉排上方 1.5～2.0m 处，或燃烧器的上方 1.0～1.5m 处测定红砖墙外表面向内 100mm 处的温度应达到 50℃，并继续维持 48h。或测定过热器两侧墙黏土砖与绝热层结合处的温度应达到 100℃，并继续维持 48h。

B. 锅炉设备煮炉试验

（A）依据 GB 50273—98《工业锅炉安装工程施工及验收规范》第 9.2.1 条的规定，在烘炉末期，当炉墙红砖灰浆含水率降到 10% 时，或当本规范第 9.1.7 条第 2 款［即 A－（E）－b］所述的温度达到要求时，即可进行煮炉。若厂家规定其产品不必煮炉的可以不进行此工序。煮炉可以和烘炉同时进行，但不升压。依据 GB 50273—98《工业锅炉安装工程施工及验收规范》第 9.2.5 条的规定，煮炉时间宜为 2～3d。煮炉的最后 24h 宜使炉内压力保持在额定工作压力的 75%。在较低压力下煮炉时，应适当延长煮炉时间。

（B）依据 GB 50273—98《工业锅炉安装工程施工及验收规范》第 9.2.2 条、第 9.2.3 条的规定，煮炉开始的加药量应符合锅炉设备技术文件的规定，若无规定应按表 1.8.3－1 的配方加药。

煮炉时的加药配方　　　　　　　　　　　　表 1.8.3－1

药 品 名 称	加药量（kg/m³ 水）	
	铁锈较薄	铁锈较厚
氢氧化钠 NaOH	2～3	3～4
磷酸三钠 $Na_3PO_412H_2O$	2～3	2～3

注：1. 药量按 100% 的纯度计算。

2. 无磷酸三钠时，可用碳酸钠代替，用量为磷酸三钠的 1.5 倍。

3. 单独使用碳酸钠煮炉时，每立方米水中加 6kg 碳酸钠。

（C）药品应溶解成溶液后方可加入炉中，配制和加入药液时应采取安全措施。加药时锅炉水位应在低水位，煮炉时药液不得进入过热器。

（D）煮炉期间应定期从锅筒和水冷壁下集箱取水样化验，进行水质分析。当炉水碱度低于 45mol/L 时，应补充加药。

（E）煮炉结束后应交替进行持续上水和排污，直到水质达到标准，然后停止排水，冲洗锅炉内部和曾与药物接触过的阀门,并应清除锅筒、集箱内的沉积物,检查排污阀,应无堵塞现象。

(F) 检查锅筒、集箱内壁应无油垢。擦去附着物后金属表面应无锈斑。

(5) 锅炉设备的联合试运转

A. 试运行应在煮炉之后,且应具备以下条件。

(A) 热水锅炉应注满水,蒸汽锅炉水位应达到规定的水位高度。

(B) 循环水泵、给水泵、注水器、鼓引风机运行应正常。

(C) 与室外供热管网应隔绝。

(D) 安全阀应全部开启。

(E) 锅炉给水的水质化验应符合标准。

B. 依据 GB 50242—2002《建筑给水排水及采暖工程施工质量验收规范》第 13.5.3 条和 GB 50273—98《工业锅炉安装工程施工及验收规范》第 9.3.4 条的规定,锅炉在烘炉、煮炉合格后和安全阀调整后,应进行带负荷的连续 48h 试运行,同时应进行安全阀的热状态定压检验和调整。整体出厂的锅炉宜进行 4~24h 的带负荷试验和连续 48h 试运行,运行正常为合格。

C. 运行时应检查的内容

(A) 检查锅炉设备和附属设备的热工性能和机械性能。

(B) 测试锅炉给水和炉水的水质是否符合标准,水质测试应另行记录。

(C) 测试炉膛温度、排烟温度、排烟烟尘浓度,烟尘中的含硫化物、氮化物浓度是否符合国家规定的排放标准。炉膛温度、排烟温度和排放烟尘浓度、硫化物、氮化物浓度的测试由环保部门检测,但在运行记录中应有反映(应有记录)。

(D) 运行中尚应记录送风机、引风机、给水泵的运行情况和相关参数的实测数据。

(E) 然后综合评估是否符合设计和规范要求。

8.3.2 暖卫通风空调专业安装工程的调试报告(表式 C6-2-2)的填写

调试报告(表式 C6-2-2)的内容如下:

A. 一般栏目:工程名称、编号、调试时间、调试内容(部位)(说明调试的项目和位置)、报告时间、建设单位、监理单位、施工单位、设计单位签名等。

B. 调试情况栏目:应将上述调试过程和运行情况,测试参数简要地进行报告。并将调试中测试参数的实测数据列表附上。

C. 调试结论栏目:依据调试结果说明该系统的实际运行功能是否符合规范和设计的要求。注明存在问题和不合格项的内容,并填写《不合格项处置记录》表,阐明处理意见和出路。

D. 签名栏目:参加单机试运转测试人员的签名应齐全。

8.3.3 锅炉设备 48 小时整体试运转记录单(表式 C6-3-8C)的填写

(1) 一般栏目:工程名称;分部分项工程名称;编号;试机内容;型号规格、台数;参加试运转的部位;试运转时间;试车负责人;建设(监理);安装;施工;记录;建设单位技术负责人;监理单位负责人;施工单位技术负责人;质量检查员;工长;班组长签名等。

(2) 测试栏目:将实测数据分别填写在实际达到栏目内。

8.4　超声波探伤报告(表式 C6 - 3 - 7)

8.4.1　超声波探伤报告主要应用范围和质量要求

暖卫通风空调和锅炉设备安装工程涉及到需要进行超声波或 X 射线探伤测定的工艺有较大口径的室外管网安装工程,室内工程有锅炉房内高温高压大口径管道安装工程,压力容器安装工程,它们主要用于检查焊接焊缝的质量等的检测。

(1) 进行超声波或 X 射线探伤测定的项目和范围的确定:管道焊缝需要进行超声波或 X 射线探伤测定的项目和范围由设计文件和规范确定,如输送剧毒流体的管道、输送压力≥10MPa 或设计压力≥4MPa,且设计温度≥400℃的可燃流体或有毒流体的管道;输送设计压力≥10MPa,且设计温度≥400℃的非可燃流体或无毒流体的管道;设计温度小于 -29℃的低温管道;设计文件要求进行 100%射线照相检验的其他管道;或依据安装工程的实际情况由建设单位与施工单位的质量检查人员共同商定。抽检范围除了设计单位规定的范围之外,还应符合 GB 50235—97《工业金属管道工程施工及验收规范》第 7.4.3 条的规定。

(2) 焊缝质量要求:焊缝的质量要求应符合 GB 50235—97《工业金属管道工程施工及验收规范》第 7.4 节相关条文的规定,且当设计文件规定焊缝系数为 1 的焊缝,或规定进行 100%射线照相检验或超声波检验的焊缝,其外观质量不得低于 GB 50236—98《现场设备、工业管道焊接工程施工及验收规范》表 11.3.2 中规定的Ⅱ级。

设计文件规定进行局部射线照相或超声波检验的焊缝,其外观质量不得低于 GB 50236—98《现场设备、工业管道焊接工程施工及验收规范》表 11.3.2 中规定的Ⅲ级。

(3) 焊缝质量分级:参见 GB 50236—98《现场设备、工业管道焊接工程施工及验收规范》表 11.3.2 即表 1.8.4 - 1 中的规定。

焊缝质量分级标准　　　　　　　　　　　　　　　　表 1.8.4 - 1

检验项目	缺陷名称	质量分级			
		Ⅰ	Ⅱ	Ⅲ	Ⅳ
焊缝外观质量	裂纹	不允许			
	表面气孔	不允许	不允许	每 50mm,焊缝长度内允许直径≤0.3δ,且≤2mm 的气孔 2 个,孔间距≥6 倍孔径	每 50mm 焊缝长度内允许直径≤0.4δ,且≤3mm 的气孔 2 个,孔间距≥6 倍孔径
	表面夹渣	不允许	不允许	深≤0.1δ、长≤0.3δ,且≤10mm	深≤0.2δ、长≤0.5δ,且≤20mm
	咬边	不允许	不允许	≤0.5δ,且≤0.5mm,连续长度≤100mm,且焊缝两侧咬边总长≤10%焊缝全长	≤0.1δ,且≤1mm,长度不限

检验项目	缺陷名称	质量分级			
		Ⅰ	Ⅱ	Ⅲ	Ⅳ
焊缝外观质量	未焊透	不允许	不允许	不加垫单面焊允许值≤0.15δ,且≤1.5mm 缺陷总长在 6δ 焊缝长度内不超过δ	≤0.1δ,且≤2mm,每 100mm 焊缝内,缺陷总长≤25mm
	根部收缩	不允许	≤0.2+0.02δ,且≤0.5mm	≤0.2+0.02δ,且≤1.0mm	≤0.2+0.04δ,且≤0.2mm
				长度不限	
	焊缝厚度不足	不允许		≤0.3+0.05δ,且≤1mm,每 100mm 焊缝长度缺陷总长度≤25mm	≤0.3+0.05δ,且≤2mm,每 100mm 焊缝长度缺陷总长度≤25mm
	角焊焊缝脚不对称	差值≤1+0.1a		差值≤2+0.15a	差值≤2+0.2a
	余高	≤1+0.1b 且最大为 3mm		≤1+0.2b 且最大为 5mm	
对接焊缝内部质量	射线照相检查 碳素钢合金钢	GB 3323 的Ⅰ级	GB 3323 的Ⅱ级	GB 3323 的Ⅲ级	
	铝及铝合金	附录 E 的Ⅰ级	附录 E 的Ⅱ级	附录 E 的Ⅲ级	无要求
	铜及铜合金	GB 3323 的Ⅰ级	GB 3323 的Ⅱ级	GB 3323 的Ⅲ级	
	工业纯钛	附录 F 的合格级		无要求	
	镍及镍合金	GB 3323 的Ⅰ级	GB 3323 的Ⅱ级	GB 3323 的Ⅲ级	无要求
	超声波检查	GB 11345 的Ⅰ级		GB 11345 的Ⅱ级	无要求
注解	附录 E 及附录 F 指 GB 50236—98《现场设备、工业管道焊接工程施工及验收规范》的附录,详见该规范				
	当咬边经磨削修整并平滑过渡时,可按焊缝一侧较薄母材最小允许厚度评定				
	角焊缝焊脚不对称在特定条件下要求平缓过渡时,不受本规定限制(如搭接或不等厚板对接和角接组合焊缝)				
	除注明角焊缝缺陷外,其余为对接、角接焊缝通用				
	表中的 a——设计焊缝厚度;b——焊缝宽度;δ——母材厚度				

8.4.2 大口径无缝钢管焊缝的超声波试验

大口径无缝钢管焊缝应依据 GB 50235—97《工业金属管道工程施工及验收规范》第

7.4.4 条的规定进行超声波检验。检验标准详见 GB 50235—97《工业金属管道工程施工及验收规范》和 GB 50236—98《现场设备、工业管道焊接工程施工及验收规范》相关规定。

8.4.3 超声波探伤报告(表式 C6 - 3 - 7)的填写

(1) 一般栏目:工程名称及部位、编号、试验编号、委托编号、委托单位、试验委托人、构件名称、检测部位、材质、板厚、仪器型号、试块、耦合剂、表面补偿、表面状况、探伤日期、探头型号、执行处理和负责人、审核人、检测人签名等,并加盖检测单位公章,标注报告日期等。

(2) 探伤结果及说明栏目:应将探伤结论和该补充说明的问题简明扼要予以阐述。

8.4.4 射线照相检验记录报告表(表式 C6 - 3 - 8A)的填写

(1) 一般栏目:工程名称、编号、部位及系统、检测时间、分项项目、设备名称、工程编号、管道编号、委托单位、试验编号、规格及厚度、焊接方法、执行标准、材质、增感方式、透视方法、审核人、评片人、暗房处理人、拍片人签名等,并检测单位加盖公章,标注报告日期等。

(2) 缺陷代号栏目:列出 18 种通常检查出来的质量事故代号,如横裂纹、纵裂纹、弧坑裂纹等。

(3) 记录内容栏目:共有底片编号(填写射线照片底片的编号)、缺陷(共有 18 项,用于填写出现缺陷代号栏中标志项目的相应内容,可用打"√"的方法记录)、评定等级(参见 GB 50236—98《现场设备、工业管道焊接工程施工及验收规范》表 11.3.2 即表 1.8.4 - 1 中的规定)、返修位置、焊工号(填写具体操作焊工的编号)、附注等。

8.4.5 磁粉检验记录报告表(表式 C6 - 3 - 8B)的填写

(1) 一般栏目:工程名称、编号、部位及系统、检测时间、分项项目、设备(装置)名称、工程编号、管道编号、委托单位、试验编号、执行标准、材质、规格及厚度、表面状态、仪表型号、灵敏度试片、灵敏度评价、磁粉类型、粒度(目)、浓度、媒介、磁化方式、电流、时间、试验人、审核人、报告人签名等,并且检测单位加盖公章,标注报告日期等。

(2) 记录内容栏目:检验部位、缺陷性质(即射线照相检验记录单中列举的 18 个项目)、缺陷长度、缺陷位置、缺陷处理、评价结果及附注栏等。

8.5 超声波探伤记录(表式 C6 - 3 - 8)

超声波探伤检测一般委托具备检测资质的专业检测机构实施,它是超声波探伤检测实测数据的记录表。检测前应对所有检测的焊缝进行编号,以便于记录。表中的"级别"依据 GB 50236—98《现场设备、工业管道焊接工程施工及验收规范》表 11.3.2 即表 1.8.4 - 1 中规定的焊缝质量要求对实际焊缝的分级。

8.6 管道专业用的施工试验记录(表式 C6－5)

管道专业用的施工试验记录(表式 C6－5)共 6 项,即管道灌水试验记录(表式 C6－5－1)、管道强度严密性试验记录(表式 C6－5－2)、管道通水试验记录(表式 C6－5－3)、管道吹(冲)洗(脱脂)试验记录(表式 C6－5－4)及管道吹(冲)洗(脱脂)试验记录(表式 C6－5－4A)、室内排水管道通球试验记录(表式 C6－5－5)、伸缩器安装记录表(表式 C6－5－6)。

8.6.1 管道灌水和满水试验

(1) 室内排水管道的灌水试验

A. 隐蔽或埋地排水管道的灌水试验:依据 GB 50242—2002《建筑给水排水及采暖工程施工质量验收规范》第 5.2.1 条的规定,隐蔽或埋地排水管道在隐蔽前必须进行灌水试验。

B. 灌水试验的标准:灌水试验应分立管、分层进行,并按每根立管分层填写试验记录单。试验标准是灌水高度应不低于该层卫生器具的上边缘或底层地面的高度,灌满水15min 水面下降后,再将下降水位灌满,持续观察 15min 后,若水位不再下降,管道及接口不渗漏为合格。

(2) 室内雨水管道的灌水试验:依据 GB 50242—2002《建筑给水排水及采暖工程施工质量验收规范》第 5.3.1 条的规定,安装在室内的雨水排放管道应做灌水试验,试验按每根立管进行,灌水高度应由屋顶雨水漏斗至立管根部排出口的高差,灌满水 15min 水面下降后,再将下降水位灌满,持续观察 5min 后,若水位不再下降,管道及接口不渗漏为合格。

(3) 卫生器具的满水和通水试验:依据 GB 50242—2002《建筑给水排水及采暖工程施工质量验收规范》第 7.7.2 条的规定,洗面盆、洗涤盆、浴盆等卫生器具交工前应做满水和通水试验,并按每单元进行试验和填表。灌水高度是将水灌至卫生器具的溢水口或灌满,经外观检查各连接件不渗不漏为合格。卫生器具通水试验时给、排水管道的排泄应通畅。

(4) 各种贮水箱和高位水箱的满水试验:依据 GB 50242—2002《建筑给水排水及采暖工程施工质量验收规范》第 4.4.3 条、第 6.3.5 条、第 8.3.2 条、第 13.3.4 条的规定,各类敞口水箱应单个进行满水试验,并填写记录单。试验标准同卫生器具,但静置观察时间为24h,不渗不漏为合格。如果水箱满水试验合格后,又重新开孔接管,应将甩口临时封堵,重新进行满水试验。

(5) 管道灌水试验记录单(表式 C6－5－1)的填写

A. 一般栏目:工程名称、编号、试验日期、试验部位(说明试验项目和位置)、设备和管道的材质、规格、参加人员[建设(监理)单位负责人、施工单位技术负责人、质量检查员、工长等]签名。

B. 试验要求栏目:将上述(1)～(4)项的灌水试验要求填写在此栏目中。

C. 试验情况记录栏目:将上述(1)～(4)项灌水试验的过程和出现的问题、处理方法和处理结果填写在此栏目内。

D. 试验结论栏目:将试验情况记录栏目内的内容与试验要求栏内的内容进行比较,

再下结论说明是否合格。

8.6.2 管道强度及严密性试验记录

（1）试验对象及使用工质

强度及严密性试验的对象是承压管道、阀件、密闭压力容器（锅炉机组、热交换器、罐体、箱体、分汽缸、分与集水器等）、机械设备（风机盘管、空调机组、制冷设备等）、附件（散热器、金属辐射板、太阳能热水器等）等。强度及严密性试验使用的工质与系统的使用用途有关，一般承压管道和密闭压力容器采用水（故称水压试验），而燃气、压缩空气等管网使用的工质为压缩空气，特种气体（如氮、氢、氩气）的输送管道采用工质氮气和氩气等。

（2）强度试验和严密性试验的区分

一般承压管网系统的强度试验和严密性试验采用同一试验设备，但试验分两个阶段进行。第一阶段试验压力比系统的额定工作压力 P_0 高若干倍（一般试验压力为工作压力的 $1.2 \sim 1.5$ 倍）。当升压至试验压力时停止升压，若在 10min（供暖系统为 5min）内，系统压力降 $\Delta P \leqslant 0.05MPa$（供暖系统为 $\Delta P \leqslant 0.02MPa$），经检查系统各接口、阀门等配件和附件是否渗漏，不渗不漏为合格。有渗漏的应进行返修，然后重新进行试验，此阶段试验称为系统的强度试验。第二阶段试验压力为将系统的试验压力降至系统的额定工作压力 P_0 或 $1.15P_0$（塑料管道），稳压后检查系统各接口、阀门等配件和附件是否渗漏，不渗不漏为合格。有渗漏的应进行返修，然后重新进行试验，直至合格为止，此阶段试验称为系统的严密性试验。

（3）强度及严密性试验的分类

A. 承压管道及系统的强度及严密性试验

如输送热水、蒸汽的供暖和供汽管道（含室外的供热管网）、输送冷水（生活给水、消防给水等）管道、空调冷热水输送循环管道、冷却水循环管道、制冷剂输送循环管道、燃气压缩空气输送管道、特种气体（如氮、氢、氩气）输送管道的强度和严密性试验。

B. 真空管道系统和设备的强度和抽真空严密性试验。

C. 暖卫通风空调系统附件的强度及严密性试验

如各种阀件、散热器、金属辐射板、太阳能热水器等的强度试验。

D. 暖卫通风空调系统设备单机强度及严密性试验

如风机盘管、空调机组、制冷设备、净化设备、空调器、现场组装的空调机组、静压箱、加压风机箱、除尘器、压力容器（热交换器、锅炉机组、罐体、箱体、分汽缸、分与集水器等）的强度、严密性试验及漏风率试验等。

E. 金属箱体、罐体的煤油渗漏严密性试验。

（4）暖卫工程强度和严密性试验的压力标准

A. 室内生活给水管道和消火栓供水管道的水压试验

（A）试压分类

单项试压——分局部隐检部分和分各系统（或每根立管）进行试压，应分别填写试验记录单。

系统综合试压——按系统分别进行。

（B）试压标准

单项试压：单项试压的试验压力，当系统工作压力 $P \leqslant 1.0$MPa 时，依据 GB 50242—2002 第 4.2.1 条规定，各种材质的给水系统的水压试验压力均为系统工作压力的 1.5 倍，但不小于 0.6MPa。

a. 金属和复合管道系统：将系统压力升至试验压力，在试验压力下观察 10min 内，压力降 $\Delta P \leqslant 0.02$MPa，检查不渗不漏后，然后再将压力降至工作压力进行外观检查，不渗不漏为合格。

b. 塑料管道系统：将系统压力升至试验压力，在试验压力下稳压 1h，压力降 $\Delta P \leqslant 0.05$MPa，检查不渗不漏后，然后再将压力降至工作压力的 1.15 倍，稳压 2h，压力降 $\Delta P \leqslant 0.03$MPa，同时进行各连接处的外观检查，不渗不漏合格。

综合试压：试验方法同单项试压，其试压标准不变。

B. 室内热水供应管道的水压试验

（A）试压分类

单项试压——分局部隐检部分和分各系统（或每根立管）进行试压，应分别填写试验记录单。

系统综合试压——按系统分别进行。

（B）试压标准

单项试压：单项试压的试验压力，当系统工作压力 $P \leqslant 1.0$MPa 时，依据 GB 50242—2002 第 6.2.1 条规定，热水管道在保温前应进行水压试验。各种材质的热水供应系统的水压试验压力应符合两个条件。

a. 热水供应系统的水压试验压力应为系统顶点的工作压力加 0.1MPa。

b. 在热水供应系统顶点的水压试验压力 $\geqslant 0.3$MPa。

c. 钢管或复合管道系统：将系统压力升至试验压力，在试验压力下观察 10min 内，压力降 $\Delta P \leqslant 0.02$MPa，检查不渗不漏后。然后再将压力降至工作压力进行外观检查，不渗漏为合格。

d. 塑料管道系统：将系统压力升至试验压力，在试验压力下稳压 1h，压力降 $\Delta P \leqslant 0.05$MPa，检查不渗不漏后。然后再将压力降至工作压力的 1.15 倍，稳压 2h，压力降 $\Delta P \leqslant 0.03$MPa，同时进行各连接处的外观检查，不渗不漏为合格。

综合试压：试验方法同单项试压，其试压标准不变。

C. 冷却水管道及空调冷热水循环管道的水压试验

依据 GB 50243—2002《通风与空调工程施工质量验收规范》第 9.2.3 条的规定。

（A）系统水压试验压力

a. 当系统工作压力 $\leqslant 1.0$MPa 时，系统试验压力为 1.5 倍工作压力，但不小于 0.6MPa。

b. 当系统工作压力 > 1.0MPa 时，系统试验压力为工作压力加 0.5MPa。

c. 各类耐压塑料管道的强度的试验压力为 1.5 倍工作压力，严密性试验压力为 1.15 倍工作压力。

（B）试验要求

a. 大型或高层建筑垂直位差较大的冷热媒循环水系统、冷却水系统宜采用分区、分层试压和系统试压相结合的方法进行水压试验。

b．一般建筑可采用系统试压的方法。

（C）试验标准

a．分区、分层试压：分区、分层试压是对相对独立的局部区域的管道进行试压。试验时将系统压力升至试验压力，在试验压力下稳压 10min，压力不得下降，再将试验压力降至工作压力，在 60min 内，压力不得下降，外观检查，不渗不漏为合格。

b．系统试压：系统试压是在各分区管道与系统主、干管全部连通后，对整个系统的管道进行的试压。试验压力以最低点的压力为准，但最低点的压力不得超过管道与组成件的承受压力。当系统压力升至试验压力后稳压 10min，压力降 $\Delta P \leqslant 0.02MPa$，检查不渗不漏。然后再将系统压力降至工作压力进行外观检查，不渗不漏为合格。

D．空调凝结水管道的充水试验

依据 GB 50243—2002《通风与空调工程施工质量验收规范》第 9.2.3 条第 4 款的规定，空调凝结水管道采用冲水试验，不渗不漏为合格。

E．室内消火栓供水系统的试射试验

依据 GB 50242—2002《建筑给水排水及采暖工程施工质量验收规范》第 4.3.1 条的规定，室内消火栓系统安装完成后，应取屋顶层（或水箱间内）的试射消火栓和首层取两处消火栓进行实地试射试验，试验的水柱和射程应达到设计的要求为合格。

F．室内消防自动喷洒灭火系统管道的试压

依据 GB 50261—96《自动喷水灭火系统施工及验收规范》第 6.2.1 条～第 6.2.4 条的规定。

（A）试压分类

单项试压——分隐检部分和系统局部进行试压，并分别填写试验记录单。

综合试压——按系统分别进行。

（B）试验环境与条件

a．试验环境温度：水压试验的试验环境温度不宜低于 5℃，当低于 5℃时，水压试验应采取防冻措施。

b．试验条件：水压试验的压力表应不少于 2 只，精度不应低于 1.5 级，量程应为试验压力的 1.5～2 倍。

c．试验环境准备：系统冲洗方案已确定，不能参与试验的设备、仪表、阀门、附件应加以拆除或隔离。

（C）试验压力的要求

a．当系统设计工作压力≤1.0MPa 时，水压强度试验压力应为设计工作压力的 1.5 倍，但不低于 1.4MPa。

b．当系统设计工作压力＞1.0MPa 时，水压强度试验压力为该设计工作压力加 0.4MPa。

c．水压强度试验的达标要求：系统或单项水压强度试验的测点应设在系统管网的最低点。对管网注水时应将管网中的空气排净，并缓慢升压，当系统压力达到试验压力时，稳压 30min，目测管网应无渗漏和无变形，且系统压力降 $\Delta P \leqslant 0.05MPa$ 为合格。

（D）系统严密性试验：系统严密性试验（即综合试压或通水试验）。严密性试验应在水压强度试验和管网冲洗试验合格后进行。在工作压力下稳压 24h，进行全面检查，不渗不漏为合格。

（E）自动喷水灭火系统的水源干管、进户管和埋地管道应在回填前单独进行或与系统一起进行水压强度试验和严密性试验。

G. 室内干式喷水灭火系统和预作用喷洒灭火系统的气压试验

依据 GB 50261—96《自动喷水灭火系统施工及验收规范》第 6.1.1 条、第 6.3.1 条、第 6.3.2 条的规定，消防自动喷洒灭火系统应做水压试验和气压试验。

（A）水压试验：同一般湿式消防自动喷洒灭火系统（详见 13 项）。

（B）气压试验

a. 气压试验的介质：气压试验的介质为空气或氮气。

b. 气压试验的标准：气压严密性试验的试验压力为 0.28MPa，且在试验压力下稳压 24h，压力降 $\Delta P \leqslant 0.01$MPa 为合格。

H. 室内蒸汽、热水供暖系统管道的水压试验

（A）单项试验：包括局部隐蔽工程的单项水压试验及分支路或整个系统与设备和附件连接前的水压试验，应分别填写记录单。

（B）综合试验：是系统全部安装完后的水压试验，应按系统分别进行试验，并填写记录单。

（C）试验标准：依据 GB 50242—2002《建筑给水排水及采暖工程施工质量验收规范》第 8.1.1 条、第 8.6.1 条的规定，热媒温度 $\leqslant 130℃$ 的热水和饱和蒸汽压力 $\leqslant 0.7$MPa 的供暖系统安装完毕，保温和隐蔽之前应进行水压试验。

a. 一般蒸汽、热水供暖系统：蒸汽、热水供暖系统的试验压力应满足两个条件。

（a）供暖系统的试验压力应以系统顶点工作压力加 0.1MPa 作为试验压力；

（b）供暖系统顶点的试验压力还应 $\geqslant 0.3$MPa。

b. 高温热水供暖系统：高温热水供暖系统的试验压力应为系统顶点工作压力加 0.4MPa 作为试验压力。

c. 使用塑料或复合管道的热水供暖系统：使用塑料或复合管道的热水供暖系统的试验压力应满足两个条件。

（a）供暖系统的试验压力应以系统顶点工作压力加 0.2MPa 作为试验压力；

（b）供暖系统顶点的试验压力还应 $\geqslant 0.4$MPa。

（D）合格标准

a. 钢管和复合管道的供暖系统：采用钢管和复合管道的供暖系统在系统试验压力下，稳压 100min 内压降 $\Delta P \leqslant 0.02$MPa，外观检查不渗不漏后，然后再将系统压力降至工作压力，稳压进行外观检查不渗不漏为合格。

b. 塑料管道的供暖系统：采用塑料管道的供暖系统在系统试验压力下，稳压 1h 内压力降 $\Delta P \leqslant 0.05$MPa，外观检查不渗不漏后，然后再将系统压力降至 1.15 倍工作压力，稳压 2h 内压力降 $\Delta P \leqslant 0.03$MPa，同时进行外观检查不渗不漏为合格。

I. 低温热水地板辐射供暖系统的水压试验

（A）依据 GB 50242—2002《建筑给水排水及采暖工程施工质量验收规范》第 8.4.1 条、第 8.5.2 条的规定,低温热水地板辐射板安装前应进行水压试验[详见第 6.4.3 条 - (2)第 G 款,注:这里的低温热水地板辐射板是属于工厂的产品]。

（B）地面下盘管安装完毕后隐蔽前必须进行水压试验,试验压力为系统工作压力的 1.5 倍,但不小于 0.6MPa。试验时系统压力升至试验压力后,稳压 1h 内压力降 $\Delta P \leqslant$ 0.05MPa,同时进行外观检查不渗不漏为合格。

J. 室外供热蒸汽管道、供热热水管道和蒸汽凝结水管道的水压试验

依据 GB 50242—2002《建筑给水排水及采暖工程施工质量验收规范》第 11.1.1 条、第 11.3.1 条的规定,热媒温度≤130℃的热水和饱和蒸汽压力≤0.7MPa 的室外供热管网安装完毕,保温和隐蔽之前应进行水压试验。

（A）单项试验:包括局部隐蔽工程的单项水压试验及分支路或整个系统与设备和附件连接前的水压试验,应分别填写记录单。

（B）综合试验:是系统全部安装完后的水压试验,应按系统分别试验,并填写记录单。

（C）试验标准:试验压力为供热管道的工作压力的 1.5 倍,但不小于 0.6MPa。在试验压力下,稳压 10min 内压力降 $\Delta P \leqslant 0.05$MPa,外观检查不渗不漏,然后再将系统压力降至工作压力后,进行外观检查不渗不漏为合格。

K. 室外给水管道的水压试验

（A）依据 GB 50242—2002《建筑给水排水及采暖工程施工质量验收规范》第 9.2.5 条的规定,室外给水管网必须进行水压试验,试验压力为系统工作压力的 1.5 倍,但不小于 0.6MPa。

（B）达标标准

a. 管材为钢管、铸铁管的系统:管材为钢管、铸铁管的给水管网,在试验压力下,稳压 10min 内压力降 $\Delta P \leqslant 0.05$MPa,外观检查不渗不漏,然后再将压力降至工作压力后,进行外观检查,压力应保持不变,不渗不漏为合格。

b. 管材为塑料管的系统:管材为塑料管的给水管网,在试验压力下,稳压 1h 内压力降 $\Delta P \leqslant 0.05$MPa,外观检查不渗不漏,然后再将系统压力降至工作压力后,进行外观检查,压力应保持不变,不渗不漏为合格。

L. 室外消火栓给水系统的水压试验

依据 GB 50242—2002《建筑给水排水及采暖工程施工质量验收规范》第 9.3.1 条、第 13.3.3 条的规定,试验压力为工作压力的 1.5 倍,但不得小于 0.6MPa,在试验压力下 10min 内压力降 $\Delta P \leqslant 0.05$MPa,然后降至工作压力,进行检查,压力保持不变,不渗不漏为合格。

M. 密闭水箱(罐)的水压试验

依据 GB 50242—2002《建筑给水排水及采暖工程施工质量验收规范》第 4.4.3 条、第 6.3.5 条、第 8.3.2 条、第 13.3.4 条的规定,密闭水箱(罐)的水压试验必须符合设计和本规范的规定,试验压力为工作压力的 1.5 倍,但不得小于 0.4MPa,在试验压力下 10min 内压力不下降,不渗不漏为合格。

N. 锅炉本体的水压试验

(A) 依据 GB 50273—98《工业锅炉安装工程施工及验收规范》第 5.0.1 条的规定,锅炉的汽、水系统及其附属装置安装完毕应做水压试验。锅炉本体水压试验前应将连接在上面的安全阀、仪表拆除,安全阀、仪表等的阀座可用盲板法兰封闭,待水压试验完毕后再安装上。同时水压试验前应将锅炉、集箱内的污物清理干净,水冷壁、对流管束应畅通。然后封闭人孔、手孔,并再次检查锅炉本体、连接管道、阀门安装是否妥当。并检查各拆卸下来的阀件阀座的盲板是否封堵严密,盲板上的放水放气管安装质量和长度是否合适,并引至安全地点进行排放。

(B) 依据 GB 50273—98《工业锅炉安装工程施工及验收规范》第 5.0.3 条和 GB 50242—2002《建筑给水排水及采暖工程施工质量验收规范》第 13.2.6 条的规定,水压试验压力应符合表 1.8.6-1 的规定。

锅炉汽、水系统的水压试验压力　　　　　　　　　　表 1.8.6-1

序　号	设　备　名　称	工作压力(MPa)	试验压力(MPa)
1	锅炉本体	$P < 0.59$	$1.5P$ 但不小于 0.2
		$0.59 \leqslant P \leqslant 1.18$	$P + 0.3$
		$P > 1.18$	$1.25P$
2	可分式省煤器	P	$1.25P + 0.5$
3	非承压锅炉	大气压	0.2

注:工作压力 P 对蒸汽锅炉指锅筒工作压力,对热水锅炉指锅炉的额定出水压力。铸铁锅炉水压试验同热水锅炉非承压锅炉,水压试验压力为 0.2MPa,试验期间压力应保持不变。

(C) 水压试验应符合如下条件:

a. 试验的环境温度应不低于 5℃,低于 5℃时应采取防冻措施。

b. 水温应高于周围的露点温度。

c. 锅炉内应充满水,待排尽空气后方可关闭放空阀。

d. 当初步检查无漏水现象时,再缓慢升压。当升至 0.3～0.4MPa 时应进行一次检查,必要时可拧紧人孔、手孔和法兰的螺栓。

e. 当水压上升到额定工作压力时,暂停升压,检查各部分应无漏水或变形等异常现象。然后应关闭就地水位计,继续升压到试验压力,在试验压力下保持 5min,其间压力降 $\Delta P \leqslant 0.02$MPa(GB 50273—98《工业锅炉安装工程施工及验收规范》为 $\Delta P \leqslant 0.05$MPa)。最后将压力回降到额定工作压力进行检查,检查期间压力保持不变、不渗不漏。同时观察检查各部件不得有残余变形,各受压元件金属壁和焊缝上不得有水珠和水雾,胀口不应滴水珠。

f. 水压试验后应及时将锅炉内的水全部放尽,在冰冻期应采取防冻措施。

g. 每次水压试验应有记录,水压试验合格后应办理签证手续。

(D) 依据 GB 50273—98《工业锅炉安装工程施工及验收规范》第 5.0.2 条的规定,主气阀、出水阀、排污阀、给水阀、给水止回阀应一起进行水压试验。试验压力见锅炉汽、水系统的水压试验压力表 1.8.6 - 1。

O. 锅炉和热力站附件的水压试验

（A）分汽缸（分水器、集水器）的水压试验：GB 50242—2002《建筑给水排水及采暖工程施工质量验收规范》第 13.3.3 条的规定，分汽缸（分水器、集水器）安装前应做水压试验，试验压力为工作压力的 1.5 倍，但不得小于 0.6MPa。试验时在试验压力下，维持 5min，无压降、无渗漏为合格。

（B）省煤器安装前的检查和试验

a. 外观检查：安装前应认真检查省煤器四周嵌填的石棉绳是否严密牢固，外壳箱板是否平整、各部结合是否严密，缝隙过大的应进行调整。肋片有无损坏，每根省煤器管上破损的翼片数不应大于总翼片数的 5%；整个省煤器中有破损翼片的根数不应大于总根数的 10%。

b. 水压试验：外观检查无问题后，应进行水压试验。依据 GB 50273—98《工业锅炉安装工程施工及验收规范》第 5.0.3 条 ~ 第 5.0.5 条的规定，试验压力为 $1.25P + 0.49$MPa，本工程锅炉的工作压力为 1.27MPa，故试验压力为 2.08MPa。试验时将压力升至 0.3 ~ 0.4MPa 时，应进行检查，没有问题后再继续升压，压力升至试验压力 2.08MPa 时稳压 5min，且压力降 ≤0.05MPa。然后将压力降到工作压力 1.27MPa，再进行检查无渗漏为合格。

P. 氢气、氮气和氩气输送管道的强度和严密性试验

（A）依据设计要求管道安装完后，应进行介质为空气或水的强度试验。介质为空气或氮气的严密性试验。

（B）试验条件应符合 GB 50235—97《工业金属管道工程施工及验收规范》第 7.5.2 条的试验前提规定。

（C）当试验介质为液体时，依据 GB 50235—97《工业金属管道工程施工及验收规范》第 7.5.3 条第 7.5.3.12 款规定，试验压力应缓慢升压，待到试验压力时，稳压 10min，再将压力降至设计压力，停压 30min，压力不降、系统无渗漏为合格。

当试验介质为气体时，依据 GB 50235—97《工业金属管道工程施工及验收规范》第 7.5.3 条、第 7.5.4 条第 7.5.4.4 款规定。

a. 试验前必须用空气进行预试验，试验压力为 0.2MPa。

b. 试验时应逐步缓慢升压，当压力升至试验压力的 50% 时，如未发现异状或渗漏，继续按试验压力的 10% 逐级升压，每级稳压 3min，直至试验压力为止。稳压 10min，再将压力降至设计压力，停压时间应根据查漏工作需要而定，以发泡剂检验系统无渗漏为合格。

（D）系统的设计压力见表 1.8.6 - 2。

氢气、氮气和氩气管道的设计工作压力和试验压力 表 1.8.6 - 2

管道设计压力 （MPa）	强度试验压力		严密性试验压力	
	试验介质	试验压力（MPa）	试验介质	试验压力（MPa）
≤0.3	洁净水	$1.15P = 0.35$	干燥空气	$1P$
	干燥空气	$1.15P = 0.35$	干燥氮气	$1P$

管道设计压力 (MPa)	强度试验压力		严密性试验压力	
	试验介质	试验压力(MPa)	试验介质	试验压力(MPa)
0.4	洁净水	$1.5P = 0.6$	干燥空气	$1P = 0.4$
			干燥氮气	$1P$

(E) 安全阀启闭压力试验:安全阀启闭压力试验按设计要求试验介质为干燥的压缩空气或干燥的氮气,试验压力为系统工作压力的 1.15 倍,即 0.35MPa 或 0.46MPa。每个阀门应连续试验不少于 3 次。

Q. 密闭水箱(罐)的水压试验

依据 GB 50242—2002《建筑给水排水及采暖工程施工质量验收规范》第 4.4.3 条、第 6.3.5 条、第 8.3.2 条、第 13.3.4 条的规定,密闭水箱(罐)的水压试验必须符合设计和本规范的规定,试验压力为工作压力的 1.5 倍,但不得小于 0.4MPa,在试验压力下 10min 内压力不下降,不渗不漏为合格。

R. 热交换器的水压试验

依据 GB 50242—2002《建筑给水排水及采暖工程施工质量验收规范》第 6.3.2 条规定,水 – 水热交换器和汽 – 水热交换器的水部分的试验压力为 1.5 倍的工作压力,时限 10min 内,压力不降、不渗不漏为合格。汽 – 水热交换器的蒸汽部分的试验压力应不低于蒸汽供汽压力加 0.3MPa;热水部分应不低于 0.4MPa,在试验压力下时限 10min 内,压力不降、不渗不漏为合格。

S. 室内、外燃气管道的强度和严密性试验

试验介质为压缩空气或氮气。

(A) 室外燃气管道的试验

a. 室外燃气管道的强度试验压力

按 GB 50235—97《工业金属管道工程施工及验收规范》第 7.5.4.1 条规定,试验压力为设计压力的 1.15 倍。但钢管不得低于 0.3MPa;铸铁管道不得低于 0.05MPa,试验压力达到要求后稳压 1h,用肥皂水检查所有焊缝及接口,无渗漏为合格。

b. 严密性试验:强度试验合格后进行,试验压力应遵守下列规定。

设计压力 $P \leqslant 5$kPa 时,试验压力应为 20kPa;

设计压力 $P \leqslant 5$kPa 时,试验压力应为设计压力 P 的 1.15 倍,但不小于 100kPa。

严密性试验宜在回填土填至管顶以上 0.5m 后进行,经稳压 6 ~ 12h 后观察 24h。经温度、大气变化修正,压力降不超过按下式计算结果为合格。

(a) 严密性试验允许压力降计算公式

当设计压力为 $P \leqslant 5$kPa 时

同一管径　$\Delta P = 40T / d$

不同管径　$\Delta P = 40T(d_1 L_1 + d_2 L_2 + \cdots\cdots d_n L_n)/(d_1^2 L_2 + d_1^2 L_1 + d_3^2 L_3 + \cdots\cdots d_N^2 L_N)$

当设计压力为 $P > 5$kPa 时

同一管径　$\Delta P = 6.4T/d$

不同管径　$\Delta P = 6.4T(d_1L_1 + d_2L_2 + \cdots\cdots d_nL_n)/(d_1^2L_2 + d_1^2L_1 + d_3^2L_3 + \cdots\cdots d_N^2L_N)$

式中　　ΔP——允许压力降（Pa）；

　　　　　T——试验时间（h）；

　　　　　d——管段内管径（m）；

　　　　　L——管段长度（m）；

1、2、3、……n——管段编号。

（b）严密性试验实际的压力降计算公式

$$\Delta P' = (H_1 + B_1) - (H_2 + B_2) - (273 + t_1)/(273 + t_2)$$

式中　　$\Delta P'$——修正压力降值（MPa）；

　　　t_1、t_2——试验开始、试验结束的管内温度（℃）；

　　H_1、H_2——试验开始、试验结束压力表的读数（Pa）；

　　B_1、B_2——试验开始、试验结束气压表的读数（Pa）。

（c）计算结果 $\Delta P' \leqslant \Delta P$ 为合格。

c. 试验的压力表应在校验有效期内、弹簧压力计精度应不低于 0.4 级，温度计最小刻度应不大于 0.5℃。

（B）调压器两端的附属设备及管道的强度和严密性试验

强度试验：压力应为设计压力的 1.5 倍。

严密性试验：按其进口设计压力进行试验，试验时间 12h，其压力降不大于初压 10%。试验合格后将调压器与管道连通对调压器进行严密性试验，试验压力为设计压力，然后涂肥皂液检查不漏为合格。

（C）室内燃气管道的试验

a. 住宅室内燃气管道强度及严密性试验

管道强度试验：强度试验压力为 0.1MPa（不含表和灶具）。用肥皂液涂抹所有接头检查不漏为合格。

严密性试验：严密性试验应在煤气表未安装之前进行，用压力 700Pa 的压缩空气进行，观察 10min，压力降不超过 200Pa 为合格，接通煤气表后用 3000Pa 压力进行试验，观察 5min 内压力降不超过 200Pa 为合格。

b. 公共建筑室内燃气管道的试验

强度试验：强度试验压力低压燃气管道（不包括表、灶）为 100kPa；中压燃气管道（不包括表、灶）为 150kPa。然后用肥皂液涂抹所有接头检查不漏为合格。

严密性试验：严密性试验压力低压燃气管道试验压力为 7000Pa，观察 10min 内压力降不超过 200Pa 为合格；中压燃气管道试验压力为 100kPa，稳压 3h 观察 1h，压力降不超过 1.5% 为合格。煤气表不做强度试验，只做严密性试验，试验压力为 3000Pa，观察 5min 内压力降不超过 200Pa 为合格。

T. 真空管道的试验

按 GB 50235—97《工业金属管道工程施工及验收规范》第 7.5.4.1 条规定，强度试验压力为 0.2 MPa。

（5）暖卫工程管道强度和严密性试验记录（表式 C6－5－2）的填写

A. 一般栏目：工程名称、编号、试验日期、试验部位（应填写专业，如上水或供暖。分项如单项立管或干管。部位如××层××段或单元）、材质（如热镀镀锌钢管、铝塑复合管道）及规格（如 *DN*＝40）、参加试验单位和人员签名。

B. 试验要求栏目：简明扼要填写试验标准、允许误差、试验设备安装位置、压力表的测量最小范围（量程）和精度等级（如 1.5 级）。

例：供暖系统综合水压试验单的填写

a. 本工程为高层建筑，依据 GB 50242—2002《建筑给水排水及采暖工程施工质量验收规范》第 8.6.1 条的规定，强度试验压力为 1.2MPa，严密性试验压力为 0.7MPa。

b. 强度试验要求是：当压力升至 1.2MPa 时，在 5 min 内压力降不大于 0.02MPa 为合格。

c. 严密性试验要求是：将试验压力降至工作压力 0.7MPa，稳压进行严密性检查，不渗不漏为合格。

d. 本试验的试压设备和压力表安装在系统最低层（说明：如高区回水干管安设在设备层，则最低层就是设备层；如果层数太多，系统静压太大，系统中附属设备承受不了高压，可将压力表和试压装置设在较高楼层处，但必须保证系统最高点的压力不小于 0.3MPa）。

e. 压力表的量程为 0～2.0MPa，精度 1.5 级。

C. 试验情况记录栏目：应简明扼要记录试验经过的全过程，即试验升压过程、时间、压力降、出现问题的处理情况。

例：供暖系统综合水压试验单的填写

a. 自××h××min 开始升压，至××h××min 达到工作压力×.××MPa（例如 0.7MPa）后，经稳压检查，未发现异常。

b. 经稳压检查，未发现异常后，自××h××min 开始升压做超压（强度）试验，至××h××min 达到试验压力×.××MPa（例如 1.2MPa）后，保持 5min，压力降至×.×MPa（如 1.13MPa），经检查发现在第 22 层的供水立管（18）上的截止阀因阀门填料不严有渗漏。即进行泄压，并对此截止阀进行检修。

c. 经检修后，自××h××min 开始升压，至×h××min 达到工作压力×.××MPa后，经稳压检查，未发现异常。自××h××min 开始升压再做超压（强度）试验，至××h××min 达到试验压力×.××MPa（例如 1.2MPa）后，保持 5min，压力降至×.××MPa（例如 1.19MPa），压力降为 0.01MPa＜0.02MPa，经检查系统无渗漏，故强度试验合格。

d. 自××h××min 开始降压，至××h××min 达到工作压力×.××MPa 后，维持10 min 后压力降至×.××MPa（如 0.69MPa）后压力不再下降，自××h××min 开始进行系统全面检查，无渗漏现象，自××h××min 开始泄压结束试验。（说明：若试验过程未出现意外情况，则上述返修和再次从零压升至强度试验压力的过程就不存在）。

D. 试验结论栏目

此栏由质量检查员填写。

例:供暖系统综合水压试验单的填写

"经参与试验全过程,并检查试验记录,强度试验和严密性试验的试验装置、压力表的量程和精度级别符合规范要求,两次试验(强度和严密性试验)的压力降均在规范允许值内,系统无渗漏,水压试验合格,可以进行下一工序施工。"

E. 试验单的签名

试验单应有建设单位、监理单位、设计单位和施工单位的负责人签名,且签名应齐全。

F. 水压试验单填写示例(表1.8.6-3)

水压试验单填写示例 表1.8.6-3

管道强度严密性试验记录 (表式C6-5-2)		编　　号	J2-1
			1-002
工程名称	×××图书馆工程	试验日期	年　月　日
试验部位	给水系统 GL1	材质及规格	热镀镀锌钢管 DN40

试验要求:

　1.试压泵安装在地上一层,系统工作压力为 0.6MPa,试验压力为 0.9MPa;压力表的精度为 1.5 级,量程为 1.0MPa。

　2.试验要求是:试验压力升至工作压力后,稳压进行检查,未发现问题,继续升压,当压力升至试验压力后,稳压 10min,检查系统压力降 ΔP 应≤试验允许的压力降 0.05MPa,检查无渗漏。

　3.然后将压力降至工作压力 0.6MPa 后,稳压进行检查,不渗不漏为合格。

试验情况记录:

　1.自 08 时 30 分开始升压,至 09 时 25 分达到工作压力 0.6MPa,稳压检查,发现八层主控制阀门前的可拆卸法兰垫料渗水问题;经卸压进行检修处理后,10 时 05 分修理完毕。10 时 15 分又开始升压,至 11 时 02 分达到工作压力 0.6MPa,稳压检查,未发现异常现象。

　2.自 11 时 20 分开始升压做超压试验,至 11 时 55 分升压达到试验压力 0.9MPa,维持 10min 后,压力降为 0.01MPa。

　3.压力降 ΔP 为 0.01MPa≤允许压力降 0.05MPa,维持 10min,经检查未发现渗漏等现象。

试验结论:

　　符合设计和规范要求

参加人员签字	建设(监理)单位	施工单位		
		技术负责人	质检员	工　长

本表由施工单位填写,城建档案馆、建设单位、施工单位各保存一份。

100

8.6.3 通水试验

本规程的通水试验比原418号文件的要求要严格，因此在试验过程中必须配置压力表，在可能情况下也配置流量计。

(1) 试验范围：要求做通水试验的有室内冷热水供水系统、室内消火栓供水系统、卫生器具。

(2) 试验要求

A. 室内冷热水供水系统：依据GB 50242—2002《建筑给水排水及采暖工程施工质量验收规范》第4.2.2条的规定，应按设计要求同时开放最大数量的配水点，观察和开启阀门、水嘴等放水，是否全部达到额定流量。若条件限制，应对卫生器具进行100%满水排泄试验检查通畅能力，无堵塞、无渗漏为合格。

B. 室内卫生器具满水和通水试验：依据GB 50242—2002《建筑给水排水及采暖工程施工质量验收规范》第7.2.2条的规定，洗面盆、洗涤盆、浴盆等卫生器具应做满水和通水试验，按每单元进行试验和填表，满水高度是灌至溢水口或灌满后，各连接件不渗不漏；通水试验时给、排水畅通为合格。

(3) 管道通水试验记录单(表式C6-5-3)的填写

A. 一般栏目：工程名称、编号、试验日期、试验部位(应填写专业，如上水或供暖。分项如单项立管或干管。部位如××层××段或单元)、通水压力与流量、供水方式、参加试验单位和人员签名。

B. 试验系统简述栏目：将试验系统的部位和配备情况予以简明扼要地介绍。

C. 通水情况记录栏目：将通水试验的全过程、出现的异常情况和处理过程，以及通水结果予以简明扼要地介绍，并下结论是否合格。

8.6.4 管道冲洗和消毒试验

(1) 管道冲洗试验应按专业、按系统分别进行，即室内供暖系统、室内给水系统、室内消火栓供水系统、室内热水供应系统，并分别填写记录单。

(2) 管内冲水试验的流速和流量要求

A. (室内、室外)生活给水系统的冲洗和消毒试验

依据GB 50242—2002《建筑给水排水及采暖工程施工质量验收规范》第4.2.3条、第9.2.7条的规定，生产给水管道在交付使用之前必须进行冲洗和消毒，并经过有关部门取样检验，水质符合国家《生活饮用水标准》方可使用，检测报告由检测部门提供。

(A) 管道的冲洗：管道的冲洗流速≥1.5m/s，为了满足此流速要求，冲洗时可安装临时加压泵。

(B) 管道的消毒：管道的消毒依据GB 50268—97《给水排水管道工程施工及验收规范》第10.4.4条的规定，管道应采用含量不低于20mg/L氯离子浓度的清洁水浸泡24h，再冲洗，直至水质管理部门取样化验合格为止。

B. 消火栓及消防喷洒供水管道的冲水试验：依据GB 50242—2002《建筑给水排水及采暖工程施工质量验收规范》第4.2.3条、第9.3.2条的规定，消火栓供水管道管内冲洗

流速≥1.5m/s,为了满足此流速要求,若管内流速达不到时,冲洗时可安装临时加压泵。消防喷洒系统供水管道管内冲洗流速≥3.0m/s。

C. 室内热水供应系统的冲洗:依据 GB 50242—2002《建筑给水排水及采暖工程施工质量验收规范》第6.2.3条的规定,热水供应系统竣工后应进行管道冲洗,管道的冲洗流速≥1.5m/s。

D. 供暖管道的冲水试验:依据 GB 50242—2002《建筑给水排水及采暖工程施工质量验收规范》第8.6.2条的规定,供暖系统管道试压合格后应进行冲洗和清扫过滤器和除污器,管道冲洗前应将流量孔板、滤网、温度计等暂时拆除,待冲洗完后再安上。冲洗流量和压力按设计最大流量和压力进行(若设计说明未标注,则按管内流速≥1.5m/s进行)。

(3) 达标标准:——直到各出水口排出水不含泥砂、铁屑等杂质,水色不浑浊,出水口水色和透明度、浊度与进水口侧一样为合格。

(4) 蒸汽管道的吹洗:依据 GB 50235—97《工业金属管道工程施工验收规范》第8.4.1条~第8.4.6条的规定,蒸汽管道的吹洗用蒸汽,蒸汽压力和流量与设计同,但流速应≥30m/s,管道吹洗前应慢慢升温,并及时排泄凝结水,待暖管温度恒温 1h 后,再次进行吹扫,应吹扫三次。

(5) 输送氢、氮、氩气管道的吹洗试验

氢气、氮气、氩气管道清洗与脱脂工艺的要求

A. 管道的冲洗应严格按照设计说明的要求与步骤进行,检验质量应符合 GB 50235—97《工业金属管道工程施工验收规范》第8.2.1条~第8.2.6条的规定进行管道冲洗。

B. 管道的空吹应严格按照设计说明的要求与步骤进行,检验质量应符合 GB 50235—97《工业金属管道工程施工验收规范》第8.3.1条~第8.3.3条的规定进行空吹除尘。

C. 管道空吹的介质为干燥的空气或氮气,空吹的气体流速应不少于 20m/s,直至无铁锈、焊渣及其他污物为止。

(6) 输送氢、氮、氩气管道的脱脂

A. 经空吹的管道和管件应按设计规定进行脱脂处理。

B. 脱脂采用工业四氯化碳或其他高效脱脂剂。

C. 管子和管件外表面的脱脂可用干净不脱落纤维的布料或丝绸织物浸蘸脱脂剂擦拭。

D. 管子和管件内表面的脱脂可在管内注入脱脂剂,管端用木塞或其他方法堵严封闭。将管子放平浸泡 1~1.5h,每隔 15min 转动管子一次,使整个管子内表面能均匀得到洗涤。脱脂后应用无油的干燥压缩空气或干燥的氮气进行吹干,直至无脱脂剂的气味为止。

E. 脱脂工艺应严格按照设计说明的要求与步骤进行,检验质量应符合 HGJ 202—82《脱脂工程施工及验收规范》和设计说明的要求。

F. 四氯化碳为有毒的易挥发液体,能使人通过呼吸中毒,因此应制定安全操作规程,加强人身防护和运输安全。脱脂废液的排放应进行检验,必须符合工业三废的排放标准。

(7) 氢气、氮气、氩气管道阀门清洗与脱脂前的拆卸清除污物与研磨要求

A. 阀门拆洗后再组装的技术要求较高,为了保证拆洗组装后能保证阀门零件不磨损

和严密性,因此应安排技术水平较高、责任心较强的工人负责。

B. 擦拭布料应用较柔软和干净的布料,不得用纤维粗硬和污染的布料擦拭。

C. 阀门的研磨技术性很强,应委托专业厂家进行,并索取研磨质量证明书。

(8) 输送纯净水、高纯净水,洁净压缩空气、氢气、氮气、燃气管道及真空管道的吹洗试验

A. 纯净水、高纯净水等管道的清洗与脱脂试验的步骤

(A) 用清水将管内外的脏物、泥砂冲洗干净;

(B) 再用 5% 的 NaOH 水溶液将其浸泡 2h 后,用刷子刷洗干净,用清水冲至出水为中性;

(C) 然后用无油压缩空气吹干;

(D) 再用塑料布将洗净的管道两端包扎封口待用,防止再污染。

B. 纯净水、高纯净水输送管道脱脂试验的脱脂工艺流程

纯净水、高纯净水输送管道的脱脂工艺流程是:

吹扫—四氯化碳脱脂—温水冲洗—洗涤剂洗净—温水冲洗—干燥—封口—保管。

具体实例:

吹扫:用 8 号钢丝中间扎白布在管腔来回拉动擦净;

脱脂:把管道搁在架子上,在管道两端头设一个槽子,用手摇泵将四氯化碳原液冲入管内,来回循环脱脂,以除净管内腔油渍;

温水洗:把脱脂过的管道浸泡在 40~50℃ 的温水槽内清洗,管道内腔用洗净机械在软轴头包扎一块白布,开动洗净机来回上下清洗洗净。洗涤剂溶液浓度在 2%~3% 之间,倒入槽中,把槽中溶液加温至 40~50℃,在槽内进行动态洗净,洗后用温水冲洗管子内腔,冲净为止;

干燥:用无油干燥的热压缩空气或用高压鼓风机吹干;

封闭:用塑料布加入松套法兰盘之间。

C. 输送纯净水、高纯净水管道安装前的酸洗与钝化工艺流程

依据 JGJ 71—90《洁净室施工及验收规范》第 4.2.2 条、第 4.2.3 条、第 4.4.1 条~第 4.4.3 条规定,系统管道安装完毕后,运行前必须进行清洗,清洗后输送水质化验必须符合设计要求。

(A) 对管道材质的要求:一般为无缝钢管、不锈钢(SUS)、硬聚氯乙烯(PVC – U)和工程塑料(ABS)管道。安装前应对管道、阀门、附件进行清除油污和脱脂处理。

a. 脱脂、抛光:不锈钢(SUS)应对其管内进行脱脂、抛光处理。

b. 喷砂除锈或酸洗、钝化处理:依据 JGJ 71—90《洁净室施工及验收规范》第 4.4.6 条的规定,输送高纯气体的无缝钢管为了保证安装后管内不再氧化生锈,安装前除应进行清除油污、脱脂、喷砂除锈或酸洗、钝化处理外,还应缩短安装工期,及时将氮气冲入管路系统中进行保护。

c. 酸洗、钝化工艺流程

水洗—脱脂去油—水洗—第二次脱脂去油—热水洗—酸洗—水洗—中和—水洗—硝酸铬酐浸渍—第二次去灰—水洗—钝化—热水洗—干燥—检查—密封—刷底漆—保管。

d.操作条件

水洗:用压力不低于 0.5MPa 的常温水进行冲洗,洗净管道内外壁污泥。

脱脂去油:用 3%的苛性钠溶液加温到 80~90℃浸渍 2h。

水洗:用压力不低于 0.5MPa 的常温水进行冲洗。

第二次脱脂去油:用磷酸三钠、碳酸钠、水玻璃、石油黄酸 6%加热至 70~90℃浸 30min。

热水洗:50~60℃温水浸渍 3~5min。

酸洗:用 15%的硫酸和 0.2%的抑制溶液在常温下浸渍 2h。

水洗:用压力不低于 0.5MPa 的常温水进行冲洗管道内外壁的残余酸液和黑灰,使 pH 值达到 6~7,冲净为止。

中和:用 5%~6%的碳酸钠溶液在常温下浸渍 10~15min。

水洗:用压力不低于 0.5MPa 的常温水进行冲洗管道内外壁的残余酸液和黑灰,使 pH 值达到 6~7,冲净为止。

硝酸铬酐浸渍:在硝酸 18%,铬酸 5%~6%的溶液浸渍 1~2min 去灰。

第二次去灰铬酐浸渍:用铬酐 20%~25%浸渍 1~2h。

水洗:在常温下浸渍 2~3min。

钝化:用亚硝酸钠 5%~6%,氢氧化钠 3%动态浸渍 10~15min。

热水洗:用 50~60℃的热水上下往复浸渍 15min。

干燥:用洁净的热压缩空气快速干燥 。

检查:用眼睛仔细的检查管道内外表面,可用手电筒照射或解剖检查管道内腔,亦可用白布擦拭,无明显的铁锈和黑灰。

密封:管口先包一层塑料布,再包一层再生布。

刷底漆:立即刷第一遍底漆。

保管:把酸洗钝化后的管道堆放在干燥通风良好的地方,防止空气湿度过大或雨淋,以免再次生锈。

(9) 供暖工程铜管热水管道的冲洗试验

铜管热水供暖管道系统在安装完毕交付使用前均应对系统管道进行冲洗。

A. 管道冲洗前应将管道系统上安装的流量孔板、滤网、温度计等阻碍污物通过的设施临时拆除,待管道冲洗合格后再重新安装好。

B. 供暖铜管热水管道的冲洗水源为清水(自来水、无杂质透明度清澈未消毒的天然地表水、地下水)。冲洗水压及冲洗要求同给水工程。

(10) 管道吹(冲)洗(脱脂)试验记录单(表式 C6-5-4)的填写

A. 一般栏目:工程名称、编号、试验日期、试验项目(应填写专业,如给水或供暖)、试验部位(如××层××段或单元)、试验介质(如水、蒸汽、压缩空气、氮气等)、参加试验单位和人员签名。

B. 试验记录栏目:将试验的全过程、出现的异常情况和处理过程情况予以简明扼要地介绍。

C. 试验结果栏目:将全过程的情况与规范要求进行比较,并下结论是否合格。

8.6.5　室内排水管道和锅炉受热面管道的通球试验

(1) 室内排水管道通球试验

依据 GB 50242—2002《建筑给水排水及采暖工程施工质量验收规范》第 5.2.5 条的规定,排水主立管及水平干管均应做通球试验。

A. 通球试验:通球试验应按不同管径做横管和立管试验。立管试验后按立管编号分别填写记录单,横管试验后按每个单元分层填写记录单。

B. 试验球直径如下:通球球径应不小于排水管直径的 2/3,大小如表 1.8.6-4。

C. 合格标准:通球率必须达到 100%。

通球试验的试验球直径　　　　　　　　　　　　表 1.8.6-4

管　径(mm)	150	100	75	50
胶球直径(mm)	100	70	50	32

(2) 锅炉受热面管子的通球实验

依据 GB 50273—98《工业锅炉安装工程施工及验收规范》第 4.2.1 条第 6 款的规定,锅炉受热面管子应做通球试验。通球后应有可靠的封闭措施。通球的直径应符合表 1.8.6-5 的规定。

通球试验的试验球直径　　　　　　　　　　　　表 1.8.6-5

弯管直径	$< 2.5 D_W$	$\geqslant 2.5 D_W$,且 $< 3.5 D_W$	$\geqslant 3.5 D_W$
通球直径	$0.70 D_0$	$0.80 D_0$	$0.85 D_0$

注:D_W——管子公称外径;D_0——管子公称内径。

(3) 通球试验单(表式 C6-5-5)的填写

A. 一般栏目:工程名称、编号、试验日期、管道编号(应填写排水专业单项的编号,如雨水立管或排水立管、干管)、试验部位(如××层××段或单元)、参加试验单位和人员签名。

B. 试验情况栏目:将试验的全过程、出现的异常情况和处理过程情况予以简明扼要地介绍。

C. 试验结果栏目:将全过程的情况与规范要求进行比较,并下结论是否合格。

8.6.6　供热管道(热水、蒸汽等热力管道)伸缩补偿器预拉伸(预压缩)安装记录

各类伸缩器安装时均应按要求进行预拉伸(或预压缩),预拉伸(或预压缩)量的计算值和实测数据进行记录。

(1) 各类伸缩器补偿器安装时的预拉伸(或预压缩)量:依据 GB 50235—97《工业金属管道工程施工验收规范》第 6.10.1 条第 6.10.1.1 款、第 6.10.3 条第 6.10.3.1 款规定,

"冖"形 、"Ω"形及波纹膨胀节等伸缩补偿器安装时均应进行预拉伸(或预压缩),"冖"形、"Ω"形两臂预拉伸(或预压缩)量为其补偿量的一半,允许偏差值为 ± 10mm。而波纹膨胀节伸缩补偿器的预拉伸(或预压缩)量与安装时的环境温度有关(表 1.8.6 – 6),其允许偏差值为 ± 5mm。波纹膨胀节伸缩补偿器在预拉伸(或预压缩)时的作用力应分 2 ~ 3 次逐渐加大进行,尽量使每节的四周受力均匀。

波形伸缩补偿器的预拉伸量和预压缩量(mm) 表 1.8.6 – 6

实际安装温度(℃)	– 20	– 10	0	10	20	30	40	50	60	70	80
预拉伸量	$0.5\Delta L$	$0.4\Delta L$	$0.3\Delta L$	$0.2\Delta L$	$0.1\Delta L$	0					
预压缩量							$0.1\Delta L$	$0.2\Delta L$	$0.3\Delta L$	$0.4\Delta L$	$0.5\Delta L$

(2) 波形伸缩补偿器安装后应符合下列要求

A. 按设计规定进行预拉伸(或预压缩),使受力均匀。

B. 内套有焊缝的一端,水平管道应迎介质流向安装,垂直管道应置于上部。

C. 应与管道保持同心,不得有偏心现象存在。

D. 安装时应设临时固定,待管道安装固定后再拆除临时固定设施。

E. 水压试验时压力绝对不允许超过波形伸缩器的使用压力。为避免过量拉伸,试压前应将伸缩器用固定架夹牢。

(3) 方形和波纹膨胀节伸缩补偿器的安装要求:方形和波纹膨胀节伸缩补偿器应安装在两固定支座中间(即直管段中间),且在固定支座附近应设导向支座(活动支座),防止管道伸缩时脱离支座。

(4) 管道伸缩量 ΔL 的计算

$$\Delta L = 0.012(t_1 - t_2)L$$

式中　ΔL——管道热伸长(冷压缩)量(mm);

　　　t_1——管内介质温度(℃);

　　　t_2——管道安装地点环境温度(室内取 – 5℃,室外取供暖室外计算温度)(℃);

　　　L——计算管道的长度(m);

　　0.012——钢材的线膨胀系数(mm/m·℃)。

(5) 方形伸缩补偿器预拉伸施工工具和施工方法可参考中国计划出版社出版的《安装工程分项施工工艺手册》第一分册(管道工程)第 138、139 页图 6.4.4(2)。

(6) 伸缩器安装记录表(表式 C6 – 5 – 6)的填写

A. 一般栏目:工程名称、编号、安装日期、设计压力、伸缩补偿器安装部位(如 × × 层 × × 段或单元,或系统编号的 × × 管段)、伸缩补偿器的型号规格(管径、标准图集的型号或产品型号规格)、伸缩补偿器材质、固定支座间距、管内介质温度、计算预拉伸量(预压缩量,如设计图纸未提供,应将计算过程列出来)、参加验收单位和负责人员签名。

B. 实际预拉伸(压缩)值栏目:"实际预拉值"应填写按规定要求真正的预拉伸值,它不是计算的预拉伸值;预拉伸值对不同型号的补偿器,其拉伸的数值不同;预拉伸值也可以是预压缩值,视安装时的环境温度而定;除了"∏"形、"Ω"形的预拉伸(预压缩)量为计算伸缩量的1/2外,即 $\Delta L/2$。波纹伸缩补偿器的预拉伸(预压缩)量见表 1.8.6-6。

C. 伸缩补偿器安装及预拉伸(压缩)示意图及说明栏目:在"伸缩补偿器安装及预拉伸(压缩)示意图及说明"栏目中应将伸缩补偿器安装的示意图以单线图的形式表示出来,在示意图中应标出伸缩补偿器、两固定支座及两固定支座附近的导向支座(计两个)位置,在示意图中应有各附件之间的相对位置的尺寸。

应将实施拉伸的工具、测距尺的精度及安装工艺过程简明扼要地表述出来。

D. 检查结果栏目:栏内应对其施工程序、施工机械、量测工具的合理性和合格性进行评价。对固定支座的安装情况进行验收,对实际拉伸数据与计算误差进行评估,如评估合格再下结论。

若伸缩补偿器不止一个,应逐个进行试验分开填记录单。

8.7   通风空调专业用的施工试验记录(表式 C6-6)

本节主要介绍通风空调专用施工试验记录(表式 C6-6)部分,共计 10 项试验记录,即现场组装除尘器、空调机漏风检测记录表(表式 C6-6-1),风道(管)漏风检测记录(表式 C6-6-2),风道(管)灯光检漏测试记录表(表式 C6-6-2A),各房间室内风量测量记录(表式 C6-6-3),各房间室内风量测量数据表(表式 C6-6-3A),通风空调系统室内温度、湿度测试记录表(表式 C6-6-3B),通风空调系统室内噪声测试记录表(表式 C6-6-3C),管网风量平衡记录(表式 C6-6-4),通风系统试运行记录(表式 C6-6-5),制冷系统气密性试验记录(表式 C6-6-6),同时插入通风空调系统调试方案的编制,以供现场编制通风空调系统调试方案时参考。

8.7.1   现场组装除尘器、空调机漏风率检测记录(表式 C6-6-1)

现场需要进行漏风检测的有现场组装除尘器、空调机、组合式空调机组、加压风机箱等,测试的方法和合格标准详见 GB 50243—2002《通风与空调工程施工质量验收规范》和 JGJ 71—90《洁净室施工及验收规范》相关部分或后文"通风空调系统调试方案的编制"部分。当前此项试验一般由设备生产厂家在现场进行测试,整体式的设备机组若厂家有出厂检测报告,也可以以此为依据,但检测报告时间必须在规定的有效期限内(一般为二年)。不论是厂家在现场或在厂内完成的测试报告,均应将其测试资料由总包单位归并于施工技术资料内。抽测率为 100%,每套设备应单独填写一份漏风检测记录单。

(1) 组装除尘器、空调机漏风率的检测标准

A. 名词解释

(A) 漏风量

a. 一般通风空调:是指被测定风道该段单位展开面积的漏风量,即测定该段风道的漏风量(m^3/h)除以该段风道的展开面积(m^2)的值,单位是 $m^3/h \cdot m^2$。

b. 洁净空调系统和设备:是指被测定风道该段风道的漏风量和设备的漏风量(m^3/h)。

（B）漏风率

a. 通风设备的漏风量(m³/h)：是指通风设备的测定漏风量(m³/h)。

b. 漏风率：漏风率是指测定的漏风量(m³/h)除以该系统或设备的额定风量(m³/h)乘以 100 %所得的值(是无量纲的数值)。

$$\varepsilon = Q / Q_{额}\%$$

式中　　ε——漏风率(是无量纲的数值)；

　　　　Q——测定的漏风量(m³/h)；

　　　　$Q_{额}$——系统或设备的额定风量(m³/h)。

（C）渗透率：是指高效(超高效)过滤器后测定的空气含尘计数浓度与高效(超高效)过滤器前测定的空气含尘计数浓度之比值。

B. 组装除尘器、空调机漏风率的允许标准

（A）现场组装空调机组：依据 GB 50243—2002《通风与空调工程施工质量验收规范》第 7.1.1 条、第 7.2.3 条和附录 A 的规定。现场组装空调机组应做漏风量检测，其漏风量必须符合 GB/T 14294《组合式空调机组》的规定。即：

a. 一般空调机组：空调器内静压应维持在 700Pa，允许的漏风率≤3%。

b. 净化空调器：空调器内静压应维持在 1000Pa，允许的漏风率为：

洁净级别高于等于 1000 级　　　　　　漏风率≤1%

洁净级别低于 1000 级　　　　　　　　漏风率≤2%

c. 抽检数量：依据 GB 50243—2002《通风与空调工程施工质量验收规范》第 7.2.3 条规定。一般空调系统为 20%，但不少于 1 台。洁净空调系统的机组洁净级别 1~5 级全数检查，6~9 级抽查 50%。

d. 测试装置：见图 1.8.7－1。

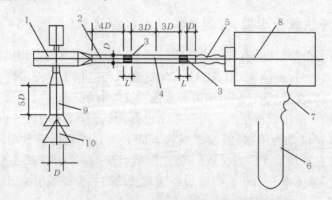

图 1.8.7－1　空调器(机组)漏风率检测装置

1—试验风机；2—出气风道；3—多孔整流器；4—测量孔；5—连接软管；6—压差计；
7—连接胶管；8—空调器；9—进气风道；10—节流器

（B）除尘器：依据 GB 50243—2002《通风与空调工程施工质量验收规范》第 7.2.4 条规定。现场组装除尘器的壳体应做漏风量检测，在设计工作压力下允许的漏风率为≤

5%,但离心式除尘器允许的漏风率≤3%。布袋式除尘器、电除尘器抽查数量为20%,但不少于1台。

(C) 洁净空调的高效过滤器:依据 GB 50243—2002《通风与空调工程施工质量验收规范》第 7.2.5 条、附录 B.3 和 JGJ 71—90《洁净室施工及验收规范》第 3.4.4 条的规定,洁净空调系统进场的高效过滤器或超高效过滤器(D 类)进场必须按 GB 50243—2002《通风与空调工程施工质量验收规范》附录 B.3 的方法进行检漏试验,即:

a. 对于安装于送、排风末端的高效过滤器或超高效过滤器(D 类),应用采样速率大于 1L/min 的光学粒子计数器或检漏仪(光度计法)进行安装边框和全断面的扫描法检漏。D 类高效过滤器宜采用激光粒子计数器或凝结核计数器。

b. 采用粒子计数器检漏高效过滤器,其上风侧应引入均匀溶度的大气尘或含其他气溶胶尘的空气。对大于等于 $0.5\mu m$ 尘粒,浓度应大于等于 $3.5 \times 10^5 pc/m^3$;或对大于等于 $0.1\mu m$ 尘粒,浓度应大于等于 $3.5 \times 10^7 pc/m^3$。若检测超高效过滤器(D 类),对大于等于 $0.1\mu m$ 尘粒,浓度应大于等于 $3.5 \times 10^9 pc/m^3$。

c. 高效过滤器的检测采用扫描法,即在过滤器的下风侧用粒子计数器的等动力采样头,放在距离被检部位表面的 20~30mm 处,以 5~20mm/s 的速度,对过滤器的表面、边框和封头胶处进行移动扫描检查。

d. 检测结果:应符合依据 GB 50243—2002《通风与空调工程施工质量验收规范》附录 B.3 或 JGJ 71—90《洁净室施工及验收规范》第 5.4.1 条的规定,即:

(a) 允许透过率

高效过滤器允许的透过率应≤出厂合格透过率的 2 倍;

超高效过滤器(D 类)允许的透过率应≤出厂合格透过率的 3 倍。

(b) 抽检数量:依据 GB 50243—2002《通风与空调工程施工质量验收规范》第 7.2.5 条的规定,高效过滤器的仪器抽检数量按每批抽查 5%,但不少于 1 台。

(2) 现场组装除尘器、空调机漏风试验记录(表式 C6-6-1)的填写

A. 一般栏目:工程名称、编号、分部工程(填写专业工程名称和工程部位如××层××段或单元)、分项工程(填写系统名称)、检查日期、设备名称、参加验收单位和负责人员签名。

B. 设备型号规格栏目:应填写设备的型号和规格。

C. 总风量栏目:指测试装置试验时的实际总风量(m^3/h),即送风干管的实测总风量。

D. 工作压力栏目:指测试装置试验时的送风额定压力或风机出口实测的压力。

E. 测试压力栏目:指测试设备内部在测试过程中的实测压力。

F. 允许漏风量:指规范规定允许的漏风量,它由规范直接给定或按规范规定的计算规则计算获得。

G. 实测风量栏目:指测定后计算获得的实际漏风量。

H. 检测记录栏目:应对机组的制造质量、组装质量、缝隙情况进行评价。对渗漏情况和渗漏较大部位及检修措施、修理结果等情况进行简要说明,并将修理前后测定的数据记录在案。附上测试装置图,在装置图中标明设备和仪表的型号规格。

I. 检测结果栏目:应将上述试验过程和测试参数与规范允许值进行比较评价,然后

下结论是否符合规范要求。对测试性能有疑问的应协商解决,或送国家权威测试机构核定。不合格的应填写《不合格项处置记录》,说明不合格设备的去向。

8.7.2 风道(管)漏风检测记录(表式 C6-6-2)

(1) 风道(管)系统的级别

依据 GB 50243—2002《通风与空调工程施工质量验收规范》第 4.1.5 条的规定,风道(管)系统按系统的工作压力划分为三类,即低压系统、中压系统、高压系统。其具体的划分详见表 1.8.7-1。

风道(管)系统类别划分 表 1.8.7-1

系统类别	系统工作压力(Pa)	密 封 要 求
低压系统	$P \leqslant 500$	接缝和接管连接处严密
中压系统	$500 < P \leqslant 1500$	接缝和接管连接处增加密封措施
高压系统	$P > 1500$	所有接缝和接管处均应采取密封措施

(2) 风道(管)漏风检测方法和标准

依据 GB 50243—2002《通风与空调工程施工质量验收规范》第 4.2.5 条的规定,风道的制作必须通过工艺性的检测或验证,其强度和严密性要求应符合设计或下列规定,即:

A. 风道的强度应能满足在 1.5 倍工作压力下接缝处无开裂。

B. 矩形风道的允许漏风量应符合以下规定:

低压系统风道 $\quad Q_L \leqslant 0.1056 P^{0.65}$

中压系统风道 $\quad Q_M \leqslant 0.0352 P^{0.65}$

高压系统风道 $\quad Q_H \leqslant 0.0117 P^{0.65}$

式中 Q_L、Q_M、Q_H——在相应的工作压力下,单位面积(风道的展开面积)风道在单位时间内允许的漏风量($m^3/h \cdot m^2$);

P——风道系统的工作压力(Pa)。

C. 低压、中压系统的圆形金属风道、复合材料风道及非法兰连接的非金属风道的允许漏风量为矩形风道的允许漏风量的 50%。

D. 砖、混凝土风道的允许漏风量不应大于矩形风道规定允许漏风量的 1.5 倍。

E. 排烟、除尘、低温送风系统风道的允许漏风量应符合中压系统风道的允许漏风量标准(低压、中压系统均同)。1~5 级净化空调系统按高压系统风道的规定执行。

F. 通风空调系统风道(管)制作的检查数量及合格标准:

(A) 检查数量:按风道系统类别和材质分别抽查,但不得少于 3 件及 $15m^2$。

(B) 检查方法及合格标准:检查产品合格证明文件和测试报告书,或进行强度和漏风量检测。低压系统依据 GB 50243—2002《通风与空调工程施工质量验收规范》第 6.1.2 条的规定,在加工工艺得到保证的前提下可采用灯光检漏法检测。

(3) 通风系统和空调机组的检漏试验：依据 GB 50243—2002《通风与空调工程施工质量验收规范》第 6.1.2 条的规定，风道系统安装后，必须进行严密性检验，合格后方能交付下一道工序施工。风道严密性检验以主、干管为主。

A．通风系统管道安装的灯光检漏试验：依据 GB 50243—2002《通风与空调工程施工质量验收规范》第 6.1.2 条、第 6.2.8 条和附录 A 的规定，通风系统管段安装后应分段进行灯光检漏，并分别填写检测记录单。

（A）测试装置：见图 1.6.4－1。

（B）灯光检漏的标准：低压系统抽查率为 5%，合格标准为每 10m 接缝的漏光点不大于 2 处，且 100m 接缝的漏光点不大于 16 处为合格。

中压系统抽查率为 20%，合格标准为每 10m 接缝的漏光点不大于 1 处，且 100m 接缝的漏光点不大于 8 处为合格。

高压系统抽查率为 100%，应全数合格。

B．一般通风和空调系统漏风量的检测

（A）测试装置：通风管道安装时应分系统、分段进行漏风量检测，其检测装置如图 1.8.7－2，连接示意图见图 1.8.7－3。

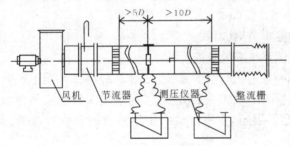

负压风管式漏风量测试装置

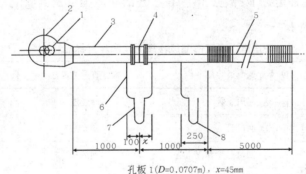

孔板 1(D=0.0707m)，x=45mm
孔板 2(D=0.316m)，x=71mm

风管漏风量试验装置

图 1.8.7－2　风道漏风量测试装置图
1—进风挡板；2—风机；3—风管 ϕ100；4—孔板；
5—软管 ϕ100；6—软管 ϕ8；7、8—压差计

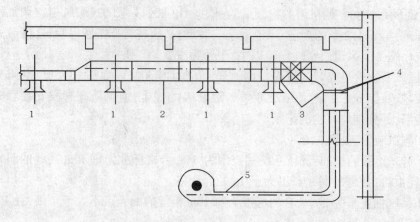

图 1.8.7-3　风道漏风量测试系统连接示意图
1—风口;2—被试风管;3—盲板;4—胶带密封;5—试验装置

(B) 检测数量:依据 GB 50243—2002《通风与空调工程施工质量验收规范》第 6.2.8 条和附录 A 的规定。低压系统抽查率为 5%,中压系统抽查率为 20%,高压系统抽查率为 100%。

(C) 合格标准:详见本节第(2)款。

C. 一般通风和空调系统漏风量的检测

(A) 测试装置:同一般通风与空调系统,见图 1.8.7-2 和图 1.8.7-3。

(B) 检测数量:依据 GB 50243—2002《通风与空调工程施工质量验收规范》第 6.2.8 条和附录 A 的规定,低压系统抽查率为 5%,中压系统抽查率为 20%,高压系统抽查率为 100%。

(C) 检查方法和评定标准:依据 JGJ 71—90《洁净室施工及验收规范》第 3.3.7 条表 3.3.7 确定,见表 1.8.7-2。

洁净空调风道漏风检查方法和评定标准　　　　　　　表 1.8.7-2

洁 净 度	风 道 部 位	检 查 方 法	漏 风 指 标
任意级别	送、回风支管	漏光法	无漏光
低于 6(1000)级	送、回风管	漏光法	无漏光
6(1000)级到低于 5(100)级	送、回风总管和支干管	漏风法	漏风率≤2%
等于或高于 5(100)级	送、回风总管和支干管	漏风法	漏风率≤1%

(4) 注意事项:

A. 系统和设备漏风量(率)的检测应在系统安装过程中,且连接送(回)风口的开口之前进行,否则开口处难以封闭严密,直接影响测试效果。

B. 一个系统的漏风量(率)测试,可以一次性测试完毕,也可以分阶段进行。具体安排应依据系统的大小和布局而定。但是应分别按分段计算测得的漏风量(率),然后用算术平均法或根方平均法计算总漏风量(率),再与允许值比较是否符合规范和设计要求。

C. 漏风量(率)的测定还应将各阶段的实测原始记录、计算书、系统单向轴测图(示意图)整理成文,附在漏风量(率)检测记录单后,一并归档。

(5) 风道(管)漏风(率)检测记录(表式 C6-6-2)的填写

A. 一般栏目:工程名称、编号、分部工程(填写专业工程名称和工程部位如××层××段或单元)、分项工程(填写系统名称)、试验日期、系统名称、风道(管)级别、参加验收单位和负责人员签名。

B. 试验压力栏目:填写测试装置采用的压力(依测试风机的选型而定,详见 GB 50243—2002《通风与空调工程施工质量验收规范》附录 A)。

C. 系统总面积栏目:指测试系统所有风道(管)的展开面积总和(m²)。

D. 测试总面积栏目:指系统被测试部分风道(管)的展开面积总和(m²)。

E. 允许漏风率(量)栏目:详见本节第(2)款。

F. 实测漏风量(率)栏目:填写实测计算结果。

G. 系统测定分段栏目:将测试中的实际分段填写于此。

H. 检测区段示意图:即检测中依据被测系统的具体情况绘制的系统单线轴测图。

I. 分段实测数值栏目:将测试中各分段的实际值填写于此。

J. 评定意见栏目:应对测试装置、测试过程、检测数据的计算结果进行评定,然后下结论是否合格。

(6) 风道(管)灯光检漏测试记录表(表式 C6-6-2A)的填写

A. 一般栏目:工程名称、编号、分部工程(填写专业工程名称和工程部位如××层××段或单元)、分项工程(填写系统名称)、测试日期、系统名称、参加验收单位和负责人员签名。

B. 检查意见栏目:填写灯光检漏。

C. 洁净级别栏目:填写洁净级别(填写洁净工程级别或一般通风、一般空调、人防通风等)。

D. 风道部位栏目:填写被测定风道在该被测定系统中的位置(即测定系统单线示意图中的测定段落编号)。

E. 漏光点的编号栏目:填写漏光点在被测定系统中位置的编号(即测定系统单线示意图中漏光点的编号)。

F. 附图和说明栏目:即检测中依据被测系统的具体情况绘制的系统单线轴侧图。图中应有管段编号、漏风点编号,图面应整洁,分段编号和漏光点编号应清楚。

8.7.3 各房间室内风量测量和温度湿度测试、噪声测试记录(表式 C6-6-3)

依据设计和规范的要求,通风与空调系统在进行无生产负荷联合试运行时,应对各房间的室内空气参数进行检测。本项目包括各房间室内风量测量记录(表式 C6-6-3)、各房间室内温度湿度测试记录(表式 C6-6-3B)、各房间室内噪声测试记录(表式 C6-6-3C)各项。

(1) 通风空调房间室内应测定的参数和系统综合评定应检测的项目

A. 通风空调房间室内应测定的参数:空调房间室内参数有送风口风量、温湿度、洁净度、静压及房间之间的静压压差、室内空气流速和流场、噪声、浮游菌浓度、沉降菌菌落度等,它们应依据通风空调系统的不同用途和级别进行不同的检测。其中某些参数尚应分夏季和冬季分别检测。检测参数见 GB 50243—2002《通风与空调工程施工质量验收规范》和 JGJ 70—90《洁净室施工及验收规范》的相关规定和设计要求。

B. 通风空调系统的综合性能评定与调整

(A) 依据 GB 50243—2002《通风与空调工程施工质量验收规范》第 13.0.1 条、第 13.0.2 条和 JGJ 71—90《洁净室施工及验收规范》第 5.1.1 条的规定,通风与空调工程应在生产负荷条件下做系统综合性能试验测定与调整。洁净室工程验收宜分两阶段进行验收,即先进行竣工验收,再进行综合性能全面评定(验收状态为空态或静态)。依据 JGJ 71—90《洁净室施工及验收规范》第 5.1.5 条规定,在进行综合性能全面评定(静态或空态下)由建设单位负责,设计、施工单位配合。

(B) 依据 GB 50243—2002《通风与空调工程施工质量验收规范》第 13.0.3 条和 JGJ 71—90《洁净室施工及验收规范》第 5.3.2 条的规定,通风与空调工程应在生产负荷条件下做系统综合性能试验测定与调整,应由建设单位依据工程的性质、工艺和设计要求确定具体的测试和试验项目。洁净室工程综合性能全面评定(静态或空态下)检测项目和顺序见表 1.8.7 – 3。

综合性能全面评定检测项目和顺序　　　　　　　　表 1.8.7 – 3

序号	项 目	单向流洁净室		乱流洁净室
		高于 5(100)级	5(100)级	6(1000)级及 6(1000)级以下
1	室内送风量、系统总新风量(必要时系统总送风量),有排风时的室内排风量	检测		
2	静压差	检测		
3	房间截面平均风速	检测		不检测
4	房间截面风速不均匀度	检测	必要时检测	不检测
5	洁净度级别	检测		
6	浮游菌和沉降菌	必要时检测		
7	室内温度和相对湿度	检测		
8	室温(或相对湿度)波动范围和区域温差	必要时检测		
9	室内噪声级	检测		
10	室内倍频程声压级	必要时检测		
11	室内照度和照度的均匀度	检测		
12	室内微振	必要时检测		
13	表面导静电性能	必要时检测		
14	室内气流流型	不测		必要时检测
15	流线平行性	检测	必要时检测	不测
16	自净时间	不测	必要时检测	必要时检测

（C）依据 GB 50243—2002《通风与空调工程施工质量验收规范》第 1.0.3 条及 JGJ 71—90《洁净室施工及验收规范》第 5.3.4 条规定，综合性能检测时建设、设计、施工单位均应在场配合。依据 JGJ 71—90《洁净室施工及验收规范》第 5.3.1 条规定，洁净室的综合性能评定的测定工作应由具有检测资质的单位承担，仪表必须符合要求、且经过计量检验合格并在有效期限内。依据 JGJ 71—90《洁净室施工及验收规范》第 5.3.2 条规定，检测工作在调整好至少运行 24h 之后再进行。

（D）评定标准和通风空调系统综合效能试验项目：详见 JGJ 71—90《洁净室施工及验收规范》第 5.4.1 条～第 5.4.14 条及 GB 50243—2002《通风与空调工程施工质量验收规范》第 13.0.4 条～第 13.0.9 条的有关规定。

（2）空调和洁净室内相关参数的测试

A. 风道和风口断面风量 L、平均动压 P_d、平均风速 v 的计算

（A）风道和风口断面风量、平均动压、平均风速的测量条件：风道和风口断面风量、平均动压、平均风速的测量一般随系统的平衡调试同时进行。

（B）风道和风口断面风量、平均动压、平均风速测量的仪表。

a. 风道断面风量、平均动压、平均风速测量的仪表（表 1.8.7－4）。

风道断面风量、平均动压、平均风速测量的仪表　　　表 1.8.7－4

序号	设备和仪表名称	型号	规格或量程	精度等级	数量	单位
1	标准型毕托管		外径 $\phi10$		1	台
2	倾斜微压测定仪	TH－130 型	0～1500Pa	1.5Pa	1	套

b. 风口断面风量、平均风速测量的仪表（表 1.8.7－5）。

风口断面风量、平均风速测量的仪表　　　表 1.8.7－5

设备和仪表名称	型号	规格或量程	精度等级	数量	单位
热球式风速风温表	RHAT－301 型	0～30m/s　－20～85℃	＜0.3m/s±0.3℃	2	台

或选毕托管和微压计等仪表进行测定。

（C）风道和风口断面测量扫描测点的确定：

a. 圆形断面风道测点和风口扫描测点的确定：圆形断面风道测点和风口扫描测点的布局按图 1.8.7－4 和图 1.8.7－5 确定，但测定内圆环数按表 1.8.7－6 选取。

圆形断面风道和风口扫描测点环数选取表　　　表 1.8.7－6

圆形断面直径(mm)	200 以下	200～400	401～600	601～800	801～1000	＞1001
圆环个数(个)	3	4	5	6	8	10

b. 矩形断面风道测点和风口扫描测点的确定：矩形断面风道测点和风口扫描测点的布局按图 1.8.7－4 和图 1.8.7－6 确定，但依据 GB 50243—2002《通风与空调工程施工质

量验收规范》附录 B.1 第 B.1.2 条第 1 款规定,匀速扫描移动不应少于 3 次,测点个数不应少于 6 个。

(D) 采用表 1.8.7-4 仪表测试时风道和风口断面风量 L、平均动压 P_d、平均风速 v 的计算。

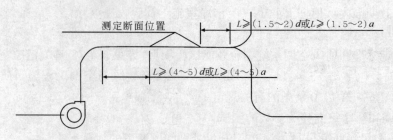

图 1.8.7-4 测定断面位置示意图

d—圆形风道直径;a—矩形风道长边长度

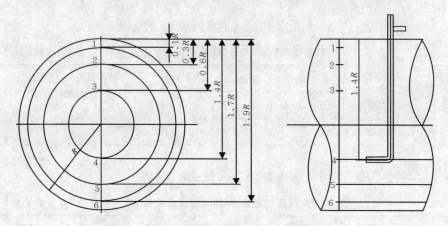

图 1.8.7-5 圆形断面风口或风道测点分布图

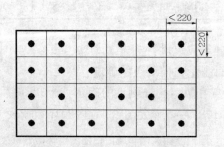

图 1.8.7-6 矩形断面风口或风道测点分布图

a. 风道和风口断面平均动压 P_d 的计算

$$P_d = \left[\sum (P_{dk})^{0.5} / n \right]^2$$

式中 P_d——断面平均动压(Pa);

P_{dk}——断面测点动压(Pa);

$$k\text{——}1、2、3、4\cdots\cdots n；$$

$$n\text{——}测点数。$$

b. 平均风速 v 的计算

$$v = (2P_\mathrm{d}/\gamma)^{0.5} = 1.29(P_\mathrm{d})^{0.5} \qquad\qquad \text{m/s}$$

c. 风道断面风量 L

$$L = 1.29A(P_\mathrm{d})^{0.5} \qquad\qquad \text{m}^3/\text{h}$$

式中　A——风道断面面积(m^2)。

(E) 采用表 1.8.7-5 仪表测试时口风口断面风量 L、平均风速 v 的计算

a. 平均风速 v 的计算

$$V_\mathrm{d} = \sum V_\mathrm{dk}/n$$

式中　V_d——断面平均风速(m/s)；

V_dk——断面测点风速(m/s)；

k——$1、2、3、4\cdots\cdots n$；

n——测点数。

b. 风口风量 L 的计算

$$L = A \cdot V_\mathrm{d} \qquad\qquad \text{m}^3/\text{h}$$

式中　A——风道断面面积(m^2)。

c. 风口、房间和系统风量测定的允许相对误差

(a) 风口风量、房间和系统风量测定相对误差值 Δ 的计算。

$$\Delta = [(L_{实测值} - L_{设计值})/L_{设计值}]\%$$

式中　$L_{实测值}$——实测风量值(m^3/h)；

$L_{设计值}$——设计风量值(m^3/h)。

(b) 系统允许相对误差值：依据 GB 50243—2002《通风与空调工程施工质量验收规范》第 11.2.3 条第 1 款、第 11.2.5 条第 2 款规定，$\Delta \leqslant 10\%$。

(c) 风口允许相对误差值：依据 GB 50243—2002《通风与空调工程施工质量验收规范》第 11.3.2 条第 2 款规定，$\Delta \leqslant 15\%$。

(F) 洁净室室内风量的测定

a. 单向流洁净室的室内风量的测定：测定离高效过滤器 0.3m，垂直于气流的截面。截面上的测点间距不宜大于 0.6m，测点数不应少于 5 个，将测点的算术平均值，作为平均风速。平均风速与洁净室截面的乘积为洁净室的送风量。

b. 非单向流洁净室的室内风量的测定

(a) 风口法测定：可采用风口法，测定高效过滤送风口的平均风速与风口净截面积之积。

(b) 支管法测定：利用测定风口上支管的断面的平均风速与风管断面积之积。

(G) 风口、房间和系统风量采用记录单：风口、房间和系统风量采用记录单为表式 C6-6-3 或表式 C6-6-3A(见附录表集)。

B. 室内温湿度及噪声的测量

（A）室内温湿度的测定

a. 测点布置和测试方法：室内测点布置为送风口、回风口、室内中心点、工作区测三点。室内中心和工作区的测点高度距地面 0.8m，距墙面 ≥0.5m，但测点之间的间距 ≤ 2.0m；房间面积 ≤50m² 的测点 5 个，每超过 20~50m² 增加 3~5 个。测定时间间隔为 30min。测试方法采用悬挂温度计、湿度计，定时考察测试。或采用便携式 RHTH-I 型温湿度测试仪表定时测试。

b. 测定仪表选择：温度计、干湿球温度计或其他便携式 RHTH-I 型温湿度测试仪表，见表 1.8.7-7。

室内温湿度测试仪表 表 1.8.7-7

序号	仪表名称	型号规格	量程	精度等级	数量
1	水银温度计	最小刻度 0.1℃	0~50℃		5
2	水银温度计	最小刻度 0.5℃	0~50℃		10
3	酒精温度计	最小刻度 0.5℃	0~100℃		10
4	热球式温湿度表	RHTH-1 型	-20~85℃ 0~100%		5
5	热球式风速风温仪	RHAT-301 型	0~30m/s -20~85℃	<0.3m/s、±0.3℃	5
6	干湿球温度计	最小分度 0.1℃	-26~51℃		5

c. 测试条件：室内温湿度的测定应在系统风量平衡调试完毕后进行，也可与系统联合试运转同时进行。

（B）允许误差值和采用的记录单

a. 测定值的允许误差：室温和相对湿度允许误差详见设计要求。

b. 测点数量要求：见表 1.8.7-8。

温湿度测点数量 表 1.8.7-8

波动范围	洁净室面积 ≤50m²	每增加 20~50m²
$\Delta t = \pm 0.5 \sim \pm 2℃$	5 个	增加 3~5 个
$\Delta RH = \pm 5\% \sim \pm 10\%$		
$\Delta t = \pm 0.5℃$	点间距不应大于 2m，点数不应少于 5 个	
$\Delta RH = \pm 5\%$		

c. 室内温湿度测试记录单采用表式 C6-6-3B（见相关记录表集）。

（C）室内噪声的测定：噪声测定采用五点布局和普通噪声仪（如 CENTER320 型或其他型号的噪声测定仪）。测定时间间隔同温度测定。测点高度距离地面 1.1~1.5m，房间面积≤50m² 可仅测中间点,设计无要求的不测。测试记录单采用表式 C6-6-3C(见相关记录表集)。室内噪声的测定应在系统风量平衡调试完毕后,也可与系统联合试运转同时进行。

C. 室内风速的测定:依据设计和工艺的要求安排测点的分布并绘制出平面图,主要应重点测试工作区和对工艺影响较大的地方(如控制通风柜操作口周围的风速,以免风速过大将通风柜内的污染空气搅乱溢出柜外或影响柜内的操作,通风柜入口测定风速应大于设计风速 v,但误差不应超过 20%)。采用仪表为 RHAT-301 型热球式风速风温仪或 MODEL24/6111 型热线式风速仪。室内风速的测定应在系统平衡调试完毕后,也可与系统联合试运转同时进行。

D. 洁净室静压和静压差的测试:

(A) 洁净室室内静压测试的前提(洁净度的测定条件)。

a. 土建精装修已完成和空调系统等设备已安装完毕。

b. 空调系统已进行风量平衡调试和单机试运转完毕。

c. 各种风口已安装就绪。

d. 系统联合试运转已进行、且测试合格后进行。

e. 测定前应按洁净室的要求进行彻底清洁工作,并且空调系统应提前运行 12h。

f. 进入洁净室的测试人员应穿白色的工作服,带洁净帽,鞋应套洁净鞋套。进入人员应受控制,一般不超过 3 人。

(B) 洁净室室内静压的测试方法:测定设备应用灵敏度不低于 2.0Pa 的微压计检测,一般采用最小刻度等于 1.6Pa 的倾斜式微压计和胶管。测试时将门关闭,并将测定的胶管(最好口径在 5mm 以下)从墙壁上的孔洞伸入室内,测试口在离壁面不远处垂直气流方向设置,测试口周围应无阻挡和气流干扰最小。洞口平均风速大于或等于 2.0m/s 时可采用热球风速仪。测得静压值与设计要求值的误差值不应超过设计允许的误差值或 ±5Pa。

(C) 需测试静压差的项目:需测试静压差的项目有室内与走廊静压差、高效过滤器和有要求设备前后的静压差等。相邻不同级别的洁净室之间和洁净室与非洁净室之间测得的静压差值应大于 5Pa;洁净室与室外测得的静压差值应大于 10Pa。

E. 洁净度的测定

(A) 测点数和测定状态的确定:洁净度的测试委托总公司技术部测定。

a. 洁净度的测定状态:依据 GB 50243—2002《通风与空调工程施工质量验收规范》规定测定状态为静态或空态。

b. 洁净度的测定点数:依据 GB 50243—2002《通风与空调工程施工质量验收规范》附录 B.4 规定每间房间测点数的确定,见表 1.8.7-9,测点布局可按图 1.8.7-7 五点布局原则进行。当测点少于五点或多于五点时,其中一点应放在房间中央,且测点尽量接近工作区,但不得放在送风口下。测点距地面 0.8~1.0m。

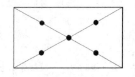

图 1.8.7-7 五点测试分布图

c. 测定洁净度的最小采样量:依据 GB 50243—2002《通风与空调工程施工质量验收规范》附录 B.4 规定测定洁净度的最小采样量见表 1.8.7-10。

测点数 N_L	2	3	4	5	6	7	8	9	10
洁净区面积 A(m²)	2.1~6.0	6.1~12.0	12.1~20.0	20.1~30.0	30.1~42.0	42.1~56.0	56.1~72.0	72.1~90.0	90.1~110.0

注:1.在水平单向流时,面积 A 为与气流方向呈垂直的流动空气截面的面积。

2.最低限度的采样点 N_L 按公式 $N_L = A^{0.5}$ 计算(四舍五入取证书)。

3.每点采样最小采样时间为 10min,采样量至少为 2l,每点采样次数不小于 3 次。

每次采样的最小采样量(L) 表 1.8.7－10

洁净度级别		粉 尘 粒 径 （μm）												
		0.1		0.2		0.3		0.5		1.0		5.0	
新标准	旧标准	新标准	旧标准	新标准	旧标准	新标准	旧标准	新标准	旧标准	新标准	旧标准	新标准	旧标准
1		2000		8400									
2		200		840		1960		5680					
3	1	20	17	84	85	196	198	568	566	2400			
4	10	2	2.83	8	8.5	20	19.8	57	56.6	240			
5	100	2		2	2.83	2	2.83	6	5.66	24		680	
6	1000	2		2		2		2	2.83	2		68	85
7	10000							2	2.83	2		7	8.5
8	100000							2	2.83	2		2	8.5
9								2		2		2	

（B）采用测试仪器:洁净度的测试采用 BCJ—1 激光粒子计数器(或其他型号的激光粒子计数器),测得含尘计数浓度应小于设计允许值(如 8 级应≤3500 个/L)。

（C）室内洁净度测定值的计算

a. 室内平均含尘量 N 的计算

$$N = \frac{C_1 + C_2 + \cdots\cdots C_i}{n}$$

b. 测点平均含尘浓度的标准误差 σ_N

$$\sigma_n = \sqrt{\frac{\sum_{i=1}^{n}(C_i - N)^2}{n(n-1)}}$$

c. 每个采点上的平均含尘浓度 C_i

$C_i \leqslant$ 洁净级别上限。

d. 室内平均含尘浓度与置信度误差浓度之和(测试浓度的校核)

$$N + t\sigma \leqslant \text{洁净级别上限}$$

式中　　n——测点数量;

C_i——每个采点上的平均含尘浓度；

t——置信度上限为95％时，单侧 t 分布的系数，其值见表1.8.7－11。

分布的系数 t 表1.8.7－11

点数	2	3	4	5	6	7~9	10~16	17~29	≥20
t	6.3	2.9	2.4	2.1	2.0	1.9	1.8	1.7	1.65

（D）洁净度测定合格标准：见表1.8.7－12。

洁净室和洁净区洁净等级及悬浮粒子浓度限值   表1.8.7－12

洁净度级别		粉尘粒径（μm）										
		0.1		0.2		0.3		0.5		1.0		5.0
新标准	旧标准	新标准	旧标准	新标准	旧标准	新标准	旧标准	新标准	旧标准	新标准	旧标准	新标准	旧标准
1		10		2									
2		100		24		10		4					
3	1	1000	1.25×10^3	237	270	10^2	100	35	35	8			
4	10	10^4	1.25×10^4	2.37×10^3	2.7×10^3	1.02×10^3	10^3	352	350	83			
5	100	10^5		2.37×10^4	2.7×10^4	1.02×10^4	10^4	3.52×10^3	3.5×10^3	832		29	
6	1000	10^6		2.37×10^5		1.02×10^5		3.52×10^4	3.5×10^4	8.32×10^3		293	250
7	10000							3.52×10^5	3.5×10^5	8.32×10^4		2.93×10^3	2500
8	100000							3.52×10^6	3.5×10^6	8.32×10^5		2.93×10^4	25000
9								3.52×10^7		8.32×10^6		2.93×10^5	

洁净室和洁净区各种粒径的粒子允许的最大浓度 $C_n = 10^N \times (0.1/D)^{2.08}$

式中 C_n——大于或等于要求粒径的粒子最大允许浓度 pc/m³

       N——洁净级别，最大不超过9。洁净度等级之间可以按0.1为最小允许值递增

       D——要求的粒子的粒径（μm）

洁净度等级定级的粒径范围为0.1~5.0μm，用于定级的粒径数不应大于3个，且其顺序级差不应小于1.5倍。

F. 洁净室截面平均流速和速度不均匀度的检测

（A）测点位置

a. 垂直单向流和非单向流洁净室:测点选择距离墙体或围护结构内表面大于 0.5m,离地面高度 0.5～1.5m 作为工作区。

b. 水平单向流洁净室:选择以送风墙或围护结构内表面 0.5m 处的纵断面高度作为第一工作面。

(B) 测定断面的测点数和测定仪器的要求:测点数和测定仪器的要求与室内温湿度的测点数与表 1.8.7 - 8 同。

(C) 测定仪器操作要求

a. 测定风速应采用测定架固定风速仪(图 1.8.7 - 8),以避免人体干扰。

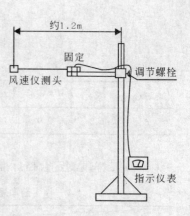

图 1.8.7 - 8　风速仪测定架

b. 不得不用手持风速仪时,手臂应伸至最长位置,尽量使人体远离测头。

(D) 风速不均匀度的计算:风速不均匀度 β_0 按下式计算,一般值不应大于 0.25。

$$\beta_0 = s/v$$

式中　　s——各测点风速的平均值;

v——标准差。

(E) 洁净室内气流流形的测定:洁净室内气流流形的测定宜采用发烟(详见图 1.8.7 - 9)烟雾发生器和烟雾引入装置图)或悬挂丝线的方法进行观察测量与记录。然后标在记录的送风平面的气流流形图上。一般每台过滤器至少对应一个观察点。

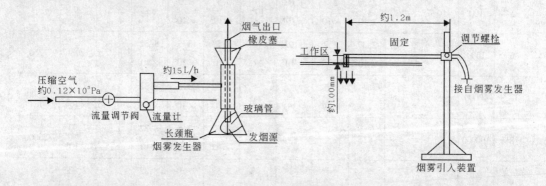

图 1.8.7 - 9　烟雾发生器和烟雾引入装置图

G. 综合评定检测

a. 综合评定工作的组织和对评定单位的要求:上述测试为竣工验收测试,竣工验收后,交付使用前,尚应由甲方委托建设部建筑科学研究院空调研究所测定,或其他具备国家认定检测资质的检测单位测定。但核定单位必须为与甲方、乙方、设计三方同时没有任何关系的单位。

b. 综合评定检测的项目:依据 JGJ 71—90《洁净室施工及验收规范》第 5.3.2 条规定,见表 1.8.7 - 3。

c．测定结果由检测单位提供测试资料、评定结论和提出出现相关问题的责任方,综合评定的费用由甲方支付。

d．详见8.7.3—(1)节。

(3) 各房间室内风量测量记录(表式 C6–6–3)及各房间室内风量测量数据表(表式 C6–6–3A)的填写

本表的填写比较简单,现作如下解释:

A．送、回风口风量可以在风口或连接风口的支管处测量。在风口处测量风速时,可用风速仪直接测量,再乘以风口的净断面面积,得到风量值。风口处的风速如用风速仪测量,应贴近风口格栅或网格进行扫描测量,扫描可以采用匀速移动法或定点测量法测量,匀速移动法不应少于3次。定点测量法测点数和位置应依据风口断面的不同而异,较小的风口测量布点可参照五点布局法。较大的风口可以参照风道风量测量布点法布点。但不得少于五点。

B．相对误差 = (设计风量 – 实测风量)/设计风量 × 100%。

C．应将检测过程的辅助原始记录数据整理成文,作为附件附在检测记录单后面。

(4) 通风空调系统室内温度、湿度测试记录表(表式 C6–6–3B)的填写

此表内容比较明确,只要按照表中列出的项目与注解说明,并参照"各房间室内风量测量记录(表式 C6–6–3)"的填写说明填写就能达到要求。

(5) 通风空调系统室内噪声测试记录表(表式 C6–6–3C)的填写

此表内容比较明确,只要按照表中列出的项目与注解说明,并参照"各房间室内风量测量记录(表式 C6–6–3)"的填写说明填写就能达到要求。

8.7.4 通风空调系统管网风量平衡记录(表式 C6–6–4)

通风系统管网风量的平衡应在完成各项单机试运转后就可以进行无负荷的系统联合试运转,在系统联合试运转前应先测定风机的风量和扬程,并进行风口和系统管网风量平衡。

(1) 通风空调系统调试方案的编制和测试记录中应注意的问题

依据 GB 50243—2002《通风与空调工程施工质量验收规范》第11.1.3条的规定,通风空调系统调试前,承包单位应编制调试方案,报专业监理工程师审核批准。调试结束后必须提供完整的调试资料和报告。因此调试方案的编制必须按国家法规的规定,况且随着国家经济实力的增强和节能环保的要求,大型公共建筑设计使用功能要求不断提高,环保节能也逐步严格,能否实现建筑的设计使用功能和节能要求,作为"建筑耗能大户通风空调"施工技术水平的提高和功能性的调节的完美是其中的关键项目。它也是争夺建筑市场的技术保障之一。

A．通风空调系统调试方案的内容:通风空调系统调试方案的内容有系统划分、设计功能简介、设计参数和采用测试仪表选择、测孔位置安排与选址、测试方法的确定、测试辅助附件的制作与准备、调试人员的选用和工作职责的安排、测试进度安排等。通风空调系统调试方案的编制详见第9节。

B．通风空调系统风量平衡方法的选择与确定:通风空调系统风量的平衡方法有"基

准风口法"和"等流量等比分配法(或动压等比分配法)"两种,依据具体工程设计概况,确定采取何种调试方法。当送、回风口的送、回风量要求不太严格时,可以采用第二种方法(等流量等比分配法)较为快捷。当送、回风口的送、回风量要求比较严格时,应采用第一种方法(基准风口法)较为快速。

C. 通风空调系统管网风量平衡记录中应注意的问题

(A) 系统风量实测值与设计值的偏差应依据 GB 50243—2002《通风与空调工程施工质量验收规范》第 11.3.2 条的规定不应超过 15%。

(B) 测定的原始记录、单线轴测示意图(标明系统的部位、分段号、风口位置、风口测试编号等)、计算书应整理成册,并与管网风量测试记录单一起归档。测量数据应依据现场实测情况记录,不得编制假数据。测量数据应经技术部门审批,并加标识章。

(C) 数据测定随系统联合试运转一起进行,每批数据测定间隔时间为 30min。

(2) 通风空调系统管网风量平衡记录(表式 C6 - 6 - 4)的填写

因记录单中的各栏目含义比较明确,故不再赘述。

8.7.5 通风空调系统试运行

依据 GB 50243—2002《通风与空调工程施工质量验收规范》第 11.1.4 条、第 11.1.5 条、第 11.2.1 条的规定,通风空调系统安装完毕,必须进行系统的测定和调试。在试运转时,对风机、空调器、空气处理室等的风量、风压及转速进行测定,并做好记录。

(1) 通风空调系统的调试和无生产负荷试运行的测试内容

依据 GB 50243—2002《通风与空调工程施工质量验收规范》第 11.3.2 条 ~ 第 11.3.4 条的规定,系统联合(联动)试运行应测定和调试的内容有:

A. 系统联合(联动)试运行和调试中应测定的参数:系统联合(联动)试运行和调试中应分不同系统进行测定通风机的封连、风压(扬程)、转速、噪声、环境温度、轴承温升、电机温升等。测试结果填写在表式 C6 - 6 - 5 内。同时还应依据不同系统测定通风与空调设备(组合式空调机组、新风机组、空调机、加压风机箱、空气处理室等)的风量、余压、转速、噪声、环境温度、轴承温升等。测试结果填写在表式 C6 - 6 - 5 中。

B. 系统风量和风口风量的测试与调整:系统风量的测试应符合 GB 50243—2002《通风与空调工程施工质量验收规范》第 11.3.2 条的规定。

(A) 系统风量、风压的测量:一般情况下可用毕托管和微压测量计测量,测量的断面应选择在距离局部阻力部件较远的地方。即距离圆形风管在局部阻力部件之后 $\geqslant 4D$(D 为风管直径或矩形断面风管长边宽度)气流比较均匀的直管段上;或距离圆形风管在局部阻力部件之前 $\geqslant 1.5D$(D 为风管直径或矩形断面风管长边宽度)气流比较均匀的直管段上。当测量风管断面流速不均匀时,应增加测量断面的测点数量,测点的具体分布详见第 8.7.3(2)节。风管内的压力测量可以采用液柱式微压计,如倾斜式、补偿式微压计。系统风量实测值与设计值的误差不应大于 ±10%。系统风量测试数据记录采用表式 C6 - 6 - 4。

(B) 风机风量、扬程(风压)的测量:风机出口测量断面的位置应按系统风量测量选择原则确定,并尽量靠近风机出入口。风机压力(扬程)为风机出入口测得的全压差。测得风机进出口风量之差不应大于 5%。风机参数测试记录采用表式 C6 - 2 - 1。

（C）风口风量允许误差：依据 GB 50243—2002《通风与空调工程施工质量验收规范》第 11.3.2 条的规定不应超过 15%。风口风量测试数据记录采用表式 C6-6-3。

C．制冷系统运行参数的测定：依据 GB 50243—2002《通风与空调工程施工质量验收规范》第 11.2.2 条的规定，空调系统制冷分项工程的冷热水循环系统、冷却水循环系统、制冷机组均应依据单机试运行的要求测定其相应的参数，主要有系统流量、压力（扬程）、设备转速、功率、噪声、轴承和机壳温升等参数，这些参数均应符合规范和设备技术文件的要求。详见 8.2 节设备单机试运转部分，记录单采用表式 C6-2-1。

D．消防排烟系统的测定：消防排烟系统除了测定风机的参数、系统的风量、风压和风口的排风量外，尚应测定正压送风系统楼电梯间的静压值和它与周围空间的静压差。

E．洁净空调系统的测试：洁净空调系统应对高效过滤送风口进行检漏测试，对于洁净级别≥5（100）级的洁净室，还需增加在开门情况下进行指定点含尘浓度的测定。测定方法详见 JGJ 71—90《洁净室施工及验收规范》有关规定。记录表式采用表式 C6-6-3D。

F．通风空调系统室内参数的测定：依据 GB 50243—2002《通风与空调工程施工质量验收规范》和 JGJ 71—90《洁净室施工及验收规范》的相关规定。室内应进行测定的参数有温湿度、洁净度、空气中的浮游菌浓度、室内菌落度、室内空气流速、空气流线、噪声、静压值、相邻房间的静压差、自净时间、照度等。

（A）室内温湿度的测定：室内温湿度的测定应结合系统联合试运转进行，测定时间间隔为 30min 测一次，测点分布为：

a．送、回风口。

b．工作区有代表性的地点，测点高度为距离地面 0.8m，距离墙面≥0.5m，但测点之间的距离应≤2m。

c．测量温湿度的感应元件处。

d．房间中心点（非恒温恒湿的空调系统，即一般空调系统 a、b、c 三款可不测量）。

（B）室内噪声的测试：室内噪声的测试室内温湿度的测定应结合系统联合试运转进行，测定时间间隔为 30min 测一次，测点采用五点布局，即房间两对角线的交叉点和交叉点至房角的中点，测点高度距离地面 0.8~1.2m。

（C）洁净度、浮游菌浓度、室内菌落度、室内空气流速、空气流线、噪声、静压值、相邻房间的静压差、自净时间、照度等的检测：请参阅 GB 50243—2002《通风与空调工程施工质量验收规范》和 JGJ 71—90《洁净室施工及验收规范》的相关规定和 8.7.3 节。

其中洁净室内空气中的浮游菌浓度、室内菌落度的检测详见 JGJ 71—90《洁净室施工及验收规范》和 GB/T 16293—1996《医用工业洁净室（区）悬游菌的测试方法》、GB/T 16294—1996《医用工业洁净室（区）沉降菌的测试方法》的相关规定。

G．空调系统制冷分项工程的冷热水循环系统、冷却水循环系统、制冷机组参数的测定：详见 GB 50274—98《制冷设备、空气分离器设备安装工程施工及验收规范》的相关规定。

H．自动控制系统的检查：应检查系统运行中控制系统联机的运行情况。

（2）试验记录单（表式 C6-6-5）的填写

上述测定数据的原始记录、计算书、测试草图、测试结果应整理归档，测试结果的数据与相应的设计、规范要求的标准值进行比较、测试过程(包括自动控制系统的联机情况)应经过评估,是否符合设计和规范要求。

空调系统调试报告填写表式 C6－6－1,暖卫通风空调系统联合试运转实验情况填写表式 C6－6－5。在报告中应附上调试系统草图、原始数据记录、计算书、调试方案,并一并归档。

8.7.6 制冷剂输送管道的强度和真空度试验

制冷系统管道压力试验和制冷系统气密性试验所指是输送制冷剂管道系统的试验,如 VRV 系统管道的试验。制冷剂输送管道的强度和真空度试验应符合 GB 50243—2002《通风与空调工程施工及验收规范》第 8.2.10 条、第 8.3.6 条及 GB 50274—98《制冷设备、空气分离器设备安装工程施工及验收规范》的相关规定。

(1) 制冷剂输送系统的吹污:制冷剂输送系统管道的强度和真空度试验前应进行系统吹污,吹污可用压力 0.5～0.6MPa 的干燥压缩空气或氟利昂系统可用惰性气体如氮气,按系统顺序反复进行多次吹扫,并在排污口处设靶检查(如用白布),检查 5min 无污物为合格。吹污后应将系统中阀门的阀芯拆下清洗(安全阀除外)干净后,重新组装。

(2) 制冷剂输送系统和阀门的气密性试验:依据 GB 50274—98《制冷设备、空气分离器设备安装工程施工及验收规范》第 2.5.3 条、第 2.5.11 条的规定,制冷剂输送系统的气密性试验应分高压、低压两步进行。试验介质可采用氮气、二氧化碳或干燥的压缩空气。制冷剂输送系统和阀门的试验压力按表 1.8.7－13 的试验压力取值。

系统气密性的试验压力(绝对大气压)   表 1.8.7－13

系统压力	活塞式制冷机			离心式制冷机
	R717、R502	R22	R12、R134a	R11、R123
低压系统	1.8	1.8	1.2	0.3
高压系统	2.0	高冷凝压力 2.5	高冷凝压力 1.6	0.3
		低冷凝压力 2.0	低冷凝压力 1.2	

A. 低压制冷剂输送系统的气密性试验:试验前在高、低压部分安装压力表,拆去原系统中不宜承受过高压力的部件和阀件(如恒压阀、压力控制器、热力膨胀阀等),并用其他阀门或管道代替,开启手动膨胀阀和管路上其他阀门,自高压系统的任何一处向系统充氮气,并使压力达到试验的低压试验压力,即停止充气。观察系统压力下降情况,若无明显下降,则用肥皂液进行检漏。若检查无渗漏,则稳压保持 24h。前 6h 系统的压力降不应大于 0.03 MPa,后 18h 开始记录压力降,除因环境温度变化而引起的误差外(一般不超过 0.01～0.03 MPa),若压力按下式计算不超过 1% 为合格。

$$\Delta P = P_1 - [(273 + t_1)/(273 + t_2)]P_2$$

式中 ΔP——压力降(MPa);

        P_1——开始时系统中气体的压力(MPa 绝对压力);

P_2——结束时系统中气体的压力(MPa　绝对压力);

t_1——开始时系统中气体的温度(℃);

t_2——结束时系统中气体的温度(℃)。

B. 高压制冷剂输送系统的气密性试验:低压制冷剂输送系统压力试验合格以后,再继续充气对制冷剂输送系统的高压部分进行压力试验。当压力达到试验的高压试验压力时,即停止充气,观察系统压力下降的情况,若无明显的压力下降,则用肥皂液进行检漏。若无渗漏,则稳压保持24h,前6h系统的压力降不应大于0.03 MPa,后18 h开始记录压力降,除因环境温度变化而引起的误差外(一般不超过0.01～0.03 MPa),若压力降按上式计算不超过1%为合格。

(3) 制冷剂输送系统的检漏:制冷剂输送系统的检漏方法有肥皂水检漏、检漏灯检漏和电子自动检漏仪检漏等方法。

A. 肥皂水检漏:当制冷剂输送系统内达到一定压力(低压系统不低于0.2MPa)后,用肥皂水涂抹各连接、焊接和紧固等可疑部位,若发现有不断扩大的气泡出现,即说明有泄漏存在。

B. 检漏灯检漏:检漏灯(也称卤素灯)对氟利昂制冷剂输送系统是一种简便有效的检漏工具。如果检漏灯吸入的空气中含有氟利昂气体,则氟利昂遇到火焰后便分解为氟、氯元素,这些元素与灯头上炽热的钢丝网接触即合成卤素铜化合物,并使火焰变成光亮的绿色、深绿色。当氟利昂大量泄漏时,火焰则变成紫罗蓝色或深蓝色,以至火焰熄灭。但系统泄漏严重时不宜采用检漏灯检漏,以免产生光气引起中毒事故。

C. 电子卤素检漏仪检漏:这种检漏仪对卤素的检漏灵敏度很高,反映速度快,重量轻,携带方便。

(4) 制冷剂输送系统的抽真空试验:抽真空试验可用系统本身的压缩机对系统进行抽真空,大型的制冷剂输送系统也可用专门的真空泵对系统进行抽真空。制冷剂输送系统抽真空试验的余压对于氨输送系统不应高于8kPa,氟利昂输送系统不应高于5.3kPa,。稳压保持24h后,氨输送系统压力以无变化为合格;氟利昂输送系统压力回升值不应大于0.53 kPa。但依据GB 50274—98《制冷设备、空气分离器设备安装工程施工及验收规范》第2.6.5条要求应符合设备技术文件的规定。

(5) 其他制冷剂系统的严密性和抽真空试验:详见GB 50274—98《制冷设备、空气分离器设备安装工程施工及验收规范》的相关部分。

(6) 制冷系统气密性试验记录(表式C6-6-6)的填写

试验单的填写内容均应以实测数据填写。但是在验收意见栏中应依据试验结果说明试验管段或系统检查无渗漏。通过压力降的具体最大值(即测试中各组中的最大值)与规范规定的允许最大值进行比较,说明是否符合规范或设备说明书的要求,符合的为合格。

8.7.7　人防工程通风系统的调试

依据GB 50238—94《人民防空地下室设计规范》第5.2.13条及GBJ 134—90《人防工程施工及验收规范》第15.0.1条的规定。

(1) 防毒密闭管路及密闭阀的气密性试验:防毒密闭管路及密闭阀的气密性试验,当

充气压力为 $P = 5.06 \times 10^4 \mathrm{Pa}$(即 0.0506MPa),并维持 5min,经检查不漏气为合格;

（2）过滤吸收器（即滤毒器）的气密性试验:过滤吸收器（即滤毒器）的气密性试验,当试验充气压力 $P = 1.06 \times 10^4 \mathrm{Pa}$(即 0.0106MPa)后,5min 内压力降 $\Delta P \leqslant 660\mathrm{Pa}$ 为合格。

（3）口部和排风机房压差的测试:设有滤毒器过滤通风系统的防空地下室应在口部和排风机房设测压装置,测定室内与室外的静压差,其超压值应为 30~50Pa(即室内应维持 30~50Pa 的静压值)。

（4）野战防空工程最后一道防毒通道与室外压差的测试:野战防空工程最后一道防毒通道与室外应维持 20~100Pa 的超压值。

9　通风空调系统调试方案的编制

通风空调系统调试成果是检验设计功能能否满足建筑内部环境状态、保障工艺条件必不可少的工序,也是分清工程质量事故归属（建设方、设计方、施工方）的有效依据,更是节省能源减轻环境污染的有效措施。为了配合复杂通风空调工程施工调试的需要,解决现场施工技术管理人员对通风空调系统调试检测方案编制和实施的困难,特编写本资料以供参考。文中仅就部分调试作介绍,未提及的请参见实例和规范。

通风空调系统调试方案由通风空调安装工程的总承包单位编制,分包单位配合。通风空调系统调试方案应经监理工程师审核批准后实施。

通风空调调试应由施工单位负责、建设单位监督,建设单位和设计单位参与和配合。

9.1　通风空调工程系统的划分和系统设计方案及功能介绍

9.1.1　系统划分和设计方案介绍

通风空调系统调试方案的主要内容有系统划分、设计功能介绍,调试项目和要求、测试程序、各项设计参数和与其对应采用的检测方法和检测仪表的选择、各项参数测孔数量和位置的安排、测试辅助附件的制作、测试仪器和仪表的校验,测试系统图的绘制、参加测试人员的确定、工作职责的划分、测试中应注意的事项和实施计划的安排等。

每个系统应有单线系统图,并简要地阐述该系统的走向及各支路承担的范围和空调房间的使用功能。

9.1.2　设计参数介绍

应详细阐述该系统空调房间的性质、空调系统的压力等级、风量、风压和室内设计温度、相对湿度、风量、噪声、洁净度、浮游菌容许浓度、沉降菌菌落度、室内允许空气流速、照度、自净时间等设计参数。

9.2 测试仪表的选择及调试辅助附件的制作

9.2.1 依据设计和 GB 50243—2002《通风与空调工程施工质量验收规范》、GB 50073—2001《洁净厂房设计规范》、JGJ 71—90《洁净室施工及验收规范》、GB 50238—94《人民防空地下室设计规范》、GBJ 134—90《人防工程施工及验收规范》等施工验收规范,及涉及到的相关工艺标准的要求,确定和逐一说明各系统应检测和测定的参数种类和测试标准,并选择相应的测试检测仪表的类型、规格和精度等级。

9.2.2 依据所测参数及测定该参数采用的仪器,并依据通风系统风量测量采用毕托管、微压差计和测点应选择在气流均匀处的通用规则(图1.8.7-4),以及测孔应在风管安装前将测孔安设于设计要求的部位和与风管的结合处应严密牢靠要求。确定测试系统的参数测孔(如测压孔、测温孔等)安装位置和安装方法。风道测压孔构造如图1.9.2-1。

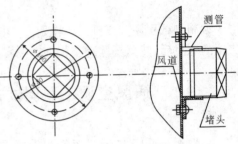

图 1.9.2-1 风量风压测定孔详图
(详见国标 T615)

9.2.3 依据检测参数和已有测试仪表确定采用的检测仪器设备型号、规格、精度和台数。不足的应及时购置或租借。

9.2.4 依据测定参数的需要确定应配备如图1.9.2-2的辅助附件(左边为加罩测试高效过滤送风口示意图、中间为测试散流器送风口的风量时采用的加辅助罩子示意图,右边为吸引法测试散流器风口风量的辅助罩子),并准备齐全待用。

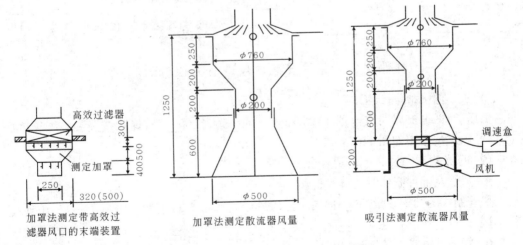

图 1.9.2-2 风口风量检测辅助附件

9.3　确定测试人员数量和职责

9.3.1　确定测试人员数量及选配测试人员。

9.3.2　编制测试人员工作职责和测试过程的分工,使测试人员在测试过程中各司其职。

9.4　编制测试程序和测试工作计划

编制测试程序和测试工作计划,并向设计、监理、建设单位和上级主管部门征求测试方案的意见后,然后报监理工程师审批实施执行。

9.5　通风空调工程调试方法和若干参数测试方法简介

9.5.1　通风空调系统(压力等级)类别

依据 GB 50243—2002《通风与空调工程施工质量验收规范》第 4.1.5 条规定通风空调系统按系统的工作压力等级可分为三类,其类别和密封要求见表 1.9.5-1。

通风空调系统的类别和密封要求

表 1.9.5-1

系统类别	系统工作压力(Pa)	密封要求
低压系统	$P \leqslant 500$	接缝和接管连接处严密
中压系统	$500 < P \leqslant 1500$	接缝和接管连接处增加密封措施
高压系统	$P > 1500$	所有拼接缝和接管连接处均应采取密封措施

9.5.2　风道部件制作和系统安装中风道灯光检漏的测试

(1) 灯光检漏的测试工具

低压(24V 或 36V)带安全罩 100W 白炽灯泡一盏,拉绳一条(绳长按安装系统长度而定)。其测试装置图如图 1.6.4-1。

(2) 灯光检漏的抽测数量及要求

A. 风管及部件制作时的灯光检漏

风管制作的抽查数量,同一批同规格的风道应按该批总数的 10% ,但 ≥1 个(节)进行测试。

B. 管道系统安装的灯光检漏

依据 GB 50243—2002《通风与空调工程施工质量验收规范》第 6.2.8 条规定测试数量为低压系统($P \leqslant 500Pa$)为 5% ,但不少于 1 个(节)。

中压系统($500Pa < P \leqslant 1500Pa$)为 20% ,但不少于 1 个(节)。

高压系统($P > 1500\text{Pa}$)为100%。

发现漏光点应做记录,并进行修补,再重新测试直至合格为止。测定记录单应有修补前和修补后的记录单,并附有漏光点位置记录的单线图。

C. 测试合格的标准

低压系统($P \leqslant 500\text{Pa}$)风道,每10m接缝漏光点不得超过2处,且平均100m接缝中不应大于16处;中压系统($500\text{Pa} < P \leqslant 1500\text{Pa}$)风道,每10m接缝漏光点不得超过1处,且平均100m接缝不应大于8处。

9.5.3 通风系统漏风量的检测

(1) 通风系统漏风量检测的时机

漏风量的检测应在系统安装过程中,风口尚未开洞和设备、风口尚未安装之前测试,否则就难以将测试系统封闭严密,增加测试不合格的机率。测试前还应将所有开口、敞口全部封闭严密。漏风率的检测是比较复杂的工序,要有专门的测试装置。漏风量的测试类型如下。

(2) GB 50243—2002《通风与空调工程施工质量验收规范》附录 A 和 JGJ 71—90《洁净室施工及验收规范》附录三、附录四规定的测试方法。

A. GB 50243—2002《通风与空调工程施工质量验收规范》附录 A 风管式测试方法

(A) 漏风量测试装置的分类:该方法漏风量测试装置分为风管式和风室式两种。风管式测试装置采用测压孔板作为计量元件;风室式测试装置采用标准的长颈喷嘴作为计量元件。因标准的长颈喷嘴的加工比孔板困难,故此处只介绍风管式测试装置。风室式测试装置的详细细节和使用规则详见 GB 50243—2002《通风与空调工程施工质量验收规范》附录 A 第 A.2.7 条。这些测量装置的配置和操作方法较为复杂。

(B) 风管式测试装置:该方法规定测试装置由风机、连接风管、测压仪器、整流栅、节流器和标准孔板等组成。所有测试仪器使用必须经当地政府的检测单位检测合格的专用测量仪表,或符合国家标准《流量测量节流装置》规定的计量元件搭配而成的测试装置。

B. JGJ 71—90《洁净室施工及验收规范》附录三、附录四规定测试方法

该规范规定的测试方法与 GB 50243—2002《通风与空调工程施工质量验收规范》附录 A 测试方法不同之处在于测试装置的风机的流量、扬程是固定值,即试验风机的最大额定风量为 1600m³/h,最大额定风压为 2400Pa。而 GB 50243—2002《通风与空调工程施工质量验收规范》附录 A 的测试方法风机的规格与系统的总漏风量有关,是变数。

C. 风管式和风室式法漏风量测试装置的风机规格的确定

漏风量测试装置的风机规格与采用测试方法不同而异。依据上述的要求,测试风机的技术参数按如下确定:

风机的额定风压:$P \geqslant 1.2 P_\text{X}$(或 $P_1 + P_2$)

风机的额定风量:$Q \geqslant 1.2 \Delta q \sum F_n$

式中　P_X——系统设计风压(Pa);

$P_1 + P_2$——送风机额定风压加回风机额定风压(送回风为串联系统;送回风为分设系统只取其中一项)(Pa);

Δq——系统允许漏风率($m^3/h \cdot m^2$);

$\sum F_n$——系统风道展开面积之和(m^2)。

D. 漏风量测试装置试验压力的调节

可采用调整风机的转速,也可以采用控制节流装置开度的方法。但漏风量的测定值必须在系统经调整后,且保持测试系统稳压的条件下测得。

E. 漏风量测试分类

漏风量测试分正压和负压两类。正压漏风量测试系统风机与系统的连接采用压送形式连接,即测试系统处于测试风机的后面;负压漏风量测试系统则相反,即测试系统处于测试风机的前面。通常采用在正压条件下的测试来检验。系统漏风量的测试可依据系统的大小分为整体或分段进行。但测试时被测系统的所有开口均应封闭不漏风。

F. 漏风点的寻找方法

当被测系统漏风量超出标准时,应用听、摸、看或发烟等方法,查出漏风部位做好标记,修补后重新测试直至合格。

G. 压差计的要求:漏风量测试装置的压差测定应采用微压差计,其最小读数分格为1.6Pa,但不应大于2.0Pa。

H. 风管式漏风量测试装置

(A) 装置的组成:装置由风机、连接管、测压仪器、整流栅、节流器、标准孔板等组成,见图1.9.5－1。

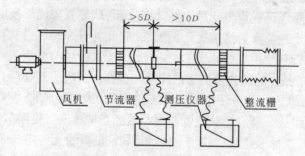

图1.9.5－1 正压风管式漏风量测试装置

(B) 孔板要求:角接取压的标准孔板的 $\beta = d/D$ 值范围为 $0.22 \sim 0.7$,孔板至前、后整流栅的直管段距离应符合大于 10 倍 D,整流栅以外的直管段长度应大于 5 倍 D(d 为孔板测量开孔直径,D 为孔板的外径)。

(C) 连接风管的要求:连接的风管均为光滑的圆管。孔板至上游 $2D$ 范围内风管的圆度允许偏差为 0.3%,下游为 2%。

(D) 孔板与风管连接的要求:孔板与风管连接的前端与管道轴线垂直度允许偏差为 $1°$;孔板与风管同心度允许偏差为 $0.015D$。

(E) 测试装置系统的严密性要求:在第一整流栅后,所有连接部分应严密不漏。

I. 测试后漏风量的计算

由于测试过程所测定的数据是孔板前后的压差值,因此必须按下式换算为漏风量。

$$\Delta Q = 4647.58 \varepsilon \alpha A_n (\Delta P)^{0.5} \qquad m^3/h$$

式中　ε——气流束膨胀系数,查表 1.9.5 - 2;

　　　α——孔板的流量系数(图 1.9.5 - 2);

　　　A_n——孔板开口面积(m^2);

　　　ΔP——孔板压差(Pa)。

采用角接取压标准孔板流束膨胀系数 ε 值　　表 1.9.5 - 2

β_4	P_2/P_1								
	1.0	0.98	0.96	0.94	0.92	0.90	0.85	0.80	0.75
0.08	1.000	0.9930	0.9866	0.9803	0.9742	0.9681	0.9531	0.9381	0.9232
0.1	1.000	0.9924	0.9854	0.9787	0.9720	0.9654	0.9491	0.9328	0.9166
0.2	1.000	0.9918	0.9843	0.9770	0.9698	0.9627	0.9450	0.9275	0.9100
0.3	1.000	0.9912	0.9831	0.9753	0.9676	0.9599	0.9410	0.9222	0.9034

注:本表允许内插,不许外延。P_2/P_1 为孔板后与孔板前的全压值比。

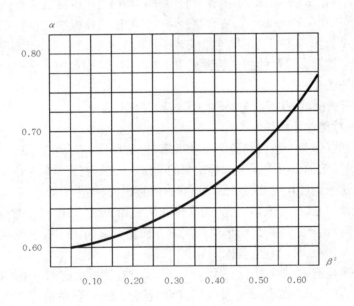

图 1.9.5 - 2　孔板流量系数计算表

J. 孔板的流量系数由上页计算图确定,其适应范围应满足下列要求:

$$10^5 < Re_p < 2.0 \times 10^6$$

$$0.05 < \beta^2 \geqslant 0.49$$

$$500mm < D \geqslant 1000mm$$

在此范围内可不计管道粗糙度对流量系数的影响。雷诺数小于 105 时,则按现行国家标准《流量测量节流装置》计算流量系数 α。

K. 负压风管式漏风量测试装置

当系统或设备需要测试负压条件下的漏风量时,其装置连接应符合图 1.8.7 - 2。

L. 不同工作压力下的漏风量的换算

漏风量测定值通常应为规定压力下的实测值。当测试系统的压力与规定压力不相符时,应进行换算。不同工作压力下的漏风量可按下式进行换算。

$$\Delta q = \Delta q_0 (P/P_0)^{0.65}$$

式中 P_0——规定压力为 500Pa;

      P——风道工作压力(Pa);

      Δq_0——规定试验压力下的漏风量($m^3/h \cdot m^2$);

      Δq——工作压力下的漏风量($m^3/h \cdot m^2$)。

M. JGJ 71—90《洁净室施工验收规范》的测试装置

JGJ 71—90《洁净室施工验收规范》附录三,测量通风管道系统漏风率时,试验设备装置采用风机:最大额定风量 1600m^3/h;最大额定风压 2400Pa。

风道直径:$D = \phi 100mm$。

测微压差计:测孔板压差为 0 ~ 2000Pa。

孔板:当漏风量≥130m^3/h 时,测孔直径 $d = 0.0707m$,孔板常数 β 为 0.697;

      当漏风量<130m^3/h 时,测孔直径 $d = 0.0316m$,孔板常数 β 为 0.603。

(A) 测试装置图和与测试系统连接安装图见图 1.8.7 - 2 和图 1.8.7 - 3。

(B) 测试空调器漏风量的测试装置见 JGJ 71—90《洁净室施工及验收规范》附录四。其测试连接图见图 1.8.7 - 1。

(3) 供参考的测试方法(简易补救检测法)

A. 采用此检测法的前提与条件

(A) 此方法仅作为补遗(漏测)的补救措施,它是在设备安装后,风口安装前(或安装后)利用原设计系统的风机等设备进行检测的非常规测试,在正常的情况下不得使用。

(B) 此方法未能达到规范规定的测试条件和标准,只能用于低标准、低洁净等级的空调系统和一般通风系统(含人防、消防送风排烟系统)的改造工程和补遗检测。此方法的采用应获得设计、监理、质检、建设单位的同意。使用前应向上一级领导机关的质量主管部门口头或文字申报,经同意后实施。

(C) 在补遗检测中,此方法仅适用于送(回)风口在测试前能够采用堵板、密封胶等措施将风口密封,使通风系统测试管段处于接近全密封状态,且系统的全压应尽量不低于500Pa(洁净工程要求较高应按 JGJ 71—90《洁净室施工及验收规范》规定管内静压应尽量不低于 700Pa)的系统。测试装置可采用本条第(1)款的装置图。

B. 检测仪表的选择

(A) 毕托管

用于测定风道断面的动压、静压、全压和风速。毕托管的连接见图 1.9.5 - 3。

(B) U 形管和倾斜式微压计

倾斜式微压计如 TH - 130 型(或同类其他产品),测定范围为 0 ~ 1500Pa,最小读数为

2Pa。使用方法详见仪器使用说明书。U形管和倾斜式微压计见图1.9.5-4。

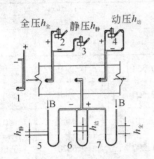

图1.9.5-3 风道全压、动压、静压的测量
连接示意图
1—毕托管(复合测压计);2、3、4—测量风道全压、
动压、静压时毕托管和微压计的连接;5、6、7—测量风
道全压、动压、静压时毕托管和U形管的连接

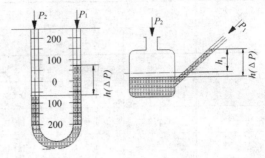

图1.9.5-4 U形管和倾斜式微压计

C. 注意事项

(A) 测试前应将测定管段中间所有开口封闭严密;测试应在系统保温、高效过滤器、风口等附件和工序安装前进行。

(B) 测定断面位置和风道断面测点安排:测定断面应距离风道变化终(起)点 $L \geqslant 4 \sim 5D$ 或 $1.5 \sim 2a$(a 为矩形风道大边长度,测孔开在短边)如图1.8.7-4所示,测孔直径为 $12 \sim 15mm$。风管断面测点布置如图1.8.7-5和图1.8.7-6所示。其中测点分别在小方格的中间(矩形)和圆形风管的测点应位于上下互相垂直两直径与外圆内部若干个同心虚圆圆周的交点上(每环四点)。虚圆半径按下式计算:

$$R_n = R[(2n-1)/2m]^{0.5}$$

式中　R_n——风道中心至N环测点的距离;

　　　　R——风道半径;

　　　　n——从风道内边缘算起圆环顺序号;

　　　　m——风道断面所划分的圆环数,圆环个数如表1.8.7-6。

当圆形风管的直径上测孔为两个时,测点到风管测孔管壁距离 X 按下式计算。

$$X = kR$$

式中　R——风道半径;

　　　　k——系数,见表1.9.5-3。

圆形风道测点距离计算系数 k 值表　　　　　　　　　　　　表1.9.5-3

测点编号	圆环数 m					
	3	4	5	6	8	10
1	0.086	0.064	0.510	0.043	0.0317	0.0253
2	0.293	0.210	0.163	0.134	0.0986	0.0780
3	0.591	0.388	0.292	0.236	0.1708	0.1340

测 点 编 号	圆 环 数 m					
	3	4	5	6	8	10
4	1.409	0.646	0.452	0.354	0.2500	0.1938
5	1.707	1.354	0.684	0.500	0.3386	0.2584
6	1.914	1.612	1.316	0.710	0.4440	0.3292
7		1.790	1.548	1.290	0.5670	0.4084
8		1.936	1.707	1.500	0.7500	0.5000
9			1.837	1.646	1.2500	0.6127
10			1.949	1.764	1.4330	0.7764
11				1.866	1.5590	1.2236
12				1.957	1.6614	1.3873
13					1.7500	1.5000
14					1.8292	1.5916
15					1.9014	1.6708
16					1.9683	1.7416
17						1.8062
18						1.8660
19						1.9220
20						1.9747

D. 断面平均动压、平均风量、漏风率的计算

（A）风道断面平均动压的计算

$$P_d = [\sum P_{dk}]^{0.5}/n]^2$$

式中　P_d——断面平均动压（Pa）；

　　　P_{dk}——断面测点动压（Pa）；

　　　n——测点数。

（B）平均风速 v 的计算

$$v = (2P_d/\gamma)^{0.5} = 1.29(P_d)^{0.5} \qquad \text{m/s}$$

（C）风道断面风量 Q

$$Q = 1.29A(P_d)^{0.5} \qquad \text{m}^3/\text{h}$$

式中　A——风道断面面积（m²）。

（D）漏风量按下式计算：

$$\Delta q = (\sum Q_i - Q_j / F_{i-j}) / n$$

式中 Q_i——为测试系统第 i 断面的风量；

      Q_j——为测试系统第 j 断面的风量；

     F_{i-j}——为测试系统第 $i-j$ 管段风道的展开面积；

       n——测试系统风道总段数；

     $i、j = 1、2、3、4……$。

E. 允许漏风量的确定：依据系统设计总风压 GB 50243—2002《通风与空调工程施工质量验收规范》第 4.1.5 条规定，计算得允许漏风量 $\Delta q = \times . \times \times \, m^3 / h \cdot m^2$。

（A）矩形风管的允许漏风量，应符合下列的规定。

    低压系统的风管 $Q_L \leqslant 0.1056 P^{0.65}$

    中压系统的风管 $Q_M \leqslant 0.0352 P^{0.65}$

    高压系统的风管 $Q_H \leqslant 0.0117 P^{0.65}$

式中 $Q_L、Q_M、Q_H、\Delta q$——为系统在相应工作压力下，单位面积风管单位时间内的允许漏风量（$m^3 / h \cdot m^2$）；

                 P——为风管系统的工作压力（Pa）。

（B）低压、中压圆形金属风管、复合材料风管以及采用非法兰形式的非金属风管的允许漏风量，应为矩形风管规定值的 50%。

（C）砖、混凝土风道的允许漏风量不应大于矩形低压系统风管规定值的 1.5 倍。

（D）排烟、除尘、低温送风系统按中压系统风管的规定值计算。1~5 级净化空调系统按高压系统风管的规定值计算。

注：上述的面积均为风管的展开面积。

（4）漏风量测试的抽测数量

漏风量测试的抽测数量应符合 GB 50243—2002《通风与空调工程施工质量验收规范》第 4.2.5 条、第 6.2.8 条规定。

A. 风管制作的抽查数量

依据 GB 50243—2002《通风与空调工程施工质量验收规范》第 4.2.5 条规定。风管制作检查数量按风管的类别和材质分别抽查，不得少于 3 件及 15m²。

B. 风管系统安装的抽查数量

依据 GB 50243—2002《通风与空调工程施工质量验收规范》第 6.2.8 条规定，风管系统安装完毕后，应按风管系统的类别进行严密性和漏风量的检验。

（A）低压系统

a. 低压系统的严密性检验采用抽验，抽检率为 5%，但不得少于 1 个系统。一般不测漏风率，但漏光检测不合格时应抽同压力级别系统的 5% 个系统，且不少于一个系统。

b. 在加工工艺得到保证的前提下，可用漏光法检测代替漏风量检测。但是当漏光法检测不合格时，应按规定的抽检率进行漏风量检测。

（B）中压系统

中压系统的风管的严密性检验,应在灯光检测合格后,对系统进行漏风量测试抽检,抽检率为系统的 20%,但不少于一个系统。

(C) 高压系统

高压系统的风管的严密性检验,应全部 100% 进行漏风量检测。

(D) 系统的风管严密性检验的被抽测系统应全部合格,如有不合格则应加倍抽测,直至全部合格为止。

(E) 净化空调系统

净化空调系统风管的严密性检验,1~5 级的系统按高压系统风管的规定执行。6~9 级的系统按依据 GB 50243—2002《通风与空调工程施工质量验收规范》第 4.2.5 条规定执行。

(5) 空调器、加压风机箱漏风量的测定:在订货时应向厂家提出漏风量检测和提供检测资料要求,以减少施工检测的麻烦。

(6) 现场组装的分段式组装空调机组:除在订货时应向厂家提出漏风量检测和提供检测资料要求外,尚应在现场组装后进行测试,并在合同中商定现场安装后整体漏风量检测事项,包括由谁提供测试装置和加工测试辅助管件事宜。如果由甲方定货,应将相应费用和配合费用列出预算,进行追加。其测试装置详见本条第(3)款。

9.5.4 系统风量的平衡调试

(1) 风量平衡调试原理

由流体力学原理知道,风道阻力与风道内风量的平方成正比,即:

$$H = KL^2$$

式中　H——风道的阻力;

　　　L——风道内流过的风量;

　　　K——风道的阻力系数。

风道的阻力系数与风道的局部阻力和摩擦阻力等因数有关,对于同一风道,如果其他条件不变,只改变风道的风量,则 k 值不变,但阻力也随风量的改变而变化。因此在同一系统中,各支路的设计阻力相同,所以风量的平方与 k 值成正比,即

$$(L_1/L_2)^2 = k_1/k_2$$

(2) 系统风量平衡方法的选择

系统风量平衡的方法有基准风口法和流量等比分配法(测定风量采用热球式风速仪测定调整风量的称流量等比分配法;当测定风量采用测压管和倾斜式微压计测定调整风量时称动压等比分配法),如图 1.9.5-5 所示。这两种方法的原理是一样的。

(3) 调试步骤

A. 基准风口法:现以图 1.9.5-6 为例说明基准风口法的调试步骤。

(A) 风量调整前先将所有三通调节阀的阀板置于中间位置(图 1.9.5-7),而系统总阀门处于某实际运行位置,系统其他阀门全部打开。然后启动风机,初测全部风口的风量,计算初测风量与设计风量的比值(百分比),并列于记录表格中。

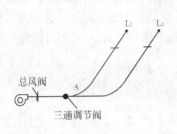

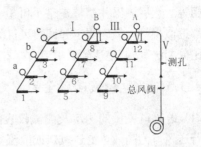

图 1.9.5－5　风量分配示意图　　　　图 1.9.5－6　通风系统管网风量平衡调节示意图

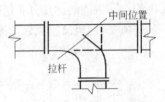

　　(B) 在各支路中选择比值最小的风口作为基准风口,进行初调。

　　(C) 先调整各支路中最不利的支路,一般为系统中最远的支路。用两套测试仪器同时测定该支路基准风口(如风口1)和另一风口的风量(如风口2),调整另一个风口(风口2)前的三通调节阀(如三通调节阀 a),使两个风口的风量比值近似相等;之后,基准风口的测试仪器不动,将另一套测试仪器移到另一风口(如风口3),再调试另一风口前的三通调节阀(如三通调节阀 b),使两个风口的风量比值近似相等。如此进行下去,直至此支路各个风口的风量比值均与基准风口的风量比值近似相等为止。

图 1.9.5－7　三通调节阀

　　(D) 同理调整其他支路,各支路的风口风量调整完后,再由远及近,调整两个支路(如支路Ⅰ和支路Ⅱ)上的手动调节阀(如手动调节阀 B),使两支路风量的比值近似相等。如此进行下去。

　　(E) 各支路送风口的送风量和支路送风量调试完后,最后调节总送风道上的手动调节阀,使总送风量等于设计总送风量,则系统风量平衡调试工作基本完成。

　　(F) 但总送风量和各风口的送风量能否达到设计风量,尚取决于送风机的出率(实际输出风量)是否与设计选择相符。若达不到设计要求就应寻找原因,进行其他方面的调整,具体详见"测试中发现问题的分析与改进办法"部分。调整达到要求后,在阀门的把柄上用油漆做好标记,并将阀位固定。

　　(G) 为了自动控制调节能处于较好的工况下运行,系统各支路风道及系统总风道上的对开式电动比例调节阀在调试前,应将其开度调节在 80% ~ 85% 的位置,以利于运行时自动控制的调节和系统处于较好的工况下运行。

　　B. 流量等比分配法(也称动压等比分配法)

　　此方法用于支路较少,且风口调整试验装置(如调节阀、不可调的风口等)不完善的系统。系统风量的调整一般是从最不利的环路开始,逐步调向风机出风段。如图1.9.5－8 所示,先测出支管 1 和 2 的风量,并用支管上的阀门调整两支管的风量,使其风量的比值与设计风量的比值

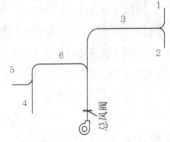

图 1.9.5－8　流量等比分配法
的管网风量调节示意图

近似相等。然后测出并调整支路 4 和 5、支管 3 和 6 的风量,使其风量的比值与设计风量的比值都近似相等。最后测定并调整风机的总风量,使其等于设计的总风量。这一方法称"风量等比分配法"。调整达到要求后,在阀门的把柄上用油漆做上标记,并将阀位固定。

9.5.5　风口和风道风量的测定及测试仪表的选择

（1）送风口风量的测定及测试仪表的选择

若送风口为高效过滤送风口或散流器,因高效过滤送风口有一散流外罩,散流器风口不能直接在风口检测风量。故必须在风口处加安一导流管（罩）,然后在导流管的断面上用热线式风速仪或便携式风速仪（或其他热球式风速仪）按矩形风道断面测点布置图圆形风道断面测点布置图的测点分布进行扫描测定风速,求出平均值后,乘以风道断面,即得到送风口的送风量（回风口回风量的测定也同）。测定风口风速的辅助风管示例见图1.9.5-9。

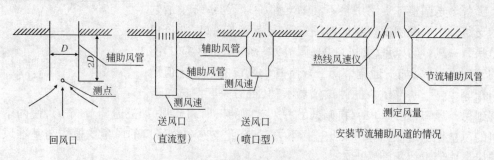

图 1.9.5-9　辅助风管示例

（2）系统风道风量的测定及测试仪表的选择

系统风道风量的测定与风口风量的测定基本相同。不同点是不必安导流管;如用测压装置测定风道断面的动压,则应先求出平均动压,再求出平均风速,然后将平均风速乘以风道断面积 A,即求得风道的风量,具体要求参见 GB 50243—2002《通风与空调工程施工质量验收规范》附录 B.1 第 B.1.2 条第 1 款的规定。测试仪表如上述。

（3）风量测定值的允许误差

A. 一般通风与空调系统

依据 GB 50243—2002《通风与空调工程施工质量验收规范》第 11.3.2 条第 2 款规定,各风口或吸气罩的风量测定值与设计风量的偏差不应大于 15%。

依据 GB 50243—2002《通风与空调工程施工质量验收规范》第 11.2.3 条第 1 款、第 11.2.5 条第 2 款的规定系统总风量的测定值与设计总风量的偏差不应大于 10%。

B. 洁净空调系统

依据 GB 50243—2002《通风与空调工程施工质量验收规范》第 11.2.5 条的规定,净化空调系统还应符合下列要求。

（A）单向流洁净室空调系统的系统总风量测试结果与设计风量的允许偏差为 0~20%。室内各风口的风量与设计风量的允许偏差为 15%。

新风量与设计新风量的允许偏差为 10%。

(B) 相邻不同级别洁净室之间和洁净室与非洁净室之间的静压差不应小于5Pa,洁净室与室外的静压差不应小于10Pa。

C. 风口断面测量扫描测点的确定

(A) 圆形断面风道测点和风口扫描测点的确定

圆形断面风道测点和风口扫描测点的布局按 9.5.4 条第(3)款第 C 项插图确定,但测定内圆环数按表 1.8.7 - 6 选取。但依据 GB 50243—2002《通风与空调工程施工质量验收规范》附录 B.1 第 B.1.2 条第 2 款规定,每个同心圆环测 4 点,环数不得少于 3 个。

(B) 矩形断面风道测点和风口扫描测点的确定

矩形断面风道测点和风口扫描测点的布局按 9.5.4 条第(3)款第 C 项插图确定,但依据 GB 50243—2002《通风与空调工程施工质量验收规范》附录 B.1 第 B.1.2 条第 2 款规定,测定断面中每个正方形边长不应大于 200mm,测点应放在正方形分格中间,匀速扫描移动不应少于 3 次,测点个数不应少于 3 个。

D. 采用毕托管和微压差计测试时,风口断面风量 L、平均动压 P_d、平均风速 v 按下列各计算式计算。

(A) 风道和风口断面平均动压 P_d 的计算

$$P_d = \left[\sum (P_{dk})^{0.5}/n \right]^2$$

式中　P_d——断面平均动压(Pa);

　　　P_{dk}——断面测点动压(Pa);

　　　n——测点数。

(B) 平均风速 v 的计算

$$v = (2P_d/\gamma)^{0.5} = 1.29(P_d)^{0.5} \qquad\qquad \text{m/s}$$

(C) 风道断面风量 L

$$L = 1.29A(P_d)^{0.5} \qquad\qquad \text{m}^3/\text{h}$$

式中　A——风道断面面积(m²)。

E. 采用热球式风速仪测试时,风口断面的风量 L、平均风速 v 按下列各式计算

(A) 平均风速 v 的计算

$$V_d = \sum V_{dk}/n$$

式中　V_d——断面平均风速(m/s);

　　　V_{dk}——断面测点风速(m/s);

　　　n——测点数。

(B) 风口风量 L 的计算

$$L = A \cdot V_d \qquad\qquad \text{m}^3/\text{h}$$

式中　A——风道断面面积(m²)。

(C) 风口、房间和系统风量测定的允许相对误差值 Δ 的计算

$$\Delta = \left[(L_{实测值} - L_{设计值})/L_{设计值} \right]\%$$

式中　$L_{实测值}$——实测风量值(m³/h);

　　　$L_{设计值}$——设计风量值(m³/h)。

F. 洁净室室内风量的测定

（A）单向流洁净室的室内风量的测定

依据 GB 50243—2002《通风与空调工程施工质量验收规范》附录 B.1 第 B.1.1 条的规定测定,采用平均风速与洁净室截面的乘积为洁净室的送风量。离高效过滤器 0.3m,垂直于气流的截面作为采样点的法定截面。截面上的测点间距不宜大于 0.6m,测点数不应少于 5 个,将测点的测定风速算术平均值,作为平均风速。

（B）非单向流洁净室的室内风量的测定

a. 风口法测定:可采用风口法,测定高效过滤送风口的平均风速与风口净截面积之积。

b. 支管法测定:利用测定风口上支管的断面的平均风速与风管断面积之积。

G. 风口、房间和系统风量采用记录单:风口、房间和系统风量采用记录单为表式 C6-6-3或表式 C6-6-3A(见附录表集)。

9.5.6 室内温度、相对湿度的测定及测定仪表的选择

测点布置(布局)和测定仪表选择

（1）测点布置和测试方法

室内测点布置(布局)为送风口、回风口、室内中心点、工作区测三点。室中心和工作区的测点高度距地面 0.8m,距墙面 ≥0.5m,但测点之间的间距 ≤2.0m;房间面积 ≤50m² 的测点五个,每超过 20~50m² 增加 3~5 个。测定时间间隔为 30min。洁净室也可采用五点布局方式布置测点进行测试(图 1.8.7-7)。测试方法采用悬挂温度计、湿度计,定时考察测试。或采用便携式温湿度测试仪表或玻璃式干湿球温度计定时测试。

（2）测定仪表选择

温度计、干湿球温度计(图 1.9.5-10)或其他便携式 RHTH-Ⅰ型温湿度测试仪表,见表 1.8.7-7。

（3）测试条件

室内温湿度的测定应在系统风量平衡调试完毕后进行,也可与系统联合试运转同时进行。

（4）测点数量要求:见表 1.8.7-8。

（5）测定值的允许误差

GB 50243—2002《通风与空调工程施工质量验收规范》第 11.2.3 条的规定,温湿度测得的结果应符合设计的温湿度要求及波动范围,即室温为 ±×℃;相对湿度为 ±××%。

（6）室内温湿度测试记录单采用表式 C6-6-3B(见相关记录表集)。

图 1.9.5-10 通风干湿球温度计

9.5.7 室内噪声的测定

噪声测定采用五点布局(图 1.8.7-7)和普通噪声仪(如 CENTER320 型或其他型号的噪声测定仪)。测定时间间隔同温度测定。测点高度距离地面 1.1~1.5m,房间面积 ≤

$50m^2$ 和舒适性空调可以只测量房间中央一点。可仅测中间点,设计无要求的不测。测试记录单采用表式 C6-6-3C(见相关记录表集)。室内噪声的测定应在系统风量平衡调试完毕后,也可与系统联合试运转同时进行。

9.5.8 室内风速的测定

(1) 一般空调系统

A. 测点布置

依据设计和工艺的要求安排测点的分布并绘制出平面图,主要应重点测试工作区和对工艺影响较大的地方(如控制通风柜操作口周围的风速,以免风速过大将通风柜内的污染空气搅乱溢出柜外或影响柜内的操作,通风柜入口测定风速应大于设计风速 v,但误差不应超过 20%)。实验室内为送风口、回风口、室内中心点、工作区测三点。室中心和工作区的测点高度距地面 0.8m,距墙面 $\geqslant$ 0.5m,但测点之间的间距 $\leqslant$ 2.0m。测定时间间隔为 30min。

B. 测定仪表选择

采用仪表为热球式风速仪或其他型号的热线式风速仪。

C. 测定值的允许误差

GB 50243—2002《通风与空调工程施工质量验收规范》第 11.2.5 条的规定,测定风速应大于设计风速 $v \leqslant 0.××m/s$,但误差不应超过 20%。室内风速的测定应在系统平衡调试完毕后,也可与系统联合试运转同时进行。

(2) 洁净室室内气流流速及均匀性的测定

A. 测试目的

(A) 它是洁净室设计效果其他参数测定的前提。

(B) 检验单向流洁净室工作区内的平均气流速度及其均匀性。

(C) 检验非单向流洁净室内的换气次数及吹过工作区平面的气流速度与设计要求是否相符。工作区的规定为离地面 0.8~1.5m 的空间。

B. 测点位置

(A) 垂直单向流和非单向流洁净室:测点选择距离墙体或围护结构内表面大于 0.5m,离地面高度 0.5~1.5m 作为工作区。

(B) 水平单向流洁净室:选择以送风墙或围护结构内表面 0.5m 处的纵断面高度作为第一工作面。

C. 测定断面的测点数和测定仪器的要求:测点数和测定仪器的要求与室内温湿度的测点数与表 1.8.7-8 相同。

D. 测试仪器和操作要求:

(A) 测试仪器

热线式风速仪,但当风速在 cm/s 量级时,应用超声波风速仪。

(B) 操作要求

a. 测定架(图 1.8.7-8),为避免人员干扰,不能用手持风速仪测定,应将风速仪固定在测定架上面。

b. 不得不用手持风速仪时,手臂应伸至最长位置,尽量使人体远离测头。

E. 风速不均匀度的计算

风速不均匀度 β_0 按下式计算,一般值不应大于 0.25。

$$\beta_0 = s/v$$

式中　　s——各测点风速的平均值;

　　　　v——标准风速。

F. 洁净室内气流流形的测定(即室内气流平行性测定和气流流形的测定)

洁净室内气流流形的测定宜采用发烟(烟雾发生器和烟雾引入装置见图 1.8.7－9)或悬挂丝线的方法进行观察测量与记录。然后标在记录的送风平面的气流流形图上。一般每台过滤器至少对应一个观察点。

G. 测定结果

(A) 单向流洁净室室内截面平均风速的允许偏差为 0～20%,且截面风速的不均匀度不应大于 0.25。

(B) 垂直平行流洁净室应不小于 0.25m/s(水平平行流洁净室 0.35m/s)。

9.5.9　洁净室静压(正、负)和静压差的测定

(1) 洁净室室内静压测试的前提(洁净度的测定条件)

A. 土建精装修已完成和空调系统等设备已安装完毕。

B. 空调系统已进行风量平衡调试和单机试运转完毕。

C. 各种风口已安装就绪。

D. 系统联合试运转已进行、且测试合格后进行。

E. 测定前应按洁净室的要求进行彻底清洁工作,并且空调系统应提前运行 12h。

F. 进入洁净室的测试人员应穿白色的工作服,戴洁净帽,鞋应套洁净鞋套。进入人员应受控制,一般不超过 3 人。

(2) 洁净室室内静压的测试方法

测定设备应用灵敏度不低于 2.0Pa 的微压计检测,一般采用最小刻度等于 1.6Pa 的倾斜式微压计和胶管(最好口径在 5mm 以下)。测试时将门关闭,并将测定的胶管从墙壁上的孔洞伸入室内,测点设在测试口离壁面不远处垂直气流方向设置,测试口周围应无阻挡和气流干扰最小。洞口平均风速大于或等于 2.0m/s 时可采用热球风速仪。如该工程自动控制系统有测定静压和压差的设计,则按该工程自动控制系统调试。测得静压值不应超过设计允许的误差值或 ±5Pa。

(3) 需测试静压差的项目

需测试静压差的项目有室内与走廊静压差、高效过滤器和有要求设备前后的静压差等。相邻不同级别的洁净室之间和洁净室与非洁净室之间测得的静压差值应大于 5Pa;洁净室与室外测得的静压差值应大于 10Pa。

9.5.10　洁净度、浮游菌浓度、沉降菌菌落度的测定

(1) 洁净室洁净度的测定

A．洁净度的测定条件(同洁净室静压和静压差的测定)

B．测点数和测定状态的确定

(A) 洁净度的测定状态

依据 GB 50243—2002《通风与空调工程施工质量验收规范》规定测定状态为静态或空态。

(B) 洁净度的测定点数

依据 GB 50243—2002《通风与空调工程施工质量验收规范》附录 B.4 规定每间房间测点数的确定,见表 1.8.7 – 9,测点布局可按五点布局原则进行。当测点少于五点或多于五点时,其中一点应放在房间中央,且测点尽量接近工作区,但不得放在送风口下,测点距地面 0.8～1.0m。

(C) 测定洁净度的最小采样量

依据 GB 50243—2002《通风与空调工程施工质量验收规范》附录 B.4 规定测定洁净度的最小采样量见表 1.8.7 – 10。

C．采用测试仪器

洁净度的测试采用 BCJ – 1 激光粒子计数器(或其他型号的激光粒子计数器),测得含尘计数浓度应小于设计允许值(如 8 级应≤3500 个/L)。

D．室内洁净度测定值的计算

(A) 室内平均含尘量 N 的计算:

$$N = \frac{C_1 + C_2 + \cdots\cdots C_i}{n}$$

(B) 测点平均含尘浓度的标准误差 σ_N

$$\sigma_N = \sqrt{\frac{\sum\limits_{i-1}^{n}(C_i - N)^2}{n(n-1)}}$$

(C) 每个采点上的平均含尘浓度 C_i

$$C_i \leqslant 洁净级别上限$$

(D) 室内平均含尘浓度与置信度误差浓度之和(测试浓度的校核)

$$N + t\sigma \leqslant 洁净级别上限$$

式中　　n——测点数量;

　　　　C_i——每个采点上的平均含尘浓度;

　　　　t——置信度上限为 95%时,单侧 t 分布的系数,其值见表 1.8.7 – 11。

(E) 洁净度测定合格标准:见表 1.8.7 – 12。

(2) 洁净室内浮游菌浓度、沉降菌菌落度的测定

A．洁净室内浮游菌浓度、沉降菌菌落度检测应遵循下列规范的规定

(A) GB 50243—2002《通风与空调工程施工质量验收规范》附录 B.4 的规定。

(B) GB/T 16292—1996《医药工业洁净室(区)悬浮菌的测试方法》和 GB/T 16294—1996《医药工业洁净室(区)沉降菌的测试方法》的规定。

B．洁净室内浮游菌浓度、沉降菌菌落度测试方法要点

（A）洁净室内浮游菌浓度的测定方法采用计数浓度法，即通过收集悬浮在空气中的生物粒子于专门的培养基，在适宜的收藏条件下，经过若干时间（一般在恒温 37℃下培养 48h）的繁殖到可见的菌落进行计数，从而判断洁净环境内单位体积空气中的活微生物数，并以此来评定洁净室（区）内空气中浮游菌浓度是否符合设计和工艺的要求。

（B）洁净室内沉降菌菌落度的测定方法采用沉降法，即通过自然沉降原理收集悬浮在空气中的生物粒子于专门的培养基平皿（沉降时间 30min），在适宜的收藏条件下，经过若干时间（一般在恒温 37℃下培养 8h）的繁殖到可见的菌落进行计数，以平板培养皿中的菌落数来判断洁净环境内活微生物数，并以此来评定洁净室（区）内菌落度是否符合设计和工艺的要求。采样数量按表 1.9.5－4 执行。

沉降法的最少采样数量　　　　　　　　　　　　　　　　表 1.9.5－4

洁净室（区）内洁净度级别	培养皿数量
<5	44
5	14
6	5
≥7	2

C．采用测试仪器

（A）洁净室内浮游菌浓度检测采用测试仪器

a．浮游菌采样器：有离心式采样器和窄缝式、针孔式等碰击式采样器三种。例如 FSC－1 型浮游微生物采样器（或其他型号的浮游微生物采样器）。

b．真空抽气泵：真空抽气泵的排气量应与采样器匹配。真空抽气泵宜采用无油真空抽气泵，必要时可在排气口安装气体过滤器。

c．培养皿：窄缝式采样器一般采用 $\phi150 \times 15$、$\phi9 \times 15$、$\phi65 \times 15$ 三种规格的硼硅酸玻璃培养皿。

d．培养基：采用普通肉汤琼脂培养基或其他药典认可的培养基。其基本配制方法详见 GB/T 16292—1996《医药工业洁净室（区）悬浮菌的测试方法》的附录 A。

e．恒温培养箱：必须定期对恒温培养箱的温度计进行鉴定。

（B）洁净室内沉降菌菌落度检测采用测试仪器

a．高压消毒锅：使用时应严格按使用说明书进行操作。

b．恒温培养箱：必须定期对恒温培养箱的温度计进行鉴定。

c．培养皿：一般采用 $\phi90 \times 15$ 的硼硅酸玻璃培养皿。

d．培养基：采用普通肉汤琼脂培养基或其他药典认可的培养基。其基本配制方法详见 GB/T 16294—1996《医药工业洁净室（区）沉降菌的测试方法》的附录 A。

D．浮游菌和沉降菌检测中还应遵循条件

（A）采样装置采样前的准备和采样后的处理，均应在有高效空气过滤器排风的负压实验室内进行操作，该实验室的温度应为 22 ± 2℃，相对湿度应为 50% ± 10%。

（B）采样仪器应消毒灭菌。

（C）采样器选择应审核其精度和效率，并有合格证书。

（D）采样装置的排气不应污染洁净室。

（E）沉降皿个数和采样点、培养基及培养温度、培养时间应按有关规范的规定执行。

（F）浮游菌采样器的采样率宜大于 100L/min。

（G）碰撞培养基的空气流速应小于 20m/s。

E. 浮游菌的浓度和沉降菌的菌落度测定

一般由使用单位在动态调试时检测，测定的结果应符合设计、工艺和相关规范的要求。

9.5.11　综合性能的测定与调整

（1）通风与空调工程交工前，应进行系统生产负荷的综合效能试验的测定与调整。

（2）通风与空调工程带生产负荷的综合效能试验的测定与调整，应在已具备生产试运行的条件下进行，运行由建设单位负责（包括支付检测单位的经费），设计、施工单位配合。

（3）通风与空调工程带生产负荷的综合效能试验测定与调整的项目，应由建设单位依据工程的性质、工艺和设计要求进行确定。当建设单位和设计图纸均无明确要求时，通风与空调工程带生产负荷的综合效能试验测定项目可按第 3.7.4 条～第 3.7.8 条的规定确定。

（4）通风、除尘系统综合效能试验可包括下列项目：

A. 室内空气中含尘浓度或有害气体浓度与排放浓度的测定。

B. 吸气罩罩口气流特性的测定。

C. 除尘器阻力和除尘效率的测定。

D. 空气油烟、酸雾过滤装置净化效率的测定。

（5）空调系统综合效能试验可包括下列项目：

A. 送回风口空气状态参数《风速、风量、射流风口的流场分布、送风温度、送风湿度等）的测定与调整。

B. 空气调节机组性能参数（风量、全压、出口余压、制冷量、制热量、加湿量、过滤效率、漏风量等）的测定与调整。

C. 室内噪声的测定。

D. 室内空气温度和相对湿度的测定与调整。

E. 对气流有特殊要求的空调区域的空气流速的测定。

（6）恒温恒湿空调系统综合效能试验可包括下列项目：

恒温恒湿空调系统综合效能试验的测试项目除应包括第 3.7.5 条的所有项目外，尚应增加下列项目：

A. 室内静压和它与相邻房间（或走道、室外）静压差的测定。

B. 空调机组各功能段（送风机段、回风机段、初过滤段、中过滤段、高效过滤段、表冷交换段、热交换段、加湿段等）性能的测定和调整。

C. 室内气流组织的测定。

(7) 净化空调系统综合效能试验可包括下列项目：

净化空调系统综合效能试验的测试项除应包括第 3.7.6 条恒温恒湿空调系统综合效能试验的测试的所有项目外，尚应增加下列项目：

A. 生产负荷状态下洁净室室内空气洁净级别等级的测定，洁净室和洁净区洁净等级及悬浮粒子浓度限值见表 1.8.7 - 3。

B. 洁净室室内空气浮游菌浓度和室内沉降菌菌落度的测定。

C. 洁净室室内空气自净时间的测定。

D. 空气洁净度(级别等级)高于 5 级(原 100 级)的洁净室，除了应进行净化空调系统综合性能试验项目的测定外，尚应增加设备泄漏控制和防污染扩散等特定项目的测定。

E. 空气洁净度高于或等于 5 级的洁净室，可进行单向流流线平行度的检测，在工作区内气流流向偏离规定方向的角度不大于 15°。

F. 当洁净室室内其他参数的测试项目可以参照表 1.8.7 - 3 与设计、建设单位协商执行。表中规定测试项目为主控项目，其余为一般项目。

(8) 防排烟系统综合效能试验的测定项目：

防排烟系统综合效能试验的测定项目为模拟状态下安全区正压变化测定和烟雾扩散试验等。

(9) 净化空调系统综合效能检测单位和检测状态的确定。

净化空调系统综合效能检测单位和检测状态，宜由建设单位、设计单位和施工单位三方协商确定。

9.5.12 风机性能的检测

(1) 检测项目与采用仪表

A. 检测项目

在系统运行的基础上对风机的风量(用 MODEL24/6111 型热线式风速仪测定或按矩形风道断面测点布置图、圆形风道断面测点布置图的测点分布进行扫描测定风速，求出平均值后，乘以风道断面)、风压(用 MODEL24/6111 型热线式风速仪测定或按矩形风道断面测点布置图、圆形风道断面测点布置图的测点分布进行扫描测定，并求出平均值)、转速(用数字转速测速仪测定)、电源电压、电动机的功率、噪声(用 MODEL4020 型噪声仪或 CENTER320 型等其他型号的噪声仪测定)、轴承温度和电动机表面温度(用热电偶温度计或 Raynger ST20 型手持非接触式红外线温度测试仪测定)、各机组间联动功能测试(在运行过程中予以检验，并做好记录)。

B. 采用的仪表

U 形管压力计或斜管压力计、毕托管、刻度 0.5℃级水银温度计、电偶温度计或 Raynger ST20 型手持非接触式红外线温度测试仪、MODEL24/6111 型热线式风速仪、HG - 1800 型转速表、0.5 级三相功率表(或 0.2 级单相功率表)、电度表、秒表、MODEL4020 型或 CENTER320 型噪声仪等。

(2) 风机性能检测装置图：风机性能检测装置如图 1.9.5 - 11 所示。

(3) 检测数据的整理计算

A. 风压：

(A) 动压 P_d：采用通过实测测点测定的动压 P_d 的平均值。

(B) 静压 P_j：采用通过实测测点测定的静压 P_j 的平均值。当风机压力 $P \geqslant 500Pa$ 时用 U 形管压力计测定，当风机压力 $P < 500Pa$ 时用斜管压力计测定。

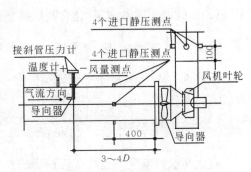

图 1.9.5 – 11　风机测试装置图

(C) 全压 P：

$$P = P_d + P_j$$

B. 功率 N：根据电度表转盘转速确定。

$$N = knC_T P_T / t$$

式中　N——通风机电动机的功率(kW)；

　　　k——电度表常数，每一转所需度数(kW·h/r)；

　　　n——在测定时间内电度表转盘的转数；

　　　t——测定时间；

　　　h——一般采用电度表转盘每 10 转，记下其秒数，则

$$N = 10 \times 3600 C_T P_T / k_1 t_1;$$

　　　k_1——电度表常数，每 1kW·h 电度表转盘的转数

$$k_1 = 1/k;$$

　　　t_1——电度表转盘每 10 转所需的秒数。

C. 效率：

(A) 设备效率 η_y：

$$\eta_y = (100LP/3600 \times 1000 N_t \eta_Z)\% = (LP/36000 N_t \eta_Z)\%$$

式中　η_y——设备效率；

　　　η_Z——传动效率，取 $\eta_Z = 0.98 \sim 1.0$；

　　　L——风机的风量(m^3/h)；

　　　P——风机的全压(Pa)；

　　　N_t——风机所消耗的功率(kW)。

(B) 风机的效率 η：

$$\eta = \eta_y / \eta'$$

式中　η'——试验负荷下电动机的效率，可查阅样本或实测电动机各项损失，计算后再查阅电动机的负荷——效率曲线。

9.5.13　空调机组、加压风机箱、电动(手动)密闭阀、电动(手动)对开式比例调节阀的测定

因已有产品测试报告，且现场机组安装和调试均由厂家负责调试，因此不再进行测

定,但调试时将派员参加,并监督其做好测试记录,我方应收集检测资料,加以整理归档。

9.5.14 室内照度和自净时间测定

依据 JGJ 71—90《洁净室施工及验收规范》规定确定该工程是否必须进行测试和明确测试的要求。

9.5.15 系统自动控制和微负压、微压差的测试

有此要求的工程一般均有较精确的自动控制系统,可以直接用自动控制系统来检测,详见自动控制系统的调试。

9.5.16 表面导静电性能和室内微振的检测

详见 JGJ 71—90《洁净室施工及验收规范》附录六。

9.5.17 其他参数的检测

详见实例和 GB 50243—2002《通风与空调工程施工质量验收规范》和 JGJ 71—90《洁净室施工及验收规范》有关规定;冷冻水系统和冷却水系统的调试也属于通风空调系统的调试范畴,资料(含其他施工技术资料)均应归并到通风空调技术管理资料中。

9.6 测试调整中发现问题的分析及改进办法

9.6.1 送风量不符合设计要求

(1)系统测试风量大于设计风量,原因如下:

A. 系统实际阻力小于设计阻力

系统实际阻力小于设计阻力,通风机在低于选用风压下运行,所以系统风量增加。

B. 风机选择不合适

究竟属于何种原因,通过系统总阻力(即风机的风压)和风量测定即可判断出结果。如果实测风量稍大于设计风量,当室内气流组织和噪声等允许的条件下,可不必进行调整。如果系统实测风量比设计风量大得很多,则必须采取措施降低送风量。风量调节方法有两类:

(A)改变风机的转速

因为风机的风量与转速成正比;风压与转速的平方成正比;功率与转速的立方成正比。即

$$L_1/L_2 = n_1/n_2$$
$$H_1/H_2 = (n_1/n_2)^2$$
$$N_1/N_2 = (n_1/n_2)^3$$

这种调节方法的实质是改变风机的性能曲线(图 1.9.6-1)。

（B）节流调节

即改变风机出口的风阀开度(图1.9.6-2)。这种方法对节约能源不利。因整个风道内静压增加,虽然风量减少,但风压增加,能源没有减少,且噪声增大,当开度太小时可能引起风机进入不稳定区工作。某些风机前安装有导流装置,通过改变导流装置的角度改变风机的性能曲线,使风量得到调节。用导流装置调节风量并非完全节流,在调节幅度不大时(70%~100%),对通风机效率无太大的影响,是风量调节的一种较好的措施。

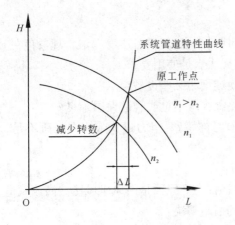

图1.9.6-1 改变风机转速调节风量示意图　　　图1.9.6-2 用导流装置调节风量示意图

（2）系统送风量小于设计风量,其原因有三点:

A. 系统阻力大于设计计算阻力

经测定如果风道部分阻力偏大,应放大风道的断面或改进局部构件(如弯头加导流片等);如果设备部分阻力偏大,则应检查设备是否被堵塞,过滤器积尘是否超过额定值等。过滤面积不足也会使流速过高阻力增大而减少风量。

B. 送风系统漏风

高压送风系统安装后应进行漏风率检测;低压送风系统安装后应进行漏光检测,检查法兰及垫片的质量、风道及空气处理室人孔、检查孔的严密性,并进行堵漏。

C. 通风机安装质量事故及运行管理不善

通风机旋转方向与要求方向相反时风量会大幅度下降。皮带松弛或打滑也会使转速下降而减少出风量。通风机装配质量不良对风量也有较大的影响。例如离心式通风机叶轮与吸气口接管间轴向及径向间隙超过叶轮直径1%,轴流风机叶片与机壳的间隙超过叶轮直径1%~2%,都会使风量大幅度下降。

如果系统实际送风量稍小于设计风量,在保证卫生要求的新风补给风量及气流组织要求下,可加大送风温差以保证室内温湿度要求,而不调节风量。如果系统实际送风量比设计风量少得太多,在修改设计时,在噪声允许的条件下,依据风量、风压与转速的关系适当提高风机转速增加风量。但应检查电机是否超载运行。如果上述措施均不能满足要求,应考虑更换合适的通风机。

9.6.2　送风状态参数不符合设计要求

送风状态参数不符合设计要求是空气处理过程没有达到设计要求造成的,一般有下列几种原因。

(1) 空气处理设备的最大容量未能达到设计要求的容量

其原因有三种可能,即设计计算有错误;设备性能不良;冷热媒的参数及流量不符合设计要求的数量。

A. 实测最大容量比设计要求容量大

可以通过冷热媒参数及流量的调节来满足使用要求,但设备本身有浪费现象存在。

B. 实测最大容量比设计要求容量小:根本无法满足使用要求。

(A) 如果主要根源是设备本身,应适当更换或增添某些设备。

(B) 如果是冷热媒参数有问题,可能是冷热源容量不足或管道保温不良。

(C) 如果是冷热源流量不足,可能是管道通路被堵塞、阻力过大或水泵扬程不足,应根据不同原因采取相应措施就可能解决。

(2) 通风机及风道温升(或温降)值超过设计值

温升(或温降)值偏高会使送风温度偏高(或偏低)。原因是通风机风压偏高或风道保温不良所致,应采取降低系统阻力和做好保温的措施解决。

(3) 处于负压下的空气处理室和回风系统漏风

应加强检查并堵塞漏风点,同时使未经处理的空气进入送风系统,与经过处理的空气混合改变送风状态点的参数。

9.6.3　房间空气状态参数不符合设计的要求

(1) 当送风量和送风状态参数符合设计要求,但房间空气状态参数仍然不符合设计要求时,原因可能是室内实际的热湿负荷与设计计算值有出入。遇到这种情况应对下列各负荷进行实测,通过计算找出原因,加以解决。测定应选择送、回风口少,门窗可以堵严而有代表性的房间。

A. 工艺设备生产热负荷的测定

测定时间应选择在没有太阳辐射热及室内外温度基本相等的条件下(如夜晚)进行。

B. 太阳辐射热及温差传热产生的热负荷测定

测定时间应选择在最热的晴天,室内工艺设备停止工作,没有其他热源产生时测定。

C. 房间总的热负荷测定

作为前两项测定结果的校核,可在夏季设计计算参数及室内工艺设备正常运行的条件下用热平衡法测定房间总的热负荷。

D. 工艺设备产湿量的测定

工艺设备产湿量不受外界条件的影响,在工艺设备正常运行的条件下,可随时用湿平衡法测定。

(2) 解决措施

依据上述测定的结果,进行逐项分析,有针对性的采取相应对策。

A. 如果热湿负荷的实测值小于设计值,说明设计偏于安全,系统设计负荷有富余,可以通过调节来满足要求。

B. 如果热湿负荷的实测值大于设计值,说明系统设计负荷偏小,可采取如下措施使增加系统产生的负荷出力,使其逐渐接近实际要求的需要。

(A) 在空气处理设备和通风机有余量时,可采取改变送风状态,加大送风量解决。

(B) 如空气处理设备和通风机没有余量时,可采取减少维护结构的传入热量和房间内的产热量。如维护结构增加保温措施,或在产热设备处加设局部排风罩。

(C) 当采取上述两种措施均不能奏效时,应修改空调系统的设计来满足实际的使用要求。

(3) 当房间内空气温湿度的均匀性和控制精度达不到要求时可能是气流组织设计和自动控制系统设计不当引起的缺陷造成的,应根据具体原因加以解决。如改变送回风口的位置,使室内气流组织趋于合理,以满足使用要求。

9.6.4 室内空气的气流速度超过允许值

原因是送风口速度过大和气流直接吹入工作区所致。解决措施是:

(1) 增加送风口面积。

(2) 减少送风量(但需相应增加送风温差)。

(3) 改变风口形式和改变房间气流组织方式。

9.6.5 室内空气品质不良

(1) 一般空调系统

造成一般空调系统室内空气品质不良的原因是新风量不足、对室内有害物产生数量估计不足、新风阀门未调整好或新风口处有污染等。

(2) 净化空调系统

造成净化空调系统室内空气品质不良的原因有高效过滤器本身效率未达到设计要求或安装质量不佳及运行管理不善;或室内换气次数不够,室内静压正压不足;高效过滤器漏风等是室内洁净度不良,达不到要求的主要原因;洁净室过渡区空气洁净度偏低,洁净室总体积又不大,净化空气稀释能力不足等。

(3) 技术措施

应针对上述的具体问题,有针对性地采取相应的技术措施。

9.6.6 室内噪声超过允许值

主要原因是通风机和水泵等噪声和设备振动大的噪声传递或共振引起;风道断面积偏小,风道中空气流速过高或局部构件结构缺陷引起啸声而造成的再生噪声;或经消声处理的空气又通过噪声源以及消声器设计未达到预期效果等。应依据现场的具体情况加以分析处理。

9.7 通风空调工程调试方案编制实施细则

9.7.1 总则

(1) 通风空调工程与供暖工程几乎实现了对构成室内所有环境参数的调节,特别是通风空调工程对室内环境参数中的温湿度、洁净度、空气流速、空气流场、室内静压、静压差、浮游菌浓度、菌落度、含尘浓度、有害物浓度、新鲜空气量、噪声、微振动、送(回)风口风速等均能实现调节与控制。

(2) 通风空调系统的检测调试资料在工程竣工验收中的重要性体现于:

A. 通风空调工程各种参数的实测测定值是竣工工程施工技术资料不可缺少、省略的重要组成部分,更是衡量该工程是否合格的先决条件之一。

B. 通风空调工程各种参数的实测测定值是衡量一个空调系统施工质量和设计功能能否达到使用要求的具体体现,也是衡量分辨空调系统发生质量事故责任方的有力论据。

C. 通风空调系统的检测调试资料是施工单位摆脱非施工方造成通风空调系统运行功能达不到设计要求质量事故的有力和可靠的证据。

D. 通风空调系统依据系统服务建筑的功能可分为舒适性空调系统和工艺性空调系统。因此通风空调系统的检测调试只有检测调试精度要求的不同,而不存在需要与不需要检测调试的差别,任何单位和个人均应严格按照 GB 50243—2002《通风与空调工程施工质量验收规范》和 JGJ 71—90《洁净室施工及验收规范》等施工规范的要求进行检测与调试。

(3) 本《细则》的编制根据是 GB 50243—2002《通风与空调工程施工质量验收规范》和 JGJ 71—90《洁净室施工及验收规范》和其他相关规范。

(4) 本《细则》是 9.5 节的补充,便于在编制通风空调工程调试方案时有一完整的概念。

(5) 本《细则》自×年×月×日正式实行。

9.7.2 通风空调系统检测调试方案的主要内容

(1) 工程情况简介

按通风空调工程系统的分类进行,有多少系统就得一个不漏地进行罗列。

A. 一般通风工程

(A) 一般通风工程的主要项目:指一般送风系统、排风系统、排烟系统、正压送风排烟系统等等(个别单个的排风机或其他通风机组仅有产品检验和单机测试内容)。

(B) 各系统简介:系统服务对象,设计风量、风压、灯光检漏及漏风率检测要求、风口分布与送风量、静压值、静压差及其他参数的设计和规范要求等等。

B. 人防通风工程

(A) 人防通风工程的主要项目:清洁通风系统、隔绝通风系统、压差检测系统等等。

(B) 各系统简介:系统服务对象,设计风量、风压、灯光检漏及漏风率检测要求、风口分布与送风量、其他参数的设计和规范要求等等。

C. 空调工程

(A) 空调工程的主要项目:全空气空调系统、风机盘管加新风补给系统、风机盘管加新风换气机系统、事故通风系统、系统运行自动控制流程等等。

(B) 各系统简介:系统服务对象,系统精度(指温湿度波动允许范围)、设计风量、风压、灯光检漏及漏风率检测要求、风口分布与送风量、室内温湿度、室内空气流速、室内气流流场、静压值、静压差、噪声、照度、表面导静电性能、空调机组漏风率检测要求及其他参数的设计和规范要求等等。

D. 洁净空调工程

(A) 洁净空调工程的主要项目:一般有全空气空调系统或送回风加新风补给系统、事故通风系统、系统运行自动控制流程等。按室内静压要求又分为正压洁净室和负压洁净室;按服务对象又分为工业生产(实验)工艺洁净室和生物洁净室。

(B) 各检测调试系统的简介:系统服务对象,系统过滤等级(即三级过滤——粗、中、高;粗、中、亚高效,或二级高效过滤——粗、中、高效过滤加排风高效过滤)、设计风量、风压、灯光检漏及漏风率检测要求、风口分布与送风量、室内洁净度、室内温湿度、室内空气流速、室内气流流场、静压值、静压差、噪声、照度、表面导静电性能、室内浮游菌浓度、沉降菌菌落度、自净时间、空调机组漏风率检测要求及其他参数的设计和规范要求等等。

E. 空调系统的冷热源

(A) 空调系统冷热源的主要项目:制冷机组、热交换站、空调冷冻水循环系统、空调热水循环系统、软化水系统、空调冷却水循环系统等。

(B) 应介绍各系统设备的配置情况、服务对象,需要检测和调试的内容和参数。如机组的出率、转速、噪声、设备和设备基础的微振测定、进出口温度、电机和轴承表面温度、单机试运转、系统运行联合试运转等等。

(2) 调试检测仪表、仪器、设备的选择与配置

A. 一般通风工程

(A) 依据相关规范、规程(应列出规范规程名称、条文编号及条文内容简述)的要求确定调试和检测参数项目的精度(波动幅度)要求和合格标准值、单机试运转要求。

(B) 依据相关规范、规程(应列出规范规程名称、条文编号及条文内容简述)的要求确定检测和调试采用的方法。

(C) 依据检测和调试采用的方法与检测参数要求的内容和精度确定采用的检测仪器、仪表及设备的名称、型号规格、量程范围、精度等级、数量。

(D) 依据设计和规范要求确定检测点的位置和测口的结构、大小及安装方法。

(E) 依据检测和调试过程中的需要,确定检测和调试过程中必需应用的辅助设施,如检测散流器风口风量的导管等等。

B. 人防通风工程

(A) 依据相关规范、规程(应列出规范规程名称、条文编号及条文内容简述)的要求确定调试和检测参数项目的精度(波动幅度)要求和合格标准值和单机试运转的要求。

(B) 依据相关规范、规程(应列出规范规程名称、条文编号及条文内容简述)的要求确

定检测和调试采用的方法。

（C）依据检测和调试采用的方法与检测参数要求的内容和精度确定采用的检测仪器、仪表及设备的名称、型号规格、量程范围、精度等级、数量。

（D）依据设计和规范要求确定检测点的位置和测口的结构、大小及安装方法。

（E）依据检测和调试过程中的需要，确定检测和调试过程中必需应用的辅助设施，如检测散流器风口风量的导管等等。

C. 空调工程

（A）依据相关规范、规程（应列出规范规程名称、条文编号及条文内容简述）的要求确定调试和检测参数项目的精度（波动幅度）要求、合格标准值和单机试运转、系统平衡和联合试运转及系统运行自动控制流程调试。

（B）依据相关规范、规程（应列出规范规程名称、条文编号及条文内容简述）的要求确定检测和调试采用的方法。

（C）依据检测和调试采用的方法与检测参数的内容和精度要求，确定采用的检测仪器、仪表及设备的名称、型号规格、量程范围、精度等级、数量。

（D）依据设计和规范要求确定检测点的位置和测口的结构、大小及安装方法。

（E）依据检测和调试过程中的需要，确定检测和调试过程中需应用的辅助设施，如检测散流器风口风量的导管等等。

D. 洁净空调工程

（A）依据相关规范、规程（应列出规范规程名称、条文编号及条文内容简述）的要求确定调试和检测参数项目的精度（波动幅度）要求、合格标准值和单机试运转、系统联合试运转及系统运行自动控制流程调试。

（B）依据规范和设计要求，确定各种参数检测的状态（空态、静态、动态，按 JGJ 71—90《洁净室施工及验收规范》要求一般为静态或空态。空态——指使用单位的设备未进场的状态；静态——指使用单位的设备已进场或部分已进场，但未投入运行的状态；动态——指使用单位的设备已进场，并投入运行的状态）。

（C）依据相关规范、规程（应列出规范规程名称、条文编号及条文内容简述）的要求确定检测和调试采用的方法。

（D）依据检测和调试采用的方法与检测参数的内容和精度要求，确定采用的检测仪器、仪表及设备的名称、型号规格、量程范围、精度等级、数量。

（E）依据设计和规范要求确定检测点的位置和测口的结构、大小及安装方法。

（F）依据检测和调试过程中的需要，确定检测和调试过程中需应用的辅助设施，如检测散流器风口风量的导管等等。

（G）依据检测项目的内容、检测技术条件，确定邀请相关部门协助检测的必要性和协作单位。

E. 空调系统的冷热源

（A）依据相关规范、规程（应列出规范规程名称、条文编号及条文内容简述）的要求确定调试和检测参数项目的精度（波动幅度）要求、合格标准值和单机试运转、系统平衡和联合试运转及系统运行自动控制流程调试。

(B) 依据相关规范、规程(应列出规范规程名称、条文编号及条文内容简述)的要求确定检测和调试采用的方法。

(C) 依据检测和调试采用的方法与检测参数的内容和精度要求,确定采用的检测仪器、仪表及设备的名称、型号规格、量程范围、精度等级、数量。

(D) 依据设计和规范要求确定检测点的位置和测口的结构、大小及安装方法。

(3) 检测与调试步骤的编制

A. 检测与调试步骤的编制应分子项(一般通风工程、人防通风工程、空调工程、洁净空调工程、空调系统冷热源)、系统、各个检测参数的具体检测方法和实施步骤逐个编写。

B. 检测与调试步骤的编制应明确采用记录表格格式和事先编制好现场检测数据记录辅助用表格式,记录数据的计算公式和整理方法。

C. 检测与调试步骤的编制应明确检测人员的名单、职务、分工职责(即组长、组员、承担该项参数检测调试的工作内容)。

D. 检测与调试步骤的编制应明确与其他工种矛盾的解决方案和技术措施。

E. 洁净空调工程竣工检测调试验收合格后,应由甲方组织设计、监理、施工(含装配式洁净室安装厂家)各方,并邀请与建设、设计、施工三方没有任何关系、具备有国家认定检测资质的检测单位进行洁净室性能的综合检测与评定。因此,应编制配合检测鉴定单位的人力、物力和检测环境条件的保障计划。

(4) 灯光检漏与漏风率检测

A. 依据 GB 50243—2002《通风与空调工程施工质量验收规范》第 4.1.5 条确定各系统的压力等级(低压、中压、高压)。

B. 依据 GB 50243—2002《通风与空调工程施工质量验收规范》第 4.2.5 条、第 6.2.8 条确定各系统漏风率检测允许漏风率标准(单位 $m^3/m^2 \cdot h$)。

C. 依据测试系统风道的展开总面积 A 乘以单位面积允许漏风率,求出测试系统允许漏风量。

D. 依据 GB 50243—2002《通风与空调工程施工质量验收规范》第 4.2.5 条、第 7.2.3 条确定现场组装空调机组的漏风率允许标准。

E. 依据 GB 50243—2002《通风与空调工程施工质量验收规范》第 7.2.3 条和 JGJ 71—90《洁净室施工及验收规范》第 3.5.3 条确定整体式空调机组(空调器)的漏风率允许标准。

F. 依据 GB 50243—2002《通风与空调工程施工质量验收规范》第 4.2.5 条、第 6.2.8 条、第 7.2.3 条、第 7.2.5 条确定装配式洁净室漏风量测试的允许标准。

G. 依据 GB 50243—2002《通风与空调工程施工质量验收规范》附录 A 确定各个不同压力等级系统的灯光检漏允许漏光点数量。

H. 依据 GB 50243—2002《通风与空调工程施工质量验收规范》第 6.2.8 条确定各系统灯光检漏和漏风率检测的数量(个数)。洁净空调系统灯光检漏和漏风率检测标准尚应符合 JGJ 71—90《洁净室施工及验收规范》第 3.3.7 条规定。

I. 依据采用漏风率检测方法选择确定漏风率检测系统装置、设备和量测仪表的型号、规格、量测范围、精度、数量。

J. 确定检测系统的连接方案,画出检测装置连接示意图、检测仪器的安装位置。并确定检测时间[应在系统主干道风口开口(挖洞)之前],密封方法及注意事项。

K. 向风道加工厂提出各个系统每批风道加工灯光检漏的标准和数量要求。

L. 明确配合工种、记录表格、测试人员及其分工职责。

M. 分析测定结果,提出不合格项的处理方案。

(5) 通风空调系统的调试

A. 通风空调系统调试应有系统单线布置示意图。在示意图中应标注各管段风量、风口风量、阀件位置、测点位置。

B. 通风空调系统风量平衡调节方法和步骤:通风空调系统风量平衡调节方法有基准风口法和流量等比分配法(测定风量采用热球式风速仪测定调整风量的称流量等比分配法;当测定风量采用测压管和倾斜式微压开测定仪调整风量的称动压等比分配法),应确定采用的方法,并结合示意图简明扼要地阐述调试步骤。

C. 依据规范要求确定系统内风量、风压(静压、动压、全压)、风速的检测方法(采用毕托管与倾斜式微压测定仪测量风速和风压的应有静压、动压、全压量测时毕托管与微压计的连接示意图),各室内送风口、回风口风速、风量的检测方法,及测点分布图,仪器仪表装置示意图。

D. 确定进行系统平衡的测试记录表格、计算公式和整理方法。

E. 分析达不到设计功能要求项目的原因,针对具体项目及现场观测的实际现象提出解决问题的方案与办法[如何分析可参见《暖卫通风空调技术手册(设计、施工、调试、管理)》、《暖通空调规范实施手册》等]。

F. 明确配合工种、记录表格、测试人员及其分工职责。

G. 分析测定结果,提出不合格项的处理方案。

(6) 各参数的检测

在检测调试方案中,通风空调系统各参数的检测步骤与方法、采用仪表设备等应有自己的检测计划、步骤、方法、仪表配置等相关内容。各参数的检测步骤与系统平衡中风速、风量、风压的检测类同。但必须依据测量不同参数相关规范要求,对其相应的测试方法、采用仪表、装置、设备等进行认真核定。同样检测方案中应有测试系统图、装置图等等,具体按照 GB 50243—2002《通风与空调工程施工质量验收规范》、JGJ 71—90《洁净室施工及验收规范》及 GB/T 16292—1996《医药工业洁净室(区)悬浮菌的测试方法》、GB/T 16294—1996《医药工业洁净室(区)沉降菌的测试方法》等规范和《暖通空调规范实施手册》内相关内容提供的方法、装置及检测要求进行。

(7) 测试与调试人员组成名单

A. 测试主管工程师:姓名　　出生年月　　文化程度　　毕业学校　　毕业时间职称　　职务

B. 测试组长:姓名　　出生年月　　文化程度　　毕业学校　　毕业时间　　职称职务上岗证

C. 通风组组长:姓名　　出生年月　　文化程度　　毕业学校　　毕业时间职称　　职务上岗证　　承担工作(职责)

D. 通风组成员:姓名　　出生年月　　文化程度　　毕业学校　　毕业时间

职称　　　职务上岗证　　　承担工作(职责)

　　E. 水暖组组长:姓名　　　出生年月　　　文化程度　　　毕业学校　　　毕业时间
职称　　　职务上岗证　　　承担工作(职责)

　　F. 水暖组成员:姓名　　　出生年月　　　文化程度　　　毕业学校　　　毕业时间
职称　　　职务上岗证　　　承担工作(职责)

　　G. 电气组组长:姓名　　　出生年月　　　文化程度　　　毕业学校　　　毕业时间
职称　　　职务上岗证　　　承担工作(职责)

　　H. 电气组成员:姓名　　　出生年月　　　文化程度　　　毕业学校　　　毕业时间
职称　　　职务上岗证　　　承担工作(职责)

　　以上内容应用列表形式编写。

9.7.3　编制与报审

　　(1) 通风空调工程调试方案由工地专业工程项目经理部(技术组)负责人负责组织编制。

　　(2) 通风空调工程检测调试方案的文本应做到文字编排美观、页面整洁,测试项目内容、标准、使用仪表、装置等应依据规范要求尽量做到齐全、无遗漏现象。

　　(3) 通风空调工程调试方案由工地专业工程项目经理部(技术组)负责人负责校核、校对、定稿,并上报专业项目经理部专业主任工程师审校核定。

　　(4) 通风空调工程调试方案由专业项目经理部专业主任工程师负责审校核定无误后,一式三份上报公司审批(公司备案一份,退回二份)。

　　(5) 通风空调工程调试方案应于该项工程开工后 30 天内上报公司审批。若开工后施工图纸暂未到位,应及时通报公司技术质量检查处。但在图纸到位后,应在 20 天内上报公司审批。

　　(6) 工程出现较大的变更应向公司上报变更调试检测补充方案或重新调整的编制方案。

　　(7) 通风空调工程调试方案公司审批后,尚应报监理工程师审批后才能实施。

　　(8) 工程中通风空调安装分部工程仅有分散的局部送风(机)或排风(机)系统,可以不编制通风空调工程调试方案上报审批,但应有详细的调试技术交底材料,且依据规范应测试的内容不得缺少。

9.8　通风空调工程调试方案示例

　　说明:鉴于编制的历史原因,故完全引用原件原文,未对文中引用规范、规范条文进行修改。

9.8.1　示例一××工程通风空调调试方案

依据本工程工艺复杂、标准高、施工难度大等特点特制定本调试方案。

(一) 熟悉有关资料

认真审图(包括设计图纸、设计说明、设计中采用设备的安装和使用说明书)充分领会设计意图,了解各种设计参数和整个系统的设计情况和设计要求,明确空调设备的性能和使用方法等;了解供冷、供热系统、送回风系统的布局及其配置附件情况,拟定测试点的位置、检测仪表安装地点;了解调节装置和检测仪表实际安装位置,系统风道安装施工中有遗漏的测点应及时补安,以保证测试工作顺利进行。

(二) 系统划分和功能介绍

(1) 系统划分:本工程共两个系统,即 F_A、F_B。每个空调送风系统由进风过滤器风口、粗效过滤器、蒸汽加热器(冬季用)、F40 分体式风冷空调机组、加压风机箱、中效过滤器、对开式电动比例调节阀、微穿孔消声器、防火阀、电动密闭阀、电加热器、对开式支路手动比例调节阀、高效过滤送风口组成;分两个支路,一路送环形走廊,另一路送进实验室;走廊与实验室隔墙上下侧有可调式过滤风口。

每个系统的排风由加粗效过滤风口的高效过滤回风口、高效过滤箱、电动密闭阀、对开式电动比例调节阀、排风机组组成,高效过滤排风口只设在实验室内,走廊内不设排风口。设计以控制送风系统的送风量不变,调节排风系统的排风量来调节室内的静压和环行走道之间的压差。

(2) 设计主要参数及联动要求

A. 系统设计主要的参数(表 1.9.8 – 1)

系统设计主要参数表

表 1.9.8 – 1

系 统	室内静压	走道静压	室内温度	相对湿度	洁净度	总送风量	各送风口风量	总排风量	各排风口风量
F_A	– 60 ± 10	– 20 ± 10	20 ± 3	60 ± 10	10 万级	6500	500	7800	600
F_B	– 60 ± 10	– 20 ± 10	20 ± 3	60 ± 10	10 万级	11000	500	13200	600

本空调系统为负压系统。

B. 联动要求

开机:排风系统启动运行正常后,送风系统才能启动。

关机:关机顺序与开机顺序相反。

(三) 依据设计参数要求选择测试仪表及测试中的相关问题如下:

(1) 风道部件制作和系统安装灯光检漏测试

A. 测试工具:60 ~ 100W 带安全罩低压(24 或 36V)白炽灯泡一盏,拉绳一条(绳长度按安装系统长度而定)。测试装置见图 1.6.4 – 1。

B. 测试数量和要求

(A) 风道部件制作的灯光检漏:同一批同规格的风道应按该批总数 10%、但 ≥1 个(节)进行测试。

(B) 管道系统安装的灯光检漏:依据 GB 50243—97《通风与空调工程施工及验收规范》第 7.1.5 条规定测试数量为 100%,发现漏光点应作记录,并进行修补,再重新测试直至合格为止。测定记录单应有修补前和修补后的记录,并附有漏光点位置记录的单线图。

(C) 测试合格的标准:低压系统风道每 10m 接缝漏光点不得超过 2 处,且平均 100m 接缝不应大于 16 处;中压系统风道每 10m 接缝漏光点不得超过 1 处,且平均 100m 接缝不应大于 8 处。

(2) 漏风率的检测:因本系统送(回)风口为高效送(回)风口,较易堵严密封。且该系统的安装在 JGJ 71—90《洁净室施工及验收规范》颁布之前,验收在 JGJ 71—90《洁净室施工及验收规范》颁布之后。经与设计、建设、使用单位商定采用如下简易检测方法,但必须保证风道内静压尽量能达到 700Pa(因本工程为洁净工程故采用 JGJ 71—90《洁净室施工及验收规范》的规定标准静压为 700Pa)。

A. 漏风率检测数量的确定:因本系统为中压系统,且系统为特殊空调系统(洁净空调系统),测试系统个数依据 GB 50243—97《通风与空调工程施工及验收规范》第 7.1.5 条为系统总数的 20%,但≥1 个系统的要求,本系统漏风率测试范围确定为送风系统的加压风机箱以后至高效过滤送风口之间的管段和排风系统排风机以后至室外总排风口之间的管段。

B. 检测仪表的选择

(A) 毕托管:用于测定风道断面的动压、静压、全压和风速。

(B) U 形和倾斜式微压计:倾斜式微压计为 TH – 130 型,测定范围为 0 ~ 1500Pa 最小读数为 2Pa。使用方法详见仪器使用说明书。

注解:也可以用热球式风速仪或 MODEL24/6111 热线式风速仪进行检测,但前者不能测量压力,后者可以同时测定静压。

C. 注意事项

(A) 测试前应将测定管段中间所有开口封闭严密(包括测试系统终点风道的断面);测试应在系统保温、高效过滤器、风口安装前进行。

(B) 测定断面位置和风道断面测点安排:测定断面应距离风道变化终(起)点 $L \geqslant 4 \sim 5D$ 或 $1.5 \sim 2a$(a 为矩形风道大边长度,测孔应开在短边上),测孔直径为 $12 \sim 15mm$;断面测点布置见图 1.8.7 – 5 和图 1.8.7 – 6。其中测点分别在小方格的中间(矩形)和上下互相垂直两直径与外圆内部三个同心虚圆圆周的交点上(每环测四点)。由里向外的同心虚圆半径分别为风道半径的 $0.4R$、$0.7R$、$0.9R$。圆形风道的测试断面上圆环个数如表 1.8.7 – 6。

D. 漏风率的计算和允许漏风率的确定

依据 GB 50243—97《通风与空调工程施工及验收规范》第 3.1.13、第 3.1.14 条和系统设计总风压由该规范表 3.1.14 得允许漏风率 $\Delta q = 3.53m^3/h \cdot m^2$。风道断面平均动压、漏风量、漏风率按下列公式计算。

(A) 风道断面平均动压的计算

$$P_{\mathrm{d}} = \left[\sum P_{\mathrm{dk}} \right]^{0.5} / n \right]^2$$

式中　P_{d}——断面平均动压(Pa);

　　　P_{dk}——断面测点动压(Pa);

　　　n——测点数。

(B) 风道断面风量 Q

$$Q = 1.29A(P_{\mathrm{d}})^{0.5} \qquad\qquad \mathrm{m^3/h}$$

式中　A——风道断面面积（$\mathrm{m^2}$）。

（C）漏风率按下式计算

$$\Delta q = (\sum Q_i - Q_j/F_{i-j})/n$$

式中　Q_i——为测试系统风道第 i 断面的风量；

　　　　Q_j——为测试系统风道第 j 断面的风量；

　　　F_{i-j}——为测试系统第 $i-j$ 管段风道的展开面积；

　　　　n——测试系统风道总段数；

　　　i、j ＝ 1、2、3、4……n。

（3）系统风量的平衡与调试

A. 系统风量平衡方法的选择：采用基准风口法进行调试。先调试送风系统，后调试排风系统。

B. 调试步骤

（A）先测定送风系统各风口的送风量，并算出各送风口测定的送风量与设计的送风量之比值；选择各支路比值最小的风口为该支路的基准风口，进行初调。

（B）先调整系统中最不利的支路，即系统中最远的实验室支路。用两套测试仪器同时测定该支路基准风口与另一风口的送风量，调整另一风口前的阀门，使两个风口的风量与设计的送风量之比值近似相等。然后基准风口的仪器不动，将另一套仪器移到另一风口，再调整另一风口前的阀门，使两个风口的风量与设计的送风量之比值近似相等。如此一直进行下去，直至此支路各风口的送风量与各自的设计风量比值与基准风口送风量与设计风量比值近似相等。

同理调整环形走道支路，当两支路风口风量调整完毕后，再调整两支路之间的调节阀，使两支路的送风量与设计送风量的比值近似相等。

（C）两支路送风量调试完毕后，最后调节总送风道上的手动调节阀门，使总送风量等于设计总送风量，则送风系统的风量平衡调试工作基本完成。

（D）但总送风量与各风口的送风量能否达到设计风量的要求，尚取决于风机的出率（风量）能否与设计选择相符。若达不到设计要求就得寻找原因，进行其他方面的调整，具体修定调整详见第 2.8 节"测试中发现问题的分析与改进办法"部分。

（E）调整达到要求后，应在阀门的把柄上用油漆标注记号，并将阀位固定。

（F）为了运行时自动控制的调节和系统能处于较好的工况下运行，各支路及系统总风道的对开式电动比例调节阀在调试前应将其开度调节在 80% ～ 85% 的位置，以利于运行时自动控制的调节和系统能处于较好的工况下运行。

C. 风口和风道风量的测定及测试仪表的选择

（A）送风口风量的测定及测试仪表的选择

因送风口为高效过滤送风口，它有一散流外罩，不能直接在风口进行风量扫描检测。故必须在风口处加安一导流管，然后在导流管的断面上用热线式风速仪或 MODEL6412 型便携式风速仪，按本节上述的测点分布进行扫描测定风口各点的风速，然后求出平均值，乘以风道断面,即得到送风口的送风量(回风口回风量的测定也相同)。

(B) 风道风量的测定及测试仪表的选择

风道风量的测定与风口风量测定基本相同。不同点是不必安导流管;如用测压装置测定风道断面的动压,则应先求出平均动压,再求出平均风速,然后将平均风速乘以风道断面积 A,即求得风道的风量。测试仪表如上述。

(C) 风量测定值的允许误差

风口风量测定值的允许误差为 15%,系统风量的测定值应大于设计风量的 10%。

(4) 室内温度、相对湿度的测定及测定仪表的选择

A. 测点布置和测定仪表的选择

(A) 测点的布置

实验室内为送风口、回风口、实验室室内的中心、工作区测三点。室内中心和工作区的测点高度距地面 0.8m,距墙面 ≥0.5m,但测点之间间距 ≤2.0m。测定时间间隔为30min。

(B) 测定仪表的选择

室温、相对湿度为 MODEL6521 智能型环境测试仪(用于实验室内)和刻度为 0.1℃的水银温度计(用于悬挂在走廊内测定室内温度)。

B. 测定值的允许误差:室温为 ±3℃;相对湿度为 ±10%。

(5) 室内噪声的测定

噪声测定采用五点布置和 MODEL4020 型普通噪声仪。测定时间间隔同温度测定。测点高度距离地面 1.1m,五点布置见图 1.8.7 - 7。

(6) 空调器和加压风机箱漏风率的检测

本工程经与建设、设计、监理、质检、使用单位商定不再进行此项目的检测。

(7) 室内风速的测定

依据设计和工艺的要求主要控制通风柜操作口周围的风速,以免风速过大将通风柜内的污染空气搅乱溢出柜外。因此测点安排在靠近通风柜的柜口 0.5m 处。本工程允许室内空气流速 $v \leqslant 0.25\text{m/s}$,测定风速应大于设计风速,但误差不应超过 20%。采用仪表为热球式风速仪或热线式风速仪。

(8) 室内负压度和室内与走廊压差、高效过滤器前后压差的测定

详见该工程自动控制系统的调试。其误差总的要求不应超过 ±10Pa,具体要求见空调自动控制测试部分。

(9) 洁净度、浮游菌浓度、沉降菌菌落度的测定

A. 测点数和测定状态的确定

(A) 测试状态

本测试洁净度委托总公司技术部测定。依据 JGJ 71—90《洁净室施工及验收规范》规定测定状态为静态;测定点数依据 JGJ 71—90《洁净室施工及验收规范》附表 6 - 1 每间房间 2～3 点,测点放在房间中央,尽量接近工作区,但不得放在送风口下,测点距地面 0.8～1.0m。环形走廊每边测一点,布置在走廊中间,测点距地面 0.8～1.0m。

(B) 浮游菌浓度沉降菌菌落度的测定

因与实验操作过程和消毒、洁净擦拭措施有关,是在"动态"下进行测试,竣工测试不具备条件,经与建设、使用、设计单位协商,此两项不做竣工验收测试,留在将来投入使用之前的投入使用中由使用单位自行"静态"初测和"动态"检测。

B. 采用的测试仪器

洁净度的测试采用 BCJ-1 激光粒子计数器,测得含尘计数浓度应≤3500 个/L。浮游菌浓度的测定采用 FSC-1 型浮游微生物采样器,测得浮游菌计数浓度应≤150 个/L。浮游微生物浓度的测试为初测,准确的测定待使用单位进行动态调试时再进行检测。

C. 菌落度测定

由使用单位在"动态"调试时检测,其允许值应≤12.2 个/ϕ90 皿·h。

D. 综合评定的检测

检测单位由甲方委托建设部建筑科学研究院空调研究所测定。

E. 测定前的准备工作

测定前应按洁净室要求进行深度清洁工作,并且空调系统应提前运行 12h。

(10) 风机性能的检测

在系统运行的基础上对风机的转速(用数字转速测速仪测定)、风量(用 MODEL24/6111 型热线式风速仪测定或用微压计和毕托管测定)、电源电压、风压(用 MODEL24/6111 型热线式风速仪测定或用微压计和毕托管测定)、噪声(用 MODEL4020 型噪声仪测定)、轴承温度和电动机表面温度(用热电偶温度计测定或 Raynger ST20 型手持非接触式红外线温度测试仪测定)、各机组间联动功能测试(在运行过程中予以检验,并作好记录)。

(11) 空调机组、加压风机箱、电动(手动)密闭阀、电动(手动)对开式比例调节阀的测定因已有产品测试报告,且现场机组安装和调试均由厂家负责调试,因此不再进行测定,但调试时应派员参加,并监督厂家做好测试记录,我方应收集检测资料,加以整理归档。

(12) 室内照度和自净时间的测定

依据 JGJ 71—90《洁净室施工及验收规范》规定本工程不必进行此两项参数的测试。

(13) 系统自动控制和微负压、微压差的测试:详见自动控制系统的调试。

(四) 测试中若干其他问题的安排

(1) 组织调试人员认真学习 GB 50243—97 和 JGJ 71—90 规范以及设计说明,以利于测试工作顺利进行。

(2) 测试前对系统进行连续和继续运行若干次,以便对机组和系统运行中出现的问题和故障进行排除。

(3) 测试前对系统中的防火阀、调节阀、止回阀、密闭阀、启动阀、自净器等的安装方向、灵活度、行程到位程度进行仔细检查,待仔细打扫实验室房间内和机房内卫生后,进行单机试运转和联合运行 24h,确实运转正常再进入全面的测试工作。

(4) 测试前应对测试仪表、仪器进行全面的送检校正,并熟悉使用方法,妥善保存备用。

(5) 高效过滤器及高效过滤风口应在房间、通风系统风道内部打扫干净,且系统进行12h 吹风后才能安装,安装后应采取密封保护措施,待测试时再打开密封材料。安装时不要用手触摸过滤器的过滤纸。

（6）洁净室的清洁工作应用丝光毛巾，擦拭至毛巾不再擦出污迹呈洁白状态为止。擦地应若干人成排朝同一方向擦拭，不要来回擦拭，防止二次污染。

（7）进入洁净室的人员应穿洁净工作服、戴工作帽、穿防尘鞋(打扫卫生时也一样)。

（五）参加测试人员的安排

（1）测试人员名单

组长：刘××

电工组：蒲××(负责人)、刘××、陈××

通风组：陈　××(负责人)、李××、王××、郭××、赵××、刘××

水暖组：尚××(负责人)、陈××、王××

（2）职责分工

组长：全面负责整个测试组织工作和技术问题的解决，测试方案编写、测试技术资料的整理以及对外联系工作。

电工组：负责测试中电源保障工作和协助有关电源参数的测定工作。

通风组：负责测试中的卫生工作、测试附属部件的加工准备、仪表仪器准备和校正安装、通风系统的调试测定以及测试数据记录工作，并参与测试资料的整理工作。

水暖组：负责测试过程中水、汽、热的保障供应工作。

（六）测试计划安排(略)

9.8.2　示例二　中国中医研究院广安门医院医用辅助楼通风空调工程系统调试方案

（一）工程概况

以下各表中风量单位为 m^3/h，风压单位为 Pa。

（1）一般送排风系统(表 1.9.8－2)

一般送排风系统　　　　　　　　　　　表 1.9.8－2

序号	系统所在位置	系统编号	系统风机风量	系统风机风压	需测试的项目
1	地下二层	送风系统	24000	250	设备转速、出率、噪声、风口风量、室内风量、系统风量和系统风量平衡；风机扬程 $P \leqslant 500Pa$ 系统应做灯光检漏试验，$P > 500Pa$ 应做灯光检漏和漏风率试验；单机试运转和系统联合试运转
2	地下二层	排风排烟系统	19761/13129	945/417	
3	地下一层	车库送风系统	24000	250	
4	地下一层冷冻机房送风	XF－10、F－11、XF－12	4190	251	
5	地下一层配电室	排风系统	1510	201	
6	地下一层机房	排风系统	5600	247	
7	地下一层男女浴室	排风系统	1000	235	
8	地下一层告别室	PF－12	2000	245	

序号	系统所在位置	系统编号	系统风机风量	系统风机风压	需测试的项目
9	七层屋顶	PF-1	8000	320	
10	七层屋顶	PF-2	10000	320	
11	九层热交换间内	PF-3	1400	404	
12	七层屋顶	PF-4	2070	245	
13	七层屋顶	PF-5	1540	257	
14	七层屋顶	PF-6	2070	245	
15	七层屋顶	PF-7	2070	245	
16	七层屋顶	PF-8	700	257	
17	七层屋顶	PF-9	5000	318	
18	六层屋顶	PF-10		<500	设备转速、出率、噪声、风口风量、室内风量、系统风量和系统风量平衡;风机扬程 $P \leqslant 500Pa$ 系统应做灯光检漏试验,$P > 500Pa$ 应做灯光检漏和漏风率试验;单机试运转和系统联合试运转
19	八层音像	音像中心	9210	249	
20	七层动物中心	排风	3500	300	
21	七层操作间	毒气柜排风	5000	318	
22	六层实验室	毒气柜排风	5000	318	
23	五层实验室	毒气柜排风	5000	318	
24	地下二层	车库排烟排风	30000/19723	600/260	
25	地下一层	车库排烟排风	30000/19723	600/260	
26	地下一层配电室	排烟补风	2070	245	
27	七层屋顶	PY-1	15000	650	
28	七层屋顶	PY-2	15000	650	
29	八层走道吊顶内	ZS-1	27000	650	
30	八层走道管井内	ZS-2	15000	650	
31	八层走道吊顶内	ZS-3	23000	650	

（2）人防通风工程：见表 1.9.8-3。

人防通风工程

表 1.9.8-3

序号	系统位置	系统编号	风机风量	风机风压	需测试的项目
1	地下二层	清洁式通风系统	3142	364	设备转速、出率、噪声、风口风量、系统风量和系统风量平衡、室内温湿度、室内外静压差、灯光检漏试验、单机试运转和系统联合试运转等
2	地下二层	隔绝式	—	＜500	

（3）一般空调工程

A. 风机盘管加新风系统：共 20 个系统，其排风系统见（1）项，新风系统共计有 4 个，见表 1.9.8-4。

空调工程新风系统

表 1.9.8-4

序号	系统编号	系统机房所在位置	承担风机盘管空调系统	系统风机风量	系统风机风压	需测试的项目
1	XF-1	地上一层空调机房	一层供应室、二层多媒体阅览、三层办公南区、四层办公南区、五层办公南区、六层办公南区、七层办公南区	13000	400	设备转速、出率、噪声、室内风量、风口风量、系统风量和系统风量平衡、室内温湿度等；风机扬程 $P \leqslant 500Pa$ 系统应做灯光检漏试验，$P > 500Pa$ 应做灯光检漏和漏风率试验；单机试运转和系统联合试运转
2	XF-2	地上一层空调机房	一层血透中心附属用房、二层档案室、三层办公北区、四层办公北区、五层办公北区、六层办公北区	13000	300	
3	XF-3	地上一层空调机房	二层西区、三层办公西区、四办公西区、五层办公西区、六层办公西区、七层办公中区、八层办公中区	17000	300	
4	XF-4	地上一层空调机房	一层血透中心	4000	600	

B. 全空气空调（八层音像中心）系统（表 1.9.8-5）。

全空气空调系统

表 1.9.8-5

系统机房位置	空调系统承担对象	风机风量	风机风压	需测试的项目
八层	音像中心	10000	3000	设备转速、出率、噪声、风口风量、系统风量和系统风量平衡、室内温湿度、灯光检漏试验；单机试运转和系统联合试运转等

C. 变频分体式空调机组（表 1.9.8-6）：室外机型号 RX8KY1 制冷量 $L = 23kW$，室内机 7 台，每台制冷量 $L = 3kW$。

变频分体式空调机组

表 1.9.8 - 6

序号	空调机名称	安装所在位置	承担空调对象	系统风量	系统风压	需测试的项目
1	室外机	七层屋顶	—	—	—	由厂家安装调试
2	室内机	室内	四、五、六、七层	—	—	

(4) 洁净空调工程(表 1.9.8 - 7)。

洁净空调工程

表 1.9.8 - 7

序号	机房类别	机房所在位置	承担空调对象系统	系统风机风量	系统风机风压	需测试的项目
1	送风机房	七层室内	七层实验动物饲养室	3800	200	系统风量、送回风口风量、设备转动部件的温升、系统风量平衡;单机试运转和系统联合试运转,以及下列两项室内各参数值的测试等
	回风机房	六层屋顶	七层实验动物饲养室	3500	300	
2	XF - 4	一层空调机房	一层无菌室、血透中心、抢救室	4000	600	各送风口风量、室内温湿度、洁净度、室内静压值、相邻房间或房间与走道的静压差值、噪声值;风机扬程 $P \leqslant 500Pa$, 系统应做灯光检漏试验, $P > 500Pa$ 应做灯光检漏和漏风率试验等
3	由七层动物饲养室的洁净送风系统送风		五、六层无菌室	—	200	

注:序号 2、3 项采取送风口加高效过滤器来达到洁净空调要求。

(5) 空调冷(冻)热水循环系统(表 1.9.8 - 8)

空调冷(冻)热水循环系统

表 1.9.8 - 8

序号	冷 热 源	机房位置	系统	承担范围
1	WRH - 2802 型冷水机组	地下一层	系统 - 1	建筑南半部空调系统
2	热 源	院热力站	系统 - 2	建筑北半部空调系统
3	冷热水补水系统	地下一层		
4	冷却水循环系统			
5	测试内容		各支路和总干管的水量、水温、系统水量平衡、设备噪声、转动处和电机的转速、发热量、软化水的各项水质指标	

(二)调试检测仪表、仪器、设备的选择与配置

(1) 室内设计参数及其精度(表 1.9.8 - 9)

房间名称	夏季室内温湿度		冬季室内温湿度		新风补给量		洁净级别	静压（Pa）	总送风循环次数（次/h）
	温度（℃）	相对湿度（%）	温度（℃）	相对湿度（%）	（m³/h）	（次/h）			
血透室	26	≤60	22	≥30	5			30	
门厅办公室	26	≤65	20	≥30	30				
音像中心	26	≤65	20	≥30	20				
无菌室	26	≤60	22	≥30	5			30	20
抢救室	26	≤60	22	≥30	5			30	20
动物饲养实验室	24±2℃	≤60±10%	22±2℃	≥40±10%	12		10万级	50	≥25
洁净走道	24	≤60	22	≥40				20	
污染走道	24	≤60	22	≥40				10	

注：动物饲养室及走道的室内参数依据相关规范要求进行调整，执行时应与设计人员再次商定。

（2）选用的测试仪表（表 1.9.8－10）

测试仪表的选用   表 1.9.8－10

序号	仪表名称	型号规格	量程	精度等级	数量	备注
1	水银温度计	最小刻度0.1℃	0~50℃		5	
2	水银温度计	最小刻度0.5℃	0~50℃		10	
3	酒精温度计	最小刻度0.5℃	0~100℃		10	
4	带金属保护壳水银温度计	最小刻度0.5℃	0~50℃		2	
5	带金属保护壳水银温度计	最小刻度0.5℃	0~100℃		2	
6	热球式温湿度表	RHTH－1型	−20~85℃ 0~100%		5	
7	热球式风速风温表	RHAT－30型	0~30m/s −20~85℃	<0.5m/s ±0.3℃	5	
8	电触点压力式温度计		0~100℃	1.5	2	毛细管长3m
9	非接触式红外线温度测试仪	RayngerST20型			1	
10	干湿球温度计	最小分度0.1℃	−26~51℃		5	
11	压力计		0~1.0MPa	1.0	2	
12	压力计		0~0.5MPa	1.0	2	

序号	仪表名称	型号规格	量程	精度等级	数量	备注
13	转速计	HG-1800	1.0~99999r/s	50ppm	1	
14	噪声检测仪	CENTER320	30~13dB	1.5dB	1	
15	叶轮风速仪				2	
16	标准型毕托管	外径 ϕ10			2	
17	倾斜微压测定仪	TH-130型	0~1500Pa	1.5Pa	2	
18	U形微压计	刻度1Pa	0~1500Pa		4	
19	灯光检测装置	24V100W			2	戴安全罩
20	激光粒子计数器	BCJ-1型			1	
21	多孔整流栅	外径=100mm			1	
22	节流器	外径=100mm			1	
23	测压孔板	外径 $D_0=100$，孔径 $d=0.0707$m，$\beta=0.679$			2	
24	测压孔板	外径 $D_0=100$，孔径 $d=0.0136$m，$\beta=0.603$			2	
25	测压软管	$\phi=8$mm，$L=2000$mm			6	
26	电压计				1	

（3）测量辅助附件（表1.9.8-11）

测量辅助附件的配置   表1.9.8-11

序号	附件名称	规格	数量	附图编号
1	带高效过滤器风口末端加罩测试装置	320×320	1	1.9.8-1
		500×500	1	
2	方形散流器送风口加罩测试装置			1.9.2-2

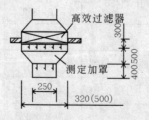

图1.9.8-1 加罩法测定带高效过滤器风口的末端装置

(4) 灯光检漏测试装置(表 1.9.8 – 12)

灯光检漏和漏风量测试装置 表 1.9.8 – 12

序号	附 件 名 称	规格	数量	附图编号
1	灯光检漏装置		1	1.6.4 – 1
2	系统漏风量测试装置		1	1.8.7 – 2

(5) 风道漏风量检测装置设备的配置

按 JG J71—90《洁净室施工及验收规范》规范的要求配置。

A. 风道漏风量检测装置设备的配置(表 1.9.8 – 13)

风道漏风量检测装置设备的配置 表 1.9.8 – 13

序号	系统漏风量 m³/h	测试风机		测试孔板			压差计	风道	软接头
		Q m³/h	H Pa	直径(m)	孔板常数	个数			
1		1600	2400						
2	≥130			0.0707	0.697	1			
	<130			0.0316	0.306	1			
3				0～2000Pa			2个		
4				镀锌钢板风道 φ100mm、L=1000mm				3节	
5				软接头 φ100mm、L=250mm					3个

B. 漏风量测试装置与测试系统的连接示意图(图 1.8.7 – 4)

(三) 测试参数测点的布局要求

(1) 风道内测点位置的要求。

(2) 圆形断面风口或风道参数扫描测点分布图(图 1.8.7 – 5)。

(3) 矩形断面风口或风道参数扫描测点分布图(图 1.8.7 – 6)。

(4) 室内温湿度、噪声、风速等参数测点分布图(图 1.8.7 – 7)。

(四) 各种参数检测方法及标准

(1) 通风系统风道灯光检漏

A. 灯光检漏的测试工具

带安全罩的低压(24V 或 36V)100W 的白炽灯泡一盏,拉绳一条(长度按安装系统长度而定)。试验装置图见图 1.6.4 – 1。

B. 灯光检漏系统数量的确定:低压系统、中压系统、高压系统(本工程无高压系统)均应 100% 进行灯光检漏试验。

C. 灯光检漏的质量标准

(A) 低压送、排风及新风系统:送、排风机扬程 $H≤500Pa$ 的系统为低压送、排风及新风系统。依据 GB 50243—97 附录 A1 规定,每 10m 拼接缝长的漏光点不得超过 2 处,且平均每 100m 拼接缝中不应大于 16 处。

（B）中压送、排风及新风系统:送、排风机扬程 500Pa < $H \leqslant$ 1500Pa 的系统为中压送、排风及新风系统。依据 GB 50243—97 附录 A1 规定,每 10m 拼接缝长的漏光点不得超过 1 处,且平均每 100m 拼接缝中不应大于 8 处。

（C）低压送、排风及新风系统灯光检漏不合格的处理:依据 GB 50243—97 第 7.1.5 条规定,当低压送、排风及新风系统灯光检漏不合格时,应在系统单线测试草图上对漏风点进行标识记录,并进行修补重测直至合格为止;同时应对低压系统抽检 5% 个系统(但不少于一个系统)进行漏风率检测。

D. 灯光检漏记录单:灯光检漏记录单采用表式 C6 – 6 – 2 或表式 C6 – 6 – 2A(见附表集)。

（2）通风系统的漏风量检测

A. 本工程需进行漏风量检测的系统和允许的漏风率[q](表 1.9.8 – 14)

检测的系统和允许的漏风率[q]　　　　　表 1.9.8 – 14

序号	系统编号或名称	系统风压 （Pa）	允许漏风率 （m³/n·m²）	备 注
1	地下二层排风排烟系统	945/417Pa	3.14	
2	地下二层车库排风排烟系统	600/260	2.25	
3	地下一层车库排风排烟系统	600/260	2.25	
4	PY – 1	650	2.71	
5	PY – 2	650	2.71	
6	ZS – 1	650	2.71	依据 GB 5024397 第 7.1.5 条抽检测系统数量为 20% 个,但不少于一个系统
7	ZS – 2	650	2.71	
8	ZS – 3	650	2.71	
9	XF – 4 血透中心	600	2.25	
10	XF – 4 血透中心辅助用房	600	2.25	
11	XF – 4 无菌室	600	2.25	
12	XF – 4 抢救室	600	2.25	
13	抽检系统为 5% 个的低压系统,但不少于一个系统	≤500	6.00	灯光检漏出现不合格时
		≤400	5.19	
		≤300	4.30	

B. 漏风量检测的设备和仪器(表 1.9.8 – 15)

序号	设备和仪表名称	型号	规格或量程	精度等级	数量	单位	备注
1	测试风机		$Q = 1600 \text{m}^3/\text{h}, H = 2400 \text{Pa}$		1	台	
2	测压孔板		$D_0 = 100, d = 0.0707, \beta = 0.679$		2	套	漏风量≥130
3	测压孔板		$D_0 = 100, d = 0.0316, \beta = 0.603$		2	套	漏风量＜130
4	测压软管		$\phi 8\text{mm}, L = 2000\text{mm}$		6	条	
5	标准型毕托管		外径 $\phi 10$		2	台	
6	倾斜微压测定仪	TH－130 型	$0 \sim 1500 \text{Pa}$	1.5 Pa	2	套	
7	U 形微压计	刻度 1Pa	$0 \sim 1500 \text{Pa}$		4	套	
8	镀锌钢板风道		$\phi 100, L = 1000\text{mm}$		3	节	
9	软接头		$\phi 100, L = 250\text{mm}$		3	个	
10	天圆地方变径管				1	节	

C. 风道全压、动压、静压测量时毕托管与微压计的连接(图 1.9.5－3)

D. 漏风量测试的前提及测试装置连接应注意的问题

(A) 漏风量测试的前提

a. 漏风量测试应在系统安装预检合格之后,保温、隐蔽之前进行;

b. 漏风量测试应在系统送风口开洞之前进行;

c. 有处于竖井内的系统,因在竖井内会妨碍系统测试、返修和保温工序的安排,应在系统安装之前进行。

(B) 测试装置连接应注意的问题

a. 连接风管的要求:连接风管均为光滑圆管。孔板至上游 2 D 范围内其圆度允许偏差为 0.3%;下游为 2%。

b. 孔板与风管连接的要求:孔板与风管连接的前端与管道轴线垂直度允许偏差为 1°;孔板与风管同心度允许偏差为 0.015D。

c. 连接部分的严密性要求:在第一整流栅后所有连接部分应严密不漏风。

E. 实测漏风量 Q 和允许漏风量 $[Q]$ 的计算:

(A) 实测漏风量的计算:漏风量按下式计算

$$Q = 4647.58\varepsilon\alpha A_n (\Delta P)0.5 \qquad \text{m}^3/\text{h}$$

式中　ε——气流束膨胀系数(表 1.9.5－2);

α——孔板的流量系数(查 GB 50243—97《通风与空调工程施工及验收规范》附录 A 的孔板流量系数图);

A_n——孔板开口面积(m²);

ΔP——孔板压差(Pa)。

孔板的流量系数查 GB 50243—97 附录 A 的孔板流量系数图确定,其适应范围应满足下列要求：

$10^5 < \text{Rep} < 2.0 \times 10^6 \quad 0.05 < \beta^2 \geqslant 0.49 \quad 500\text{mm} < D \geqslant 1000\text{mm}$

在此范围内不计管道粗糙度对流量系数的影响。

若雷诺数小于 10^5 时，则按现行国家标准《流量测量节流装置》求得流量系数 α。

（B）允许漏风量 $[Q]$ 的计算

$$[Q] = \Sigma F \times [q] \qquad \text{m}^3/\text{h}$$

式中　$[Q]$——允许漏风量(m^3/h)；

　　　　ΣF——测试系统风道展开面积之和(m^2)；

　　　　$[q]$——测试系统允许的漏风率($\text{m}^3/\text{h}\cdot\text{m}^2$)。

（C）测试合格的标准

$$Q \leqslant [Q]$$

F.漏风量测试采用的记录单：漏风量测试采用的记录单为表式 C6－6－2。

（3）洁净空调系统空调器漏风量的测试(本测试可在定货时向厂家提出测试要求，由厂家测试并提供测试报告单)

A．洁净空调系统空调器漏风量的测试装置

（A）洁净空调系统空调器漏风量所需的测试装置和仪表(表 1.9.8－16)

洁净空调系统空调器漏风量的测试装置和仪表　　　　表 1.9.8－16

序号	设备和仪表名称	型号	规格或量程	精度等级	数量	单位	备注
1	测试风机		$Q = 1600\text{m}^3/\text{h}, H = 2400\text{Pa}$		1	台	
2	测压孔板		$D_0 = 100, d = 0.0707, \beta = 0.679$		1	套	漏风量 $\geqslant 130$
3	测压孔板		$D_0 = 100, d = 0.0316, \beta = 0.603$		1	套	漏风量 < 130
4	测压软管		$\phi 8\text{mm}, L = 2000\text{mm}$		2	条	
5	标准型毕托管		外径 $\phi 10$		2	台	
6	倾斜微压测定仪	TH－130 型	$0 \sim 1500\text{Pa}$	1.5 Pa	2	套	
7	U 形微压计	刻度 1Pa	$0 \sim 1500\text{Pa}$		2	套	
8	镀锌钢板风道		$\phi 100, L = 1000\text{mm}$		3	节	
9	软接头		$\phi 100, L = 250\text{mm}$		3	个	直径按 4.3.2(1)款要求进行核算
10	天圆地方变径管				1	节	
11	多孔整流栅		$\phi 100$		1	个	
12	节流器		$\phi 100$		1	个	

（B）洁净空调系统空调器漏风量所需的测试装置。

B．检测前提和检测系统

（A）检测前提和注意事项

a. 空调器漏风率检测应在空调器与连接风道安装前进行；

b. 空调器漏风率检测应在空调器安装就绪,单机试运转无问题后进行；

c. 空调器漏风率检测前应将所有孔洞和检查门封闭严密后进行；

d. 空调器漏风率检测注意事项:依据 JGJ 71—90《洁净室施工及验收规范》附录四规定。

(a) 试验风机额定风量:700~2000m³/h。

(b) 试验风机额定风压:2400~1400Pa。

(c) 进气风道直径:依据管内风速 $V = 5~15$m/s 进行选择。

(d) 出气风道直径:依据管内风速 $V = 5~15$m/s 进行选择。

(e) 节流器、整流栅应符合 GB 1236《通风机空气动力性能试验方法》中的有关规定。

第一、整流栅分进气整流栅和出气整流栅,进气整流栅隔板厚度 $\delta = (0.012~0.015)D$,出气整流栅隔板的间距 $b = (0.25~0.08)D$。整流栅示意图见图 1.9.8-2。

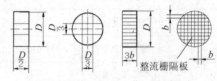

图 1.9.8-2 整流栅构造示意图

第二、网栅节流器用于进气端风道试验上,操作时可采用铁纱网分层叠加或用纸片分别均匀吸附在固定网上。

(f) 试验风机运转后,调节整流器,使空调器内部静压上升并保持在 1000Pa,测出出气风道断面风速,计算进气的进风量。

(B) 本工程需进行空调器漏风率检测的系统:本工程仅七层实验动物饲养室的送风空调机组和回风空调机组需进行空调器漏风率检测。

C. 空调器漏风率的计算和合格标准

(A) 空调器漏风率的计算

a. 空调器漏风量 L 的计算

$$L = 3600Fv \qquad\qquad \text{m}^3/\text{h}$$

式中　F——出气风道的断面积(m²);

v——出气风道内的风速(m/s)。

b. 空调器漏风率 ξ 的计算

$$\xi = (L_{实测值}/L_{额定值})\%$$

式中　$L_{额定值}$——被测试空调器的额定风量(m³/h)。

(B) 空调器漏风率测试的合格标准:依据 JGJ 71—90《洁净室施工及验收规范》第3.5.3 条规定,洁净度低于 1000 级的系统空调器的漏风率 $\xi \leqslant 2\%$。

D. 空调器漏风率测试采用的记录单:空调器漏风率测试采用的记录单为表式C6-6-1。

(4) 风道和风口断面风量 L、平均动压 P_d、平均风速 v 的计算

A. 风道和风口断面风量、平均动压、平均风速的测量条件:风道和风口断面风量、平均动压、平均风速的测量一般随系统的平衡调试同时进行。

B. 风道和风口断面风量、平均动压、平均风速测量的仪表:

（A）风口断面风量、平均风速测量的仪表：见表 1.9.8 - 17(或选表 1.9.8 - 18的仪表进行测定)。

风口断面风量、平均风速测量仪表(一)　　　表 1.9.8 - 17

序号	设备和仪表名称	型号	规格或量程	精度等级	数量	单位
1	热球式风速风温表	RHAT - 301 型	0～30m/s - 20～85℃	<0.3m/s ±0.3℃	2	台

（B）风道断面风量、平均动压、平均风速测量的仪表：见表 1.9.8 - 18。

风口断面风量、平均风速测量仪表(二)　　　表 1.9.8 - 18

序号	设备和仪表名称	型号	规格或量程	精度等级	数量	单位	备注
1	标准型毕托管		外径 ϕ10		1	台	
2	倾斜微压测定仪	TH - 130 型	0～1500Pa	1.5 Pa	1	套	

C. 风道和风口断面测量扫描测点的确定：

（A）圆形断面风道测点和风口扫描测点的确定：圆形断面风道测点和风口扫描测点的布局按图 1.8.7 - 5确定，但测定内圆环数按表 1.8.7 - 6选取。

（B）矩形断面风道测点和风口扫描测点的确定：矩形断面风道测点和风口扫描测点的布局按图 1.8.7 - 6确定，但依据 GB 50243—97《通风与空调工程施工及验收规范》第12.3.5 条规定，匀速扫描移动不应少于 3 次，测点个数不应少于 5 个。

D. 采用表 B(A)仪表测试时风道和风口断面风量 L、平均动压 P_d、平均风速 v 的计算：

（A）风道和风口断面平均动压 P_d 的计算

$$P_d = \left[\sum (P_{dk})^{0.5}/n \right]^2$$

式中　P_d——断面平均动压(Pa)；

　　　P_{dk}——断面测点动压(Pa)；

　　　n——测点数。

（B）平均风速 v 的计算

$$v = (2P_d/\gamma)^{0.5} = 1.29(P_d)^{0.5} \qquad \text{m/s}$$

（C）风道断面风量 L

$$L = 1.29A(P_d)^{0.5} \qquad \text{m}^3/\text{h}$$

式中　A——风道断面面积(m²)。

E. 采用表 1.9.8 - 18仪表测试时风口断面风量 L、平均风速 v 的计算

（A）平均风速 v 的计算：

$$V_d = \sum V_{dk}/n$$

式中　V_d——断面平均风速(m/s)；

　　　V_{dk}——断面测点风速(m/s)；

n——测点数。

（B）风口风量 L 的计算

$$L = A \cdot V_d \qquad\qquad m^3/h$$

式中 A——风道断面面积(m^2)。

（C）风口、房间和系统风量测定的允许相对误差

a. 风口风量、房间和系统风量测定相对误差值 Δ 的计算

$$\Delta = [(L_{实测值} - L_{设计值})/L_{设计值}]\%$$

式中 $L_{实测值}$——实测风量值(m^3/h)；

$L_{设计值}$——设计风量值(m^3/h)。

b. 允许相对误差值：依据 GB 50243—97《通风与空调工程施工及验收规范》第 12.3.2 条第 2 款规定，$\Delta \leqslant 10\%$。

F. 风口、房间和系统风量采用记录单：风口、房间和系统风量采用记录单为表式 C6 – 6 – 3 或表式 C6 – 6 – 3A(见附录表集)。

（5）室内温湿度及噪声的测量

A. 室内温湿度的测定

（A）测点布置和测试方法：室内测点布置为送风口、回风口、室内中心点、工作区测三点。室中心和工作区的测点高度距地面 0.8m，距墙面 ≥0.5m，但测点之间的间距 ≤2.0m；房间面积 ≤50m^2 的测点 5 个，每超过 20 m^2 ~ 50 m^2 增加 3 ~ 5 个。测定时间间隔为 30min。测试方法采用悬挂温度计、湿度计，定时考察测试。或采用便携式 RHTH – I 型温湿度测试仪表定时测试。

（B）测定仪表选择：温度计、干湿球温度计或其他便携式 RHTH – I 型温湿度测试仪表(表 1.9.8 – 19)。

室内温湿度测试仪表 表 1.9.8 – 19

序号	仪表名称	型号规格	量程	精度等级	数量	备注
1	水银温度计	最小刻度 0.1℃	0 ~ 50℃		5	
2	水银温度计	最小刻度 0.5℃	0 ~ 50℃		10	
3	酒精温度计	最小刻度 0.5℃	0 ~ 100℃		10	
4	热球式温湿度表	RHTH – 1 型	– 20 ~ 85℃ 0 ~ 100%		5	
5	热球式风速风温表	RHAT – 301 型	0 ~ 30m/s – 20 ~ 85℃	< 0.3m/s ± 0.3℃	5	
6	干湿球温度计	最小分度 0.1℃	– 26 ~ 51℃		5	

（C）测试条件：室内温湿度的测定应在系统风量平衡调试完毕后进行，也可与系统联合试运转同时进行。

B. 允许误差值和采用的记录单

（A）测定值的允许误差:室温和相对湿度允许误差见表 1.9.8 - 1。

（B）室内温湿度测试记录单采用表式 C6 - 6 - 3B(见附录表集)。

C. 室内噪声的测定:噪声测定采用五点布局(图 1.8.7 - 7)和普通噪声仪(如 CENTER320 型或其他型号的噪声测定仪)。测定时间间隔同温度测定。测点高度距离地面 1.1m,房间面积≤15m² 可仅测中间点,设计无要求的不测。测试记录单采用表式 C6 - 6 - 3C(见附录表集)。室内噪声的测定应在系统风量平衡调试完毕后,也可与系统联合试运转同时进行。

（6）室内风速的测定

依据设计和工艺的要求安排测点的分布并绘制出平面图,主要应重点测试工作区和对工艺影响较大的地方(如控制通风柜操作口周围的风速,以免风速过大将通风柜内的污染空气搅乱溢出柜外或影响柜内的操作,通风柜入口测定风速应大于设计风速 v,但误差不应超过 20%)。采用仪表为 RHAT - 301 型热球式风速风温仪或 MODEL24/6111 型热线式风速仪。室内风速的测定应在系统平衡调试完毕后,也可与系统联合试运转同时进行。

（7）洁净室静压和静压差的测试

A. 洁净室室内静压测试的前提(洁净度的测定条件):

（A）土建精装修已完成和空调系统等设备已安装完毕;

（B）空调系统已进行风量平衡调试和单机试运转完毕;

（C）各种风口已安装就绪;

（D）系统联合试运转已进行,且测试合格后进行;

（E）测定前应按洁净室的要求进行彻底清洁工作,并且空调系统应提前运行 12h;

（F）进入洁净室的测试人员应穿白色的工作服,戴洁净帽,鞋应套洁净鞋套。进入人员应受控制,一般不超过 3 人。

B. 洁净室室内静压的测试方法:测定设备应用最小刻度等于 1.6Pa 的倾斜式微压计和胶管。测试时将门关闭,并将测定的胶管(最好口径在 5mm 以下)从墙壁上的孔洞伸入室内,测试口在离壁面不远处垂直气流方向设置,测试口周围应无阻挡和气流干扰最小。测得静压值与设计要求值的误差值不应超过设计允许的误差值或 ±5Pa。

C. 需测试静压差的项目:需测试静压差的项目有室内与走廊静压差、高效过滤器和有要求设备前后的静压差等。相邻不同级别的洁净室之间和洁净室与非洁净室之间测得的静压差值应大于 5Pa;洁净室与室外测得的静压差值应大于 10Pa。

（8）洁净度的测定

A. 测点数和测定状态的确定:洁净度的测试委托总公司技术部测定。

（A）洁净度的测定状态:依据 JGJ 71—90《洁净室施工及验收规范》规定测定状态为静态或空态。

（B）洁净度的测定点数:依据 JGJ 71—90《洁净室施工及验收规范》附表 6 - 1 规定每间房间测点数的确定,详见表 1.9.8 - 20,测点布局可按图 1.8.7 - 7 五点布局原则进行。当测点少于五点或多于五点时,其中一点应放在房间中央,且测点尽量接近工作区,但不得放在送风口下。测点距地面 0.8～1.0m。

（C）测定洁净度的最小采样量:依据 JGJ 71—90《洁净室施工及验收规范》附表 6 - 2

规定,测定洁净度的最小采样量见表 1.9.8-21。

最低限度采样点点数 表 1.9.8-20

房间面积(m²)	室内洁净度级别			
	100级及高于100级	1000级	10000级	100000级
<10	2~3	2	2	2
10	4	3	2	2
20	8	6	2	2
40	16	13	4	2
100	40	32	10	3
200	80	63	20	6

注:每点采样次数不小于3次。

每次采样的最小采样量(L) 表 1.9.8-21

洁净度级别	粉尘粒径 μm				
	0.1	0.2	0.3	0.5	5
1	17	85	198	566	
10	2.83	8.5	19.8	56.6	
100		2.83	2.83	5.66	
1000				2.83	8.5
10000				2.83	8.5
100000				2.83	8.5

B. 采用测试仪器:洁净度的测试采用 BCJ-1 激光粒子计数器(或其他型号的激光粒子计数器),测得含尘计数浓度应小于设计允许值(如 10 万级应≤3500 个/L)。

C. 室内洁净度测定值的计算

(A) 室内平均含尘量 N 的计算:

$$N = \frac{C_1 + C_2 + \cdots\cdots C_i}{n}$$

(B) 测点平均含尘浓度的标准误差 σ_N:

$$\sigma_n = \sqrt{\frac{\sum_{i-1}^{n}(C_i - N)^2}{n(n-1)}}$$

(C) 每个采点上的平均含尘浓度 C_i:

$$C_i \leqslant 洁净级别上限$$

(D) 室内平均含尘浓度与置信度误差浓度之和(测试浓度的校核)。

$$N + t\sigma \leqslant 洁净级别上限$$

式中　　n——测点数量；

　　　　C_i——每个采点上的平均含尘浓度；

　　　　t——置信度上限为 95% 时，单侧 t 分布的系数，其值见表 1.8.7 – 11。

D. 洁净度测定合格标准：本工程洁净度为 100000 级，测定值同时达到 $C_i \leqslant 3500$ 个/L 和 $N + t\sigma \leqslant 3500$ 个/L 为合格。

E. 综合评定检测：

(A) 综合评定工作的组织和对评定单位的要求：上述测试为竣工验收测试，竣工验收后，交付使用前，尚应由甲方委托建设部建筑科学研究院空调研究所测定，或其他具备国家认定检测资质的检测单位测定。但测定单位必须是与甲方、乙方、设计三方同时没有任何关系的单位。

(B) 综合评定检测的项目：依据 JGJ 71—90《洁净室施工及验收规范》第 5.3.2 条规定，见表 1.8.7 – 3。

(C) 测定结果由检测单位提供测试资料、评定结论和提出出现相关问题的责任方，综合评定的费用由甲方支付。

(五) 系统管网风量的平衡调试

(1) 风量平衡调试原理：由流体力学原理知道，风道阻力与风道内风量的平方成正比，即

$$H = KL^2$$

式中　　H——风道的阻力；

　　　　L——风道内流过的风量；

　　　　K——风道的阻力系数，它与风道的局部阻力和摩擦阻力等因数有关，对于同一风道，如果其他条件不变，只改变风道的风量，则 K 值不变，但阻力也随风量的改变而变化。因在同一系统中，各支路的设计阻力相同，所以风量的平方与 K 值成正比，即：

$$(L_1/L_2)^2 = K_1/K_2$$

(2) 系统风量平衡方法的选择：系统风量平衡的方法有基准风口法和流量等比分配法（测定风量采用热球式风速仪测定调整风量的称流量等比分配法；当测定风量采用毕托测压管和倾斜式微压计测定调整风量时称动压等比分配法）。这两种方法的原理是一样的。

(3) 基准风口法的调试步骤：现以图 1.9.5 – 7 为例说明基准风口法的调试步骤。

A. 风量调整前先将所有三通调节阀的阀板置于中间位置（见图 1.9.5 – 7 三通调节阀示意图），而系统总阀门处于某实际运行位置，系统其他阀门全部打开。然后启动风机，初测全部风口的风量，计算初测风量与设计风量的比值（百分比），并列于记录表格中。

B. 在各支路中选择比值最小的风口作为基准风口，进行初调。管网风量平衡调节示意图见图 1.9.5 – 6。

C. 先调整各支路中最不利的支路，一般为系统中最远的支路。用两套测试仪器同时测定该支路基准风口（如风口 1）和另一风口的风量（如风口 2），调整另一个风口（风口 2）前的三通调节阀（如三通调节阀 a），使两个风口的风量比值近似相等；之后，基准风口的

测试仪器不动,将另一套测试仪器移到另一风口(如风口 3),再调试另一风口前的三通调节阀(如三通调节阀 b),使两个风口的风量比值近似相等。如此进行下去,直至此支路各个风口的风量比值均与基准风口的风量比值近似相等为止。

D. 同理调整其他支路,各支路的风口风量调整完后,再由远及近,调整两个支路(如支路Ⅰ和支路Ⅱ)上的手动调节阀(如手动调节阀 B),使两支路风量的比值近似相等。依此进行下去。

E. 各支路送风口的送风量和支路送风量调试完后,最后调节总送风道上的手动调节阀,使总送风量等于设计总送风量,则系统风量平衡调试工作基本完成。

F. 但总送风量和各风口的送风量能否达到设计风量,尚取决于送风机的出率是否与设计选择相符。若达不到设计要求就应寻找原因,进行其他方面的调整,具体参见有关"测试中发现问题的分析与改进办法"部分内容。调整达到要求后,在阀门的把柄上用油漆做好标记,并将阀位固定。

G. 为了自动控制调节能处于较好的工况下运行,各支路风道及系统总风道上的对开式电动比例调节阀在调试前,应将其开度调节在 80% ~ 85% 的位置,以利于运行时自动控制的调节和系统处于较好的工况下运行。

H. 调试中应注意的问题

(A) 因实际风道断面是分级扩大的,而不是无级渐进的,因此设计阻力平衡不能满足工程实际阻力的平衡,必须进行系统平衡调试。但是设计中往往未设计三通调节阀,因此在系统风量平衡时只能靠调节可调风口的断面进行调节,这将给系统平衡工作带来一定的困难;故应与设计单位协商,可否在各系统分支路处增设三通调节阀。

(B) 调试中除了结合系统风量平衡对各风口风量、空调房间风量、进行测试外,尚应测试系统总送(排)风量、电机外壳和轴承温升(正常温升不超过 70℃、滚动轴承温升≤80℃)、风机转速、风机噪声、电源电压、电源功率。

(4) 流量等比分配法(也称动压等比分配法):此方法用于支路较少,且风口调整试验装置(如调节阀、可调的风口等)不完善的系统。系统风量的调整一般是从最不利的环路开始,逐步调向风机出风段。如图 1.9.5 - 8 所示,先测出支管 1 和 2 的风量,并用支管上的阀门调整两支管的风量,使其风量的比值与设计风量的比值近似相等。然后测出并调整支路 4 和 5、支管 3 和 6 的风量,使其风量的比值与设计风量的比值都近似相等。最后测定并调整风机的总风量,使其等于设计的总风量。这一方法称"风量等比分配法"。调整达到要求后,在阀门的把柄上用油漆记上标记,并将阀位固定。

(5) 风量平衡调试采用的记录单:风量平衡调试采用的记录单有表式 C6 - 6 - 3、表式 C6 - 6 - 3A、表式 C6 - 6 - 4 等。

(六) 空调冷冻(热水)、冷却水循环系统的调试

(1) 空调冷冻(热水)、冷却水循环系统调试的前提:

A. 空调冷冻(热水)、冷却水循环系统的调试必须各空调冷冻(热水)、冷却水循环系统安装就绪,水压试验、管道冲洗合格后,且水源、热源、电源供应正常的情况才能进行。

B. 空调冷冻(热水)、冷却水循环系统的调试必须在各相关机组单机试运转合格后进行。需进行单机试运转的有:

(A) 风机盘管机组:依据 GB 50243—97《通风与空调工程施工及验收规范》第 8.7.1 条~第 8.7.4 条规定,运转时无明显的振动与噪声。

(B) 带动力的空调箱、空调机组:依据 GB 50243—97《通风与空调工程施工及验收规范》第 8.6.1 条~第 8.6.3 条规定,运转时无明显的振动与噪声;运转时间不得少于 2h。

(C) 换热设备和热交换器:安装质量应符合 GB 50243—97《通风与空调工程施工及验收规范》第 8.9.1 条~第 8.9.9 条规定,运转时应平稳,无明显的振动与噪声。

(D) 净化机组:净化设备的安装质量各项检测数据应符合 GB 50243—97《通风与空调工程施工及验收规范》第 8.6.1 条~第 8.6.3 条规定,运转时无明显的振动与噪声;运转时间不得少于 2h。

(E) 冷冻(热水)水、冷却水的循环泵:应按 GB 50243—97《通风与空调工程施工及验收规范》第 8.6.3 条~第 12.2.2 条规定,在设计负荷下连续运转 2h 以上,并测得水泵流量、扬程、转速、噪声、轴承和电机的温升等参数符合规范和使用说明书要求时,且运行无明显的振动与噪声。

(F) 活塞式制冷机组:应按 GB 50243—97《通风与空调工程施工及验收规范》第 9.4.2 条规定,活塞式制冷机组无负荷单机试运转 2h 以上和在空气负荷下的试运行 4h 以上无异常现象出现。

C. 空调冷冻(热水)、冷却水循环系统的调试可与空调系统联合试运转同时进行。

(2) 空调冷冻(热水)、冷却水循环系统调试的内容:

A. 对各系统进行水力平衡调节;

B. 测定空调冷冻水、冷却水循环系统供、回水干管进出口温度,并对进出口温度的调节使其符合空调系统冷源供应负荷的要求;

C. 调节热交换器一次循环热媒(热水)流量,调节空调循环热水(二次水)供回水温度使其符合空调系统热源供应负荷的要求;

D. 测定各空调房间湿温度检验空调系统冷(热)源设计负荷及现供应负荷是否符合实际要求。

(3) 空调冷冻(热水)、冷却水循环系统调试应测定的参数:冷冻循环水进出口水温、热水循环水进出口水温、各机组噪声、电机外壳及轴承温升(温升≤70℃、滚动轴承温升≤80℃)、电源电压、电源功率、各机组转速、空调房间温湿度等。

(4) 空调冷冻(热水)、冷却水循环系统调试测定采用仪表:见表 1.9.8－21。

(5) 空调冷冻(热水)、冷却水循环系统调试测定采用的记录表:空调冷冻(热水)、冷却水循环系统调试测定采用的记录表有表式 C6－6－1、表式 C6－6－3、表式 C6－6－3A、表式 C6－6－3B、表式 C6－6－3C、表式 C6－6－4。

(七) 通风空调系统的联合试运行

(1) 通风空调系统的联合试运行的前提:

A. 通风空调系统的联合试运行的前提是各系统的调试和风量测定、平衡已完成;

B. 通风空调系统的联合试运行应在系统静态或空态下进行;

C. 通风空调系统的联合试运行应在水源、热源、电源供应正常的情况才能进行。

(2) 通风空调系统的联合试运行的内容:依据 GB 50243—97《通风与空调工程施工及

验收规范》第 12.3.2 条规定。

A. 应分不同系统测定风机(或空调机组等)风量、余压、转速、噪声、轴承和电机外壳温升($\Delta t \leqslant 75℃$ 为合格、滚动轴承温升 $\leqslant 80℃$)、环境温度,测定记录采用表式 C6 – 6 – 5。

B. 系统、风口、房间风量的测定:依据 GB 50243—97《通风与空调工程施工及验收规范》第 12.3.3 条规定。风道测定断面位置应符合图 1.8.7 – 4,测定断面应距离局部阻力之后 $\geqslant 4D$ 或 4 倍矩形风道断面长边的气流均匀直管段处,或距离局部阻力之前 $\geqslant 1.5D$ 或 1.5 倍矩形风道断面长边的气流均匀直管段处。当测量断面上的气流不均匀时,应增加测量断面上的测点数。风量的实测值与设计值偏差不应大于 10%。

C. 风机前后测定风量值误差不应大于 5%。

D. 消防正压送风排烟系统楼电梯间前室的静压值不应 $\leqslant 25Pa$。

E. 洁净室的洁净度、静压值及相邻房间的静压差。

F. 通风空调系统房间的相关设计参数。

G. 空调系统冷冻水、热水、冷却水系统的调试及相应的参数测定。

H. 检查空调系统自动控制系统的联动工作情况。

(3) 试验记录单的填写:上述测定数据应有原始记录表、计算书、测试单线系统示意图、测试结果和测试情况的分析报告书。报告书应附单线系统示意图、原始记录表、计算书、空调系统的调试方案,一并归档。

(4) 通风空调系统的联合试运行采用的仪表:见表 1.9.8 – 22。

空调冷冻(热水)、冷却水循环系统调试所需的测试仪表　　　　表 1.9.8 – 22

序号	仪表名称	型号规格	量程	精度等级	数量	备注
1	带金属保护壳水银温度计	最小刻度 0.5℃	0 ~ 50℃		2	
2	带金属保护壳水银温度计	最小刻度 0.5℃	0 ~ 100℃		2	
3	热球式温湿度表	RHTH – 1 型	– 20 ~ 85℃ 0 ~ 100%		5	
4	热球式风速风温表	RHAT – 301 型	0 ~ 30m/s – 20 ~ 85℃	< 0.3m/s ± 0.3℃	5	
5	电触点压力式温度计		0 ~ 100℃	1.5	2	毛细管长 3m
6	非接触式红外线温度测试仪	Raynger ST20 型			1	
7	转速计	HG – 1800	1.0 ~ 99999rps	50ppm	1	
8	压力计		0 ~ 1.0MPa	1.0	2	
9	压力计		0 ~ 0.5MPa	1.0	2	
10	噪声检测仪	CENTER320	30 ~ 13dB	1.5dB	1	
11	标准型毕托管	外径 $\phi10$			2	
12	倾斜微压测定仪	TH – 130 型	0 ~ 1500Pa	1.5 Pa	2	
13	U 形微压计	刻度 1Pa	0 ~ 1500Pa		4	
14	测压软管	$\phi = 8$, $L = 2000mm$	6		5	

(5) 通风空调系统的联合试运行中出现的问题分析及措施:应依据实测中出现的问题分析原因,提出解决办法及实施结果。若测试中确实有问题出现,在测试报告书中应有详细内容。内容待调试后示情况补充。

（八）调试与测试人员组成

(1) 调试方案的编制:××建设开发总公司第五公司技术处欧阳××、××建设开发总公司第五公司第六项目经理部副经理兼主任工程师刘××。

(2) 测试组长兼测试现场总指挥:

A. 测试组长兼总指挥:××建设开发总公司第五公司第六项目经理部副经理兼主任工程师刘××。

B. 测试副组长兼副总指挥:××建设开发总公司第五公司第六项目经理部副经理周××。

(3) 通风组:

A. 组长:刘××

B. 副组长:佟×

C. 成员:姚××、陈××、丘××、马××、杨××、冯××、张××、苏××、钱×

(4) 暖卫组

A. 组长:王×

B. 副组长:杨××、佟×

C. 成员:夏××、刘××、杨××

(5) 电气组

A. 组长:姜×

B. 副组长:魏××、贾××

C. 成员:和××、裴××

(6) 相关人员的工作职责

A. 测试组长兼总指挥:负责整个调试工作全过程的组织、领导,调试方案的技术交底工作,组织相关人员解决调试中出现的问题。

B. 测试副组长兼副总指挥:协助测试组长兼总指挥完成整个调试工作全过程的组织、领导,调试方案的技术交底工作,解决调试中出现的问题和调试工作的后勤物资保障任务。

C. 各专业组长:在测试组长兼总指挥和测试副组长兼副总指挥领导下,负责组织实施本专业的各项测试和调节工作,并负责测试资料的整理。

D. 各专业副组长:协助本专业组长完成本专业的各项测试、调节工作和测试记录工作,测试仪表的领取、发放、保管与上交工作。

E. 各组组员:认真完成组长分配的测试和调试中的各项具体工作。

（九）测试系统单线系统图集(另附)

（十）补充记录表

见附录表集,表式 C6-6-2A。

10 施工验收资料

暖卫通风空调专业涉及到的施工验收资料有分部/分项工程施工报验表(表式 C7-1)、竣工验收通用表(表式 C7-2-1)、单位工程验收记录(表式 C7-3)三项。

分别填写,并附相关的施工记录、施工试验记录和质量评定表等资料。该表的填写如下。

一般栏目:工程名称、编号、报验日期。

申报栏目:填写层数、轴线(或网格编号)或房间编号、标高、部位(如距离某轴线的距离)、分项工程名称。

附件一选择的方式填写,但应填写页数和该资料的编号(即专业分类码和编号),以及施工单位、技术负责人、申报人签名。

总承包单位审核意见栏目:填写总承包单位对该工程施工技术资料核验后的意见,是否同意报验,并签名(注:本公司内部应由总承包的土建专业主任工程师签署意见)。

建设(监理)单位审核意见栏目:签署审定结果(合格或不合格)及审定意见,并签名。

10.1 分部/分项工程施工报验表(表式 C7-1)

分部/分项工程施工报验表(表式 C7-1)应依据专业分项的要求,按系统、按工序分。

10.2 竣工验收通用表(表式 C7-2-1)

竣工验收通用表(表式 C7-2-1)是分部工程验收记录(C7-2)资料中的一种,在分部工程或某一专业系统工程施工完成并调试完毕后,由建设单位报请上级专业主管部门,并组织监理单位、设计单位、施工单位和建设单位的具体接管使用单位等进行工程验收。其内容有:

一般栏目:工程名称、编号、建设单位名称、监理单位名称、设计单位名称、施工单位名称、管理单位名称、邀请单位名称、验收项目、开工日期、竣工日期等。

验收内容、范围及数量栏目:简明扼要填写内容(分部、分项工程名称)、验收范围(层数、单元、整栋等)及数量(全部或其中的某一部分)。

验收结论栏目:合格或不合格。

遗留问题及解决方案栏目:填写主要的遗留问题和处理方案。

签署认可栏目:参加验收各单位的负责人签名并加盖公章。

10.3 单位工程验收记录(表式 C7-3)

单位工程竣工验收是指建设单位收到施工单位的工程竣工资料后,由建设单位自组监理单位、设计单位、质量监督检查单位、施工单位等对工程进行总体验收。如若因特殊原因，建设单位要求对部分单位工程或有甩项部分的竣工工程进行验收，建设与施工单位双方应另行签订甩项竣工协议书，明确双方的责任。单位工程验收记录（表式 C7－3）的填写。

一般栏目：工程名称、编号、建设单位名称、监理单位名称、设计单位名称、施工单位名称、勘察单位名称、建筑面积、层数、结构类型、工程地址、开工日期、竣工日期及参加验收单位盖章等。

工程内容及自检的情况栏目：按表中的项目填写分部工程的内容和自检的质量情况。

验收意见栏目：填写验收结果、存在问题及处理意见。

11 质量评定资料（工程质量检验验收记录 C8）

11.1 工程施工质量控制的规定

依据 GB 50300—2001《建筑工程施工质量验收统一标准》第 3.0.2 条的规定，建筑安装工程应按下列规定进行质量控制。

11.1.1 工程采用的主要材料、半成品、成品、建筑配件、器具和设备进行现场验收。

11.1.2 各工序应按施工技术标准进行质量控制和检查。

11.1.3 相关专业工种之间应进行交接检验，并形成记录，未经监理工程师（建设单位技术负责人）检查认可，不得进行下一工序施工。

11.2 建筑工程施工质量应按下列要求进行验收

11.2.1 建筑工程施工质量应符合 GB 50300—2001《建筑工程施工质量验收统一标准》和相关专业验收规范的规定。

11.2.2 建筑工程施工质量应符合勘察、设计文件的要求。

11.2.3 参加建筑工程施工质量验收的各方人员应具备规定的资格。

11.2.4 建筑工程施工质量应在施工单位自行检查评定合格的基础上进行。

11.2.5 检验批质量应按主控项目和一般项目进行验收。

11.2.6 隐蔽工程隐蔽前应由施工单位通知有关单位进行验收，并应形成验收文件。

11.2.7 涉及结构和人身安全材料、配件、设备应按规定进行见证取样检测。

11.2.8 对涉及结构安全和使用功能的重要分部工程应进行抽样检测，抽样检测的批质量验收方案的风险应符合 GB 50300—2001《建筑工程施工质量验收统一标准》第3.0.5 条的规定。

11.2.9 承担见证取样检测及有关结构安全检测的单位应具备有相应的资质。

11.2.10 工程观感质量应由验收人员通过现场检查，并应共同确认。

11.3 与建筑工程施工质量验收相关的专业验收规范和规定

GB 50166—92《火灾自动报警系统施工及验收规范》、GB 50231—98《机械设备安装工程施工及验收规范》、GB 50235—98《工业金属管道工程施工及验收规范》、GB 50236—98《现场设备、工业管道焊接工程施工及验收规范》、GB 50242—2002《建筑给水排水及采暖工程施工质量验收规范》、GB 50243—2002《通风与空调工程施工质量验收规范》、GB 50261—96《自动喷水灭火系统施工及验收规范》、GB 50263—97《气体灭火系统施工及验收规范》、GB 50268—97《给水排水工程施工及验收规范》、GB 50273—98《工业锅炉安装工程施工及验收规范》、GB 50274—98《制冷设备、空气分离设备安装工程施工及验收规范》、GB 50275—98《压缩机、风机、泵安装工程施工及验收规范》、GB 50300—2001《建筑安装工程施工质量验收统一标准》、GB 6245—98《消防泵性能要求和试验方法》、CJJ 63—95《聚乙烯燃气管道工程技术规程》、CJJ/T 29—98《建筑排水硬聚氯乙烯管道工程技术规程》、CECS 17：2000《埋地硬聚氯乙烯给水管道工程技术规程》、CECS 41：92《建筑给水硬聚氯乙烯管道设计与施工验收规范》、CECS 94：97《建筑排水用硬聚氯乙烯螺旋管管道工程设计、施工及验收规范》、CECS 105：2000《建筑给水铝塑复合管道工程技术规程》、GBJ 93—86《工业自动化仪表工程施工及验收规范》、GBJ 126—89《工业设备及管道绝热工程施工及验收规范》、GBJ 134—90《人防工程施工及验收规范》、JGJ 71—90《洁净室施工及验收规范》、GB 50184—93《工业金属管道工程质量检验评定标准》、GB 50185—93《工业设备及管道绝热工程质量检验评定标准》、DBJ 01—605—2000《新建集中住宅分户热计量设计技术规程》、DBJ/T 01—49—2000《低温热水地板辐射供暖应用技术规程》和设计质量要求等。

11.4 工程检验批质量验收评定记录的抽样方案

工程检验批质量验收评定记录的抽样方案应按照 GB 50300—2001《建筑安装工程施工质量验收统一标准》第 3.0.4 条的规定，可根据检验项目的特点进行选择。对于检验项目的计量、计数检验，可分为全数检验和抽样检验两大类进行。抽样检测的批质量验收方案的风险应符合 GB 50300—2001《建筑安装工程施工质量验收统一标准》第 3.0.5 条的规定。

11.5 建筑工程施工质量检验验收记录的分类

依据 GB 50300—2001《建筑安装工程施工质量验收统一标准》第 4.0.1 条的规定，建筑工程施工质量检验验收应按单位（子单位）工程、分部（子部分）工程、分项（子分项）工程和检验批四类进行，并分别填写工程施工质量检验验收记录单。

11.5.1 建筑单位工程的划分

建筑单位工程的划分应符合 GB 50300—2001《建筑安装工程施工质量验收统一标准》第 4.0.2 条的规定，即：

(1) 具备独立施工条件并能形成独立使用功能的建筑物及构筑物为一单位工程。

(2) 建筑规模较大的单位工程，可将其能形成独立使用功能的部分划为一子单位工程。

11.5.2 建筑分部工程的划分

建筑分部工程的划分应符合 GB 50300—2001《建筑安装工程施工质量验收统一标准》第 4.0.3 条的规定，即：

(1) 分部工程的划分应按专业性质、建筑部位确定。

(2) 当分部工程较大或较复杂时，可按材料种类、施工特点、施工工序、专业系统及类别等划分为若干个子分部工程。

11.5.3 建筑分项工程的划分

建筑分项工程的划分应按主要工种、材料、施工工艺、设备类别进行划分；分项工程可由一个或若干个检验批组成，但是不能漏项。

11.5.4 检验批的划分

检验批的可按照 GB 50300—2001《建筑安装工程施工质量验收统一标准》第 4.0.5 条的规定；可依据施工及质量控制和专业验收需要；按楼层、施工段(区域)、变形缝、系统等进行划分，但检验后不得有漏项。

11.5.5 建筑工程的分部(子分部)、分项(子分项)工程的划分

建筑工程的分部(子分部)、分项(子分项)工程的划分也可按照 GB 50300—2001《建筑安装工程施工质量验收统一标准》附录 B 和 GB 50242—2002《建筑给水排水及采暖工程施工质量验收规范》附录 A 及 GB 50243—2002《通风与空调工程施工质量验收规范》第 3.0.8 条的表 3.0.8 要求进行(表 1.11.5-1)。

建筑工程的分部工程、分项工程的划分　　　　　　　　表 1.11.5-1

分部工程	子分部工程	分　项　工　程
建筑给水排水及采暖	室内给水系统	给水管道及配件安装、室内消火栓系统安装、室内消防喷淋系统安装、气体灭火系统安装、给水设备安装、管道防腐、绝热
	室内排水系统	排水管道及配件安装、雨水管道及配件安装
	室内热水供应系统	热水供应管道及配件安装、辅助设备安装、防腐、绝热
	卫生器具安装	卫生器具安装、卫生器具给水配件安装、卫生器具排水管道安装

分部工程	子分部工程	分 项 工 程
建筑给水排水及采暖	室内采暖系统	采暖管道及配件安装、辅助设备及散热器安装、金属辐射板安装、低温热水地板辐射采暖系统安装、系统水压试验及调试、防腐、绝热
	室外给水管网	给水管道安装、消防水泵结合器及室外消火栓安装、管沟及管井
	室外排水管网	排水管道安装、排水管沟与井池
	室外供热管网	室外供热管道及配件安装、系统水压试验及调试、防腐、绝热
	建筑中水系统及游泳池系统	建筑中水系统管道及辅助设备安装、游泳池水系统安装
	供热锅炉及辅助设备安装	锅炉安装、辅助设备及管道安装、安全附件安装、烘炉、煮炉和试运行,换热站安装、防腐、绝热
通风与空调	送、排风系统	风管与配件的制作、部件的制作、风管系统的安装、空气处理设备安装、消声设备制作与安装、风管与设备防腐、风机安装、系统调试
	防、排烟系统	风管与配件的制作、部件的制作、风管系统的安装、防排烟风口、常闭正压风口与设备安装、风管与设备防腐、风机安装、系统调试
	除尘系统	风管与配件的制作、部件的制作、风管系统的安装、除尘器与排污设备安装、风管与设备防腐、风机安装、系统调试
	空调系统	风管与配件的制作、部件的制作、风管系统的安装、空气处理设备安装、消声设备制作与安装、风管与设备防腐、风机安装、风管与设备的绝热、系统调试
	净化空调系统	风管与配件的制作、部件的制作、风管系统的安装、空气处理设备安装、消声设备制作与安装、风管与设备防腐、风机安装、风管与设备的绝热、高效过滤器安装、净化设备的安装、系统调试
	制冷系统	制冷机组的安装、制冷剂管道及配件安装、制冷附属设备安装、管道及设备的防腐与绝热、系统调试
	空调水系统	冷热(媒)水管道系统的安装、冷却水系统安装、冷凝水系统的安装、阀门及配件安装、冷却塔安装、水泵及附属设备的安装、管道与设备的防腐与绝热、系统调试

11.5.6 室外工程的划分

室外工程可依据专业类别和工程规模划分单位(子单位)工程;或依据 GB 50300—2001《建筑安装工程施工质量验收统一标准》附录 C 划分。

11.6 建筑单位工程质量检验验收等级的评定

工程质量检验验收的等级仅分为合格和不合格两个等级,不再采用优良、合格、不合格分级。

11.7 工程质量检验验收的进程

工程质量检验验收的进程应符合施工工序的科学进程，一项工程质量的检验验收，必须在该项工程相应的各个施工安装工序预检、隐检和各项试验验收合格之后；各项验收记录单的日期必须符合各工序安装施工的流程顺序(表1.11.7－1)。

室外单位(子单位)工程和分部工程的划分　　　　　表1.11.7－1

单位工程	子单位工程	分部(子分部)工程
室外建筑环境	附属建筑	车棚、围墙、大门、挡土墙、垃圾收集站
	室外环境	建筑小品、道路、亭台、连廊、花坛、场坪绿化
室外安装	给排水与采暖	室外给水系统、室外排水系统、室外供热系统
	电气	室外供电系统、室外照明系统

11.8 工程质量验收的合格标准

工程质量验收的合格标准应符合 GB 50300—2001《建筑安装工程施工质量验收统一标准》第5章和相应专业施工质量验收规范和规程相关条文的规定。

11.8.1 检验批合格质量

主控项目和一般项目的质量经抽样检验均合格，具有完整的施工操作依据、质量检查记录。

11.8.2 分项工程合格质量

分项工程所包含的检验批均符合合格质量规定，且批质量验收记录完整。

11.8.3 分部(子分部)工程合格质量

分部(子分部)工程所含的分项工程的质量均应验收合格，质量控制资料应完整，设备安装等分部工程的有关安全及功能检验和抽样检测结果符合相关规范规定，观感质量验收符合要求。

11.8.4 单位(子单位)工程验收的合格质量

单位(子单位)工程所包含的分部(子分部)工程的质量均应验收合格，质量控制资料应完整，单位(子单位)工程所包含的分部工程有关安全及功能的检测资料应完整，主要功能项目的抽查结果应符合相关专业质量验收规范的规定，观感质量验收符合要求。

11.9　建筑工程质量验收的程序和组织

建筑工程质量验收的程序和组织应符合 GB 50300—2001《建筑安装工程施工质量验收统一标准》第 6 章的规定。

11.9.1　工程质量检验验收记录的步骤

工程质量检验验收记录应按照 GB 50300—2001《建筑安装工程施工质量验收统一标准》第 6.0.3 条、第 6.0.4 条的规定分两步进行,即施工单位自行先自检后,再由监理单位组织相关单位技术负责人员进行核验,并填写相应的验收记录单。

11.9.2　工程质量检验验收记录的分类

依据 GB 50300—2001《建筑安装工程施工质量验收统一标准》第 5.0.1 条~第 5.0.5 条的规定,工程质量检验验收应按单位工程、子分项工程、分项工程、分批安装内容进行质量检验验收和填写记录单。

11.9.3　工程质量检验验收等级的评定

工程质量检验验收的等级仅分为合格和不合格两个等级,没有优良、合格、不合格之分。

11.9.4　工程质量检验验收的流程

工程质量检验验收的流程应符合施工工序的科学进程,一项工程质量的检验验收,必须在该项工程相应的各个施工安装工序预检、隐检和各项试验验收合格之后,各项验收记录单的日期必须符合各工序安装施工的流程顺序。

11.10　建筑安装工程质量检验验收记录单的填写

11.10.1　质量检验验收记录单的格式:

建筑安装工程质量检验验收记录单的格式,采用 GB 50242—2002《建筑给水排水及采暖工程施工质量验收规范》和 GB 50243—2002《通风与空调工程施工质量验收规范》附录中的检验批、分项(子分项)、分部(子分部)、单位(子单位)工程质量检验验收记录表格,它们均由 GB 50300—2001《建筑安装工程施工质量验收统一标准》附录 D、附录 E、附录 G 的记录表式格式扩展编制而成。为了能与北京市 DBJ 01—51—2000《建筑安装工程资料管理规程》中记录表的格式配套,编者在此进行适当修改,并附录于后,供参考。在记录表式的修改中也吸收北京市 GB 50243—2002《通风与空调工程施工质量验收规范》培训中的修改内容。

11.10.2　在检验批质量验收记录单中施工单位指的是专业安装的施工单位、而不是单位工程的总包单位,因此项目经理、技术负责人和专业工长等应是专业安装的施工单位的项目经理、技术负责人和专业工长等。

11.10.3 在检验批质量验收记录单中施工执行的标准名称和编号,不是指一般的 GB 50242—2002《建筑给水排水及采暖工程施工质量验收规范》及 GB 50243—2002《通风与空调工程施工质量验收规范》,而是在此两个主要规范之外涉及到的其他相关规范或规程。如通风空调工程中的 GB 50274—98《制冷设备、空气分离设备安装工程施工及验收规范》、GB 50275—98《压缩机、风机、泵安装工程施工及验收规范》、JGJ 71—90《洁净室施工及验收规范》、GBJ 134—90《人防工程施工及验收规范》等和暖卫工程中的 GB 50235—98《工业金属管道工程施工及验收规范》、GB 50261—96《自动喷水灭火系统施工及验收规范》、GB 50263—97《气体灭火系统施工及验收规范》、GB 50268—97《给水排水工程施工及验收规范》、GB 50273—98《工业锅炉安装工程施工及验收规范》、GB 6245—98《消防泵性能要求和试验方法》、CJJ 63—95《聚乙烯燃气管道工程技术规程》、CJJ/T 29—98《建筑排水硬聚氯乙烯管道工程技术规程》、CECS 17:2000《埋地硬聚氯乙烯给水管道工程技术规程》、CECS 41:92《建筑给水硬聚氯乙烯管道设计与施工验收规范》、CECS 94:97《建筑排水用硬聚氯乙烯螺旋管管道工程设计、施工及验收规范》、CECS 105:2000《建筑给水铝塑复合管道工程技术规程》、GBJ 126—89《工业设备及管道绝热工程施工及验收规范》、GB 50184—93《工业金属管道工程质量检验评定标准》、GB 50185—93《工业设备及管道绝热工程质量检验评定标准》、DBJ 01—605—2000《新建集中住宅分户热计量设计技术规程》、DBJ/T 01—49—2000《低温热水地板辐射供暖应用技术规程》等。

11.10.4 子分部工程、分部工程、子单位工程和单位工程质量验收记录单中的技术部门和质量部门负责人应填写公司一级的负责人,而不是施工现场的负责人。

11.10.5 子分部工程和分部工程质量验收记录单中的验收单位中的勘察单位可以不填写和签字,但其他单位必须填写和签字。

11.10.6 子单位工程和单位工程质量验收记录单中不必填写专业编码。

12 竣工图的整理

12.1 竣工图的基本要求

12.1.1 竣工图均按单项工程进行整理。

12.1.2 竣工图应具有明显的标志,其标志为明显的"竣工图"字样,在每张竣工图纸中均应加盖"竣工图"标志的图签。图签中应有编制单位、制图人、审核人、技术负责人要对竣工图的质量负责。竣工图的标准图签格式见图 1.12.1 – 1。

12.1.3 凡在施工中按图施工,没有变更的图纸,仅在原施工图纸的新图上加盖"竣工图"的标志后,即可作为竣工图纸使用。

12.1.4 凡工程竣工后的实际现状与施工图纸内容不相符的,应全部按照工程竣工后的现状,在竣工图纸上予以清楚、准确地进行修改。如工程会审中提出的修改意见、工程洽商或设计变更的修改内容,以及施工过程中建设单位和施工单位双方协商的修改、变动(无工程洽商)内容等都应如实绘制在竣工图纸上。

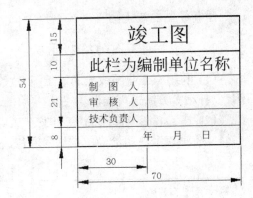

图 1.12.1－1　竣工图的标准图鉴格式

12.1.5　专业竣工图纸应包括的内容有各部位、各专业深化(二次)设计的相关内容,不得漏项、重复。

12.1.6　凡结构形式改变、工艺改变、平面布局改变、建设项目改变,以及有其他重大改变的,或者在一张图纸中改变的部分较多、超出 40%,修改后图纸的图面混乱、分辨不清的图纸,均应重新绘制新图。

12.1.7　施工图纸在施工中变更不大的部分图纸,可在原图纸的新图上将修改的地方引出,并标明修改内容。需要用图表达的,应如实将修改的内容绘在原图纸上,同时在修改的引出线处注明修改内容的变更或洽商记录单的编号和修改内容的顺序编号(即 J×/第××号变更第××条)。变更或洽商单应归入竣工技术资料中。

12.1.8　编制竣工图必须采用不退色的墨水,不得采用圆珠笔、铅笔、复写纸复写编制。

字体:一律采用仿宋体,字号大小与原图纸的字号大小一致。

线条:一律采用绘图工具绘制,不得采用徒手绘画。

墨水:一律采用黑色墨水,不得采用圆珠笔、铅笔、复写纸复写。

12.1.9　其他内容和竣工图纸的折叠方法请参见《规程》的附录 C。

12.2　竣工图纸的内容

竣工图纸应按照专业、系统进行整理,包括内容如下:

建筑总平面布置图;总图(室外)工程竣工图;建筑竣工图;结构竣工图;装修、装饰竣工图(机电专业)幕墙竣工图;给水排水竣工图;消防竣工图;燃气竣工图;电气竣工图;弱电竣工图(包括各弱电系统,如楼宇自控、保安监控、综合布线、共用电视天线、停车场管理等系统);采暖竣工图;通风空调竣工图;电梯竣工图;工艺竣工图等等。

12.3　竣工图的类型和绘制要求

12.3.1　竣工图的类型

有利用施工蓝图改绘的竣工图

在二底图上修改的竣工图

重新绘制的竣工图

12.3.2　竣工图的绘制要求

（1）利用施工蓝图改绘的竣工图：改绘的竣工图纸采用的蓝图必须是新图，不得使用刀刮、补粘等方法进行绘制。

（2）在二底图上修改的竣工图：在二底图上依据洽商内容用刮改的方法进行绘制，并在修改备考表上注明洽商单的编号和修改内容。修改备考表的格式见表1.12.1-1。

修改备考表　　　　　　　　　　　　　　　表 1.12.1-1

洽商编号	修 改 内 容

（3）重新绘制的竣工图：重新绘制的竣工图必须完整、准确、真实地反映工程竣工的现状。

13　工程资料、档案封面和目录

13.1　工程资料总目录卷（E1）

工程资料总目录卷（E1）包括工程资料总目录卷汇总表（表式 E1-1）、工程资料总目录卷（表式 E1-2）两项。

13.1.1　工程资料总目录卷汇总表（表式 E1-1）

工程资料组卷完成后，对案卷进行汇总记录，由建设单位统一组织检查、验收与交接。

13.1.2　工程资料总目录卷（表式 E1-2）

工程资料组卷完成后，各单位进行总目录卷的编制，内容包括案卷题名、案卷编号、整理日期、保存单位、保存期限等。各单位城建档案管理员（即资料员）应分别对各自单位工程资料的组卷负责、并签字认可。

13.2　工程资料封面和目录（E2）

工程资料封面和目录（E2）包括工程资料案卷封面（表式 E2-1）、工程资料卷内目录

(表式 E2-2)、工程资料卷内备考表(表式 E2-3)三项。

13.2.1　工程资料案卷封面(表式 E2-1)

工程资料案卷封面(表式 E2-1)应注明工程名称、案卷题名、编制单位、技术负责人、保存期限等。

13.2.2　工程资料卷内目录(表式 E2-2)

工程资料卷内目录(表式 E2-2)内容包括序号、资料编号、资料日期、资料内容摘要等。

13.2.3　工程资料的卷内备考表(表式 E2-3)

工程资料的卷内备考表(表式 E2-3)内容包括文件材料张数、图样材料张数、照片张数等,立卷单位的立卷人、审核人及接收单位的审核人、接收人应签字。

13.3　工程档案封面和目录(E3)

工程档案封面和目录(E3)包括工程档案卷封面(表式 E3-1)、工程档案的卷内目录(表式 E3-2)、工程档案的卷内备考表(表式 E3-3)三项。

13.3.1　工程档案卷封面(表式 E3-1)

工程档案卷封面使用城市建设档案封面(表式 E3-1),应注明工程名称、案卷题名、编制单位、技术负责人、保存期限、档案密级等。

13.3.2　工程档案的卷内目录(表式 E3-2)

工程档案的卷内目录使用城建档案的卷内目录(表式 E3-2),内容包括序号、文件材料题名、原编字号、编制单位、编制日期、页次、备注。

13.3.3　工程档案的卷内备考表(表式 E3-3)

工程档案的卷内备考表使用城建档案案卷审核备考表(表式 E3-3),内容包括文件材料张数、图样材料张数、照片张数等,立卷单位的立卷人、审核人及接收单位的审核人、接收人应签字。

13.4　资料移交书(E4)

资料移交书(E4)包括工程资料移交书(表式 E4-1)、城市建设档案移交书(表式 E4-2)、城市建设档案缩微品移交书(表式 E4-3)、城市建设档案移交目录(表式 E4-4)四项。

13.4.1　工程资料移交书(表式 E4-1)

工程资料移交书(表式 E4-1)为工程资料进行移交的凭证,应有移交日期和移交单位、接收单位的签章。

13.4.2　城市建设档案移交书(表式 E4-2)

城市建设档案移交书(表式 E4-2)为竣工档案进行移交的凭证,应有移交日期和移交单位、接收单位的签章。

13.4.3　城市建设档案缩微品移交书(表式 E4-3)

城市建设档案缩微品移交书(表式 E4-3)为竣工档案进行移交的凭证,应有移交日期和移交单位、接收单位的签章。

13.4.4　城市建设档案移交目录(表式 E4-4)

城市建设档案移交目录(表式 E4-4)是城市建设档案移交的目录。

14　工程资料编号的填写规定

14.1　工程资料表格的编码

工程资料表格的编码由表式码、专业工程分类码和顺序码三部分组成,样式见图 1.14.1-1。

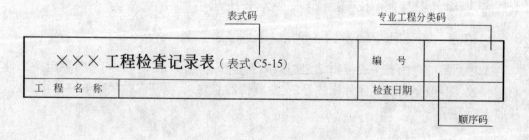

图 1.14.1-1　工程资料编码示意图

14.2　专业工程分类码

专业工程分类码按下列分类。

给水排水工程为 J2:其中给水工程 J2－1、排水工程 J2－2、卫生器具安装 J2－3、雨水工程 J2－4、中水工程 J2－5、其他工程 J2－6。

消防工程为 J3:其中消火栓给水系统 J3－1、自动喷洒给水系统 J3－2、气体灭火系统 J3－3、其他工程 J3－4。

暖通工程为 J4:其中供暖系统 J4－1,空调冷冻水(热水)、冷却水循环系统 J4－2,通风空调系统 J4－3,其他工程 J4－4。

燃气工程为 J7。

总图工程为 Z:其中给水接驳 Z1－1、污水接驳 Z1－2、雨水接驳 Z1－4、消防接驳 Z1－5、热力接驳 Z1－9、煤气接驳 Z1－10、其他接驳 Z1－11。室外消防安装工程 Z2－2、室外水景(喷泉、灌溉等)安装工程 Z2－3、其他工程 Z2－4。

未包含的项目,施工单位应接相应类别自行编号。并在总目录卷中予以说明。这里编者建议按表 1.14.2－1、表 1.14.2－2 进行编码。

专业工程分类码的编号 表 1.14.2－1

分项专业名称	给水工程	排水工程	卫生器具	雨水排水	中水工程	其他(如游泳池室内喷泉或其他特殊污水处理等)	消火栓系统	自动喷洒系统	气体灭火系统	其他	室内供暖、供汽工程
专业工程分类码	J2－1	J2－2	J2－3	J2－4	J2－5	J2－6	J3－1	J3－2	J3－3	J3－4	J4－1

专业工程分类码的编号 表 1.14.2－2

分项专业名称	空调冷热水、制冷剂输送、冷却水及相应的水质处理等工程	通风空调工程	其他(如锅炉安装压缩空气和其他特种管道安装等工程)	燃气工程	室外消防	室外水景(喷泉、灌溉等)	室外管线接驳	室外热网安装、室外给排水工程
专业工程分类码	J4－2	J4－3	J4－4	J7	Z2－2	Z2－3	Z1－1～Z1－11	Z2－4

14.3 顺序码

顺序码的编排按该分项工程安装的时间顺序进行编排,顺序码采用阿拉伯数字从 1 开始,依次进行标注。

15 资料的编制与组卷

15.1 工程资料与工程竣工验收的关系

15.1.1 工程资料的验收应与工程竣工验收同步进行。

15.1.2 工程资料的验收不符合要求的工程,不得进行工程竣工验收。

15.1.3 任何一项工程如果工程管理技术资料不符合标准规定,则该项工程为不合格。工程资料对工程质量有否决权的属性。

15.2 编制工程资料的质量要求

15.2.1 工程资料的真实性、完整性、准确性、系统性、时限性

工程资料必须真实地反映工程竣工后的实际情况,具有永久和长期保存价值的文件材料必须完整、准确、系统,各种程序责任者的签章手续必须齐全。

15.2.2 工程资料必须使用原件

工程资料必须使用原件,如有特殊原因不能使用原件的,应在复印件或抄件上加盖公章(如材质证书应有保存原件的供货单位在复印件或抄件上加盖公章),并注明原件的存放处。

15.2.3 工程资料的书写要求

工程资料必须采用计算机打印件,在需要表达验收意见和签名处,应采用手工书写和签字。签字必须执行编制档案规定的墨笔,不得采用圆珠笔、铅笔和双面复写纸。

15.2.4 工程资料的编制与填写

工程资料的编制与填写必须适应档案缩微管理和计算机输入的要求。凡采用施工蓝图改绘的竣工图,必须使用新的蓝图,并且反差明显。修改后的竣工图必须图面整洁,文字材料字迹工整、清楚。

15.2.5 工程档案缩微制品的要求

工程档案的缩微制品必须按照国家缩微标准的要求进行制作,主要技术指标(解像力、密度、海波残留量等)要符合国家标准,保证质量,以适应长期安全保管。

15.2.6 工程档案照片的要求

工程资料的照片(含底片)及声像档案应图像清晰,声音清楚,文字说明或内容准确。

15.2.7 对分包单位资料的验收

工程总体验收前,总包单位必须对各分包单位承包的分项工程或局部设备安装系统进行验收。验收的内容应明确。验收除了对工程进行实地施工质量和外观质量验收外,并对分包单位工程施工的有关施工技术资料进行审核与验收。验收合格后应填写分部(分项)工程中间验收单(表式 C5－1－4),办理分项工程施工技术资料移交手续。并将这部分资料汇入总的施工技术管理资料中。验收记录单中应有建设单位、总承包单位签字认可。

15.3 工程资料和档案的载体形式和要求

15.3.1 载体形式

(1) 工程资料:有纸质载体和光盘载体两种。
(2) 工程档案:可采用纸质载体、缩微品载体和光盘载体三种。

15.3.2 纸质载体和光盘载体工程资料的形成要求

纸质载体和光盘载体工程资料(包括工程音像资料)应在工程的施工过程中形成,并进行收集和整理。

15.3.3 光盘载体的电子工程档案

(1) 纸质载体的工程档案经档案馆和有关部门验收合格后,再进行电子工程档案核查。核查无误后进行电子工程档案的光盘刻制。
(2) 电子工程档案的封套、格式必须按城建档案馆的要求进行标注。

15.3.4 缩微品载体的工程档案

(1) 纸质载体的工程档案经档案馆和有关部门验收合格后,持城建档案馆发给的"准许缩微证明书"进行缩微制作。证明书应包括案卷目录、验收签章、城建档案馆的档案编号、胶片的代数、质量要求等,并将缩微证书缩拍在胶片的"片头"上。
(2) 报送"缩微制品载体"工程竣工档案的种类和数量,一般要求报送三代片,即:
第一代(母片)卷片一套,作长期保存使用。
第二代(拷贝片)卷片一套,作复制工作使用。
第三代(拷贝片)卷片或者开窗卡片、封套片、平片,作提供日常利用(阅读、复原)使用。
(3) 向城建档案馆移交的缩微卷片、开窗卡片、封套片、平片必须按城建档案馆的要求进行标注。

15.4　工程资料的组卷要求

15.4.1　组卷的基本原则

（1）建设项目按单位工程组卷。

（2）工程资料应按基建文件、监理资料、施工资料和竣工图分别进行组卷，施工资料和竣工图还应按专业分别组卷，以便于保管和利用。

（3）工程资料应根据第2.1节表1.2.1－1要求的保管单位和专业工程分类编码表进行组卷。

（4）卷内资料的排列顺序要依据卷内资料的构成而定，一般顺序为封面、目录、文件部分、备考表、封底。组成的案卷力求美观、整齐。

（5）卷内资料若有多种资料时，同类资料按日期的顺序组卷，不同资料之间的排列顺序应按资料的编号顺序排列。

15.4.2　组卷的质量和具体要求

（1）组卷的质量要求

A. 组卷前要详细检查基建资料、监理资料、施工资料和设计资料，按要求收集齐全、完整。

B. 编绘的竣工图纸图面要整洁、线条字迹清楚，修改要符合技术要求，图纸的反差要良好，能满足缩微和计算机扫描的要求。

C. 达不到质量要求的文字材料和图纸一律重做。

（2）组卷的具体要求

A. 基建文件可根据数据量的多少组成一卷或多卷，如工程项目的报批卷、用地拆迁卷、地质勘探报告卷、工程竣工总结卷、工程照片卷、录音录像卷等。每部分根据资料的多少还可以组成一卷或多卷。

B. 监理资料部分可根据数量的多少组成一卷或多卷，如监理验收资料卷、监理月报卷等。每部分根据资料的多少还可以组成一卷或多卷。

C. 施工资料中的C1、C2、C4、C7可根据保存单位和资料数量的多少汇总组成一卷或多卷。C3、C5、C6按保存单位和《规程》附录E"专业工程分类编码参考表"的类别进行组卷，并依据资料数据量的多少组成一卷或多卷。如土方工程卷（T1）、给水工程卷（J2－1）、消火栓系统卷（J3－1）、采暖工程卷（J4－1）等。

D. 竣工图部分按专业进行组卷。可分为综合图卷、建筑、结构、给排水、燃气、电气、采暖、通风与空调、电梯、工艺卷等。每一专业根据图纸的多少，可以组成一卷或多卷。

E. 文字材料和图纸材料原则上不能混装在一个装具内。如文件材料较少，需装在一个装具内时，文字材料和图纸材料必须混合装订。

F. 工程档案应同时按《规程》附录F"向城建档案馆报送的工程档案内容和组卷表"或第18节的要求进行组卷。

G. 工程资料案卷的封面采用表式 E2 – 1,工程档案案卷的封面采用表式 E3 – 1。

H. 向城建档案馆报送的工程档案,单项工程的档案总卷数超过 20 卷的,须编制总目录卷(表式 E1 – 2)。

I. 工程资料应按单项工程编制总目录卷和总目录汇总表(表式 E1 – 1、表式 E1 – 2)。

15.4.3 案卷页号的编写

(1) 编写页号以独立卷为单位。在案卷内文件材料排列顺序确定后,均以有书写内容的页面编写页号。

(2) 每卷从 1(阿拉伯数字)开始用打号机或钢笔依次逐张标注页号,采用黑色或蓝色油墨或墨水。案卷封面、卷内目录、卷内备考表等不编写页号。

(3) 工程资料页号的编写位置

单面书写的文字材料页号编写在右上角。双面书写的文字材料,正面编写在右上角,背面写在左上角。

(4) 工程档案页号的编写位置

单面书写的文字材料页号编写在右下角。双面书写的文字材料,正面编写在右下角,背面写在左下角。

(5) 竣工图纸折叠后无论何种形式,一律编写在右下角。

15.4.4 案卷封面的编制(表式 E2 – 1、表式 E3 – 1)

(1) 案卷封面包括的内容:案卷封面包括名称、案卷题名、编制单位、技术主管、编制日期、保管期限、密级(以上由移交单位填写)、共_____册第_____册等。工程档案案卷封面还应包括档案馆代号、档号、缩微号等(由城建档案馆填写)。

(2) 名称:填写工程建设项目竣工后使用的名称。若该工程分几个单位工程应在第二行填写单位工程的名称。

(3) 案卷题名:填写本卷的卷名。为能简明准确地揭示卷内文件的内容,第一行填写案卷的具体标题,如该单位工程的基建文件、监理资料、施工资料、综合图、建筑竣工图、结构竣工图、给排水竣工图、燃气竣工图、电气竣工图、采暖竣工图、通风与空调竣工图、电梯竣工图、工艺竣工图等。若基建资料、施工资料、各专业竣工图又分为若干卷,可在卷后加划横线,注明本卷的具体题名和组卷编号。如施工资料——钢筋混凝土工程卷(T3 – 1)。第二行填写本卷包含的资料名称和编号。工程档案卷的卷名题名按《规程》附录 F"向城建档案馆报送的工程档案内容和组卷表"或第 18 节的要求填写卷名。

(4) 编制单位:填写本卷的编制单位,并盖章。

(5) 技术主管:填写编制单位的技术负责人(如总工程师或主任工程师)签名或盖章。

(6) 编制日期:填写卷内文件材料形成的起止日期。

(7) 保管期限:按本《规程》规定的保管期限填写,由城建档案馆保存的,由建设单位填写。

(8) 密级:由保存单位按照本单位的保密规定填写,由城建档案馆保存的,由建设单位填写。

15.4.5 案卷脊背的编制

案卷脊背的项目有档号、案卷题名,由保存单位填写。工程档案的案卷脊背由城建档案馆填写。

15.4.6 工程资料卷内目录的编制(表式 E2-2)

(1)填写的目录应与案卷的内容相符,排列在内封面之后,原文件目录及设计图纸目录不能代替。

(2)编制单位:填写案卷的编制单位名称。

(3)序号:按卷内文件排列先后用阿拉伯数字1开始依次标注。

(4)资料名称:即表格和图纸名称,无标题或无相应表格的文件应依据内容拟写标题。

(5)资料编号:即表格编号和图纸编号。

(6)资料内容:填写资料的内容摘要。

(7)编制日期:填写资料的形成时间(文字材料为原文件的形成日期,汇总表为汇总的日期,竣工图为编制的日期)。

(8)页次:填写每份文件材料在本案卷的页次或起、止页次。

(9)备注:填写需要说明的问题。

15.4.7 城建档案卷内目录的编制(表式 E3-2)

(1)填写的目录应与案卷的内容相符,排列在内封面之后,原文件目录及设计图纸目录不能代替。

(2)序号:按卷内文件排列先后用阿拉伯数字1开始依次标注。

(3)文件材料题名:即文字材料或图纸名称,无标题或无相应表格的文件应依据内容拟写标题。

(4)原编字号:即文件制发机关的发文号或图纸原编图号。

(5)编制单位:填写案卷的编制单位名称。

(6)编制日期:填写资料的形成时间(文字材料为原文件的形成日期,汇总表为汇总的日期,竣工图为编制的日期)。

(7)页次:填写每份文件材料在本案卷的页次或起、止页次。

(8)备注:填写需要说明的问题。

15.4.8 卷内备考表的编制(表式 E2-3、表式 E3-2)

(1)案卷审核备考表

案卷审核备考表分上下两栏,上栏由立卷单位填写,下栏由接收单位填写。

(2)上栏部分应标明的内容

文件材料的总张数:标明本案卷已编号文件材料的总张数(指文字材料、图纸、照片等的总张数)。

审核说明:填写立卷时文件材料的完整和质量情况,以及应归档而缺少的文件材料名称和缺少的原因。

立卷人:由责任立卷人签名。

审核人:由案卷的审查人签名。

年月日:按立卷、审核的时间分别填写。

(3) 下栏部分应标明的内容

审核说明:由接收单位根据案卷的完整和质量情况标明审核意见。

技术审核人:由接收单位工程档案技术审核人签名。

档案接收人:由接收单位工程档案管理接收人签名。

年月日:按审核接收的时间分别填写

(4) 城建档案案卷审核备考表(表式 E3 - 2)下栏的填写

城建档案案卷审核备考表(表式 E3 - 2)下栏部分由城建档案馆根据案卷的完整及质量情况标明审核意见。

15.4.9 外文编制的工程档案其封面、目录、备考表必须用中文填写

15.5 案卷规格、图纸折叠与案卷装订

15.5.1 案卷规格

卷内资料、封面、目录、备考表一律统一采用 A4 幅(297mm × 210mm)尺寸,图纸分别采用 A0(841mm × 1189mm)、A1(594mm × 841mm)、A2(420mm × 594mm)、A3(297mm × 420mm)、A4(297mm × 210mm)幅面。小于 A4(297mm × 210mm)幅面的文件,应用 A4 (297mm × 210mm)幅面的白纸衬托。

15.5.2 案卷的装具

案卷采用统一规格尺寸的装具,属于工程档案的文字、图纸材料一律采用城建档案馆监制的硬壳卷夹或卷盒。外表尺寸为 310mm(高) × 220mm(宽),卷盒厚度尺寸分别为 50mm、30mm 两种。卷夹厚度尺寸为 25mm。少量特殊的档案也可以采用外表尺寸为 310mm(高) × 430mm(宽),厚度尺寸为 50mm。案卷皮的尺寸为 297mm(高) × 210mm(宽)。

15.5.3 图纸折叠方法

详见《规程》附录 C。

15.5.4 案卷的装订

(1) 文字材料必须装订成册。图纸材料可以装订成册,也可以散装在卷盒内存放。

(2) 装订时要剔除金属物。在装订线的一侧,根据案卷的厚薄加垫草板纸。

(3) 案卷用棉线在左侧三孔装订,棉线装订结打在背面。装订线距离左侧 20mm,上下孔分别距离中间孔 80mm。

(4) 装订时需将封面、目录、备考表、封底与案卷一起装订。图纸散装在盒内时,需将

案卷封面、目录、备考表三件用棉线在左上角装订在一起。

16 验收与移交、计算机管理

16.1 验 收

16.1.1 工程竣工档案的验收是工程竣工验收的重要内容。在工程竣工验收时,建设单位必须提供一套工程竣工档案报请有关部门进行审查、验收。

16.1.2 工程资料(包括工程档案)由建设单位进行验收,属于向城建档案馆报送工程档案的工程项目,还应会同向城建档案馆共同验收。向城建档案馆报送工程档案的工程范围见第17节。

16.1.3 国家、市重点工程项目或一些特大型、大型的工程项目的预验收和验收必须有城建档案馆参加验收。

16.1.4 为确保工程竣工档案的质量,各编制单位、建设单位或工程管理部门、监理单位、城建档案馆、档案行政管理部门等要严格进行检查、验收。编制单位、制图人、审核人、技术负责人必须进行签字或盖章。如有不符合技术要求、缺项、缺页等,一律退回编制单位进行改正、补齐。问题严重者可令其重做。不符合要求者,不能交工验收。

16.1.5 城建档案馆负责工程竣工档案的最后验收。并对编制报送工程竣工档案进行业务指导、督促与检查。凡报送的竣工档案经验收不合格的,将其退回建设单位,由建设单位责成责任者重新今年系编制,待达到要求后重新报送。检查验收人员应对接收的档案负责,并在档案备考表中签字。

16.2 移 交

16.2.1 施工单位、监理单位等有关单位应在工程竣工验收前,将工程资料按合同或协议规定的时间、套数移交给建设单位,并办理移交手续(表式 E4－1)。

16.2.2 竣工验收后三个月内,建设单位应将汇总后的全部工程档案移交城建档案馆,并办理纸质品资料移交手续或缩微品资料的移交手续(表式 E4－2、表式 E4－3、表式 E4－4)。推迟报送日期,必须在规定的报送时间内向城建档案馆申请延期报送,并申明延期报送的原因,经同意后办理延期报送手续。

16.3 计算机管理

16.3.1 本规程规定国家及北京市重点工程、大型工程必须采用计算机管理,并形成电子工程档案。

16.3.2 工程资料应采用资料数据打印输出加手写签名和全部数据计算机管理并行的方式,由各单位提交给城建档案馆电子工程档案。

16.3.3 工程资料宜采用多媒体资料,工程实体部分均要求资料附带音像资料,并采用数据库进行管理。

16.3.4 电子工程档案及管理数据库必须按照北京市建设委员会和北京市城建档案馆的规定格式进行编制和管理。

17 向城建档案馆报送工程档案的工程范围

17.1 民用建筑

17.1.1 居住建筑

(1) 非定型设计的高标准住宅、别墅、公寓。

(2) 采用新材料、新结构的住宅。

(3) 底层带有5级和5级以上地下人防设施的住宅。

(4) 7层以上的高层住宅。

(5) 主要规划路(干道、次干道)两侧和广场周围的多层住宅。

(6) 具有古建筑等民族特色、有保存价值的低层、多层住宅。

(7) 居住小区(包括新建小区和危旧房改造区)符合进馆范围的居住建筑,公共建筑和市政公用工程(如小区内的管网综合图)均按单项工程报送竣工档案。

17.1.2 政治性、纪念性建筑

如大型会堂、纪念碑、纪念馆、纪念堂、名人故居等。

17.1.3 旅游建筑

如中级以上的旅馆、宾馆、饭店、招待所、公寓、写字楼等。

17.1.4 外事建筑

如大使馆、外交公寓、国际俱乐部、大中型友谊商店等。

17.1.5 科技建筑

如大中型科研建筑、科技中心、情报中心、信息中心等。

17.1.6 文教、宣传、出版建筑

如大中型文化馆、俱乐部、少年宫、图书馆、档案馆、博物馆、科技馆、展览馆、展览中

心、美术馆、文艺游乐场、公园、文化中心、艺术中心、出版社、高校教室楼、非标准设计的中学、小学、中等专业学校、高标准的托幼和其他具有现代化教育设施的建筑等。

17.1.7 体育设施建筑

如大中型体育场、大中型体育馆、游泳馆、体育中心、训练基地等。

17.1.8 医疗卫生建筑

如大中型综合医院、专科医院、门诊部(楼)、中高级疗养院、大中型康复中心、药物检测中心、防疫站、养老院等。

17.1.9 办公建筑

如中央和北京市国家机关、各部、委、总局、群众团体和经贸团体、事业单位及军队军职以上机关的办公楼或带有通信指挥设施的行政指挥中心等。

17.1.10 商业服务业建筑

如大中型市场、商场、贸易中心、购物中心、百货公司、大中型食品街、商业街等。

17.1.11 影剧院建筑

如大中型电影院、剧院(场)、舞厅、音乐厅等。

17.1.12 邮电通信建筑

如区级以上的邮政、电信(电报、电话)业务建筑等。

17.1.13 广播电视建筑

如广播大厦、电台、电视台、电视制作中心、电视塔、卫星地面站等。

17.1.14 金融保险建筑

如大中型银行、保险公司、金融中心等。

17.1.15 交通运输建筑

如航空港、候机楼、火车站、长途汽车站、码头以及汽车楼、地下汽车库等。

17.1.16 古建、园林建筑

如市级、国家级重点保护的古建、园林建筑、恢复重建的古建筑、仿古建筑等。

17.1.17 主要规划路(主干道、次干道)两侧和广场周围的永久性公共建筑

17.1.18 国外资助、外国投资、中外合资兴建的大中型楼、堂、馆、所等建筑

17.2 工业建筑

17.2.1 工业

(1) 冶金工业
如钢铁厂、轧钢厂、有色金属冶炼厂、加工厂等。
(2) 机械工业
如机械厂、机床厂、汽车制造厂、大型修理厂等。
(3) 电子工业
如计算机厂、电视机厂、电子仪器厂、机电设备厂等。
(4) 石化工业
如炼油厂、化工厂、橡胶厂、塑料厂、化肥厂等。
(5) 轻纺工业
各种轻纺产品生产厂,如电冰箱厂、洗衣机厂、空调器厂、造纸厂、纺织厂、针织厂、印染厂、文化用品厂和厨房用具加工厂等。
(6) 建材工业
如水泥厂、大型砖瓦厂、玻璃厂、保温防火材料厂、建材试验厂等。
(7) 食品工业
包括各种粮、油食品加工厂、制作厂、烟酒饮料加工厂等。
(8) 医药工业
如制药厂、制剂厂、卫生保健用品加工厂等。
(9) 矿山
包括黑色金属、有色金属和非金属矿,如铁矿、铅矿、煤矿、采石场等。
(10) 工业仓库
包括工厂、矿山的大中型仓库。

17.2.2 公用工程设施建筑

(1) 给水:水源厂、配水厂等。
(2) 排水:污水处理厂(场)。
(3) 热力:供热厂、热力交换站(点)、锅炉房等。
(4) 燃气:煤气厂、天然气储备厂、液化石油气灌瓶站、燃气调压站等。
(5) 电力:热力发电厂、水力发电厂、核能发电厂、蓄能电站、变电站、开关所、配电室。
(6) 卫生设施:垃圾场站、垃圾处理厂、公共厕所等。

17.2.3 改建、扩建工程建筑

凡属于上述一、二项(即17.1和17.2项)包含的民用建筑和工业建筑进行较大规模的改建和扩建、抗震加固措施等均应报送改建、扩建工程竣工档案。

18 向城建档案报送的工程档案内容和组卷表

向城建档案馆报送的工程档案内容和组卷案，见表1.18.1－1。

向城建档案馆报送的工程档案内容和组卷表　　　　表1.18.1－1

案卷题目	案卷类别	表格编号	文 件 名 称
基建文件卷	立项文件	A1－1	项目建议书
		A1－2	对项目建议书的批复文件
		A1－3	可行性研究报告
		A1－4	可行性研究报告的批复文件
		A1－5	关于立项的会议纪要、领导批示
		A1－6	专家对项目的有关建议文件
		A1－7	项目评估研究资料
		A1－8	计划部门批准的立项文件
		A1－9	计划部门批准的计划任务
	征地拆迁文件	A2－1	计划部门批准征用土地的计划任务
		A2－2	国有土地使用证
		A2－3	市政府批准征用农田的文件：使用国有土地时，房屋土地管理部门拆迁安置意见（见选址规划意见通知书）
		A2－4	选址意见通知书及附图一份
		A2－5	建设用地规划许可证、许可证附件及附图
	勘察测绘设计文件	A3－1	工程地质勘察报告
		A3－2	水文地质勘察报告
		A3－3	建筑用地钉桩通知书
		A3－4	验线通知书
		A3－5	规划设计条件通知书及附图一份
		A3－6	审定设计方案通知书及附图一份
		A3－7	审定设计方案通知书要求征求有关人防、环保、消防、交通、园林、市政、文物、通讯、保密、河湖、教育等部门的审查意见和要求取得的有关协议
		A3－11	消防设计审核意见
		A3－12	政府有关部门对施工设计文件的审查意见
	开工文件	A5－1	年度施工任务批准文件
		A5－2	修改工程施工图纸通知书
		A5－3	建设工程规划许可证、附件及附图
		A5－4	固定资产投资许可证

案卷题目	案卷类别	表格编号	文 件 名 称	
基建文件卷	开工文件	A5-5	建设工程开工证或开工报告	
		A5-6	工程质量监督手续	
	商务文件	A6-5	工程决算	
		A6-6	交付使用固定资产清单	
	验收备案文件	A7-1	工程竣工验收备案表	
		A7-2	工程竣工验收报告	
		A7-3	由规划、公安消防、环保等部门出具的认可文件或准许使用文件	
	其他文件	A8-1	工程竣工总结	
		A8-3	工程未开工前的原貌、竣工新貌照片	
		A8-4	工程开工、施工、竣工的录音录像资料	
监理文件卷	设计	B1-3	设计监理审核总结	
	施工	B2-1	监理规划、监理实施细则	
		B2-6	监理工作总结(专题、阶段和竣工总结)	
		B2-3-8	质量事故报告及处理资料	
		B4-1	竣工移交证书	
		B4-2	工程质量评估报告	
施工文件卷	管理验收卷	C1-1	工程概况表	
		C1-3	项目大事记	
		C1-6-1	建设工程质量事故调(勘)查记录	
		C1-6-2	建设工程质量事故报告书	
		C1-7	施工总结	
		C7-2-1	竣工验收通用表(各专业)	
		C7-2-2	基础/主体工程验收记录	
		C7-2-3	幕墙工程验收记录	
		C7-3	单位工程验收记录	
		C7-4	工程竣工报告	
施工资料卷	土建卷	C3-5-1	材料试验报告(通用)	基础与结构工程
		C3-5-2	水泥试验报告	
		C3-5-3	钢筋原材试验报告	
		C3-5-4	砌砖墙(砌块)试验报告	
		C3-5-5	砂子试验报告	
		C3-5-6	碎(卵)石试验报告	
		C4-1	工程定位测量记录	

案卷题目	案卷类别	表格编号	文　件　名　称
施工资料卷	土建卷	C4-2	基槽验线记录
		C4-4	沉降观测记录
		C5-1-1	隐蔽工程检查记录(验槽、基础与结构中的钢筋工程)
		C5-2-1	地基处理记录
		C5-2-2	地基钎探记录
		C5-2-3	桩基施工记录
		C5-2-9	预应力筋张拉报告
		C5-2-10	预应力筋张拉记录
		C5-2-11	有粘结预应力结构灌浆记录
		C6-3-1	钢筋连接试验报告
		C6-3-2	回填土干密度试验报告
		C6-3-10	砌筑砂浆试块强度统计、评定记录
		C6-3-11	混凝土试块强度统计、评定记录
		C2-3-2	设计交底记录
		C2-3-3	设计变更、洽商记录
	钢结构卷	C3-5-12	钢材机械性能试验报告
		C3-5-13	金相试验报告
		C6-3-7	超声波探伤报告
		C6-3-8	超声波探伤记录
		C6-3-9	钢构件射线探伤报告
		C2-3-2	设计交底记录
		C2-3-3	设计变更、洽商记录
	幕墙卷		包括幕墙工程设计文件、产品复试报告、施工记录和施工实验记录等施工资料(产品复试报告和施工实验记录应由法定检测单位出具)
	室外工程卷		包括红线以内的道路、路灯、绿化及地下各种市政管线等工程施工隐检、洽商、施工记录等文件
	电气卷	C2-3-2	设计交底记录
		C2-3-3	设计变更、洽商记录
		C5-1-1	隐蔽工程检查记录表
		C6-2-1	设备单机试运转记录
		C6-2-2	调试报告
		C6-4-1	电气接地电阻测试记录

210

案卷题目	案卷类别	表格编号	文 件 名 称
施工资料卷	给排水卷（含燃气）	C2-3-2	设计交底记录
		C2-3-3	设计变更、洽商记录
		C5-1-1	隐蔽工程检查记录表
		C6-5-2	管道强度严密性试验记录
		C6-2-1	设备单机试运转记录
		C6-2-2	调试报告
	消防卷	C2-3-2	设计交底记录
		C2-3-3	设计变更、洽商记录
		C5-1-1	隐蔽工程检查记录表
		C6-5-2	管道强度严密性试验记录
		C6-2-1	设备单机试运转记录
		C6-2-2	调试报告
	采暖通风空调卷	C2-3-2	设计交底记录
		C2-3-3	设计变更、洽商记录
		C5-1-1	隐蔽工程检查记录表
		C6-5-2	管道强度严密性试验记录
		C6-6-6	制冷系统气密性试验记录
		C6-2-1	设备单机试运转记录
		C6-2-2	调试报告
	电梯卷	C2-3-2	设计交底记录
		C2-3-3	设计变更、洽商记录
		C5-3-1	电梯承重梁、起重吊环埋设隐蔽工程检查记录
		C5-3-2	电梯钢丝绳头灌注隐蔽工程检查记录
		C6-7-3	电梯整机功能检验记录
		C6-7-4	电梯层门安全装置检查试验记录表
		C6-7-5	电梯负荷运行试验记录表
		C6-7-9	自动扶梯、自动人行道运行试验记录
竣工图	总图工程（室外）		地上部分的道路、绿化、路灯等 地下部分的各种市政管线等
	建筑、结构、给排水、消防、采暖、通风空调、电气、弱电、燃气、幕墙、工艺平面布置图等		
	室内装修部分		机电专业

注：可根据文件数量组成一卷或多卷，如：隐检卷、设计变更洽商卷、桩基施工记录卷等。

19 贯彻 GB 50300—2001、GB 50242—2002、GB 50243—2002 及 DBJ 01—51—2003 规范和规程中若干问题的处理意见

由于自 2003 年 2 月 1 日新的 DBJ 01—51—2003 替代原 DBJ 01—51—2000,现将相关问题作如下补充说明。

19.1 对 GB 50242—2002《建筑给水排水及采暖工程质量验收规范》的几点认识

19.1.1 本规范替代原 GBJ 242—82 和 GBJ 302—88 等两个规范,自 2002 年 04 月 01 日起上述两个规范作废。

19.1.2 本规范增加的内容:"建筑中水系统"、"游泳池水系统安装"、"交换站安装"、"低温热水地板辐射采暖系统安装"及"新材料(如复合管、塑料管、铜管、新型散热器、快装管件等)的质量标准及验收方法"等内容,以及明确必须坚决贯彻的强制性条文。

19.1.3 本规范与原规范在某些方面的差异

(1) 适用范围扩展(限于篇幅,请自己对两个规范的条文进行对比比较)。

(2) 进一步明确各类系统、同一专业不同材质系统的试验压力和标准、测试、试验项目的要求。

(3) 增加了某些实验项目。如将住宅工程的排水系统通球试验扩展到公共建筑工程、增加了最高点和最低层消火栓系统的试射试验。

19.1.4 本规范偏重于施工管理,对于一些具体的技术措施和规定,没有具体列出。实施中仍然参照过去规范和规程的有关规定。

19.2 对 GB 50243—2002《通风与空调工程施工质量验收规范》的几点认识

19.2.1 本规范替代原 GB 50243—97 和 GBJ 304—88 等两个规范,自 2002 年 04 月 01 日起上述两个规范作废。

19.2.2 本规范增加的内容:

(1) 增加了综合效能的测定和调试。

(2) 增加和完善施工记录和测试调整记录表格,使得施工现场检测记录更有依据。

(3) 增加和完善洁净空调系统的检测实验内容,减少对 JGJ 71—90《洁净室施工及验收规范》的依靠,但是有些项目还应参照该规范进行。

(4) 规范中还明确了施工中应贯彻的强制性条文。

19.2.3 本规范与原规范在某些方面的差异:

(1) 调整了漏风量标准的采集方法,即由列表式采集改为较准确的公式计算法采集。

(2) 对软管和软接头的使用有了较严格的限制,避免原 GB 50243—97 过于偏宽使用带来的损害人体健康卫生问题。

(3) 通过相关内容的删节,使其与 GB 50273—98《制冷设备、空气分离设备安装工程施工及验收规范》有了更明确的分工与更有机的配合。

19.2.4 本规范要求任何工程均应进行设备进场检测,风管制作、系统安装均应进行灯光检漏、系统安装漏风量测定、系统风量平衡、设备单机试运转、系统联合试运转及房间送风口风量测定与调试,记录单应以系统分开记录,不得笼统合并记录。

19.2.5 本规范偏重于施工管理,对于一些具体的技术措施和规定,没有具体列出。实施中仍然参照过去规范和规程的有关规定。

19.3 贯彻 DBJ 01—51—2003《建筑工程资料管理规程》的若干问题(关于 DBJ 01—51—2003 与 DBJ 01—51—2000 的比较——暖卫通风空调部分)

北京市 DBJ 01—51—2000《建筑工程资料管理规程》的修订稿 DBJ 01—51—2003《建筑工程资料管理规程》已于 2003 年 01 月 27 日发布,2003 年 02 月 01 日实施。由于修订稿与原稿有相当部分的修改、增补、完善,现就其中的差异进行如下分析,供参考。

19.3.1 DBJ 01—51—2003《建筑工程资料管理规程》版本是 DBJ 01—51—2000《建筑工程资料管理规程》版本内容的充实与完善

DBJ 01—51—2000《建筑工程资料管理规程》实施以来,的确存在较多的缺陷与不足。如手续繁琐、职责混淆、记载表格遗漏较多、资料来源交代不够清楚。同时也与新修订的施工验收规范脱钩,不能与新规范相互呼应满足新规范的要求。经修订的 DBJ 01—51—2003《建筑工程资料管理规程》较大地弥补了原规程 DBJ 01—51—2000《建筑工程资料管理规程》的不足,增补了 DBJ 01—51—2000《建筑工程资料管理规程》遗漏的施工工序记录表。尤其增加室内空气环境质量的控制,突出绿色环保的重要性。同时也较好地解决了原规程没有细致深入交代的问题,如材料、设备、附件的质量证明资料的来源,安全部件调试资料的提供单位等。对于某些检验记录的职责归属也进行调整,如不合格项的处置记录,由原来施工单位填写保存,改由监理单位填写保存与归档。

对工程物资的采购、验收报验,施工组织设计和施工方案、工程进度计划等技术文件的报审等手续,则与新增加的监理功能——工程进度款的报审、工程款的支付申请等行政审批报表归为一类,列入监理资料管理范畴。

DBJ 01—51—2003《建筑工程资料管理规程》仍然继承原规程 DBJ 01—51—2000《建筑工程资料管理规程》的特点,力求从工程资料的管理过程,达到施工技术管理资料的真实性、准确性、完整性、时限性。DBJ 01—51—2000《建筑工程资料管理规程》的技术措施在 DBJ 01—51—2003《建筑工程资料管理规程》中不仅得到继承,并加以完善。这一点在资料的编号原则和方法方面得到体现。

19.3.2 DBJ 01—51—2003《建筑工程资料管理规程》版本与 DBJ 01—51—2000《建筑工程资料管理规程》版本内容的比较对照

（1）DBJ 01—51—2003《建筑工程资料管理规程》版本与 DBJ 01—51—2000《建筑工程资料管理规程》版本记录表格的比较对照见表 1.19.3－1。

表格的比较对照表（暖卫通风空调部分）　　　　表 1.19.3－1

DBJ 01—51—2000		DBJ 01—51—2003	
表格编号	表 格 名 称	表格编号	表 格 名 称
		C0	工程管理与验收资料
C1－1	工程概况表	C0－1	工程概况表
C1－2	施工进度计划分析		
C1－6－1	建设工程质量事故调(勘)查笔录	C0－2	建设工程质量事故调(勘)查笔录
C1－6－2	建设工程质量事故报告书	C0－3	建设工程质量事故报告书
C8 系列	单位(子单位)工程质量竣工验收记录	原附录表 D－4 编入 C0－4	单位(子单位)工程质量竣工验收记录
C8 系列	单位(子单位)工程质量控制资料核查记录	原附录表 D－5 编入 C0－5	单位(子单位)工程质量控制资料核查记录
C8 系列	单位(子单位)工程安全和功能检查资料核查和主要功能抽查记录	原附录表 D－6 编入 C0－6	单位(子单位)工程安全和功能检查资料核查和主要功能抽查记录
C8 系列	单位(子单位)工程观感质量检查记录	原附录表 D－7 编入 C0－7	单位(子单位)工程观感质量检查记录
		检测单位提供	室内环境检测报告
C1－3	项目大事记		
C1－5	不合格项处置记录	B2－18	不合格项处置记录
C1－7	施工总结		施工总结
			工程竣工报告
		C1	施工管理资料
		C1－1	施工现场质量管理检查记录
		施工单位提供	企业资质证书及相关专业人员岗位证书
		监理单位提供	见证记录
C1－3	施工日志	C1－2	施工日志
		C2	施工技术资料
C2－2－2	施工组织设计及施工方案	施工单位编制	施工组织设计及施工方案

DBJ 01—51—2000		DBJ 01—51—2003	
表格编号	表　格　名　称	表格编号	表　格　名　称
C2 - 2 - 1	技术交底记录	C2 - 1	技术交底记录
C2 - 3 - 1	图纸审查记录		
C2 - 3 - 2	设计交底记录	C2 - 2	图纸会审记录
C2 - 3 - 3	设计变更、洽商记录	C2 - 3	设计变更通知单
		C2 - 4	工程洽商记录
	施工物资资料	C4	施工物资资料
C3 - 4 - 2	材料、配件检查记录	C4 - 1	材料、构配件进场检验记录
		C4 - 2	材料试验报告(通用)
C3 - 4 - 1	设备开箱检查记录	C4 - 3	设备开箱检验记录(机电通用)
C3 - 4 - 4	设备及管道附件试验记录	C4 - 4	设备及管道附件试验记录(机电通用)
C3 - 3	产品质量证明文件	C4	出厂质量证明文件
		供应单位提供	管材产品质量证明文件
		供应单位提供	主要材料、设备等产品质量合格证及检测报告
		供应单位提供	绝热材料产品质量合格证及检测报告
		供应单位提供	给水管道材料卫生检测报告
		供应单位提供	成品补偿器预拉伸证明书
		供应单位提供	卫生洁具环保检测报告
		供应单位提供	锅炉(承压设备)焊缝无损探伤检测报告
		供应单位提供	水表、热量表计量检定证书
		分别由试验单位及供应单位提供	安全阀、减压阀调试报告及定压合格证书
		供应单位提供	主要器具和设备安装使用说明书
		供应单位提供	制冷机组等主要设备和部件产品合格证、质量证明文件

DBJ 01—51—2000		DBJ 01—51—2003	
表格编号	表 格 名 称	表格编号	表 格 名 称
		供应单位提供	阀门、疏水器、水箱、分集水器、减震器、储冷器、集气罐、仪表、绝热材料等出厂合格证、质量证明及检测报告
		供应单位提供	板材、管材等质量证明文件
		供应单位提供	主要设备安装使用说明书
	施工记录	C5	施工记录
C5-1-1	隐蔽工程检查记录	C5-1	隐蔽工程检查记录
C5-1-2	预检工程检查记录	C5-2	预检记录
C5-1-3	施工通用记录表	C5-3	施工检查记录(通用)
C5-1-4	中间检查交接记录	C5-4	交接检查记录
C5-2-12	建筑烟(风)道、垃圾道检查记录	C5-19	通风(烟)道、垃圾道检查记录
	施工试验记录	C6	施工试验记录
C6-1	施工试验记录(通用)	C6-1	施工试验记录(通用)
C6-2-1	设备单机试运转记录	C6-2	设备单机试运转记录(机电通用)
C6-2-2	调试报告		
		C6-3	系统试运转调试记录(机电通用)
C6-3-7	超声波探伤报告	C6-15	超声波探伤报告
C6-3-8	超声波探伤记录	C6-16	超声波探伤记录
C6-5-1	管道灌水试验记录	C6-18	灌(满)水试验记录
C6-5-2	管道强度严密性试验记录	C6-19	强度严密性试验记录
C6-5-3	管道通水试验记录	C6-20	通水试验记录
C6-5-4	管道吹(冲)洗(脱脂)试验记录	C6-21	吹(冲)洗(脱脂)试验记录
C6-5-5	室内排水管道通球试验记录	C6-22	通球试验记录
C6-5-6	补偿器安装记录表	C6-23	补偿器安装记录
		C6-24	消火栓试射记录
		C6-25	安全附件安装检查记录
		C6-26	锅炉封闭及烘炉(烘干)记录

\multicolumn{2}{c}{DBJ 01—51—2000}	\multicolumn{2}{c}{DBJ 01—51—2003}
表格编号	表 格 名 称	表格编号	表 格 名 称
		C6 – 27	锅炉煮炉试验记录
		C6 – 28	锅炉试运行记录
		试验单位提供	安全阀调试记录
		C6 – 39	风管漏光检测记录
C6 – 6 – 2	风管漏风检测记录	C6 – 40	风管漏风检测记录
C6 – 6 – 1	现场组装除尘器、空调机漏风检测记录	C6 – 41	现场组装除尘器、空调机漏风检测记录
C6 – 6 – 3	各房间室内风量检测记录	C6 – 42	各房间室内风量、温度检测记录
C6 – 6 – 4	管网风量平衡记录	C6 – 43	管网风量平衡记录
C6 – 6 – 5	通风系统试运行记录	C6 – 44	空调系统试运转调试记录
		C6 – 45	空调水系统试运转调试记录
C6 – 6 – 6	制冷系统气密性试验记录	C6 – 46	制冷系统气密性试验记录
		C6 – 47	净化空调系统测试记录
		C6 – 48	防排烟系统联合试运行记录
	质量评定资料	C7	★施工质量验收记录
		原附录表 D – 1 编入 C7 – 1	检验批质量验收记录表
		原附录表 D – 2 编入 C7 – 2	分项工程质量验收记录表
		原附录表 D – 3 编入 C7 – 3	分部(子分部)工程验收记录表
D 类	竣工图	编制单位提供	★★竣工图
E 类			工程资料组卷表
E1 – 1	工程资料总目录卷汇总表		
E1 – 2	工程资料总目录卷		
E2 – 1	工程资料案卷封面	E1 – 1	工程资料案卷封面
E2 – 2	工程资料案卷目录	E1 – 2	工程资料案卷目录
		E1 – 3	分项目录(一)
		E1 – 4	分项目录(二)

DBJ 01—51—2000		DBJ 01—51—2003	
表格编号	表　格　名　称	表格编号	表　格　名　称
E2 – 3	工程资料卷内备考表	E1 – 7	工程资料备考表
E3 – 1	城市建设档案封面	E2 – 1	城市建设档案封面
E3 – 2	城建档案卷内目录	E2 – 2	城建档案卷内目录
E3 – 3	城建档案卷审核备考表	E2 – 3	城建档案卷审核备考表
E4 – 1	工程资料移交书	E3 – 1	工程资料移交书
E4 – 2	城市建设档案移交书	E3 – 2	城市建设档案移交书
E4 – 3	城市建设档案缩微品移交书	E3 – 3	城市建设档案缩微品移交书
		E3 – 4	工程资料移交目录
E4 – 4	城市建设档案移交目录	E3 – 5	城市建设档案移交目录
			见证管理用表
		F1	有见证取样和送检见证人备案书
		F2	见证记录
		F3	有见证试验汇总表
			工程资料登记表
		G	工程资料登记表

注：★——施工质量验收记录应依据 GB 50300—2001 的通用表式和 GB 50242—2002、GB 50243—2002 的具体要求进行设置质量验收表格。这里为了与整个施工记录表格的表式码统一，表格类别编码统一改 C0 和 C7，不再应用原《规程》的表格编码 D – ×。

　　★★——《规程》规定由建设单位负责，但可以委托施工、设计监理编制，必须付费。

　　（2）DBJ 01—51—2003《建筑工程资料管理规程》版本与 DBJ 01—51—2000《建筑工程资料管理规程》版本工程技术文件报审表的比较对照见表 1.19.3 – 2。

工程技术文件报审表的比较对照表　　　　　　　表 1.19.3 – 2

DBJ 01—51—2000		DBJ 01—51—2003	
表格编号	表　格　名　称	表格编号	表　格　名　称
		B2 – 1(A1 监)	★工程技术文件报审表
		B2 – 2(A2 监)	施工测量放线报验表
		B2 – 3(A3 监)	施工进度计划报审表
C3 – 1	工程物资选样送审表		

DBJ 01—51—2000		DBJ 01—51—2003	
表格编号	表 格 名 称	表格编号	表 格 名 称
C3－2	工程物资进场报验表	B2－4(A4监)	工程物资进场报验表
		B2－5(A5监)	工程动工报审表
		B2－6(A6监)	分包单位资质报审表
		B2－7(A7监)	分项/分部工程施工报验表
		B2－8(A9监)	( )月工、料、机动态表
		B2－9(A10监)	工程复工报审表
		B2－10(A11监)	( )月工程进度款报审表
		B2－11(A12监)	工程变更费用报审表
		B2－12(A13监)	费用索赔申请表
		B2－13(A14监)	工程款支付申请表
		B2－14(A15监)	工程延期申请表
		B2－15(A16监)	监理通知回复单

注:★主要用于施工组织设计和施工方案的报审。

19.3.3 工程资料的分类和编号

(1) 工程资料的分类

工程资料仍然分为三类,即基建资料、监理资料、施工资料。但细目和内容有所调整、增加和完善。

工程资料的分类和整理可参考 DBJ 01—51—2003《建筑工程资料管理规程》表 5.1。施工资料的分类仍然依据资料类别和专业系统进行划分。

(2) 工程资料的编号

工程资料的编号除了保持原表式码外,将专业分类码和顺序码合二为一,统称为资料编号。但在编码中除了增加资料类别编码外,还依据有单独组卷要求的子分部(分项)工程和无单独组卷要求的一般工程增加分部和子分部代码进行编号。即:

A. 无单独组卷要求的一般子分部(分项)工程

无单独组卷要求的一般子分部(分项)工程的资料编号由三节 7 位数据组成资料编号,其编号形式如下:

①——为分部工程代号,共两位。应依据资料所属的分部工程,按 DBJ 01—51—2003《建筑工程资料管理规程》表 5.2.1《应单独组卷子分部(分项)工程名称及代号参考

$$\underset{①}{\underline{\times\times}}-\underset{②}{\underline{\times\times}}-\underset{③}{\underline{\times\times\times}} \longrightarrow 共7位编号$$

表》(即表 1.19.3 - 3)或附录 B《建筑工程分部(子分部)工程划分与代号索引表》(即表 1.19.3 - 4)选用。

②——为资料类别编号,共两位。应依据资料所属的类别按 DBJ 01—51—2003《建筑工程资料管理规程》表 5.1《工程资料分类表》规定的类别选用。

③——为资料的顺序编号,共三位。应依据相同表格、相同检查项目,按时间自然形成的先后顺序填写。

B. 有单独组卷要求的子分部(分项)工程

有单独组卷要求的子分部(分项)工程的资料编号由四节 9 位数据组成资料编号,依据 DBJ 01—51—2003《建筑工程资料管理规程》表 5.2.1《应单独组卷子分部(分项)工程名称及代号参考表》(即表 1.19.3 - 3)的规定,建筑给水、排水及采暖工程和通风空调工程,仅"供热锅炉及辅助设备"子分部工程需要采用 9 个数字的编号。其编号形式如下:

①——为分部工程代号,共两位。应依据资料所属的
分部工程,按 DBJ 01—51—2003《建筑工程资料管理规程》
表 5.2.1《应单独组卷子分部(分项)工程名称及代号参考表》(即本文附表一)或附录 B《建筑工程分部(子分部)工程划分与代号索引表》(即表 1.19.3 - 3)选用。

②——为子分部(分项)工程代号,共两位。应依据资料所属的分部工程,按 DBJ 01—51—2003《建筑工程资料管理规程》表 5.2.1《应单独组卷子分部(分项)工程名称及代号参考表》(即表 1.19.3 - 4)选用。

建筑工程分部(子分部)工程划分与代号索引表　　　　表 1.19.3 - 3

分部工程代号	分部工程名称	子分部工程代号	子分部工程名称	分项工程名称	备注
05	建筑给水排水及采暖	01	室内给水系统	给水管道及配件安装、室内消火栓系统安装、◆室内消防喷淋系统安装、气体灭火系统安装、给水设备安装、管道防腐、绝热	
		02	室内排水系统	排水管道及配件安装、雨水管道及配件安装	
		03	室内热水供应系统	管道及配件安装、辅助设备安装、防腐、绝热	
		04	卫生器具安装	卫生器具安装、卫生器具给水配件安装、卫生器具排水管道安装	
		05	室内采暖系统	管道及配件安装、辅助设备及散热器安装、金属辐射板安装、低温热水地板辐射采暖系统安装、系统水压试验及调试、防腐、绝热	
		06	室外给水管网	给水管道安装、消防水泵结合器及室外消火栓安装、管沟及井室	
		07	室风排水管网	排水管道安装、排水管沟与井池	
		08	室外供热管网	管道及配件安装、系统水压试验及调试、防腐、绝热	

应单独组卷子分部(分项)工程名称及代号参考表 表 1.19.3-4

序号	分部工程名称	分部工程代号	应单独组卷的子分部(分项)工程	应单独组卷的子分部(分项)工程代号
1	地基与基础	01	有支护土方	02
			地基(复合)	03
			桩基	04
			钢结构	09
2	主体结构	02	预应力	01
			钢结构	04
			木结构	05
			网架与索膜	06
3	建筑装饰与装修	03	幕墙	07
4	建筑屋面	04	——	——
5	建筑给水排水及采暖	05	供热锅炉及辅助设备	10
6	建筑电气	06	变电室(高压)	02
7	智能建筑	07	通信网络系统	01
			建筑设备监控系统	03
			火灾报警及消防联动系统	04
			安全防范系统	05
			综合布线系统	06
			环境	09
8	通风与空调	08	——	——
9	电梯	09		

③——为资料类别编号,共两位。应依据资料所属的类别按 DBJ 01—51—2003《建筑工程资料管理规程》表 5.1《工程资料分类表》规定的类别选用。

④——为资料的顺序编号,共三位。应依据相同表格、相同检查项目,按时间自然形

222

成的先后顺序填写。

C. 无统一表格或外部提供的施工资料的编号

无统一表格或外部提供的施工资料，如材质、设备、附件的合格证明文件和试验资料等的编号，依据《规程》第5.2.5条的规定，其编号应在资料的右上角注明编号，编号的填写仍然遵循第5.2.1条～第5.2.4条的规定，即上述A、B款的规定。

19.3.4 施工资料的管理实行技术负责人负责制

DBJ 01—51—2003《建筑工程资料管理规程》第3.5.1条关于施工资料的管理职责规定"实行技术负责人负责制"和"逐级建立健全施工资料管理岗位责任制"，不再提倡"配备专职城建档案管理员（即资料员）"和"设专人负责收集和整理"。这条更改是符合科学施工管理的规律和避免弄虚作假的产生根源之一。由于实行配置专职资料管理员制度，致使工程管理技术资料失真和相对施工进度滞后的质量事故频频发生。因为配备的资料员一般均不具备该专业的基本知识，同时他们也没有直接参与该工程前沿施工，靠他们整理出来的资料必然脱离施工实际。只有负责现场施工的直接指挥工程技术负责人，才真正具备有该专业的基本知识和了解实际施工全过程的真实人选。

19.3.5 施工工程物资的管理

DBJ 01—51—2003《建筑工程资料管理规程》对工程物资（材料、设备、附件等）的管理需要收集什么证明文件和试验资料均交代比较清楚，至于需要进行复验的物资，在相应的规范中均有交代，因此在 DBJ 01—51—2003《建筑工程资料管理规程》中不再像 DBJ 01—51—2000《建筑工程资料管理规程》中对工程物资的分类等问题进行繁复的阐述。

19.3.6 施工资料的整理与组卷

（1）材料、设备、附件的质量证明文件的整理

依据 DBJ 01—51—2003《建筑工程资料管理规程》第10.3.3条第3款的规定，材料、设备、附件的质量证明文件的整理基本恢复到原418号文件的管理方法，不再按照 DBJ 01—51—2000《建筑工程资料管理规程》要求与进场验收检查记录一一对应进行组卷，恢复按专业独立收集的组卷方法。但是应按照 DBJ 01—51—2003《建筑工程资料管理规程》的表5.1《工程资料分类表》的类别进行组合与收集。此类资料应归入 C4 类。

（2）资料的组卷

资料的组卷仍然按专业、系统进行划分，每一专业、系统再按资料的类别从 C1 到 C7 的顺序进行排列组卷，具体顺序可参照 DBJ 01—51—2003《建筑工程资料管理规程》中的附录 C《施工资料、竣工图组卷参考表》进行组卷。这里应特别指出的是"按专业、系统进行划分"中的按"系统进行划分"是原 DBJ 01—51—2000《建筑工程资料管理规程》中没有具体明确的要求，从 DBJ 01—51—2003《建筑工程资料管理规程》的附录 C《施工资料、竣工图组卷参考表》（表 1.19.3 – 5）也可以很明确地反映出来。具体组卷方法可参考 DBJ 01—51—2003《建筑工程资料管理规程》的附录 C《施工资料、竣工图组卷参考表》（表 1.19.3 – 5）。

序号	案卷题名		表格编号（或资料来源）	资 料 名 称	备注
	专业名称	类别名称			
1	工程管理	C0 工程管理与验收资料	表 C0－1	工程概况	
			表 C0－2	建设工程质量事故调(勘)查笔录	
			表 C0－3	建设工程质量事故报告书	
			表 C0－4	单位(子单位)工程质量竣工验收记录	
			表 C0－5	单位(子单位)工程质量控制资料核查记录	
			表 C0－6	单位(子单位)工程安全和功能检查资料核查及主要功能抽查记录	
			表 C0－7	单位(子单位)工程观感质量检查记录	
			检测单位提供	室内环境检测报告	由建设单位移交
			施工单位编制	施工总结	
			施工单位编制	工程竣工报告	
2	建筑给水排水及采暖工程	C1 施工管理资料	表 C1－1	施工现场质量管理检查记录	
			专业施工单位提供	企业资质证书及相关专业人员岗位证书	
			表 C1－2	施工日志	
		C2 施工技术资料	专业施工单位提供	施工组识设计或施工方案	
			表 C2－1	技术交底记录	
			表 C2－2	图纸会审记录	
			表 C2－3	设计变更通知单	
			表 C2－4	工程洽商记录	
		C4 施工物资资料	表 C4－1	材料、构配件进场检验记录	
			表 C4－2	材料试验报告(通用)	
			表 C4－3	设备开箱检验记录	
			表 C4－4	设备及管道附件试验记录	
			供应单位提供	管材的产品质量证明文件	
			供应单位提供	主要材料、设备等产品质量合格证、检测报告	
			供应单位提供	绝热材料的产品质量合格证、检测报告	
			供应单位提供	给水管道材料卫生检测报告	

序号	案卷题名		表格编号(或资料来源)	资 料 名 称	备注
	专业名称	类别名称			
2	建筑给水排水及采暖工程	C4 施工物资资料	供应单位提供	成品补偿器预拉伸证明书	
			供应单位提供	卫生洁具环保检测报告	
			供应单位提供	承压设备焊缝无损伤检测报告	
			供应单位提供	水表、热量表计量检定证书	
			供应单位提供	主要器具和设备安装使用说明书	
		C5 施工记录	表 C5－1	隐蔽工程检查记录	
			表 C5－2	预检记录	
			表 C5－3	施工检查记录(通用)	
			表 C5－4	交接检查记录	
		C6 施工试验记录	表 C6－1	施工试验记录(通用)	
			表 C6－2	设备单机试运转记录	
			表 C6－3	系统试运转调试记录	
		C6 施工试验记录	表 C6－18	灌(满)水试验记录	
			表 C6－19	强度严密性试验记录	
			表 C6－20	通水试验记录	
			表 C6－21	吹(冲)洗(脱脂)试验记录	
			表 C6－22	通球试验记录	
			表 C6－23	补偿器安装记录	
			表 C6－24	消火栓试射记录	
		C7 施工质量验收记录	表 C7－1	检验批质量验收记录表	详见 GB 50300、GB 50242、GB 50243
			表 C7－2	分项工程质量验收记录表	
			表 C7－3	分部(子分部)工程质量验收记录表	
3	建筑给水排水及采暖工程的供热锅炉及辅助设备工程	C1 施工管理资料	表 C1－1	施工现场质量管理检查记录	
			专业施工单位提供	企业资质证书及相关专业人员岗位证书	
			表 C1－2	施工日志	
		C2 施工技术资料	专业施工单位提供	施工组织设计或施工方案	
			表 C2－1	技术交底记录	

序号	案卷题名		表格编号(或资料来源)	资 料 名 称	备注
	专业名称	类别名称			
3	建筑给水排水及采暖工程的供热锅炉及辅助设备工程	C2 施工技术资料	表C2－2	图纸会审记录	
			表C2－3	设计变更通知单	
			表C2－4	工程洽商记录	
		C4 施工物资资料	表C4－1	材料、构配件进场检验记录	
			表C4－2	材料试验报告(通用)	
			表C4－3	设备开箱检验记录	
			表C4－4	设备及管道附件试验记录	
			供应单位提供	管材的产品质量证明文件	
			供应单位提供	仪表、锅炉及附属设备、分集水器、安全阀、水位计、减压阀、疏水器等产品质量合格证及调试报告	
			供应单位提供	绝热材料的产品质量合格证和材质检测报告	
			供应单位提供	锅炉焊缝无损探伤检测报告	
			供应单位提供	减压阀、安全阀调试报告和定压合格证书	
			供应单位提供	设备安装使用说明书	
		C5 施工记录	表C5－1	隐蔽工程检查记录	
			表C5－2	预检记录	
			表C5－3	施工检查记录(通用)	
			表C5－4	交接检查记录	
		C6 施工试验记录	表C6－19	强度严密性试验记录	
			表C6－20	锅炉通水试验记录	
			表C6－21	吹(冲)洗(脱脂)试验记录	
			表C6－25	安全附件安装检查记录	
			表C6－26	锅炉封闭和烘炉(烘干)记录	
			表C6－27	锅炉煮炉试验记录	
			表C6－28	锅炉试运行记录	
			试验单位提供	安全阀调试记录	

序号	案卷题名		表格编号（或资料来源）	资 料 名 称	备注
	专业名称	类别名称			
3	建筑给水排水及采暖工程的供热锅炉及辅助设备工程	C7 施工质量验收记录	表 C7－1	检验批质量验收记录表	详见 GB 50300、GB 50242、GB 50243
			表 C7－2	分项工程质量验收记录表	
			表 C7－3	子分部工程质量验收记录表	
4	通风与空调工程	C1 施工管理资料	表 C1－1	施工现场质量管理检查记录	
			专业施工单位提供	企业资质证书及相关专业人员岗位证书	
			表 C1－2	施工日志	
		C2 施工技术资料	专业施工单位提供	施工组织设计或施工方案	
			表 C2－1	技术交底记录	
			表 C2－2	图纸会审记录	
			表 C2－3	设计变更通知单	
			表 C2－4	工程洽商记录	
		C4 施工物资资料	表 C4－1	材料、构配件进场检验记录	
			表 C4－2	材料试验报告（通用）	
			表 C4－3	设备开箱检验记录	
			表 C4－4	设备及管道附件试验记录	
			供应单位提供	制冷机组等主要设备和部件产品合格证、质量证明文件	
			供应单位提供	阀门、疏水器、水箱、分集水器、减震器、储冷器、集气罐、仪表、绝热材料等出厂合格证、质量证明及检测报告	
			供应单位提供	板材、管材等质量证明文件	
			供应单位提供	主要设备安装使用说明书	
		C5 施工记录	表 C5－1	隐蔽工程检查记录	
			表 C5－2	预检记录	
			表 C5－3	施工检查记录（通用）	
			表 C5－4	交接检查记录	
		C6 施工试验记录	表 C6－1	施工试验记录（通用）	
			表 C6－2	设备单机试运转记录	

序号	案卷题名		表格编号(或资料来源)	资 料 名 称	备注
	专业名称	类别名称			
4	通风与空调工程	C6 施工试验记录	表 C6-3	系统试运转调试记录	
			表 C6-19	强度严密性试验记录	
			表 C6-20	通水试验记录	
			表 C6-21	吹(冲)洗(脱脂)试验记录	
			表 C6-23	补偿器安装记录	
			C6-39	风管漏光检测记录	
			C6-40	风管漏风检测记录	
			C6-41	现场组装除尘器、空调机漏风检测记录	
			C6-42	各房间室内风量、温度检测记录	
			C6-43	管网风量平衡记录	
			C6-44	空调系统试运转调试记录	
			C6-45	空调水系统试运转调试记录	
			C6-46	制冷系统气密性试验记录	
			C6-47	净化空调系统测试记录	
			C6-48	防排烟系统联合试运行记录	
		C7 施工质量验收记录	表 C7-1	检验批质量验收记录表	详见 GB 50300、GB 50242、GB 50243
			表 C7-2	分项工程质量验收记录表	
			表 C7-3	分部(子分部)工程质量验收记录表	
5	D 竣工图		建设单位提供	建筑给水、排水及采暖工程竣工图	建设单位委托编制的单位提供
			建设单位提供	燃气工程竣工图	
			建设单位提供	通风与空调工程竣工图	

19.3.7 施工资料的份数

DBJ 01—51—2003《建筑工程资料管理规程》第 3.5.4 条规定施工单位"应负责编制两套施工资料,其中移交建设单位一套,自行保存一套"。而原 DBJ 01—51—2000《建筑工程资料管理规程》第 3.4.5 条规定施工单位"负责编制的施工资料不得少于三套,其中移交建设单位二套;自行保存一套,保存期自竣工验收之日起 5 年"。这是两个规程差异的地方,若建设单位有特殊要求,需要更多套数的施工资料,可另行约定。

19.3.8 工程管理技术资料记录表的填写

工程管理技术资料记录表的填写要求原则上与 DBJ 01—51—2000《建筑工程资料管理规程》的填写要求是一致的,因为由 DBJ 01—51—2000《建筑工程资料管理规程》过渡到 DBJ 01—51—2003《建筑工程资料管理规程》,仅是收集、整理的要求不同,而控制每一施工工序质量的《规范》没有改变,因此其质量要求也不变,所以施工检查验收记录的填写要求也不变。

19.3.9 新《规程》加大监理单位的权限与职责

从本文上述第 3.2 条第 3.2.2 款的对照表(表 3.2.2)中可以看出,在 DBJ 01—51—2003《建筑工程资料管理规程》中,监理单位承担的工作权限与职责比 DBJ 01—51—2000《建筑工程资料管理规程》中规定的权限与职责范围增大。相应地施工单位也应纠正原有的工作习俗和思维方法,积极主动并充分地利用这些规定,争取监理单位彻底履行其职责:对施工单位工程质量的监督和帮助施工单位顺利地获得甲方按时支付工程进度款。

19.3.10 其他约定

其他约定有施工技术文件报审和批复时间、工程物资的进场报验和批复时间等等,《规程》规定必须在签定施工合同时,各方事先进行约定。

19.3.11 关于质量评定资料(C7)的编制

(1) 新标准颁布后质量评定资料(C7)的名称和评定等级

由于原 GBJ 300—88、GBJ 302—88、GBJ 304—88、GBJ 243—82 和 GB 50243—97 已被新规范 GB 50300—2001、GB 50242—2002 和 GB 50243—2002 取代。原工程质量评定资料也被工程质量检验验收记录所代替,原工程施工质量评定等级"优良"、"合格"、"不合格"也被"合格可予以验收"、"不合格不予以验收"代替,因此建议此部分资料的名称由"工程质量评定资料"改为"工程质量检验验收记录"。

(2) 建筑工程施工质量检验验收记录的分类

依据 GB 50300—2001 第 4.0.1 条的规定,建筑工程施工质量检验验收应按单位(子单位)工程、分部(子分部)工程、分项(子分项)工程和检验批四类进行,并分别填写工程施工质量检验验收记录单。

A. 建筑单位工程的划分:建筑单位工程的划分应符合 GB 50300—2001 第 4.0.2 条的规定,即:

(A) 具备独立施工条件并能形成独立使用功能的建筑物及构筑物为一单位工程。

(B) 建筑规模较大的单位工程,可将其能形成独立使用功能的部分划为一子单位工程。

B. 建筑分部工程的划分:建筑分部工程的划分应符合 GB 50300—2001 第 4.0.3 条的规定,即:

(A) 分部工程的划分应按专业性质、建筑部位确定。

(B) 当分部工程较大或较复杂时,可按材料种类、施工特点、施工工序、专业系统及类别等划分为若干个子分部工程。

C. 建筑分项工程的划分：建筑分项工程的划分应按主要工种、材料、施工工艺、设备类别进行划分；分项工程可由一个或若干个检验批组成，但是不能漏项。

D. 检验批的划分：检验批的划分可按照 GB 50300—2001 第 4.0.5 条的规定，可依据施工及质量控制和专业验收需要，按楼层、施工段（区域）、变形缝、系统等进行划分，但检验后不得有漏项。

E. 建筑工程的分部（子分部）、分项（子分项）工程也可按照 GB 50300—2001《建筑安装工程施工质量验收统一标准》附录 B 和 GB 50242—2002《建筑给水排水及采暖工程施工质量验收规范》附录 A 及 GB 50243—2002《通风与空调工程施工质量验收规范》第 3.0.8 条的表 3.0.8 要求进行（表 1.19.3－3）。

F. 室外工程的划分：室外工程可依据专业类别和工程规模划分单位（子单位）工程或依据 GB 50300—2001 附录 C 划分。

表 1.11.5－1（建筑工程分部工程、分项工程的划分）和表 1.11.7－1（室外单位（子单位）工程和分部工程的划分）与 DBJ 01—51—2003《建筑工程资料管理规程》表。

表 5.2.1《应单独组卷子分部（分项）工程名称及代号参考表》（即表 1.19.3－3）或附录 B《建筑工程分部（子分部）工程划分与代号索引表》（即表 1.19.3－4）是对应的。

（3）工程质量检验验收的进程

工程质量检验验收的进程应符合施工工序的科学进程，一项工程质量的检验验收，必须在该项工程相应的各个施工安装工序预检、隐检和各项试验验收合格之后，各项验收记录单的日期必须符合各工序安装施工的流程顺序。

（4）新标准颁布后质量评定资料（C7）的编制

"工程质量检验验收记录"单应遵循新标准 GB 50300—2001、GB 50242—2002 和 GB 50243—2002 规范的要求分"检验批质量验收记录"、"分项工程质量验收记录"、"子分部工程质量验收记录"、"分部工程质量验收记录"、"单位（子单位）工程质量竣工验收记录"和"单位（子单位）工程质量控制资料核查记录"、"单位（子单位）工程安全和功能检验资料核查及主要功能抽查记录"进行编制。

（5）DBJ 01—51—2003《建筑工程资料管理规程》对 GB 50300—2001《建筑安装工程施工质量验收统一标准》的记录单的调整

DBJ 01—51—2003《建筑工程资料管理规程》将 GB 50300—2001《建筑安装工程施工质量验收统一标准》的记录单划分为两部分，即 C0 工程管理与验收资料（原 DBJ 01—51—2003《建筑工程资料管理规程》的附录 D 表 D－4～D－7）和 C7 施工质量验收记录（原 DBJ 01—51—2003《建筑工程资料管理规程》的附录 D 表 D－1～D－3）。

A. 归入 C0 工程管理与验收资料（表 1.19.3－6）

B. 归入 C7 施工质量验收记录：表 1.19.3－7

C. 记录表类别的调整

为了与 DBJ 01—51—2003《建筑工程资料管理规程》记录表的分类统一，编者将上述两类记录表格的类别分别更改为 C0 工程管理与验收资料和 C7 施工质量验收记录。

（6）工程施工质量控制的规定

依据 GB 50300—2001 第 3.0.2 条的规定,建筑安装工程应按下列规定进行质量控制。

C0 工程管理与验收资料　　　　　　　　　　表 1.19.3 – 6

C0	工程管理与验收资料
表 格 编 号	表 格 名 称
C0 – 1	工程概况表
C0 – 2	建设工程质量事故调(勘)查笔录
C0 – 3	建设工程质量事故报告书
原附录表 D – 4 编入 C0 – 4	单位(子单位)工程质量竣工验收记录
原附录表 D – 5 编入 C0 – 5	单位(子单位)工程质量控制资料核查记录
原附录表 D – 6 编入 C0 – 6	单位(子单位)工程安全和功能检查资料核查和主要功能抽查记录
原附录表 D – 7 编入 C0 – 7	单位(子单位)工程观感质量检查记录

C7 施工质量验收记录　　　　　　　　　　表 1.19.3 – 7

C7	C7 施工质量验收记录
表 格 编 号	表 格 名 称
原附录表 D – 1 编入 C7 – 1	检验批质量验收记录表
原附录表 D – 2 编入 C7 – 2	分项工程质量验收记录表
原附录表 D – 3 编入 C7 – 3	分部(子分部)工程验收记录表

A. 工程采用的主要材料、半成品、成品、建筑配件、器具和设备进行现场验收;

B. 各工序应按施工技术标准进行质量控制和检查;

C. 相关专业工种之间应进行交接检验,并形成记录,未经监理工程师(建设单位技术负责人)检查认可,不得进行下一工序施工。

(7) 建筑工程施工质量应按下列要求进行验收

A. 建筑工程施工质量应符合 GB 50300—2001 和相关专业验收规范的规定;

B. 建筑工程施工质量应符合勘查、设计文件的要求;

C. 参加建筑工程施工质量验收的各方人员应具备规定的资格;

D. 建筑工程施工质量应在施工单位自行检查评定合格的基础上进行;

E. 检验批质量应按主控项目和一般项目进行验收;

F. 隐蔽工程隐蔽前应由施工单位通知有关单位进行验收、并应形成验收文件;

G. 涉及结构和人身安全材料、配件、设备应按规定进行见证取样检测;

H. 对涉及结构安全和使用功能的重要分部工程应进行抽样检测,抽样检测的批质量验收方案的风险应符合 GB 50300—2001 第 3.0.5 条的规定;

I. 承担见证取样检测及有关结构安全检测的单位应具备有相应的资质;

J. 工程观感质量应由验收人员通过现场检查、并应共同确认。

(8) 与建筑工程施工质量验收相关的专业验收规范和规定

GB 50166—92《火灾自动报警系统施工及验收规范》、GB 50231—98《机械设备安装工程施工及验收规范》、GB 50235—98《工业金属管道工程施工及验收规范》、GB 50236—98《现场设备、工业管道焊接工程施工及验收规范》、GB 50242—2002《建筑给水排水及采暖工程施工质量验收规范》、GB 50243—2002《通风与空调工程施工质量验收规范》、GB 50261—96《自动喷水灭火系统施工及验收规范》、GB 50263—97《气体灭火系统施工及验收规范》、GB 50268—97《给水排水工程施工及验收规范》、GB 50273—98《工业锅炉安装工程施工及验收规范》、GB 50274—98《制冷设备、空气分离设备安装工程施工及验收规范》、GB 50275—98《压缩机、风机、泵安装工程施工及验收规范》、GB 50300—2001《建筑安装工程施工质量验收统一标准》、GB 6245—98《消防泵性能要求和试验方法》、CJJ 63—95《聚乙烯燃气管道工程技术规程》、CJJ/T 29—98《建筑排水硬聚氯乙烯管道工程技术规程》、CECS 17:2000《埋地硬聚氯乙烯给水管道工程技术规程》、CECS 41:92《建筑给水硬聚氯乙烯管道设计与施工验收规范》、CECS 94:97《建筑排水用硬聚氯乙烯螺旋管管道工程设计、施工及验收规范》、CECS 105:2000《建筑给水铝塑复合管道工程技术规程》、CECS 125:2001《建筑给水钢塑复合管道工程技术规程》、GBJ 93—86《工业自动化仪表工程施工及验收规范》、GBJ 126—89《工业设备及管道绝热工程施工及验收规范》、GBJ 134—90《人防工程施工及验收规范》、JGJ 71—90《洁净室施工及验收规范》、GB 50184—93《工业金属管道工程质量检验评定标准》、GB 50185—93《工业设备及管道绝热工程质量检验评定标准》、DBJ 01—605—2000《新建集中住宅分户热计量设计技术规程》、DBJ/T 01—49—2000《低温热水地板辐射供暖应用技术规程》、DBJ/T 01—67—2002《建筑给水铜管管道工程技术规程》和设计质量要求等。

(9) 工程检验批质量验收评定记录的抽样方案

工程检验批质量验收评定记录的抽样方案应按照 GB 50300—2001《建筑安装工程施工质量验收统一标准》第 3.0.4 条的规定,可根据检验项目的特点进行选择。对于检验项目的计量、计数检验,可分为全数检验和抽样检验两大类进行。抽样检测的批质量验收方案的风险应符合 GB 50300—2001 第 3.0.5 条的规定。

(10) 工程质量验收的合格标准

工程质量验收的合格标准应符合 GB 50300—2001《建筑安装工程施工质量验收统一标准》第 5 章和相应专业施工质量验收规范和规程相关条文的规定。即:

A. 检验批合格质量:主控项目和一般项目的质量经抽样检验均合格,具有完整的施工操作依据、质量检查记录。

B. 分项工程合格质量:分项工程所包含的检验批均符合合格质量规定,且批质量验收记录完整。

C. 分部(子分部)工程合格质量:分部(子分部)工程所含的分项工程的质量均应验收

合格,质量控制资料应完整,设备安装等分部工程的有关安全及功能检验和抽样检测结果符合相关规范规定,观感质量验收符合要求。

D. 单位(子单位)工程验收的合格质量:单位(子单位)工程所包含的分部(子分部)工程的质量均应验收合格,质量控制资料应完整,单位(子单位)工程所包含的分部工程有关安全及功能的检测资料应完整,主要功能项目的抽查结果应符合相关专业质量验收规范的规定,观感质量验收符合要求。

(11) 建筑工程质量验收的程序和组织

建筑工程质量验收的程序和组织应符合 GB 50300—2001《建筑安装工程施工质量验收统一标准》第 6 章的规定。

(12) 建筑安装工程质量检验验收记录单的填写

A. 质量检验验收记录单的格式:建筑安装工程质量检验验收记录单的格式,采用 GB 50242—2002《建筑给水排水及采暖工程施工质量验收规范》和 GB 50243—2002《通风与空调工程施工质量验收规范》附录中的检验批、分项(子分项)、分部(子分部)、单位(子单位)工程质量检验验收记录表格,它们均由 GB 50300—2001《建筑安装工程施工质量验收统一标准》附录 D、附录 E、附录 G 的记录表式格式扩展编制而成。为了能与北京市 DBJ 01—51—2003《建筑安装工程资料管理规程》中记录表的格式配套,编者在此进行适当修改,并附录于后,供参考。在记录表式的修改中也吸收北京市 GB 50243—2002《通风与空调工程施工质量验收规范》培训中的修改内容。

B. 在检验批质量验收记录单中施工单位指的是专业安装的施工单位,而不是单位工程的总包单位,因此项目经理、技术负责人和专业工长等应是专业安装的施工单位的项目经理、技术负责人和专业工长等。

C. 在检验批质量验收记录单中施工执行的标准名称和编号,不是指一般的 GB 50242—2002《建筑给水排水及采暖工程施工质量验收规范》及 GB 50243—2002《通风与空调工程施工质量验收规范》,而是在此两个主要规范之外,涉及到的其他相关规范或规程。如通风空调工程中的 GB 50274—98《制冷设备、空气分离设备安装工程施工及验收规范》、GB 50275—98《压缩机、风机、泵安装工程施工及验收规范》、JGJ 71—90《洁净室施工及验收规范》、GBJ 134—90《人防工程施工及验收规范》等和暖卫工程中的 GB 50235—98《工业金属管道工程施工及验收规范》、GB 50261—96《自动喷水灭火系统施工及验收规范》、GB 50263—97《气体灭火系统施工及验收规范》、GB 50268—97《给水排水工程施工及验收规范》、GB 50273—98《工业锅炉安装工程施工及验收规范》、GB 6245—98《消防泵性能要求和试验方法》、CJJ 63—95《聚乙烯燃气管道工程技术规程》、CJJ/T 29—98《建筑排水硬聚氯乙烯管道工程技术规程》、CECS 17:2000《埋地硬聚氯乙烯给水管道工程技术规程》、CECS 41:92《建筑给水硬聚氯乙烯管道设计与施工验收规范》、CECS 94:97《建筑排水用硬聚氯乙烯螺旋管管道工程设计、施工及验收规范》、CECS 105:2000《建筑给水铝塑复合管道工程技术规程》、CECS 125:2001《建筑给水钢塑复合管道工程技术规程》、GBJ 126—89《工业设备及管道绝热工程施工及验收规范》、GB 50184—93《工业金属管道工程质量检验评定标准》、GB 50185—93《工业设备及管道绝热工程质量检验评定标准》、DBJ 01—605—2000《新建集中住宅分户热计量设计技术规程》、DBJ/T 01—49—2000《低温热水地板辐射供暖应用技术规程》、DBJ/T 01—67—2002《建筑给水铜管管道工程技术规程》等。

D．子分部工程、分部工程、子单位工程和单位工程质量验收记录单中的技术部门和质量部门负责人应填写公司一级的负责人，而不是施工现场的负责人。

E．子分部工程和分部工程质量验收记录单中的验收单位中的勘查单位可以不填写和签字，但其他单位必须填写和签字。

F．子单位工程和单位工程质量验收记录单中不必填写专业编码。

（13）质量检验验收记录单的填写实例

A．金属风管与配件制作检验批质量验收记录表 1.19.3 – 8。

B．送、排风、排烟风管系统安装检验批质量验收记录表 1.19.3 – 9。

风管与管件制作检验批质量验收记录示例   **表 1.19.3 – 8**

风管与配件制作检验批质量验收记录 表式 C7 – 1(原规范 C2.1 – 1 金属风管)			编号	08 – C7×××
工程名称	××饭店	子分部工程名称 送排风系统	验收部位	二层多功能厅
施工单位	××安装工程有限公司五公司	专业工长 鲁×	项目经理	赖××
施工执行标准名称及编号	无法兰连接圆形风管安装工艺 ZX – 0.04 – 1999			
分包单位	××建筑工程公司	分包项目经理 向××	施工班组长	万××

	GB 50243—2002	施工单位检查评定记录		监理(建设)单位验收记录
主控项目	1.材质种类、性能及厚度(第4.2.1条)	热镀镀锌钢板	加工 6 批,抽查一批,有产品合格证明、用料厚度相符合	风管制作有完整的施工原始质量记录,抽查了 3 项,记录与内容相符,在 5 项主控项目中无违反条文规定的项目
	2.防火风管(第4.2.3条)	——		
	3.风管强度及严密性工艺性检测(第4.2.5条)	低压风管	有工艺检测报告在 500Pa 漏风量分别为 $5.1m^3/hm^2$、$5.8\,m^3/hm^2$	
	4.风管的连接(第4.2.6条)	咬口法兰及无法兰连接	抽查 12%,5 个项目法兰用料规格符合、螺孔间距小于 150mm	
	5.风管的加固(第4.2.10条)	角钢	已经执行	
	6.矩形弯管导流片(第4.2.12条)	大于 500mm 的 5 个	抽查 2 个,都已经安装	
	7.净化空调风管(第4.2.13条)	——		

GB 50243—2002			施工单位检查评定记录		监理(建设)单位验收记录
一般项目	1.圆形弯管的制作(第4.3.1-1条)	圆形弯管	抽查5个全部相符		风管制作有完整的施工原始质量记录,抽查了2项,证明记录内容与实际相符。一般项目共6项,不合格品的比例没有超过规范规定
	2.风管的外形尺寸(第4.3.1-2、3条)	咬口法兰及无法兰连接	抽查11%,12个规格,有两项不符		
	3.焊接风管(第4.3.1-4条)	——			
	4.法兰风管制作(第4.3.2条)	法兰铆接	抽查10%,9节风管,1节翻边超过规定值		
	5铝板或不锈钢风管(第4.3.2-4条)	——			
	6.无法兰矩形风管制作(第4.3.3条)	薄壁钢板法兰插条连接	抽查12%,9节风管,其中2节平直度为6‰,超过规范要求		
	7.无法兰圆形风管制作(第4.3.3条)	芯管连接	抽查12%,2节风管,全部符合要求		
	8.风管加固(第4.3.4条)	角钢	抽查10%,4节风管,全部符合要求		
	9.净化空调风管(第4.3.11条)	——			
施工单位检查结果评定		按照国家和企业标准对本工程的风管制作质量进行检查,主控项目全数符合规范要求,一般项目合格率大于80%,该验收评定为合格			
		项目专业质量检查员:李××		2002年06月25日	
监理(建设)单位验收结论		本检验批的总体质量符合国标GB 50243—2002的规定,同意通过验收,准予进入风管吊装施工程序			
		监理工程师:许×× (建设单位项目专业技术负责人)		2002年06月26日	

235

风管系统安装检验批质量验收记录

表式 C7－1(原规范原规范 C.2.3－1 送、排风、排烟系统)

| | 编号 | 08－C7×× |

工程名称	××饭店	子分部工程名称	排烟系统	验收部位	抽检二层 P－2 系统
施工单位	××安装工程有限公司五公司	专业工长	鲁×	项目经理	赖××
施工执行标准名称及编号		无法兰连接圆形风管安装工艺 ZX－0.04－1999			
分包单位	××建筑工程公司	分包项目经理	向××	施工班组长	万××、杜××

	GB 50243—2002		施工单位检查评定记录	监理(建设)单位验收记录
主控项目	1.风管穿越防火、防爆墙(第6.2.1条)	分别为穿越防火墙,共3处	查2处,钢板厚度为2mm,一处已用玻璃棉封堵,一处尚未封堵	实施旁站监督,并参与共同检查,同意施工单位评定意见
	2.风管内严禁其他管线穿越(第6.2.2条)		两系统均无其他管线穿越	
	3.室外立管的固定拉索(第6.2.2－3条)	有一处	拉索共4根,固定在预埋件上	
	4.高于80℃风管系统(第6.2.3条)	——		
	5.风阀的安装(第6.2.4条)	各类风阀23个	抽查20%,共5个,均能方便操作	
	6.手动密闭阀安装(第6.2.9条)	——		
	7.风管严密性检验(第6.2.8条)	属于低压系统	采用漏光法抽查一个系统,符合低压系统漏光检测合格标准规定	
一般项目	1.风管系统的安装(第6.3.1条)	有一处与砖连接	查阅风管安装施工记录和二个系统的5处抽检,质量均符合规范规定	对10项内容的施工记录进行抽查复核,其中风管水平度有两处超过3‰,总体符合规范质量要求的合格率为85%
	2.无法兰风管系统的安装(第6.3.2条)	薄钢板法兰插条连接	采用芯管连接,抽查5段均符合本规范第4.3.3－3条的要求	
	3.风管安装的水平、垂直质量(第6.3.3条)	部分明装风管	抽查3处,其中有一处垂直度为4‰,超过规范规定	
	4.风管支、吊架(第6.3.4条)	支架5个、吊架46个	抽查10%,2付,其中有一付吊架未受力,已加以纠正	
	5.铝板、不锈钢板风管安装(第6.3.1－8条)	不锈钢钢板风管	不锈钢钢板风管与支架间有软橡胶衬垫	
	6.非金属风管的安装(第6.3.5条)	——		
	7.风阀的安装(第6.3.8条)	各类风阀共12个	抽查20%,3个,手动操作灵活	
	8.风帽的安装(第6.3.9条)	伞形风帽2个	连接牢固,风管与屋面连接处的泛水严密	
	9.吸、排风罩的安装(第6.3.10条)	锅灶排气罩	外观整齐,位置正确	
	10.风口的安装(第6.3.11条)	各类风口共45个	查阅施工记录,再抽查二个房间10个风口,二个超过规范规定	
	11.油烟处理器安装	一台	参照第7.3.14条和产品说明书,安装方向正确,过滤器拆卸方便	

风管系统安装检验批质量验收记录 表式 C7 – 1(原规范原规范 C.2.3 – 1 送、排风、排烟系统)	编号	08 – C7 × × ×
施工单位检查 结果评定	对本工程送、排风系统的抽查,主控项目均符合规范要求,一般项目 10 项的总体合格率超过 85%,评定验收合格,可以进行下一工序安装 项目专业质量检查员:李 × ×	2002 年 06 月 25 日
监理(建设)单位验收结论	对本工程送、排风系统的抽查,实施旁站监督复查,5 项主控项目均符合规范要求。一般项目总体合格率达到 90%,并对检查出的问题进行单项整改,可以进行下一工序安装 监理工程师:许 × × (建设单位项目专业技术负责人)	2002 年 06 月 26 日

19.3.12 "预留孔洞和预埋件"施工记录单的编号与组卷

"预留孔洞和预埋件"在 GB 50300—2001《建筑安装工程施工质量验收统一标准》、GB 50242—2002《建筑给水排水及采暖工程施工质量验收规范》及 GB 50243—2002《通风与空调工程施工质量验收规范》和 DBJ 01—51—2003《建筑安装工程资料管理规程》中未被独立列为分项工程项目,但它们均属于管道(风管)的附属安装工序,因此,"预埋件隐检"施工记录单采用 C5 – 1,"预留孔洞和预埋件"施工记录单采用 C5 – 2。施工记录单的编号可分别采用 05 – C5 – × × ×(建筑给水、排水及采暖工程)、05 – 10 – C5 – × × ×(建筑给水、排水及采暖工程的供热锅炉及辅助设备安装工程)和 08 – C5 – × × ×(通风与空调工程)。组卷方式不变。

19.3.13 施工单位应保存的 A 类、B 类文件和资料的组卷

施工单位应保存的 A 类、B 类文件和资料详见《资料》中表 5.1。其组卷可以组成一卷,内部再按 A 类和 B 类分成两个部分。组卷顺序按《资料》中表 5.1 的顺序整理。

本资料除了阐述《规程》两个版本的区别和贯彻执行 DBJ 01—51—2003《建筑安装工程资料管理规程》中的若干问题外,尚依据 GB 50300—2001《建筑安装工程施工质量验收统一标准》、GB 50242—2002《建筑给水排水及采暖工程施工质量验收规范》及 GB 50243—2002《通风与空调工程施工质量验收规范》以及北京市组织贯彻 GB 50243—2002《通风与空调工程施工质量验收规范》的讲课精神和 DBJ 01—51—2003《建筑安装工程资料管理规程的附录 D,补充编制了若干个 DBJ 01—51—2003《建筑安装工程资料管理规程》电子版遗漏的"C7 施工质量验收记录"表格,以便于现场施工管理人员参考和选用。由于笔者水平有限,差错在所难免,欢迎指正。

19.3.14 DBJ 01—51—2003 电子软件中未设置的表格(供参改)

建筑室内自动喷水灭火给水系统安装检验批质量验收记录

表式 C7－1－3(原规范附表 B)

编号 05－C7－×××

工程名称			专业工长			证号	
分部工程名称		建筑室内自动喷水灭火给水系统安装		班组长			
分项工程施工单位				验收部位			
施工依据	标准名称			材料/数量			
	标准编号			设备/台数			
	存放处			连接方式			

	GB 50261—1996《规范》章、节、条、款编号	质 量 规 定	施工单位检查评定结果	监理(建设)单位验收
主控项目	第6.2.1条～第6.2.5条水压试验			
	第6.3.1条、第6.3.2条气压试验			
	第6.4.1条～第6.4.6条冲洗试验			
	第7.2.1条～第7.2.7条系统调试			
一般项目	第5.1.1条～第5.1.6条、第5.1.10条、第5.1.11条管道敷设			
	第5.1.7条、第5.1.8条管道安装			
	第5.1.9条管道坡度			
	第5.2.1条～第5.2.10条喷头安装			
	第5.3.1条～第5.3.5条报警阀组安装			
	第5.4.1条～第5.4.8条其他组件安装			
	第6.1.1条～第6.1.12条水压试验			
	第7.1.1条～第7.1.2条系统调试			

施工单位评定结果		项目专业质量检查员		项目专业质量(技术)负责人	
			年 月 日		年 月 日

监理(建设)单位验收结论	
	监理工程师: (建设单位项目专业技术负责人)　　　　　　　　年 月 日

238

建筑中水系统管道及辅助设备安装检验批质量验收记录			编号	05－C7－×××
表式 C7－1－20(原规范附表 B)				

工程名称			专业工长		证号	
分部工程名称	建筑中水系统管道及辅助设备安装			班组长		
分项工程施工单位				验收部位		

<table>
<tr><td rowspan="3">施工
依据</td><td>标准名称</td><td></td><td>材料/数量</td><td></td></tr>
<tr><td>标准编号</td><td></td><td>设备/台数</td><td></td></tr>
<tr><td>存放处</td><td></td><td>连接方式</td><td></td></tr>
</table>

GB 50242—2002《规范》 章、节、条、款编号		质 量 规 定	施工单位检查 评定结果	监理(建设) 单位验收
主控项目	第 12.2.1 条水箱安装			
	第 12.2.2 条附属设备和 器具安装			
	第 12.2.2 条、第 12.2.3 条、第 12.2.4 条管道安装			
一般项目	第 12.2.5 条材料			
	第 12.2.6 条与其他管道 间距			

施工单位 评定结果		项目专业 质量检查员		项目专业质量 (技术)负责人	
			年 月 日		年 月 日

监理(建设) 单位验收结论	
	监理工程师: (建设单位项目专业技术负责人)　　　　　　　　　　　年 月 日

游泳池水系统安装检验批质量验收记录

表式 C7-1-21(原规范附表 B)

编号	05-C7-×××

工程名称		专业工长		证号	
分部工程名称	游泳池水系统安装		班组长		
分项工程施工单位			验收部位		

施工依据	标准名称		材料/数量	
	标准编号		设备/台数	
	存放处		连接方式	

GB 50242—2002《规范》章、节、条、款编号		质 量 规 定	施工单位检查评定结果	监理(建设)单位验收
主控项目	第12.3.1条材料			
	第12.3.2条毛发聚集器制造安装			
	第12.3.3条地面设计			
一般项目	第12.3.4条设备材质			
	第12.3.5条附属配件连接管材			

施工单位评定结果		项目专业质量检查员	项目专业质量(技术)负责人
		年 月 日	年 月 日

监理(建设)单位验收结论	
	监理工程师: (建设单位项目专业技术负责人) 　　　年 月 日

240

锅炉烘炉、煮炉检验批质量验收记录

表式 C7－1－25(原规范附表 B)

工程名称			专业工长		证号	
分部工程名称		锅炉烘炉、煮炉		班组长		
分项工程施工单位				验收部位		
施工依据	标准名称	工业锅炉安装工程施工及验收规范		材料/数量		
	标准编号	GB 50273—98		设备/台数		
	存放处			连接方式		

GB 50242—2002《规范》章、节、条、款编号		质量规定	施工单位检查评定结果	监理(建设)单位验收
主控项目	第13.5.1条、第13.5.2条烘炉、煮炉			
	第13.5.3条 48h带负荷试运转			
一般项目	第13.5.4条煮炉后检查			

施工单位评定结果		项目专业质量检查员		项目专业质量(技术)负责人	
			年　月　日		年　月　日

监理(建设)单位验收结论	
	监理工程师: (建设单位项目专业技术负责人)　　　　　　　　　年　月　日

防腐与绝热施工检验批质量验收记录

表式 C7-1-41(原规范 C.2.8-1 风管系统)

编号 | 08-C7-×××

工程名称		子分部工程名称	防腐与绝热施工	验收部位	
施工单位		专业工长		项目经理	
施工执行标准名称及编号					
分包单位		分包项目经理		施工班组长	

GB 50243—2002		施工单位检查评定记录	监理(建设)单位验收记录
主控项目	1.材料的验证(第10.2.1条)		
	2.防腐涂料或油漆质量(第10.2.2条)		
	3.电加热器与防火墙2m管道(第10.2.3条)		
	4.低温风管的绝热(第10.2.4条)		
	5.洁净室内的风管(第10.2.5条)		
一般项目	1.防腐涂料层的质量(第10.3.1条)		
	2.空调设备、部件油漆或绝热(第10.3.2条、第10.3.3条)		
	3.绝热材料厚度及平整度(第10.3.4条)		
	4.风管绝热粘接固定(第10.3.5条)		
	5.风管绝热层保温钉固定(第10.3.6条)		
	6.绝热涂料(第10.3.7条)		
	7.玻璃布保温层的施工(第10.3.8条)		
	8.金属保护壳的施工(第10.3.12条)		
施工单位检查结果评定	项目专业质量检查员:		年 月 日
监理(建设)单位验收结论	监理工程师: (建设单位项目专业技术负责人)		年 月 日

242

防腐与绝热施工检验批质量验收记录

表式 C7-1-42(原规范 C.2.8-2 管道系统)

编号 08-C7-×××

工程名称		子分部工程名称	防腐与绝热施工	验收部位	
施工单位		专业工长		项目经理	
施工执行标准名称及编号					
分包单位		分包项目经理		施工班组长	

	GB 50243—2002	施工单位检查评定记录		监理(建设)单位验收记录
主控项目	1.材料的验证(第10.2.1条)			
	2.防腐涂料或油漆质量(第10.2.2条)			
	3.电加热器与防火墙2m管道(第10.2.3条)			
	4.冷冻水管的绝热(第10.2.4条)			
	5.洁净室内的管道(第10.2.5条)			
一般项目	1.防腐涂料层的质量(第10.3.1条)			
	2.空调设备、部件油漆或绝热(第10.3.2条、第10.3.3条)			
	3.绝热材料厚度及平整度(第10.3.4条)			
	4.绝热涂料(第10.3.7条)			
	5.玻璃布保温层的施工(第10.3.8条)			
	6.管道阀门的绝热(第10.3.9条)			
	7.管道绝热层的施工(第10.3.10条)			
	8.管道防潮层的施工(第10.3.11条)			
	9.金属保护层的施工(第10.3.12条)			
	10.机房内制冷管道的色标(第10.3.13条)			

施工单位检查结果评定	项目专业质量检查员:	年 月 日
监理(建设)单位验收结论	监理工程师: (建设单位项目专业技术负责人)	年 月 日

建筑给水排水采暖子分部工程质量验收记录				编号	05 - C7 - × × ×
表式 C7 - 3 - 1 - 1(原规范附表 D)					

工程名称			项目技术负责人		证号	
子分部工程名称		室内给水系统	项目质量检查员		证号	
子分部工程施工单位			专业工长		证号	

序号	子分部(分项)工程名称	分项工程检验批数	施工单位检查结果	监理(建设)单位验收结论
1	给水管道及配件安装			
2	室内消火栓系统安装			
3	室内消防喷水灭火系统			
4	给水设备安装			
5	管道防腐			
6	管道绝热			
质量控制资料				
安全和功能检验(检测)报告				
观感质量验收				

验收单位	专业施工单位	项目专业负责人：　　　　　　　　年　月　日
	施工单位	项目专业负责人：　　　　　　　　年　月　日
	设计单位	项目专业负责人：　　　　　　　　年　月　日
	监理(建设)单位	监理工程师： (建设单位项目专业负责人)　　　　　　　年　月　日

244

自动喷水灭火系统子分部工程质量验收记录

表式 C7 – 3 – 1 – 12(原规范附表 B)

编号　05 – C7 – × × ×

工程名称		专业工长		证号	
分部工程名称		班组长			
分项工程施工单位		验收部位			

GB 50261—96《规范》章、节、条、款编号		主要技术要求	分项验收		综 合 验 收		
序号	分项内容		合格	不合格	合格	基本合格	不合格
技术资料	图纸、文件	设计任务书、有关文件、地质资料齐全					
	隐蔽工程验收资料	埋地管道、设备验收记录、顶棚墙体隐蔽管线验收记录齐全					
	调试及验收资料	进场测试、安装调试记录、测试验收单位、人员等记录齐全					
水源电源	水源水量	符合设计规范要求					
	系统压力	系统最不利点处水压不小于 0.05MPa					
	泵房功能	消防水泵数量、流量、压力、泄压措施、自灌引水措施等符合设计和规范要求					
	电源	有备用电源,自动切换可靠					
	其他	水质要求,地基沉降资料、气温、气象等环境资料齐全					
管网	报警阀以后管网	不能在喷水管网上接洗涤等用途的水管和水龙头					
	管网管径	对照管径估算表合理					
	管网布置	坡度、排水口、末端试水装置符合要求					
	管网设支吊架、防晃动支架等	按规范要求设置合理、牢靠					
	节流管、减压孔板、减压阀、水流指示器、信号阀、泄压阀、排气阀	安装位置合理,型号、功能符合设计要求					
	与报警系统充气系统配套联动试验	符合设计要求					

分部工程代号	分部工程名称	子分部工程代号	子分部工程名称	分项工程名称	备注
05	建筑给水排水及采暖	09	建筑中水系统及游泳池系统	建筑中水系统道及辅助设备安装、游泳池水系统安装	
		10	供热锅炉及辅助设备安装	锅炉安装、辅助设备及管道安装、安全附件安装、烘炉、煮炉和试运行、换热站安装、防腐、绝热	应单独组卷
08	通风与空调	01	送排风系统	风管与配件制作、部件制作、风管系统安装、空气处理设备安装、消声设备制作与安装、风管与设备防腐、风机安装、系统调试	
		02	防排烟系统	风管与配件制作、部件制作、风管系统安装、防排烟风口常闭正压风口与设备安装、风管与设备防腐、风机安装、系统调试	
		03	除尘系统	风管与配件制作、部件制作、风管系统安装、除尘与排污设备安装、风管与设备防腐、风机安装、系统调试	
		04	空调系统	风管与配件制作、部件制作、风管系统安装、空气处理设备安装、消声设备制作与安装、风管与设备防腐、风机安装、风管与设备绝热、系统调试	
		05	净化空调系统	风管与配件制作、部件制作、风管系统安装、空气处理设备安装、消声设备制作与安装、风管与设备防腐、风机安装、风管与设备绝热、高效过滤器安装、系统调试	
		06	制冷设备系统	制冷机组安装、制冷剂管道及配件安装、制冷附属设备安装、管道与设备的防腐与绝热、系统调试	
		07	空调水系统	管道冷热(媒)水系统安装、冷却水系统安装、冷凝水系统安装、阀门及部件安装、冷却塔安装、水泵及附属设备安装、管道与设备的防腐与绝热、系统调试	

注:◆——室内消防喷淋系统安装、气体灭火系统安装,是依据 GB 50300—2001 的附录 B 添加的项目。

自动喷水灭火系统子分部工程质量验收记录 表式 C7 - 3 - 1 - 12(原规范附表 B)		编号	05 - C7 - ×××

报警 控制 阀	报警阀	报警阀配件全,警铃及排水试水等符合 要求,报警可靠			
	控制阀功能	型号、规格数量、功能符合设计和规范要 求			
	压力	压力符合设计要求			
	流量	流量符合设计要求			
	试水、排水	试水阀、试水管及排水管符合要求			
喷头	喷头型号与安装	温标、色标、安装方向、防碰、防腐、布置 符合设计要求			
	喷头质量	有合格证,检验合格			
维护管理	规章、维护管理人员	符合规范要求			

施工单位评 定结果		项目专业质 量检查员	年 月 日	项目专业质量 (技术)负责人	年 月 日
监理(建设)单 位验收结论		监理工程师: (建设单位项目专业技术负责人)			年 月 日

20 北京市及总公司、公司相关文件摘录

20.1 京建材[1998]480 号"关于限制和淘汰……11 种落后建材产品的通知"

246

产　品　名　称	禁止使用时间和范围	备　　注
焦油型冷底子油(JG－1 型)	1999 年 3 月 1 日起	——
普通手工翻砂刚性接口铸铁排水管	1999 年 7 月 1 日起	在多层住宅建筑中：离心浇筑铸铁排水管可以用
镀锌铁皮室外雨水管	1999 年 7 月 1 日起	——
螺旋升降式铸铁水嘴	1999 年 7 月 1 日起	住宅工程室内部分（以后文件又规定全面禁止使用）
铸铁截止阀	1999 年 7 月 1 日起	住宅工程室内部分（铜质的可以用）
进水口低于水面(低进水)的卫生洁具水箱配件	1999 年 3 月 1 日起	所有新建和维修工程（419 号文件又有新规定）
水封小于 5 公分(50mm)的地漏	1999 年 3 月 1 日起	所有新建和维修工程

20.2　京建材［1997］298 号"关于禁止使用市场上销售的螺旋升降式三通阀的通知"

型号有 8810、8610B、9310、9618B 等等。［这里应说明的是"等"字的含义是具有全面禁止(进口和国内特别优良的产品除外)的意思；因目前国内三通阀均存在内部加工粗糙，阀芯通道和阀体通道严重错位，密闭性差，内部渗漏大。这些问题在五公司建五技安［2000］1 号第五条已进一步说明。］

20.3　京建材［1999］518 号"关于公布第二批 12 种限制和淘汰落后建材产品目录的通知"（摘录）

"冷镀锌上水管"，淘汰原因"污染饮用水，国家已明令淘汰"，"2000 年 7 月 1 日起停止设计，2000 年 10 月 1 日起停止使用"。(说明：此项规定具体实行比本规定提前，为确保工程质量，总公司早已明文规定禁止使用。)

20.4　京建材［1998］419 号"关于加强用水器具质量管理的通知"（摘录）

"对使用已淘汰、不合格和'三无'用水器具的工程，验收时不予通过，并限期更换。各用水单位在更换用水器具时，不得采用已明令淘汰、不合格和'三无'的产品。对使用淘汰、不合格和'三无' 用水器具造成水严重浪费的，严格地按'北京市城镇用水浪费惩罚规则'进行处理"(此点已说明建设单位也应遵守和执行此规定)。

"对本市建设工程所使用的水嘴、阀门、水箱配件等用水器具实行准用证管理。…本市各建设工程禁止采购和使用国家和北京市明令淘汰、'三无'及无本市准用证的用水器具。对违反规定,采购和使用明令淘汰、'三无'及无本市准用证产品的建设、施工单位由北京市质量监督站、北京市建设执法大队根据'北京市建设工程质量条例'进行处罚"。

20.5　京建材[1999]243 号"关于公布第一批用水器具准用产品目录的通知"(略)

详见五公司建五技质[2000]65 号关于转发总公司《关于转发北京市关于加强用水器具质量管理的通知的通知》的通知附件。(注意:为适应 WTO,消除地区保护主义,北京市已决定取消准用证,因此采购时应采用招标制)。

20.6　北京市建设工程质量监督总站(92)质监总站第 079 号《关于印发〈住宅工程室内排水管通球试验管理规定(试行)的通知〉》(摘录)

第二条　凡在北京市行政区域内新建、翻建的各类住宅工程均应执行本规定。

第三条　通球试验的主要项目包括室内所有排水立管、横干管及引出管。

第四条　通球试验应在室内排水系统及卫生器具等设备安装完毕,通水检查无渗漏后进行。

第五条　试验须符合下列规定:

(一)试球一般采用硬质空心塑料球,也可选用其他体轻、易击碎的空心球体。

(二)试球的外径应为管道内径的四分之三,但不应小于管道内径的三分之二。

第六条　主要试验方法:(略)

第七条　检查验收:(略)

第八条~第十条 (略)

第十一条　对通球试验有要求的公共建筑工程可参照本规定执行。

第十二条　(略)

20.7　北京市建设工程质量监督总站(94)质监总站第 036 号《关于印发〈北京市建筑工程暖卫设备安装质量管理规定〉的通知》

(全文除了对错别字、不妥、不明确的词句进行修改外,尚对其中某些内容加以注解)

第一部分　质量管理基本规定

1. 本规定适用于一般工业及民用建筑的室内暖卫工程及整体锅炉安装工程(注意'整体'两个字的含义)的施工及验收。(室内工业给、排水和有特殊要求的建筑应按专门规定执行。)

2．暖卫设备安装专业施工应具有健全的专业质量保证体系,施工队技术负责人应由具有相关专业助理工程师以上技术职务的人员担任,专业管理人员和工长必须持有市建委核发的岗位合格证。

3．暖卫工程施工方案、技术质量交底、各项试验记录、检验记录、隐检工程验收、洽商记录等技术文件应根据现场施工及时填写,其日期、项目、部位、内容、结果、签字应齐全,施工工地必须具有以上有关技术资料以备核查。

第二部分　通用规定

1．暖卫使用的管材、零件、配件及设备必须使用合格产品,对其质量有疑问的须经法定"产品质量监督检验站"进行检测合格后,方可使用。凡使用不合格产品影响安装质量及使用功能的均按工程质量问题处理。

2．碳素钢管不得直接埋于焦渣层等含有腐蚀性的土壤层中,必须按设计要求做好防腐层,并由设计决定管道周围填以保护性材料。

3．埋设的暖卫管道变径管件均不得使用补心变径,应使用大小头变径。埋设管道不得设油任、法兰等活接头。

4．暖卫管道分支使用气焊开口分支时,不得减少分支管内径。使用电、气焊制作三通应符合施工规范(指 GBJ 242—82,下同)第 9.2.9 条、第 9.2.11 条、第 9.2.12 条规定,并需及时将焊渣、焊瘤清除干净。

5．住宅工程暖卫及冷热水支管管径 DN 小于 50mm、管中心距墙不超过 60mm 的可采用单管卡作托架,支架间距不得超过 1.5m,而且在拐弯处及易受外力碰撞变形的部位需加管卡。单、双管卡规格应按标准图集使用 – 25×3 扁钢制成。

6．暖卫管道安装型钢支架螺栓孔径 $D \leqslant M12$ 的管道支架,不得使用电、气焊开孔、扩孔、切割,应使用专用机具。螺栓孔径 $D > M12$ 的管道支架,如需要用气焊开孔、切割时应对开孔及切割处进行处理。支架孔眼及支架边缘应平整、光滑,孔径不得超出穿孔螺栓或圆钢直径的 5mm。

第三部分　室内排水工程

1．住宅工程生活给水及生活、消防合用给水管路使用的管材及连接方式应按施工规范第 3.1.2 条、第 3.1.3 条、第 3.2.1 条规定执行。但管径 $DN \geqslant 125$ 的镀锌管材考虑实际加工及管件供应困难时可采用焊接方式。丝扣或焊接后必须将焊口及镀锌层破坏处做好防腐处理。

2．设计明确规定的或使用单位要求给水标准高的建筑工程必须按规范及设计要求施工,管径 $DN \geqslant 125$ 的镀锌给水管路丝扣连接困难时可使用焊接法兰连接,法兰初步安装后,校对好位置、尺寸,重新拆下进行镀锌加工处理,再最后进行安装。

3．独立的消火栓给水管道使用镀锌钢管连接时,可采用焊接,但必须保证焊口质量符合施工规范的规定,并做好防腐处理。

4. 凡有保温层的明敷及暗敷设的给水管道,在管道隐蔽前必须做水压试验,试验压力及要求按规范第 3.1.5 条执行。试验合格后方可进行隐蔽工程验收,埋设管道其埋设管下部回填夯实后方可敷设,不经试压合格不得进行管道隐蔽。

5. 住宅工程厨、厕间给水管道支管水表外壳距墙面净距离不得大于 30mm,也不得小于 10mm。表位前后的直线管段长度超过 300mm 时,支管应煨弯沿墙敷设,厨、厕间吊柜等设备不应妨碍水表的观察。

6. 住宅工程厨房、卫生间给水立管穿楼板、墙面一般可不设置钢套管(但土建的防水材料应上翻到地面以上,台度表面以下;其他管道也一样),立管根部与土建配合做出20 ~ 50mm 水泥台度防止管根部积水。如设计要求加设钢套管,其套管应高出地面 50mm、规格应比管道大两号,并填密封膏封闭严密。

7. 室内给水管道穿越门厅、居室、壁橱、门口上部、吊顶、管井内和管道结露影响使用的部位,均应做防结露保温层。保温层使用材料和做法要求由设计人员确定。

8. 非采暖房间的冷、热水系统管道,以及水管、水表、阀类均应有可靠的防冻保温层。冷、热水系统管道穿越采光井、伸缩缝等处必须有防冻、防水的保温措施。排水管道一般不得穿过沉降缝、伸缩缝。

9. 多层住宅生活给水立管管径 $DN \leqslant 25$ 使用单管卡固定,$DN > 25$ 的立管如不设穿楼板套管,可不设立管卡架。高层住宅工程的给水立管必须按规范规定安装立管卡架,卡架设置应考虑美观及不妨碍使用。可以安装落地卡架,再抹水泥墩台。

10. 排水铸铁管承插口连接变径不应使用同径套袖作变径,应使用异径大小头套袖变径,避免环形捻口缝隙过大或过小影响捻口严密性。

11. 住宅工程内排雨水管材,设计采用焊接钢管时,宜选用镀锌钢管,管径 $DN > 100$ 时可进行焊接,并将镀锌层破坏处做好防腐处理。

12. 排水立管与排水管连接处支撑必须牢固,明管可采用托、吊支架固定。埋设或地沟内敷设的给、排水管道不得采用干码或支垫木块等方法支撑,必须按规定间距采用砌筑可靠的支撑固定。埋设基础要坚实可靠,不得敷设在冻土或松土上。

13. 六层以下住宅铸铁排水立管可不设固定卡,高层住宅铸铁排水立管可隔层设置落地固定卡架固定。铸铁排水立管凡穿过楼板处,用细石混凝土(填加防水膨胀剂)浇筑固定,不得渗漏。并在地面抹上水泥台度保护管根不积水。

14. 住宅工程厨、厕间铸铁管支管长度不超过 1.5m 的,可不设吊架,排水管的托、吊管卡架规格应符合华北地区标准图集 91SB1 规定的要求。

15. 排水管道的立管与横支管之间的安装位置如不允许的情况下,可以使用 T 形三通、正四通连接。其他按规范要求执行。

16. 排水管道的透气管出屋顶高度:非上人屋面应为 600 ~ 700mm,其他应执行规范第 4.2.9 条的注 1 ~ 3。

17. 吊顶内、管井、设备层等需做保温层的排水管道以及埋设的排水管道在隐蔽前必须进行灌水试验,否则不得隐蔽。灌水方法及要求应符合规范第 4.2.16 条、第 4.3.5 条规定。同时应做好灌水试验记录,防腐后进行隐蔽工程验收。

18. 生活给水箱泄水管、溢水管、空调冷凝水管、给水管均不能与生活污水管道及设备直接连接,生活饮水用管道严禁与大便器(槽)直接连接,必须有可靠的空气隔断及防污染装置。雨水管不得与污水管相连。

19. 设在吊顶内、公共厕所及管道结露影响使用要求的污水横管均应按设计要求做防结露保温层。保温层厚度及材料应由设计决定。

20. 风机盘管的冷凝结水管与滴水盘使用软管连接时,其水平软管长度不应大于300mm(避免出现挠曲造成污物堵塞)。

21. 空调的冷凝结水管坡度应按排水管坡度考虑,如在吊顶内玻度受到空间限制时,最小坡度不得小于1%,并且应由设计确定就近排放。吊顶内冷凝结水管应做防结露保温。

22. 卫生器具的固定应采用预埋固定件或膨胀螺栓,坐便器固定螺栓不小于 M6,便器冲水箱固定螺栓不小于 M10。并用橡胶垫和平光垫压紧,凡是固定卫生器具的螺栓、螺母、垫圈均应使用镀锌件(镀锌件三字)。膨胀螺栓只限于混凝土板、墙,轻质隔墙不得使用。

23. 洗脸盆、家具盆支架安装必须牢固,器具与支架接触紧密,支架与器具之间不得用垫灰、垫块方法调整固定器具的标高。家具盆使用扁铁支架时,扁钢应不小于 – 40 × 3mm,螺栓直径应不小于 M8,家具盆扁钢支架边缘搬边部分不能大于 50mm,也不得小于 20mm。搬边部分应光滑,不得有割口粗边,并与盆面接触紧密。各类支架均应做好防腐及面漆涂刷。

24. 洗脸盆支架使用 DN15 钢管制作时,应采用镀锌钢管,尾端应做成燕尾形,埋设应牢固;并应用镀锌螺栓做固定件(镀锌件三字),固定的脸盆不得活动。

25. 排水地漏及三用排水器不得设置在不防水的地面上,交工前必须清除水封处的污物。地漏水封深度不得小于50mm,扣碗安装位置应正确,铸铁箅子做好防腐,并应开启灵活,不得用灰抹住。

26. 坐便器低水箱必须使用防虹吸水箱配件,并具有北京市法定检测单位的证明书(419 号规定必须具有北京市颁发的准用证书。注意为防止地方保护主义,北京市已决定取消此规定)。

27. 后排水坐便器的冲水弯管皮碗绑扎应使用喉箍卡严或用 14 号铜丝缠绕二道绑扎严紧。排水胶管固定方法同前。排水胶管应具有 10mm 坡度坡向排水立管,并且不得出现死弯,接口不得渗水。

28. 蹲便器、坐便器与排水管的接口处须加环形腻子抹严、抹光,坐便器埋地固定螺栓不得破坏防水层,蹲便器冲水皮碗处不得用砂浆灌死。

29. 蹲便器高位水箱塑料冲洗管距地 1m 处应设置单管卡固定牢固。

30. 卫生间内浴盆检修门不应贴地安装,检修门应有距地 20 ~ 50mm 的止水带,防止卫生间地面水流入浴盆下。

31. 卫生器具配件:塑料下水口及返水弯等不得使用再生塑料制品,应保证其圆度、硬度,不得造成渗漏、脱落等质量问题。必要时应检查有关法定单位的产品监督检验证明书的有效、合法性。返水弯与排水管甩口应用油麻密封膏填塞封闭。

32. 建筑工程排水管道使用 PVC－U 管应按建筑排水硬聚氯乙烯管道工程技术规程（CJJ/T 29—98，※此处改为新规程）及有关工艺标准施工。

33. 生活与消防合用高位水箱时，高位水箱应具备有消防管路必须的 10min 消防贮水量。为此水箱消防给水管的出水口与生活给水管的出水口应有以上贮水量的间距。其间距必须由设计人确定，施工中必须按设计提供的间距接管（生活给水出水管在上部，消防给水出水管在下部）。

34. 给水管道安装完毕必须进行冲洗，直至污浊物冲洗干净，给、排水系统如不进行通水试验，不得进行交工、验收。

35. 排水管道通球试验必须在通水试验之后进行，其球径及通球方法、部位必须按建委有关文件执行。合格后方可进行工程交验。

第四部分　室内热水采暖工程

1. 热水采暖入口应按设计要求设置压力表、温度计、串连管（即旁通管）等装置（按华北地区标准图集 91SB1 暖 51 施工，但过滤器前必须加设切断阀门，规格同供水管）。如工程竣工因季节或热源等因素暂不通暖时，必须留出仪表甩口，待通暖热工调试前再安装完毕。土建亦须配套，设置检查口及积水坑（按华北地区标准图集 91SB1 暖 51）。

2. 室内采暖管道变径不应使用补心变径，应用异径管箍或摔大小头焊口连接。水平干管应按排气要求采用偏心变径（即上平下斜的渐变径管（图 1.20.7－1），渐变径管长度详见国标 S311－9～13，如表 1.20.7－1所示），立管变径采用同心变径。变径位置距离分支点应不大于 300mm（标准图集和其他书籍均规定变径位置与分支点的距离为 $DN \leqslant 50$ 时，$L=200mm$；$DN \geqslant 70$ 时，$L=300mm$）。

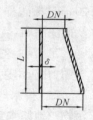

图 1.20.7－1　偏心变径管

3. 住宅工程内采暖干管安装不应使用油任连接，如设计要求必须设置可拆卸的连接件时，应采用法兰连接件。

4. 住宅工程单管顺流式热水采暖系统无闭合管的立管阀门可不安装油任，有闭合管的立管阀门应安装油任，但闭合管可不加油任。

5. 室内热水采暖管道的方形伸缩器宜用整根钢管煨制，如有焊口应安排在方形伸缩器垂直臂中间位置。管径 $DN \geqslant 100$ 的方形伸缩器可采用压制弯头焊接，但弯头应与导管管壁相同（外径应与导管外径一致）。方形伸缩器应结合布置在两个固定支架中心或不少于两固定支架间距距离的 1/3 处（※固定支架与伸缩器垂直臂之间应设导向滑动支座）。

6. 采暖管道用焊接钢管时，管道的连接接口 $DN \geqslant 40$ 时，采用焊接；$DN < 40$ 时，采用丝扣连接。如采用焊接时，其对口间隙及错口偏差不应超过规范的标准（即不超过 2mm）。

7. 暖气干管分环（宜用"回"字）路进行分支连接时，应考虑管道伸缩要求，一般不得采用 T 字直管段连接（应采用斜三通连接）。

8. 暖气立管和横干管连接时，应按图集 91SB1—P29 方式连接，如立管直线长度小于 15m，立管与干管可以用两个弯头连接；立管直线长度大于 15m，立管与干管可以用三个弯头连接；横节长度应为 300mm，且应有 1% 的坡度，不应使用对丝加弯头代替管段横节的连接方法,保证立管胀缩得以补偿(两个弯头和三个弯头的连接方法在华北地区标准图集91SB、老版本安装标准图集以及教科书中均指横干管敷设在吊顶内的连接方法。这里扩大到明装横干管,在层高较低的经济适用房将给有横干管的住户带来极大的不便与损失。建议采用乙字弯连接,并将闭合管往散热器一边移,以解决立管的伸缩问题,如图1.20.7-2所示)。

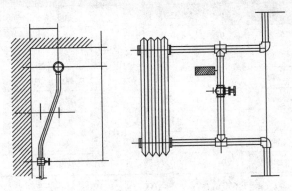

图 1.20.7-2 解决立管伸缩的措施

异径管(渐变径管)规格尺寸表(给水排水标准图集 S311-9~13)　　表 1.20.7-1

DN_1	DN_2	L	δ	重量 kg/个	DN_1	DN_2	L	δ	重量 kg/个
80	50	209	4	1.31		250	549	9	44.3
	70	168	4	1.34	450	300	449	9	39.0
100	50	248	4	1.94		350	348	9	32.0
	70	198	4	1.74		400	248	9	24.5
	80	188	4	1.77		300	549	9	51.0
125	100	198	4	2.28	500	350	448	9	43.0
150	100	248	4.5	3.17		400	348	9	36.0
	125	198	4.5	2.78		450	248	9	26.3
200	100	351	6	8.20		350	648	9	69.5
	125	301	6	7.20	600	400	548	9	58.0
	150	251	6	6.73		450	448	9	53.2
250	100	449	7	14.40		500	348	9	42.0
	125	399	7	13.30		400	748	9	95.5
	150	349	7	12.80	700	450	648	9	84.0
	200	252	7	10.20		500	548	9	73.0
						600	348	9	51.2
300	125	499	8	22.0	800	450	848	9	121.0
	150	449	8	20.9		500	748	9	111.0

DN_1	DN_2	L	δ	重量 kg/个	DN_1	DN_2	L	δ	重量 kg/个
300	200	352	8	18.0	800	600	548	9	87.0
	250	250	8	14.0		700	348	9	59.0
350	150	548	9	32.0	900	500	948	9	150.0
	200	451	9	29.0		600	748	9	121.0
	250	349	9	24.0		700	548	9	100.0
	300	249	9	18.7		800	348	9	67.0
400	200	549	9	38.7	1000	600	948	9	196.0
	250	449	9	33.7		700	748	9	132.0
	300	349	9	28.5		800	548	9	119.0
	350	248	9	21.5		900	348	9	78.0

注:额定工作压力 $DN \leqslant 600$, $P_N \leqslant 1.6MPa$; $DN = 700 \sim 1000$, $P_N \leqslant 1.0MPa$。

9. 采暖管道最高点或可能有空气积聚处,应设排气装置,最低点或可能有水积存处应设泄水装置。根据目前北京市采暖水质及自动排气阀质量尚不能完全保证自动可靠排除空气,为了不妨碍用户使用,住宅工程的设计图如将自动排气阀或集气罐设在居室或客厅内时,应改变管道坡度,把管道最高点及排气装置安排在厨厕间内(施工单位应与设计单位办理技术洽商)(这一点在理论上是不行的,因为不管管道的坡度调到多大,即使在立管内,气泡的浮升速度才 0.25m/s,均小于机械循环系统管内水的流速。应不改为妥。事实上要与设计单位办理技术洽商就是这个道理,在现场若遇到质检人员要求改,应搬出规定中"施工单位应与设计单位办理技术洽商"为由,予以拒绝)。当装放风管时,应接至有排水设施的地漏或洗池中,放风阀门安装高度不低于 2.2m,放风管口距离池底 20mm。自动排气阀的进水端应装阀门。

10. 暖卫管道不得穿越垃圾道、烟道、风道。凡无采暖的环境内采暖管道及设备均应采取保温。

11. 暖气管道穿墙、穿楼板应设置钢套管或铁皮套管(穿楼板应设置钢套管)、穿厕浴间、厨房间地面须用钢套管,其套管应高出地面 50mm。套管规格应比管道管径大两号,并用油麻填塞密封。

12. 穿越壁橱、吊柜内采暖及热水管道,均应采取保温措施,其保温材料应由设计人员确定,不得使用对环境及人体有害的保温材料。

13. 空调系统冷冻水管的管道坡度、卡架间距、规格、放风及泄水、伸缩器及管道安装除应按水暖管道安装要求外,其卡架与管道之间必须由设计确定防冷桥结露的隔冷层厚度和材质。施工时应保证其防结露保温的严密性(这点很重要,实际工程中因不严密,有冷桥造成结露滴水损坏吊顶的实例最近就发生过)。

14. 空调系统冷冻水管穿墙及穿楼板处必须设置可靠的防结露保温层,如设计安装钢套管时,其套管应设置在保温层外。

15. 变电、配电所(室)、控制室内的采暖管道及设备接口均应采用焊接,并不得设置阀门。

16. 采暖及热水管道活接头及散热器的衬垫必须使用标准石棉橡胶制品,不得使用橡胶衬垫或再生橡胶渗石棉的所谓合成垫。柱形散热器石棉垫厚度应为 1.5mm,组对后垫片外露不应超出 2mm。

17. 散热器组对后在安装前应进行水压试验,铸铁柱形散热器 20 片以上应加拉条固定。成品散热器运到现场亦应做水压试验,并填写试压记录单(DBJ 01—26—96 规定"……从散热器上下两端外柱内穿入四根拉条……"。此规定未考虑四根比两根存在拉条受力不均现象更大,易产生应力集中的缺陷,对避免抬动引起散热器组整体刚性损坏更为不利。要加强整体刚度,增加拉条直径即可达到目的)。

18. 膨胀水箱安装后,调试前应对水箱水位进行调整。膨胀水箱的最低水位一般高于热水采暖系统最高点 1m 以上,最小不得小于 0.5m。水箱安装后应按设计要求做好保温,当设计设置循环管时,循环管与系统的连接点和膨胀管的连接点应有 1.5～2m 的间距。

19. 暖气干管安装后,在保温前应做单项试压,暖气系统安装完毕应做系统综合试压,试压要求应符合设计及施工规范第 6.2.8 条的规定。试压时必须将管道阀门开启,并将系统内的空气排除干净,不得带有空气进行水压试验。

20. 暖气系统通暖时必须进行热工调试,各环路散热器水温应均匀,按规范和设计要求试验完毕,应填写热工调试记录,作为竣工资料保证项目归档。工程交工时无条件进行热工调试的,必须在竣工单上注明热工试验延期。

第五部分　锅炉及附属设备安装工程

1. 设备基础经土建施工单位、设计单位检验合格后办理设备基础验收,并与设备安装单位进行基础交接手续后,方可进行设备安装。

2. 设备安装单位应配合土建设备基础施工,检查设备基础的规格、尺寸、坐标、标高、孔洞位置、埋件规格、型号、位置以及基础混凝土强度等级符合设计及实际设备基础图的要求标准后,填写预检记录单,再进行安装施工。

3. 安全阀应独立安装在设备本体上,阀座要平整。设备与阀体之间连接的短管上不得装有排气管和阀门。锅炉安全阀应有独立的排气管,两个独立的安全阀的排气管不应相连,并排至设计指定的安全地点。

4. 压力表安装应符合暖卫工程施工及验收规范第 10.3.4 条、第 10.3.5 条规定的要求。

5. 每台水泵出水管均应安装止回阀(气泵及无倒流水系统除外),水要先经过止回阀,后经过阀门。在水泵出口与止回阀之间应装有压力表。水泵和电机安装地脚螺栓应使用弹簧垫圈及平光垫固定。

6. 除污器过滤网安装位置应正确,滤网目数应符合要求。清污口位置应考虑清掏方便(三通过滤器不得贴地安装),除污器前后应有压力表和阀门。

7. 锅炉送风管上应按设计要求装置可调阀门,每台锅炉的烟道均应设有调节风门,各类调节阀应开启灵活。

8. 鼓风机、引风机与金属风(烟)管连接应按设计要求装有长度不小于150mm的柔性短管,柔性短管的材质及连接方式应由设计人员确定,柔性短管安装应保证结合缝牢固、严密,柔性短管不得承受风(烟)管的重量。

9. 各类风机、水泵试运行时必须按设计及产品说明要求正确调整旋转方向。

10. 各类金属风管与土建风道连接的接合处应密封严密,不得漏风。

11. 软化水处理系统的设备、管道及附件如可能受酸、碱腐蚀时应由设计采取相应的防腐措施。盐水系统不得使用普通碳素钢管材,应使用塑料管材、塑料泵或设计指定的有效防腐设备及管材。

12. 各类管道及设备承重支、托、吊架应由设计确定其规格型式及固定方式,并保证其安全、可靠。管道及设备承重支架不得直接焊接在管道上及固定在设备法兰上。

13. 锅炉烘炉、煮炉、试运行前必须经有关劳动部门对锅炉及附属设备检验合格办理手续后方可进行。锅炉试运行必须符合施工、验收规范第10.4.6条要求,锅炉竣工验收应达到施工验收规范第12.0.4条有关规定标准。

20.8 总公司[1999]总技质字第222号《关于"暖卫、电气安装质量的若干规定"的通知》(摘录)

20.8.1 在建筑水暖工程中严禁采用螺旋升降式三通阀。

20.8.2 卫生器具(如浴盆、洗脸盆、家具盆)的下水管严禁采用软质塑料管。……如要采用软质塑料管需有北京市建筑五金水暖质量监督检验站的检测证明书。

20.8.3 ……严禁采用水封小于50mm的地漏。

20.8.4 ……严禁采用进口低于水面(低进水)的卫生器具水箱配件。不得使用不防虹吸的低水箱配件……。

20.8.5 PVC-U排水管的安装应符合《建筑排水硬聚氯乙烯管道工程技术规程》CJJ/T 29—98的规定要求:

(1)排水管道支架的间距:立管管径 $DN \leqslant 50$,$L \leqslant 1.2$m;$DN \leqslant 75$,$L \leqslant 2.0$m。横管直线管段支架的间距见表1.20.8-1:

横管直线管段支架的间距 　　　　　　　　　　　　　　　　表1.20.8-1

管径(mm)	40	50	75	90	110	125	160
间距 L(m)	0.40	0.50	0.75	0.90	1.10	1.25	1.60

(2)横管坡度设计无要求时,采用0.026。

(3)立管和横管应按设计要求设置伸缩节,当设计无明确规定时,伸缩节设置应符合下列规定:

立管:当层高小于等于 4m 时,污水立管和通气管应每层设一个伸缩节;立管穿越楼层处为固定支承,且排水支管在楼板之下接入时,伸缩节应设置于水流汇合管件之下;立管穿越楼层处为固定支承,且排水支管在楼板之上接入时,伸缩节应设置于水流汇合管件之上。

横管:横管上无汇合管件、长度大于 2m 时,应设伸缩节,且伸缩节之间最大间距不得大于 4m;伸缩节应设置在水流汇合管件的上游端。

伸缩节的安装:伸缩节的插口应顺水流方向,管端插入伸缩节处预留的间隙应为:夏季 5~10mm,冬季 15~20mm。

20.8.6　焊接钢管安装使用的压制弯头,其管径、壁厚应与干管相一致。见表 1.20.8-2。

干管与弯头规格　　　　　　　　　　　　表 1.20.8-2

干管规格	DN40	DN50	DN80	DN100	DN125
弯头规格	$\phi 48 \times 3.5$	$\phi 60 \times 3.5$	$\phi 89 \times 4.0$	$\phi 114 \times 4.0$	$\phi 140 \times 4.0$

20.8.7　暖卫、电气安装使用的镀锌钢管(低压流体输送用焊接钢管)必须符合国标 GB/T 3091—93《低压流体输送用镀锌钢管》的规定。镀锌钢管的内外表面应有完整的镀锌层,不得有未镀上锌的黑斑或气泡存在。当镀锌质量有怀疑时,应按 GB/T 3091—93 的规定对其进行"镀锌层均匀性试验"和"镀锌层的重量测定"(※此条是针对当时现场采用冷镀镀锌焊接钢管,严重影响工程质量制定的)。

20.8.8　各施工单位如在暖卫、电气工程施工中使用新材料,需通过公司上报总公司,并附可行性作业工艺及质量检验标准。[※此条贯彻有三种制约情况。(1)设计图纸要采用的;(2)甲方要求采用的;(3)机关的办事效率。另一问题是属于备案性的报告,还是审批性的报告也不明确。]

20.9　新兴五公司建五技安[2000]1 号《关于暖卫安装工程材料进场检验的若干问题》的通知(摘录)

(※针对现场屡次出现焊接钢管产品质量证明书事故及采用不符合国家标准的材料事实,为纠正这些问题,加强进场材料验收制度而下发的)

20.9.1　焊接钢管

焊接钢管按老标准有两种。

(1)水煤气管:老标准为 GB 3091—87 和 GB 3092—93,即新标准 GB 3091—93 和 GB 3092—93 低压流体输送用焊接钢管。是工程上采用的产品,其标志为 DN。

(2)电焊接钢管:其标志为 $\phi \times \delta$,即外径×厚度;其规格与无缝钢管类似,也是一种管径中有多种管壁厚度。但是 $\phi 32$ 以下的电焊接钢管的管壁厚度均小于低压流体输送用焊接钢管应具备的厚度。在进场验收时应特别注意,以免上商家偷梁换柱的当。

(3)提供了水煤气管与焊接钢管匹配表,供现场检查和对照使用,见表 1.20.9-1、表 1.20.9-2。

低压输送流体焊接钢管与电焊接钢管、钢压制弯头的匹配表　　表 1.20.9-1

DN(mm)	相应英制(in)	相应焊接钢管外径×壁厚(mm)	与焊接钢管配套压制弯头外径×壁厚(mm)	备　注
15	1/2			无
20	3/4			无
25	1			无
32	1 1/4	无合适的壁厚	42×3.5	
40	1 1/2	48×3.5	50×3.5	
50	2	60×3.5	60×3.5	
65	2 1/2	76×4	76×4	
80	3	89×4	89×4	
100	4	114×4	114×4	
125	5	140×4.5	140×4.5	
150	6	无	168×4.5	

水煤气管与无缝钢管及钢压制弯头匹配表　　表 1.20.9-2

DN(mm)	相应英制(in)	相应无缝钢管外径×壁厚(mm)	与焊接钢管配套弯头外径×壁厚(mm)	DN(mm)	相应英制(in)	相应无缝钢管外径×壁厚(mm)	与焊接钢管配套弯头外径×壁厚(mm)
15	1/2	22×3		150	6	159×4.5	168×4.5
20	3/4	25×3		200	8	219×6	
25	1	32×3.5		250	10	273×8	
32	1 1/4	38×3.5	42×3.5	300	12	325×8	
40	1 1/2	45×3.5	50×3.5	350	14	377×9	
50	2	57×3.5	60×3.5	400		426×9	
65	2 1/2	76×4	76×4	450		480×10	
80	3	89×4	89×4	500		530×10	
100	4	108×4	114×4	600		630×10	
125	5	133×4.5	140×4.5				

　　(4) 提供了外观质量检查参考资料。(略。详见国标 GB/T 3092—93 及总公司[1999]总技质字第 222 号)。

　　20.9.2　给水和排水铸铁管(主要说明三个问题)

258

（1）铸铁管的分类（略）。

（2）排水铸铁管：为无压管，这里应特别注意山西省生产的排水铸铁管的壁厚均比国家标准薄 1mm，不宜使用（※因当前现场均采用山西省生产的排水铸铁管）。

（3）材质要求：规格和压力应符合设计要求，应有产品合格证和技术质量鉴定文件，且应符合国家或部级标准。壁厚均匀，内外表面光滑整洁，不得有砂眼、裂纹、毛刺和疙瘩；承插口的内外径及管件应造型规矩，管内表面的防腐涂料层应整洁均匀，附着牢固，见表 1.20.9 - 3。

一般铸铁直管的规格表　　　　　　　　　　　　　　　表 1.20.9 - 3

公称直径（mm）	壁　　厚（mm）						
	低压管		普压管		高压	下水无压	
	砂型、双盘	离心浇铸	砂型、双盘	离心浇铸	离心浇铸	砂型	山西
50	/	/	/	/	/	5.0	4.0
75	9.0	/	9.0	/	/	5.0	4.0
100	9.0	/	9.0	/	/	5.0	4.0
125	9.0	/	9.0	/	/	6.0	5.0
150	9.0	/	9.0	/	9.5	6.0	5.0
200	9.4	8.0	10.0	8.8	10.0	7.0	6.0

20.9.3　截止阀：$DN \leqslant 50$ 的宜采用铜质截止阀或以 Z11T - 16（$DN = 15 \sim 65$）的铜质闸板阀代替，不得采用铸铁升降式的截止阀或闸板阀（※京建材［1998］480 号规定）。但是阀芯为塑料的（与淘汰产品升降式水嘴的阀芯一样的），且阀杆与阀芯分离式的铜质截止阀也不宜采用，尤其不得用在冷水干管和主要分支管，以及温水、热水和蒸汽系统（含凝结水）、空调冷冻水系统的管道上。

20.9.4　管道配件：存在问题是进场不检验，加工尺寸不规范，材质不符合要求，应按 91SB 图集的要求进行验收和选用。不合格的坚决退货与返工。

20.9.5　应贯彻总公司（1999）技安字第 222 号规定，暖气系统不得采用三通调节阀。解决办法是改散热器进水管和跨越管（闭合管）各安装一个调节阀。

20.10　《民用建筑节能管理规定》摘录与注解

2000 年 2 月 18 日中华人民共和国建设部部长俞正声颁发自 2000 年 10 月 1 日起实施的《民用建筑节能管理规定》第 76 号令，现将与施工单位有关的内容摘录于下，供参照贯彻执行（为便于领会规定精神，对摘录条文适当加以注解）。

第一条　为了加强民用建筑节能管理，提高能源利用效率，改善室内环境，依据《中华人民共和国节约能源法》、《中华人民共和国建筑法》和有关行政法规，制定本规定。

第二条　本规定适用于下列建设项目的审批、设计、施工、工程质量监督、竣工验收和物业管理：

（一）《建筑气候区域标准》划定的严寒和寒冷地区设置集中采暖的新建、扩建的居住建筑及其附属设施；

（二）新建、改建和扩建的旅游旅馆及其附属设施……。

第五条　新建居住建筑的集中采暖系统应当使用双管系统（注：这里不分高层、低层或三层以下的多层建筑，这是与过去的规范最根本的区别所在；再者温度调节装置已成为确保工程质量和达到设计功能的关键部件，采购时应特别认真对待），推行温度调节和户用热量计量装置，实行供热计量收费。

第六条　……不符合节能标准的项目，不得批准建设。

第七条　……建设单位不得擅自修改节能设计文件（注：现场人员在施工过程的修改内容中应考虑到修改内容是否涉及到节能问题，切勿马虎从事，自作主张）……。

第十一条　施工单位应按照节能设计进行施工，保证工程质量。

第十二条　建筑工程质量监督机构，对达不到节能设计标准要求的项目，在质量监督文件中应予以注明……。

第十四条　国家实行建筑节能产品认证和淘汰制度（注：采购材料时应特别注意它是否属于节能产品和有无国家相应的认证书；进场材料验收应认真进行，若现场施工人员马虎不及时履行进场材料验收制度，则发生质量的责任将转移到现场施工人员身上，到时候就没有任何推卸责任的理由）……。

第十六条　建设单位未按照建筑节能强制性标准委托设计或者擅自修改节能设计文件的，责令改正，处以20万元以上50万元以下的罚款（若建设单位硬要违规行事，并办理严格的书面文件承担我方违规受处罚的经济损失，也应拒绝。向其说明拒绝原因，因为建设单位不能替代我方承受第十八条中的停业整顿、降低资质等级、吊销资质证书的处罚）。

第十七条　设计单位未按节能标准和规范设计的，应当修改设计。未进行修改的，给予警告，处以10万元以上30万元以下的罚款；造成损失的，依法承担赔偿责任；两年内累计三项工程未按节能标准和规范设计的，可责令停业整顿，降低资质等级或者吊销资质证书；对注册执业人员，可以责令停止执业一年。

第十八条　对未按照节能设计进行施工的，责令改正；整改所发生的工程费用，由施工单位负责（注：法律是无情的，切记为妙，不要以身试法）；可以给予警告，情节严重的，处工程合同价款2%以上4%以下的罚款；两年内累计三项工程未按照符合节能设计标准要求的设计进行施工的（注意此处仅指未按照符合节能设计标准要求的设计项目，但与谁违规无关，只要你施工了就算违规。因此也要求施工技术人员应了解何为符合节能设计标准？何为不符合节能设计标准？），责令停业整顿，降低资质等级或者吊销资质证书。

第十九条　建设行政主管部门在建设工程竣工验收中，发现达不到节能标准的，责令建设单位改正，重新组织竣工验收。

第二十条　本规定责令停业整顿，降低资质等级和吊销资质证书的行政处罚，由颁发资质证书的机关决定；其他行政处罚，由建设行政主管部门依照法定职权决定……。

第二十三条　本规定由国务院建设行政主管部门负责解释。

第二十四条　本规定2000年10月1日起施行。

说明：

1．本规定摘录自《暖通空调》杂志附页，若与正式文本不符者以正式文本为准；

2．相关规范有《民用建筑节能设计标准(采暖居住建筑部分)》和《旅游旅馆建筑热工与空气调节节能设计标准》。

3．本《规定》各专业均应遵守，绝不是因第五条明指采暖工程就与其他专业无关。

20.11 建五技质[2001]159号《加强工程施工全过程各工种之间的协调,防止造成不应出现质量事故的规定》

20.11.1 凡专业工种复杂的工程,现场工程技术总负责人、工地项目经理在进行施工组织设计、施工方案设计、施工进度计划、施工工序安排和编制施工技术交底中都应统筹考虑各工种施工的搭接顺序和技术矛盾解决措施问题,做到先协调后施工。

20.11.2 涉及到吊顶内专业管道较多的房间,应先统一协调,确定吊顶用材、吊顶板块分割、风口位置、灯具位置、喷淋头位置、烟温感报警感应头位置,一切矛盾解决后,再进行预埋管道和吊顶的吊杆,进行管道安装、试压、防腐保温和吊顶的安装。

20.11.3 如果因工程紧急,一时无法确定吊顶的材质和吊顶的板块分割,而先安装管道者,应有吊顶的安装预案。将来确定吊顶用材和装饰方案时,应尽量考虑专业管道调整位置的可能性(尤其是通风干管与风口连接的可能性)。因吊顶安装方案调整需调整管道安装的,应办理变更洽商,引起返工和工料损失较大者,应办理经济补偿手续。

20.11.4 土建工程施工(安装)过程中,土建专业应与设备专业事先安排好调节阀件、测试孔口(检查窗口)的位置,以保证将来调节、调试和检修的进行。

20.11.5 土建专业墙体、隔断、门窗开口的移位,应考虑到引起设备专业管路、风口、灯具、喷淋头、烟温感报警感应头原布局的变化,以及对原房间功能的影响,未经协调就绪,任何一方不得擅自更改。

20.11.6 现场设备专业技术管理人员应熟读相关施工及验收规范、规程、规定和质量评定标准。严格执行规范、规程及相关文件的规定,未经设计单位同意(应有文字材料),不得擅自违规更改。

20.11.7 ……通风工程应编写《通风与空调工程调试方案》,并报公司审批后,再报送监理工程师审批……。

20.11.8 严禁土建专业利用设备专业的吊杆兼作吊顶的吊杆使用,也严禁设备专业利用土建专业吊顶的吊杆兼作的管道或设备的吊杆使用。

20.11.9 土建专业技术总负责人在结构工程实施前,应协同设备专业技术负责人解决竖向管井内有足够的管道安装空间,确保管道安装后能进行维护、调试与维修。尤其是竖井内安装有阀门、防火阀、调节阀时更应注意………。

20.12 建五技质[2001]169 号下发《通风空调工程安装中若干问题的技术措施》的通知

近来在以往的通风空调施工中不断出现一些违反规范、规程规定和处理方法不对引起的质量事故,针对这些质量问题,特拟订如下相关技术措施。

1. 空调冷热水、冷却水管道的安装

第1.1条 应杜绝乱用吊箍和吊杆的通病,吊箍和吊杆规格必须与管道规格一致,不得以大代小(吊箍),也不得以小代大(吊杆),以免造成吊架变形致使管道塌腰,坡度不符合要求;不得将未加固定处理的管道穿墙或穿楼板处作为管道的支架看待。

第1.2条 在陶粒空心混凝土或预制空心混凝土砌块的砌体隔墙上进行预埋件的埋设时,应事先配合土建隔墙砌筑工序,依据管道走向和设备安装位置拟定支、托架埋设位置,用设置有预埋铁件的豆石混凝土预埋块,以便安设管道和设备的支架。若土建隔墙砌筑时遗漏浇筑混凝土预埋块,则应适当扩大预埋件孔洞,用加膨胀剂的豆石混凝土灌注后,捣实预埋。

暗装冷热水管道可依据管道安装宽度先预留锯齿形管槽,待管道安装后再支模浇筑混凝土,但阀件和管道的拆接处应留检修孔。

第1.3条 轻质隔断墙体(石膏板、钢板网、铝合金等)上管道及设备支、托架的埋设应事先配合土建隔板施工工序增设加强龙骨或预埋铁件等措施,为管道及设备支、托架的牢靠安装做好准备。

第1.4条 空调冷热水供水干管在总立管处分路(分叉)应采用羊角弯分叉或斜三通连接,避免采用直插(普通)三通的硬性分叉,并严防出现分叉管道急剧反向倒流。

第1.5条 空调冷热水输送泵水平吸入管道的安装应符合以下要求:

(1) 水泵的吸入管的变径管应采用偏心大小头,且使平面朝上,斜面朝下;

(2) 吸水管的安装应具有沿水流方向连续上升的坡度接至水泵入口,坡度不小于0.005;

(3) 吸水管靠近水泵进口处应有一段长度约2~3倍管径的直管段;水泵前后应安装测压口,以便检测时安装仪表;

(4) 吸水管应设支撑件;

(5) 水泵出水管应安装止回阀和阀门,止回阀应安装在靠近水泵一侧;

(6) 为了避免噪声的传递,水泵进出口应安装减震的软接头。支座应采取减震措施。

第1.6条 离心水泵和风机的出水(风)管的第一个拐弯,当拐弯管道与叶轮在同一平面内,拐弯应与叶轮旋转方向相同,不宜出现反向拐弯。

第1.7条 不得重犯焊接钢管与镀锌管件混用的差错;反之亦同。应注意选用铸钢弯头的外径与水煤气管道外径相互匹配(相同)的配件(表1.20.9-2)。

第1.8条 管道保温和防腐前均应将被土建内装修时交叉污染的砂浆、泥土、锈迹用钢刷彻底刷净,再进行油漆和保温。两节管壳之间的接缝缝隙应填充严密,不得造成"冷桥"和促使保温成品在接缝处的外表面收缩,影响外观质量和夏季产生冷凝结水,破坏保温效果和土建吊顶和墙体的装饰。

2．通风管道的制作

第2.1条　风道和风道配件的制作质量一定要符合规范相关条文质量标准的规定。出厂前一定要严格检查核验，不合格产品不得出厂。

第2.2条　风道制作成品验收合格后，应用不会起毛的干净棉布料擦净，并用塑料薄膜封闭再运往工地。

第2.3条　洁净空调管道及附件应在封闭、干净、不起尘的环境内制作，详见 JGJ 71—90 相关条文的规定。

第2.4条　洁净空调管道制作时板材拼接缝位置用严格执行规范相关条文的规定。

第2.5条　洁净空调管道的加固应严格执行规范相关条文的规定。

3．通风空调系统风道的安装

第3.1条　严格施工技术质量管理职责，通风管道吊装前应严格执行进场材料、管道、配件的检查制度，并按 DBJ 01—51—2000《规程》的相关规定填写各种记录单，彻底杜绝不合格产品、配件进入安装现场。进场的材料和零配件检验应侧重下列几个方面：

（1）认真做好进场材料和加工厂送来的零部件检测与验收手续，不得遗漏；

（2）检查记录单应如实填写检测的质量情况；

（3）应检查风道制成品的质量［咬口、翻边、方正度、椭圆度、铆钉铆接的质量（钉头平整度、完整度和严密性）］、铆钉和螺栓孔间距及风道表面和法兰的平整度、法兰、风道各相关尺寸误差是否符合相关规范条文规定的要求，风道制作的材质证书、预检记录、灯光检漏记录的完整性和合格有效性等；

（4）特别圆形风道与法兰连接的配合误差应符合规范相关条文规定的要求；

（5）不合格品坚决禁止进场，并填写表式 C1－5《不合格项处置记录》单说明不合格品的处理去向。

第3.2条　通风管道的安装前提应是土建吊顶的材质和分割及吊顶上灯具、喷头、风口等位置确定之后，若因情况紧急，土建吊顶安装方案一时难以确定，应与土建专业和其他专业协调，先有吊顶安装预案，待吊顶安装确定后及时调整风口支管的开口位置。若因风口支管的开口位置与风口发生严重错位的，应与土建专业和设计院、甲方及时联系，商讨对策。确定调整无效的，引起原有风道干管长度（节长）和安装位置需进行大的返工，才能符合现有风口的布局的不得迁就，应坚决返工，并与相关单位办理变更洽商，追补经济损失。严禁不合理的迁就，造成不应发生的质量事故。

加强审图工作，注意用常规法兰连接、且长边大于人体手臂长度通风管道与楼板、钢筋混凝土墙板邻近安装尺寸的检查，避免安装时因手臂太短，致使靠近楼（墙）板一侧法兰螺栓无法装配拧紧的事故发生。解决办法是加强审图工作，在土建专业施工前与土建专业负责人协作，事先预留施工洞，为以后风道安装创造条件，待风道安装后再进行预留施工洞的处理（封堵或改为检查孔口，安设检查门）。

第3.3条　通风管道吊装的支吊架吊杆应垂直，托铁应比风道每边宽 20～30mm。风道与吊架托梁间应垫 3～5 mm 厚的软质隔热垫片，垫片与托梁用胶粘合。悬吊风道应按规定在适当位置设防止晃动的固定点。

第3.4条　钢制风道套管的内径尺寸应能穿过风管的法兰及保温层为准,其壁厚不应小于2mm,套管应牢固地埋在墙、楼板(或地板)内。依此规定引伸直埋风道的管壁厚度应≥2mm较安全,防腐问题可采用喷塑解决。

第3.5条　保温风道的支、吊架宜安装在保温层外部,且不得损坏保温层,缝隙间应确保严密充实,以防止出现"冷桥"。在支吊架节点处应按91SB6—35的做法,做加固卡子。

第3.6条　保温层外表面应平整、边线平直。保温材料为玻璃棉(或岩棉)毡的应按照91SB6—33B四角加设包铁;保温材料为玻璃棉(或岩棉)板的,虽然详图91SB6—33A四角无加设包铁的要求,但因保温材料松软,不加包铁不易做到边角平直,因此应依据本施工队的施工技术水平,为了确保工程质量,应与设计方协商,争取四角边线增加包铁。

第3.7条　风道安装法兰垫片厚薄为3~5mm,垫片内环不得伸入风道内;风道的柔性减震短管长度宜在150~250mm之间,不宜太长或太短,也不要扭曲、破裂。

第3.8条　风道干管送风支管的开口不得处于两节风道的连接法兰处,开口边缘距离连接处的法兰应大于50mm以上。且开口应整齐,预留有折边的宽度,用作连接和固定风口法兰的翻边。

第3.9条　风道的连接法兰不得处在隔墙或楼板内,应距离楼板和墙面边缘50mm以上。

第3.10条　吊顶内风机盘管的出风管与侧送条形风口的连接应完全覆盖:

(1)当风道两侧边距离比风口宽度短时,送风道上下边与风口法兰边应通长拉铆固接,侧边应增加铁板复盖。盖板三个折边与风口法兰铆接,另一反向折边与风道侧面铆接(如图1.20.12-1)。铆钉间距不应大于100mm,且四角应有铆钉,然后用玻璃胶密封接缝。

(2)当吊顶内风机盘管同时有送风管、新风管与条形风口连接时,宜在风口中间增铆一铝条,用以固接两管道相邻侧边,以保证风道与条形风口连接的密闭性详见图1.20.12-2。

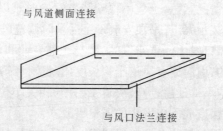

与风道侧面连接

与风口法兰连接

图1.20.12-1　风机盘管送风口封板示意

第3.11条　风道安装过程中,敞开的管道和开口,应及时用塑料薄膜封闭,待下次安装后再打开拼接,继续安装。洁净空调管道应边安装边擦拭边用塑料薄膜及时封闭,防止粉尘进入,再次污染风道内壁。

第3.12条　严禁利用土建吊顶的吊杆作为风道或设备的支吊杆,也严禁利用风道或设备、配件的吊杆作为土建吊顶的吊杆。支、吊轴流送(排)风机的吊杆应采用减震吊杆,并增设限位装置(挡块),防止风机运行时因轴向推力引起的位移过大,致使软接头受损。

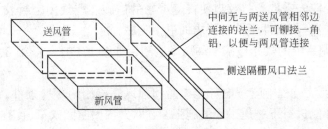

图 1.20.12-2 两送风管相邻边与风口法兰无连接处

第3.13条 严禁土建吊顶的吊杆或其他专业的管道、吊杆穿越通风专业的风道。

第3.14条 认真做好设备的隔振与减振,并不得为了减少管道的颤动而将管道支座支撑在设备上,以免造成意外事故的破坏。设备的隔振减振设计的目的有二点:

(1)防止设备与管道及建筑构件间振动的传递引起设备、管道、建筑构件的破坏,尤其是外来振动源(设备的振动、管线输送流体流速不均流体动量变化引起管线的振动等)的振动频率与设备的固有频率相等时,将会发生共振现象。共振出现时理论上振幅可达到无限大,由于各方面阻尼作用,振幅虽然达不到无限大,但是破坏力还是很大。

(2)共振现象也会引起噪声的传递,因此为减少噪声的传递,必须对设备进行隔振与减振。

第3.15条 严格执行规范关于通风系统的灯光检漏和渗风率的检测的规定,其步骤为:

(1)确定系统的压力属性(等级)。即系统压力 $P \le 500\mathrm{Pa}$,为低压系统;系统压力 $500\mathrm{Pa} < P \le 1500\mathrm{Pa}$ 为中压系统;系统压力 $P > 1500\mathrm{Pa}$ 的为高压系统。

(2)确定系统允许的漏风率(即每平方米风道展开面积每小时的时间间隔内的漏风量,单位为 $\mathrm{m^3/h \cdot m^2}$)。

(3)依据规范的规定确定需要进行漏风率检测系统的百分数(但不少于一个系统)。系统漏风率检测应选用专用装置,检测前应将系统各个敞口封闭严密。因此系统漏风率检测一定要在系统安装过程中、干管风口未开洞之前进行(注:当风口开凿后就很难将系统封闭严密,测试就难以达到规范规定合格标准的要求)。

(4)任何压力等级的系统均应进行百分之百的灯光检漏。对于低压系统当灯光检漏合格[低压系统的合格标准为每10m风道接缝的漏光点不得超过2处,且平均100m接缝漏光点不得超过16处(规范附录A)可以不再进行漏风率检测,若灯光检漏发现漏光点超过规定值时,除了对漏光点进行处理外,应按规范规定抽查5%的系统(但不少于一个)进行漏风率检测;中压系统的灯光检漏合格标准为每10m接缝漏光点不得超过1处,且平均100m接缝漏光点不得超过8处,但不管灯光检漏是否合格均应按 GB 50243—97 第7.1.5条规定进行漏风率检测,检测抽检率为全系统的20%,但不少于一个系统;高压系统除了进行全面灯光检漏外,按规范的规定应全部进行系统100%的漏风率检测]。

(5)灯光检漏记录单可采用 JGJ 71—90 附表5-6或补充表式 C6-6-2A《风道灯光检漏记录表》。

(6)为了确保安装后灯光检漏和漏风率检测的合格率,应加强风管制作的灯光检漏管理,发现漏光的应先采取敲打咬口使接缝严密的措施。严禁用密封胶封堵的应急措施替代正常的咬口咬合严密性不符合要求的返工工序。

（7）洁净空调系统的灯光检漏和漏风率检测标准按 JGJ 71—90 第 3.3.7 条的规定进行。

（8）在风道安装过程中应考虑灯光检漏和漏风率检测的环境条件,只有当一个系统的检测合格后,才能进行下一道工序的施工。在管井内因空间狭窄、且有多根风道时更应安排好每根风道的安装和检测顺序。

（9）系统漏风率检测方法有二点:

A．JGJ 71—90《洁净室施工及验收规范》附录三的固定设备检测法;

B．《通风与空调工程施工质量验收规范》附录 A,它是先计算出测定系统的允许漏风量,再由系统允许漏风量的多少来确定测试风机额定风量和风压,因此它是属于非固定测试设备的检测方法。前一种方法比较简单方便,测试设备可以重复利用,它适合系统较小、漏风量也较少的系统和通风空调设备的漏风率检测;后一种方法适用于系统较大、漏风量也较大的系统,其试验风机不一定能反复利用。

（10）空调设备及空调机组应按规范的相关规定进行漏风率测试。由厂家安装或分包单位安装的应由分包单位负责进行测试,但我总包单位应及时收验其施工技术管理资料,并参与建设单位组织的中间验收。

第 3.16 条　加深了解洁净室类型、特点、建造、检测等专业知识和相关规定,为我公司经营洁净室高效益工程奠定基础。洁净室依其结构形式可分为土建式和装配式两种,它们的平面布局和通风空调、电气照明、自动控制、给水排水设计均与使用功能有关,而与洁净室的结构形式无关。土建式洁净室主要特点是其维护结构均为现场建造的一般维护结构,它可以由土建工程施工队和设备专业安装队直接施工;装配式洁净室主要特点是一般洁净室的外围维护结构由土建工程施工队建造,而内部空间的分割(隔墙)、吊顶、门窗的材料均为工厂生产的成品或半成品,运到现场组装。吊顶内和洁净室以外的设备安装(含通风空调机房、排风机房、变配电室、控制室、管道和设备的安装)均由施工队安装调试,室内高效过滤送风口、回风口、层流罩、传递窗、门窗、洁净工作台等设备,由甲方、设计、施工单位、洁净室安装厂家联合选择订购,由洁净室安装厂家负责施工单位配合安装。室内洁净度、静压、静压差、温湿度、噪声、浮游菌的浓度、沉降菌的菌落度等十四项设计参数的竣工检测、调试由甲方组织施工单位、洁净厂家、设计单位联合进行竣工验收测定,测定状态为"静态"(洁净室的测定状态分为"静态"和"动态"两种,JBJ 71—90 规定为"静态"。切不可答应测定状态为"动态",否则将自行陷入没完没了的纠纷之中;浮游菌的浓度、沉降菌的菌落度参数一般属于"动态"测定范畴,投入使用后由使用单位检测)。测定合格后再由建设单位组织并邀请与三方(建设、设计、施工)无关系的、具备洁净室检测资质的测试单位进行综合试评定,经该单位综合测试评定合格后,出示测定合格证书,至此整个洁净室才算完工。若综合测试评定不合格,则检测单位应依据造成不合格的具体原因,分清承担责任方(建设——包括设计资料差错和工艺设备自身引起的不合格等原因;设计——设计不当造成的原因;施工——包括洁净室安装厂家的施工安装原因),研究解决方案,进行返修直至测试合格。综合评定的费用由甲方支付,但测试不合格后,进行返修的费用由责任方支付(一般设计方的责任均由建设单位支付)。

装配式洁净室的厂家和综合评定检测单位应具备有相应的国家颁发的资质证书,其余的施工、安装不存在资质问题。

第3.17条 通风空调风道、设备、附件间采用法兰连接时,螺栓拧紧后外露螺栓长度不应超过螺栓直径。与设备连接的半边法兰,应依据设备连接端法兰的大小,单独选择配用法兰的规格,必要时可以选用不等边法兰,以保证它与设备连接一侧法兰边高的一致性,法兰连接螺栓孔应留到现场丈量设备连接端法兰的螺栓开孔间距后再钻孔。

第3.18条 高效过滤器或亚高效过滤器的安装前提必须是土建工程精装修完毕,室内具备封闭条件。通风系统安装清扫完毕和室内进行认真清洁工作,并开动系统吹扫12h后,才能进行安装。高效过滤器或亚高效过滤器的安装质量应符合 JGJ 71—90 第3.4.1条～第3.4.8条的规定。

第3.19条 洁净通风空调系统一般禁止选用易积尘和起尘阻抗式类型等的消声器、消声管道及弯头,一般规定均选用微穿孔消声器。

第3.20条 密闭阀、卸压阀的安装应注意阀门的安装方向,切不可装错。

第3.21条 通风空调安装工程所用防火阀,在控制风温的易熔片熔融化温度有两种,即用于一般通风空调系统的易熔片化温度为70℃;用于防火送风排烟系统的易熔片熔化温度为280℃。防火阀安装中应避免安装方向错误和安装所处位置空间太小,无法进行检修、复位、更换。因此无论防火阀是安装在水平或垂直风道上,易熔片必须朝向迎风面;且安装位置应有检修、复位、更换的空间,还应设有检查孔(或检查门)。

第3.22条 严格遵守检测仪表和仪器的校验制度,定期将测试检测仪表和仪器送地方有校验资质的检测单位进行校验。具体办法详见总公司《检验、测量和试验设备控制程序》。

4.风道软管和软接头的应用

第4.1条 风道软管和软接头因材质粗糙,质地柔软、严密性差、阻力大、寿命短、易积尘,而粉尘又是各种微生物、细菌的寄存和繁殖的营养供给基地,在润湿的环境中易引起军团菌等"空调病菌"的繁殖,引发空调病。因此除了洁净空调对风道软管和软接头的应用有严格的规定外(其选材、制作、安装应符合 JGJ 71—90 第3.2.7条的规定),在一般空调系统中也应慎重采用。

第4.2条 在通风安装工程中软管和软接头的应用范围应有一定的限制,严禁乱用软管风道和软接头。除了在有震动设备前后为了防止振动的传播和降低噪声采用软接头外,在下列场合原则上禁止采用软管作为风口的连接件和作为干管与支管的连接件。

(1)洁净工程、生物工程、微生物工程、放射性实验室工程、制药厂、食品工业加工厂和医疗工程等对工艺流程和卫生防疫有特殊要求的工程,除了在有振动设备前后可以安装软接头外(这些工程对软接头的用料和加工也有特殊的要求,详见 JGJ 71—90),其余场合原则上禁止采用软接头进行过渡连接。

(2)重要的、有历史意义的公共建筑、纪念馆、纪念堂、大会堂、博物馆等。如人民大会堂的观众厅、会议室或重要办公建筑中高级人物的办公室和出入场所。

(3)风口、风道为高空分布难以清扫的大容积或高大空间内的通风空调系统。

（4）凡是支管能用硬性管道连接的场合，一律不得采用软管连接。不得不采用软管连接时，软管只能从跨越管(跨越的障碍物)的上部绕过，不得从跨越管(跨越的障碍物)的下部绕过。且软管的弯曲部分应保持足够大的曲率半径，不得形成局部压扁现象。

（5）两连接点距离超过规范的规定 2m 时，不得采用可伸缩性的金属或非金属软管连接。

第 4.3 条　在下列场合应做好相应的限制位移和严密性封闭的技术措施：

（1）当软管作为厕所或其他次要房间顶棚内的排风扇与土建式排风竖井连接时，除了应保证管道平直和长度不大于 2m 外，它与竖井的接口应通过法兰连接，不得未经任何处理而采用直接插入土建通风竖井内的方法，以免因其他原因而脱离。

（2）应特别注重风机盘管室内送风口处送风管、新风管与室内送风口(格栅)处连接的严密性、牢靠性。

第 4.4 条　柔性短管的应用尚应符合直管的垂度每米不大于 3mm，总偏差不大于 6mm(因最长不得超过 2m)的规定。

第 4.5 条　以柔性短管连接的送(回)风口，安装后与设备(或干管)出口和风口的连接应严密，不渗漏；外形应基本方正，圆形风道外形的椭圆度应符合 GBJ 304—88 的要求。从风口向里看，软管内壁应基本平整、光滑、美观，无严重的褶皱现象。

5. 其他

第 5.1 条　采用土建式风道进行送排风的系统，土建专业和通风专业技术人员都应密切关注土建式风道的施工质量(内壁应光滑、砌体之间的砂浆应饱满、接缝应严密)。防止安装后因漏风量或阻力太大而达不到通风系统设计功能的要求(如送风量或排风量不足、正压值达不到设计要求)。

第 5.2 条　对于正压送风排烟系统，更应关注土建随意改变电楼梯间前室隔断(或隔墙)的位置。同时还应注视土建门、窗的安装的严密性质量，避免出现因电楼梯间前室隔断(或隔墙)的改变或门窗缝过大引起超量漏风渗透或系统风量不均，致使消防验收正压值达不到要求。

第 5.3 条　对于管道竖井内集中安装多根风道的工程，在土建施工前应认真审图，核实安装空间大小，确保安装、测试和维修工作能正常进行；在安装风道前，应做好安装预案和编制好调试方案，确定各系统风道安装测试顺序，避免因各系统风道安装同步进行，产生无法测试或出现质量事故时无法返修，造成大量返工事故。

第 5.4 条　对于施工期间通过采取各种措施(如延长安装时限，实行各系统风道非同步进行的安装、试验、调试、检测等)能够满足当前系统风道安装质量要求，但是对于将来(含交工前、保修期内)非我方责任引起的返工、检修、更换必须进行大拆卸才能完成实施的安装项目，应与甲方办理文字手续，商定上述情况发生时的经济责任经济补偿事宜。

这些问题均为施工组织设计和工艺流程技术交底的重要事项，应有详细的技术操作措施和施工技术管理措施。

第 5.5 条　施工放样时防止未考虑现场的复杂情况，一次性地提出通风管道和配件的加工计划；应考虑现场情况的复杂性，依据系统走向的实际情况，分批提供加工计划，留出若干调整直管段作为现场安装调整送、回风口位置的过渡措施，待主要风道、风口定位后,再依据现场丈量的实际尺寸进行该调整直管段的加工制作和安装。

第5.6条 施工技术交底资料的编写应按专业、部位、工序分别编制。内容应包括工程具体内容、采用材料的具体规格、数量,实施前的各工种应完成的条件,安装过程保证质量的安装顺序(是如第5.3条所指的安装顺序,不是众所周知的备料、零部件加工、进场验收、管道吊装、风口及附件安装、测试、保温等工艺流程)、安装定位措施(如测量基线的选取、测量工具的选择、允许的误差值),安装的特殊技术操作和管理措施,防止意外质量事故的内容和具体办法,检测仪表的名称、型号、规格、量程、精度、数量及操作过程、记录单形式和记录资料的整理方法等等,及安全生产的技术管理措施。

第5.7条 按DBJ 01—51—2000《规程》的要求,当好总包单位应承担的职责,及时检查和审定分包单位工程的安装质量和测试资料。

20.13 暖卫通风专业施工技术管理人员工种职责

20.13.1 工程项目经理部技术负责人和设备专业项目总负责人的职责

(1) 项目技术负责人和设备专业项目总负责人必须具备大学专科以上学历。

(2) 对工程中设备专业施工质量、进度、安全负有全面责任。

(3) 负责组织设计图纸审图和会审工作,整理、审定会审中提出的书面问题,填写图纸会审记录单。

(4) 协助建设单位组织设计技术交底,做好设计技术交底记录,督促各专业技术主管办理设计技术时出现的有关设计变更和洽商手续。

(5) 负责组织暖卫通风专业施工组织设计(或施工方案)编写方案讨论,填写施工组织设计方案讨论记录单。

(6) 负责编制或组织编写暖卫通风专业施工组织设计(或施工方案)及定稿、打印、校审、报批工作。

(7) 负责组织暖卫通风专业施工组织设计(或施工方案)的交底工作,并填写交底记录单。

(8) 负责暖卫通风专业施工组织设计(或施工方案)的实施、调整、修改工作,并向公司办理暖卫通风专业施工组织设计(或施工方案)大的调整、修改内容的报批手续。

(9) 负责协调施工中各工种之间的矛盾,保证工程质量达标和完成进度计划。

(10) 负责编制施工中材料、设备的进场计划,督促检查材料、设备进场检验工作的实施,并参加重要的材料、设备进场的检验工作。

(11) 负责制定保证施工质量、进度、安全的技术措施和协助工程负责人(工地项目经理)制定各种保证施工质量、进度、安全的行政管理措施。

(12) 督促暖卫、通风专业技术负责人(或工长)按工程进度的施工工序编写各工序的施工技术交底资料和贯彻落实工作。

(13) 配合项目经理定期组织各专业施工技术管理人员进行现场施工质量、施工进度、施工安全巡检、分析发展趋势、提出办法、并建立台帐(施工过程检查记录单、不合格品记录单、纠正和预防记录单等)和定期向上级主管部门上报。

(14) 负责各专业施工技术资料(规范、规程等)的配置情况的检查、配套、管理及申报购领工作。组织相关人员参观地方政府组织的暖卫通风空调设备展览会和报告会。介绍和推广本专业的新技术、新材料、新工艺的应用。

(15) 督促各专业对测试调节仪表准备、校验和测试调节方案的编制(包括委托单位测试调节项目协议书的签订)与实施。

(16) 审定各专业各工序的施工管理技术资料(检验记录单)的填写工作,对检验记录单的填写质量有直接责任。

(17) 负责竣工施工技术管理资料和竣工图纸的整理、编制、审核、上报工作。

20.13.2 暖卫通风专业技术负责人的职责

(1) 暖卫通风专业技术负责人应具备大学专科以上学历。

(2) 暖卫通风专业技术负责人应对本专业安装工程的质量、进度、安全全面负责。

(3) 暖卫通风技术负责人应组织本专业技术人员对设计图纸进行审图,并参与图纸会审和设计技术交底工作,做好各工作阶段的记录,办理好本专业的设计变更和洽商,填写本专业应完成的各种记录单。

(4) 参加(或组织)本专业工程施工组织设计(或施工方案)方案的讨论、编写、交底工作,承担本专业施工组织设计(或施工方案)有关内容的起草、审定、校核工作,完成自己应完成贯标过程中各种记录的填写。

(5) 按照施工进度计划编制本专业材料进场计划,各工序施工技术交底资料,组织本专业施工工长、质量检查员、班组长进行各工序施工技术交底、材料设备进场检验及各工序的三检、试验工作,填写各种检验记录单和贯标过程中各种的记录单。

(6) 组织本专业施工工长、质量检查员、资料员、施工班组长学习规范、规程、规定,介绍本专业的新技术、新材料、新工艺和推广应用并向上级上报"三新"推广应用情况和相关技术资料;提高施工人员技术素质,确保按质、按量、按期完成施工任务。

(7) 组织本专业施工工长共同绘制各施工工序的施工放样图,并带领工长、班组长到现场实地考察放线,并进行复核、调整。

(8) 定期分析本专业施工工程质量、进度、安全形势,加强施工工人教育,扭转不良倾向和杜绝各种事故发生的苗头。

(9) 填写本专业各施工工序检验记录单,编制试验、测试调节仪表准备计划和实施方案,并组织落实和填写测试记录单。组织质量检查员、工长、班组长进行各施工工序质量及试验测试调节效果验收工作。

(10) 负责组织实施施工技术资料、竣工图纸的整理、编制、上报工作,对施工技术资料的质量负有直接责任。

20.13.3 暖卫通风专业施工工长的职责

(1) 暖卫通风专业施工工长应具备有本专业职业高中或中专的学历,且有工长证书。

(2) 参与(或受上级委托负责)施工大样图的放样绘制、组织材料设备进场验收,按工程进度、质量和设计要求组织现场实地放线工作,指挥施工各工序的具体实施,对现场施工安全和施工质量负有直接责任。

(3) 按工程施工进度、施工工序、施工工程量安排好现场施工力量和施工力量的调配,安排材料领取、余料回收及现场施工安全等具体工作。

(4) 填写材料领取单,并分期对现场用料消耗量进行评估,防止浪费和超支。

(5) 负责现场施工机具、试验设备的安排、准备、校验、维修、保管工作。

(6) 组织各工序的实施、试验、测试调节,并参与验收工作。

(7) 负责施工试验资料的记录。施工技术资料的填写、校对工作和施工质量报表的填写工作。

(8) 负责施工现场本专业的设备、材料、机具等的工程标识工作。

(9) 受上级委托负责工程施工组织设计(或施工方案)的编制、报审和贯标工作。

20.13.4 暖卫通风专业质量检查员的职责

(1) 暖卫通风专业质量检查员应具备有本专业大专以上学历或具有丰富的施工实践经验,并持有上岗证书。

(2) 暖卫通风专业质量检查员应参与该工程施工图纸的会审、设计技术交底、施工组织设计方案编制讨论、施工组织设计(或施工方案)交底、各施工工序技术交底、材料设备进场验收等有关施工质量管理工作。

(3) 暖卫通风专业质量检查员的工作是工程施工质量达标的重要部分,从技术角度出发它应对工程质量负极重要的责任,因此对工程项目经理部的项目经理、项目技术负责人、项目设备专业总负责人、本专业技术负责人等若有违反质量的决定均应予以抵制,抵制不了的应及时向上级有关部门反映,并做好记录以备查对。

(4) 暖卫通风专业质量检查员不但要检查施工质量,还应按 GBJ 300—88、GBJ 302—88、GBJ 303—88、TJ 305—75、CJJ/T 29—98 中各施工工序检测手段、检测工具配置要求,检查施工队配备是否齐全和按规范规定的检查数量、步骤进行检测。配备不齐、不按规范规定进行检测、检验的应予以警告,责令限期改正,对屡教不改的,应建议项目经理部予以辞退或给予经济处罚和责令限期改正。

(5) 暖卫通风专业质量检查员应按规范要求严格把关,将检查结果按 418 号文件培训教材要求较详细地、工整地填写在检验记录单中,杜绝套话和空洞无物的检验结论记录,例如:"符合设计和规范要求"。

(6) 暖卫通风专业质量检查员应按贯标规定,每次检查后应填写过程检查记录单、不合格品记录单、预防和纠正措施记录单。

(7) 暖卫通风专业质量检查员要努力学习钻研规范、规程和有关技术资料,提高自己的业务水平和处理问题的能力,做到有理、有据、令人信服,为把好工程质量关做贡献。

(8) 暖卫通风专业质量检查员应定期和不定期的向工程项目经理部的项目经理、项目技术负责人、项目设备专业总负责人、本专业技术负责人等提供本工程暖卫通风专业施工质量检查情况汇报资料及纠正、预防建议,并定期和不定期的向本专业施工班组长讲解工程质量标准、质量检查情况、通病和预防措施。

20.13.5 暖卫通风专业资料员的职责

(1) 暖卫通风专业资料员应具备高中以上(最好是职业高中)的学历,并持证上岗。

(2) 暖卫通风专业资料员应努力研究 418 号文件及相关资料,搞好暖卫通风专业资料管理工作。

(3) 暖卫通风专业资料员在暖卫通风专业技术负责人、施工工长领导下工作,是把好施工技术资料质量的第一道关口;是完成暖卫通风专业施工技术资料、施工质量报表等工作的直接责任者;是施工现场暖卫通风专业施工技术资料、施工质量评定资料的收集者。

(4) 暖卫通风专业资料员应按期将施工技术资料整理就绪,并定期和不定期的送上级有关部门审阅;督促暖卫通风专业施工工长按期上报施工质量报表。向暖卫通风专业技术负责人索取上报的新技术、新材料、新工艺推广应用的情况和相关技术资料,并将材料及时上报。

(5) 暖卫通风专业资料员有权对施工现场提供有问题的暖卫通风专业施工资料(包括字迹不清)退回要求当事人修改或重新填写的权利。

(6) 暖卫通风专业资料员应努力自学有关规范、规程、施工工艺,提高自身的业务水平;并完成施工技术资料的抄写整理工作。

21 暖卫通风空调工程施工技术管理记录表集

工程概况表(表式 C1-1)			编　号	
一般情况	工程名称		建设单位	
	建设用途		设计单位	
	建设地点		监理单位	
	总建筑面积		施工单位	
	开工日期	年　　月　　日	竣工日期	年　月　日
	结构类型		基础类型	
	层　　数		建筑檐高	
	地上面积		地下室面积	
	人防等级		抗震等级	
构造特征	地基与基础			
	柱、内外墙			
	梁板楼盖			
	外墙装饰			
	楼地面装饰			
	屋面防水			
	内墙装饰			
	防火装备			
机电系统简要描述				
其他				

附:建筑总平面图、建筑立面图、建筑剖面图。

本表由施工单位填写,城建档案馆和施工单位各保存一份。

施工进度计划分析 (表式 C1－2)					编　号			
施工单位					共　　页		第　　页	
序号	分部分项工程	单位	数量	计划开始时间	计划结束时间	备注		
				实际开始时间	实际结束时间			
说明：								
汇总人		审核人			填表日期		年　月　日	

本表由施工单位填报,建设单位、监理单位、施工单位各保存一份。

项目大事记(表式C1-3)				编 号	
序号	年	月	日	内	容
工程负责人				整理人	

施工日志(表式 C1-4)				编 号		
				日 期	年 月 日星期	
	天气状况	风力	最高/最低温度		备 注	
白 天						
夜 间						

生产情况记录:(部位项目、机械作业、班组工作,生产存在问题)

技术质量安全工作记录:(技术质量安全活动,技术质量安全问题、检查评定验收等)

工程负责人		记录人	

不合格项处置记录(表式 C1 - 5)		编 号	
工程名称		发生/发现日期	年 月 日

不合格项发生部位与原因:

　　致:

　　　由于以下情况的发生,使你单位在＿＿＿＿＿＿＿＿＿＿＿＿＿＿＿＿＿＿＿＿＿＿＿＿发生

　　严重□/一般□不合格项,请及时采取措施予以整改。

　　具体情况:

　　　　　　　　　　　　　　　　　　　　　　　　　□自行整改

　　　　　　　　　　　　　　　　　　　　　　　　　□整改后报我方验收

　　签发人:　　　　　　　　签发日期:　　　　　　　　年　月　日

不合格项整改措施:

　　　　　　　　　　　　　　　　　　　　　　　　　整改限期:

　　　　　　　　　　　　　　　　　　　　　　　　　整改责任人:

不合格项整改结果:

　　致:

　　　根据您方指示,我方已完成整改,请予以验收。

　　整改结论:□　同意验收

　　　　　　　□　继续整改

　　　　　　　□　返工重做

　　　　　　　□　其他＿＿＿＿＿＿＿＿＿＿＿＿＿＿＿＿＿＿日期:　　　年　月　日

本表由下达方填写,整改方填报整改结果,双方各保存一份。

277

建设工程质量事故调(勘)查记录(表式C1-6-1)			编 号		
工程名称			日 期	年 月 日	
调(勘)查时间	年 月 日 时 分至 时 分				
调(勘)查地点					
参 加 人 员	单 位	姓 名	职 务		电 话
被 调 查 人 员					
陪同调(堪)查人员					
调(勘)查笔录					
事故证物照片	□ 有 □ 无 共 张 共 页				
事故证据资料	□ 有 □ 无 共 张 共 页				
被调查人员签字		调(勘)查人员			

本表由调查人填写,各有关单位均保存一份。

278

建设工程质量事故报告书(表式 C1 – 6 – 2)		编　号	
工 程 名 称		建设地点	
建 设 单 位		设 计 单 位	
施 工 单 位		建筑面积(m²)　工作量(元)	
结 构 类 型		事故发生时间	年　月　日
上 报 时 间	年　月　日	经济损失(元)	

事故经过、后果与原因分析：

事故发生后采取的措施：

事故责任单位、责任人及处理意见：

负责人		报告人		日　期		年　月　日

本表由报告人填写,各有关单位均保存一份。

工程技术文件报审表(表式 C2-1)		编 号		
工程名称		日 期		年 月 日

现报上关于(　　　　　　　　　　　　　　　　　　)工程的技术管理
文件,请予以审定。

	类　别	编　制　人	册　数	页　数
□	施工组织设计			
□	施工方案			
□				

施工单位名称:　　　　　　　　　技术负责人:　　　　　　申报人:

总承包单位审核意见:

□有/□无附页

施工单位名称:　　　　　　　审核人:　　　　　审核日期:　　　年　月　日

监理审定意见:

审定结论:　　　　　□同意　　　　□修改后报　　　　□重新编制

监理单位名称:　　　　　　　监理工程师:　　　　　日期:　　　年　月　日

本表由施工单位填报,经监理单位审批后,建设单位、监理单位、施工单位各保存一份。

技术交底记录(表式 C2－2－1)		编　号	
工程名称		施工单位	
交底提要：			
交底内容：			

技术负责人		交底人		接受交底人	

本表由施工单位填报,交底单位与接受交底单位各保存一份。

图纸审查记录(表式 C2-3-1)		编　号	
提出单位		提出人	
问题提出内容			

由参加会审单位审查、整理、汇总设计图纸审查中的问题,向有关单位各报一份。

设计交底记录(表式 C2 – 3 – 2)			编　号		
			共　　页　第　　页		
工程名称			日　期		年　月　日
时　　间			地　点		
序号	提 出 的 图 纸 问 题		图 纸 修 订 意 见		设计负责人

各单位技术负责人签字	建设单位		(建设单位公章)
	设计单位		
	监理单位		
	施工单位		

由施工单位整理、汇总,各与会单位会签,并经建设单位盖章,有关单位各保存一位。

283

设计变更、洽商记录(表式 C2-3-3)		编　号	
工程名称		日　期	年　月　日

记录内容：

签字栏	建设单位	监理单位	设计单位	施工单位

由洽商提出方填写，并注明原图纸号，有关单位会签并各保存一份。

284

工程物资选样送审表(表式C3-1)		编号	
工程名称		日期	年 月 日

现报上关于( )工程的物资选样文件，
为满足工程进度要求，请在＿＿＿年＿＿月＿＿日之前予以审批。

附件：

☐ 生产厂家资质文件 ＿＿＿＿页　　☐工程应用实例目录 ＿＿＿＿页

☐ 产品性能说明书 ＿＿＿＿页　　☐ 报价单 ＿＿＿＿页

☐ 质量检验报告 ＿＿＿＿页　　☐＿＿＿＿＿＿＿＿＿页

☐ 质量保证书 ＿＿＿＿页　　☐＿＿＿＿＿＿＿＿＿页

施工单位名称：	技术负责人：	申报人：

总承包单位审核意见：

☐有/☐无附页

总承包单位名称：	审核人：	审核日期： 年 月 日

监理审定意见：	设计审核意见：
监理工程师： 审核日期： 年 月 日	设计负责人： 审核日期： 年 月 日

建设单位审定意见：

审定结论：　　☐同意使用　　☐规格修改后再报　　☐重新选样

技术负责人：	审定日期： 年 月 日

本表由施工单位填报，经建设单位、设计单位审批后，建设单位、监理单位、施工单位各保存一份。

工程物资进场报验表(表式 C3－2)		编 号		
工程名称		日 期		年 月 日

现报上关于(　　　　　　　　　　　　　　　　　　　　　　　)工程的物资进场检验
记录,该批物资经我方检验符合设计、规范及合约要求,请予以批准使用。

物资名称	主要规格	单位	数量	选样报审表编号	使用部位

附件:　　　　　　　　　　　　　　　　　　　　　　　　　编 号

　　　□ 出厂合格证　　　　　　　　　　　　＿＿＿＿＿＿页

　　　□ 厂家质量检验报告　　　　　　　　　＿＿＿＿＿＿页

　　　□ 厂家质量保证书　　　　　　　　　　＿＿＿＿＿＿页

　　　□ 商检证　　　　　　　　　　　　　　＿＿＿＿＿＿页

　　　□ 进场检查记录　　　　　　　　　　　＿＿＿＿＿＿页

　　　□ 进场复验报告　　　　　　　　　　　＿＿＿＿＿＿页

　　　□ 　　　　　　　　　　　　　　　　　＿＿＿＿＿＿页

技术/质量负责人:　　　　　　　　　　　　　　申报人:

总承包单位检验意见:

□有/□无附页

总承包单位名称:　　　　　　　　　　检验人:　　　日期:　　　年 月 日

建设(监理)单位验收意见:

审定结论:　　　□同意使用　　　□补报资料　　　□重新检验　　　□退场

建设(监理)工程师签字:　　　　　　　　　　验收日期:　　　年 月 日

本表由施工单位填报,经监理单位审批后,监理单位、施工单位各保存一份。

286

设备开箱检查记录 (表式 C3-4-1)

编 号	

设备名称		检查日期	年 月 日
型号规格		总数量	
装箱单号		检验数量	

检验记录	包装情况	
	随机文件	
	备件与配件	
	外观情况	
	测试情况	

缺、损附(备)件明细表

序号	名 称	规 格	单位	数量	备 注

检论:

签字	建设(监理)单位	施工单位	供应单位

本表由施工单位填写并保存。

287

材料、配件检查记录(表式 C3-4-2)				编 号		
工程名称				检验日期		年 月 日
序号	名 称	型 号	规 格	合格证号	复验记录	
					复验量	检测手段

复验结果:

签字	建设(监理)单位	施工单位		
		质检员	工 长	检测员

本表由施工单位填写并保存。

材料、配件、设备合格证、试验单、说明书 （表式 C3－4－2A）		编　号	
工程名称		检验日期	年　月　日
材料设备 配件名称		使用地点	

（粘贴合格证和试验报告单等原始资料）

材料设备 配件名称		使用地点	

（粘贴合格证和试验报告单等原始资料）

本表用于粘贴合格证和试验报告单等资料。

设备及管道附件试验记录(表式C3-4-3)								编 号	

工程名称					使用部位			

设备/管道附件名称	型 号	规 格	编 号	介 质	强度试验		严密性试验（MPa）	试验结果
					压力（MPa）	停压时间		

试验单位			试验人			试验日期		年 月 日

本表由施工单位填写,建设单位、施工单位各保存一份。

安全阀最初调试记录表(表式 C3-4-3A)

							编　号		

工程名称						调试时间		年　月　日	
分项工程		安装工程部分				制造厂名称			
试验单位		米料单位				合格证号			

编号	规　　格		设　　计		调　　试		调试人		备　注
	型　号	介质	开启压力 (MPa)	介质	开启压力 (MPa)	回座压力 (MPa)	日　期	

备注:

部门负责人:　　　　　　　质量检查人:　　　　　　　试验人员:　　　　　　　填表人:

安全阀最终调试记录表 (表式 C3－4－3B)

工程名称				编　号		
分项工程	安装工程部分			调试时间		年　月　日
试验单位	未　料　单　位			制造厂名称		
				合格证号		
编号	型　号	规　格	设　计		调　试			调试人	铅封人	备　注
			介质	开启压力 （MPa）	介质	开启压力 （MPa）	回座压力 （MPa）			

建设（监理）单位：　　　　　年　月　日　　　　施工技术负责人：　　　　　年　月　日　　　　质量检查员：　　　　　年　月　日　　　　调试人员：　　　　　年　月　日

292

隐蔽工程检查记录(表式 C5 – 1 – 1)		编 号	
工程名称		隐蔽日期	年 月 日

现我方已完成_____(层)_____(轴线或房间)_____(高程)

_____(部位)的(·)工程,经我方检

验,符合设计、规范要求,特申请进行隐蔽验收。

依据: 施工图纸(施工图纸号_____)、

　　　　设计变更/洽商(编号_____)和有关规范、规程。

材质: 主要材料_____

　　　　规格/型号_____

特殊工艺:

申报人:

审核意见:

　□同意隐蔽　　　　□修改后自行隐蔽　　　　□不同意,修改后重新报验

质量问题:

签字	建设(监理)单位	施 工 单 位		
		技术负责人	质检员	工 长

本表由施工单位填报,城建档案馆、建设单位、施工单位各保存一份。

预检工程检查记录(表式 C5-1-2)		编　号	
工程名称		检查日期	年　月　日
预检项目		预检楼层	
预检部位		高　程	

预检内容：

依据：　　施工图纸(施工图纸号＿＿＿＿＿＿＿＿＿＿)、

　　　　设计变更/洽商(编号＿＿＿＿＿＿＿＿＿＿)和有关规范、规程。

材质：　　主要材料和设备＿＿＿＿＿＿＿＿＿＿＿＿＿＿＿＿

　　　　规格/型号＿＿＿＿＿＿＿＿＿＿＿＿＿＿＿＿＿＿＿＿

特殊工艺：

检查意见：

　　□合格　　　　　　□不合格

质量问题：

施工单位	技术负责人	质检员	工　长

本表由施工单位填报,城建档案馆、建设单位、施工单位各保存一份。

施工通用记录(表式 C5 - 1 - 3)		编　号	
工程名称		日　期	年　月　日

施工内容：

施工依据和材料：

审核意见：

质量问题：

参加人员签字	建设(监理)单位	施　工　单　位		
		技术负责人	质检员	记录长

本表由施工单位填写并保存。

中间检查交接记录(表式 C5 - 1 - 4)		编　号	
工程名称			
交接部位		交验日期	年　月　日

交接简要说明	
遗留问题	
签字栏	交接单位	接受单位	见证单位

本表由交接单位和接受单位各保存一份。

296

建筑烟(风)道、垃圾道检查记录

（表式 C5-2-12）

编 号	

工程名称							
施工单位					检查日期		年 月 日

检查部位和检查结果							
检查部位	主烟(风)道		副烟(风)道		垃圾道	检查人	复检人
	烟道	风道	烟道	风道			

施工单位	技术负责人	质检员	工 长

注:1. 主烟(风)道可先检查,检查部位按轴线记录;副烟(风)道可按户门编号记录。

　　2. 检查合格记(∨),不合格记(×)。

　　3. 第一次检查不合格记录(×),复查合格后在(×)后面记录(∨)。

本表由施工单位填写并保存。

施工试验(通用)记录表(表式 C6-1)		编 号	
工程名称		试验日期	年 月 日
试验部位		规格、材质	
试验要求:			
试验情况记录:			
试验结论:			
施 工 单 位			
技术负责人		质检员		工长	

本表由施工单位填写,城建档案馆、建设单位、施工单位各保存一份。

设备单机试运转记录(表式C6-2-1)

			编　号	

工程名称			试运转时间	年　月　日
设备部位图号		设备名称	型号规格	
试验单位		设备所在系统	额定数据	

序号	试　验　项　目	试　验　记　录	试　验　结　论
1			
2			
3			
4			
5			
6			
7			
8			
9			
10			
11			
12			

试运转结果:

参加人员签字	建设(监理)单位	施　工　单　位		
		技术负责人	质检员	工　长

本表由施工单位填写,城建档案馆、建设单位、施工单位各保存一份。

299

调试报告(表式 C6-2-2)		编　号	
工 程 名 称		调试时间	年 月 日
调试内容(部位)		报告时间	年 月 日
调试情况:			
调试结论:			
建设(监理)单位	监理单位	施工单位	设计单位

附:调试测试表

本表由施工单位填写,城建档案馆、建设单位、施工单位各保存一份。

	编　号	
超声波探伤报告(表式 C6-3-7)	试验编号	
	委托编号	

工程名称及部位				
委托单位		试验委托人		
构件名称		检测部位		
材　　质		板　　厚		mm
仪器型号		试　　块		
耦合剂		表面补偿		
表面状况		探伤日期	年 月 日	
探头型号		执行处理		

探伤结果及说明：

负责人	审核人	检测人	
			检测单位公章
报告日期	年　月　日		

本表由施工单位填写，城建档案馆、建设单位、施工单位各保存一份。

301

焊缝编号（两侧）	板厚（mm）	折射角（度）	回波高度	X（mm）	D（mm）	Z（mm）	L（mm）	级别	评定结果	备注

超声波探伤报告（表式 C6-3-8）

编 号

报告编号

共 页 第 页

负 责 人	审 核 人	检 测 人	
			检测单位公章
报 告 日 期		年 月 日	

本表由施工单位填写，城建档案馆、建设单位、施工单位各保存一份。

射线照相检验记录报告表(表式C6-3-8A)

工程名称		编号	
分项项目		检测时间　年　月　日	
管道编号	委托单位	工程编号	
规格及厚度	焊接方法	试验编号	
材质	增感方式	执行标准	
	部位及系统	透视方法	
	设备名称	评定等级	

底片编号	缺 陷																		返修位置	焊工号	附注
	1	2	3	4	5	6	7	8	9	10	11	12	13	14	15	16	17	18			

缺陷代号：

1.横裂纹	5.未熔合	9.气孔	13.溢满	17.错口
2.纵裂纹	6.条状夹渣	10.长形气孔	14.缩孔	18.表面沟槽
3.弧坑裂纹	7.分散夹渣	11.过熔透	15.伪缺陷	
4.未焊透	8.夹钩	12.凹陷	16.咬边	

审核人：　　评片：　　拍片：　　暗房处理：　　检测单位盖章：

年　月　日　　年　月　日　　年　月　日　　年　月　日　　年　月　日

303

磁粉检验记录报告表 (表式 C6-3-8B)

工程名称					部位及系统				编　号	
分项项目				设备（装置）名称			检测时间		年　月　日	
管道编号	委托单位			执行标准			工程编号			
材　质	规格及壁厚			表面状态			试验编号			
灵敏度试片	灵敏度评价			磁粉类型			仪表型号			
浓　度	媒　介			磁化方式			粒度（目）			
检验部位	缺陷性质	缺陷长度		缺陷类型	缺陷位置	电流（A）		时间（s）		
							缺陷处理		评价结果	

附注：

试验人：	审核人：	报告人：	检测单位盖章：
证件号：	证件号：	证件号：	
年　月　日	年　月　日	年　月　日	年　月　日

304

锅炉设备 48 小时整体试运转记录表(表式 C6-3-8C)

工程名称		分部分项工程名称		型号规格、台数		编 号	
试机内容		参加试运转部位		试运转时间	施工: 月 日 时 记录: 至 月 日 时		
试车负责人		建设(监理):	安装:				

需要观察部位		要 求	实际达到	备 注
锅炉本体	膨胀部位正常			
	严密性应良好			
	轴承温度应正常			
	转动部位振动低于 0.1mm			
	燃烧情况达到设计要求			
辅助机械	机械振动低于 0.1mm			
	齿轮箱各部位正常			
	轴承温度正常			
	各传动部位正常			
附属管路	无漏水、跑气现象			
	各阀门启闭灵活			
	各仪表灵活准确			
	其他正常			
其他装置	压力表应符合"规程"要求并指示准确			
	安全阀应开启灵活准确			
	水位表应符合"规范"要求并易于观察			
	排污装置应开启灵活并符合"规范"要求			

建设单位技术负责人	监理单位负责人	施工单位负责人	施工单位技术负责人	施 工 工 长	质 量 检 查 员	班 组 长

305

<table>
<tr><td colspan="3">管道灌水试验记录(表式 C6-5-1)</td><td>编 号</td><td></td></tr>
<tr><td>工程名称</td><td colspan="2"></td><td>试验日期</td><td>年 月 日</td></tr>
<tr><td>试验部位</td><td colspan="2"></td><td>规格、材质</td><td></td></tr>
<tr><td colspan="5">试验要求：</td></tr>
<tr><td colspan="5">试验情况记录：</td></tr>
<tr><td colspan="5">试验结论：</td></tr>
</table>

参加人员签字	建设(监理)单位	施 工 单 位		
		技术负责人	质检员	工 长

本表由施工单位填写并保存。

管道强度严密性试验记录(表式 C6 – 5 – 2)		编　号	
工程名称		试验日期	年　月　日
试验部位		材质及规格	

试验要求：

试验情况记录：

试验结论：

参加人员签字	建设(监理)单位	施 工 单 位		
		技术负责人	质检员	工　长

本表由施工单位填写,城建档案馆、建设单位、施工单位各保存一份。

管道通水试验记录(表式 C6-5-3)				编　号	
工程名称				试验项目	
试验部位		通水压力、流量		试验日期	年 月 日

试验系统简述：

供水方式	□ 正式水源	□ 临时水源

通水情况记录：

参加人员签字	建设(监理)单位	施 工 单 位		
		技术负责人	质检员	工　长

本表由施工单位填报并保存。

308

管道吹(冲)洗(脱脂)试验记录(表式 C6-5-4)				编　号		
工程名称				试验项目		
试验部位		试验介质、方　式		试验日期		年　月　日

试验记录：

试验结果：

参加人员签字	建设(监理)单位	施　工　单　位		
		技术负责人	质检员	工　长

本表由施工单位填报并保存。

管道吹(冲)洗(脱脂)试验记录(表式 C6-5-4A)								编 号			

工程名称							工程编号			
分项工程名称							试验项目			
试验部位			试验方式				试验日期		年 月 日	

管线编号	材质	工作介质	吹　　　洗					脱　　脂	
			介质	压力	流速	吹洗次数	鉴定	介质	鉴定

检查意见:

参加人员签字	建设(监理)单位	施 工 单 位		
		技术负责人	质检员	工 长

建设单位:	施工单位:
(公章)	(公章)
年 月 日	年 月 日

本表由施工单位填报并保存。

310

室内排水管道通球试验记录 (表式 C6-5-5)				编　号		
工程名称				管径、球径		
试验部位		管道编号		试验日期		年　月　日

试验要求:

试验情况记录:

试验结论:

参加 人员 签字	建设(监理)单位	施　工　单　位		
		技术负责人	质检员	工　长

本表由施工单位填写,建设单位、施工单位各保存一份。

伸缩器安装记录表(表式 C6－5－6)

编 号		

工程名称			安装日期	年 月 日
设计压力		MPa	伸缩器材质	
固定支架间距		m	管内介质温度	℃
计算预拉伸值		mm	实际预拉伸值	mm

伸缩器安装和预拉伸示意图及说明:

检查结果:

参加人员签字	建设(监理)单位	施 工 单 位		
		技术负责人	质检员	工 长

本表由施工单位填报并保存。

312

现场组装除尘器、空调机漏风检测记录表

（表式 C6 - 6 - 1）

编号	

工程名称		分部工程	
分项工程		检测日期	年　月　日
设备名称		型号规格	
总风量(m³/h)		允许漏风率(%)	
工作压力(Pa)		测试压力(Pa)	
允许漏风量(m³/h)		实测漏风量(m³/h)	

检测记录：

检测结果：

参加人员签字	建设(监理)单位	施 工 单 位		
		技术负责人	质检员	工　长

本表由施工单位填报并保存。

风道(管)漏风检测记录表(表式 C6-6-2)

工程名称		分部工程	
分项工程		系统名称	

编号：

风道(管)级别		试验压力(Pa)	
系统总面积(m²)		试验总面积(m²)	
允许漏风量(m³/m²·h)		实测漏风量(m³/m²·h)	
系统测定分段		试验日期	年 月 日

检测区段图示：

分段实测数值

序号	分段表面积(m²)	试验压力(Pa)	实测漏风量(m³/m²·h)
I			
II			
III			
IV			
V			

评定意见：

参加人员签字	建设(监理)单位	施 工 单 位		
		技术负责人	质检员	工 长

本表由施工单位填报并保存。

314

风道(管)灯光检漏测试记录表(表式 C6-6-2A)					编　号	
工程名称				分部工程		
分项工程				系统名称		
系统压力				测试日期		

洁净级别	风道部位	风道断面长×宽(mm)	漏风点编号	漏光点位置	附　图　及　说　明

测试过程及问题处理:

检查意见:

参加人员签名	建设(监理)单位		施　工　单　位				
			技术负责人		质量检查员		施工工长	

注:无洁净级别要求的系统,填写送、排、新风等;风道部位指干管或支干管、支管。

各房间室内风量测量记录表（表式 C6－6－3）

编 号	

工程名称		施工单位	

部 位＼项 目	风　量(m³/h)		测试日期	年 月 日
	实　际	设　计	相 对 误 差	

测量人		记录人		审核人	

本表由施工单位填写,建设单位、施工单位各保存一份。

各房间室内风量测量数据表 (表式 C6-6-3A)

部位\项目	风量 (m³/h) 实际	风量 (m³/h) 设 计	相对差 $\Delta = [(L_{实} - L_{设})/L_{设}]$ %	部位\项目	编 号	风量 (m³/h) 设 计	风量 (m³/h) 实 际	相对差 $\Delta = [(L_{实} - L_{设})/L_{设}]$ %

测 量: 记录: 审核: 年 月 日

通风空调系统室内温度、湿度测试记录表(表式 C6－6－3B)

工程名称															编 号	
测点编号		部位及系统														

房间编号	时间	测试时间													
	次数	年 月 日 时 min 起至 min(测定时间≥12h,一般为24~48h,每30min测一次)												平均值	设计值
		1	2	3	4	5	6	7	8	9	10	11	12		
送风口	温度℃														
	湿度%														
回风口	温度℃														
	湿度%														
室中心	温度℃														
	湿度%														
敏感元件位置	温度℃														
	湿度%														
工作区 1	温度℃														
	湿度%														
工作区 2	温度℃														
	湿度%														
工作区 3	温度℃														
	湿度%														
工作区 4	温度℃														
	湿度%														

施工或测定单位	测试技术负责人	参测人员	质量检查员

建设(监理)单位:

注:1.室内工作区及室中心测点高度距地 0.8m,测点高度距地 0.5m,距墙≥0.5m,测点之间的距离≤2.0m。

2.房间面积≤50m² 的测点 5 个,每超过 20~50m² 增加 3~5 个。

通风空调系统室内噪声测试记录表(表式 C6－6－3C)

工程名称		部位及系统		编　号	

房间编号	测点编号	时间 次数	测试时间 年 月 日 h min 起至 min(测定时间≥12h,一般为24～48h,每30min测一次)													平均值	设计值
			1	2	3	4	5	6	7	8	9	10	11	12		
	测点编号	1															
		2															
		3															
		4															
		5															
		6															
		7															
		8															
	测点编号	1															
		2															
		3															
		4															
		5															
		6															
		7															
		8															

建设(监理)单位:	施工或测定单位	测试技术负责人	参测人员	质量检查员

注:1. 测点布置为五点布局。详 GB 50243—97 图 B.0.6。
　　2. 测点高度距地 1.1m。
　　3. 房间面积≤15m²者,可仅测中间点。
　　4. 设计无要求的不测。

319

空气净化系统检测记录(表式 C6-6-3D)		编　号	
工程名称		分部工程	
系统编号		洁净室级别	
测量仪器型号		仪器编号	

	型号		数　量	
高效过滤器	实测数值			

室内洁净度	洁净室面积(m²)	实测洁净室等级

测试人员	

建 设 单 位		监 理 单 位		施 工 单 位	
负责人		负责人		负责人	
公章		公章		公章	

管网风量平衡记录表(表式 C6-6-4)							编　号		

| 工程名称 | | | | | | 测试日期 | | 年　月　日 |

测点编号	风管尺寸(m)	断面积(m²)	平均压力(Pa)			风速(m/s)	风量(m³/h)		相对误差	使用仪器编号
			动压	静压	全压		实际	设计		

测定人			记录人			审核人	

本表由施工单位填写,建设单位、施工单位各保存一份。

通风系统试运行记录表(表式 C6-6-5)								编 号			
工程名称								测试日期		年 月 日	
测试部位								测试项目			
时间		测检次数	测检时间	风机转数		轴承温升(℃)		人 工 观 察 项 目			
开车	停车			要求	实测	环境温度	实测温度	声音及震动情况	水淋室工作情况	送排风口情况	其他情况

对试运转中发现问题的分析及处理意见:

参加人员签字	建设(监理)单位	施 工 单 位		
		技术负责人	质检员	工 长

本表由施工单位填写,建设单位、施工单位各保存一份。

322

制冷系统气密性试验记录表（表式 C6-6-6）

				编　号	

工程名称			分部工程		
试验部位			试验日期		年　月　日

管道编号	气 密 性 试 验			
	试验介质	试验压力	停压时间	试验结果

管道编号	真 空 度 试 验			
	设计真空度	试验真空度	试验时间	试验结果

管道编号	充 制 冷 剂 制 冷 试 验			
	充制冷剂压力	检漏仪器	补漏位置	试验结果

验收意见：

参加人员签字	建设(监理)单位	施 工 单 位		
		技术负责人	质检员	工　长

本表由施工单位填写，城建档案馆、建设单位、施工单位各保存一份。

分项/分部工程施工报验表(表式 C7-1)	编 号	

工程名称		日期	年 月 日

现我方已完成_____(层)_____(轴线或房间)_____(高程)

_____(部位)的(   )工程,经我方检验,符合

设计、规范要求,质量等级为□合格/□优良,请予以验收。

附件: 编　号

　　　□质量保证资料汇总表(适用于分部工程)

　　　□隐蔽工程检查记录表　　　　　　　_____页

　　　□预检工程检查记录表　　　　　　　_____页

　　　□施工记录　　　　　　　　　　　　_____页

　　　□施工试验记录　　　　　　　　　　_____页

　　　□分部工程质量检验评定表　　　　　_____页

　　　□分项工程质量检验评定表　　　　　_____页

　　　□　　　　　　　　　　　　　　　　_____页

　　　□　　　　　　　　　　　　　　　　_____页

施工单位名称:　　　　　　　　　技术负责人:　　　　　　申报人:

总承包单位审核意见:

总承包单位名称:　　　　　　　审核人:　　　　　日期:　　　年　月　日

建设(监理)单位审定结论:　　□合格　　　　□不合格
审定意见:

建设(监理)单位工程师签字:　　　　　　　审定日期:　　　年　月　日

本表由施工单位填写,城建档案馆、建设单位、施工单位各保存一份。

竣工验收通用记录(表式 C7-2-1)		编　号	
工程名称		建设单位名称	
验收项目		设计单位名称	
开工日期	年　月　日	监理单位名称	
竣工日期	年　月　日	施工单位名称	
管理单位名称		邀请单位名称	

验收内容、范围及数量：

验收结论	□合格	□不合格

遗留问题及解决方案：

管理单位签字公章：	建设单位签字公章：	设计单位签字公章：
监理单位签字公章：	施工单位签字公章：	邀请单位签字公章：

本表城建档案馆、建设单位、监理单位、施工单位各保存一份。

单位工程验收记录(表式 C7－3)				编 号	
工程名称				建设单位	
建筑面积				设计单位	
层 数				监理单位	
结构类型				施工单位	
工程地址				勘察单位	
开工日期		年 月 日		竣工日期	年 月 日
工程内容及自检的情况	建筑工程				
	采暖卫生煤气				
	电气工程				
	通风与空调				
	电梯安装				
验收意见				施工单位	
参加单位公章	勘察单位	建设单位		设计单位	监理单位

本表城建档案馆、建设单位、监理单位、施工单位各保存一份。

326

建筑给排水及采暖工程检验批质量验收通用记录表

表式 C8－1－1－0(原规范附表 B)

编　号

工程名称					专业工长		证　号	
分部工程名称						班组长		
分项工程施工单位						验收部位		
施工依据	标准名称					材料/数量		
	标准编号					设备/台数		
	存放处					连接方式		

GB 50242—2002《规范》章、节、条、款编号	质 量 规 定	施工单位检查评定结果	监理(建设)单位验收
主控项目			
一般项目			

施工单位评定结果		项目专业质量检查员	年　月　日	项目专业质量(技术)负责人	年　月　日

监理(建设)单位验收结论		监理工程师: (建设单位项目专业技术负责人)	年　月　日

建筑室内给水管道及配件安装检验批质量验收记录

表式 C8-1-1-1(原规范附表 B)

				编　号	
工程名称		专业工长		证　号	
分部工程名称		班组长			
分项工程施工单位		验收部位			

施工依据	标准名称		材料/数量	
	标准编号		设备/台数	
	存放处		连接方式	

GB 50242—2002《规范》章、节、条、款编号		质 量 规 定	施工单位检查评定结果	监理(建设)单位验收
主控项目	第4.2.1条水压试验			
	第4.2.2条通水试验			
	第4.2.3条冲洗试验			
	第4.2.3条管道消毒			
	第4.2.4条埋地防腐			
一般项目	第4.2.5条管道敷设			
	第4.2.6条焊缝质量			
	第4.2.7条管道坡度			
	第4.2.8条管道安装误差			
	第4.2.8条阀门安装误差			
	第4.2.9条支吊架安装			
	第4.3.10条水表安装			

施工单位评定结果		项目专业质量检查员		项目专业质量(技术)负责人	
			年　月　日		年　月　日

监理(建设)单位验收结论	监理工程师: (建设单位项目专业技术负责人)		年　月　日

328

建筑室内消火栓给水管道系统安装检验批质量验收记录

表式 C8 - 1 - 1 - 2(原规范附表 B)

编　号

工程名称			专业工长		证　号	
分部工程 名称				班组长		
分项工程 施工单位				验收部位		
施工 依据	标准名称			材料/数量		
	标准编号			设备/台数		
	存放处			连接方式		

	GB 50242—2002《规范》 章、节、条、款编号	质 量 规 定	施工单位检查 评定结果	监理(建设) 单位验收
主 控 项 目	第4.2.1条水压试验			
	第4.2.3条冲洗试验			
	第4.3.1条消防试验			
	第4.2.4条埋地防腐			
一 般 项 目	第4.2.5条管道敷设			
	第4.2.6条焊缝质量			
	第4.2.7条管道坡度			
	第4.2.8条管道安装误差			
	第4.2.8条阀门安装误差			
	第4.2.9条支吊架安装			
	第4.3.3条消火栓箱安装			
	第4.3.2条消火栓箱内观 感			

施工单位 评定结果		项目专 业质量 检查员	年　月　日	项目专业 质量(技 术)负责人	年　月　日

监理(建设) 单位验收 结论	监理工程师： (建设单位项目专业技术负责人)　　　　　　　　　　　　　年　月　日

329

建筑室内给水设备安装检验批质量验收记录

表式 C8－1－1－3(原规范附表 B)

编 号	

工程名称		专业工长		证 号	
分部工程名称			班组长		
分项工程施工单位			验收部位		

施工依据	标准名称		材料/数量	
	标准编号		设备/台数	
	存放处		连接方式	

GB 50242—2002《规范》章、节、条、款编号		质 量 规 定	施工单位检查评定结果	监理(建设)单位验收
主控项目	第4.4.1条水泵基础的施工质量			
	第4.4.2条水泵试运转			
	第4.4.3条敞开水箱满水试验			
	第4.4.3条密闭水箱水满试验			
一般项目	第4.4.4条水箱安装			
	第4.4.5条水箱配管安装			
	第4.4.6条水泵减振安装			
	第4.4.7条设备安装误差			
	第4.4.8条保温安装误差			

施工单位评定结果		项目专业质量检查员	年 月 日	项目专业质量(技术)负责人	年 月 日
监理(建设)单位验收结论		监理工程师: (建设单位项目专业技术负责人)			年 月 日

330

建筑室内热水管道及配件安装检验批质量验收记录

表式 C8-1-1-4(原规范附表 B)

编 号	

工程名称		专业工长		证 号	
分部工程 名称			班组长		
分项工程 施工单位			验收部位		

施工 依据	标准名称		材料/数量	
	标准编号		设备/台数	
	存放处		连接方式	

GB 50242—2002《规范》 章、节、条、款编号	质 量 规 定	施工单位检查 评定结果	监理(建设) 单位验收
主 控 项 目	第6.2.1条水压试验			
	第6.2.2条补偿器的安装			
	第6.2.3条冲洗试验			
	第4.4.2条通水试验			
一 般 项 目	第6.2.4条管道坡度			
	第6.2.5条温控器及阀安 装位置			
	第6.2.6条管道安装误差			
	第6.2.6条阀门安装误差			
	第4.2.9条支吊架安装			
	第6.2.7条管道保温			

施工单位 评定结果		项目专 业质量 检查员	年 月 日	项目专业 质量(技 术)负责人	年 月 日

监理(建设) 单位验收 结论	监理工程师: (建设单位项目专业技术负责人)	年 月 日

建筑室内热水辅助设备安装检验批质量验收记录

表式 C8-1-1-5(原规范附表 B)

编 号	

工程名称		专业工长		证 号	
分部工程名称			班组长		
分项工程施工单位			验收部位		

施工依据	标准名称		材料/数量	
	标准编号		设备/台数	
	存放处		连接方式	

GB 50242—2002《规范》章、节、条、款编号		质 量 规 定	施工单位检查评定结果	监理(建设)单位验收
主控项目	第6.3.1条太阳能集热器排管水压试验			
	第6.3.2条热交换器压力试验			
	第6.3.3条水泵基础的施工质量			
	第6.3.4条水泵试运转			
	第6.3.5条敞开水箱满水试验			
	第6.3.5条密闭水箱水压试验			
一般项目	第6.3.6条、第6.3.7条、第6.3.8条、第6.3.10条太阳能集热器的安装			
	第6.3.9条吸热钢板的制作安装			
	第6.3.11条、第6.3.12条、第6.3.11条保温防冻			
	第4.4.7条辅助设备安装误差			
	第6.3.14条热水器安装误差			

施工单位评定结果		项目专业质量检查员	年 月 日	项目专业质量(技术)负责人	年 月 日
监理(建设)单位验收结论		监理工程师:(建设单位项目专业技术负责人)			年 月 日

332

建筑室内排水管道及配件安装检验批质量验收记录

表式 C8－1－1－6(原规范附表 B)

		编　号	

工程名称		专业工长		证　号	
分部工程 名称			班组长		
分项工程 施工单位			验收部位		

施工 依据	标准名称		材料/数量	
	标准编号		设备/台数	
	存放处		连接方式	

GB 50242—2002《规范》 章、节、条、款编号		质 量 规 定	施工单位检查 评定结果	监理(建设) 单位验收
主 控 项 目	第5.2.1条隐蔽、埋地管 道灌水试验			
	第5.2.2条、第5.2.3条 管道的坡度			
	第5.2.4条塑料管道伸缩 节和阻火圈安装			
	第5.2.5条管道通球试验			
一 般 项 目	第5.2.6条、第5.2.7条 检查口、清扫口安装			
	第5.2.8条、第5.2.9条 管道支吊架的安装			
	第5.2.10条通气管的安装			
	第5.2.11条医院含菌污 水管的安装			
	第5.2.12条饮食设备排 水管的安装			
	第5.2.13条、第5.2.14条 引出干管的安装			
	第5.2.15条室内管道的 连接			
	第5.2.16条管道安装的 误差			

施工单位 评定结果		项目专 业质量 检查员		年　月　日	项目专业 质量(技 术)负责人		年　月　日

监理(建设) 单位验收 结论		监理工程师： (建设单位项目专业技术负责人) 年　月　日					

建筑室内排、雨水管道及配件安装检验批质量验收记录

表式 C8-1-1-7(原规范附表 B)

编　号	

工程名称		专业工长		证　号	
分部工程名称			班组长		
分项工程施工单位			验收部位		

施工依据	标准名称		材料/数量	
	标准编号		设备/台数	
	存放处		连接方式	

GB 50242—2002《规范》章、节、条、款编号		质　量　规　定	施工单位检查评定结果	监理(建设)单位验收
主控项目	第5.3.1条管道灌水试验			
	第5.3.2条塑料管道伸缩节安装			
	第5.2.3条雨水管道的坡度			
一般项目	第5.2.4条雨水管道的安装			
	第5.2.5条、第5.2.6条雨水斗、检查口的安装			
	第5.2.7条雨水管道安装的误差			
	第5.2.8条雨水管道的焊接			

施工单位评定结果		项目专业质量检查员		项目专业质量(技术)负责人	
			年　月　日		年　月　日

监理(建设)单位验收结论	监理工程师:(建设单位项目专业技术负责人)　　　　　　　　　年　月　日

334

建筑室内卫生器具安装检验批质量验收记录

表式 C8－1－1－8(原规范附表 B)

编号

工程名称			专业工长		证 号	
分部工程 名称				班组长		
分项工程 施工单位				验收部位		
施工 依据	标准名称			材料/数量		
	标准编号			设备/台数		
	存放处			连接方式		

	GB 50242—2002《规范》 章、节、条、款编号	质 量 规 定	施工单位检查 评定结果	监理(建设) 单位验收
主控项目	第7.2.1条排水栓、地漏 安装			
	第7.2.2条满水、通水试 验			
一般项目	第7.2.3条安装的误差			
	第7.2.4条浴盆的安装			
	第7.2.5条小便槽冲水管 安装			
	第7.2.6条支托架安装			

施工单位 评定结果		项目专业质量 检查员		项目专业 质量(技 术)负责人	
			年 月 日		年 月 日

监理(建设) 单位验收 结论	监理工程师： (建设单位项目专业技术负责人)　　　　　　　　年　月　日

335

建筑室内卫生器具给水配件安装检验批质量验收记录			编 号	
表式 C8-1-1-9(原规范附表 B)				

工程名称		专业工长		证 号	
分部工程名称			班组长		
分项工程施工单位			验收部位		

施工依据	标准名称		材料/数量	
	标准编号		设备/台数	
	存放处		连接方式	

GB 50242—2002《规范》章、节、条、款编号		质 量 规 定	施工单位检查评定结果	监理(建设)单位验收
主控项目	第7.3.1条配件质量			
一般项目	第7.3.2条配件安装的误差			
	第7.3.3条浴盆软管安装			

施工单位评定结果		项目专业质量检查员	项目专业质量(技术)负责人	
		年 月 日	年 月 日	
监理(建设)单位验收结论	监理工程师:(建设单位项目专业技术负责人) 年 月 日			

336

建筑室内卫生器具排水管道安装检验批质量验收记录

表式 C8－1－1－10(原规范附表 B)

					编　号	
工程名称			专业工长		证　号	
分部工程名称				班组长		
分项工程施工单位				验收部位		
施工依据	标准名称			材料/数量		
	标准编号			设备/台数		
	存放处			连接方式		

GB 50242—2002《规范》章、节、条、款编号		质　量　规　定	施工单位检查评定结果	监理(建设)单位验收
主控项目	第7.4.1条管道与器具楼板的连接			
	第7.4.2条管道接口及支架安装			
一般项目	第7.4.3条管道安装的误差			
	第7.4.4条管径与坡度			

施工单位评定结果		项目专业质量检查员	年　月　日	项目专业质量(技术)负责人	年　月　日
监理(建设)单位验收结论		监理工程师： (建设单位项目专业技术负责人)			年　月　日

337

建筑室内采暖管道及配件安装检验批质量验收记录

表式 C8-1-1-11(原规范附表 B)

编　号	

工程名称		专业工长		证　号	
分部工程名称				班组长	
分项工程施工单位				验收部位	

施工依据	标准名称			材料/数量	
	标准编号			设备/台数	
	存放处			连接方式	

GB 50242—2002《规范》 章、节、条、款编号		质　量　规　定	施工单位检查 评定结果	监理(建设) 单位验收
主控项目	第 8.2.1 条管道的坡度			
	第 8.2.2 条、第 8.2.5 条、第 8.2.6 条补偿器的安装			
	第 8.2.3 条平衡法调节阀安装			
	第 8.2.4 条蒸汽减压阀和安全阀安装			
	第 8.6.1 条水压试验			
	第 8.6.2 条冲洗试验			
	第 8.6.3 条运行与调试			
一般项目	第 8.2.7 条附件及阀门安装			
	第 8.2.8 条、第 5.3.8 条管道焊接质量			
	第 8.2.9 条入口附件安装			
	第 8.2.10 条、第 8.2.11条、第 8.2.12 条、第 8.2.18 条管道安装			
	第 8.2.14 条高温热水管道安装			
	第 8.2.15 条弯管制作安装			
	第 8.2.13 条膨胀管安装			
	第 8.2.16 条道支架设备防腐			
	第 8.2.18 条管道设备保温			

施工单位评定结果		项目专业质量检查员		年　月　日	项目专业质量(技术)负责人		年　月　日

监理(建设)单位验收结论		监理工程师: (建设单位项目专业技术负责人)		年　月　日

338

建筑室内采暖辅助设备及散热器安装检验批质量验收记录

表式 C8－1－1－12(原规范附表 B)

<table>
<tr><td colspan="2">编　号</td><td></td></tr>
</table>

<table>
<tr><td>工程名称</td><td></td><td>专业工长</td><td></td><td>证　号</td><td></td></tr>
<tr><td>分部工程
名称</td><td></td><td colspan="2">班组长</td><td></td><td></td></tr>
<tr><td>分项工程
施工单位</td><td></td><td colspan="2">验收部位</td><td></td><td></td></tr>
<tr><td rowspan="3">施工
依据</td><td>标准名称</td><td></td><td colspan="2">材料/数量</td><td></td></tr>
<tr><td>标准编号</td><td></td><td colspan="2">设备/台数</td><td></td></tr>
<tr><td>存放处</td><td></td><td colspan="2">连接方式</td><td></td></tr>
</table>

<table>
<tr><td colspan="2">GB 50242—2002《规范》
章、节、条、款编号</td><td>质 量 规 定</td><td>施工单位检查
评定结果</td><td>监理(建设)
单位验收</td></tr>
<tr><td rowspan="4">主
控
项
目</td><td>第8.3.1条散热器水压试
验</td><td></td><td></td><td></td></tr>
<tr><td>第8.4.1条金属辐射板水
压试验</td><td></td><td></td><td></td></tr>
<tr><td>第8.3.2条水泵水箱等辅
助设备安装</td><td></td><td></td><td></td></tr>
<tr><td>第8.4.2条、第8.4.3条
金属辐射板安装</td><td></td><td></td><td></td></tr>
<tr><td rowspan="3">一
般
项
目</td><td>第8.3.3条、第8.3.4条、
第8.3.5条、第8.3.6条
散热器安装</td><td></td><td></td><td></td></tr>
<tr><td>第8.3.7条散热器安装误
差</td><td></td><td></td><td></td></tr>
<tr><td>第8.3.8条散热器防腐</td><td></td><td></td><td></td></tr>
<tr><td colspan="2">施工单位
评定结果</td><td colspan="2">项目专业质量
检查员
　　年　月　日</td><td>项目专业
质量(技
术)负责人
　　年　月　日</td></tr>
<tr><td colspan="2">监理(建设)
单位验收结论</td><td colspan="3">监理工程师:
(建设单位项目专业技术负责人)
　　　　　　　　　　　　　　年　月　日</td></tr>
</table>

建筑低温热水地板辐射采暖系统安装检验批质量验收记录

表式 C8－1－1－13(原规范附表 B)

编 号	

工程名称		专业工长		证 号	
分部工程 名称			班组长		
分项工程 施工单位			验收部位		

施工 依据	标准名称	低温热水地板辐射供暖应用技术规程	材料/数量	
	标准编号	DBJ/T 01—49—2000	设备/台数	
	存放处		连接方式	

	GB 50242—2002《规范》 章、节、条、款编号	质 量 规 定	施工单位检查 评定结果	监理(建设) 单位验收
主控项目	第8.5.1条管道接头			
	第8.5.2条水压试验			
	第8.3.3条水弯曲半径			
一般项目	第8.5.4条分集水器安装			
	第8.5.5条管道安装			
	第8.5.6条防潮、防水、隔热、保护层和伸缩缝施工			
	第8.5.7条填充层施工			

施工单位 评定结果		项目专 业质量 检查员		项目专业 质量(技 术)负责人	
			年 月 日		年 月 日

监理(建设) 单位验收结论	监理工程师： (建设单位项目专业技术负责人)		年 月 日

340

建筑室外给水管道安装检验批质量验收记录

表式 C8－1－1－14(原规范附表 B)

编　号

工程名称			专业工长		证　号	
分部工程名称				班组长		
分项工程施工单位				验收部位		
施工依据	标准名称			材料/数量		
	标准编号			设备/台数		
	存放处			连接方式		

GB 50242—2002《规范》章、节、条、款编号		质 量 规 定	施工单位检查评定结果	监理(建设)单位验收
主控项目	第 9.1.1 条管道埋地深度			
	第 9.1.2 条管道与其他管线构筑物关系			
	第 9.1.3 条、第 9.1.4 条管道安装			
	第 9.1.5 条水压试验			
	第 9.1.6 条管道防腐			
	第 9.1.7 条冲洗试验			
	第 9.1.7 条管道消毒			
一般项目	第 9.2.8 条管道安装坐标、坡度			
	第 9.2.9 条金属管道和支座防腐			
	第 9.2.10 条附件和阀门水表安装			
	第 9.2.11 条管道与污水管道间距			
	第 9.2.12 条、第 9.2.13 条承插口安装间隙			
	第 9.2.14 条、第 9.2.15 条捻口观感			
	第 9.2.16 条水泥捻口保护			
	第 9.2.17 条橡胶圈接口			

施工单位评定结果			项目专业质量检查员		项目专业质量(技术)负责人		
				年　月　日			年　月　日

监理(建设)单位验收结论		监理工程师：(建设单位项目专业技术负责人)		年　月　日

室外消防水泵结合器及室外消火栓安装检验批 质量验收记录 表式 C8－1－1－15(原规范附表 B)			编　号	
工程名称		专业工长	证　号	
分部工程 名称		班组长		
分项工程 施工单位		验收部位		
施工 依据	标准名称		材料/数量	
	标准编号		设备/台数	
	存放处		连接方式	

GB 50242—2002《规范》 章、节、条、款编号		质 量 规 定	施工单位检查 评定结果	监理(建设) 单位验收
主控项目	第9.3.1条水压试验			
	第9.3.2条管道冲洗			
	第9.3.3条位置标志			
一般项目	第9.3.4条安装要求			
	第9.3.5条井内安装与防冻			
	第9.3.6条安全阀和阀门安装			

施工单位 评定结果		项目专业质量检查员	项目专业质量(技术)负责人	
			年　月　日	年　月　日

监理(建设) 单位验收结论	监理工程师： (建设单位项目专业技术负责人)			年　月　日

342

室外给水系统管沟与井室施工检验批质量验收记录

表式 C8－1－1－16(原规范附表 B)

编　号

工程名称			专业工长		证　号	
分部工程名称				班组长		
分项工程施工单位				验收部位		
施工依据	标准名称			材料/数量		
	标准编号			设备/台数		
	存放处			连接方式		

GB 50242—2002《规范》章、节、条、款编号		质　量　规　定	施工单位检查评定结果	监理(建设)单位验收
主控项目	第9.4.1条基层与地基施工			
	第9.4.2条、第9.4.3条井室与井盖			
	第9.4.4条井圈			
一般项目	第9.4.5条坐标与标高			
	第9.4.6条、第9.4.7条沟底施工			
	第9.4.8条、第9.4.9条回填与井室施工			

施工单位评定结果		项目专业质量检查员	年　月　日	项目专业质量(技术)负责人	年　月　日
监理(建设)单位验收结论		监理工程师:(建设单位项目专业技术负责人)			年　月　日

343

室外排水管道安装检验批质量验收记录

表式 C8－1－1－17(原规范附表 B)

			编　号	

工程名称			专业工长		证　号	
分部工程名称				班组长		
分项工程施工单位				验收部位		

施工依据	标准名称	建筑给水排水及采暖工程施工质量验收规范	材料/数量	
	标准编号	GB 500242—2002	设备/台数	
	存放处		连接方式	

GB 50242—2002《规范》章、节、条、款编号		质 量 规 定	施工单位检查评定结果	监理(建设)单位验收
主控项目	第10.2.1条管道坡度			
	第10.2.2条灌水、通水试验			
一般项目	第10.2.3条管道坐标与标高			
	第10.2.4条、第10.2.6条接口安装			
	第10.2.5条铸铁管道除锈防腐			
	第10.2.7条混凝土管道接口施工			

施工单位评定结果		项目专业质量检查员		项目专业质量(技术)负责人	
			年　月　日		年　月　日

监理(建设)单位验收结论	监理工程师: (建设单位项目专业技术负责人)　　　　　　　　　年　月　日

344

室外供热管网安装检验批质量验收记录

表式 C8－1－1－18(原规范附表 B)

编　号 □□□□□

工程名称			专业工长		证　号	
分部工程名称				班组长		
分项工程施工单位				验收部位		
施工依据	标准名称			材料/数量		
	标准编号			设备/台数		
	存放处			连接方式		

GB 50242—2002《规范》章、节、条、款编号		质 量 规 定	施工单位检查评定结果	监理(建设)单位验收
主控项目	第11.2.1条平衡阀,调节阀			
	第11.2.2条直埋无补偿管道的安装			
	第11.2.3条补偿器安装			
	第11.2.4条井室入口安装			
	第11.2.5条管道保温与防潮			
	第11.3.1条、第11.3.4条水压试验			
	第11.3.3条冲洗、通水、加热与调试			
一般项目	第11.2.6条管道坡度			
	第11.2.7条除污器安装			
	第11.2.8条、第11.2.9条、第11.2.10条、第11.2.11条管道安装			
	第11.2.12条地沟内管道安装			
	第11.2.13条架空管道安装			
	第11.2.14条管道除锈与防腐			
	第11.2.15条管道保温			

施工单位评定结果		项目专业质量检查员	年　月　日	项目专业质量(技术)负责人	年　月　日
监理(建设)单位验收结论		监理工程师: (建设单位项目专业技术负责人)			年　月　日

345

建筑中水系统管道及辅助设备安装检验批质量验收记录

表式 C8-1-1-19(原规范附表 B)

编　号	

工程名称		专业工长		证　号	
分部工程 名称			班组长		
分项工程 施工单位			验收部位		

施工 依据	标准名称	建筑给水排水及采暖工程施工质量验收规范	材料/数量	
	标准编号	GB 50242—2002	设备/台数	
	存放处		连接方式	

GB 50242—2002《规范》 章、节、条、款编号		质 量 规 定	施工单位检查 评定结果	监理(建设) 单位验收
主 控 项 目	第12.2.1条水箱安装			
	第12.2.2条附属设备和 器具安装			
	第12.2.2条、第12.2.3 条、第12.2.4条管道安装			
一 般 项 目	第12.2.5条材料			
	第12.2.6条与其他管道 间距			

施工单位 评定结果		项目专 业质量 检查员		项目专业 质量(技 术)负责人	
			年　月　日		年　月　日

监理(建设) 单位验收结论	监理工程师： (建设单位项目专业技术负责人)　　　　　　　　　　　　　年　月　日

346

游泳池水系统安装检验批质量验收记录

表式 C8－1－1－20(原规范附表 B)

编 号	

工程名称		专业工长		证 号	
分部工程 名称			班组长		
分项工程 施工单位			验收部位		

施工 依据	标准名称	建筑给水排水及采暖工程施工质量验收规范	材料/数量	
	标准编号	GB 50242—2002	设备/台数	
	存放处		连接方式	

GB 50242—2002《规范》 章、节、条、款编号		质 量 规 定	施工单位检查 评定结果	监理(建设) 单位验收
主 控 项 目	第12.3.1条材料			
	第12.3.2条毛发聚集器 制造安装			
	第12.3.3条地面设计			
一 般 项 目	第12.3.4条设备材质			
	第12.3.5条附属配件连 接管质			

施工单位 评定结果		项目专业质量 检查员 年 月 日	项目专业 质量(技 术)负责人 年 月 日

监理(建设) 单位验收结论	
	监理工程师: (建设单位项目专业技术负责人)　　　　　　　　　　年 月 日

347

锅炉安装检验批质量验收记录

表式 C8－1－1－21(原规范附表 B)

编 号	

工程名称		专业工长		证 号	
分部工程 名称			班组长		
分项工程 施工单位			验收部位		

施工 依据	标准名称	工业锅炉安装工程施工及验收规范	材料/数量	
	标准编号	GB 50273—98	设备/台数	
	存放处		连接方式	

GB 50242—2002《规范》 章、节、条、款编号		质量规定	施工单位检查 评定结果	监理(建设) 单位验收
主控项目	第 13.1.2 条本体进场验收			
	第 13.2.1 条锅炉基础			
	第 13.2.2 条无压锅炉安装			
	第 13.2.3 条燃气安全管道安装			
	第 13.2.4 条烟囱附件安装			
	第 13.2.5 条排污阀、排污管安装			
	第 13.2.6 条水压试验			
	第 13.2.8 条焊缝质量			
	第 13.2.7 条炉排运转			
一般项目	第 13.2.9 条锅炉安装误差			
	第 13.2.10 条、第 13.2.11 条组装炉排误差			
	第 13.2.12 条、第 13.2.15 条铸铁省煤器安装			
	第 13.2.13 条锅炉本体坡度与排污			
	第 13.2.14 条送风小塞的密封			
	第 13.2.16 条电动调节阀门及执行机构安装			

施工单位 评定结果		项目专 业质量 检查员	年 月 日	项目专业 质量(技 术)负责人	年 月 日

监理(建设) 单位验收结论		监理工程师: (建设单位项目专业技术负责人)			年 月 日

348

锅炉辅助设备及管道安装检验批质量验收记录

表式 C8－1－1－22(原规范附表 B)

				编号	

工程名称			专业工长		证号	
分部工程名称				班组长		
分项工程施工单位				验收部位		

施工依据	标准名称	工业锅炉安装工程施工及验收规范		材料/数量	
	标准编号	GB 50273—98		设备/台数	
	存放处			连接方式	

GB 50242—2002《规范》章、节、条、款编号	质 量 规 定	施工单位检查评定结果	监理(建设)单位验收
主控项目 第13.1.2条辅助设备进场验收			
第13.3.1条辅助设备基础			
第13.3.2条风机试运转			
第13.3.3条分汽缸、集(分)水器水压试验			
第13.3.4条敞口水箱(罐)满水试验、密闭水箱(罐)水压试验			
第13.3.5条油罐气密性试验			
第13.3.6条连接管道水压试验			
第13.3.7条设备操作距离			
第13.3.8条、第13.3.9条焊缝质量			

349

GB 50242—2002《规范》 章、节、条、款编号		质 量 规 定	施工单位检查 评定结果	监理(建设) 单位验收
一般项目	第13.3.10条辅助设备安装误差			
	第13.3.11条工艺管道安装误差			
	第13.3.12条单斗提升机安装			
	第13.3.13条锅炉送、引风机安装			
	第13.3.14条、第13.3.16条水泵安装和试运转			
	第13.3.15条、第13.3.17条手摇泵及注水器安装			
	第13.3.18条除尘器安装			
	第13.3.19条除氧器安装			
	第13.3.20条软化设备安装			
	第13.3.21条、第13.3.22条保温与油漆			

施工单位 评定结果		项目专业质量 检查员		项目专业 质量(技术)负责人	
			年 月 日		年 月 日

监理(建设) 单位验收结论	
	监理工程师: (建设单位项目专业技术负责人)　　　　　　　　　年 月 日

锅炉安全附件安装检验批质量验收记录

表式 C8－1－1－23(原规范附表 B)

编　号

工程名称			专业工长		证　号	
分部工程 名称				班组长		
分项工程 施工单位				验收部位		
施工 依据	标准名称	工业锅炉安装工程施工及验收规范		材料/数量		
	标准编号	GB 50273—98		设备/台数		
	存放处			连接方式		

GB 50242—2002《规范》 章、节、条、款编号		质　量　规　定	施工单位检查 评定结果	监理(建设) 单位验收
主 控 项 目	第13.1.2条、第13.4.2条 安全附件进场验收			
	第13.4.1条安全阀的定 压调整			
	第13.4.3条水位计安全			
	第13.4.4条报警装置的 安装与试验			
	第13.4.5条安全阀排汽 管、泄水管安装			
	第13.3.5条油罐气密性 试验			
一 般 项 目	第13.4.6条～第13.4.7 条测压仪表			
	第13.4.6条～第13.4.7 条测温仪表			

施工单位 评定结果		项目专 业质量 检查员		年　月　日	项目专业 质量(技 术)负责人		年　月　日
监理(建设) 单位验收结论		监理工程师： (建设单位项目专业技术负责人)					年　月　日

351

锅炉烘炉、煮炉检验批质量验收记录

表式 C8－1－1－24(原规范附表 B)

编　号	

工程名称		专业工长		证　号	
分部工程 名称			班组长		
分项工程 施工单位			验收部位		

施工 依据	标准名称	工业锅炉安装工程施工及验收规范	材料/数量	
	标准编号	GB 50273—98	设备/台数	
	存放处		连接方式	

GB 50242—2002《规范》 章、节、条、款编号		质量规定	施工单位检查 评定结果	监理(建设) 单位验收
主控 项目	第13.5.1条、第13.5.2条 烘炉、煮炉			
	第13.5.3条48小时带负 荷试运转			
一般 项目	第13.5.4条煮炉后检查			

施工单位 评定结果		项目专 业质量 检查员		项目专业 质量(技 术)负责人	
			年　月　日		年　月　日

监理(建设) 单位验收结论	监理工程师： (建设单位项目专业技术负责人) 　　　　　　　　　　　　　　　　　年　月　日

352

换热站安装检验批质量验收记录

表式 C8 – 1 – 1 – 25(原规范附表 B)

编　号	

工程名称		专业工长		证号	
分部工程 名称			班组长		
分项工程 施工单位			验收部位		

施工 依据	标准名称	工业锅炉安装工程施工及验收规范	材料/数量	
	标准编号	GB 50273—98	设备/台数	
	存放处		连接方式	

GB 50242—2002《规范》 章、节、条、款编号		质 量 规 定	施工单位检查 评定结果	监理(建设) 单位验收
主控 项目	第 13.1.2 条换热器及附 件进场验收			
	第 13.6.1 条换热器水压 试验			
	第 13.6.2 条循环泵和换 热器安装			
	第 13.6.3 条壳管式换热 器安装			
一般 项目	第 13.6.4 条设备安装误差			
	第 13.6.5 条循环泵和附 件安装			
	第 13.6.6 条管道安装误差			
	第 13.6.7 条管道和设备 保温			

施工单位 评定结果		项目专 业质量 检查员	 　 年　月　日	项目专业 质量(技 术)负责人	 年　月　日
监理(建设) 单位验收结论		监理工程师: (建设单位项目专业技术负责人)			 年　月　日

353

风管与配件制作检验批质量验收记录

表式 C8-1-2-1(原规范 C.2.1-1 金属风管)

工程名称		子分部工程名称		验收部位	
施工单位			专业工长	项目经理	
施工执行标准名称及编号					
分包单位		分包项目经理		施工班组长	

GB 50243—2002			施工单位检查评定记录		监理(建设)单位验收记录
主控项目	1.材质种类、性能及厚度(第4.2.1条)				
	2.防火风管(第4.2.3条)				
	3.风管强度及严密性工艺性检测(第4.2.5条)				
	4.风管的连接(第4.2.6条)				
	5.风管的加固(第4.2.10条)				
	6.矩形弯管导流片(第4.2.12条)				
	7.净化空调风管(第4.2.13条)				
一般项目	1.圆形弯管的制作(第4.3.1-1条)				
	2.风管的外形尺寸(第4.3.1-2、3条)				
	3.焊接风管(第4.3.1-4条)				
	4.法兰风管制作(第4.3.2条)				
	5.铝板或不锈钢风管(第4.3.2-4条)				
	6.无法兰矩形风管制作(第4.3.3条)				
	7.无法兰圆形风管制作(第4.3.3条)				
	8.风管加固(第4.3.4条)				
	9.净化空调风管(第4.3.11条)				

施工单位检查结果评定	项目专业质量检查员: 年 月 日
监理(建设)单位验收结论	监理工程师: (建设单位项目专业技术负责人) 年 月 日

354

风管与配件制作检验批质量验收记录

表式 C8-1-2-2(原规范 C.2.1-2 非金属、复合材料风管)

编 号	

工程名称		子分部工程名称		验收部位	
施工单位		专业工长		项目经理	
施工执行标准名称及编号					
分包单位		分包项目经理		施工班组长	

GB 50243—2002		施工单位检查评定记录	监理(建设)单位验收记录
主控项目	1.材质种类、性能及厚度(第4.2.2条)		
	2.复合材料风管的材料(第4.2.4条)		
	3.风管强度及严密性工艺性检测(第4.2.5条)		
	4.风管的连接(第4.2.6条、第4.2.7条)		
	5.复合材料风管的连接(第4.2.8条)		
	6.砖、混凝土风道的变形缝(第4.2.9条)		
	7.风管的加固(第4.2.11条)		
	8.矩形弯管导流片(第4.2.12条)		
	9.净化空调风管(第4.2.13条)		
一般项目	1.风管的外形尺寸(第4.3.1条)		
	2.硬聚氯乙烯风管(第4.3.5条)		
	3.有机玻璃钢风管(第4.3.6条)		
	4.无机玻璃钢风管(第4.3.7条)		
	5.砖、混凝土风道(第4.3.8条)		
	6.双面铝箔绝热板风管(第4.3.9条)		
	7.铝箔玻璃纤维风管(第4.3.10条)		
	8.净化空调管(第4.3.11条)		

施工单位检查结果评定	项目专业质量检查员:		年 月 日
监理(建设)单位验收结论	监理工程师: (建设单位项目专业技术负责人)		年 月 日

355

风管部件与消声器制作检验批质量验收记录

表式 C8 – 1 – 3(原规范 C.2.2)

工程名称		子分部工程名称		验收部位	
施工单位			专业工长	项目经理	
施工执行标准名称及编号					
分包单位			分包项目经理	施工班组长	

GB 50243—2002		施工单位检查评定记录		监理(建设)单位验收记录
主控项目	1.一般风阀(第5.2.1条)			
	2.电动风阀(第5.2.2条)			
	3.防火阀,排烟阀(口)(第5.2.3条)			
	4.防爆风阀(第5.2.4条)			
	5.净化空调系统风阀(第5.2.5条)			
	6.特殊风阀(第5.2.6条)			
	7.防排烟柔性短管(第5.2.7条)			
	8.消声弯管、消声器(第5.2.8条)			
一般项目	1.调节风阀(第5.3.1条)			
	2.止回风阀(第5.3.2条)			
	3.插板风阀(第5.3.3条)			
	4.三通调节阀(第5.3.4条)			
	5.风量平衡阀(第5.3.5条)			
	6.风罩(第5.3.6条)			
	7.风帽(第5.3.7条)			
	8.矩形弯管导流片(第5.3.8条)			
	9.柔性短管(第5.3.9条)			
	10.消声器(第5.3.10条)			
	11.检查门(第5.3.11条)			
	12.风口(第5.3.12条)			

施工单位检查结果评定	项目专业质量检查员：　　　　　　　　　　　　　　　　　　年　月　日
监理(建设)单位验收结论	监理工程师： (建设单位项目专业技术负责人)　　　　　　　　　　　年　月　日

356

风管系统安装检验批质量验收记录

表式 C8-1-4-1(原规范 C.2.3.1-1送、排风、排烟系统)

工程名称		子分部工程名称		验收部位	
施工单位		专业工长		项目经理	
施工执行标准名称及编号					
分包单位		分包项目经理		施工班组长	

GB 50243—2002		施工单位检查评定记录		监理(建设)单位验收记录
主控项目	1.风管穿越防火、防爆墙(第6.2.1条)			
	2.风管内严禁其他管线穿越(第6.2.2条)			
	3.室外立管的固定拉索(第6.2.2-3条)			
	4.高于80℃风管系统(第6.2.3条)			
	5.风阀的安装(第6.2.4条)			
	6.手动密闭阀安装(第6.2.9条)			
	7.风管严密性检验(第6.2.8条)			
一般项目	1.风管系统的安装(第6.3.1条)			
	2.无法兰风管系统的安装(第6.3.2条)			
	3.风管安装的水平、垂直质量(第6.3.3条)			
	4.风管支、吊架(第6.3.4条)			
	5.铝板、不锈钢板风管安装(第6.3.1-8条)			
	6.非金属风管的安装(第6.3.5条)			
	7.风阀的安装(第6.3.8条)			
	8.风帽的安装(第6.3.9条)			
	9.吸、排风罩的安装(第6.3.10条)			
	10.风口的安装(第6.3.11条)			

施工单位检查结果评定	项目专业质量检查员：　　　　　　　　　　　　　　　　年　月　日
监理(建设)单位验收结论	监理工程师： (建设单位项目专业技术负责人)　　　　　　　　年　月　日

风管系统安装检验批质量验收记录

表式 C8-1-4-2(原规范 C.2.3-2 空调系统)

工程名称		子分部工程名称		验收部位	
施工单位			专业工长	项目经理	
施工执行标准名称及编号					
分包单位		分包项目经理		施工班组长	

GB 50243—2002		施工单位检查评定记录	监理(建设)单位验收记录
主控项目	1.风管穿越防火、防爆墙(第6.2.1条)		
	2.风管内严禁其他管线穿越(第6.2.2条)		
	3.室外立管的固定拉索(第6.2.2-3条)		
	4.高于80℃风管系统(第6.2.3条)		
	5.风阀的安装(第6.2.4条)		
	6.手动密闭阀安装(第6.2.9条)		
	7.风管严密性检验(第6.2.8条)		
一般项目	1.风管系统的安装(第6.3.1条)		
	2.无法兰风管系统的安装(第6.3.2条)		
	3.风管安装的水平、垂直质量(第6.3.3条)		
	4.风管支、吊架(第6.3.4条)		
	5.铝板、不锈钢板风管安装(第6.3.1-8条)		
	6.非金属风管的安装(第6.3.5条)		
	7.复合材料风管安装(第6.3.6条)		
	8.风阀的安装(第6.3.8条)		
	9.风口的安装(第6.3.11条)		
	10.变风量末端装置的安装(第7.3.20条)		
施工单位检查结果评定	项目专业质量检查员: 　　　　　　　　　　　　　　　　　　　年　月　日		
监理(建设)单位验收结论	监理工程师: (建设单位项目专业技术负责人) 　　　　　　　　　　　　　　　　　　　年　月　日		

358

风管系统安装检验批质量验收记录

表式 C8-1-4-3(原规范 C.2.3-3 净化空调系统)

	编 号	

工程名称		子分部工程名称		验收部位	
施工单位		专业工长		项目经理	
施工执行标准名称及编号					
分包单位		分包项目经理		施工班组长	

GB 50243—2002		施工单位检查评定记录		监理(建设)单位验收记录
主控项目	1.风管穿越防火、防爆墙 (第6.2.1条)			
	2.风管内严禁其他管线穿越 (第6.2.2条)			
	3.室外立管的固定拉索 (第6.2.2-3条)			
	4.高于80℃风管系统 (第6.2.3条)			
	5.风阀的安装(第6.2.4条)			
	6.手动密闭阀安装 (第6.2.9条)			
	7.净化风管安装(第6.2.6条)			
	8.真空吸尘系统安装 (第6.2.7条)			
	9.风管严密性检验(第6.2.8条)			

GB 50243—2002		施工单位检查评定记录		监理(建设)单位验收记录
一般项目	1.风管系统的安装 （第6.3.1条）			
	2.无法兰风管系统的安装 （第6.3.2条）			
	3.风管安装的水平、垂直质量 （第6.3.3条）			
	4.风管支、吊架(第6.3.4条)			
	5.铝板、不锈钢板风管安装 （第6.3.1－8条）			
	6.非金属风管的安装 （第6.3.5条）			
	7.复合材料风管安装 （第6.3.6条）			
	8.风阀的安装(第6.3.8条)			
	9.净化空调风口的安装 （第6.3.12条）			
	10.真空吸尘系统安装 （第6.2.7条）			
	11.风口的安装(第6.3.12条)			

施工单位检查 结果评定	
	项目专业质量检查员： 年 月 日

监理(建设)单位 验收结论	
	监理工程师： （建设单位项目专业技术负责人） 年 月 日

风机安装检验批质量验收记录

表式 C8-1-5(原规范 C.2.4)

			编　号	

工程名称		子分部工程名称		验收部位	

施工单位		专业工长		项目经理	

施工执行标准名称及编号					

分包单位		分包项目经理		施工班组长	

GB 50243—2002		施工单位检查评定记录	监理(建设)单位验收记录
主控项目	1.风机的安装(第7.2.1条)		
	2.风机的安全措施(第7.2.2条)		
一般项目	1.离心风机的安装（第7.3.1-1条）		
	2.轴流风机的安装（第7.3.1-2条）		
	3.风机的隔振支架（第7.3.1-3、4条）		

施工单位检查结果评定	
	项目专业质量检查员：　　　　　　　　　　　　　　　　年　月　日

监理(建设)单位验收结论	
	监理工程师： (建设单位项目专业技术负责人)　　　　　　　　　年　月　日

通风与空调设备安装检验批质量验收记录

表式 C8-1-6-1(原规范 C.2.5-1 通风系统)

			编 号	
工程名称		子分部工程名称		验收部位	
施工单位		专业工长		项目经理	
施工执行标准名称及编号					
分包单位		分包项目经理		施工班组长	

GB 50243—2002		施工单位检查评定记录	监理(建设)单位验收记录
主控项目	1.通风机的安装(第7.2.1条)		
	2.通风机安装措施(第7.2.2条)		
	3.除尘器的安装(第7.2.4条)		
	4.布袋与静电除尘器的接地(第7.2.4-3条)		
	5.静电空气过滤器(第7.2.7条)		
	6.电加热器的安装(第7.2.8条)		
	7.过滤吸收器的安装(第7.2.10条)		
一般项目	1.通风机的安装(第7.3.1条)		
	2.除尘设备的安装(第7.3.5条)		
	3.现场组装静电除尘器的安装(第7.3.6条)		
	4.现场组装布袋除尘器的安装(第7.3.7条)		
	5.消声器的安装(第7.3.13条)		
	6.空气过滤器的安装(第7.3.14条)		
	7.蒸汽加湿器的安装(第7.3.18条)		
	8.空气幕机的安装(第7.3.19条)		
施工单位检查结果评定	项目专业质量检查员: 年 月 日		
监理(建设)单位验收结论	监理工程师: (建设单位项目专业技术负责人) 年 月 日		

362

通风与空调设备安装检验批质量验收记录

表式 C8－1－6－2(原规范 C.2.5－2 通风系统)

编　号	

工程名称		子分部工程名称		验收部位	
施工单位		专业工长		项目经理	
施工执行标准名称及编号					
分包单位		分包项目经理		施工班组长	

GB 50243—2002		施工单位检查评定记录		监理(建设)单位验收记录
主控项目	1.通风机的安装(第7.2.1条)			
	2.通风机安全措施(第7.2.2条)			
	3.空调机组的安装(第7.2.3条)			
	4.静电空气过滤器安装(第7.2.7条)			
	5.电加热器的安装(第7.2.8条)			
	6.干蒸汽加湿器的安装(第7.2.9条)			
一般项目	1.通风机的安装(第7.3.1条)			
	2.组合式空调机组的安装(第7.3.2条)			
	3.现场组装空气处理室的安装(第7.3.3条)			
	4.单元空调机组的安装(第7.3.4条)			
	5.消声器的安装(第7.3.13条)			
	6.风机盘管机组的安装(第7.3.15条)			
	7.粗、中效空气过滤器的安装(第7.3.14条)			
	8.空气幕机的安装(第7.3.19条)			
	9.转轮式换热器的安装(第7.3.16条)			
	10.转轮式去湿器的安装(第7.3.17条)			
	11.蒸汽加湿器的安装(第7.3.18条)			

施工单位检查结果评定	项目专业质量检查员：　　　　　　　　　　　　　　　　　　　年　月　日
监理(建设)单位验收结论	监理工程师： (建设单位项目专业技术负责人)　　　　　　　　　　　　年　月　日

363

通风与空调设备安装检验批质量验收记录

表式 C8－1－6－3(原规范 C.2.5－3 净化空调系统)

	编 号	

工程名称		子分部工程名称		验收部位	
施工单位			专业工长	项目经理	
施工执行标准名称及编号					
分包单位		分包项目经理		施工班组长	

GB 50243—2002		施工单位检查评定记录		监理(建设)单位验收记录
主控项目	1.通风机的安装(第7.2.1条)			
	2.通风机安全措施(第7.2.2条)			
	3.空调机组的安装(第7.2.3条)			
	4.净化空调设备的安装(第7.2.6条)			
	5.高效过滤器的安装(第7.2.5条)			
	6.静电空气过滤器安装(第7.2.7条)			
	7.电加热器的安装(第7.2.8条)			
	8.干蒸汽加湿器的安装(第7.2.9条)			
一般项目	1.通风机的安装(第7.3.1条)			
	2.组合式净化空调机组的安装(第7.3.2条)			
	3.净化室设备的安装(第7.3.8条)			
	4.装配式洁净室的安装(第7.3.9条)			
	5.洁净室层流罩的安装(第7.3.10条)			
	6.风机过滤单元的安装(第7.3.11条)			
	7.粗、中效空气过滤器的安装(第7.3.14条)			
	8.高效过滤器的安装(第7.3.12条)			
	9.消声器的安装(第7.3.13条)			
	10.蒸汽加湿器的安装(第7.3.18条)			
施工单位检查结果评定	项目专业质量检查员:			年 月 日
监理(建设)单位验收结论	监理工程师: (建设单位项目专业技术负责人)			年 月 日

364

空调制冷系统安装检验批质量验收记录

表式 C8-1-7(原规范 C.2.6)

	编 号	

工程名称		子分部工程名称		验收部位	
施工单位		专业工长		项目经理	
施工执行标准名称及编号					
分包单位		分包项目经理		施工班组长	

GB 50243—2002		施工单位检查评定记录		监理(建设)单位验收记录
主控项目	1.制冷设备与附属设备的安装(第8.2.1-1、3条)			
	2.设备混凝土基础的验收(第8.2.1-2条)			
	3.表冷器的安装(第8.2.2条)			
	4.燃气、燃油系统设备的安装(第8.2.3条)			
	5.制冷设备的严密性试验与试运行(第8.2.4条)			
	6.管道及管配件的安装(第8.2.5条)			
	7.燃油管道系统的接地(第8.2.6条)			
	8.燃汽系统的安装(第8.2.7条)			
	9.氨管道焊缝的无损伤检测(第8.2.8条)			
	10.乙二醇管道系统的安装(第8.2.9条)			
	11.制冷剂管路的试验(第8.2.10条)			

GB 50243—2002		施工单位检查评定记录		监理(建设)单位验收记录
一般项目	1.制冷设备安装(第8.3.1-1、2、4、5条)			
	2.制冷附属设备的安装(第8.3.1-3条)			
	3.模块式冷水机组的安装(第8.3.2条)			
	4.泵的安装(第8.3.3条)			
	5.制冷剂管道的安装(第8.3.4-1~4条)			
	6.管道的焊接(第8.3.4-5、6条)			
	7.阀门的安装(第8.3.5-2~5条)			
	8.阀门的试压(第8.3.5-1条)			
	9.制冷系统的吹扫(第8.3.6条)			

施工单位检查结果评定	
	项目专业质量检查员： 年 月 日

监理(建设)单位验收结论	
	监理工程师： (建设单位项目专业技术负责人) 年 月 日

空调水系统安装检验批质量验收记录

表式 C8-1-8-1(原规范 C.2.7-1 金属管道)

工程名称		子分部工程名称		验收部位		编　号	

工程名称		子分部工程名称		验收部位	
施工单位		专业工长		项目经理	
施工执行标准名称及编号					
分包单位		分包项目经理		施工班组长	

GB 50243—2002		施工单位检查评定记录		监理(建设)单位验收记录
主控项目	1.系统管材与配件验收(第9.2.1条)			
	2.管道柔性接管的安装(第9.2.2-3条)			
	3.管道的套管(第9.2.2-5条)			
	4.管道补偿器的安装及固定支架(第9.2.5条)			
	5.系统的冲洗、排污(第9.2.2-4条)			
	6.阀门的安装(9.2.4条)			
	7.阀门的试压(第9.2.4-3条)			
	8.系统的试压(第9.2.3条)			
	9.隐蔽管道的验收(第9.2.2-1条)			
一般项目	1.管道的焊接(第9.3.2条)			
	2.管道的螺纹连接(第9.3.3条)			
	3.管道的法兰连接(第9.3.4条)			
	4.管道的安装(第9.3.5条)			
	5.塑钢复合管道的安装(第9.3.6条)			
	6.管道的沟槽式连接(第9.3.7条)			
	7.管道的支、吊架(第9.3.8条)			
	8.阀门及其他部件的试压(第9.3.10条)			
	9.系统放气阀与排水阀的安装(第9.3.10-4条)			
施工单位检查结果评定	项目专业质量检查员：　　　　　　　　　　　　　　　年　月　日			
监理(建设)单位验收结论	监理工程师： (建设单位项目专业技术负责人)　　　　　　　　年　月　日			

空调水系统安装检验批质量验收记录

表式 C8－1－8－2(原规范 C.2.7－2非金属管道)

			编　号	

工程名称		子分部工程名称		验收部位	
施工单位			专业工长		项目经理
施工执行标准名称及编号					
分包单位		分包项目经理		施工班组长	

GB 50243—2002		施工单位检查评定记录	监理(建设)单位验收记录
主控项目	1.系统管材与配件验收(第9.2.1条)		
	2.管道柔性接管的安装(第9.2.2－3条)		
	3.管道的套管(第9.2.2－5条)		
	4.管道补偿器的安装及固定支架(第9.2.5条)		
	5.系统的冲洗、排污(第9.2.2－4条)		
	6.阀门的安装(第9.2.4条)		
	7.阀门的试压(第9.2.4－3条)		
	8.系统的试压(第9.2.3条)		
	9.隐蔽管道的验收(第9.2.2－1条)		
一般项目	1.PVC－U 管道的安装(第9.3.1条)		
	2.PP－R管道的安装(第9.3.1条)		
	3.PEX 管道的安装(第9.3.1条)		
	4.管道的安装的位置(第9.3.9条)		
	5.管道的支、吊架(第9.3.8条)		
	6.阀门的安装(第9.3.10条)		
	7.系统放气阀与排水阀的安装(第9.3.10－4条)		

施工单位检查结果评定	项目专业质量检查员：　　　　　　　　　　　　　　　年　月　日
监理(建设)单位验收结论	监理工程师： (建设单位项目专业技术负责人)　　　　　　　　　　年　月　日

368

空调水系统安装检验批质量验收记录

表式 C8-1-8-3(原规范 C.2.7-3 设备)

工程名称		子分部工程名称		验收部位	
施工单位			专业工长		项目经理
施工执行标准名称及编号					
分包单位			分包项目经理		施工班组长

GB 50243—2002		施工单位检查评定记录		监理(建设)单位验收记录
主控项目	1.系统的设备与附属设备(第9.2.1条)			
	2.冷却塔的安装(第9.2.6条)			
	3.水泵的套管(第9.2.7条)			
	4.其他附属设备的安装(第9.2.8条)			
一般项目	1.风机盘管的管道连接(第9.3.7条)			
	2.冷却塔的安装(第9.3.11条)			
	3.水泵及附属设备的安装(第9.3.12条)			
	4.水箱、集水缸、分水缸、储冷罐等设备的安装(第9.3.13条)			
	5.水过滤器等设备的安装(第9.3.10-3条)			
施工单位检查结果评定				
	项目专业质量检查员:			年 月 日
监理(建设)单位验收结论				
	监理工程师: (建设单位项目专业技术负责人)			年 月 日

369

防腐与绝热施工检验批质量验收记录

表式 C8－1－9－1(原规范 C.2.8－1 风管系统)

工程名称		子分部工程名称		验收部位	
施工单位			专业工长		项目经理
施工执行标准名称及编号					
分包单位			分包项目经理		施工班组长

GB 50243—2002		施工单位检查评定记录		监理(建设)单位验收记录
主控项目	1.材料的验证(第 10.2.1 条)			
	2.防腐涂料或油漆质量(第 10.2.2条)			
	3.电加热器与防火墙2m管道(第 10.2.3 条)			
	4.低温风管的绝热(第10.2.4条)			
	5.洁净室内的风管(第10.2.5条)			
一般项目	1.防腐涂料层的质量(第 10.3.1条)			
	2.空调设备、部件油漆或绝热(第 10.3.2、10.3.3条)			
	3.绝热材料厚度及平整度(第 10.3.4条)			
	4.风管绝热粘接固定(第 10.3.5条)			
	5.风管绝热层保温钉固定(第 10.3.6条)			
	6.绝热涂料(第10.3.7条)			
	7.玻璃布保温层的施工(第 10.3.8条)			
	8.金属保护壳的施工(第 10.3.12条)			
施工单位检查结果评定	项目专业质量检查员:			年 月 日
监理(建设)单位验收结论	监理工程师: (建设单位项目专业技术负责人)			年 月 日

370

通风工程系统调试检验批质量验收记录

表式 C8－1－10(原规范 C.2.9 非金属管道)

			编　号	

工程名称		子分部工程名称		验收部位	

施工单位		专业工长		项目经理	

施工执行标准名称及编号					

分包单位		分包项目经理		施工班组长	

GB 50243—2002		施工单位检查评定记录		监理(建设)单位验收记录
主控项目	1.通风机、空调机组单机试运转及调试(第11.2.1－1条)			
	2.水泵单机试运转及调试(第11.2.2－2条)			
	3.冷却搭单机试运转及调试(第11.2.2－3条)			
	4.制冷机组单机试运转及调试(第11.2.2－4条)			
	5.电控防、排烟阀的动作试验(第11.2.2－5条)			
	6.系统风量的调试(第11.2.3－1条)			
	7.空调水系统的调试(第11.2.3－2条)			
	8.恒温恒湿空调系统的调试(第11.2.3－3条)			
	9.防、排烟系统的调试(第11.2.3－4条)			
	10.净化空调系统的调试(第11.2.3－5条)			

372

GB 50243—2002		施工单位检查评定记录		监理(建设)单位验收记录
一般项目	1.风机、空调机组的试运行（第11.3.1−2、3条）			
	2.水泵安装的试运行（第11.3.1−1条）			
	3.风口风量的平衡（第11.3.2−2条）			
	4.空调水系统的试运行（第11.3.3−1、3条）			
	5.空调水系统检测元件的工作试运行（第11.3.3−2条）			
	6.空调房间参数的检测（第11.3.3−4、5、6条）			
	7.洁净空调房间参数的检测（第11.3.3条）			
	8.工程的控制和监测元件和执行机构的调试（第10.3.11条）			

施工单位检查结果评定	
	项目专业质量检查员： 年 月 日
监理(建设)单位验收结论	
	监理工程师： (建设单位项目专业技术负责人) 年 月 日

建筑给水排水采暖分项工程质量验收记录			编 号	
表式 C8－2－1(原规范附表 C)				
工程名称		项目技术负责人		证 号	
子分部工程名称		项目质量检查员		证 号	
分项工程施工单位		检验批数量			

序号	检验批部位	施工单位检查评定结果	监理(建设)单位验收结论
1			
2			
3			
4			
5			
6			
7			
8			
9			
10			
11			
12			

检查结论	项目专业质量(技术)负责人： 年　月　日	验收结论	监理工程师： (建设单位项目技术负责人) 年　月　日

374

通风与空调分项工程质量验收记录

表式 C8－2－2(原规范 C3.1 分项工程)

	编　号	

工程名称		结构类型		检验批数	
施工单位		项目经理		项目技术负责人	
分包单位		分包单位负责人		分包项目经理	

序号	检验批部位、区、段	施工单位检查评定结果	监理(建设)单位验收结论
1			
2			
3			
4			
5			
6			
7			
8			
9			
10			
11			
12			
13			
14			

检查结论	项目专业技术负责人： 　　　年　月　日	验收结论	监理工程师： (建设单位项目技术负责人) 　　　年　月　日

375

建筑给水排水采暖子分部工程质量验收通用记录

表式 C8-3-1-0(原规范附表 D)

			编号	

工程名称		项目技术负责人		证号	
子分部工程名称		项目质量检查员		证号	
子分部工程施工单位		专业工长		证号	

序号	分项工程名称	检验批数	施工单位检查结果	监理(建设)单位验收结论
1				
2				
3				
4				
5				
6				
7				
质量控制资料				
安全和功能检验(检测)报告				
观感质量验收				

验收单位	专业施工单位	项目专业负责人:		年 月 日
	施工单位	项目专业负责人:		年 月 日
	设计单位	项目专业负责人:		年 月 日
	监理(建设)单位	监理工程师: (建设单位项目专业负责人)		年 月 日

建筑给水排水采暖子分部工程质量验收记录

表式 C8－3－1－1(原规范附表 D)

工程名称			项目技术负责人		证号	
子分部工程名称	室内给水系统		项目质量检查员		证号	
子分部工程施工单位			专业工长		证号	

序号	分项工程名称	检验批数	施工单位检查结果	监理(建设)单位验收结论
1	给水管道及配件安装			
2	室内消火栓系统安装			
3	给水设备安装			
4	管道防腐			
5	管道绝热			
	质量控制资料			
安全和功能检验(检测)报告				
	观感质量验收			

验收单位	专业施工单位	项目专业负责人：		年 月 日
	施工单位	项目专业负责人：		年 月 日
	设计单位	项目专业负责人：		年 月 日
	监理(建设)单位	监理工程师： (建设单位项目专业负责人)		年 月 日

377

建筑给水排水采暖子分部工程质量验收记录

表式 C8 – 3 – 1 – 2(原规范附表 D)

				编号	

工程名称		项目技术 负责人		证号	
子分部工程 名称	室内排水系统	项目质量 检查员		证号	
子分部工程 施工单位		专业工长		证号	

序号	分项工程名称	检验批数	施工单位检查结果	监理(建设)单位验收结论
1	排水管道及配件安装			
2	雨水管道及配件安装			
3				
	质量控制资料			
	安全和功能检验(检测)报告			
	观感质量验收			

验 收 单 位	专业施工单位	项目专业负责人:	年 月 日
	施工单位	项目专业负责人:	年 月 日
	设计单位	项目专业负责人:	年 月 日
	监理(建设)单位	监理工程师: (建设单位项目专业负责人)	年 月 日

378

建筑给水排水采暖子分部工程质量验收记录

表式 C8－3－1－3(原规范附表 D)

工程名称			项目技术 负责人		证号	
子分部工程 名称	室内热水供应系统		项目质量 检查员		证号	
子分部工程 施工单位			专业工长		证号	

序号	分项工程名称	检验批数	施工单位检查结果	监理(建设)单位验收结论
1	热水供应管道及配件安装			
2	辅助设备安装			
3	管道和设备防腐			
4	管道和设备绝热			
5				
	质量控制资料			
安全和功能检验(检测)报告				
	观感质量验收			

验 收 单 位	专业施工单位	项目专业负责人：			年　　月　　日
	施工单位	项目专业负责人：			年　　月　　日
	设计单位	项目专业负责人：			年　　月　　日
	监理(建设)单位	监理工程师： (建设单位项目专业负责人)			年　　月　　日

建筑给水排水采暖子分部工程质量验收记录

表式 C8－3－1－4(原规范附表 D)

工程名称			项目技术 负责人		证号	
子分部工程 名称	卫生器具安装		项目质量 检查员		证号	
子分部工程 施工单位			专业工长		证号	

序号	分项工程名称	检验批数	施工单位检查结果	监理(建设)单位验收结论
1	卫生器具安装			
2	卫生器具给水配件安装			
3	卫生器具排水管道			
4				
	质量控制资料			
	安全和功能检验(检测)报告			
	观感质量验收			

验 收 单 位	专业施工单位	项目专业负责人： 年 月 日
	施工单位	项目专业负责人： 年 月 日
	设计单位	项目专业负责人： 年 月 日
	监理(建设)单位	监理工程师： (建设单位项目专业负责人) 年 月 日

建筑给水排水采暖子分部工程质量验收记录

表式 C8-3-1-5(原规范附表 D)

						编号	
工程名称			项目技术 负责人			证号	
子分部工程 名称	室内供暖系统		项目质量 检查员			证号	
子分部工程 施工单位			专业工长			证号	

序号	分项工程名称	检验批数	施工单位检查结果	监理(建设)单位验收结论
1	采暖管道及配件安装			
2	辅助设备和散热器安装			
3	金属辐射板安装			
4	系统水压试验与调试			
5	管道防腐绝热			
	质量控制资料			
	安全和功能检验(检测)报告			
	观感质量验收			

验 收 单 位	专业施工单位	项目专业负责人:	年　月　日
	施工单位	项目专业负责人:	年　月　日
	设计单位	项目专业负责人:	年　月　日
	监理(建设)单位	监理工程师: (建设单位项目专业负责人)	年　月　日

建筑给水排水采暖子分部工程质量验收记录

表式 C8 - 3 - 1 - 6(原规范附表 D)

				编号	

工程名称		项目技术 负责人		证号	
子分部工程 名称	低温热水地板辐射采暖系统	项目质量 检查员		证号	
子分部工程 施工单位		专业工长		证号	

序号	分项工程名称	检验批数	施工单位检查结果	监理(建设)单位验收结论
1	采暖管道及配件安装			
2	水箱和辅助设备安装			
3	系统水压试验与调试			
4	管道防腐绝热			
5				
	质量控制资料			
安全和功能检验(检测)报告				
	观感质量验收			

验 收 单 位	专业施工单位	项目专业负责人:	年 月 日
	施工单位	项目专业负责人:	年 月 日
	设计单位	项目专业负责人:	年 月 日
	监理(建设)单位	监理工程师: (建设单位项目专业负责人)	年 月 日

382

建筑给水排水采暖子分部工程质量验收记录

表式 C8-3-1-7(原规范附表 D)

工程名称			项目技术负责人		证号	
子分部工程名称	室外给水管网		项目质量检查员		证号	
子分部工程施工单位			专业工长		证号	

序号	分项工程名称	检验批数	施工单位检查结果	监理(建设)单位验收结论
1	给水管道安装			
2	消防水泵给合器安装			
3	室外消火栓安装			
4	管沟和管井			
5				
	质量控制资料			
	安全和功能检验(检测)报告			
	观感质量验收			

验收单位	专业施工单位	项目专业负责人:	年 月 日
	施工单位	项目专业负责人:	年 月 日
	设计单位	项目专业负责人:	年 月 日
	监理(建设)单位	监理工程师: (建设单位项目专业负责人)	年 月 日

建筑给水排水采暖子分部工程质量验收记录

表式 C8－3－1－8(原规范附表 D)

		编号	

工程名称		项目技术 负责人		证号	
子分部工程 名称	室外排水管网	项目质量 检查员		证号	
子分部工程 施工单位		专业工长		证号	

序号	分项工程名称	检验批数	施工单位检查结果	监理(建设)单位验收结论
1	排水管道安装			
2	管沟和管池			
3				
	质量控制资料			
	安全和功能检验(检测)报告			
	观感质量验收			

验 收 单 位	专业施工单位	项目专业负责人： 年 月 日
	施工单位	项目专业负责人： 年 月 日
	设计单位	项目专业负责人： 年 月 日
	监理(建设)单位	监理工程师： (建设单位项目专业负责人) 年 月 日

384

建筑给水排水采暖子分部工程质量验收记录

表式 C8－3－1－9(原规范附表 D)

编号	

工程名称		项目技术 负责人		证号	
子分部工程 名称	室外供热管网	项目质量 检查员		证号	
子分部工程 施工单位		专业工长		证号	

序号	分项工程名称	检验批数	施工单位检查结果	监理(建设)单位验收结论
1	室外供热管道及配件安装			
2	系统水压试验及调试			
3	管道防腐			
4	管道绝热			
5				
	质量控制资料			
	安全和功能检验(检测)报告			
	观感质量验收			

验 收 单 位	专业施工单位	项目专业负责人：		年　月　日
	施工单位	项目专业负责人：		年　月　日
	设计单位	项目专业负责人：		年　月　日
	监理(建设)单位	监理工程师： (建设单位项目专业负责人)		年　月　日

385

建筑给水排水采暖子分部工程质量验收记录

表式 C8-3-1-10(原规范附表 D)

				编号	

工程名称		项目技术负责人		证号	
子分部工程名称	建筑中水系统及游泳池系统	项目质量检查员		证号	
子分部工程施工单位		专业工长		证号	

序号	分项工程名称	检验批数	施工单位检查结果	监理(建设)单位验收结论
1	建筑中水系统管道及辅助设备安装			
2	游泳池水系统安装			
3				
	质量控制资料			
	安全和功能检验(检测)报告			
	观感质量验收			

验收单位	专业施工单位	项目专业负责人:	年 月 日
	施工单位	项目专业负责人:	年 月 日
	设计单位	项目专业负责人:	年 月 日
	监理(建设)单位	监理工程师: (建设单位项目专业负责人)	年 月 日

建筑给水排水采暖子分部工程质量验收记录

表式 C8－3－1－11(原规范附表 D)

			编号	

工程名称		项目技术负责人		证号	
子分部工程名称	供热锅炉及辅助设备安装	项目质量检查员		证号	
子分部工程施工单位		专业工长		证号	

序号	分项工程名称	检验批数	施工单位检查结果	监理(建设)单位验收结论
1	锅炉安装			
2	辅助设备和管道安装			
3	安全附件安装			
4	烘炉煮炉和试运行			
5	换热器站安装			
6	管道和设备防腐绝热			
	质量控制资料			
	安全和功能检验(检测)报告			
	观感质量验收			

验收单位	专业施工单位	项目专业负责人：			年　　月　　日
	施工单位	项目专业负责人：			年　　月　　日
	设计单位	项目专业负责人：			年　　月　　日
	监理(建设)单位	监理工程师： (建设单位项目专业负责人)			年　　月　　日

387

自动喷水灭火系统子分部工程质量验收记录

表式 C8 – 3 – 1 – 12(原规范附表 B)

编号

工程名称		专业工长		证 号		
子分部工程 名称			班组长			
子分部工程 施工单位			验收部位			

GB 50261—96《规范》 章、节、条、款编号		主要技术要求	分项验收		综 合 验 收		
序号	分项内容		合格	不合格	合格	基本合格	不合格
技术 资料	图纸、文件	设计任务书、有关文件、地质资 料齐全					
	隐蔽工程验收资料	埋地管道、设备验收记录、顶棚 墙体隐蔽管线验收记录齐全					
	调试及验收资料	进场测试、安装调试记录、测试 验收单位、人员等记录齐全					
水源 电源	水源水量	符合设计规范要求					
	系统压力	系统最不利点处水压不小于 0.05MPa					
	泵房功能	消防水泵数量、流量、压力、泄 压措施、自灌引水措施等符合设 计和规范要求					
	电源	有备用电源,自动切换可靠					
	其他	水质要求,地基沉降资料、气 温、气象等环境资料齐全					
管网	报警阀以后管网	不能在喷水管网上接洗涤等用 途的水管和水龙头					
	管网管径	对照管径估算表合理					

388

GB 50261—96《规范》章、节、条、款编号			主要技术要求	分项验收		综 合 验 收		
序号	分项内容			合格	不合格	合格	基本合格	不合格
管网	管网布置		坡度、排水口、末端试水装置符合要求					
	管网设支吊架、防晃动支架等		按规范要求设置合理、牢靠					
	节流管、减压孔板、减压阀、水流指示器、信号阀、泄压阀、排气阀		安装位置合理,型号、功能符合设计要求					
	与报警系统充气系统配套联动试验		符合设计要求					
报警控制阀	报警阀		报警阀配件全,警铃及排水试水等符合要求,报警可靠					
	控制阀功能		型号、规格数量、功能符合设计和规范要求					
	压 力		压力符合设计要求					
	流 量		流量符合设计要求					
	试水、排水		试水阀、试水管及排水管符合要求					
喷头	喷头型号与安装		温标、色标、安装方向、防碰、防腐、布置符合设计要求					
	喷头质量		有合格证,检验合格					
维护管理	规章、维护管理人员		符合规范要求					
施工单位评定结果			项目专业质量检查员	年 月 日		项目专业质量(技术)负责人		年 月 日
监理(建设)单位验收结论			总监理工程师:(建设单位项目专业技术负责人)				年 月 日	

通风与空调子分部工程质量验收记录

表式 C8-3-2-1(原规范 C4.1-1 送、排风系统)

工程名称		结构类型		层数	
施工单位		技术部门 负责人		质量部门 负责人	
分包单位		分包单位 负责人		分包技术 负责人	

序号	分项工程名称	检验批数	施工单位检查评定意见	验收意见
1	风管与配件制作			
2	部件制作			
3	风管系统安装			
4	风机与空气处理设备安装			
5	消声设备制作与安装			
6	风管与设备防腐			
7	系统调试			
	质量控制资料			
	安全和功能检验(检测)报告			
	观感质量验收			

验收单位	分包单位	项目专业负责人:	年　　月　　日
	施工单位	项目专业负责人:	年　　月　　日
	勘察单位	项目负责人:	年　　月　　日
	设计单位	项目负责人:	年　　月　　日
	监理(建设)单位	总监理工程师: (建设单位项目专业负责人)	年　　月　　日

390

通风与空调子分部工程质量验收记录

表式 C8－3－2－2(原规范 C4.1－2 防、排烟系统)

编号	

工程名称		结构类型		层数	
施工单位		技术部门负责人		质量部门负责人	
分包单位		分包单位负责人		分包技术负责人	

序号	分项工程名称	检验批数	施工单位检查评定意见	验收意见
1	风管与配件制作			
2	部件制作			
3	风管系统安装			
4	风机与空气处理设备安装			
5	排烟风口、常闭正压风口安装			
6	风管与设备防腐			
7	系统调试			
8	消声设备制作与安装(合用系统时检查)			
	质量控制资料			
	安全和功能检验(检测)报告			
	观感质量验收			

验收单位	分包单位	项目专业负责人：	年 月 日
	施工单位	项目专业负责人：	年 月 日
	勘察单位	项目负责人：	年 月 日
	设计单位	项目负责人：	年 月 日
	监理(建设)单位	总监理工程师： (建设单位项目专业负责人)	年 月 日

通风与空调子分部工程质量验收记录

表式 C8－3－2－3(原规范 C4.1－3 除尘系统)

		编号	

工程名称		结构类型		层数	
施工单位		技术部门负责人		质量部门负责人	
分包单位		分包单位负责人		分包技术负责人	

序号	分项工程名称	检验批数	施工单位检查评定意见	验收意见
1	风管与配件制作			
2	部件制作			
3	风管系统安装			
4	风机安装			
5	除尘与排污设备的安装			
6	风管与设备的防腐			
7	风管与设备的绝热			
8	系统调试			
	质量控制资料			
安全和功能检验(检测)报告				
	观感质量验收			

验收单位	分包单位	项目专业负责人：		年 月 日
	施工单位	项目专业负责人：		年 月 日
	勘察单位	项目负责人：		年 月 日
	设计单位	项目负责人：		年 月 日
	监理(建设)单位	总监理工程师： (建设单位项目专业负责人)		年 月 日

通风与空调子分部工程质量验收记录

表式 C8-3-2-4(原规范 C4.1-4 空调系统)

编号

工程名称			结构类型		层数	
施工单位			技术部门负责人		质量部门负责人	
分包单位			分包单位负责人		分包技术负责人	

序号	分项工程名称	检验批数	施工单位检查评定意见	验收意见
1	风管与配件制作			
2	部件制作			
3	风管系统安装			
4	风机与空气处理设备安装			
5	消声设备制作与安装			
6	风管与设备的防腐			
7	风管与设备的绝热			
8	系统调试			
	质量控制资料			
	安全和功能检验(检测)报告			
	观感质量验收			

验收单位	分包单位	项目专业负责人:	年 月 日
	施工单位	项目专业负责人:	年 月 日
	勘察单位	项目负责人:	年 月 日
	设计单位	项目负责人:	年 月 日
	监理(建设)单位	总监理工程师: (建设单位项目专业负责人)	年 月 日

通风与空调子分部工程质量验收记录

表式 C8-3-2-5(原规范 C4.1-5 净化空调系统)

编号

工程名称			结构类型		层数	
施工单位			技术部门 负责人		质量部门 负责人	
分包单位			分包单位 负责人		分包技术 负责人	

序号	分项工程名称	检验批数	施工单位检查评定意见	验收意见
1	风管与配件制作			
2	部件制作			
3	风管系统安装			
4	风机与空气处理设备安装			
5	消声设备制作与安装			
6	风管与设备的防腐			
7	风管与设备的绝热			
8	高效过滤器的安装			
9	净化设备的安装			
10	系统调试			
	质量控制资料			
	安全和功能检验(检测)报告			
	观感质量验收			

验收单位	分包单位	项目专业负责人：		年　月　日
	施工单位	项目专业负责人：		年　月　日
	勘察单位	项目负责人：		年　月　日
	设计单位	项目负责人：		年　月　日
	监理(建设)单位	总监理工程师： (建设单位项目专业负责人)		年　月　日

394

通风与空调子分部工程质量验收记录

表式 C8-3-2-6(原规范 C4.1-6 制冷系统)

编号	

工程名称		结构类型		层数	
施工单位		技术部门 负责人		质量部门 负责人	
分包单位		分包单位 负责人		分包技术 负责人	

序号	分项工程名称	检验批数	施工单位检查评定意见	验收意见
1	制冷机组的安装			
2	制冷剂管道及配件的安装			
3	制冷附属设备的安装			
4	管道与设备的防腐和绝热			
5	系统调试			
	质量控制资料			
	安全和功能检验(检测)报告			
	观感质量验收			

验收单位	分包单位	项目专业负责人:		年 月 日
	施工单位	项目专业负责人:		年 月 日
	勘察单位	项目负责人:		年 月 日
	设计单位	项目负责人:		年 月 日
	监理(建设)单位	总监理工程师: (建设单位项目专业负责人)		年 月 日

通风与空调子分部工程质量验收记录

表式 C8－3－2－7(原规范 C4.1－7 空调水系统)

			编号	

工程名称		结构类型		层数	
施工单位		技术部门负责人		质量部门负责人	
分包单位		分包单位负责人		分包技术负责人	

序号	分项工程名称	检验批数	施工单位检查评定意见	验收意见
1	冷热水管道系统安装			
2	冷却水管道系统安装			
3	冷凝水管道系统安装			
4	管道阀门和部件的安装			
5	冷却塔的安装			
6	水泵及附属设备的安装			
7	管道与设备的防腐和绝热			
8	系统调试			
	质量控制资料			
	安全和功能检验(检测)报告			
	观感质量验收			

验收单位	分包单位	项目专业负责人：	年 月 日
	施工单位	项目专业负责人：	年 月 日
	勘察单位	项目负责人：	年 月 日
	设计单位	项目负责人：	年 月 日
	监理(建设)单位	总监理工程师： (建设单位项目专业负责人)	年 月 日

396

建筑给水排水采暖分部工程质量验收记录

表式 C8 – 4 – 1(原规范附表 E)

编号 □

工程 名称		层数		建筑 面积	
施工 单位		开工 日期		竣工 日期	

项目 经理		证 号		专业 技术 负责 人		证 号		项目专业技术 负责人		证 号	

序号	项 目	验 收 内 容	验 收 结 论
1	子分部工程质量验收	共 ＿＿＿ 子分部、经查 ＿＿＿ 子分部;符合规范及设计要求 ＿＿＿ 子分部	
2	质量管理资料核查	共 ＿＿＿ 项、经审查符合要求 ＿＿＿ 项;经核定符合规范要求 ＿＿＿ 项	
3	安全、卫生和主要使用功能核查抽查结果	共抽查 ＿＿＿ 项、符合要求 ＿＿＿ 项;经返工处理符合要求 ＿＿＿ 项	
4	观感质量验收	共抽查 ＿＿＿ 项、符合要求 ＿＿＿ 项;不符合要求 ＿＿＿ 项	
5	综合验收结论		

	施工单位	设计单位	监理单位	建设单位
参加 验收 单位	（公章） 单位(项目) 负责人: 　　年 月 日	（公章） 单位(项目) 负责人: 　　年 月 日	（公章） 总监理 工程师: 　　年 月 日	（公章） 单位(项目) 负责人: 　　年 月 日

通风与空调分部工程质量验收记录

表式 C8-4-2(原规范 C4.2空调水系统)

			编号	

工程名称		结构类型		层数	
施工单位		技术部门 负责人		质量部门 负责人	
分包单位		分包单位 负责人		分包技术 负责人	

序号	分项工程名称	检验批数	施工单位检查评定意见	验收意见
1	送、排风系统			
2	防、排烟系统			
3	除尘系统			
4	空调系统			
5	净化空调系统			
6	制冷系统			
7	空调水系统			
	质量控制资料			
	安全和功能检验(检测)报告			
	观感质量验收			

验收单位	分包单位	项目专业负责人:	年　月　日
	施工单位	项目专业负责人:	年　月　日
	勘察单位	项目负责人:	年　月　日
	设计单位	项目负责人:	年　月　日
	监理(建设)单位	总监理工程师: (建设单位项目专业负责人)	年　月　日

398

单位(子单位)工程质量竣工验收记录

表式 C8－5－1(原规范附表 G.0.1.1)

编号	

工程名称		结构类型		建筑面积层数	
施工单位		开工日期		竣工日期	

项目经理			技术负责人			项目技术负责人		
	证号			证号			证号	

序号	项 目	验 收 内 容	验 收 结 论
1	分部工程质量验收	共＿＿＿子分部、经查＿＿＿子分部;符合规范及设计要求＿＿＿子分部	
2	质量控制(管理)资料核查	共＿＿＿项、经审查符合要求＿＿＿项;经核定符合规范要求＿＿＿项	
3	安全、卫生和主要使用功能核查及抽查结果	共抽查＿＿＿项、符合要求＿＿＿项;经返工处理符合要求＿＿＿项	
4	观感质量验收	共抽查＿＿＿项、符合要求＿＿＿项;不符合要求＿＿＿项	
5	综合验收结论		

参加验收单位	施工单位	设计单位	监理单位	建设单位
	(公章)	(公章)	(公章)	(公章)
	单位(项目)负责人: 年 月 日	单位(项目)负责人: 年 月 日	总监理工程师: 年 月 日	单位(项目)负责人: 年 月 日

单位(子单位)工程质量控制资料核查记录

表式 C8－5－2(原规范附表 G.0.1.2)

编号

工程名称			施工单位			
序号	项目	资 料 名 称		分数	审查意见	核查人
1	建筑与结构	图纸会审、设计变更、洽商记录				
2		工程定位测量、放线记录				
3		原材料出厂合格证书及进场检(试)验报告				
4		施工试验报告及见证检测报告				
5		隐蔽工程验收记录				
6		施工记录				
7		预构件、预拌混凝土合格证				
8		地基基础、主体结构检验及抽样检测资料				
9		分项、分部工程质量验收记录				
10		工程质量事故及事故调查处理资料				
11		新材料、新工艺施工记录				
12						
1	给排水与采暖	图纸会审、设计变更、洽商记录				
2		材料、配件出厂合格证书及进场检(试)验报告				
3		管道、设备强度试验、严密性试验记录				
4		隐蔽工程验收记录				
5		系统清洗、灌水、通水、通球试验记录				
6		施工记录				
7		分项、分部工程质量验收记录				
8						
1	建筑电气	图纸会审、设计变更、洽商记录				
2		材料、配件出厂合格证书及进场检(试)验报告				
3		设备调试记录				
4		接地、绝缘电阻测试记录				
5		隐蔽工程验收记录				
6		施工记录				
7		分项、分部工程质量验收记录				
8						

400

工程名称				施工单位			
序号	项目	资 料 名 称			分数	审查意见	核查人
1	通风与空调	图纸会审、设计变更、洽商记录					
2		材料、配件出厂合格证书及进场检(试)验报告					
3		制冷、空调、水管道强度试验、严密性试验记录					
4		隐蔽工程验收记录					
5		制冷设备运行调试记录					
6		通风、空调系统调试记录					
7		施工记录					
8		分项、分部工程质量验收记录					
9							
1	电梯	土建布置图纸会审、设计变更、洽商记录					
2		设备出厂合格证书及开箱检验记录					
3		隐蔽工程验收记录					
4		施工记录					
5		接地、绝缘电阻测试记录					
6		负荷试验、安全装置检查记录					
7		分项、分部工程质量验收记录					
8							
1	建筑智能化	图纸会审、设计变更、洽商记录、竣工图及设计说明					
2		材料、设备出厂合格证、技术文件及进场检(试)验报告					
3		隐蔽工程验收记录					
4		系统功能测定及设备调试记录					
5		系统技术、操作和维护手册					
6		系统管理、操作人员培训记录					
7		系统检测报告					
8		分项、分部工程质量验收报告					

结论:

总监理工程师

施工单位项目经理:　　　　　　年　月　日　　(建设单位项目负责人):　　　　　　年　月　日

单位(子单位)工程安全和功能检验资料核查及主要功能抽查记录 表式 C8-5-3(原规范附表 G.0.1.3)					编号		

工程名称			施工单位				
序号	项目	安全和功能检查项目	分数	核查意见	抽查结果	核查(抽查)人	
1	建筑与结构	屋面淋水试验记录					
2		地下室防水效果检查记录					
3		有防水要求的地面蓄水试验记录					
4		建筑物垂直度、标高、全高测量记录					
5		抽气(风)道检查记录					
6		幕墙及外窗气密性、水密性、耐风压检测报告					
7		建筑物沉降观测测量记录					
8		节能、保温测试记录					
9		室内环境检测报告					
1	给排水与采暖	给水管道通水试验记录					
2		暖气管道、散热器压力试验记录					
3		卫生器具满水试验记录					
4		消防管道、燃气管道压力试验记录					
5		排水干管通球试验记录					
1	建筑电气	照明全负荷试验记录					
2		大型灯具牢靠性试验记录					
3		避雷接地电阻测试记录					
4		线路、插座、开关接地检验记录					
1	通风与空调	通风、空调系统试运行记录					
2		风量、温度测试记录					
3		洁净室洁净度测试记录					
4		制冷机组试运行调试记录					
1	电梯	电梯运行记录					
2		电梯安全装置检测报告					
1	智能建筑	系统试运行记录					
2		系统电源及接地检测报告					

结论:

总监理工程师

施工单位项目经理:　　　　　年 月 日　　　(建设单位项目负责人):　　　　　年 月 日

单位(子单位)工程观感质量检查记录

表式 C8－5－4(原规范附表 G.0.1.4)

编号

工程名称			施工单位												
序号	分项工程	项　目	抽　查　结　果										质量评定		
													好	一般	差
1	建筑与结构	室外墙面													
2		变形缝													
3		水落管、屋面													
4		室内墙面													
5		室内顶棚													
6		室内地面													
7		楼梯、踏步、护栏													
8		门窗													
1	给排水与采暖	管道接口、坡度、支架													
2		卫生器具、支架、阀门													
3		检查口、扫除口、地漏													
4		散热器、支架													
1	建筑电气	配电箱、盘、板、接线盒													
2		设备器具、开关、插座													
3		防雷、接地													
1	通风与空调	风管、支架													
2		风口、风阀													
3		风机、空调设备													
4		阀门、支架													
5		水泵、冷却塔													
6		绝热													
1	电梯	运行、平层、开关门													
2		层门、信号系统													
3		机房													
1	智能建筑	机房设备安装及布局													
2		现场设备安装													

观感质量综合评价

结论：

施工单位项目经理：　　　年 月 日

总监理工程师
(建设单位项目负责人)：　　　年 月 日

注：质量评价为差的项目,应进行返修。

类别 汇总表	工程资料总目录卷汇总表(表式 E1-1)			
案卷类别	案卷名称	卷数	整理日期	城建档案管理员 签字
J	基建文件			
L	监理文件			
S	施工文件			
T	设计文件			

注:1. 各单位工程资料由各单位城建档案管理员负责组卷并签字。

2. 设计资料由建设单位城建档案管理员负责检查验收并签字。

404

工程资料总目录卷(表式 E1-2)				类 别		
工程名称				整理单位		
序号	卷号	案 卷 题 名	起止页数	保存单位	保存期限	整理日期
			至	建设单位 □ 监理单位 □ 施工单位 □ 城建档案馆 □	永久 □ 长期 □ 短期 □	
			至	建设单位 □ 监理单位 □ 施工单位 □ 城建档案馆 □	永久 □ 长期 □ 短期 □	
			至	建设单位 □ 监理单位 □ 施工单位 □ 城建档案馆 □	永久 □ 长期 □ 短期 □	
			至	建设单位 □ 监理单位 □ 施工单位 □ 城建档案馆 □	永久 □ 长期 □ 短期 □	
			至	建设单位 □ 监理单位 □ 施工单位 □ 城建档案馆 □	永久 □ 长期 □ 短期 □	
			至	建设单位 □ 监理单位 □ 施工单位 □ 城建档案馆 □	永久 □ 长期 □ 短期 □	
			至	建设单位 □ 监理单位 □ 施工单位 □ 城建档案馆 □	永久 □ 长期 □ 短期 □	
			至	建设单位 □ 监理单位 □ 施工单位 □ 城建档案馆 □	永久 □ 长期 □ 短期 □	
			至	建设单位 □ 监理单位 □ 施工单位 □ 城建档案馆 □	永久 □ 长期 □ 短期 □	

城建档案管理员签字。

工 程 资 料

名　　称:＿＿＿＿＿＿＿＿＿＿＿＿＿＿＿＿＿＿＿＿

＿＿＿＿＿＿＿＿＿＿＿＿＿＿＿＿＿＿＿＿

案卷题名:＿＿＿＿＿＿＿＿＿＿＿＿＿＿＿＿＿＿＿＿

＿＿＿＿＿＿＿＿＿＿＿＿＿＿＿＿＿＿＿＿

编制单位:＿＿＿＿＿＿＿＿＿＿＿＿＿＿＿＿＿＿＿＿

＿＿＿＿＿＿＿＿＿＿＿＿＿＿＿＿＿＿＿＿

技术主管:＿＿＿＿＿＿＿＿＿＿＿＿＿＿＿＿＿＿＿＿

编制日期:自　　　年　　月　　日起至　　　年　　月　　日止

保管期限:＿＿＿＿＿＿＿＿＿密　级:＿＿＿＿＿＿＿＿＿

保存档号:＿＿＿＿＿＿＿＿＿

共　　　册　　第　　　册

工程资料卷内目录(表式E2-2)

		案卷编号

工程名称			整理单位				
序号	资 料 名 称	资料编号	资 料 内 容		编制日期	页次	备注

工程资料卷内备考表(表式 E2-3)	案卷编号

本案卷已编号的文件材料共_____张,其中:文字材料_____张,图样材料_____张,照片_____张。

　　立卷单位对本案卷完整准确情况的审核说明:

立卷人:　　　　　　　年　　月　　日

审核人:　　　　　　　年　　月　　日

保存单位的审核说明:

技术审核人:　　　　　年　　月　　日

档案接收人:　　　　　年　　月　　日

408

表 E3-1

城 市 建 设 档 案

名　　称:＿＿＿＿＿＿＿＿＿＿＿＿＿＿＿＿＿＿

＿＿＿＿＿＿＿＿＿＿＿＿＿＿＿＿＿＿

案卷题名:＿＿＿＿＿＿＿＿＿＿＿＿＿＿＿＿

＿＿＿＿＿＿＿＿＿＿＿＿＿＿＿＿

编制单位:＿＿＿＿＿＿＿＿＿＿＿＿＿＿＿＿

＿＿＿＿＿＿＿＿＿＿＿＿＿＿＿＿

技术主管:＿＿＿＿＿＿＿＿＿＿＿＿＿＿＿＿

编制日期:自　　　年　　月　　日起至　　　年　　月　　日止

保管期限:＿＿＿＿＿＿＿＿　密　级:＿＿＿＿＿＿＿

保存档号:＿＿＿＿＿＿＿＿　缩微号:＿＿＿＿＿＿＿

共　　　册　　第　　　册

城建档案卷内目录(表式 E3 – 2)

序号	文 件 材 料 题 名	原编字号	编制单位	编制日期	页次	备注

城建档案案卷审核备考表(表式E3-3)

本案卷已编号的文件材料共_____张,其中:文字材料_____张,图样材料_____张,照片_____张。

立卷单位对本案卷完整准确情况的审核说明:

立卷人: 年 月 日

审核人: 年 月 日

保存单位(档案馆)的审核说明:

技术审核人: 年 月 日

档案接收人: 年 月 日

工 程 资 料 移 交 书

_____按有关规定向_____办
理_____工程资料移交手续。共计_____
册。其中图样材料_____册,文字材料_____册,其他材料
_____张(_____)。

附:移交明细表

移交单位(公章):   接收单位(公章):

单位负责人: 单位负责人:

技术负责人: 技术负责人:

移交人: 接收人:

移交时间: 年   月   日

城 市 建 设 档 案 移 交 书

_____向北京市城市建设档案馆

移交_____工程档案共计_____册。其中图

样材料_____册,文字材料_____册,其他材料_____

张(   )。

　　附:城市建设档案移交目录一式三份,共　　　　　　　　张。

移交单位:　　　　　　　　　　　　　　　接收单位:

单位负责人:　　　　　　　　　　　　　　单位负责人:

移交人:　　　　　　　　　　　　　　　　接收人:

移交时间:　　　　年　　月　　日

城 市 建 设 档 案 缩 微 品 移 交 书

_____向北京市城市建设档案馆

移交_____工程缩微品档案。档号_____,

缩微号_____。卷片共_____盘,开窗卡_____张,

其中母片:卷片_____盘,开窗卡_____张;

拷贝片:卷片_____套_____盘,开窗卡_____张。

缩微原件共_____册,其中文字材料_____册,图样材料

_____册,其他材料_____张(_____)。

附:城市建设档案缩微品移交目录

移交单位(公章):   接收单位(公章):

移交单位法人: 接收单位法人:

移交人: 接收人:

移交人: 接收人:

移交时间: 年   月   日

城 市 建 设 档 案 移 交 目 录

序号	工程项目名称	案卷题名	形成年代	数　　量						备注
				文字材料		图样材料		综合材料		
				册	张	册	张	册	张	

注:综合卷指文字和图样材料混装的案卷。

第 2 篇　暖卫、通风工程安装概要及问题讨论

0 概 述

1. 本篇多数章节均依据旧规范的标准编写,故文中引用标准代号,条文编号多数为旧标准的编号。

2. 由于新标准 GB 50300—2001《建筑工程施工质量验收统一标准》、GB 50242—2002《建筑给水排水及采暖工程施工质量验收标准》、GB 50243—2002《通风与空调工程施工质量验收标准》对安装中的技术措施和规定比较简洁,详细的技术规定仍需沿用过去规范的规定,因此本篇中依据旧规范编写的内容仍然适用或具备参考价值。

3. 如果发现篇中某些具体内容与现有规范、规程相矛盾的应与现有规范、规程的规定为准。

4. 由于新产品的推出日新月异,老的、落后和耗能大、环保性能差的产品不断被淘汰,因此篇中涉及到的水暖配件,不可能面面俱到,详情应按产品说明书办理。

1 室内给水管道的安装

1.1 常用材料

1.1.1 管材

(1) 一般给水工程

一般用镀锌钢管(通称镀锌水煤气管),当 $DN > 80$ 时,也可以用给水铸铁管。若为独立安装的生产或消防给水管,可用非镀锌焊接钢管即水煤气管。

(2) 焊接钢管的分类

A. 焊接钢管的分类:焊接钢管可分为水煤气管(以公称直径 DN 为标志),其标准为 GB/T 3092—93(非镀锌焊接钢管)和 GB/T 3091—93(镀锌焊接钢管);电焊接钢管(以外径×壁厚即 $\phi \times \delta$ 为标志),其管壁不是固定值,且一般比水煤气管的管壁薄,当选用时要注意其外径和壁厚要与同规格的水煤气管匹配,以免造成工程质量事故;其规格见表 2.1.1 - 1。

B. 材质要求

详见第 6 节 6.1 - 6.1.1 - (1)款。

(A) 应有产品合格证和技术质量鉴定文件,且应符合国家或部级标准。

(B) 表面不得有显著的锈蚀、凹陷、扭曲等弊病,管壁 $\delta \leqslant 3.5\text{mm}$ 时钢管表面不得有

0.5mm 深的伤痕;$\delta > 3.5$mm 时钢管表面不得有 1.0mm 深的伤痕。

低压流体输送焊接钢管规格表 表 2.1.1－1

公称直径 DN mm (in)	外径 D_w (mm)	壁厚 δ(mm)		电焊接钢管与水煤气管的匹配	
		常用厚度	加厚管壁厚度	外径 ϕ	较接近水煤气管的壁厚 δ
15(1/2)	21.3 ± 0.50	$2.75^{+0.33}_{-0.413}$	$3.25^{+0.39}_{-0.488}$	21	$\delta \leqslant 2$ .0
20(3/4)	26.8 ± 0.50	$2.75^{+0.33}_{-0.413}$	$3.50^{+0.420}_{-0.525}$	27	≤2.5 均比水煤气管薄
25(1)	33.5 ± 0.50	$3.25^{+0.39}_{-0.488}$	$4.00^{+0.480}_{-0.60}$	33	≤2.5 均比水煤气管薄
32(1 1/4)	42.3 ± 0.50	$3.25^{+0.39}_{-0.488}$	$4.00^{+0.480}_{-0.60}$	42	≤2.5 均比水煤气管薄
40(1 1/2)	48.0 ± 0.50	$3.50^{+0.420}_{-0.525}$	$4.25^{+0.51}_{-0.638}$	48	3.5
50(2)	60.5 ± 0.605	$3.50^{+0.420}_{-0.525}$	$4.50^{+0.54}_{-0.675}$	60	3.5
65(2 1/2)	75.5 ± 0.755	$3.75^{+0.45}_{-0.563}$	$4.50^{+0.54}_{-0.675}$	76	3.8; 4.0; 4.2; 4.5
80(3)	88.5 ± 0.885	$4.00^{+0.480}_{-0.60}$	$4.75^{+0.57}_{-0.712}$	89	4.0; 4.2; 4.5
100(4)	114 ± 1.14	$4.00^{+0.480}_{-0.60}$	$5.00^{+0.60}_{-0.75}$	114	4.0; 4.2; 4.5; 4.8
125(5)	140 ± 1.40	$4.50^{+0.54}_{-0.675}$	$5.50^{+0.66}_{-0.825}$	140	4.5; 4.8; 5.0; 5.5
150(6)	165 ± 1.65	$4.50^{+0.54}_{-0.675}$	$5.50^{+0.66}_{-0.825}$		外径没有与水煤气管匹配的规格

(3) 给水铸铁管

A. 给水铸铁管的分类:给水铸铁管可分为低压、中压、高压三种。

低压管:其工作压力 0.45MPa 以下的为低压管,其试验压力 $DN \leqslant 450$ 时为 1.5MPa,$DN \geqslant 500$ 时为 1.0MPa;

普压(即中压)管:0.45 ~ 0.75MPa 为普压(即中压)管,其试验压力 $DN \leqslant 450$ 时为 2.0MPa,$DN \geqslant 500$ 时为 1.5MPa;

高压管:0.75 ~ 1.0MPa 为高压管,其试验压力 $DN \leqslant 500$ 时为 5.0MPa,$DN > 500$ 时为 2.0MPa。

同一条管线不得选用两种压力不同的管道,应按高一级的压力选用管材。

B. 材质要求:其规格和压力应符合设计要求,壁厚均匀,内外表面光滑整洁,不得有砂眼、裂纹、毛刺和疙瘩;承插口的内外径及管件应造型规矩,管内外表面的防腐涂料层应整洁均匀,附着牢固,有出厂合格证。其标志为公称直径 DN。常用规格见表 2.1.1－2。

(4) 非金属的塑料给水管道和符合给水管道

非金属的塑料给水管道和符合给水管道有 PVC－U 硬聚氯乙烯、PP－R 无规共聚聚丙烯、PE－X 交联聚乙烯、XPAP 交联铝塑复合管材、塑钢复合管材等,详见第 2.7 节和第 2.8 节。

防腐与绝热施工检验批质量验收记录

表式 C8－1－9－2(原规范 C.2.8－2 管道系统)

工程名称		子分部工程名称		验收部位	
施工单位		专业工长		项目经理	
施工执行标准名称及编号					
分包单位		分包项目经理		施工班组长	

GB 50243—2002		施工单位检查评定记录		监理(建设)单位验收记录
主控项目	1.材料的验证(第10.2.1条)			
	2.防腐涂料或油漆质量(第10.2.2条)			
	3.电加热器与防火墙2m管道(第10.2.3条)			
	4.冷冻水管的绝热(第10.2.4条)			
	5.洁净室内的风管(第10.2.5条)			
一般项目	1.防腐涂料层的质量(第10.3.1条)			
	2.空调设备、部件油漆或绝热(第10.3.2、10.3.3条)			
	3.绝热材料厚度及平整度(第10.3.4条)			
	4.绝热涂料(第10.3.7条)			
	5.玻璃布保温层的施工(第10.3.8条)			
	6.管道阀门的绝热(第10.3.9条)			
	7.管道绝热层的施工(第10.3.10条)			
	8.管道防潮层的施工(第10.3.11条)			
	9.金属保护壳的施工(第10.3.12条)			
	10.机房内制冷管道的色标(第10.3.13条)			

施工单位检查结果评定	项目专业质量检查员：　　　　　　　　　　　　　　　年　月　日
监理(建设)单位验收结论	监理工程师： (建设单位项目专业技术负责人)　　　　　　　　　年　月　日

371

公称直径 (mm)	管壁厚度 δ(mm)							
	低压管		普压管		高压管		无压(下水)管	
	砂型、双盘	离心浇铸	砂型、双盘	离心浇铸	砂型双盘	离心浇铸	砂型、双盘	山西产品
50	—	—	—	—	—	—	5.0	4.0
75	9.0	—	9.0	—	—	—	5.0	4.0
100	9.0	—	9.0	—	—	—	5.0	4.0
125	9.0	—	9.0	—	—	—	6.0	5.0
150	9.0	—	9.0	—	—	9.5	6.0	5.0
200	9.4	8.0	10.0	8.8	—	10.0	7.0	6.0
250	9.8	8.4	10.8	9.5	—	10.8	—	—
300	10.2	9.0	11.4	10.0	—	11.4	—	—
350	10.6	9.4	12.0	10.8	—	12.0	—	—
400	11.0	10.0	12.8	11.5	—	12.8	—	—
450	11.5	10.4	13.4	12.0	—	13.4	—	—
500	12.0	11.0	14.0	12.8	—	14.0	—	—
600	13.0	11.8	15.4	14.2	—	—	—	—
700	13.8	12.8	16.5	15.5	—	—	—	—
800	14.8	13.8	18.0	16.8	—	—	—	—
900	115.0	14.8	19.5	18.2			—	—

1.1.2 阀门

分为标准阀门、非标准阀门、真空阀门三种。$DN \leqslant 50$ 的阀门宜采用铜质截止阀或 J11T—16($DN = 15 \sim 65$)的铜质闸阀,不宜采用铸铁截止阀或闸阀。但是阀芯为塑料阀芯,且与阀杆分离式的截止阀不宜采用,因为噪声大,且易与阀杆脱离而关闭不了,失去切断和调节作用。$DN > 50$,宜采用闸阀,即 Z15T—10、Z45T—10($DN = 50 \sim 450$)的闸阀。

(1)截止阀

管径 $\leqslant 50$ 的宜采用铜质截止阀。其型号有 J11T—16、J11W—10T(适用温度 $\leqslant$ 200℃)、J11W—16(适用温度 $\leqslant$ 100℃)、J11SA—16K(适用温度 $\leqslant$ 226℃)、J11J—10、J11P—10、J11X—10K(适用温度 $\leqslant$ 50℃,公称直径 $DN = 15 \sim 65$),也可以选用内螺纹旋塞阀门 X13W—10T、X13T—10、内螺纹三通旋塞 X14W—6T(适用温度 $\leqslant$ 100℃,公称直径 $DN = 15 \sim 50$)等型号。

（2）闸阀

管径≥65 的宜采用闸阀。Z15T—10、Z15T—10K（即内螺纹暗杆式闸阀，适用温度≤100℃，公称直径 $DN=15\sim65$），Z44T—10（即暗杆楔式单向闸板阀，适用温度≤100℃，公称直径 $DN=50\sim700$），Z44T—10 型（即明杆平行式双闸板闸阀，适用温度≤200℃，公称直径 $DN=50\sim400$）。

（3）其他阀门

球阀（Q11F—6S、Q41F）、节流阀（L21W—25、L44H—160、L44H—320）、蝶阀（D11W—10、D241X—10、D3T41X—10）、隔膜阀（常闭式 G6B41J—6、常开式 G6K41J—6）、止回阀（浮球式 H40C—10、H40J—10、单瓣旋启式 H47H—25、立式升降式 H48H—200）、减压阀（Y47H—64、Y45H—100）、安全阀（A51T、A54H）、疏水器（如引进加拿大的 SF 型、TSF 型）。

1.1.3　填料

（1）麻制品；

（2）白厚漆；

（3）聚四氯乙烯生料带。

质量要求：详见第 2.6 节填料部分。

1.2　管道安装

1.2.1　孔洞预留和预埋件预埋

（1）孔洞预留和预埋件预埋应配合土建的结构施工阶段进行。

（2）预留孔洞按设计要求施工。如设计没有要求则按表 2.1.2 - 1 中的尺寸进行预留。

管道安装预留孔洞尺寸表　　　　　　　表 2.1.2 - 1

项次	管　道　名　称		明　管	暗　管
			留洞尺寸（长×宽）	墙槽尺寸（宽度×深度）
1	供暖或给水立管	（$DN\leqslant25$）	100×100	130×130
		（$DN=32\sim50$）	150×150	150×130
		（$DN=70\sim100$）	200×200	200×200
2	一根排水立管	（$DN\leqslant50$）	150×150	200×130
		（$DN=70\sim100$）	200×200	250×200
3	两根供暖或给水立管	（$DN\leqslant32$）	150×100	200×130
4	一根排水立管	（$DN\leqslant50$）	200×150	200×130
	和一根排水立管在一起	（$DN=70\sim100$）	250×200	250×200

项次	管 道 名 称		明 管	暗 管
			留洞尺寸(长×宽)	墙槽尺寸(宽度×深度)
5	二根排水立管 和一根排水立管在一起	（DN≤50） （DN=70~100）	200×150 350×200	250×130 380×200
6	给水支管或散热器支管	（DN≤25） （DN=32~40）	100×100 150×130	60×60 150×100
7	排水支管	（DN≤80） （DN=100）	250×200 300×250	— —
8	供暖或排水主干管	（DN≤80） （DN=100~125）	300×250 350×300	— —
9	给水引入管	（DN≤100）	300×200	—
10	排水排出管穿基础	（DN≤80） （DN=100~150）	300×200 (管径+300)× (管径+200)	— —

注：1. 给水引入管管顶上部净空一般不小于100mm。
　　 2. 排水排出管管顶上部净空一般不小于150mm。

(3) 套管管径大小一般比管道大 1~2 号,内壁应做防腐处理或按设计要求施工。套管高出地面为 20~50mm,一般取 20mm。给水管道在厨房和卫生间内一般可不做套管,但应做高度为 20~50mm 的水泥台度,其他地方应做套管。

(4) 刚性防水套管、支座预埋铁和固定支座的预埋应结合土建施工同时进行。

1.2.2 干管的安装

(1) 管道安装的步骤

A. 管道安装的前提

土建粗装修已基本完成,图纸审核无误,材料已进场且验收合格。

B. 管位的确定

应按纸面放样大样在现场进行就地放线确定管位和支架位置,并按设计和规范要求进行调整。

C. 管道下料

根据现场放线定位的实测尺寸进行管道下料套丝。

D. 结合现场具体条件合理安排管道安装顺序

一般先地下后地上、先大管后小管、先主管后支管,并解决好管道交叉发生的问题。解决的原则一般是小管让大管、有压管道让无压管道、低压让高压、一般管道让高温或低温管道、支管让主管、辅助管道让物料管道、一般管道让易结晶和易沉淀的管道。

(2) 干管的安装

室内给水管道一般分下供埋地式和上供架空式两种。

A. 埋地式干管的安装

（A）埋地总干管一般应坡向室外，以保证检查维修时能排尽管内余水。安装时应进行管底基础土质密实度的验收，基础应密实可靠，以免下沉造成管道塌腰积水。回填时应做好管道安装预检和水压试验合格。在管道顶部 200mm 以下应回填细土，待压实后再回填至设计标高。每一层回填土高度为 300mm 夯至 150mm。

（B）埋地管道间的间距

给水引入管与排水排出管的水平间距≥1.0m。

室内给水管道与排水管道平行时的最小水平间距为 500mm。

室内给水管道与排水管道垂直交叉敷设时的最小垂直间距为 150mm，且给水管道在上，排水管道在下；若给水管道在下，给水管道应加套管，套管长度应≥3 倍排水管道直径。

煤气管道引入管与给水管道、供热管道的水平净距应≥1.0m。

煤气管道引入管与排水管道的水平净距应≥1.5m。

（C）埋地镀锌管道的外露丝扣和锌皮损坏的部分应刷防锈漆防腐，锌皮大面积损坏的应更新或按非镀锌钢管一样做三油两布的加强型防腐处理。

B. 架空式干管的安装

（A）支架的安装

支架的预留孔洞不宜过大，且深度不得小于 120mm。浇筑的混凝土应为加膨胀剂的干凝性豆石混凝土。成排支架的安装应保证其支架台面处于同一水平面上，且应垂直于墙面。钢管支架的间距见表 2.1.2－2。

钢管支架的间距　　　　　　　　　　　　　　　表 2.1.2－2

DN（mm）	15	20	25	32	40	50	70	80	100	125	150	200	250	300
保温管道（m）	1.5	2.0	2.0	2.5	3.0	3.0	4.0	4.0	4.5	5.0	6.0	7.0	8.0	8.5
不保温管道（m）	2.5	3.0	3.5	4.0	4.5	5.0	5.0	6.0	6.5	7.0	8.0	9.5	11.0	12.0

（B）管道变径

管道变径应在分出支路后再变径，水平管道的变径应为上平下斜的渐变管，渐变管距离管道分叉点的距离 L 为：当 $DN \geqslant 70$，$L = 300$；当 $DN \leqslant 50$，$L = 200$。水平渐变管应采用偏心变径渐变管，具体尺寸要求详见图 2.11.7－1 和表 2.11.7－1。垂直管道的变径为同心变径。

（C）安装质量应达到规范的要求

不得有塌腰、拱起的波浪形现象及左右扭曲蛇弯现象，且应横平竖直。

（D）水平管道纵横方向弯曲的允许偏差为

$DN \leqslant 100$，$\Delta = 5mm$；$DN > 100$，$\Delta = 10mm$。

横向弯曲全长＞25m 时，不得大于 10mm。

1.2.3　立管的安装

（1）立管管卡的安装

当层高小于或等于 5m 时,每层需安设一个管卡,管卡安装高度应距离地面 1.5 ~ 1.8m;当层高大于 5m 时,每层应安装两个管卡,两个以上的管卡应均匀安装。成排管道或同一个房间内的立管管卡和阀门等的安装高度应保持一致。

(2) 立管安装后距离墙面的距离应上下一致;同一房间内相同直径的立管距离墙也应保持一致,且正面和侧面都应在同一垂直线上。

(3) 立管的垂直度每米允许偏差为 4mm,10m 以上不应超过 30mm。

(4) 下供式立管阀门安装高度当设计无要求时,应安装在距地面 300mm 处,且阀柄应朝操作者的右侧,并与墙面形成 45°夹角,阀门后侧必须安装可拆卸的联结件(活接头或法兰)。

(5) 多层及高层建筑每隔一层在立管上要安装一个活接头。

1.2.4 支管的安装

(1) 支管在土建初装修后期和精装修初期进行。支管的安装应考虑洁具的安装位置和接口的位置。

(2) 支管管卡、支架的间距按上述表列间距进行埋设。支管支架宜采用管卡且尽量安装于管段中间(即管件之间的中间位置)。墙面有面砖等装饰的应事先将管卡的大位置标在墙面上,贴面砖时将管卡处的面砖暂时不贴,待管卡埋设后再粘补。为避免破坏面砖的整体性,埋卡时应将管卡位置调整在磁砖缝处。

(3) 依据北京市质检总站(94)质监总站第 036 号规定,当 $DN \leqslant 25$ 且管道距离墙面 $\leqslant$ 60mm 时,可用立管卡代替托架。

(4) 给水立管和装有三个和三个以上配水点的支管始端,以及阀门后面应依水流方向安装可拆卸的连接件(活接头或法兰)。

(5) 冷热水管或冷热水龙头并行安装时应符合下列规定:

A. 管道上下平行安装时,热水管在上,冷水管在下;

B. 垂直安装时,热水管在左,冷水管在右;

C. 卫生器具安装冷热水龙头时,热水龙头在左,冷水龙头在右;

D. 当安装时出现按照上述原则安装将出现管道交叉,造成管道安装困难时,应以卫生器具水龙头的安装为主,管道的排列则以安装顺畅、交叉少、观感好为根本,管道安装不必硬性照按热上冷下、热左冷右的原则安装。

(6) 支管上同一方向分出的配水点管口应在同一轴线上,以保证配水管件安装美观、整齐划一。

1.2.5 阀门安装

(1) 阀门的水压试验:阀门安装前应进行水压试验。

A. 试验压力

试验压力为阀门出厂的额定压力的 1.5 倍,5min 内不渗不漏为合格。

B. 试验数量

(A) 主控阀门和设计规定的阀门

安装在主干管上起切断调节作用的阀门(主控阀门)及设计要求试压的阀门应作好工程标识,逐个进行水压试验,并对号入座安装。

(B) 非主控阀门

一般阀门的抽验数量为每批(同牌号、同型号、同规格、同时间进货)进货数量的10%,但不少于一个(北京市 418 号文件规定与三项规定有误差)。试验过程中发现有漏裂不合格的,应再抽验20%,若又有不合格的,应逐个100%进行试压。

(2) 阀门安装

A. 安装前应核对阀门型号、规格、使用条件是否符合设计要求,试压和质量检验是否合格,填料及压盖螺母是否留有调节量,法兰连接的阀门与管道配套的法兰是否规格一致。

B. 阀门安装的方向与管道中的流体流向是否符合阀门的结构要求,杠杆式安全阀、减压阀安装时必须使阀盘中心线与水平面互相垂直,发现倾斜应予以校正。

C. 安装法兰连接式的阀门应保证两法兰端面互相平行和同心。

D. 铸铁的阀门材质较脆,应避免因强行连接或受力不均引起损坏。

E. 螺纹式连接的阀门应保证螺纹完整无缺,并按不同介质要求涂以密封填料物,拧紧时扳手应咬牢拧入管子一端的六棱体上,以免阀体变形损坏。

F. 各种阀门安装应注意的问题

(A) 截止阀的安装

截止阀的安装应使流体的方向由阀体下腔向上腔流动。

(B) 闸阀的安装

闸阀的安装不宜倒装,倒装时会使介质长期存在阀体的提升空间内,检修也不方便。安装时吊装绳索应拴在法兰上,切不可拴在手轮和阀杆上,明杆阀门不能安装在地下,以防止阀杆锈蚀。

(C) 止回阀的安装

a. 止回阀的安装应注意使管内介质流向与阀门标示方向一致。

b. 升降式止回阀应沿水平方向安装,以保证阀盘升降灵活,工作可靠。

c. 摇板式止回阀应注意介质的流向,且保证摇板的旋转枢轴呈水平,它可安装在水平或垂直管道上。

1.2.6 管道的试验

(1) 管道的强度和严密性试验

A. 试验压力

试验压力应符合下列两个条件:

$0.6MPa \leqslant$ 试验压力 $P \leqslant 1.0MPa$;试验压力 $P = 1.5P_0$(工作压力)。

工作压力 P_0 应是建筑物最高用水点绝对标高与室外地面绝对标高之差加用水点的资用压力和管道的总阻力。或者高位水箱最高水位的绝对标高与室外地面绝对标高之差。

B. 试验过程

试验压力达到规定要求后,稳压 10min 压力降不超过 0.05MPa,且检查不渗不漏,然后将试验压力降至工作压力 P_0，稳压进行外观检查不渗不漏为合格。

（2）冲洗试验

系统安装完成后交付使用前应进行冲洗试验，冲洗介质为清水（生活用水管道应为消毒过的自来水），冲洗水在管内流速应≥1.5m/s，直到出口水质的浊度、色泽与进口水质相同为止。不得用无压的试压泄水代替冲洗试验。

（3）通水试验

工程竣工后交付使用前应联合甲方、监理方进行通水试验，试验时应将所有配水点全部开放（若全部开放试验有困难，可开放一部分但不得少于1/3），观察配水点的出水流量和压力是否正常。

1.2.7 埋地管道的防腐

埋地管道的防腐等级依据土壤的性质分为普通级、加强级、特强级三种。其防腐措施详见表2.1.2－3。

埋地管道的防腐措施
表 2.1.2－3

防腐层层次（从金属表面算起）	正常防腐层	加强防腐层	特加强防腐层	备　　注
1	冷底子油	冷底子油	冷底子油	（1）用玻璃布作加强外包层，须涂一道冷底子油封闭层
2	沥青涂层	沥青涂层	沥青涂层	（2）作防腐内包扎层接头搭接长度为 30～50mm；外包保护层搭接
3	外包保护层	加强包扎层（封闭层）	加强包扎层（封闭层）	长度 10～20mm
4		沥青涂层	沥青涂层	（3）未连接结口或施工中断处应作成每层收
5		外包保护层	加强包扎层（封闭层）	缩 80～100mm 的阶梯式接茬
6			沥青涂层	（4）涂刷防腐冷底子油应均匀一致，厚度一般为 0.1～0.15mm
7			外包保护层	（5）冷底子油的重量配合比为：沥青：汽油 = 1：2.25
防腐层厚度不小于(mm)	3	6	9	
厚度允许偏差(mm)	－ 0.3	－ 0.5	－ 0.5	

1.2.8 管道与支架的防腐

非镀锌钢管及管道支架必须经除锈合格，并将明装管道表面的灰尘、污垢、焊渣清除后再刷防锈漆两道，面漆两道。暗装管道、有保温和防结露保温的管道，也应除锈和清除污染后再刷防锈漆两道。

1.3　质量标准

对于工作压力≤0.6MPa，材质为镀锌和非镀锌的水煤气管道（焊接钢管）、铸铁给水管道的室内给水和消防管道的安装质量应符合表2.1.3-1、表2.1.3-2的要求。

给水管道安装的质量标准　　　　　表 2.1.3-1

项别		项目	质量标准	检查方法	检查数量
保证项目	1	水压试验	隐蔽管道和给水、消防系统的水压试验必须符合设计和规范要求	检查系统或分区段记录	按系统全数检查
	2	管道敷设	管道及管道支座(墩)严禁敷设在冻土和未经处理的松土上	观察检查或检查隐蔽工程记录	
	3	系统吹洗	给水系统竣工后或交付使用前必须进行吹洗	检查吹洗记录	
基本项目	1	坡度	合格:坡度的正负偏差不超过设计坡度值的1/3 优良:坡度符合设计要求	用水准仪(水平尺)、拉线和尺量检查或检查隐蔽工程记录	按系统内直线长度每50m抽查两段,不足50m的不少于一段;有分格墙的以分格墙分段,抽查5%,但不少于5段
	2	碳素钢管螺纹连接	合格:管螺纹加工精度符合国标《管螺纹》GB 3289.1~3298.39—82规定,螺纹清洁、规整,断丝或缺丝不大于螺纹全扣数的10%;连接牢固,管螺纹根部有外露螺纹,镀锌碳素钢管无接口 优良:在合格的基础上螺纹无断丝,镀锌碳素钢管和管件的镀锌无破损,螺纹露出部分防腐蚀良好,接口处无油麻等缺陷	观察和解体检查	不少于10个接口
	3	碳素钢管法兰连接	合格:对接平行、紧密,与管中心线垂直,螺杆外露出的螺母,衬垫材质符合设计要求和施工规范规定 优良:在合格的基础上螺杆露出螺母长度(橡胶垫)一致,且不大于螺杆直径的1/2	观察检查	不少于5副
	4	非镀锌碳素钢管焊接连接	合格:焊口平直度、焊缝加强面符合施工规范规定,焊口表面无烧穿、裂纹和明显的结瘤、夹渣及气孔等缺陷 优良:在合格的基础上焊波均匀一致,焊缝表面无结瘤、夹渣及气孔	观察或用焊接检查尺检查	不少于10个焊口

428

项别		项 目	质 量 标 准	检 查 方 法	检 查 数 量
基本项目	5	金属或非金属管道的承插和套箍接口	合格:接口结构和所用填料符合施工规范规定,灰口密实、饱满,填料凹入承口边缘不大于2mm,胶圈接口平直无扭曲,对口间隙准确 优良:在合格的基础上环缝间隙均匀,灰口平整、光滑、养护良好,胶圈接口缝隙符合施工规范规定	观察或用尺量检查	不少于10个接口
	6	管道支吊托架及管座(墩)安装	合格:构造正确,埋设平整牢固 优良:在合格的基础上排列整齐,支架及管道接触紧密	观察或用手扳动检查	各抽查5%,但均不少于5件
	7	阀门安装	合格:型号、规格、耐压强度和严密性试验合格,位置、进出口方向正确;连接牢固、紧密 优良:在合格基础上启动灵活,朝向合理,表面洁净	手扳动检查和检查出厂合格证、试验单	按不同规格、型号抽查5%,但不少于10个
	8	埋地管道防腐层	合格:材质和结构符合设计要求和施工规范的规定,卷材与管道以及各层卷材间粘贴牢固 优良:在合格的基础上表面平整,无皱折、空鼓、滑移或封口不严密等缺陷	观察或切开防腐层检查	每20m抽查一处,但不少于5处
	9	管道、箱类和金属支架涂漆	合格:油漆种类和涂刷遍数符合设计要求,附着良好,无脱皮、起皱和漏涂 优良:在合格的基础上漆膜厚度均匀,色泽一致,无淌流及污染现象	观察检查	各不少于5处

给水管道安装的质量标准　　　　　　　　表 2.1.3－2

项别		项 目			质 量 标 准	检 查 方 法	检 查 数 量
		项		目	允许偏差(mm)	检 查 方 法	检 查 数 量
允许偏差项目	1	水平管道的纵横方向弯曲度	给水铸铁管道	每 米	1	用水平尺、直尺、拉线和尺量检查	按系统直线管段长度每50m抽查两段,不足50m的不少于1段,有分隔墙的建筑以隔墙分段抽查5%,但不少于5段
				全长(25m以上)	≤25		
			碳素钢管	每米 $DN≤100$	0.5		
				每米 $DN>100$	1		
				全长(25m以上) $DN≤100$	≤13		
				全长(25m以上) $DN>100$	≤25		

429

项别		项 目		质 量 标 准		检查方法	检查数量
		项	目		允许偏差(mm)	检查方法	检查数量
允许偏差项目	2	立管的垂直度	给水铸铁管道	每 米	3	吊线和尺量检查	1根立管为1段,两层及以上按楼层分段,各抽查5%,但不少于10段
				全长(5m以上)	≤15		
			碳素钢管	每 米	2		
				全长(5m以上)	≤10		
	3	隔热层	表面垂直度	卷材或板材	4	用2m靠尺或楔塞尺检查	水平管和立管凡能按高墙楼层分段的均以每一楼层分隔墙内的管段为一抽查点,抽查5%,但不少于5处;不能按隔墙楼层分段的每20m抽查5处,但不少于5处
				涂反抹或其他	8		
			厚度	δ为隔热层的厚度	$+0.1\delta$ -0.05δ	用钢针刺入隔热层尺量检查	

2 管道附件及卫生器具给水配件的安装

2.1 常用器材

管道附件主要包括饮水器、水表、消火栓、喷淋头等,给水卫生器具配件包括水龙头、角阀、截止阀等。

2.1.1 饮水器

用于公共场所供多人饮水用。饮水器的管嘴(出水口)应采用耐腐蚀和不透水的材料,管嘴上应安装耐腐蚀的护架,以防止口、鼻与管嘴接触。饮水器的喷嘴应备有调节水量的阀门。底盘(接水)部分应没有棱角,以便清扫。底盘排水口直径在25mm以上,还应安装耐用滤网。

2.1.2 水表

有旋翼式(叶轮式)水表($DN = 15 \sim 150$)、水平螺翼式水表($DN = 100 \sim 400$)及翼轮复式水表(主表 $DN = 50 \sim 400$,副表 $DN = 15 \sim 40$)三种。

(1)旋翼式(叶轮式)水表按传动机构所处的状态不同,又可分为干式和湿式两种。由于干式水表计数机构较复杂,表盖玻璃易产生水汽妨碍读数,灵敏度也较差。所以湿式水表应用较广,但湿式水表不能用于含有杂质和浊度高的管道上,以免磨损机件,降低精度,缩短寿命。

(2) 螺翼式水表与旋翼式(叶轮式)水表不同点是翼轮轴与水流方向平行,阻力较小,适用于制成大口径测量较大流量的水表。翼轮复式水表同时有正表和副表,正表前有开闭器,当流量小时,开闭器自闭,水流经旁路通过副表计量。因此它适用于水量变化幅度较大的建筑物。

2.1.3 消火栓

它是具有内螺纹接口的球形阀式龙头,其作用是控制流量。SN 系列室内消火栓有直角单出口式(SN 型)、45°单出口式(SNA 型)、直角双出口式(SNS 型),常用出水口径有50mm 和 65mm 两种。室内消火栓系统由消火栓箱(包括水枪、水龙带)、消火栓、消防管道和水源组成。水枪喷嘴出口口径分为 13、16、19、22mm 四种规格,水龙带直径有 50mm 和65mm 两种,长度有 10、15、20、25mm 四种规格,它们之间均由内螺纹式快速接扣连接。

2.1.4 喷头

分自动喷水系统喷头和水幕消防系统喷头。当环境温度达到规定值时,喷头能自动打开控制器喷水灭火。闭式喷头分易熔合金锁封喷头和爆炸瓶(玻璃球)式喷头两种。

(1) 易熔合金锁封喷头

当周围温度达到规定值时,易熔合金熔化脱落,密封盖失去支撑被水冲掉,喷口打开,管中水喷出扑灭火灾。其感温级别分为普通级(控制温度 72℃、吊顶下室温 < 38℃)、中温级(控制温度 100℃、吊顶下室温 < 65℃)和高温级(控制温度 141℃、吊顶下室温 <107℃)三种。

(2) 爆炸瓶(玻璃球闭式封头)式喷头

是国际上广泛采用的自动喷水头。它的感温元件是玻璃球,球内装有膨胀系数较大的液体,如乙醚一类的混合体。球内液体成分不同,其释放温度也不一样。当周围温度升高至规定温度值时,玻璃球就炸裂,喷口阀片自动开启喷水灭火。当供水压力为 0.1MPa时,每只喷头的保护面积 8 ~ 12m²。喷头形式分为普通型、喷射型和带孔普通型三种;按安装位置分为直立型、下垂型和边墙型。喷头感温级别和使用环境温度见表 2.2.1 – 1。

爆炸瓶(玻璃球闭式封头)式喷头的感温级别和使用环境温度　　　表 2.2.1 – 1

感温级别(℃)	玻璃色标	使用环境温度(℃)
57	橙	38
68	红	49
79	黄	60
93	绿	74

(3) 水幕消防系统喷头

它是开口式的。喷头,分窗口和檐口水幕喷头两种。前者用于建筑物的立面和斜面,喷出的水流集中在一侧方形成面形水幕;后者用于建筑物的屋檐或吊顶平面,喷出的水流散水角度较大,可在几方面形成水幕。按其口径大小分为 $DN=12.7$、16、19,常用于保护面积较大的建筑物和高层建筑。

2.1.5　水嘴

有冷水嘴(适用于温度≤50℃,公称直径 $DN=15$、20、25,公称压力 0.6MPa)、化验盆水嘴(用于洗涤盆、化验盆,公称直径 $DN=15$)、热水嘴(用于放开水、热水,构造似快开式旋塞,适用于温度≤255℃,公称直径 $DN=15$、20、25,公称压力 0.6MPa)、肘式开关(用于洗涤盆,$DN=15$、20)、铜保暖水嘴(用于保温茶桶或有保温的热水、开水供应设备,适用于温度≤255℃,公称直径 $DN=10$、15)、铜茶壶水嘴(用于茶桶或热水、开水供应设备上,普通式用于搪瓷茶桶上,长螺纹式用于陶瓷茶桶上,适用于温度≤255℃,公称直径 $DN=6$、10.25)、放水旋塞(有直嘴、弯嘴、直嘴带后接头、弯嘴带后接头形式,后三种可用于放水,适用于温度≤200℃,公称直径 $DN=3$、6、10、15、20,公称压力 0.6MPa),阀体和密封面的材料全由铜合金制造。

2.1.6　阀门

分标准阀门、非标准阀门、真空阀门三种,其内容及验收标准详见"室内给水管道的安装"的 1.1.2 项。

2.2　附件及配件的安装

2.2.1　安装条件

(1) 水源方向的管道、用水设备、卫生器具已安装,安装地点能关闭、上锁。
(2) 消防管理部门对图纸、器材样品或样本已审核认可。

2.2.2　水表安装

冷水表应用于水压≤1.0MPa、t≤40℃,无杂质的水体。
(1) 水表应安装在查看方便、不受暴晒、不受污染和不易损坏的地方,引入管的水表安装在室外水表井内、地下室或专用房间内;家用水表安装在每户进水总管上。
(2) 水表安装前应清理管中的污物,以免堵塞。
(3) 水表应水平安装,水流方向应与表壳箭头方向一致。
(4) 水表前应安装阀门,不准停水和没有另设消防管道的建筑物,在水源入口的水表应安装旁通管,且水表后侧还应安有止回阀门,旁通阀应铅封。
(5) 水表前应有≥10 倍水表口径的直管段。
(6) 户用小水表前应有阀门,且水表前后直管段大于 300mm 时,其超出的管段应用弯头引向靠近墙面位置,管中心距墙应在 20～25mm。

(7) 户用水表外壳距墙面不得大于 30mm,中心距另一侧墙面为 450～500mm,水表高度在 600～1200mm,水表前后应有可拆卸的配件,以利检修更换。

2.2.3 消火栓的安装

(1) 消火栓栓口中心距地面为 1200±20mm。

(2) 栓口出水方向朝外,且垂直于箱体所在墙面或成 45°角。

(3) 消火栓箱内的消火栓中心距箱体侧面为 140±5mm,距箱后内表面为 100±5mm。

(4) 室内消防给水立管从上到下一种规格不变。消防给水立管底部距地面 500mm 处,应设置球形阀,阀上应有明显的启动标志。

(5) 多层建筑消火栓箱布置应在耐火的楼梯间内,公共建筑在每层楼梯处、走道或大厅出口处,厂房在人员经常出入的地方。

(6) 消火栓箱为暗装或半明装时,留洞尺寸为 700(b)mm×800(h)mm×280mm 或 120(d)mm,距地 1080mm。

(7) 水龙带与消火栓、水枪接头连接时应用 16 号铜丝缠 2～3 道,每道 2～3 圈。

(8) 消火栓箱安装时应取出内部水龙带、水枪等全部配件,进水管不小于 50mm,箱体表面平整、零件齐全可靠。

2.2.4 喷头安装

(1) 喷头应在给水管安装试压、冲洗完毕,土建内装修完成后安装。

(2) 充水系统管道坡度应不小于 0.002,充气系统及分支管坡度应不小于 0.004,应避免用补心变径。为防止自动喷水装置管道晃动,应设支架固定,设计无要求时按下列原则敷设:

A. 吊架与喷头的距离应不小于 300mm,距末端喷头不大于 750mm。

B. 吊架应设在相邻喷头之间的管段上,相邻喷头间距不大于 3.6m 的可装 1 个,小于 1.8m 的允许隔段设置支架。

(3) 自动喷水管道负担喷头的个数最大值见表 2.2.2－1,且分配在支管上的喷头最多不得超过 6 个。

消防管道负担喷水头数最大值　　　　　表 2.2.2－1

一般火灾		严重火灾		一般火灾		严重火灾	
管径(mm)	最多喷头数	管径(mm)	最多喷头数	管径(mm)	最多喷头数	管径(mm)	最多喷头数
20	1	25	1	80	40(30)	100	55
25	2	32	2	100	100	125	120
32	3	40	5	125	160	150	200
40	5	50	8	150	275		
50	10	70	15	200	400		
70	20(15)	80	27				

注:括号内数字表示当喷水头或分布支管间距大于 3.66m 时的喷头数量。

（4）水幕喷头距吊顶应不小于 80mm，但也不应大于 400mm。距墙面、梁面的水平距离不大于 600mm。距库房内货堆顶面不小于 900mm。生产厂房内应布置在生产设备上方，如设备并列或重叠造成隐蔽空间宽度大于 1.0m 时，该处应单设喷头。

（5）水幕喷头可向上或向下安装。窗口水幕喷头一般布置在窗口下 50mm 处，中间层和底层窗口水幕喷头与窗口玻璃面的距离 L 见表 2.2.2-2。

中间层和底层窗口水幕喷头与窗口玻璃面的距离 L　　　　表 2.2.2-2

窗　宽（mm）	900	1200	1500	1800
L　（mm）	580	670	750	830

（6）布置水幕喷头时要防止因障碍物造成的空白点，应使水幕喷到应该保护的部位。

（7）水幕和自动喷洒消防系统管道的连接：湿式系统应采用丝接或卡箍连接。

2.2.5　阀门安装

详见第 1 节。

2.2.6　饮水器安装

（1）管嘴下端要比器具溢流缘高出 20mm，并固定在使用时的管嘴上部没有滴落的角度处。

（2）管嘴及护架的安装位置应不使水嘴喷出水后又碰溅到管嘴上。

（3）饮水器底盘和喷嘴的安装高度应根据使用方便决定。

2.3　应注意的问题

2.3.1　要特别注意使整个房间的布置保持协调，标高一致，观感整齐美观。

2.3.2　注意水嘴及阀门盖漏水，有漏水的应检修合格。

2.3.3　注意解决水嘴关不严或关不住的质量问题。关不严的原因多数是填料损坏，应更换填料；少数是芯子损坏或阀座损伤，应更换水嘴。关不住的主要原因是阀杆螺纹损坏，应更换新阀杆或更换整个水嘴。

2.3.4　注意阀门开不动或开启后不通水的问题。阀门开不动主要是生锈造成的，可采用振打松动办法或用扳手、管钳慢慢转动手轮，注意不得将阀杆拧断或扳弯。阀门开启不通水主要原因是阀杆滑扣，应更换阀杆或更换整个阀门。

2.3.5　注意阀门关不严。对于使用填料的阀门关不严的原因多数是阀体填料失效，应更换填料。球阀关不严的原因主要是被污物卡住和阀体、阀芯被划伤，前者应清除污物，后者应进行研磨修理，修理不好的应更换。

2.4　质量标准

见表 2.2.4-1，此表适用于饮水器、水表、消火栓、喷头等管道附件和各类卫生器具的水龙头、角阀、截止阀等室内给水配件的安装。

管道附件及卫生器具给水配件安装工程的质量标准　　　　表2.2.4－1

项别		项　目	质　量　标　准	检验办法	检查数量
保证项目		自动喷洒和水幕消防置	其喷头位置、间距和方向必须符合设计要求和施工规范规定	对照图纸及规范观察和检查	全数检查
基本项目	1	明装分户水表	合格：表外壳距墙净距离10~30mm，水表进水口中心距地面高度偏差不大于20mm 优良：在合格的基础上安装平正，水表进口中心距地面高度偏差小于10mm	观察和用尺量	抽查10%，但不少于5个
	2	卫生器具给水配件	合格：镀铬件完好无损伤，接口严密，启闭部件灵活 优良：在合格的基础上安装端正，表面洁净，无外露油麻	观察和启闭检查	各抽查10%，但不少于5组
	3	箱式消火栓	合格：栓口朝外，阀门距地面、箱壁的尺寸符合施工规范规定 优良：在合格的基础上水龙带与消火栓和快速接头的绑扎紧密、并卷折在托盘或支架上		系统总组数少于5组的全检，大于5组的抽查1/2，但不少于5组

项别		项　目	允许偏差(mm)	检验办法	检查数量
允许偏差项目	1	大便器的高、低水箱角阀及截止阀	±10	尺量检查	各抽查10%，但不少于5组
	2	水龙头	±10		
	3	淋浴器的莲蓬头下	±15		
	4	浴盆软管淋浴器的挂钩	±20		

3　水箱、水泵、气压稳压给水装置的安装

　　本节概要介绍暖卫工程管道附属设备的安装，其内容不限于给水工程。主要设备有水箱、离心水泵、气压稳压给水装置、变频调速给水装置。

3.1 水箱的分类及标准图集

3.1.1 水箱的分类

(1) 按形状分:方形水箱和圆形水箱。

(2) 按压力和封闭情况分:有压水箱(均为封闭式)和无压水箱(开式敞口的)。

(3) 按施工安装情况分:现场制作安装和专业工厂制作现场整体或组装水箱。

(4) 按材质分:普通钢板水箱、搪瓷装配式水箱、玻璃钢或硬塑料板等有机材料制作的整体或装配式水箱。

(5) 按用途分:给水贮水箱、蒸汽凝结水水箱、供暖系统的膨胀水箱、空调冷冻用的贮水或循环水箱等。

3.1.2 我国现行钢板水箱的标准图集

(1) 给水水箱:主要用于贮水和调节冷、热水之用。其标准图集有:

A. R102·0 ~ 3 的开式圆形水箱(《动力设施国家标准图集》),其有效容积 $1 \sim 50m^3$。

B. 91SB3 ~ 51 或 S151(二)闭式圆形水箱,共 24 个型号,有效容积为 $0.5 \sim 30m^3$。

C. R101·0 ~ 3 方形开式水箱,其有效容积 $1 \sim 30m^3$。

D. 91SB3 ~ 44 或 S151(一)方形闭式水箱,共 24 个型号,其有效容积为 $0.5 \sim 30m^3$。

E. 91SB3 ~ 57 方形闭式 SMC 组装式水箱,共 8 个型号,有效容积为 $3 \sim 36m^3$。组装板可以做成喷塑或搪瓷复合板。

(2) 空调冷冻水或其他用途的无压水箱:共 30 型号。其中给水水箱有效容积为 $2 \sim 6m^3$;回水水箱为 $2.1 \sim 6.4m^3$。

(3) 供暖系统的膨胀水箱:

A. 膨胀水箱在供暖系统中的作用

(A) 容纳系统水加热后体积膨胀而增加的体积。

(B) 起定压的作用。因膨胀水箱与大气相通,且通过膨胀管与回水总干管连接,该连接点压力始终处于大气压力加上水箱液面与连接点高差的液柱压力之和的恒定压力作用下,故此连接点称为定压(稳压)点。当连接点选在循环泵入口附近时,就能保证整个供暖系统处于一个大气压以上的静压下运行,从而避免系统中因静压低于热水汽化温度压力而汽化,而形成气堵故障。

(C) 因膨胀水箱处于系统的最高点,且是开式的与大气相通的,故有利于系统排气,尤其是向系统注水时,其排气作用更为明显。

(D) 可通过膨胀水箱液面的水位讯号判断系统是否缺水及利用液面变化控制向系统补水。但实践证明补水泵的扬程应合适,不宜过高;流量应与系统渗漏量相适应;膨胀管管径不宜太小,以免造成补水时因进水水压的冲击而使系统静压猛增,引起系统薄弱处破裂。较适宜的补水方案是将补水管直接接到膨胀水箱上,这种补水方法可避免补水泵选择不当引起对系统的冲击。

(E) 为使系统最高点排气顺畅,膨胀水箱底部标高应高出系统最高点排气罐标高1000mm以上(自然循环热水供暖系统应高出供水干管标高1000mm)。

(F) 膨胀管与供暖系统的连接点以选在循环水泵入口的回水总干管处为宜。若供暖系统较大、支路较多,当设置膨胀水箱的建筑距离热力点较远时,若将膨胀管就近连接在系统回水干管上,将使系统工况复杂化,稳压点难以通过计算确定,有时会出现多个稳压点,使系统运行管理复杂、困难。此时以稳压泵等稳压补水系统替代膨胀水箱是较佳的选择。

B. 膨胀水箱体积的估算参考 91SB1—47。

C. 膨胀水箱的标准图集:

(A) 圆形膨胀水箱:91SB1—49,共计 16 种型号,其有效体积 0.35 ~ 5.6m³。

(B) 方形膨胀水箱:91SB1—48,共计 12 种型号,其有效体积 0.61 ~ 5.35m³。

(4) 蒸汽凝结水箱:91SB9—76,共计 3 种型号,有效体积为 4、6、10m³。

3.2　水泵的分类、参数、常用型号

3.2.1　水泵的分类

暖卫通风空调工程常用的水泵是离心水泵。其分类如下:

(1) 按抽送流体性质分有清水泵、污水泵、耐腐蚀泵。

(2) 按水泵轴位置及叶轮进水情况和叶轮数量分类(图 2.3.2 – 1)。

图 2.3.2 – 1　水泵的分类

3.2.2　水泵的工作参数

水泵的主要工作参数有流量、扬程、转速、功率、效率、允许吸上的真空度(允许吸程)、气蚀余量等。这些参数在水泵单机试运转时多数要有实测数值,在施工组织设计和施工技术交底时,均应就测试仪表和测试方案事先做好的安排,施工技术资料要有反映。

(1) 流量 Q:是指水泵在单位时间内所能输送流体的体积,其单位是 m³/h 或 L/s($1 L/s = 3.6m³/h$)。

(2) 扬程 H:指每单位质量液体通过水泵后其能量的增量,即水泵对单位质量(1kg)液体所做的功。其单位为 mH$_2$O 或 Pa。

(3) 转速 n:指水泵叶轮每分钟转动的次数,单位是 r/min。

(4) 功率 N 和效率 η：水泵功率分为有效功率、轴功率、电机配套功率三种。水泵功率一般指轴功率。单位为 kW 或 W。

A. 有效功率 N_0：指单位时间内流过水泵的液体从水泵那里获得的能量。其计算公式如下：

$$N_0 = \rho QH/102 = 0.009804\rho QH$$

式中　N_0——水泵有效功率(kW)；

ρ——液体密度，水 $\rho = 1$(kg/L)；

Q——水泵流量(L/s)；

H——水泵扬程(mH_2O)。

B. 轴功率 N_Z 和水泵效率 ρ：

轴功率是指原动机传到泵轴上的功率，单位为 kW。任何机械不可能将原动机传入的功率 100% 地转变为有效功率，所以轴功率 $N_Z > N_0$ 有效功率。而有效功率与轴功率之比，称为水泵的效率 η，故 $\eta < 1$。

$$\eta = N_0/N_Z\eta \times 100\%$$

C. 配套功率 N：指水泵选用原动机的功率值。因原动机的功率传给水泵轴时，在传动过程中有功率损失(传送带的滑动与摩擦、联轴节间的滑动与摩擦)，因此 $N > N_Z$。且在配套时，为了安全，尚考虑一定的贮备量，因此配套功率 N 的计算如下：

$$N = kN_Z/\eta_1$$

式中　k——贮备系数(安全系数)，见表 2.3.2－1；

η_1——传动系数。当直连时 $\eta_1 = 100\%$；采用联轴节传动时 $\eta_1 \geqslant 95\%$；皮带传动时 $\eta_1 = 90\% \sim 95\%$。

贮备系数 k 值选用表　　　　　　　　表 2.3.2－1

泵轴功率(kW)	< 1	1~2	2~5	5~10	10~25	25~60	60~100	> 100
k	1.7	1.7~1.5	1.5~1.3	1.3~1.25	1.25~1.15	1.15~1.1	1.1~1.08	1.08~1.05

(5) 允许吸上真空高度 H_S 和气蚀余量 ΔH。

A. 允许吸上真空高度 H_S

指水泵在 1atm、温度为 20℃ 状态下运行时所允许的最大吸上真空高度，单位是 mH_2O 或 Pa。如水泵安装地点的气压、水温不是 1atm、20℃ 时，则 H_S 值应按下式换算

$$H_{S1} = H_S - (10.3 - H_a) - (H_T - 0.24) \qquad \text{mH}_2\text{O}$$

式中　H_{S1}——修正后的允许吸上真空高度(m)；

H_S——修正前的允许吸上真空高度，即说明书中标注的允许吸上真空高度(m)；

H_a——水泵安装地点实际大气压的相应水柱高度，它随实际安装地点的海拔高度而变化(m)，见表 2.3.2－2；

H_T——水温为 t 时的饱和蒸汽压力相应的水柱高度，它随实际水温的变化而变化(m)。详见表 2.3.2－3。

海拔高度(m)	Ha(m)	海拔高度(m)	Ha(m)	海拔高度(m)	Ha(m)
-600	11.3	500	9.7	1500	8.6
0	10.3	600	9.6	2000	8.4
100	10.2	700	9.5	3000	7.3
200	10.1	800	9.4	4000	6.3
300	10.0	900	9.3	5000	5.5
400	9.8	1000	9.2		

水温与饱和蒸汽压力的关系表　　　　　表 2.3.2 - 3

水温 t(℃)	0	5	10	20	30	40	50	60	70	80	90	100
$H_T(10^{-2}\text{m})$	6	9	12	24	43	75	125	202	317	482	714	1033

B. 气蚀余量 ΔH

是指水泵进口处单位质量液体所具有超过汽化压力的富裕能量。可在样本中找到。

3.2.3 常用水泵的型号

(1) IS 型单级单吸清水泵

它是依据国际标准 IS0285 规定的性能和尺寸设计的,共有 29 个品种,其效率比 BA 或 B 型老产品平均提高 3.67% 。主要用于输送清水或物理、化学性质类似清水、温度不高于 80℃的液体,其性能范围:流量 $Q = 6.3 \sim 400\text{m}^3/\text{h}$,扬程 $H = 5 \sim 125\text{m}$。型号含义:例如 IS80 - 65 - 160 中,IS 表示国际标准单级单吸清水离心泵,80 表示水泵吸入口直径(mm),65 表示水泵出口直径(mm),160 为叶轮名义直径(mm)。

(2) LD—Z 型离心泵、DRG—1 型热水离心泵

A. LD—Z 型单级单吸立式离心泵:它是采用 IS 型水泵的水力模型改进设计的,适用于介质温度≤80℃的清水或物理、化学性质类似清水的液体。泵的进出口方向有四种组合,即同方向、反方向、左旋 90°、右旋 90°。泵的性能范围:流量 $Q = 6.3 \sim 100\text{m}^3/\text{h}$,扬程 $H = 20 \sim 80\text{m}$,水泵进出口直径 $DN = 40 \sim 100$,转速 $n = 2900\text{r/min}$。型号含义:例 LD80 - 160Z 中,LD 表示立式单级单吸清水离心泵,80 为泵的进出口直径(mm),160 是叶轮的名义直径(mm),Z 表示直联轴式。

B. DRG—1 型热水泵:适用于系统工作压力 1.0MPa 以内输送温度 0 ~ 100℃的物理、化学性质类似清水的液体。其性能范围:流量 $Q = 6.25 \sim 100\text{m}^3/\text{h}$,扬程 $H = 8 \sim 32\text{m}$,水泵进出口直径 $DN = 50 \sim 125$,转速 $n = 1450\text{r/min}$,输液温度 0 ~ 100℃。型号含义:例 DRG80 - 200A 中,DRG 表示低噪声热水管道泵,80 为泵的进出口直径(mm),200 是叶轮的名义直径(mm),A、B、C 分别是叶轮一、二、三次切削。

（3）DA$_1$ 型分段式多级离心泵

它属于卧式单吸分段式多级离心泵,入口为水平方向,出口为垂直方向。用穿杠将吸入段、中段、吐出段连成一体。适用于输送温度低于 80℃、不含固体颗粒的清水或物理、化学性质类似清水的液体。其性能范围:流量 $Q = 12.6 \sim 198 \text{m}^3/\text{h}$,扬程 $H = 13 \sim 120 \text{m}$,水泵进出口直径 $DN = 50 \sim 125$。型号含义:例 DA$_1$ - 80 × 5 中,DA$_1$ 表示分段式多级离心泵,80 为泵的出口直径(mm),5 是水泵的分段级数(叶轮的个数)。

（4）DG 型分段式多级锅炉给水离心泵

主要用于锅炉给水。性能上的特点是流量 Q 与扬程 H 的匹配与 DA 型有差异,即相同的流量下,DG 型水泵的扬程比 DA$_1$ 型高。型号含义:例 DG6 - 25 × 5 中,DG 表示分段式多级锅炉给水离心泵,6 为水泵的流量 $Q = 6 \text{m}^3/\text{h}$,25 为水泵的扬程 $H = 25 \text{m}$,5 是水泵的分段级数(叶轮的个数)。

（5）TSW、TSWA 型分段式多级离心泵

它属于卧式单吸分段式多级离心泵,适用于输送介质的温度低于 80℃、不含固体颗粒的清水或物理、化学性质类似清水的液体。其吸入口为水平方向,吐出口为垂直方向。用穿杠(拉紧螺栓)将吸入段、中段、吐出段连成一体。其性能范围:流量 $Q = 15 \sim 191 \text{m}^3/\text{h}$,扬程 $H = 14 \sim 120 \text{m}$。型号含义:例 100TSWA × 4 中,100 是水泵吸入口直径(mm),T 是透平式,S 是单吸泵,W 是介质的温度低于 80℃,A 是第一次设计,4 是水泵的分段级数(叶轮的个数)。

（6）DL 型立式单吸多级离心泵

它是立式单吸多级离心水泵,适用于输送常温的清水或物理、化学性质类似清水的液体。泵的进出口分别位于泵体的上下两端,均成水平方向布置。共有 40DL、50DL、65DL、80DL、100DL 五种,其性能范围:流量 $Q = 9 \sim 100 \text{m}^3/\text{h}$,扬程 $H = 21.2 \sim 120 \text{m}$。型号含义:例 65DL × 5 中,65 是水泵吸入口直径(mm),DL 表示立式单吸分段式多级离心泵,5 是水泵的分段级数(叶轮的个数)。

（7）管道泵

管道泵的特点是结构简单、重量轻、出口和进口在同一条直线上,互成 180°,能直接安装在管道中,可以单独运行,也可以串联或并联运行,占地面积小,一般不要设备基础,可以安装在水平管道上,也可以安装在垂直管道中。它们均适用于输送温度小于 80℃、无腐蚀性的清水或物理、化学性质类似清水的液体,多用于中途加压。常用的型号有:

A. BG、ISG 型立式单吸单级离心管道泵:其性能范围:流量 $Q = 2.5 \sim 25 \text{m}^3/\text{h}$,扬程 $H = 4 \sim 20 \text{m}$。型号含义:例 BG50 - 20A 中,BG 表示单级管道式离心泵,50 是水泵吸入和出口直径(mm),20 是水泵的扬程(m),A 是水泵叶轮第一次切削;又如 ISG50 - 380 中,ISG 是 IS 系列派生的单吸单级管道泵,50 是泵的进出口直径(mm),380 是泵在管道中安装的长度。

B. G 型立式单吸离心泵:其性能范围:流量 $Q = 2.4 \sim 72 \text{m}^3/\text{h}$,扬程 $H = 8 \sim 29 \text{m}$。型号含义:例 G32 中,G 表示单级管道式离心泵,32 是水泵吸入和出口直径(mm)。

（8）污水泵

A. PW 型污水泵

它们是单吸单级悬臂式或卧式离心式污水泵,泵的入口为轴向水平方向,出口可以按需要装成水平或垂直方向。PW 型适合输送带有纤维或其他悬浮物、无腐蚀性的污水和粪便。其性能范围:流量 $Q = 38 \sim 180 \text{m}^3/\text{h}$,扬程 $H = 8.5 \sim 48.5 \text{m}$。型号含义:例 2 1/2PWa 中,21/2 是水泵出口直径(in),P 为杂质泵,W 为污水,a 是泵叶轮外径第一次切削。

B. PWF 型是耐腐蚀污水泵

适用于输送温度低于 80℃带有酸性、碱性或其他腐蚀性的化学制品或污水,其性能范围:流量 $Q = 10 \sim 72 \text{m}^3/\text{h}$,扬程 $H = 12.5 \sim 18 \text{m}$。型号含义:例 50PWF 中,50 是水泵出口直径(mm),P、W 为杂质污水泵,F 表示耐腐蚀。

C. PWL 型立式污水泵

它是立式单吸单级离心污水泵。由泵体、叶轮、轴、填料盒、轴承盒、支架等部件组成。它适用于输送温度低于 80℃带有纤维或其他悬浮物、无腐蚀性的污水和粪便。其性能范围:流量 $Q = 43 \sim 700 \text{m}^3/\text{h}$,扬程 $H = 9.5 \sim 30 \text{m}$。型号含义:例 6PWL 中,6 是水泵出口直径(in),P 为杂质泵,W 为污水,L 是立式泵。

D. WG、WGF 型污水泵

它们是一种叶轮采用不易堵塞的单叶片洞式结构的高效率新型单吸单级卧式或悬臂式离心式污水泵,可以直接或间接驱动,泵的排出口方向可以按 45°任意改变方向。其中 WGF 型是耐腐蚀污水泵,泵的过流零部件采用不锈钢制造。前者(WG 型)适用于输送温度低于 80℃带有纤维或其他悬浮物、无腐蚀性的污水和粪便。后者(WGF 型)适用于输送含有酸、碱性或其他腐蚀性的化学制品浆液或污水。其性能范围:流量 $Q = 3.8 \sim 110 \text{m}^3/\text{h}$,扬程 $H = 7.8 \sim 48 \text{m}$。型号含义:例 80WGF 中,80 是水泵出口直径(mm),W 为污水泵,G 为高扬程,F 表示耐腐蚀。

E. WL 型立式污水泵

它是立式单吸单级双管离心式污水泵,泵的入口垂直向下,出口垂直向上,适用于输送含有纤维或其他悬浮物、无腐蚀性的污水和粪便。其性能范围:流量 $Q = 10 \sim 25 \text{m}^3/\text{h}$,扬程 $H = 7 \sim 12 \text{m}$。型号含义:例 50WL – 12A 中,50 是水泵出入口直径(mm),WL 为立式污水泵,12 为设计点单吸单级泵的扬程值(m),A 为叶轮外径第一次切割。

F. LP_1 型立式污水泵

它是立式单吸单级离心式污水泵,泵的入口垂直向下,出口沿水平方向,叶轮浸没在液下。适用于输送悬浮物颗粒直径不超过 15mm,含量小于 150mg/L,温度低于 50℃的污水和废水。其性能范围:流量 $Q = 7 \sim 550 \text{m}^3/\text{h}$,扬程 $H = 4 \sim 50 \text{m}$。型号含义:例 4LP1 – 7 – 5 或 4LP1 – 80/50 中,4 是水泵出入口直径(in),LP 为立式排污泵,1 是第一次改进设计,7 是泵的比转速,除以 10 的整数值,5 是泵的底座平面到叶轮中心的距离(m),80 是泵设计点的流量值(m^3/h),50 是泵设计点单级的扬程值(m)。

G. WQ、QX、WWQ、YQX、AS 型潜水泵

(A) WQ、QX、WWQ、YQX 型潜水泵

适用于排除清水和温度不超过 40℃,含砂量不超过 0.1%带有悬浮物颗粒的污水,但不适于抽吸含酸、碱及含大量盐分等腐蚀性的污水。型号含义:W 表示污水泵,Q 表示潜水泵,X 表示泵进口在潜水电泵下方,YQX 为小型潜水泵。

（B）AS10～30型潜水排污泵

它是采用西德 ABS 公司先进的抗堵塞专有技术的排污泵,抗堵塞撕裂机构能有效地保证直径 30mm 左右的固体颗粒及棉纱、杂草等纤维顺利通过,还可根据用户需要提供单轨导向自耦合机构,可不进入污水坑,给安装维修带来巨大的方便。型号含义：AS16 - 2W/CB 中,AS 表示型号,16 是功率 $P_2 \times 10$ 取整数,2 是电动机的极对数,W 表示单相电动机,CB 表示抗堵塞撕裂机构。其参数范围：流量 $Q = 0.5 \sim 83.5 \text{m}^3/\text{h}$,扬程 $H = 2 \sim 22\text{m}$,转速 $n = 2850\text{r/min}$,功率 $N = 1.5 \sim 4.0\text{kW}$。

3.3　供水稳压装置

有 SD 隔膜式自动气压稳压给水装置和 UYRMS 型自动补气式气压给水装置等型号。其性能范围：流量 $Q = 3.9 \sim 126\text{m}^3/\text{h}$,供水低压 $H_1 = 0.14 \sim 0.5\text{MPa}$,供水高压 $H_2 = 0.27 \sim 0.82\text{MPa}$,气压罐容积 $V = 0.37 \sim 10.92\text{m}^3$,直径 $DN = 600 \sim 1400$,配 DL 型多级立式离心水泵。其型号含义：例如 SD400 - 6 中,S 表示供水装置,D 表示橡胶隔膜类型,400 为罐体直径(mm),6 为罐体设计压力(MPa)。

UYRMS 型自动补气式气压给水装置有 13 种型号,供水流量 $Q = 11.1 \sim 19.5\text{m}^3/\text{h}$,供水压力低压 $H_1 = 0.15 \sim 0.5\text{MPa}$,供水压力高压 $H_2 = 0.27 \sim 0.91\text{MPa}$,气压罐容积 $V = 0.67 \sim 1.2\text{m}^3$,直径 $DN = 600 \sim 1400$,配 MS 型分段多级离心水泵。其型号含义：例如 40UYRMS351.5 中,40 表示水泵进口直径(mm),UY 是自动给水装置的标志,R 表示给水装置运行方式(R：2 台水泵单独交替运行；P：2 台水泵单独交替运行或同时并联运行),MS 表示分段多级离心水泵的型号,3 为分段多级离心水泵的型号,5 为交流电源的频率(5 为 50Hz；6 为 60Hz),1.5 为电动机的功率(kW)。

3.4　WPS 系列变频给水设备和 WZX 系列变频消防给水设备

变频给水设备由变频调速器、微机控制器、压力罐、给水泵及相应的控制阀件、光电测速式流量指示器等检测显示仪表组成。通过变频调速改变水泵运行参数来满足供水系统水压和流量不断变化的要求。该系统可以实现软启动、运行稳定可靠,噪声小,节能效果显著的特点。利用变频给水不仅可以节约能耗 20%,还可节约基建投资约 60%。设备参数范围：供水量 $Q = 10 \sim 1000\text{m}^3/\text{h}$,扬程 $H = 12.5 \sim 160\text{m}$,定压精度 $\pm 0.01\text{MPa}$。

WXZ 系列尚配备有效容积 $V = 0.6 \sim 18\text{m}^3$,供水量 $Q = 5 \sim 220\text{L/S}$,最高工作压力扬程 $P = 2.5\text{MPa}$ 的气压罐。

3.5　水箱、水泵、供水设备安装的施工条件

3.5.1　设计图纸(包括相关的标准图册)、设备和材料出厂资料(样本、合格证、说明书、相关安装图纸)齐全,并且已经过图纸会审及设计技术交底,设计中存在的问题已得到解决。

3.5.2 工程施工方案、水箱安装和泵组的安装方案已经编制,并获得上级批准,各工序施工技术交底资料已编制和交底手续已进行,并填写相关的施工技术资料记录单。

3.5.3 设备、材料进场检验合格,相关试验合格,进场检验、试验、开箱记录单已填写,且合格齐全。材料、设备已具备安装规程要求的合格指标。

3.5.4 水箱、泵组设备所在地的水箱间、泵房结构已封顶,门窗等封闭设施齐全,内部粗装修已完成,设备基础已浇筑,并且办理基础验收手续,验收记录单符合技术资料管理要求,基础混凝土强度已达到 60%以上。

3.5.5 与水箱、泵组等设备相连接的管线安装已进入设备间。

3.5.6 施工运输道路畅通,施工照明、水源、电源已具备连续正常作业条件。

3.6 钢板水箱的安装

3.6.1 现场制作钢板水箱的安装

(1) 安装前应再次校验的项目

A. 设备基础的位置、外形尺寸(包括长、宽、高度)、基础混凝土强度是否符合设计要求,误差应在质量评定标准规定之内,即长、宽、坐标的误差值≤15mm,高度、标高的误差值≤±5mm。

B. 检查进场材料材质是否符合设计和规范要求。钢板应为冷轧薄板,板面无污迹及锈斑、划痕。划痕深度当板厚 δ≤3.5mm,划痕深度应≤0.5mm;当 δ>3.5mm,划痕深度应<1.0mm。

C. 焊条的型号、规格、质量应是合格品且符合设计要求。

D. 安装需具备的工具、检测仪表是否齐备与校验就绪。

E. 现场易燃物是否清理干净,防火灭火器材是否完备。

(2) 制作安装和质量要求

A. 水箱所用的板材宜在加工厂内用剪板机按零件图切割成形后,再运至现场安装。不宜在现场采用气焊切割(尤其不允许用电焊切割)下料,但可采用五齿锯切割下料。

B. 下料和拼装后,水箱外形尺寸误差应≤15mm,标高误差应≤±5mm,水箱垂直度的偏差≤1mm。

C. 水箱内外加衬的加强型钢骨架安装应方正,并与水箱板壁紧密连接,焊接缝长按设计要求控制。

D. 焊缝外观质量应表面无裂纹、无未熔合现象、无气孔、无弧坑和夹渣,焊接咬边深度不超过 0.5mm,两边总长度不超过焊缝总长度的 10%,且咬边的连续长度不超过 25mm。

E. 现场制作安装的水箱应按设计要求作灌水试验或煤油渗透试验。

(A) 灌水试验

将水箱完全充满水,经过 12~24h 后,用 0.5~1.5 kg 的铁锤沿焊缝两侧约 150mm 的部位轻轻敲打,不得有漏水现象。若发现漏水,则漏水部位必须铲除后重新焊接,再进行试验。

（B）煤油渗透试验

在水箱外表面的焊缝上涂满白粉，晾干后，在试验时间内，于水箱内表面的焊缝上涂满煤油 2~3 次，使焊缝表面能得到充分浸润。若在白粉上没有发现油迹为合格。试验时间为：

垂直焊缝或煤油由下往上渗透的水平焊缝为 35min。

煤油由上往下渗透的水平焊缝为 25min。

F. 灌水试验后，水箱内外表面应进行除锈。然后刷防锈漆两道。并填写试验记录单。

3.6.2　工厂制作的整体水箱的安装

（1）和现场制作水箱安装一样，应对设备基础的位置、外形尺寸、混凝土强度等级进行检验。

（2）应再次检查设备进场的开箱记录单和设备检验记录单，了解设备是否符合进场安装条件。

（3）检查现场吊装机具的配备和架设是否齐全、牢靠，能否保证顺利吊装。

（4）进行设备吊装就位和校平找正工作。安装后设备的坐标误差应小于 15mm，标高误差应 ≤ ±5mm，水箱垂直度偏差应 ≤1mm。并填写预检及相应的安装验收记录单。

（5）验收合格后，对箱体内外表面进行除锈，清除污染，并刷防锈底漆两道。

3.6.3　水箱配管的安装

（1）配管安装前的准备工作

A. 应充分审图，了解工艺流程，在纸面上进行大比例尺的放样。将管道走向、阀门和支、吊、托架的位置及安装尺寸进行认真安排，对设计不合理或不明确的作相应的调整与标注。

B. 然后再到现场进行实地放线校对。对不合理部分再次进行调整，并在现场实地放线，标出管道走向、标高、坡度及阀件、支、吊、托架位置，并确定作为现场安装误差积累调节的管段，此管段的下料必须等到整个配管安装就位后再依现场实测长度下料。

C. 检查进场管材、阀件等配件的质量和进场检验记录单，若一切事项均符合设计和规范要求，则按上款确定尺寸，对调节管段下料加工与安装。

（2）配管的安装

水箱配管的种类、材质、安装要求依水箱用途而定，主要有进水管、出水管、溢流管、排污管、水位讯号管、检查管、膨胀管、循环管等。管道要求详见相应的室内给水、消防、供暖、热水供应、蒸汽管道安装部分。

3.6.4　水箱的灌水试验和水压试验

（1）水箱的灌水试验

依据 GB 50242—2002 第 4.4.3 条、第 6.3.5 条规定，给水系统（含消防系统的高位水箱）、供暖系统（开式膨胀水箱和开式凝结水箱）及锅炉房内的相关开式水箱和开式罐体均应做满水(灌水)试验。试验时将清水注入水箱中,注满后 15min,再将下降水位注满,并延续 5min,若液位不再下降,检查无渗漏为合格。

(2) 闭式水箱(罐体)的水压试验

依据 GB 50242—2002 第 4.4.3 条、第 6.3.5 条规定,闭式水箱(罐体)的水压试验若设计无要求,应以工作压力的 1.5 倍,但不小于 0.4MPa 的压力作水压试验。当压力升至试验压力时,停止升压,若 15min 内压力下降≤0.05MPa 为合格。再将试验压力降至额定工作压力,检查箱体和与其连接的各管道接口、阀件等是否渗漏,不渗漏为合格。

(3) 试验结果应填写试验记录单

3.6.5　水箱的保温和防腐

(1) 水压试验后应对水箱内外表面进行擦拭,并清除水渍、油污。

(2) 整体安装和现场制作安装的水箱,按设计要求其内外表面再刷汽包漆两道。外表面如不作保温的应再刷油性调合漆两道,水箱底部刷沥青漆两道。

(3) 需要绝热的要进行保温处理。水箱保温材料较适用的是泡沫混凝土及珍珠岩的板状保温材料。一般水箱面积较大、受热膨胀(受冷冷缩)较大的,尤其是热水水箱、膨胀水箱、凝结水水箱的伸缩更为明显,其保温材料易与设备脱离。因此在设备或水箱外壁应焊上钩钉固定保温层(或用结构胶粘贴)。钩钉间距一般为 200～250mm,呈梅花形布置,钩钉高度应等于保温层的厚度。保温层外部应抹(或包)保护壳。冷水水箱也可采用泡沫塑料聚苯板或软木板,用热沥青贴在水箱上,外面再包塑料布。要求较高的外表面可用薄的镀锌钢板拉铆封闭。

保温层安装后应符合规范规定,保温层的厚度允许偏差为 $+0.1\delta$、-0.05δ,表面平整度允许偏差:当保温材料为涂抹的松散材料时,表面平整度允许偏差应不大于 5mm;当保温材料为卷材或板材时,表面平整度允许偏差应不大于 10mm。

3.7　离心水泵的安装调试与试运转

3.7.1　水泵安装前的准备工作

(1) 进行水泵基础的验收:验收标准详见本节第 3.6.1 – (1)款,但同时应注意地脚螺栓孔的尺寸是否合适,一般为 100mm × 100mm。验收后应填写设备基础验收记录单。

(2) 检查设备出厂的合格证书、说明书、进场开箱检查记录单、进场试验记录单等技术资料是否齐全合格。

(3) 安装所需的机具及测试仪表是否齐全。

3.7.2　离心式水泵的安装与调试

(1) 检查判断与调整泵体与原动机(电机)的组合安装质量

由于泵体与原动机(电机)是由联轴器相连,并组装在同一底座上,所以它们之间的安装配合是可以调整的。调整时先用钢板尺靠在联轴节轮缘上,检查各侧联轴器的两个轮缘面是否一致,以判断泵与原动机(电机)的组合是否同轴,组装是否合格。若钢板尺在轴线联轴器的两个轮缘间有间隙,说明水泵的轴线与原动机(电机)的轴线不重合,不在一轴线上,必须进行调整。调整方法是在水泵与原动机(电机)的基底底面上加预先制作好的不同厚度的垫铁,直至两联轴器间距符合要求为止。调整时应在联轴器的上下、左右四个点进行检查,使每一点处的两联轴器侧缘表面误差在表 2.3.7 - 1 允许值的范围之内。

联轴器间隙及轮缘监查允许误差值 表 2.3.7 - 1

联轴节直径 (mm)	联轴节间允许间隙 (mm)	轮缘上下或左右检查误差(mm)	
		允许偏差	偏差极限
250 以下	3 ~ 4	0 ~ 0.03	0.075
250 以上	4 ~ 6	0 ~ 0.04	0.100

(2) 水泵的吊装与找正

A. 水泵中心的找正:在水泵基础上依设计尺寸从泵房内墙墙面或柱子中心线返到设备基础中心线处,划定水泵中心线的位置。水泵中心线找正是以泵轴中心线为准;横向中心线找正是以水泵出口(出水管)中心线为准。其允许误差:与建筑轴线的距离为 ± 20mm;与设备平面位置距离误差为 ± 10mm。

B. 水泵标高找正:水泵标高找正是利用水泵底座底面与基础表面之间加垫铁来调整。但垫铁厚薄要合适,不要垫入过多的薄垫片,以免影响安装的正确性和稳定性。安装后水泵的实际标高与设计标高之间允许误差为 + 20mm、- 10mm。

C. 水泵找正、找平后,用水准仪、百分表或测微螺钉、塞尺等工具检查时,其安装质量应符合下列要求:

(A) 泵体水平度误差应 ≤ 0.1mm/m;

(B) 联轴节同心度:轴向倾斜 ≤ 0.8mm/m;径向位移 ≤ 0.1mm。

D. 水泵找正后将地脚螺栓拧紧,进行二次灌浆,以固定地脚螺栓和将水泵底座与基础表面间隙灌满。

E. 水泵安装后应填写水泵安装记录单。

3.7.3 水泵配管的安装

水泵配管的安装除了执行本节 3.6.3 款有关程序、原则外,尚应注意如下问题:

(1) 水泵配管安装应在二次灌浆后,基础混凝土强度达到 75% 和水泵经过精校后进行。

(2) 管道与水泵泵体的连接不得强行扭合连接,且管道的重量不得附加在泵体上。

(3) 为了不影响水泵的效率、运行功率、出水参数等,水泵吸水管安装时应注意如下事项:

A. 每台水泵宜设单独的吸水管(特别是消防水泵、吸水式水泵),若共用吸水管,运行时可能影响其他水泵的启动。

B. 水泵的吸水管如是变径,应采用上平下斜的偏心大小头,以免产生"气塞"。

C. 吸水管应具有沿水流方向向水泵入口不断上升,直至入口的坡度,且坡度应不小于 0.005。

D. 吸水管靠近水泵吸入口处应有一段长度约为 2~3 倍管径的直管段,避免直接安装弯头。否则水泵进口处流速不均匀,使水泵流量减少。

E. 吸水管段应有支撑件。

F. 吸水管段应尽量短,且少配弯头,一般不宜安装阀件,力求减少管道阻力损失。

G. 当水泵直接从管网抽水时(管道加压泵例外),应在吸水管上安装阀门、止回阀、压力表,并应设绕开泵的旁通管,旁通管上应装阀门。

H. 若水泵直接从蓄水池抽水,吸水管进口应在水池最低水位 0.5~1.0m 处;水泵底阀与水底距离一般不小于喇叭口的直径,且距池壁不小于 0.75~1.0D。

(4) 水泵出水管安装中应注意的事项

A. 出水管上应安装阀门、止回阀、压力表,止回阀应安装在靠近水泵一侧。

B. 消防水泵出水管与管网连结不宜小于两条,且应构成环状连接,并应设试验和检查用的放水阀门。

C. 在出水管可能滞留空气的拐弯处上部,应安排气阀。

D. 离心式水泵出水管的第一个拐弯处,若拐弯管与叶轮在同一平面内,拐弯应与叶轮转向一致,不宜逆向拐弯。

E. 并联运行水泵的出水管应先用连通管连接,连通后,再由连通管中部引出总出水管与总干管连接,不应直接与总干管连接,形成接点在总干管上成为串联接法。

(5) 配管安装的质量要求详见暖卫工程的室内管道安装质量要求。

3.7.4 水泵的试运转

(1) 水泵试运转前应作以下检查:

A. 原动机(电机)的转向应符合水泵的转向。

B. 各紧固件连接部位不应松动。

C. 润滑油脂的规格、质量、数量应符合设备技术文件的规定;有预润滑要求的部位应按设备技术文件的规定进行预润滑。

D. 润滑、水封、轴封、密封冲洗、冷却、加热、液压、气动等附属系统管路应冲洗干净,保持通畅。

E. 安全保护装置应灵敏、齐全、可靠。

F. 盘车灵活、声音正常。

G. 泵和吸入管路必须充满输送的液体,排尽空气,不得在无液体的情况下启动;自吸式水泵的吸入管路不需充满输送的液体。

H. 水泵启动前的出入口阀门应处于下列启闭位置:

(A) 入口阀门全开。

(B) 出口阀门离心式水泵全闭,其他形式水泵全开(混流泵真空引水时全闭)。

(C) 离心式水不应在出口阀门全闭的情况下长期运转;也不应在性能曲线的驼峰处运转,因其在次点运行极不稳定。

I. 输送高、低温液体的泵,启动前必须按设备技术文件规定进行预热和冷却。

（2）泵的启动和停止应按设备技术文件的规定进行。管道泵和其他直联泵的转向应用点动的方法检查。

（3）泵在设计负荷下连续运转不应少于2h,且应符合下列要求：

A. 附属系统运转正常,压力、流量、温度和其他要求符合设备技术文件规定。

B. 运转中不应有不正常的声音。

C. 各静密封部位不应渗漏。

D. 各紧固连接部位不应松动。

E. 滚动轴承的温度不应高于75℃,滑动轴承的温度不应高于70℃。

F. 填料的温升正常,在无特殊要求的情况下,普通软填料宜有少量的渗漏(每分钟不超过10～20滴);机械密封的渗漏量不宜大于10mL/h(每分钟大约3滴)。

G. 电动机的电流应不超过额定值。

H. 泵的安全保护装置应灵敏、可靠。

I. 振动振幅应符合设备技术文件规定,如无规定,而又需要测试振幅时,测试结果应符合表2.3.7－2的要求(用手提振动仪测量)。

水泵允许振动振幅的最大值　　　　　　　　　表2.3.7－2

转速　r/min	≤375	>375～600	>600～750	>750～1000	>1000～1500
振幅≤（mm）	0.18	0.15	0.12	0.10	0.08

转速　r/min	>1500～3000	>3000～6000	>6000～12000	>12000	
振幅≤（mm）	0.06	0.04	0.03	0.02	

（4）运转结束后应做好如下工作：

A. 关闭泵出入口阀门和附属系统的阀门。

B. 输送易结晶、凝固、沉淀等介质泵,停泵后应及时用清水或其他介质冲洗泵和管路,防止堵塞。

C. 放净泵内的液体,防止锈蚀和冻裂。

D. 如长时间停泵,应采取必要措施,防止设备沾污、锈蚀和损坏。

（5）填写水泵运行调试记录单。

3.8　稳压供水装置和变频供水装置的安装与调试

稳压供水装置和变频供水装置的安装与调试按设备使用说明书要求参照离心式水泵和水箱的安装与调试进行。

3.9　成品保护措施

3.9.1　建立严格成品保护方案和值班制度。

3.9.2 中断安装时,设备敞口应加临时保护盖。

3.9.3 设备管线保温时应保护墙壁不受污染,建筑物粉刷时应对设备和管道采取覆盖保护措施。

4 排水管道的安装

室内排水管道主要有两大类:一是污水管道;二是雨水管道。污水管道依排放污水水质不同可概括分为生活污水管道和生产(实验)污水管道。

4.1 室内排水管道常用的材料

4.1.1 铸铁排水管

它与给水铸铁管不同之处是壁比较薄,耐压强度较低。它用于无压的排水系统,材质为灰口铸铁,管壁较薄,一般 $\delta = 4 \sim 5mm$,管长 $L = 2m$,多为承插接口,接口材料一般为水灰比 1:9 的水泥捻口。

(1) 材质要求

管道为离心浇铸的非手工浇铸的铸铁管,管壁厚薄均匀,内外表面光滑整洁,无浮砂、包砂、粘砂,更不允许有砂眼、裂纹、飞刺和疙瘩。承口的内外径及管件造型规矩,法兰接口平整光洁严密,地漏和返水弯的扣距必须一致,不得有偏扣、乱扣、方扣、丝扣不全等现象。

(2) 主要规格

A. 直管段

$DN = 50 \sim 200$,壁厚:当 $DN \leqslant 100$,$\delta = 5mm$;当 $DN \leqslant 150$,$\delta = 6mm$;当 $DN = 200$,$\delta = 7mm$。常用管道规格是 $DN = 50$、100、150。

B. 配件

排水铸铁管管件一般管壁较薄,承插面较浅。配件有三通(分 90°直角三通、45°、60°斜三通三类)、四通(分 90°直角四通、45°、60°斜四通三类)、弯头(分 90°、110°、135°、150°四类)、异径管(分渐变形、突变形两种)、管箍(亦称套袖,多为双承口)、乙字弯、存水弯(分 S 型和 P 型两种)、钟形地漏(有一般型、深型、密闭型和篦子带有专供接洗衣机泄水管接头的地漏之分,但采购时一定要注意有效存水深度必须≥50mm)、检查口、有接口短管等。

4.1.2 硬聚氯乙烯(PVC – U)排水管

硬聚氯乙烯(PVC – U)排水管具有耐腐蚀、重量轻、加工方便等优点。其质量密度为 $1.35 \sim 1.60g/cm^3$。它是由聚氯乙烯树脂与稳定剂、润滑剂调制成型。其粘接剂应是同一厂家的配套产品。适用于连续排放 40℃以下流体和瞬时排放≤80℃的液体。

（1）材质要求

管材、管件应有产品合格证,管材应标有规格、生产厂厂名和执行标准号,在管件上应有明显的商标和规格。包装上应标有批号、数量、生产日期和检验代号。管材内外表面应光滑平整、无气泡、无裂口和明显的裂纹、凹陷,管壁厚薄均匀,同一截面厚度偏差≤14%,色泽一致,无分解变色线。直管段不允许有异向弯曲,挠度≤1%。端面与轴线应垂直。管件造型应规矩、光滑、完整无缺损、无毛刺。承口应有梢度,且与插口配套。管件壁厚不应小于相应管材壁厚。管材、管件应在同一批中抽样进行外观、规格尺寸和管材与管件配合公差检查,抽查数量同一规格每批为10%,当达不到规定的质量标准并与生产单位有异议时,应按建筑排水用硬聚氯乙烯管材、管件生产标准的规定,进行复验。

管道胶粘剂应是同一厂家的配套产品,且应标有生产厂名称、生产日期和有效期,并应有出厂合格证和说明书。胶粘剂内不得含有团块、不溶颗粒和其他杂质,并不得呈胶凝状态和分层现象,在未搅拌的情况下不得有析出物。不同型号的胶粘剂不得混用。

（2）主要规格

A. 管材:按外径确定,主要有40、50、75、90、110、125、160七种规格。

B. 管件:主要有45°弯头、90°弯头、90°顺水三通、45°斜三通、瓶型三通、正四通、45°斜四通、直角四通、异径管、管箍及防火套管、阻火圈、伸缩节等。防火套管、阻火圈应标有规格、耐火极限和生产厂名称。

C. 支撑件:可采用注塑成型塑料墙卡、吊卡等及金属材料支撑件。

4.1.3 镀锌钢管（即镀锌水煤气管）

主要用于质量标准较高建筑的内排雨水管道及卫生器具的下水配管。材质要求详见室内给水管道的安装部分。

4.1.4 焊接钢管（即非镀锌水煤气管）

主要用于雨水立管和大口径雨水干管,当管径大于150mm时,一般采用螺旋卷焊焊管。

4.1.5 石棉水泥管

其材质是石棉和水泥按重量比,即水泥:石棉＝0.15:0.85配制而成,工作压力分三类:

$P_N = 0.45$MPa(试验压力为0.9MPa);

$P_N = 0.75$MPa(试验压力为1.5MPa);

$P_N = 1.00$MPa(试验压力为2.0MPa)。

其极限抗张强度≥16MPa,抗折强度≥25MPa,比重为2.36。主要规格$DN = 100 \sim 500$,厚度$\delta = 10 \sim 38$mm,连接方法常用水泥套管做成刚性接口。敷设时应在夯实的基础上按91SB4-5做管道基础。刚性接口材料的水泥宜选用42.5强度等级水泥;石棉应选用机选4F级温石棉,砂子粒径为0.5～1.5mm,含泥量不大于3%的洁净砂子,并用20号钢丝网(网格为10mm×10mm)加固。一般用于深埋排水干管或建筑周边的室外排水干管。

4.2 室内排水管道安装的条件

4.2.1 依据设计图纸编制管材、管件、辅料进场计划，并已按质、按量备齐。且材料已办理进场验收，验收记录单已填写，一切手续符合施工规定及设计、规范要求。

4.2.2 应做除锈、防腐处理的管材、管件支、吊、托架已处理完毕，预检记录单填写清楚，符合施工技术资料管理文件规定。

4.2.3 按设计图纸规定已在建筑现场进行实物排放，且经核实各部位位置、标高、甩口尺寸及与其他管道间距准确无误，且与其他专业协调无误，有矛盾的地方已调整。

4.2.4 埋地敷设管道的管沟已挖好，基槽已夯实，标高、走向核实无误，验收合格。

4.2.5 地上管道明管敷设或暗管敷设时，该配合土建施工进行的预埋件或预留孔洞已预埋与预留，且预检记录单已填写完毕，符合要求。

4.2.6 土建主体结构已基本完工，模板已拆除，建筑废渣已清除，积水已排净，土建装修施工的参照线已标出。

4.3 室内排水管道的安装

4.3.1 埋地排水管道安装的程序

这里"埋地"应作两种情况联合理解。即无地下室的建筑±0.00以下排水管道(含地沟内)的安装和有地下室(含半地下室)的地下室室内地坪(最低一层)标高以下及其设计中伸出地下室外墙以外、室外地坪以下周边相关排水管道部分。因此对文中±0.00以下应作广义的理解。

埋地排水管道的敷设宜分两个施工阶段进行。第一阶段先做±0.00以下室内部分至伸出外墙250mm为止管道的敷设，待土建施工结束后再进行从外墙接至检查井的第二阶段敷设。

4.3.2 埋地排水管道的安装工艺

(1) 按设计图纸上管道的位置和标高进行放线，经核实无误后(寒冷地区应保证排水干管埋设深度伸出外墙后不小于该地区的冻土深度，北京的冻土深度为-0.80m)，将管沟开挖至设计深度，并进行沟槽检验。埋地管道地沟沟底面应平整，无突出的尖硬物。塑料管道管沟沟底还应做100~150mm厚的砂垫层，垫层宽度应不小于2.5DN。坡度、坡向应与设计管道的坡度、坡向相同。PVC-U排水管道安装应依据纸面放样图和设备安装尺寸，并依据CCJ/T 29—98第3.1.9条~第3.1.15条、第3.1.19条、第3.1.20条的有关规定到现场实地放线校验无误后，测定各管段长度，然后进行配管与裁管。裁管可用木工锯或手锯切割，但切口应垂直均匀、无毛刺。检查合格后应填写预检记录单。埋地管道灌水试验合格后才能回填，回填进管顶200mm以下应用细土回填，待压实后再回填至设计标高。每一层回填土高度为300mm夯至150mm。

（2）检查各预留孔洞的位置及尺寸，并加以疏通和填写预检记录单。

（3）按各受水口位置及管道走向进行测量，绘制实测详图，并详细注明尺寸。

（4）为了减少施工中捻固定灰口，对部分管材和管件可按实测尺寸绘制详图，先捻好灰口预制后码放在平坦的场地，码放时管段下面要用木方垫平垫实。捻好的灰口要进行养护，养护一般采用湿麻绳缠绕灰口，浇水养护，保持湿润。冬期要有防冻措施，一般常温下要养护 24~48h 后，方能移动，运至安装现场。

在预制前应清除管道及管件承口、插口的污物，铸铁管有沥青防腐层的（指承口内表面、插口外表面）要用气焊设备（或喷灯）将防腐层烤掉（本措施也适用于地上排水铸铁管的安装）。

（5）在沟内安装的要按图纸和管材、管件的尺寸，先将承插口、三通、阀件等的位置确定，并挖好操作坑。若管线较长，可分段逐段定位安装。

（6）穿越地下室外墙时应采用刚性防水套管等措施，套管应事先预埋，套管与管道外壁间的缝隙中部应用防水胶泥充填，两端靠墙面部分用水泥砂浆填实。

（7）排水管道接口安装和质量要求

A. 铸铁排水管承插和套箍接口的连接

先用在 5% 的 30 号石油沥青、95% 的汽油溶剂中浸饱后风干而成的麻丝（丝麻）填充，用水泥或石棉水泥（重量比为石棉 30%、水泥 70%，水灰比 ≤0.2，一般水灰比取1:8）捻口，捻口应密实、饱满，填料凹入承口边缘 ≤5mm，环缝间隙均匀，灰口平整、光滑，养护良好。

埋地管为铸铁管，地面以上为塑料管时，底层塑料管插入其承插口部分的外侧，应先用砂纸打毛，插入后用麻丝填嵌均匀，用石棉水泥捻口，操作时应防止塑料管变形。

B. PVC－U 排水管道接口的连接

PVC－U 管道粘接时应将承口内侧和插口外侧擦拭干净无污水、无尘砂、无水迹，有油污的应用清洁剂擦净。承口内侧、插口外侧胶粘剂的涂刷应先涂刷管件承口内侧，后涂刷插口外侧，胶粘剂的涂刷应迅速、均匀、适量、不得漏涂。管子插入方向应找正，插入后应将管道旋转90°，并静置 2~3min，防止滑脱。在管道承插过程中不得用锤子击打。插入深度与管道直径有关，$DN=40~50$ 时，插入承口深度 25mm；$DN=75$ 时，插入承口深度 40mm；$DN=90~110$ 时，插入承口深度 50mm；$DN=125~160$ 时，插入承口深度 60mm。插接好后应将插口多余的胶粘剂清除干净，粘接环境温度低于 －10℃ 时，应采取防寒、防冻措施。

C. 焊接钢管焊接接口的连接：连接前应检查管材、管件的质量，其表面应无斑疤、裂纹和严重的锈蚀等缺陷，且管道内外表面（焊接管和无缝钢管）除锈、防腐应符合设计和规范要求。焊缝外观质量不得有熔化金属流到焊缝外未熔化的母材上；焊缝的热影响区表面不得有裂缝、气孔、弧坑和夹渣等缺陷，表面应光顺、均匀，焊道与母材应平缓过渡；焊缝宽度应焊出坡口边缘 2~3mm，表面余高应 ≤1+0.2 倍坡口边缘宽度，且不应大于 4mm；咬边深度应 ≤0.5mm，焊缝两侧咬边总长不得超过焊缝长度的 10%，且连续长度不应大于 100mm；焊缝错边应 ≤0.2δ（δ 为管壁厚度）且不应大于 2mm，并不允许未焊满和有结瘤；焊缝距起弯点、支（吊）架边缘必须大于 50mm。

452

D. $DN \leqslant 100$ 镀锌钢管的丝扣连接

丝扣连接的工艺和要求详见第一节室内给水管道的安装有关部分。但接口处应做加强型防腐蚀保护措施。

E. 排水管道横管与横管之间、横管与立管之间的连接

它们的连接应采用 45°的三通、四通或 90°的斜三通、斜四通,不得采用 90°的正三通、四通连接。连接工艺和质量要求见本条第 A、B 款。立管与排出管端部的连接宜采用两个 45°弯头或弯曲半径 $\geqslant 4DN$ 的 90°弯管。

(8) 埋地排水管道安装的质量要求

A. 排水管道的坡度要求:

(A) 生活污水排水管道敷设坡度应符合表 2.4.3－1 要求。

生活污水排水管道敷设坡度   表 2.4.3－1

DN(mm)	50	75	100	125	150	200
标准坡度	0.035	0.025	0.020	0.015	0.010	0.008
最小坡度	0.025	0.015	0.012	0.010	0.007	0.005

(B) 埋地雨水管道敷设最小坡度应符合表 2.4.3－2 要求。

埋地雨水管道敷设最小坡度   表 2.4.3－2

DN(mm)	50	75	100	125	150	200～400
最小坡度	0.02	0.015	0.008	0.006	0.005	0.004

B. 埋地排水管道接口的质量应符合本项第 7 条的规定,且接口结构和所用填料应符合设计和规范要求。

C. 埋地水平管道纵横方向弯曲允许的偏差:

铸铁管道允许偏差 $\leqslant 1$mm/m   全长(25m 以上)允许偏差应 $\leqslant 25$mm

碳素钢管 $DN \leqslant 100$ 时允许偏差 $\leqslant 0.5$mm/m   全长(25m 以上)允许偏差应 $\leqslant 13$mm

碳素钢管 $DN > 100$ 时允许偏差 $\leqslant 1.0$mm/m   全长(25m 以上)允许偏差应 $\leqslant 25$mm

石棉水泥排水管允许偏差 $\leqslant 3.0$mm/m   全长(25m 以上)允许偏差应 $\leqslant 75$mm

PVC－U 管道排水管允许偏差 $\leqslant 2.0$mm/m   ※全长(10m 以上)允许偏差应 $\leqslant 8$mm

注:※详见 CCJ/T 29—98 第 5.0.4 条。

D. 埋地排水管道敷设坐标允许偏差 $\leqslant 15$mm;敷设标高允许偏差 $\leqslant \pm 15$mm。

E. 地沟内部的排水管支、吊、托架、管座的安装与砌筑质量应符合设计和规范要求,详见地上排水管道支、吊、托架安装和第一节室内给水管道及供暖管道支、吊、托架的安装质量要求。直埋管道有管座的,也应对其施工质量进行校验。

F. 以上检验应填写内部自检、互检记录单。

(9) 埋地排水管道的灌水试验:

A. 埋地排水管道在隐蔽前或做加强型防腐前应作灌水试验。污水管道灌水试验试

453

水高度详见本项 4.3.3 – 14 款和 GB 50242—2002 第 5.2.1 条。

B. 灌水试验的注水高度依据规范的规定,雨水管道注水高度自立管根部排出口至最上部雨水漏斗高度。因埋地雨水管道的隐蔽受施工进度限制,无条件执行此注水高度的要求,因此和其他污水排水埋地管道一样,灌水试验可执行第 5.3.5 条规定。

C. 灌水试验注水前将带胶管的胶囊由检查口慢慢送入排水管内,送至所测管道的最低起始点处,然后向胶囊充气,并观察压力表压力值,压力升至 0.07MPa 为止,胶囊内的最高压力不得超过 0.12MPa。

D. 然后由检查口或试验管段上容易注水的开口处,向管内注水,并边注水边观察水位变化,直至拟注水位为止。

E. 注满 15min 后,再将下降水面注满,保持 5min。若液面水位不再下降,外观检查无渗漏为合格。

F. 试验合格后,应填写灌水试验记录单。

G. 试验完后,将水泄空,并将敞口封堵,防止物件进入管内,造成堵塞。

(10) 埋地排水管道的防腐及加强型防腐

A. 排水管道材质为焊接钢管、无缝钢管及镀锌钢管的,注水试验合格后应对接口(焊接和丝接接口)应再次清除焊渣、麻丝、生料带及其他污染物,然后涂刷防锈漆两道或热沥青防腐。设计有加强型防腐要求的,应按设计要求进行加强型防腐施工。

B. 有加强型防腐的管道,应再次邀请甲方、监理、设计单位进行加强型防腐施工隐检验收,并将隐检结果一并填写在隐检记单内。

(11) 回填隐蔽施工

A. 回填土施工必须在上述隐检合格后进行。

B. 回填时不宜采用蛙式打夯机夯实,以免轧坏排水管道。应采用人工夯实,夯实时应特别注意管子四周的回填施工。即做到四周回填土又夯实又不损坏管道。回填时管道上先用细土覆盖 200mm 以上,然后逐层夯实。

4.3.3　室内地上排水管道的安装工艺

这里"地上"指的是有地下室的地下室底层地面以上,无地下室的为 ± 0.00 标高以上。

(1) 应依据设计图纸的管道系统和卫生设备的设计位置、卫生设备的产品尺寸和结合设备排水口的尺寸及排水管道管口施工的要求,在纸面上进行放样,核定预留孔洞和预埋件的位置、标高,并配合土建结构施工进行预留孔洞的预留和套管等预埋件的预埋。

(2) 穿越标准较高的建筑室内非卫生间等无防水措施的室内地坪,为防止室内溅水渗漏,污水及雨水立管宜加作穿越楼(地)面的套管,套管应高出地面(建筑地面)20 ~ 50mm,套管直径应比排水管道大 2 号,它们之间的间隙应填塞密封膏封闭严密。

(3) 土建拆模后应对预留孔洞和预埋管件进行全面检查与校验,不符合要求的应进行调整。

(4) 土建粗装修后,应按管道系统放样图、卫生设备的设计位置、设备尺寸,结合设备排水口尺寸和排水口的施工要求,到现场进行实地放线,在现场的墙、柱和楼(地)面上划出管道的中心线,并确定排水管道预留管口的坐标,作出标记。

(5) 按管道的走向及各管段的中心线标记,进行实地测量,标注在原放样的详图上,管道距墙、柱尺寸为:立管承口外侧与饰面的距离控制在 20～50mm 之间。

(6) 按实际测量数据在放样详图上进行相关尺寸的调整。按最后调整尺寸,选定合格管材和管件,进行配管和下料。在下料前应再次校核进场材料是否符合设计和规范规定的质量要求,进场验收手续及记录单是否完备和合格。

(7) 为了减少施工中捻固定灰口,加快施工进度,对部分管材和管件可按实测尺寸绘制详图,核对节点间的尺寸及管件接口朝向,核实无误后,在现场以外进行预制,先捻好灰口预制后码放在平坦的场地,码放时管段下面要用木方垫平垫实。捻好的灰口要进行养护,养护一般采用湿麻绳缠绕灰口,浇水养护,保持湿润。冬期要有防冻措施,一般常温下要养护 24～48h 后,方能移动,运至安装现场。

在预制前应清除管道及管件承口、插口的污物,铸铁管有沥青防腐层的(指承口内表面、插口外表面)要用气焊设备(或喷灯)将防腐层烤掉。

(8) 按设计要求,选定支承件和固定支架的形式,进行支、吊、托架的加工、防腐和安装。支、吊、托架、卡箍应固定在承重结构上,且应固定牢靠。当支撑结构为陶粒空心混凝土砌块时,因陶粒空心混凝土砌块较脆,打眼、打洞易脆裂粉碎,因此陶粒空心混凝土砌体隔墙上预留洞和预埋件应事先依据管道走向和设备、器具安装位置,拟定支、托架埋设位置,配合土建隔墙砌筑工序,事先用碎石混凝土或豆石混凝土设置预埋块,并在预埋块上埋设铁件,以便管道或器具安装时安装支、托架。若土建在砌筑陶粒空心混凝土砌体隔墙时遗漏配合浇筑混凝土预埋块,则应适当扩大预埋件孔洞,用加膨胀剂的豆石混凝土捣实预埋。对于轻质隔断墙体(石膏板、钢板网、铝合金等)上,应和陶粒空心混凝土砌体隔墙一样,事先安排好支、托架埋设位置,配合土建隔墙施工工序,增设加强龙骨等措施,为牢靠埋设支、托架做好准备。

(9) 排水管道固定件间距应符合下列要求:

A. 铸铁排水管道

(A) 横管支、吊、托架的间距不得大于 2m,住宅建筑的厨房、厕所、盥洗室支管吊、托架间距应 < 1.5m,支管长度 < 1.5m 的可以不设吊架。当管道较长时,不得全部采用柔性吊架,应在适当位置设刚性吊、托架,以免管道晃动。在管道拐弯处及易受外力影响而变形的部位应增加支、吊、托架。

(B) 立管管卡的固定间距不得大于 3m,但层高 ≤4m 的可设一个固定件,> 4m 的应设两个固定件。依据(94)质监总站第 036 号文件规定,住宅楼六层以下的多层住宅建筑铸铁排水立管可不设固定管卡,高层住宅建筑铸铁排水立管可隔层设置落地卡。但立管底部为弯管的应在弯管处设支墩。

B. 钢管(焊接或镀锌钢管)固定支、吊、托架的设置同室内给水管道和室内供暖管道。

C. PVC - U 塑料排水管道支承件的间距和固定形式

(A) 非固定支承件的内壁应光滑,与管壁之间应留有微隙。管道卡箍有塑料制品和钢带制品两种。若用钢带制品的卡箍,它内表面与管道外表面接触面之间应加柔性衬垫(也可以用厚的软塑料布替代,但其宽度应和卡箍宽度一致),衬垫和卡箍颜色以与管道颜色相同为宜。

（B）垂直管道为加强固定牢固度,可在管道外表面粘贴一塑料环箍,让环箍支撑在支架上,托住管道。

（C）管道支承件的间距,立管管径为 50mm 的,不得大于 1.2m;管径≥75mm 的不得大于 2m。横管直线管段支承件的间距宜符合表 2.4.3－3 规定。

横管直线管段支承件的间距 　　　　　　　　表 2.4.3－3

管径(mm)	40	50	75	90	110	125	160
间距(m)	0.40	0.50	0.75	0.90	1.10	1.25	1.60

（10）PVC－U 排水管道伸缩器的设置应符合下列规定:

A. 当层高≤4m 时,污水立管和通气立管应每层设一伸缩节;当层高＞4m 时其数量应依据管道设计伸缩量和伸缩节允许伸缩量计算确定。PVC－U 排水管道的伸缩量因环境温度和污水温度不同而不同,其计算式如下:

$$\Delta L = L\alpha\Delta t$$

式中　L——管道长度(m);

　　　ΔL——管道伸缩长度(m);

　　　α——PVC－U 硬聚氯乙烯塑料管道的线膨胀系数,一般 $\alpha = 6 \sim 8 \times 10^{-5}$ (m/m℃);

　　　Δt——管内污水温度与环境温度之差(℃)。

B. 污水横支管、横干管、器具通气管、环形通气管和汇合通气管上无汇合管件的直线管段大于 2m 时,应设伸缩节,但伸缩节之间最大间距不得大于 4m。

C. 管道伸缩节允许伸缩量见表 2.4.3－4。

管道伸缩节允许伸缩量 　　　　　　　　表 2.4.3－4

管径(mm)	50	75	90	110	125	160
允许伸缩量(mm)	12	15	20	20	20	25

D. 伸缩节设置位置应靠近水流汇合管件,并应符合下列规定:

（A）立管穿越楼层处为固定支承且排水支管在楼板之上接入时,应设置于水流汇合管件之下。

（B）立管穿越楼层处为固定支承且排水支管在楼板之下接入时,应设置于水流汇合管件之上。

（C）立管穿越楼层处为不固定支承时,伸缩节应设置于水流汇合管件之上或之下。

（D）立管无排水支管时,伸缩节可按伸缩节设计间距置于楼层任何部位。

（E）横管上设置伸缩节应设于水流汇合管件上游端。

（F）立管穿越楼层处为固定支承时,伸缩节不得固定;伸缩节固定时,立管穿越楼层处不得固定。

(G) 伸缩节插口应顺水流方向。

(H) 埋地或设于墙体、混凝土柱体内的管道不应设置伸缩节。

(11) 高层建筑内明敷 PVC – U 排水管道应有防止火灾贯穿措施,阻火圈和防火套管的设置:

A. 立管管径≥110mm 时,在楼板贯穿部位应设置阻火圈或长度≥500mm 的防火套管,且应在管道周围筑成厚度≥20mm,宽度≥30mm 的阻水圈。

B. 管径≥110mm 的横支管与暗设立管相连时,墙体贯穿部位应设置阻火圈或长度≥300mm 的防火套管,且防火套管明露部分长度应≥200mm。

C. 横干管穿越防火分区隔墙时,管道穿越墙体的两侧应设置阻火圈或长度≥500mm 的防火套管。

(12) 将材料和预制管段运至现场安装地点,按预留管口、管件位置及管中心线位置,依次自上而下,分层进行安装。先安装立管,后安装横管。

(13) PVC – U 排水管道的安装应连续施工,管道粘接后应迅速排正位置,并进行垂直度、水平坡度校正。校正无误后,用木楔卡牢,用铁丝临时固定,待粘接剂固化后再紧固支承件,但卡箍不宜过紧,以免损坏管件。然后拆除临时固定设施、支模堵洞等。

(14) 管道安装完毕后,应按规范规定进行灌水试验。

A. 灌水试验应按规范要求分系统、分部位进行。

B. 灌水试验前应做好管道及支、吊、托架的自检、互检,为灌水试验后填写排水管道及支、吊、托架安装预检记录单做准备(隐蔽部分应填写隐蔽工程隐检记录单)。

C. 灌水试验的范围依据 GB 50242—2002 第 5.2.1 条规定,其范围是所有明装的污水、雨水排水管道安装后和吊顶内、管井(竖井)内、设置层内及需要做防结露保温的明装污水排水管、雨水排水管安装后和做保温及隐蔽之前均应做灌水试验(即闭水试验)。

D. 灌水试验的注水高度。

(A) 依据 GB 50242—2002 第 5.2.1 条规定,室内排(污水)管道其注水高度以一层楼高为准,如果系统条件不具备(如前所述,首层地下埋地排水管)可以以首层地下排水干管水平管至首层地面高度为准进行灌水试验。竖井内的排水管管内水流充满度不足100%,为不满流的排放,因此可以分层进行灌水试验。

(B) 雨水管道安装后未经灌水试验不得隐蔽。且每根立管的灌水高度应由屋顶(或最上部)雨水漏斗至立管根部排出口的高差作为灌水试验高度。

E. 灌水试验标准

当水灌满后停止 15min,再将下降水位灌满,并延续检查 5min,若液面不再下降,经检查系统不渗、不漏为合格。操作过程详见埋地排水管道的灌水试验一节。

F. 灌水试验合格后应填写灌水试验记录单。

(15) 排水管道安装的预检、隐检记录单的填写

A. 排水管道接口安装的质量要求要符合本项的(二) – 7 款要求。

B. 排水管道的坡向应符合设计要求,坡度偏差应符合本项(二) – 8 – (1)的要求。

C. 排水管道水平管纵横向弯曲允许偏差铸铁排水管应符合本项(二) – 8 – (3)的要求。

D. 排水管道敷设轴线坐标允许偏差≤15mm;敷设标高允许偏差≤±15mm。

E. 立管垂直度偏差:

铸铁排水管允许偏差为≤3mm/m,   全长(5m以上)允许偏差≤15mm

碳素钢管排水管允许偏差为≤2mm/m,   全长(5m以上)允许偏差≤10mm

PVC-U塑料排水管允许偏差为≤3mm/m,   a. 全长(5m以下)允许偏差≤10mm

              b. 全长(5m以上)允许偏差≤15mm

              总高≤30mm

F. 支、吊、托架的安装质量应符合上述第4.3.3-9款和设计、规定的质量标准。

G. 所有管材、管件、支、吊、托架的材质、型号、规格、除锈、防腐均应符合设计和规范的要求。

H. 非加强型防腐的金属管道接口应补作防腐措施。

I. 灌水试验合格,并填写试验记录单且检查符合要求。

J. 在上述九项检查质量合格、完全符合有关规范、规定和设计要求后,填写正式预检记录单或隐检(隐蔽、保温和有加强型防腐管道)记录单。

(16) 排水管道的加强型防腐及防结露保温

A. 有较浓腐蚀性气体(酸、碱等气体)的场所应按设计要求作加强型防腐措施。

B. 依据规范要求,设在吊顶内、公共厕所及管道结露影响使用要求的污水管道(如厨房)和较潮湿的房间(如地下室、浴室等)的污水管道应按设计要求做防结露保温。

C. 吊顶、竖井内的排水管道及需做防结露的明装管道、需做加强型防腐管道做完防结露保温和加强型防腐后应再次组织甲方、监理、设计等单位进行第二次隐蔽验收,并将验收结果前者一并填写在隐蔽验收单中,后者填写在预检记录单中。

(17) 住宅工程排水管道的通球试验

A. 排水管道通球试验的范围:依据规范要求,通球试验仅包括住宅工程的室内所有排水立管、横干管、引出管及内排雨水管道。

B. 通球试验的前提是室内排水(雨水)系统及卫生器具等设备全部安装完毕,通水试验检查无渗漏后进行。

C. 通球试验的试验球应符合下列规定:

(A) 试验球一般采用硬质空心塑料球;也可以选用其他轻、易击碎的空心球体。

(B) 试验球的外径尺寸应为管道内径的3/4,但不应小于1/3。试验球直径选择如表2.4.3-5。

试验球直径选择   表2.4.3-5

排水管内径(mm)	50	75	100	125	150
胶球直径(mm)	32	50	70	100	100

D. 试验方法

(A) 排水立管

自立管顶端将试验球投入,在首层检查口处检查。有设备层的在设备层上部检查口处检查。

（B）横干管及引出管

将试验球在检查管道管段的起始端投入，通水冲至引出管末端排出。在试验时室外检查井(结合井)处需加临时网罩，以便将球截取。

E．以上试验时试球通畅无阻为合格。不通畅的应清理阻塞，重新进行试验。合格后填写室内排水管道通球试验记录单。

(18) 室内排水管道通水试验

A．室内排水管道通水试验是在排水管道及卫生器具、给水管道及给水附件安装验收合格后，工程交工前进行。

B．室内排水系统(指污水系统)通水试验应按给水系统的1/3配水点同时开放进行的，试验时检查各排水点是否畅通，接口处有无渗漏现象。

C．通水试验合格后应填写通水试验记录单。住宅工程则进行下一道工序，做通球试验。

4.4 室内排水管道安装中应注意的问题

4.4.1 污水立管的安装

(1) 依据施工图校对预留管洞尺寸(或套管)、坐标有无差错，如楼板是预制构件，应按设计位置划好标记，对准标记轻轻剔凿孔洞，剔凿中若需要断筋，应征求土建施工技术主管人员同意，并做加强处理。若楼板是现浇板，则在模板上标记好留洞位置，将留洞模具固定在模板和绑扎的钢筋上，浇筑混凝土时应派人看护，以确保留洞模具不移动。

(2) 按设计要求和规范规定安排好立管上检查口的个数和位置。若设计未安排时，则：

A．应每两层设一个检查口，但建筑的最低层和卫生器具所在最高层的立管上必须设置检查口。

B．如排水支管设在吊顶内，宜在每层立管上安装检查口，以便于做灌水试验和通球试验。

C．如有乙字弯管，则在该乙字弯管上部设置检查口。

D．检查口中心距楼(地)面高度一般为1.0m，允许偏差±20mm，且应高于该层卫生器具上边缘150mm。

E．检查口的朝向应便于检修，检查口盖板的垫片一般采用厚度≥3mm的橡胶板。

(3) 按设计要求设固定支、吊、托架及支承件后，再进行吊装。

(4) PVC－U排水管道和高层建筑的排水立管应考虑管道的胀缩补偿，补偿办法：铸铁管道采用法兰柔性管件，但在承插口处要留出5~10mm胀缩补偿余量。塑料管道采用伸缩器补偿，胀缩补偿余量详见本条4.3.3－(10)款，因此在立管吊装前应先按设计和规范要求准备好铸铁法兰柔性管件和塑料伸缩节，并安排好安装[位置塑料伸缩节除了按4.3.3－(10)款规定布置外，距离地面和蹲坑台面70~100mm]，以便于立管吊装就位后安装。

(5) 立管穿楼板需安装套管的应核查已预埋套管的材质、规格、埋设坐标、伸出楼地面高度是否符合设计和规范要求,偏差太大、影响立管安装的应取出重新埋设。未埋设的应在安装前将套管套入立管中,以便立管安装后,浇筑在楼板上。

(6)立管的吊装:一般采用上拉下托办法,即通过上一层管洞设吊索一人向上拉,下面的另一人将立管下部管端平直插入下一层管道的承口内(塑料管插入伸缩节的承口橡胶圈中),插入时用力要均匀,不可摇动挤入。插入后用木楔将立管卡牢,在楼板洞口处,打麻、吊直、捻灰后,用垂球吊线复验立管安装的垂直度,其允许偏差≤2~3mm/m。并检查其中心线与墙、柱中心线的坐标是否符合设计要求,承口外侧与饰面距离是否符合规范规定(塑料立管应控制在20~50mm之间)。

(7)校对三通的方向是否对准横托管方向,以免在安装横托管时,由于三通口的偏斜而影响安装质量。三通口的高度(采用45°三通时,以三通的45°弯头口为准)要由横管的长度和坡度来决定,一般和楼板的间距≥250mm,但应<300mm。

(8)一切校验无误,且偏差符合设计和规范要求后,进行接口连接,接口连接质量应符合本条4.3.3-(7)款的要求。

(9)立管安装完毕后(灌水试验后)配合土建用加膨胀剂的细石混凝土(强度等级不低于楼板混凝土强度等级)将洞口灌满堵严。堵洞前支模应认真,确保底面浇筑后与楼板底面平整,且强度达到要求后,应拆除支模模板。

高层建筑或管道竖井内的管道,应按设计要求用型钢做固定支架。

(10)透气管的安装

透气管是为了使排水管网中的有害气体排至大气中,并保证管网中不产生负压破坏卫生设备的水封而设置的。透气管不得接入通风及烟气排放管内。透气管出屋顶后的高度:非上人屋面为600~700mm,并且高出结构换气门窗顶端100~200mm;上人屋面应高出屋面1.80~2.00m,并且应根据防雷要求设防雷装置。透气管不宜设在建筑物的檐口、阳台等挑出部分的下面。高层建筑可采用辅助透气管,其与污水立管的连接,可采用U形和H形异形管。

4.4.2 内排雨水立管的安装

内排雨水立管一般采用镀锌钢管、焊接钢管、排水铸铁管。依据(94)质监总站第036号文件第三部分第11条规定,镀锌钢管 $DN > 100$ 时,接口可以焊接或法兰连接;$DN > 100$ 时接口为丝接。不管是焊接、法兰连接还是丝接,接口锌皮均被损坏,损坏锌皮的地方应做好防腐处理。但接口处的寿命均比锌皮完好的管段寿命短。况且接口处管道内表面的防腐很难处理或不好处理。因此内排雨水立管的安装,除接口质量及防腐要求应符合镀锌钢管的有关安装规定外,安装中应尽量减少切口,按出厂原管材长度下料拼接,减少断口,提高管道使用寿命。但由于管材出厂长度一般比楼层结构层高长,安装时应采用将管材吊运至层高比管材出厂长度高的楼层、地下设备间及屋顶,采用集中由上而下或由下而上的吊装下料安装方法,以避免扩大预留洞口的管材斜送就位、影响楼层结构强度、增加土建堵洞难度的野蛮施工方法。其安装工艺及质量要求同排水铸铁管和镀锌钢管、焊接钢管等污水立管安装的质量要求。安装时雨水漏斗应固定在屋面的承重结构上,边缘与屋面相接处应严密不漏水。

4.4.3　污水排水干管的安装

(1) 依本节第4.2项做好管道安装前的一切准备工作,并再次检查预留孔洞及预埋套管、吊、托架制作、安装质量是否符合要求,以保证排水干管的顺利安装。

(2) 依据实测正确尺寸,按安装难易在地面上进行预制。若管线过长或吊装有困难时,可分段预制和吊装。

(3) 搭好架子,按事先拟定的吊、托、卡架位置,在楼板、墙体、柱子等结构构件上,将吊、卡、托架安装上。吊、托、卡架的距离不得大于2m(铸铁管,其他管道间距详见相管道关水平管道安装部分)。经核定吊、卡、托架的材质、规格、尺寸、除锈、防腐、安装质量均符合设计和规范要求后,再进行吊装排水干管。

(4) 吊装铸铁排水干管时,要将横管的三通口或弯头的方向、坡度调整好,管线调直后,再进行吊卡收紧,经调直、找正后,用麻钎或薄捻凿将承插口缝隙划均匀,然后打麻捻口固定,并将其固定在立管上。将所有敞口堵好后,用湿麻绳缠好,对捻口的灰口进行养护。

(5) 吊装PVC-U硬聚氯乙烯塑料排水管道的吊装条件具备时,将预制加工好的管段和粘接剂等材料,按编号运至现场进行安装。吊装时先将预制好的管段用铁丝临时吊挂,查看无误后,再进行打口或粘接。打口或粘接后应迅速进行校正管道位置、坡度、三通口或弯头的方向。塑料管用木楔卡牢接口,绑紧铁丝,临时予以固定,待粘接剂固化后再紧固支承件。因硬塑料管道强度低、质脆,卡箍不宜过紧。最后拆除临时绑固用的铁丝,将敞口封堵严密,支模浇筑细石混凝土封堵支架和洞口。

(6) 排水干管安装注意事项

A. 一般排水干管接口较多,要注意安装质量,各接口处不得产生"拱"、"塌"、扭曲、歪斜现象。应使干管坡度一致,且三通口和弯头在同一轴线上,严禁倒坡现象。若背对背开口子而使用两个三通时,要使背对背的三通口的上侧夹角呈80°,但不得大于180°。

B. 干管中连接两个以上大便器及三个以上(含三个)卫生器具时,应在该干管上设置清扫口。当污水干管在楼板底下悬吊敷设时,可将清扫口设在上一层的地面上。污水管道起点的清扫口至垂直该干管墙面的距离不得小于200mm。若污水干管起点设置堵头代替清扫口,则它与垂直污水干管墙面的距离不得小于400mm。在转角小于135°的污水干管上,应设置检查口或清扫口(当采用门弯时不设)。

C. 污水直干管上检查口或清扫口的距离见表2.4.4-1。

污水横向干管直线管段上检查口或清扫口间最大距离(m)　　　　表2.4.4-1

DN (mm)	污水性质			清扫口装置种类
	假定净水	粪便及近来污水	含有大量悬浮污物污水	
50~75	15	12	10	检查口
50~75	10	8	6	清扫口
100~150	15	10	8	清扫口

DN （mm）	污 水 性 质			清扫口装 置种类
	假定净水	粪便及近来污水	含有大量悬浮污物污水	
100～150	20	15	12	检查口
200	25	20	15	检查口

D. 排水铸铁管承插口的连接变径不应使用通径套袖作变径,应使用异径大小头套袖作变径,避免环形捻口缝隙过大或过小影响捻口的严密性。当水平干管的变径采用偏心异径管时,应使其凸肚朝下,平肚朝上。

E. 吊卡一定要按干管管径选用,不得大管用小卡,小管用大卡。吊杆必须采用相应可调的吊架。一种是用吊杆上的螺母、螺杆调节后,将多余螺杆切除;另一种是在吊杆中央加设花篮螺丝,以保证吊杆长短可调。

F. 吊杆应垂直,不得偏斜扭曲。吊杆下部不得偏向主管方向,以免横管受力后从主管承口中拔出。

G. 预制好的管道应待接口凝固后,再进行搬运和吊装。

H. 吊装时应避免碰撞,防止接口松动。且预制管道一般较重,所以吊装时要注意安全,架设牢靠,防止事故发生。

I. 室内排水管道容易堵塞,应注意防治。在施工时要严格清理管内泥土、污物,甩口应封闭堵严。卫生器具未通水前应堵好。存水弯的排水丝堵可以以后安装。横管和干管应满足设计坡度和大于最小坡度的要求。管件应选用阻力小的配件,如 Y 型或 TY 型三通、45°弯头。

J. PVC - U 硬聚氯乙烯塑料排水管必须按 CCJ/T 29—98 第 3.1.19 条规定安装伸缩节,详见本节三 -（三）- 10 款。

4.4.4 污水支管的安装

（1）支管安装前应先按卫生器具和排水设备附件的种类及型号规格检查预留孔洞的位置、尺寸是否符合设计图纸和规范要求,预留孔洞的尺寸详见 GBJ 242—82 表 2.0.6。如不符合要求,则应进行清理和扩孔,直至符合要求为止。

（2）修理好孔洞后,先在地面上按确定尺寸绘出大于管径的十字线,并按此十字线中心尺寸配制支、立管。

（3）搭好架子,按核定后的正确尺寸,在墙面上放线,将托架按管道坡度裁好,或在顶板上将吊卡的吊杆裁好,量准吊杆的尺寸。

（4）若上下层的墙面在同一平面上时,可按标准图集尺寸配制支、立管。若不在同一平面上,或无法确定上下层墙面是否在同一平面上时,则应进行实测,然后按实测尺寸配制支、立管。

（5）配制支、立管时,要和土建密切配合,并按卫生器具的种类增加或减少一定数量的尺寸。如地漏表面标高应低于地面标高 5～10mm,坐便器下水口处的铸铁管应高出地面10mm。这里的地面标高指建筑标高。

(6) 将支管插入立管的预留口的承口内,在管件的承口位置绑上铁丝吊在楼板上,作为临时吊卡。

(7) 找准支管预留口尺寸,调整好坡度、垂直度后,固定好支管,然后打麻、捻口。

(8) 支管安装完后,可将卫生洁具或设备的预留管安装到位,支管设在吊顶内,且末端有清扫口的,应将清扫口接管接至上层地面上,以便于清掏。

(9) 找准尺寸后,配合土建将楼板孔洞和墙洞用豆石混凝土堵严。并使堵洞混凝土表面低于建筑表面10mm左右,以利于建筑表面装修施工。

(10) 预留管口应装上临时丝堵,以防堵塞。

(11) 支管安装注意事项:

A. 要确保管道的坡度、垂直度不得有反坡或上拱、下塌现象。

B. 支管露出地面应由卫生器具及设备配件种类决定。严格禁止地漏高出地面,小便池落水口高出池底。

C. 临时支架的拆除必须管道连接牢固后拆,以免出现接口不牢松动损坏现象。在拆除前还应认真检查,避免工具及杂物遗留在管内,引起堵塞。

D. 应清除交叉污染,注意成品保护。并按设计要求刷油着色。

4.4.5 PVC-U硬聚氯乙烯塑料排水管道安装应注意的问题

(1) PVC-U硬聚氯乙烯塑料排水管道强度较低,低温时性脆,受热时易软化,因此管材、管件的运输、装卸和搬运应轻放,不得抛、摔、拖。存放库房应有良好通风,室温不宜大于40℃,不得暴晒,距离热源不得小于1m。管材堆放应水平、有规则,支垫物宽度不得小于75mm,间距不得大于1m,外悬端部不宜超过500mm,叠放高度不得超过1.5m。

(2) 胶粘剂等存放与运输应阴凉、干燥、安全可靠,且远距火源。胶内不得呈凝状和分层现象,未搅拌时不得有析出物,不同型号的胶粘剂不得混用和混合使用。

5 卫生器具的安装

5.1 常用型号规格与材料

卫生器具包括污水盆、洗涤盆、洗脸(手)盆、盥洗槽、淋浴器、大便器、大便冲洗槽、妇女卫生盆、化验盆、排水栓、地漏、清扫(清除)口、加热器、煮沸消毒器、饮水器等。

5.1.1 污水盆

一般为预制混凝土水磨石制品或现场砌筑后粘贴磁砖。主要规格有:600mm×600mm×500mm、600mm×500mm×400mm,前者以落地安装为主,后者用于架空安装。多用于办公楼、住宅及公共场所的盥洗间或厕所、厨房内作为洗涤拖布及排放污水用。安装详图见91SB2-42。

5.1.2 洗涤盆

也称家具盆。多为陶瓷制品,用于住宅和食堂的厨房内,或实验室内供洗涤餐具和实验器械。一般有8种规格1号~8号,其外形尺寸长410~610mm、宽310~460mm、高150~200mm。洗涤盆上可安设各种类型水龙头,其安装详图见91SB2-23~38。

5.1.3 洗脸盆

分普通洗脸盆、柱脚洗脸盆(也称立式洗脸盆)两类。普通洗脸盆应用较广,形式和规格较多,多用于住宅、办公楼、医院、实验室、浴室等处的盥洗间内,它是通过支架安装在墙上或支撑在大理石洗脸台板上。柱脚式(立式)洗脸盆可直接立装在地面上,一般用于建筑标准较高的卫生间内。洗脸盆上配有冷、热水接管和水嘴。水嘴的型号较多,依据不同建筑标准和用途而选用。常用水嘴形式有普通式、立式铜质水嘴、肘式开关水嘴(用于医院手术室),其安装详图见91SB2-1~22。

5.1.4 盥洗槽

为混凝土水磨石制品,安装在砖砌台墩上,一般为现场砌筑磨制。多用于公用场所的盥洗间内,供多人同时使用。安装详图见91SB2-39~41。

5.1.5 浴盆

有陶瓷、搪瓷、塑料、不锈钢等多种制品。较常用的是铸铁搪瓷制品,其型号规格多种多样,有单人浴盆、双人鸳鸯浴盆。档次差别很大,上水配件也是多种多样,标准不一。一般浴盆的配备有冷、热水水嘴和冷热水混合喷头,高档次的还有水力按摩设施。安装时除按91SB2-58~68标准详图安装外,还应依据该产品的使用说明书提供的技术资料进行安装。

5.1.6 淋浴器

淋浴器由喷头、冷热水龙头、冷热水阀门、转向阀和管件组成。淋浴间的淋浴器一般购买市面的镀镍配件,现场安装。组装管件多为镀镍钢管。而与浴盆配套的淋浴器,输水管件一般为软管,喷头可悬挂在墙上,也可以由淋浴者拿在手上,自由移动使用。其安装详图见91SB2-69~75及相应的产品说明书。

5.1.7 大便器

大便器分为坐式和蹲式两类。坐式分为后出水和下出水两种形式,配低位水箱冲洗设备。它一般用于住宅和宾馆的卫生间。其型号、规格、配件档次因使用地点不同而异。为了适应人们生活水平提高的需要,与大便器配套的电热电子配件也不断被开发(如电热加温冲洗附件等),蹲式大便器一般与高位水箱、节水直冲阀门等冲水设备配用,公共厕所内也有与集中冲水的大便槽冲洗水箱配套的。蹲式大便器多用于公共厕所、单身宿舍、办公用房、旅馆等场所。蹲式大便器的安装详见 91SB2－88～101 及配套冲洗设备的产品使用说明书。

5.1.8　大便冲洗槽

大便冲洗槽一般用于公厕,为现场砌筑而成,配用的大便冲洗槽专用冲洗水箱。

5.1.9　妇女卫生盆

也称净身器、坐浴盆,是一种坐式专供妇女洗涤下身的洁具。在卫生盆后装有冷热水龙头,连通管上装有转换开关,使混合水流经盆底的喷嘴向上喷出。其安装图参阅 91SB2－102、103及产品使用说明书。

5.1.10　小便器

小便器有挂式和立式两种,但型号规格较多,档次不一。冲洗方式有角形阀、直形阀及自动水箱冲洗,高档的还配有光电自动冲洗控制设施,配件一般配套供应。其安装详图见 91SB2－76～87。

5.1.11　小便槽

小便槽均为现场砌筑,其冲洗设施有两种。一种是安装喷淋洒水花管,其安装形式分甲、乙型两种,详见 91SB2－86;另一种是配有自动冲洗高位水箱,其安装形式也有两种,即甲、乙型,详见 91SB2－87。

5.1.12　化验盆

用于化验室,可分为台头式和托架式两种。台头式化验盆安装在化验台的端部或侧面上,并用螺栓直接固定。化验盆一般配用普通水嘴或鹅头式水嘴。鹅头式水嘴又分为单联、双联、三联三种。化验盆的规格也很多,有带水封和不带水封的。还有安装在台面上的小型化验盆。材质有陶瓷、不锈钢、搪瓷等。其安装图详见 91SB2－35～37。

5.1.13　倒便器

由不锈钢板制成。翻盖由脚踏板控制,上部配有由 $DN=25$ 的 AC2－25 型延时自闭式冲洗阀、防污器等组成的冲水系统和排至室外的 $DN=32$ 的排气管,下部配有 $DN=100$ 的排水管。倒便器多用于医院,用以排放住院病人便盆中的粪便。其安装图详见 91SB2－104 及产品使用说明书。

5.1.14　其他配件及材料

(1) 浮球阀

也称漂子门,用于控制水箱中的水位,当水箱中的水位低于控制水位时,浮球阀开启,水箱充水。当水箱中的水位达到控制水位时,浮球阀关闭,水箱停止充水。小号浮球阀

$DN = 15$,多用于厕所高位水箱和低位水箱;大号浮球阀 $DN = 25$、32,则多用于供暖系统的膨胀水箱或其他需要进行充水的地方。

(2) 橡胶板

其绝缘性能较好,富有弹性,不易开裂,防水性能好,可塑性强,可作为法兰垫片、活接头垫片、卫生设备下水口等的绝缘板、垫片等。有普通型、耐油型、耐酸型、耐热型等,其适应温度除耐油型、耐热型橡胶板为 $-30 \sim +100℃$ 外,其余为 $-30 \sim +60℃$,厚度为 $0.5 \sim 50mm$ 不等。

(3) 石棉橡胶垫板

是以石棉绒和橡胶为主要原料压制而成的密封用的垫料。适用于 450℃ 以下、压力 $<6MPa$ 的输水、煤气、蒸汽、压缩空气、氨、碱液体和惰性气体等流体介质的管道系统。根据承压和温度不同可分为:

高压石棉橡胶板:	用于 450℃ 以下、压力 $<6MPa$;
中压石棉橡胶板:	用于 350℃ 以下、压力 $<4MPa$;
低压石棉橡胶板:	用于 200℃ 以下、压力 $<1.5MPa$。

(4) 镀锌管件、镀锌燕尾螺栓、螺母

依据(94)质监总站 036 号文第三部分第 22 条规定,卫生器具的固定螺栓、螺母、垫圈等固定件均应使用镀锌件。

(5) 其他

如皮线截止阀、八字阀门、水嘴、丝扣返水弯、排水口等。

5.2　室内卫生器具安装的条件

5.2.1　所有卫生器具进场检验已进行,且检验合格,检验记录单、设备合格证、说明书齐全。

5.2.2　施工机具、安装配套的管件、阀门、支、吊、托架、垫片、螺栓、螺母等辅材已筹备齐全,预制器具应先预制好且检验合格。

5.2.3　所有与卫生器具连接的给水、排水、热水供应管道已安装就绪,灌水试验、水压试验合格,并已办理好隐检、预检记录手续。

5.2.4　本工序技术交底资料已编写就绪,且已向施工班组进行技术交底。

5.2.5　蹲式大便器的台阶已砌筑,土建防水层及保护层已施工验收合格。

5.2.6　除蹲式大便器和浴盆外,室内的抹灰、喷白、镶贴瓷砖等室内装修已基本完成。

5.2.7　按施工组织设计方案要求的安装条件已经具备,施工的房间已达到关闭条件。

5.3　卫生器具的安装

5.3.1　卫生器具安装中应注意的若干问题

(1) 依据卫生器具设计位置、标高、间距等尺寸及设备实际尺寸、标准图集安装要求,在现场进行安装前放线定位。

（2）卫生器具的固定宜采用预埋支架或用膨胀螺栓进行固定。若用木螺丝固定时，应预先埋设经浸泡沥青漆作防腐处理的木砖，木砖伸入墙体结构层内应不小于100mm。

（3）卫生器具稳装前应进行检查、清洗，与卫生器具配套的配件应配套齐全。卫生器具配件为塑料下水口及返水弯等，不得使用再生树脂制作，且应保证其圆度和硬度，不得造成渗漏、脱落等质量事故。

（4）卫生器具的陶瓷件与支架接触处应平稳妥贴，必要时应加软垫，但不得用垫灰、垫块方法固定器具和调整标高。扁铁支架用材应≥40mm×4mm（扁钢），螺栓≥M8。陶瓷件直接用预埋螺栓或膨胀螺栓固定在墙上时，螺栓应加软垫圈。坐便器和妇女卫生盆底部与地面接触处应加橡胶垫。螺栓拧紧时不得用力过猛，以免陶瓷破裂。

（5）管道及附件与卫生器具陶瓷件的连接处，应垫胶皮、油灰等垫料和填料。大便器、小便器排水口的承插接头应用油灰填充，不得用水泥砂浆充填。

（6）各种盆具排水口的固定接头应通过拧紧螺母来实现，不得强行旋转落水口，落水口应与盆底持平或略低于盆底。

（7）同时安装冷热水龙头的卫生器具应遵循左热右冷的安装规则。

（8）卫生器具平面安装位置和高度、排水管管径和最小坡度，以及给水配件安装高度，如设计无明确要求时，可参照表2.5.3－1、表2.5.3－2、表2.5.3－3尺寸安装。镀镍龙头等配件不准使用管钳拧紧，以免镀镍皮脱落，影响寿命和美观。龙头最好采用新型陶瓷密封件产品。

卫生器具的安装高度   表2.5.3－1

项次	卫生器具名称		安装高度（mm）		备　注
			居住和公共建筑	幼儿园	
1	污水盆（池）	架 空 式	800	800	
		落 地 式	800	500	
2	洗涤盆（池）		800	800	
3	洗脸盆和冲手盆（有塞、无塞）		800	500	自地面至器具上缘
4	洗 槽		800	500	
5	浴 盆		520		
6	蹲式大便器	高 位 水 箱	1800	1800	自台阶面至高水箱底
		低 位 水 箱	900	900	自台阶面至低水箱底
7	坐式大便器	高 位 水 箱	1800	1800	自台阶面至高水箱底
		低位水箱 外露排出管式	510		自地面至低位水箱底
		虹吸喷射式	470	370	自地面至低位水箱底

项次	卫生器具名称		安装高度(mm)		备　注
			居住和公共建筑	幼儿园	
8	小便器	立　式	1000		自地面至上边缘
		挂　式	600	450	自地面至下边缘
9	小便槽		200	150	自地面至台阶面
10	大便槽冲洗水箱		不低于2000		自台阶面至水箱底
11	妇女卫生盆		360		自地面至器具上边缘
12	化验盆		800		自地面至器具上边缘
13	淋浴器		2100		自喷头底部至地面

连接卫生器具的排水管管径和最小坡度　　　　　表 2.5.3－2

项次	卫 生 器 具 名 称	排水管直径(mm)	管道最小坡度	项次	卫 生 器 具 名 称	排水管直径(mm)	管道小坡度最
1	污水盆	50	0.025	8	大便器		
2	单双格洗涤盆	50	0.025		高低位水箱	100	0.012
3	洗手盆、洗面盆	30～50	0.020		自闭式冲洗阀	100	0.012
4	浴　盆	50	0.020		拉管式冲洗阀	100	0.012
5	淋浴器	50	0.020	9	小便器		
6	妇女卫生盆	40～50	0.020		手动冲洗阀	40～50	0.020
7	饮水器	25～50	0.01～0.02		自动冲洗阀	40～50	0.020

一般卫生器具给水配件的安装高度　　　　　表 2.5.3－3

项次	卫 生 器 具 名 称	给水配件中心距地面高度(mm)	冷热水龙头距离(mm)
1	架空式污水盆(池)水龙头	1000	
2	落地式污水盆(池)水龙头	800	
3	洗涤盆(池)水龙头	1000	150
4	住宅集中给水水龙头	1000	
5	洗面盆水龙头	1000	
	洗涤盆上配水龙头	1000	150
	下配水龙头	800	150
	冷热水上下并行(其中热水龙头)	1100	

项次	卫生器具名称	给水配件中心距地面高度(mm)	冷热水龙头距离(mm)
6	角阀(下配式)	450	
	洗涤盆上配水龙头	1000	150
	下配水龙头	800	150
	冷热水上下并行(其中热水龙头)	1100	
	角阀(下配式)	450	
7	盥洗槽水龙头	1000	150
	冷热水上下并行(其中热水龙头)	1100	150
8	浴盆水龙头(上配水)	670	
	冷热水上下并行(其中热水龙头)	770	
9	淋浴器 截止阀	1150	95(成品)
	莲蓬头下沿	2100	
10	蹲式大便器(从台阶面算起)		
	高位水箱角阀或截止阀	2040	
	低位水箱角阀	250	
	手动自闭式冲水阀	600	
	脚踏式自动冲水阀	150	
	拉管式冲洗阀(从地面算起)	1600	
	带防污助冲器阀门(从地面算起)	900	
11	坐式大便器 高位水箱角阀及截止阀	2040	
	低位水箱角阀	250	
12	大便槽冲洗水箱截止阀(从台阶面算起)	不低于2400	
13	立式小便器角阀	1130	
14	挂式小便器角阀及截止阀	1050	
15	小便槽多孔冲洗管	1100	
16	实验室化验盆龙头	1000	
17	妇女卫生盆混合阀	360	
18	饮水器喷嘴口	1000	

注:装在幼儿园洗手盆、洗脸盆、盥洗槽的水龙头距地面高度应减少为700,其他相应减少。

(9) 电加热器、电煮沸器应有接地保护装置,通电前应校对当地电源电压与产品规定电压是否相符。试验时应注满水(电煮沸器注水水位应高于电热管)后,再启动电源通电试验。试验后应将器内余水排净,并填写单机试验记录单。

(10) 卫生器具安装的共同要求是:

平:即同一房间、同一种器具上口边缘拉线应在同一水平线上,且间距均匀一致;

稳:安装后无松动现象;

准:平面位置、标高、间距准确;

牢:安装稳固,无脱落松动现象;

不漏:上下水接口连接必须严密不漏;

使用方便:即零部件布局和阀门及阀门手柄位置、朝向合理,便于操作;

性能良好:即阀门、水嘴使用灵活、管内通畅。

(11) 卫生器具的排出口应设存水弯,阻止管道中的污浊气体返回室内。

(12) 排水地漏和三用排水器不得设置在无防水层的地面上。地漏应安装在地面最低处,篦子顶面应低于该处地面5mm。水封深度不得小于50mm,扣碗安装位置正确,篦子应开启灵活,且做好防腐措施。交工前必须清除水封处的污物。

(13) 为防止通水时堵塞,卫生器具排水口在通水前应堵好,存水弯的排水丝堵可以后再安装。管件安装时应尽量采用阻力小的 Y 型和 TY 型三通和45°弯头。

(14) 卫生器具安装允许偏差应控制在下列范围之内:

坐标允许偏差:单独器具≤10mm

成排器具≤5mm

标高允许偏差:单独器具≤±15mm

成排器具≤±10mm

器具水平度允许偏差≤2mm

器具垂直度允许偏差≤3mm

(15) 卫生器具应结合给水系统和排水系统的通水试验对卫生器具进行灌水试验。灌水试验时试验水量应达到卫生器具的溢水口处,并检查器具溢水口的通畅能力及排水点的通畅情况,管路设备无堵塞、无渗漏为合格。试验数量为100%,试验结果与室内排水系统一起填入通水试验记录单内。

5.3.2 几种卫生器具的安装

(1) 大便器的安装

大便器由便盆、冲洗装置和排出装置三部分组成。大便器安装前应先对大便器及附件进行检查,各接口是否合适,便器和存水弯的两耳螺孔及内部有无渗漏和裂纹等。带水箱的大便器安装过程中应用水平尺找平找正,使进水口对准水箱出水口,冲水管呈垂直安装,不得歪斜。

A. 蹲式大便器的安装

首先应根据图示尺寸确定存水弯位置,并装好存水弯。再将大便器安装在存水弯上,找正合格后,用水泥砂浆砌筑便器砖座,砌至与底同高时,拿下大便器,用油灰将接下水口的地方涂抹严密,再用砂子或炉渣填满存水弯周围空隙,然后将便器复位,找正后用油灰抹严大便器与存水弯接口,留出便器进水口安装胶皮碗的位置,其余部位可用砂浆抹平。蹲式大便器安装后应满足下列要求,即:

(A) 大便器的上边缘要比便台低 20mm 左右。

(B) 大便器上边缘平面应抹入地面 2/3,以防止便台积水,引起渗漏。

(C) 对于高级建筑,便器上边缘可露出便器台上,但要注意采取防水措施。

B. 坐式大便器的安装

坐式大便器是由木螺丝固定在地板中的预埋木块上的,因此便器应在地板面层施工前安装找正,并固定好。安装时因坐便器结构特点不同,其安装的顺序应依其结构特点进行调整。因坐便器自带存水弯,因此排出口一般通过短管、弯头与排污三通连接,安装方法与蹲式大便器基本相同。

C. 冲洗设备的安装

大便器的冲洗设备有自动虹吸式和手动虹吸式冲洗水箱及延时自闭式冲洗阀。

延时自闭式冲洗阀与一般阀门安装一样,没有特别之处。冲洗水箱的安装前应检查所有零件是否完好,再组装调整、冲水试验,调节浮球水位,以防溢水。水箱固定时应注意使水箱中心线与便器中心线对齐,接口应严密不渗漏。

(2) 妇女净身盆的安装:妇女净身盆的安装与蹲式大便器的安装有所不同。

A. 净身盆配管和阀门的安装应注意冷热水管道和冷热水阀门的排列应遵循左热右冷的安装规则。

B. 净身盆三个阀门(冷、热、混合阀门)的安装高度应一致,安装后上根母与阀门颈丝扣应基本相平。

C. 排水口与净身盆排水孔眼的凹面应紧密无松动和无不严密现象。若有松动和不严密现象时,可将排水口锯掉一部分,使尺寸合适后再将排水口圆盘下加抹油灰,外面加胶垫眼圈,使溢水口对准净身盆溢水孔眼,拧入排水三通口上。

D. 安装就绪后,应接临时水源,通水试验无渗漏后,再进行净身盆的稳装。

E. 净身盆稳装前应将排水预留管口周围清理干净,取下管堵,并检查排水口内无杂物方能将净身盆排水管插入下水排水管内,并将净身盆稳平找正。

F. 净身盆找正后,中心线应垂直于后墙面,尾部距墙面尺寸应一致。

G. 净身盆的固定螺栓上应加胶垫和垫圈,底座与地面有缝隙之处,应用白水泥浆堵严找平,并将余灰擦拭干净。

(3) 小便器安装中应注意的事项

A. 小便器安装间距、高度应符合设计要求,冲洗管与小便器的进、出水管中心线应重合,便器之间间距应一致。

B. 固定便器的木砖应做防腐处理,埋设应牢固,且在土建防水施工之前进行。

C. 便器安装应横平竖直,既美观又便于管道的连接。

D. 小便器排出口与排水管三通承口间隙应用油灰填塞密封。

E. 立式小便器在土建防水施工之前应对小便器进水、排水口与暗装上下水管甩口连接的关系进行校验,偏差大而影响安装的,应在防水施工前进行调整(包括剔除加厚墙体粉刷层）。且应使给水口、排水口在一直线上。

F. 小便槽喷淋管的安装：小便槽喷淋管应特殊制作，按图下料套丝及打孔（孔径2mm，孔距12mm），安装时使喷淋孔与墙面成向下倾斜45°角，并用钩钉或管卡固定。

G. 冲水水箱内部零件在水箱内的位置要合理，便于操作。

（4）洗脸盆、洗涤盆的安装

A. 固定的木砖应做防腐处理，埋入墙体结构层内，埋设应准确、牢固，室内有防水的，应在土建防水施工之前进行埋设。

B. 安装时冷热水管道、冷热水阀门和冷热水龙头的排列应遵循左热右冷的安装规则。

C. 瓷器（脸盆、洗涤盆）安装必须平、稳、牢靠、间距均匀，在同一个房间内的标高一致。

D. 固定件应为镀锌制品，配件应齐全，开关灵活，无松动现象。排水管是塑料的，其颜色应与排水水管一致，不要发生颜色差异太大。

E. 支架应小巧、美观，固定应牢靠，与瓷器的结合应紧密无晃动现象。

F. 各接头无漏水、渗水现象出现。

G. 柱式面盆在下水管排水口预埋之前，应依产品具体尺寸认真校核其旁边的地漏下水口与脸盆中心线间的间距，防止将来安装时，因间距太小，使脸盆支柱压在地漏上，影响地漏的使用与维修。

（5）化验盆的安装

化验盆的安装与洗脸盆、洗涤盆的安装相似，因化验盆已自带水封，因此下水管与排水口之间不需再设存水弯。

（6）浴盆的安装

A. 浴盆规格很多，材质不一，因此安装尺寸也不一。安装前一定要认真校算其安装尺寸与其他设施及墙面之间间距的相互关系，将矛盾解决在浴盆定货之前。

B. 浴盆安装除了本身要平稳、与土建墙面的衔接要合理、美观外，尚应依供水设计配件的标准认真安装，达到质量符合设计和规范要求，外观布局合理、美观，接口不渗漏。

C. 浴盆排水口与排水管的排出口的连接要牢靠，不渗、不漏、不堵，便于检修。

6 室内供暖及热水供应管道的安装

本节概要介绍室内供暖、供汽及热水供应管道系统的安装。其输送热媒（介质）的温度多为≤150℃的热水及压力≤0.8MPa的饱和蒸汽。

6.1 常用材料

6.1.1 管材

室内供暖、供汽和热水供应，一般采用输送低压流体的镀锌钢管或非镀锌钢管（焊接钢管、无缝钢管)。其连接方式主要有四种,即丝扣连接($DN < 40$)、焊接($DN \geqslant 40$)、法兰盘连接($DN \geqslant 40$ 及与管道阀件、设备出入口配套的 $DN \geqslant 40$ 的管道)、卡箍连接($DN \geqslant 80$)。

(1) 镀锌钢管、焊接钢管(即水煤气管)

其材质为 A2、A3、A4 碳素钢,适用于输送 0 ~ 20℃、1.0MPa 以下的流体,常用规格见第 1 节。

质量要求:应有符合国家或部门现行标准的技术质量鉴定文件或产品合格证书,内外表面锌皮均匀、无脱落、无明显锈蚀、无毛刺、无凹陷、无扭曲等弊病,管件无偏扣、乱扣、丝扣不全或角度不准等现象。壁厚 $\delta \leqslant 3.5mm$ 时,表面不得有 0.5mm 深的伤痕;$\delta > 3.5mm$ 时,伤痕不得超过 1mm。电焊接钢管(标志为外径×壁厚)管壁比水煤气管薄,用在工程上时应注意其与水煤气管道外径和壁厚的匹配;另一种以公称直径表示的焊接钢管管壁也很薄,只能用于穿电缆,不能用作输送流体管道。

镀锌钢管和焊接钢管的标注:它们是焊接钢管的一种,通称水煤气管。其标志为公称直径 DN(公称直径不等于外径,也不等于内径)。压制弯头是用无缝钢管压制而成,因此选用压制弯头时一定要选用外径与水煤气管外径一致的产品(详见无缝钢管部分)。

(2) 无缝钢管

分热轧及冷拔两种,其材质和规格较多,常用的材质为 10 号、20 号、09MnV、16MnV 等。但在室内供暖、供汽和热水供应工程的选材时,应特别注意管道的内外径、壁厚要与焊接钢管(水煤气管)接近,以确保施工中能与管道连接配件匹配,壁厚套丝后能保证套丝部位管材强度能满足使用要求,外观配件搭配合适、美观。其公称直径与端螺纹相对应的无缝钢管规格见前表。它适用于输送温度 −40 ~ 475℃的介质。其质量标准同上。无缝钢管的标注为外径×壁厚。无缝钢管与水煤气管的匹配见表 1.20.9 − 2。

(3) 铜管

主要用于标准要求较高建筑的热水供应。其连接方法视管径大小、壁厚厚薄而定,主要有四种:即丝扣连接,用于管径 $\phi \leqslant 2mm$ 的一般铜管;翻边活套法兰连接和氩弧焊连接,用于管径 $\phi \geqslant 32mm$ 的一般铜管;承插接口锡焊连接,用于薄壁铜管。其标志为外径×壁厚。

(4) 塑钢复合管道、铝塑复合管道和 PP − R、PEX 等硬质塑料管道(详见第 7、8、9 节)。

6.1.2 配件及附材

(1) 法兰

其型号规格较多,与管道的连接有两种。一种是丝扣连接,另一种为焊接。法兰型号、规格及连接方式的选择与管道输送流体的压力等级及配套阀件、设备出入口的相应法兰型号规格有关。不同压力等级的法兰,其连接螺栓孔径和个数不一样,盘面的密封面的数量和使用垫片材质及厚薄也不一样,因此在编制采购计划时,不仅要考虑连接管道的规格、输送流体的压力等级,尚应考虑与它连接阀件的额定工作压力,和设备出入口法兰固有的规格相匹配。在工程实际中,由于统计和定货的失误,出现规格不一,连接螺栓孔个数不同的通病较常发生,应以此为戒。法兰与管材的连接方式有丝扣和焊接两种,丝扣连接一般用于 $DN \leqslant 32$ 的需要采用法兰连接的地方。

(2) 阀件

一般 $DN \leqslant 32$ 管道采用内螺纹连接的铜心截止阀,$DN \geqslant 32$ 采用法兰连接的截止阀或蝶阀,其型号及使用流体的性质和温度详见第1节和第2节。

(3) 填料

丝扣连接管道的填料有亚麻、线麻、油麻、白厚漆、聚四氯乙烯生料带等,高温热水及蒸汽管道的填料还使用石墨粉加清油拌成的黑铅油,并缠以石棉绒。法兰盘连接使用软质法兰垫片,输送的介质不同、压力、温度不同,其垫片也不同,详见表2.6.1-1。

法兰软垫片

表2.6.1-1

垫板材料	适 用 介 质	最高工作压力(MPa)	最高工作温度(℃)
橡胶板	水、压缩空气、惰性气体	0.6	60
夹布橡胶石棉板		1.0	60
低压橡胶石棉板	水、压缩空气、惰性气体、蒸汽、煤气	1.6	200
中压橡胶石棉板	水、压缩空气、惰性气体、蒸汽、煤气、有氧化性的气体(SO_2、NO、CL)、酸、碱稀液、氨	4.0	350
高压橡胶石棉板	压缩空气、惰性气体、蒸汽、煤气	10	450
耐酸石棉板	有机溶剂、碳氢化合物、浓无机酸(硝酸、硫酸、盐酸)、强氧化性盐酸液	0.6	300
耐酸石棉橡胶板	油品、液化气、溶剂、氢气、硫化催化剂	4.0	350
软聚氯乙烯板	水、压缩空气、酸、碱稀溶液、具有氧化性的气体	0.6	50
浸渍过的白石棉	具有氧化性的气体	0.6	300

注:1. 溶剂包括丙烷、丙酮、酚、糠醛、异丙醇、苯。

2. 苯、航空汽油或航空煤油不宜采用橡胶板做垫片。

(4) 油漆

A. 油漆按使用环境条件分四大类

(A) 防大气腐蚀为主的油漆:如红丹底漆和调合漆的合理搭配即可。

(B) 防土壤和水腐蚀为主的油漆是沥青,其特点是耐水、防潮性能好,化学性能稳定性强,具有较好的耐酸、碱和绝缘性能,价格便宜。

(C) 以防酸、碱、盐腐蚀为主的油漆:主要是过氯乙烯漆,它是挥发性的涂料,主要成膜物质是过氯乙烯树脂,化学稳定性好,能耐低浓度的硫酸、硝酸及烧碱的腐蚀,但不耐酚类、苯类等有机溶剂的腐蚀。是常温下的快干漆(2h可全部干燥),但耐热性能差,只能在60℃以下低温介质管道使用。

（D）以耐高温为主的油漆：如刷于锅炉、烟道表面的黑色酚醛烟囱漆（F83－1）和刷于高温管道上的有机硅耐热漆（W61－27）等。这些油漆可耐 300～500℃高温，但对管道表面除锈要求很严格，最好用喷砂除锈处理。

B．按一般施工工序及功能分为底漆和面漆两类

（A）底漆

也称防锈漆。分为油性防锈漆和树脂防锈漆两种。管道防锈漆用得较多的是红丹防锈漆。其型号的选用应以不同的基层及用途进行选择（表 2.6.1－2）一般成品底漆使用时应掺 10%～20% 的 200 号溶剂汽油或松节油（稀料）稀释剂进行调制。若自己调制则应按红丹粉∶清油∶稀释剂（200 号汽油或松节油）＝ 6∶3∶1 进行调制。

常用防锈漆的名称、型号和用途　　　　　　　　表 2.6.1－2

序号	牌号	名　　称	性　能　和　用　途
1	Y53－1	红丹油性防锈漆	钢铁表面打底用，附着力强，防锈性好，由于耗用铅多，制漆时容易中毒，一般较少采用
2	F53－1	红丹酚醛防锈漆	钢铁表面打底用，不能用于铅板、锌板或镀锌钢板上，比 Y53－1 干燥快
3	Y53－2	铁红油性防锈漆	附着力强，防锈性较差，钢铁表面打底用
4	Y53－3	铁红酚醛防锈漆	
5	C06－1	铁红醇酸底漆	附着力和防锈能力都较好，高温条件下钢铁表面打底，以及铜、铅、锡有色金属表面打底用
6	F06－8	锌黄、铁红、灰酚醛底漆	有良好的附着力和防锈性。锌黄色用于铝合金表面，铁红色和灰色用于钢铁表面
7	F06－9	锌黄、铁红纯酚醛底漆	耐水性好，有良好的附着力和一定的防锈性。用途同 F06－8
8	G06－4	锌黄、铁红过氯乙烯底漆	耐化学性较好，与过氯乙烯面漆配用。锌黄色用于铅合金表面，铁红色用于钢铁表面
9	X06－2	磷化底漆	能增加漆料的附着力，结合力较好，用于钢铁和有色金属表面打底
10	7108 稳化型	带锈底漆	用合成树脂加入化锈颜料和有机溶剂制成，能将锈蚀物转化为保护性物质，可直接在锈蚀钢铁表面打底用

新型防锈漆硼钡酚醛防锈漆（F53－9）与钢基层的附着力和防锈能力均比红丹防锈漆强，可以用刷涂和喷涂施工，干燥快，遮盖力比红丹漆强，但它对基层的除锈要求较高，是红丹防锈漆的替代品。与其配套使用的面漆是酚醛磁漆、醇酸磁漆和一般调合漆。进口的 IC531 涂料（美国生产的）具有配比简单、操作方便、与钢材溶为一体、耐腐蚀强、寿命

长、无毒、无味、无需面漆的优点,是防锈漆的新产品。

(B) 面漆

面漆主要有两类,即调合漆和磁漆。面漆的选用要注意与底漆的配合。与红丹防锈漆配套的面漆有调合漆、酚醛调合漆、醇酸脂胶调合漆、脂胶调合漆、酚醛磁漆、醇酸磁漆等。其稀释剂与红丹防锈漆的稀释剂同。

(5) 保温材料

A. 保温材料的技术性能要求

(A) 依据 GB 4272—92《设备及管道保温设计通则》、GB 8175—87《设备及管道设计导则》GB 50264—97《工业设备及管道绝热工程设计规范》规定,由于绝热材料在某一密度下导热系数受温度影响很大,因此均要求选择能提供在使用密度下的导热系数方程式或图表的产品和厂家。

(B) 保温材料及其制品的容重不得大于 $400kg/m^3$ 平均温度 $\leqslant 623K(350℃)$ 时,导热系数 $\lambda \leqslant 0.12W/m \cdot K(0.103kcal/m \cdot h \cdot ℃)$;硬质绝缘制品抗压强度 $\geqslant 0.4MPa$。

(C) 保温材料及其制品的化学性能应稳定,对金属不得有腐蚀作用,且应提供耐热性能、膨胀性能、防潮性能的数据或说明书,其性能应符合使用要求。

(D) 散装绝热材料不得混有杂物及尘土,纤维类的绝热材料中 $\geqslant 0.5mm$ 的渣球含量:矿渣棉 $< 10\%$、岩棉 $< 6\%$、玻璃棉 $< 0.4\%$。直径 $< 0.3mm$ 的多孔性颗粒类绝热材料不宜使用。

(E) 保温材料及其制品必须具有产品质量证明书或出厂合格证,其规格、性能等技术参数应符合设计文件规定。当产品质量证明书或出厂合格证中所列的指标不全或对产品质量(包括现场自制品)有怀疑时,供货方应负责对下列性能进行复验,并提供复验检验合格证。保温材料及其制品证书(含合格证)中应提供的技术指标项目如下:

多孔颗粒制品:容重、机械强度、导热系数、外形尺寸等;

松散材料的:容重、导热系数、粒度等;

矿棉制品:容重、导热系数、使用温度、外形尺寸等;

散棉的矿棉制品:容重、导热系数、使用温度、纤维直径、渣球含量等;

泡沫多孔制品:容重、导热系数、含水率、使用温度、外形尺寸等。

(F) 受潮的绝热材料及其制品,当经过干燥处理后仍不能恢复合格的性能时,不能使用。

B. 保温材料的保护层

(A) 镀锌钢板及铝板:其厚度镀锌钢板为 $\delta = 0.25 \sim 0.5mm$,铝板 $\delta = 0.5 \sim 1.0mm$。

(B) 玻璃钢壳:能于现场就位粘结,施工方便,主要材料为环氧树脂和聚脂类玻璃钢,它们有阻燃型和一般非阻燃型之分,其厚度 $\delta = 0.20 \sim 0.5mm$。

(C) 包扎铁丝网和绑扎紧固铁丝:用于对保温层的包扎,一般用镀锌件,网眼大小和铁丝直径与保温管道直径大小和设备不同而异。$DN \leqslant 150$ 管道和设备采用 $3/4''(20 \times 20)$ 方网格,$DN > 150$ 管道和设备,板壁采用 $1''(25 \times 25)$ 的方网格。$DN \leqslant 100$ 管道和设备采用 20 号铁丝,$DN = 125 \sim 600$ 管道和设备采用 18 号铁丝,$DN > 600$ 管道和设备采用 14 号铁丝。

（D）石油沥青和油毡：用于保护层和防潮层。石油沥青一般采用 10 号、30 号，油毡最好采用粉毡，用于保护层时采用 200 号，用于防潮时采用 350 号。

（E）玻璃丝布：有无碱、有碱之分。无碱布含蜡浸润剂不大于 2.5%（碱金属氧化物 ≤ 2.0%、蜡 ≤ 0.5%），适用于 600℃以下的管道。有碱布蜡浸润剂含量 ≤ 15%，适用于 300 ~ 400℃的管道，一般保温工程采用厚度 ≤ 0.1mm。

（F）钩钉和销钉：为 $\phi3$ ~ $\phi6mm$ 低碳钢制作。硬质保温材料钉距 300 ~ 600mm。软质保温材料钉距不宜大于 350mm，侧面钩钉个数不宜少于 6 个/m²；底部钩钉个数不宜少于 8 个/m²。保冷层不宜使用钩钉结构。有振动的地方钉距应加密。

6.2　室内供暖和热水供应管道安装的条件

6.2.1　设计施工图纸已经过会审，施工图设计交底已进行，设计中各专业间在图中的矛盾已解决，施工组织方案已编制，且已经审批和向施工技术负责人、工长交底。各工序的施工技术交底已编制，并向施工班组交底和填写施工技术交底记录单。

6.2.2　所需的管材、支、吊、托架已进场，且经过进场材料检验并填写检验记录单。

6.2.3　管道及附件的除锈防腐已处理完，预检记录单已填写并符合施工技术资料文件管理的要求。

6.2.4　土建结构施工已完工，地沟已砌筑，室内粗装修已完成，预留孔洞、预埋件及套管已施工和预检（隐检）合格，并办理检查记录单。土建施工参照基线已标出。

6.2.5　水箱、集气罐、水泵等设备已安装就位，减压器（阀）、除污器、阀门等的进场检验、试压已合格，并办理各项检验手续，合格证、说明书齐全。

6.2.6　已按设计图、变更洽商在纸面上放样就绪，并于现场放线校对合格，各横管、立管位置、坡度、坡向、甩口尺寸和位置正确，调整无误。

6.3　室内供暖和热水管道的安装

6.3.1　预留孔洞及预埋件的施工

（1）预留孔洞及预埋件的施工在土建结构施工期间进行。

（2）配合土建施工依据设计要求 DBJ 01—26—96(三)表 1.4.3 规定，进行预留孔洞预留。在预留过程中应将木模或钢模具固定牢靠，需切断的钢筋应与土建专业技术人员协调，得到土建专业技术人员同意，并采取加强措施。浇混凝土时应派员在现场进行监督，防止孔洞模具或预埋件移位。

（3）应事先审核图纸，按设计要求和规范规定确定预埋套管、支架等预埋铁件的位置，配合土建结构施工进行预埋。套管的规格比穿管直径大两号。穿地下室外墙及有防水要求的维护结构应采用刚性套管；穿一般楼板的套管材质为钢管，且高出地面 20 ~ 50mm；穿一般墙体的套管材质为 $\delta \geqslant 1mm$ 的镀锌钢板卷成的套管。套管应内外除锈，内壁防腐。止水带与套管采用通焊固定，不得有漏焊和夹渣现象。管道安装后，除了管道与套管间的缝隙应用油麻填实外,缝隙表面有防水要求的应用沥青或密封胶封堵。

支架等的预埋铁件应依设计要求及规范的规定进行埋设,钢制管道支吊托架的间距应符合规范的规定。预埋套管及支架的制作安装详见91SB1相关详图。

(4) 水平管道的支、吊、托架当管道较长时,不得全部采用吊架,应在一定位置设刚性吊架替代柔性吊架,以免管道晃动。支、吊、托架间距太大或在拐弯处和易受外力影响而变形的部位,应增加支、吊、托架固定。吊架不得歪斜,也不得以管卡取代水平管道的支、吊、托架。

(5) 支、吊、托架型号规格应与管道直径配套,不得以小代大,也不得以大代小,切防随意抓用未经核对的支、吊、托件,避免出现管道塌腰现象。管道的三角形托架安装应垂直地面,不得采用倾斜安装来适应管道的走向因坡度而不是水平的要求。为保证管道与托架有较好的接触面,应在托架横梁上增加带斜面的垫铁来找平。

(6) 由于陶粒混凝土空心砌块较脆,打眼打洞时易脆裂粉碎,因此在陶粒空心块砌体的隔墙上预埋件的埋设应事先依据管道走向和设备安装位置,拟定支、托架的位置,配合土建隔墙的砌筑工序,事先用碎石混凝土或豆石混凝土设置预埋块,在预埋时埋设铁件,以便以后安装支、托架。若土建在陶粒空心块砌体隔墙时遗漏配合浇筑混凝土预埋块,则应适当扩大预埋件孔洞,用加膨胀剂的豆石混凝土捣实预埋。在土建隔墙(石膏板、钢板网、铝合金等)上管道及设备的支、托架的埋设,事先依据管道走向及设备安装位置安排好支、托架位置,配合土建隔板施工工序,增设加强龙骨等措施,为牢靠埋设支、托架做好准备。

(7) 在墙面上有贴磁砖等饰面时,应与土建配合事先拟定托架位置,土建贴磁砖时在托架处预留磁砖不贴,待将托架安在磁砖缝处后,再贴磁砖,以免损坏磁砖和影响磁砖贴面外观质量。

(8) 伸缩器两端固定支座的设置及安装应严格按照设计要求布置,若设计无要求时,供热管道温度较高(高温热水、蒸汽管道、低温冷冻水管等)则应按计算补偿要求设固定支座。固定支座支架的埋设应与结构浇筑混凝土同时进行,其制作与加工参照91SB1 - 113 ~ 121。

(9) 预留孔洞及预埋铁件(含套管)安装后应办理预检手续,并填写预检记录单。刚性防水套管和埋于楼、地面内的落地管卡应办理隐检检验手续,并填写隐检记录单。检验应按专业、按楼层、按部位(墙体或楼地面)分别进行检验和填单。

6.3.2 室内供暖管道的安装

(1) 安装前的准备工作

A. 熟悉图纸,配合土建施工进度预留槽洞及安装预埋件。

B. 按设计图纸和规范规定放样,绘制安装详图,确定管路坐标和标高、坡向、坡度、管径、变径、预留甩口、阀门、卡架、拐弯、节点、伸缩补偿器及干管起点、终点的位置,并于现场进行校对、调整。

C. 按调整后的放样详图断管、套丝、煨弯、除锈、防腐,进行管件加工和预组装、调直。

D. 清理地沟内的污物。做好伸(缩)补偿器的加工或安装前的检查(如成品的波纹或套筒式补偿器)工作。

E. 按设计和规范的质量要求和间距规定,做好管道支、吊、卡架的预制和安装。

F. 做好散热器的组对、防腐、试压工作,按设计要求将散热器稳装到各房间的散热器的托钩上。

G. 做好上述管件支、吊、托架的加工制作、安装的预检、隐检工作,填写相应的检查记录单。

(2) 供暖管道安装的顺序

A. 管道安装的顺序应先安装室外干管,然后再安装室内干管、立管和支管。

B. 地沟内的托、吊、支架应在沟盖板未安装前安装和检查完成。位于楼板下及顶层的干管应在结构封顶后或结构进入安装层的一层以上之后安装。立管必须在确定准确的地面标高后进行安装,支管必须在墙面抹灰后进行安装。

(3) 供暖管道安装的质量要求

A. 管道坡向和坡度

热水供暖和热水供应的供热(水)干管的坡向宜与管内水流方向相反(即反坡敷设,也称抬头走),这样符合气泡浮升与水流方向同向,利于排气,避免"气塞"。热水供暖的回水干管、热水供应的循环干管、蒸汽干管、蒸汽凝结水干管的坡向宜与管内介质流向相同(即顺坡敷设)。

上供下回供暖系统(上分式)的集气罐安装在供水干管末端是符合机械循环热水供暖系统的内在机理的,因为气泡在管中的浮升速度均小于机械循环热水供暖系统管内水流的速度($\geqslant 0.25$m/s),要靠坡度来促使气泡倒流是不可能的(气泡在管内的浮升速度分别为垂直立管内 0.25m/s,水平和稍微倾斜干管内流速为 $0.1 \sim 0.2$ m/s)。因此未经设计人员许可,不得随意改变集气罐的位置。若要改变应依北京市(94)质监总站第 036 号文件通知办理洽商。

热水供暖、热水供应管道及汽水同向流动的蒸汽和凝结水管道坡度一般为 0.003,但不得小于 0.002;汽水逆向流动的蒸汽管道坡度不得小于 0.005。

连接散热器的支管应保持一定坡度。当支管长度 $\leqslant 500$mm 时,坡度值为 5mm;大于 500mm 时,坡度值为 10mm。当一根立管接往两根支管时,只要其中一根超过 500mm 其坡度值为 10mm。

B. 材质要求和接口的质量控制

(A) 供暖、供汽、凝结水管一般采用焊接钢管(水煤气管)或无缝钢管,而热水供应管道一般采用镀锌焊接钢管(水煤气管)或铜管。为避免因电位差造成的加速电腐蚀现象,因此不得采用焊接钢管和镀锌管件混合使用,反之亦然。

(B) 管道接口:供暖管道管径 $\leqslant 32$mm,采用丝扣连接,丝扣连接的质量要求同第 1 节。管道管径 > 32mm,采用焊接连接,焊口质量要求详见第 4 节 4.3.2(6),但焊口距支、托架边缘和管道起弯点应大于 50mm。无缝钢管一般采用焊接接口,管径 $\leqslant 32$mm,也可以采用丝扣连接。无论是采用何种连接方式,在管材的选用上应选择外径和壁厚与焊接钢管接近的规格,以适应套丝和外径一致的要求。镀锌钢管的接口要求详见第 1 节。

(C) 依据 GBJ 242—82 及北京市(1994)质监总站第 036 号文件规定,高温热水供暖管道、住宅工程室内低温供暖干管不应采用油任(活接头)作为可拆卸的连接件,如设计要求必须设置可拆卸的连接件时,应使用法兰连接。

散热器与支管的连接必须安装可拆装连接件,依据北京市(1994)质监总站第 036 号文件规定,单管穿流式热水供暖系统无闭合管的立管阀门之后可不安装油任,有闭合管的立管阀门之后应设油任,但闭合管可不安装油任,而立管接回水干管一侧的阀门前应设油任(详见 91SB1)。油任的安装方向应是插口方向与水流方向相同。

(D) 依据北京市(1994)质监总站第 036 号文件第四部分第 7 条规定供暖干管分环路进行分支连接时,不得采用丁字直线管段连接,应考虑管道的伸缩要求,采用羊角弯分路连接;对于主回路上的水平分支管(包括只带一根立管的水平管段较长的支管),当主干管管径≥40mm 时,宜焊成斜三通形式分路;当主干管管径 < 40mm 时,若采购不到斜三通,可以采用一般三通分流连接。

(E) 依据北京市(1994)质监总站第 036 号文件第四部分第 8 条规定供暖立管与横干管连接时,应按 91SB1P29 方式连接,如立管直线长度小于 15m 时,立管与干管可用两个90°弯头连接;立管直线长度大于 15m 时,立管与干管可用三个 90°弯头连接;横节长度应为 300mm,且应有 1% 的坡度,不要使用对丝加弯头代替横节管段的连接方法。立管底部应安装泄水阀门或丝堵(此规定扩大到明装干管,与教科书、91SB 图集及老版本图集仅限于吊顶内暗装干管不一致,对于层高低的经济适用房极为不利,在低温热水供暖系统,建议还是采用乙字弯来调节干管与立管距墙的差异,而不采用上述规定,但有闭合管段的,应将闭合管段偏向散热器一侧,以利于缓解管道伸缩的影响;其实在 300mm 内要保证坡度 1% 也难以实现,除非硬搬破坏丝扣)。

(F) 依据北京市(1994)质监总站第 036 号文件第四部分的规定供暖管道变径连接时不得采用补心变径,水平管应采用变径短管变径。热水供暖的供回水的水平管、热水供应水平管采用上平下斜的偏心变径接头;立管和接散热器支管采用同心变径接头(但不得用补心);蒸汽水平干管采用上斜下平的偏心接头;蒸汽立管和凝结水(立、水平)管采用同心变径接头。变径管的长度详见本篇相关部分。变径起始点距离管道分叉点的距离:当管径≥70mm 时为 300mm;当管径≤50mm 时为 200mm。

(G) 法兰的安装:法兰连接一般用于管径大于 32mm 的管道,常用平焊钢法兰。平焊钢法兰适用于温度≤300℃,公称压力≤2.5MPa 的输送水、蒸汽、空气、煤气等中低压管道,其材质为 A3 或 20 号钢。

其与管道连接的连接方法分两种:管道压力为 0.25~1.0MPa 时,采用普通焊接法兰,即法兰与管道焊口处不开坡口;压力为 1.6~2.5 MPa 时,应采用加强焊接法兰,加强焊接法兰是在法兰端面与管子外周边接触的端面管孔周边开坡焊接。

法兰焊接时必须使管子与法兰端面垂直,可用法兰靠尺检查,检查时需从相隔 90°的两个互相垂直的方向进行,调整后点焊固定,再次进行检查法兰的垂直度,直至合格后再焊接。在检查法兰垂直度的同时,还应检查管子插入法兰的深度,应使管子端面距法兰盘内端面有一定的距离,其大小为管壁厚度的 1.3~1.5 倍。一切检查合适后再进行焊接,焊完后如焊缝有高出法兰盘内端面的,应用锉刀锉平,以保证法兰连接的严密性。

法兰连接的安装顺序:首先应将两法兰对平找正,并先在法兰盘螺孔中穿几根螺栓,插入法兰密封垫片,再次将螺栓穿齐,找正衬垫,按对角顺序分 3~4 次拧紧螺栓,以保证衬垫受力均匀,密封可靠。法兰中间不得放置斜面衬垫或几个衬垫,且螺杆伸出螺母端面的长度不宜大于螺杆直径的 1/2。供暖及热水供应宜采用橡胶石棉垫;蒸汽等高温管道绝对不允许使用橡胶垫。衬垫外周应带"柄"以便调整衬垫在法兰中的位置,不带柄的垫称"死垫"。"死垫"是一块不开口的圈形垫料,它与钢板(约 3mm)叠在一起,夹在法兰中间,用作堵板。但"死垫"的钢板应加在垫圈后方,位置颠倒了易出事故。垫片的允许偏差见表 2.6.3-1。

软垫片的允许偏差 表 2.6.3-1

公称直径 (mm)	法兰密封面形式					
	平面式		凹凸式		榫槽式	
	允 许 偏 差 (mm)					
	内径	外径	内径	外径	内径	外径
<125	+2.5	-2.0	+2.0	-1.5	+1.0	-1.0
≥125	+3.5	-3.5	+3.0	-3.0	+1.5	-1.5

(H) 变配电室、控制室内管道和设备接口均应为焊接接口,且不得设置阀门。

C. 管道的支、吊、托架

(A) 管道的支、吊、托架制作安装详见 91SB1P79~P121。

(B) 钢管管道支架的最大间距详见 GB 50242—2002 表 3.3.8 或 DBJ 01—26—96(三)表 1.4.5。塑料管和复合管道支架的最大间距详见 GB 50242—2002 表 3.3.9,铜管支架的最大间距详见 GB 50242—2002 表 3.3.10。

(C) 立管卡层高≤5m,每层设一个,层高>5m,每层不得小于两个。管卡安装高度距地面为 1.5~1.8m,两个以上可均匀安装。立管卡埋深应≥100mm。

(D) 供暖、热水供应冷热水支管在拐弯处及易受外力影响而变形的部位,以及散热器支管长度大于 1.5m 的应增加支托卡架。住宅工程暖卫及冷、热水支管管径小于 25mm,管中心距墙面不超过 60mm,可采用单管卡作为托架,但支架间距不得超过 1.5m。

其他注意事项同本节 6.3.1 条。

D. 管道伸缩器的安装

(A) 自然补偿:它是利用管道中弯曲的部件(弯头、乙字弯等)吸收管道因热膨胀和冷缩引起的变形(伸长、缩短)。当利用管道弯曲部件不能吸收管道热胀冷缩的变形时,才在直管段上每隔一定距离安装伸缩器,以补偿管道伸缩的变形。

(B) 方形伸缩补偿器:方形伸缩补偿器由同等管道加工而成。加工方法一般采用煨弯制作。尺寸较小的方形伸缩补偿器可用一根管道煨成,大尺寸的方形伸缩补偿器可用两根或三根管道煨制后再焊接而成。因方形伸缩补偿器作用时其顶部受力最大,因此要求顶部采用一根管道煨制,不得有焊口存在。伸缩器组对时应在平地上连接,连接点应在受力较小的垂直臂中部位置,组对尺寸应正确,四个弯曲角要在一个平面内,弯曲角必须是90°,否则会引起组对不易,造成横向位移,使支架偏心受力,甚至发生管道脱离支架。伸缩器安装时应将两臂拉伸(或压缩)其补偿量一半长度,误差允许值为±10mm。方形伸缩补偿器垂直安装时,应加装排气、泄水装置。伸缩器安装时应在两固定支座附近增设导向支座(活动支座),以防止运行时因管道伸缩脱离支座。

(C) 套筒式伸缩器:套筒式伸缩器有套筒伸缩补偿器和填料式伸缩补偿器两种,其材质有铸铁和钢制。一般用于管径 $DN > 100$,且工作压力也较大。PN 小于 1.6MPa 时用钢制补偿器;PN 小于 1.3MPa 时用铸铁补偿器。套筒式补偿器的特点是补偿能力较大,占地小,安装简单,但易漏水,需要经常更换填料。因此在遇水能发生危险的场合及埋地敷设的管道不能采用。套筒式伸缩器还有单向和双向补偿之分,单向补偿应安装在固定支架旁边的直管段上,双向补偿应安装在直管线中间。安装前应将伸缩器拆开,检查内部零件及填料是否齐备,质量是否符合要求。安装时还应使伸缩器中心线与管道中心线一致,不得偏斜,并在靠近伸缩器两侧各设一个导向支架,以免运行时管道偏离中心位置。套筒式伸缩器安装时应进行预拉伸(预压缩),预拉伸(预压缩)后的安装长度由管道最大伸缩量确定,但同时还应考虑到管道低于安装温度下运行的可能性,因此其导管支撑环与外壳支撑环之间应留有一定间隙。其预留间隙可参照表 2.6.3 - 2 取值。套筒式补偿器安装还应符合下列要求。

a. 与管道保持同心,不得歪斜。

b. 按设计规定安装长度,并考虑气温变化,留有剩余伸缩量(△ 值),允许偏差为±5mm。

c. 在靠近补偿器两侧,至少各有一个导向支座,保证运行时自由伸缩,不偏离中心。

d. 插管应安装在介质的流入端。

e. 填料石棉绳应涂石棉粉,并逐圈装入,逐圈压紧,各圈接口应相互错开。

套筒式伸缩补偿器的安装间隙(△ 值)　　　　表 2.6.3 - 2

固定支座间的直管段长度 (m)	在下列温度安装时其间隙量 △ 的最小值(mm)		
	5℃	5 ~ 20℃	20℃
100	30	50	60
70	30	40	50

(D) 波形伸缩器(波形伸缩补偿器)

波形伸缩补偿器由波节、内衬套筒组成,内衬套筒一端与波壁焊接,另一端可以自由移动。波形伸缩器一般用 3 ~ 4mm 厚钢板制成,强度较低,补偿力小,只用于工作压力 PN ≤0.7MPa 的气体管道或管径大于 150mm 的低压管道。安装时应注意使管道内输送的介质流动方向从焊端流向自由端,并与管道坡度一致,防止凹槽内大量积水;同时还需在波峰的下端设置放水装置,中心线不得偏离管道中心线;不能在波节上安置吊装绳和焊接支架或附件。波形伸缩器的预拉伸量和预压缩量如表 2.6.3 - 3,安装可分 2 ~ 3 次逐次加大,并使每个波节四周受力均匀,其拉伸量允许偏差值为 ±5mm。

波形伸缩器的预拉伸量和预压缩量(mm)　　　　　　表 2.6.3-3

实际安装温度(℃)	-20	-10	0	10	20	30	40	50	60	70	80
预拉伸量	$5\Delta L$	$4\Delta L$	$3\Delta L$	$2\Delta L$	$1\Delta L$	0					
预压缩量						0	$1\Delta L$	$2\Delta L$	$3\Delta L$	$4\Delta L$	$5\Delta L$

波形伸缩器安装后应符合下列要求:

a. 按设计规定进行预拉伸(或预压缩),使受力均匀。

b. 内套有焊缝的一端,水平管道应迎介质流向安装,垂直管道应置于上部。

c. 应与管道保持同心,不得偏心。

d. 安装时应设临时固定,待管道安装固定后再拆除临时固定设施。

e. 水压试验时压力绝对不允许超过波形伸缩器的使用压力。为避免过量拉伸,试压前应将伸缩器用固定架夹牢。

(E) 管道伸缩量 ΔL 的计算

$$\Delta L = 0.012(t_1 - t_2)L$$

式中　ΔL——管道热伸长(冷压缩)量(mm);

　　　t_1——管内介质温度(℃);

　　　t_2——管道安装地点环境温度,室内取 -5℃,室外取供暖室外的计算温度(℃);

　　　L——计算管道的长度(m);

　　0.012——钢材的线膨胀系数(mm/m·℃)。

E. 管道和系统试压

(A) 试压的分类

分强度及严密性试验和单项试验及综合试验。试验工质为水。一般承压管网系统的强度试验和严密性试验采用同一套设备,分阶段进行。第一阶段试验压力比系统的额定工作压力高,一般为额定工作压力的 1.2~1.5 倍,当压力升至试验压力时停止升压,若在稳压 5min(或 10min)内,压力降 ≤0.02(0.05)MPa,系统无渗漏为合格,此段试验为系统的强度试验。然后将压力降至额定工作压力,稳压一定时间,检查系统各管道接口、阀件等附属配件是否渗漏,不渗漏为合格,此段试验称为严密性试验。

单项试压主要用于分系统和分工序管道安装后,或隐蔽(或埋设)前的管道试压;综合试压用于系统全部(含附属设备和附件)安装完成后的试压。

(B) 试验标准

a. 热水供暖系统:依据 GBJ 242—82 第 6.2.8 条规定,若设计未规定,可按下列规定采用(注:新标准详见 GB 50242—2002《建筑给水排水及采暖工程施工质量验收规范》)。

(a) 单项试压:

多层建筑:试验压力 0.7MPa,5min 内无渗漏,压降 ≤0.02MPa。然后将试验压力降至工作压力,进行严密性试压,压力维持时间 10min 以上,并进行外观检查不渗不漏为合格。

高层建筑:试验压力 1.2MPa,5min 内无渗漏,压降 ≤0.02MPa。然后将试验压力降至工作压力,进行严密性试压,压力维持时间 10min 以上,并进行外观检查不渗不漏为合格。

(b) 综合试压:依据 GBJ 242—82 第 6.2.8 条规定,室内热水供暖系统综合试验压力应符合两个条件,并取其中最大值作为水压试验压力。第一个条件是:试验压力等于系统顶点的工作压力加不小于 0.1MPa;第二个条件是:试验压力必须维持系统顶点的压力不小于 0.3 MPa。依此推论,试验压力应满足的第二个条件是

$$(0.3 + 0.01\Delta h)\text{MPa}$$

式中 Δh——为系统顶点与试压泵所在层次楼面标高差,单位为 m。

依上述条件,具体到实际工程时,对于不同类型的建筑水压试验压力的取值分别为:

多层建筑——在 0.5MPa 与 $(0.3 + 0.01\Delta h)$MPa 中取最大值,且 5min 压力降 ≤ 0.02MPa。

高层建筑——在 0.8MPa 与 $(0.3 + 0.01\Delta h)$MPa 中取最大值,且 5min 压力降 ≤ 0.02MPa。

然后将试验压力降至工作压力,进行严密性试压,压力维持时间 10min 以上,并进行外观检查不渗不漏为合格。

若试验压力大于系统最低点(最低层)散热器所能承受的最大试验压力,则应分层(或分层段)做水压试验。

b. 室内蒸汽供汽(暖)工程

(a) 当蒸汽工作压力(表压力) > 0.07MPa,应以系统顶点工作压力的 2 倍做水压试验,同时还应保证系统最低点试验压力 ≥ 0.25MPa 检查不渗不漏。然后将试验压力降至工作压力,进行严密性试压,压力维持时间 10min 以上,并进行外观检查不渗不漏为合格。

(b) 当蒸汽工作压力(表压力) < 0.07MPa,水压试验压力同室内热水供暖系统。为简化试验压力的计算,在实际工程中,水压试验压力值可按热水供暖系统一样取值,即按本款第 a 项取值。

c. 室外供热管道工程(饱和蒸汽压力 < 0.8MPa 的蒸汽供热系统和热水温度 ≤150℃ 的高温热水供热系统):依据 GBJ 242—82 第 8.2.11 条规定,水压试验压力为系统工作压力的 1.5 倍,但不小于 0.6MPa,且 10min 内压力降 ≤0.05MPa,然后将系统压力降至工作压力,做外观检查,系统不渗不漏为合格。

d. 室内热水供应工程(包括室内给水工程和中水系统)的水压试验

(a) 单项试压:依据 GBJ 242—82 第 3.1.5 条、第 6.2.9 条规定,其水压试验压力应为工作压力的 2 倍,且不小于 0.6MPa,也不大于 1.0MPa,即

$$0.6\text{MPa} \leqslant 2\,P \leqslant 1.0\text{MPa}$$

试验时将压力升至试验压力,并将压力维持 10min,在 10min 内压力降应 ≤0.05MPa,然后再将系统试验压力降至系统工作压力值,进行外观检查,不渗不漏为合格。这里工作压力 P 是系统中最不利的某层用水点的资用压力 ΔP(使用压力)与该用水点至系统最低点(或试泵所在层标高)的高差 Δh 之和,即 $(\Delta P + 0.1\Delta h)$MPa。

(b) 综合试压:试验压力同单项试压,但试验时限改为 1.0h,在 1.0h 内压力降应 ≤

0.5MPa,然后再将系统试验压力降至系统的工作压力值,进行外观检查,不渗不漏为合格。

e. 试压合格后分别填写试验记录单

f. 注意事项

由于新规范已颁布,因此以上试验标准与新规范不符的,应以新规范要求为准,也可以参照后面的《给水、排水、供暖与通风空调工程施工试验汇编》的规定执行。

F. 管道的冲洗

系统安装完毕和综合水压试验后,系统调试前应进行系统冲洗。

(A) 供暖系统的冲洗:系统投入使用之前,必须进行冲洗,冲洗前应将管道系统安装的流量孔板、滤网、温度计、压力表等阻碍污物通过的设施临时拆除,待冲洗合格后再重新安好。

(B) 热水供暖系统管道及蒸汽凝结水管道、热水供应管道的冲洗水源为清水(自来水或无杂质、透明度清澈的消毒天然地面水或地下水)。冲洗水压和流量应按设计提供的最大压力和最大流量进行,直到出水口的水色透明度与进水侧水质的水色透明度目测一致为合格。压力不足的应增加加压泵加压,不得用水压试验的泄水代替冲洗试验。

(C) 蒸汽管道采用蒸汽冲洗,应依据 GB 50235—97 第 8.4.2 条规定,吹扫蒸汽的流量和压力按设计的最大流量和压力进行,但流速不得 <30m/s,吹扫前应缓缓冲汽升温暖管,经凝结排水口将暖管的大量凝结水排出,待暖管恒温 1h 后,再进行吹扫冲洗,吹洗后待温度降至环境温度后,再重复进行暖管吹扫,一般吹扫次数不得少于 3 次,直到管内无铁锈及污物为合格。

(D) 管道冲洗记录单的填写应分专业、分段、分系统进行填表,试验记录单应填写注水的部位、放水部位、吹扫次数、吹(冲)洗情况和效果、日期、时间及有关人员签名齐全。

G. 管道的防腐与保温

管道保温前应做好管道和设备、附件的防腐工作。防腐前应清污除锈,清污除锈应先用刮刀锉刀将管道表面的污锈去掉,然后用钢刷刷净,直至露出金属本色为止,刷油漆之前应用棉纱将表面浮土擦净。镀锌钢管锌皮损坏和外露丝扣处及焊接钢管、支架、散热器等应刷防锈漆两道银粉漆两道。

管道保温因常用的保温壳生产工艺低,外径不一,误差较大,在施工前应进行挑选,同一规格的外径尽量一致,保温层之间的缝隙应用碎料填实,以免产生"冷桥"和影响外观质量。

6.3.3 散热器的安装

散热器安装应在土建抹灰之后,精装修之前,管道安装、水压试验合格后进行。散热器必须用卡钩与墙体固定牢;支管安装应认真细致,乙字弯煨制应与墙体拐角相配合,上下对齐且与墙面平行。散热器在防腐前应做好除锈工作,确保防腐质量。散热器组对后应逐组 100% 进行水压试验,试验压力为散热器额定工作压力的 1.2 倍,并应分层填写试压记录单。

6.4 供暖系统和热水供应系统的热工调试

供暖工程热工调试按 GBJ 242—82 第 12.0.4 条第五项规定必须测定的数据有：

6.4.1 供暖房间的室温,室温允许的误差住宅为 +2℃,民用建筑为 +2～ -1℃。

6.4.2 测定热水供应系统最远配水点的水温。当设计计算配水点数量同时开放时,配水点水温允许误差为 +5℃。

6.4.3 测定锅炉房及各建筑物各热力点的热力出口、入口处的连续 24h 热力工况、参数、温度、压力的数据。

6.4.4 若竣工时因季节关系无条件进行热工调试,依据(94)质监总站第 036 号文第四部分第 20 条规定,必须在竣工单上注明热工调试延期,并付有建设单位的证明书。

6.4.5 如设计无特别要求,可按(94)质监总站第 036 号文第四部分第 20 条规定,只进行室温的简单平衡调试。

6.4.6 按分项单位工程分别填写调试记录单。

7 热水地板辐射供暖和交联铝塑复合管的应用

近年来由于新材料的开发和人们对生活饮用水水质质量要求的提高,重金属锌离子对人体危害的研究结果,给交联铝塑复合管(Cross Linked Polyethylene – Aluminiun Compound Pipc 简称铝塑复合管 XPAP)、无规共聚丙烯管(Random Polypropylene – Copolymer Pipe,简称聚丙烯管 即 PP – R)、交联聚乙烯管(Cross Linked Polyethylene Pipe,简称聚乙烯管 即 PE – X)及聚丁烯管(Polybutylene Pipe,简称 PB 管)在低温热水供暖、热水供应、生活给水供应等工程得到广泛应用与推广,低温热水地板辐射供暖就是其中的一项。低温热水地板辐射供暖(Low – Temperature Hot Water Floor Radiant Heating)是以不高于 60℃的热水为热媒,将加热管道埋设在地板中加热地板,被加热地板通过辐射传热方式加热室内的空气,达到向房间供暖的方式称为低温热水地板辐射供暖。

7.1 低温热水地板辐射供暖对材料的要求

7.1.1 管材

低温热水地板辐射供暖所用的管材应依据使用年限、使用条件等级、热媒温度和工作压力、系统水质要求、材料供应条件、施工技术条件和投资费用等因素选用交联铝塑复合管(简称铝塑复合管 XPAP)、无规共聚丙烯管(简称聚丙烯管 即 PP – R)、交联聚乙烯管(简称聚乙烯管 即 PE – X)及聚丁烯管(简称 PB 管)。

7.1.2 管材及连接件的质量和储运检验要求

(1) 管材应符合有关国家标准,在国家标准未制定前,企业标准应等同采用国际标准或国外先进标准(XPAP 管等同采用美国材料与实验协会标准 ASTM F1281—1998、PE－X 管等同采用国际标准 ISO/DIS15875、PB 管等同采用国际标准 ISO/DIS15876、PP－R 管等同采用国际标准 ISO/DIS15874)。

(2) 管材的一般物理力学性能应符合表 2.7.1－1 要求。

(3) 各类管材的等应变蠕变特性应符合《低温热水地板辐射供暖应用技术规程》(以下简称《技术规程》)附录 A 的要求。

(4) 管材的外径、最小壁厚及公差应符合表 2.7.1－2 的要求。

管材的一般物理力学性能　　　　　　　　　　　表 2.7.1－1

项　　　目		单　位	指　　　　　标					
			交联铝塑复合管(注4)	聚丁烯管		交联聚乙烯管		无规共聚丙烯管
密　　　度		g/cm³	≥0.940(注1)	≥0.920		≥0.940		0.89～0.91
纵向长度回缩率		%	≤2	≤2		≤2		≤2
热稳定性(注2)		MPa(环应力)	—	2.4		2.5		1.9
蠕变特性及检测点	环应力	MPa	(注3)	15.5	6.0	12.0	4.4	16.5　3.5
	温度	℃		20	95	20	95	20　95
	时间	h		>1	>1000	>1	>1000	>1　>1000
交联度	硅烷	%	≥65(注1)	≥65				
	过氧化物	%	≥70(注1)	——		≥70		
	辐照	%	≥60(注1)	≥60				
维卡软化点		℃	≥105(注1)	113		123		140
抗拉屈服强度(23±1℃)		MPa	≥23	≥17		≥17		≥27
断裂延伸率(23±1℃)		%	≥350(注1)	≥280		≥400		≥700
导热系数		W/m·K	≥0.45	≥0.33		≥0.41		≥0.37
线膨胀系数		mm/m·K	0.025	0.130		0.200		0.180

注:1.指交联聚乙烯层。

2.110℃热空气中 8760 h 无破坏或泄漏。

3.交联铝塑复合(XPAP)管的蠕变特性及检查点为:液体压力 2.2MPa,95℃,10h。

4.交联铝塑复合(XPAP)管的铝层,抗拉屈服强度应≥100MPa,断裂延伸率应≥20%。胶粘层的专用热熔胶密度≥0.926g/cm³,熔融指数应≥1g/10min,维卡软化点应≥105℃,断裂延伸率应≥400%,T 剥离强度应≥70N/25mm。

管材名称	公称外径 DN	外径公差	最小壁厚	壁厚公差
交联铝塑复合管	16	+0.30	1.65	+0.40
	20		1.90	
	25		20.25	+0.50
聚丁烯管	16	+0.20	1.30	+0.20
	20		1.30	
	25		1.30	
交联聚乙烯管	16	+0.30	1.30	+0.40
	20		1.50	
	25		1.90	
无规共聚丙烯管	16	+0.30	1.80	+0.40
	20		1.90	
	25		2.30	

注:各类管材壁厚应经设计计算决定。

(5) 管材以盘管方式供货时,长度不宜小于 100m/盘。

(6) 管材的外观质量和储运检验要求:

A. 管材的颜色应与管件一致,色泽均匀,无分解变色。

B. 管材内外表面应光滑、清洁,不允许有分层、针孔、裂纹、气泡、起皮、痕纹和夹杂,但允许有轻微的、局部的、不使外径和壁厚超出允许公差的划伤、凹坑、压入物和斑点等缺陷。轻微的校直和车削痕迹、细划痕、氧化色、发暗、水迹和油迹,可不作为报废的依据。

C. 管材在运输、装卸和搬运时,应小心轻放,不得受到剧烈碰撞和尖物体的冲击,不得抛、摔、滚、拖,应避免接触油污。

D. 管材应码放在平整的场地上,垫层高度要大于 100mm,防止泥土和杂物进入管内。塑料类管材、铝塑复合管不得露天存放,应存放于温度不超过 40℃、通风良好和干净的库房中,要防火,避光,距离热源不应小于 1m。

(7) 连接件的质量要求:

A. 连接件与螺纹连接部件的本体材料应为锻造黄铜。与 PP-R 管直接接触的连接件表面应镀镍。

B. 连接件的外观应完整、无缺损、无变形、无开裂。

C. 连接件的物理力学性能应符合表 2.7.1-3 的要求。

D. 连接件的螺纹应符合国家 GB/T 7307—1997《非螺纹密封的管螺纹》标准的规定。螺纹应完整,如有断丝和缺丝不得大于螺纹全扣数的 10%。

連接件的物理力学性能的要求 表 2.7.1 - 3

性　　　　能	单　位	指　　　　标
连接件耐水压	MPa	常温—2.5;95℃—1.2,1h 内无渗漏
工作压力	MPa	95℃—1.0,1h 内无渗漏
连接密封性压力	MPa	95℃—3.5,1h 内无渗漏
耐拔脱力	MPa	95℃—3.0

(8) 管材及连接件的检查

A. 材料的抽样检验方法应符合国家标准 GB/T 2828—2997《逐批检查计数抽样程序及抽样表》要求。

B. 材料进场检查应符合北京市建委京建质(1996)418 号文件的规定要求。详见第 1.1 节有关规定。并填写进场检验记录单。

7.1.3　绝热板材的质量和储运检验要求

(1) 低温热水地板辐射供暖的绝热板宜采用聚苯乙烯泡沫塑料,其物理性能应符合下列要求:

A. 密度不应小于 20kg/m³。

B. 导热系数不应大于 0.05W/m·K。

C. 压缩应力不应小于 100MPa。

D. 吸水率不应大于 4%。

E. 氧指数不应小于 32。

注:当采用其他绝热材料时,除密度外的其他物理性能应与上述要求等同。

(2) 绝热板材的储运和检验要求:绝热板材的储运和检验要求同管材和连接件。

(3) 材料进场检查应符合北京市建委京建质 DBJ 01—51—2000《建筑安装工程施工技术资料管理规程》的规定要求。详见第 7.1.1 节有关规定。并填写进场检验记录单。

7.2　交联铝塑复合管(简称铝塑复合管 XPAP)、无规共聚丙烯管(简称聚丙烯管 即 PP - R)、交联聚乙烯管(简称聚乙烯管即 PE - X)及聚丁烯管(简称 PB 管)的连接

7.2.1　交联铝塑复合管(简称铝塑复合管 XPAP)、聚乙烯管(PE - X)及热媒集配装置的连接:

交联铝塑复合管之间和它与附件(阀门、三通、弯头等)之间的连接一般采用卡套式连接件(Compression Fitting)连接。它是将加热管材插入连接件内芯,由压紧螺母将放置在管材外的 C 形铜环收紧,并以密封圈完成密封的一种连接构件,常用于铝塑复合管 XPAP、聚乙烯管 PE - X 及与热媒集配装置的连接。

7.2.2　聚丁烯 PB 管和聚丙烯 PP - R 管与热媒集配装置的连接:聚丁烯 PB 管和聚

丙烯PP－R管一般采用插接式连接件连接(Insertion Fitting),它是将加热管材直接插入连接件内,由钢套、卡环、垫圈和密封圈完成密封的一种连接构件。常用于PB管或PP－R管与热媒集配装置的连接。当将加热管材直接插入连接件内,并由铜环、铜箍、接口上黄铜密封线完成密封的连接件,也用于XPAP管或PE－X管与热媒集配装置的连接。

7.2.3　热熔焊接:它是将加热管材直接插入连接件内,并置于热熔焊接机上,通过加热将管材与管件焊接在一起。常用于热水供应或其他冷水管道上PP－R等塑料管道的连接。

7.3　交联铝塑复合管(简称铝塑复合管 XPAP)、无规共聚丙烯管(简称聚丙烯管即 PP－R)、交联聚乙烯管(简称聚乙烯管即 PE－X)及聚丁烯管(简称 PB 管)的裁剪

7.3.1　交联铝塑复合管(简称铝塑复合管 XPAP)的裁剪:交联铝塑复合管(简称铝塑复合管 XPAP)的裁剪由厂家配置供应的专用管钳和扩管器进行裁剪和扩大管口。

裁剪时不要用力过大,只需适当加力,旋转管子将管材截断即可。管道的扩口是对扩口器适当加力,逐步推大,达到要求为止。

但应注意切口应垂直、不变形、无裂纹和无毛刺。

7.3.2　聚丙烯管、聚乙烯管及聚丁烯管的裁剪:聚丙烯管、聚乙烯管及聚丁烯管的裁剪一般采用专用管钳或木工锯裁剪。但应注意切口应垂直、不变形、无裂纹和无毛刺。

7.4　低温热水地板辐射供暖和生活热水供应的安装与试验

7.4.1　低温热水地板辐射供暖工程安装前应具备的条件

(1) 设计图纸及其他技术文件应齐全;

(2) 经批准的施工方案或施工组织设计已进行技术交底;

(3) 施工力量和机具等能保证正常施工;

(4) 施工现场、施工用水和用电、材料存放场地等临时设施能满足施工需要;

(5) 应了解建筑物的结构、装修、施工图纸设计的意图和详细情况,并应了解施工方案的安排及各工种应相互配合的详细情况及技术措施;

(6) 安装人员应了解管材的性能,掌握基本的操作要点,严禁盲目施工;

(7) 低温热水地板辐射供暖的安装环境温度宜达到≥5℃。

7.4.2　低温热水地板辐射供暖工程安装中应注意的事项

(1) 加热管安装前应检查进场材料检查验收记录单是否齐备和合格;

(2) 加热管安装前应再次对材料的外观和接头的配合公差进行仔细检查,并清除管道和管件的内外污垢和杂物;

（3）应检查绝热层敷设的质量是否符合质量要求，绝热层敷设的质量验收报告是否进行，手续是否完备和合格；

（4）加热管安装前应清除现场的油漆、沥青或其他化学溶剂，防止污染塑料管道；

（5）管道安装间断期间或安装完毕，应将管道的敞口随时封堵，防止污物进入或管内壁再次受污染。

7.4.3　绝热层敷设

本工序由土建工种实施，但设备安装人员应在现场监督。

（1）绝热层敷设前应检查基层是否平整，不平整的应进行找平，达到要求后再进行绝热层敷设。特别要检查基层是否超高，超高会引起埋管深度不足，致使将来地面开裂和损坏管道，造成严重的质量事故。因此土建楼板浇筑前，应认真采取技术和管理措施，避免出现基层超高事故。

（2）绝热层的敷设应平整、搭接应严密。当绝热层有真空镀铝聚脂薄膜或玻璃布基铝箔贴面层时，除了将加热管固定在绝热层上的塑料卡钉穿越外，不得有其他破损。

（3）绝热层的敷设由土建专业施工队敷设，但设备安装技术人员应按设计和《技术规程》的要求向土建施工管理人员详细做好技术交底。施工完成后应严格按《技术规程》的要求进行检查，并填好验收记录单和中间验收记录单。

7.4.4　加热管道的安装

（1）加热管道的配管与敷设

A. 加热管道配管的材料应是进场检验合格的产品，并有进场材料检查合格记录单。

B. 加热管道的配管应按设计图纸的要求进行配管。同一通路的加热管应保持水平。

C. 加热管道的弯曲半径（R）应符合下列条件：

　　PB 管、PE－X 管：$R \geqslant 5D_W$

　　其余管材　$R \geqslant 6D_W$（D_W 为管材外径）。

D. 为了保证加热管道的弯曲半径（R）的弯曲质量，可用带钢或木板制作不同弯曲半径的模板，供安装中使用。

E. 填充层内的加热管不应有接头。

F. 应采用专用工具断管，断口应平整，断口面应垂直于管轴线。

G. 加热管应加以固定，以免填充层施工时引起加热管移动。其固定可以分别采用下列方法：

（A）用固定卡子将加热管直接固定在敷有复合面层的绝热板上。

（B）用扎带将加热管绑扎在铺设于绝热层表面的钢丝网上。

（C）卡在铺设于绝热层表面的专用管架或管卡上。

H. 加热管固定点的间距直管段不应大于 700mm，弯曲管段不应大于 350mm。

I. 加热管始末端出地面至连接配件的管段，应设置在硬质的套管内。套管外皮不宜超出集配装置外皮的投影面。加热管与集配装置分路阀门的连接应采用专用的卡套式连接件或插接式连接件。

J. 当加热管始末端从楼地板穿出(地)板面与暗装或明装于墙壁内或墙壁边的干管或热媒集配装置连接时,若墙壁根部有(非)承重梁或圈梁时,为了室内装修的美观和管道走势的平稳顺畅,应事先与设计人员和土建施工人员协商,征得他们的同意,埋设直的或弯曲的穿梁套管,穿管部位以梁跨的 1/4 处为宜,因为此处是梁内力(弯矩、剪力)最小的地方(圈梁则不受此限制)。

K. 当加热管始末端的管间距≤100mm 或加热管始末端位于其他管道密度较大处(管间距≤100mm),应在加热管始末端的适当距离内设置柔性套管等保温措施。

L. 安装时应防止管外皮受损伤及管道被碰伤或被轧扁。

M. 为防止暗装管道沟槽表面粉刷装饰层开裂,表面粉刷底层应加钢丝网。

(2) 热媒集配装置的安装

A. 热媒集配装置应加以固定,其固定安装应符合下列要求:

(A) 当热媒集配装置为水平安装时,一般宜将分水器安装在上,集水器安装在下,中心距宜为 200mm,集水器中心距地面应不小于 300mm。

(B) 当热媒集配装置为垂直安装时,分水器与集水器下端距地面应不小于 150mm。

B. 加热管与热媒集配装置牢固连接后,或在填充层养护期满后,应对加热管每一通路逐一进行冲洗,至出水清净为止。冲洗流速及标准尚应符合 GB 50242—2002《建筑给水排水及采暖工程施工质量验收规范》的有关规定。

(3) 水压试验

A. 水压试验前应进行管道和热媒集配装置安装质量的预检,并填写相关的验收记录单。

B. 水压试验应在浇捣混凝土填充层前和混凝土填充层养护期满后分别进行(共两次),第一次试验前还应组织相关人员进行隐检预验,主要检查验收管道埋设部分的安装质量和材质、规格、数量及位置。第二次试验合格后再填写隐检记录单。

C. 水压试验应符合下列要求:

(A) 水压试验前应对试压管道和构件采取有效的安全固定和保护措施。

(B) 试验压力应不小于系统静压力加 0.3MPa,但不得低于 0.6MPa。

(C) 达标要求详见 A 款。

(D) 冬期进行水压试验时应采取可靠的防冻措施。

D. 水压试验的步骤:水压试验按下列步骤进行:

(A) 经分水器缓慢注水,同时将管道内的空气排出。

(B) 充满水后进行水密性检查。

(C) 采用手动泵缓慢升压,升压时间不得小于 15min。

(D) 升压至规定试验压力后,停止加压,稳压 1h,观察有无漏水现象。

(E) 稳压 1h 后,补压至规定试验压力值,15min 内的压力降不超过 0.5MPa,且无渗漏为合格。

E. 水压试验合格后办理水压试验合格试验单和稳检记录单。

7.4.5 混凝土填充层的浇捣与养护

本工序由土建工种实施,但设备安装人员应在现场监督。

(1) 混凝土填充层应设置以下热膨胀补偿构造措施。

A. 辐射供暖地板面积超过 $30m^2$ 或长边超过 6m 时,填充层应设置间距≤6m、宽度≥5mm 的伸缩缝,缝中填充弹性膨胀材料(如沥青油膏等)。

B. 与墙、柱交接处应填充厚度≥10mm 的软质闭孔泡沫塑料。

C. 加热管穿越伸缩缝处应设长度不小于 100mm 的柔性套管。

(2) 系统试压合格后才能进行混凝土填充层的浇捣。混凝土填充层的材质一般采用 C15 的粒径不大于 12mm 卵石混凝土,或 C15~C20 陶粒混凝土。为避免混凝土龟裂,混凝土内应掺入适量的添加剂(如膨胀剂等)。为确保因填充层开裂而致使地面开裂,宜在浇捣填充层时,在填充层表面增设网格间距不大于 150mm 的 $\phi4$ 钢丝网。

(3) 应严格把好施工质量关,确保填充层的厚度和表面平整,为地面的施工工序创造条件。

(4) 应特别注意填充层的养护工序,填充层的养护周期应不小于 48h。

(5) 混凝土填充层的浇捣与养护过程应保持系统内水压不小于 0.4MPa 的压力。

7.4.6 地面表层的施工

本工序由土建工种实施,但设备安装人员应在现场监督。

(1) 地面表层的施工应在填充层的养护期满后方可进行。

(2) 地面层及其找平层施工时,不得剔凿填充层或向填充层内楔入任何物件,以免损坏加热管等。

7.4.7 安全施工与成品保护

(1) 在运输、储存、安装过程中,各类塑料管、铝塑复合管、粘贴剂和绝热材料等不得直接接触明火。

(2) 严禁攀踏加热管或利用加热管作为支撑等其他用途。

(3) 地板辐射供暖的安装工程,不宜与其他施工作业同时交叉进行。混凝土填充层的浇捣和养护过程中严禁进人踩踏,应架设跳板供人行走。

(4) 在混凝土填充层养护期满后,敷设加热管的地面应设置明显的标志,加以妥善保护,严禁在地面上搬运重物和放置高温物体。

7.5 低温热水地板辐射供暖系统的检验、调试与验收

7.5.1 低温热水地板辐射供暖系统施工中的中间验收

依据低温热水地板辐射供暖系统施工中土建与设备专业作业交替进行的特点,工程施工过程的中间验收有:

（1）土建绝热层安装后，应与设备安装工种办理绝热层安装质量的验收，并填写绝热层安装质量中间验收记录单。

（2）设备专业加热管道安装和第一次水压试验合格后，应与土建专业办理加热管道安装质量的验收，并填写加热管道安装质量中间验收记录单。

（3）土建混凝土填充层施工和养护期满，并再次进行水压试验合格后，应与设备安装工种办理混凝土填充层施工质量的验收，并填写混凝土填充层施工质量中间验收记录单。

（4）以上验收应会同监理一起进行。

7.5.2 低温热水地板辐射供暖系统的调试

（1）低温热水地板辐射供暖系统未经调试，严禁运行使用。

（2）具备供热条件时，调试应在竣工验收阶段进行；不具备供热条件时，经与建设单位协商，可延期进行调试。

（3）调试工作在建设单位配合下由施工单位实施。

（4）调试初期通暖应缓慢升温，先将水温控制在 25～30℃ 范围内运行，以后再每隔 24h 升温不超过 5℃，直至达到设计水温。

（5）试验过程应持续在设计水温条件下连续通暖 24h，并调节每一通路水温达到正常范围。

7.5.3 竣工验收标准

竣工验收应符合下列条件：

（1）竣工质量和功能应符合设计要求和 DBJ/T 01—49—2000《低温热水地板辐射供暖应用技术规程》和 GB 500242—2002《建筑给水排水及采暖工程施工质量验收规范》有关规定。

（2）竣工验收文件应齐备：

A. 施工图、竣工图和设计变更文件齐全。

B. 施工技术管理资料符合北京市 DBJ 01—51—2000《建筑安装工程施工技术资料管理规程》的要求。

C. 施工、监理、设计和建设单位对工程建设总结报告应齐全，并符合要求。

（3）填充层表面不应有明显的裂纹。

（4）管道和构件、配件无渗漏。阀门开启灵活、关闭严密。系统调试合格。

7.6 低温热水地板辐射供暖地板构造图

低温热水地板辐射供暖地板构造图见图 2.7.6－1、图 2.7.6－2。

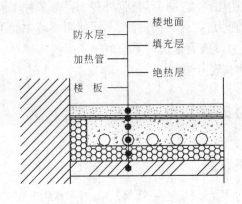

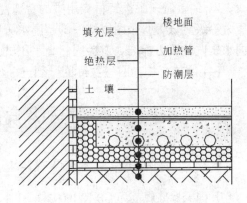

图 2.7.6-1　楼层辐射供暖地板构造图　　　　图 2.7.6-2　底层辐射供暖地板构造图

8　建筑给水塑料及铝塑复合管道水压试验压力和安装、采购中应注意的问题

（材料质量、连接方式、水压试验的相关规定）

随着国家建设部、国家经贸委、质量监督局、建材局《关于在住宅建设中淘汰落后产品的通知》的下发，并于 2000 年 6 月 1 日开始实施，当前全国已有 30 多个城镇禁止在生活给水工程中使用热镀镀锌钢管，给水塑料管材和铝塑复合管材替代热镀镀锌钢管已成定局。因此给水塑料管材在工程现场的采购、安装、试验遇到问题不断反映出来。由于此类给水塑料管材和铝塑复合管材的材质抗拉强度远低于热镀镀锌钢管的材质钢材，且此类管材的承压能力随着管内输送介质温度的升高，其承压强度和使用寿命急剧下降，致使在实际工程选用中必须考虑的技术问题相应增加。本文通过引用当前我国关于此类管材现行应用的规范、规程及北京市建委城建技术开发中心推荐此类产品企业的企业标准相关内容，力图阐明如下四方面问题：

（1）明确同一规格（外径 De）的各类建筑给水塑料管材的产品有较多的压力分级，压力等级不同，其管壁厚度、承压能力、使用寿命也不同。因此在采购订货和进场检验时不仅要考虑其价格、检查其外观质量、规格、材质、相关技术文件的齐备和有效性，更应注意产品的压力等级是否与设计的使用环境相符。

（2）明确各类建筑给水塑料及铝塑复合管材产品的使用环境条件，尤其是管内输送介质温度范围。在实际工程中未经设计许可，不得随意更改管材的材质和压力等级。

（3）理清此类管材在实际工程安装中水压试验的试验压力标准，纠正两种错误倾向的发生。

A. 将产品出厂的管道机械性能检测液压试验标准错误理解为施工现场管道系统强度和严密性水压试验标准。

B. 纠正避开此类管材应用中的特殊性[即使用环境、同一规格(外径 De)有多种不同压力等级之分等],企图以统一的超高水压试验压力,替代不同材质、不同使用环境中的不同水压试验压力标准。避免因超高水压试验压力造成管道爆裂质量事故。

(4) 在施工中尚有些实际问题须进一步明确,现分述如下。

8.1　给水塑料和复合管材的物理化学机械性能

8.1.1　建筑硬聚氯乙烯 PVC－U 给水管材

其国家标准规范为 GB/T 10002.1—1996《给水用硬聚氯乙烯管材》、GB/T 10002.2—1996《给水用硬聚氯乙烯管件》。其规格见表2.8.1－1。

PVC－U 管材规格表　　　　　　　　　　　　　　　　　　　　　　　　表 2.8.1－1

公称外径 D_n	$P_N0.6MPa$		$P_N0.8MPa$		$P_N1.0MPa$		$P_N1.25MPa$		$P_N1.60MPa$	
	e_n	d_i	e_n	d_i	e_n	d_i	e_n	d_i	e_n	d_i
20									2.0	16.0
25									2.0	21.0
32							2.0	28.0	2.4	27.2
40					2.0	36.0	2.4	35.2	3.0	34.0
50			2.0	46.0	2.4	45.2	3.0	44.0	3.7	42.6
63	2.0	59.0	2.5	58.2	3.0	57.0	3.8	55.4	4.7	53.6
(75)	2.2	70.6	2.9	69.2	3.6	67.8	4.5	66.0	5.6	64.0
(90)	2.7	84.6	3.5	83.0	4.3	81.4	5.4	79.4	6.7	76.6
110	3.2	103.6	3.9	102.2	4.8	100.4	5.7	98.6	7.2	95.6
(125)	3.7	117.6	4.4	116.2	5.4	114.2	6.0	113.2	7.4	110.0
(140)	4.1	131.8	4.9	130.2	6.1	127.8	6.7	126.6	8.3	123.4
160	4.7	150:6	5.6	148.8	7.0	146.0	7.7	144.8	9.5	140.8
(180)	5.3	169.4	6.3	167.4	7.8	164.4	8.6	162.8	10.7	158.6
200	5.9	188.2	7.3	185.4	8.7	182.6	9.6	181.0	11.9	176.2
225	6.6	211.8	7.9	209.2	9.8	205.4	10.8	203.6	13.4	198.2
(250)	7.3	235.4	8.8	232.4	10.9	228.2	11.9	226.2	14.8	220.4
(280)	8.2	263.6	9.8	260.4	12.2	255.6	13.4	253.4	16.6	246.8
315	9.2	296.6	11.0	293.0	13.7	287.6	15.0	285.0	18.7	277.6

公称外径 D_n	P_N0.6MPa		P_N0.8MPa		P_N1.0MPa		P_N1.25MPa		P_N1.60MPa	
	e_n	d_i	e_n	d_i	e_n	d_i	e_n	d_i	e_n	d_i
(355)	9.4	336.2	12.5	330.0	14.8	325.4	16.9	323.2		
400	10.6	378.8	14.0	372.0	15.3	369.4	19.1	362.0		
(450)	12.0	426.0	15.8	418.4	17.2	415.8	21.5	407.2		
500	13.3	473.4	16.8	466.4	19.1	461.8	23.9	452.6		
(560)	14.9	530.2	17.2	525.6	21.4	517.2	26.7	506.6		
630	16.7	596.6	19.3	591.4	24.1	581.8	30.0	570.0		

注:d_n—外径、d_i—内径、e_n—壁厚;括号内管径为非常用规格。

(1) 建筑硬聚氯乙烯给水管道 PVC – U 的物理性能

密度:1350 ~ 1460kg/m³   维卡软化温度:不小于 80℃

弹性模量:$E = 3000$MPa   轴向线膨胀系数:0.06 ~ 0.07mm/m℃

(2) 建筑硬聚氯乙烯给水管道 PVC – U 的机械性能(详见表 2.8.1 – 2 和表 2.8.1 – 3)

管材环向抗拉强度及试验内压   表 2.8.1 – 2

管 材		试验温度(℃)	试验时间(h)	环向抗拉强度(MPa)	试验压力(MPa)
平口管		20	1	≥42	
承口管	$d_n > 90$m	20	1		3.36P_N
	$d_n ≤ 90$mm	20	1		4.20P_N

注:平口管包括溶剂粘接型管材;承口管指采用弹性密封圈的管材。

P_N 为设计规定采用的管材压力等级。

管件的试验内压和温度   表 2.8.1 – 3

名 称		管径(mm)	温度(℃)	试验时间(h)	试验压力(MPa)
注塑成形管件		< 160	20	1	4.20P_N
		≥ 160	20	1	3.36P_N
二次加工管件		≤ 90	20	1	4.20P_N
		> 90	20	1	3.36P_N

(3) 建筑硬聚氯乙烯给水管道 PVC – U 在工程应用中应注意的问题

A. 建筑硬聚氯乙烯 PVC – U 给水管道的产品有压力等级之分,不同压力等级的产品其管壁厚度不同,能承受的压力能力也不同,因此在采购时,不仅要注意其产品的外观质量、价格,更应注重其各项机械性能指标和其压力等级是否与工程实际相符。

B. 由于压力等级不同,其产品壁厚和承压能力也不同,因此其试验压力也不一样。具体工程的水压试验压力的确定,应根据该工程的实际工作压力而定,不能一概而论,否则将会出现不应有的质量事故。例如设计采用的管道压力等级为 $P_N = 0.6MPa$ 的管材,若施工中的水压试验压力 $P \geqslant 1.0MPa$,就可能发生水压试验压力过大,而引起管道破裂。

C. 实际工程中管段和系统的水压试验压力与产品的耐压试验压力是两回事,不应混淆。前者是依据实际工程系统设计的工作压力而定的试验压力值,而后者则是产品出厂前要求其机械性能必须达到的耐压能力,达不到的产品就是不合格品。前者应小于后者,且有一定的安全余量。

(4) 依据建筑硬聚氯乙烯 PVC - U 给水管材和管件的物理化学性能,它不宜应用于输送温度 > 50℃ 的热水供应系统(主要用于冷水供应)。

(5) 室内建筑硬聚氯乙烯 PVC - U 给水管材和管件的化学机械性能:(本资料系我国 SG 78—74 标准,其指标比 GB/T 10002.1—1996《给水用硬聚氯乙烯管材》、GB/T 10002.2—1996《给水用硬聚氯乙烯管件》低,列出此数据,仅供增加对管材性能知识参考)

比重:1.40 ~ 1.60

腐蚀度(g/m^2):盐酸、硝酸不超过 ± 2.0;硫酸、氢氧化钠不超过 ± 1.5

尺寸变化率(%):沿长度方向不超过 ± 4.0;沿直径方向不超过 ± 2.5

扁平试验:压至 1/2 外径时无破裂

丙酮浸泡:无发毛、脱层现象

拉伸强度(MPa): > 50.0

液压试验:4.0 MPa 保持 1min 无渗漏现象

(管件)坠落试验:5 个试样均不破裂

液压封闭试验:1.5 MPa 静压下,无渗漏现象

维卡软化点: > 80℃

常温下使用压力:≤0.6 MPa

8.1.2 建筑硬聚氯乙烯 PVC - C 给水管材

其国家标准规范为 GB/T 10002.1—1996《给水用硬聚氯乙烯管材》、GB/T 10002.2—1996《给水用硬聚氯乙烯管件》。PVC - C 塑料管道,其物理机械性能和化学成分与 PVC - U 塑料管道类似,但其维卡软化温度可高达 120℃,而 PVC - U 塑料管道的维卡软化温度才 80℃。PVC - C 塑料管道的拉伸强度、维卡软化点、机械强度、热稳定性、熔融粘度、玻璃化温度、成型温度等性能也得到提高。因此应用上体现有耐高温、耐腐蚀、耐压性能等得到提高的优势。PVC - C 塑料管道的连接方法也与 PVC - U 塑料管道一样为溶剂粘接。在相应设计施工规程未制定之前,可参照 PVC - U 塑料管道的安装技术规程和厂家的企业标准执行。

(1) PVC - C 塑料管道的物理机械性能(表 2.8.1 - 4)

PVC–C 塑料管道的物理机械性能

表 2.8.1–4

机械性能		燃烧性能		热工性能	
比　重	$1.52g/cm^3$	易燃率 (0.175cm)	V–0.5VB 5VA	热膨胀系数	$0.62 \times 10^{-4}K^{-1}$
吸水率(23℃)	0.03%	火焰扩散	15	导热系数	0.96×10^{-4} cal/cm·s·℃
洛氏硬度	119	烟之发散	70~125	热传导率	0.14w/m·K
艾氏冲击	80J/m.O.n	极限氧指数	60%	热容量	0.90J/g·K
弹性模量(23℃)	55MPa	起始软化温度	146.1℃	热变形温度 (264psi)	103℃
拉伸强度	250MPa	聚燃温度	482℃	电气性能	
抗拉强度(23℃)	55MPa	粘滞态温度	201.7℃	介质强度	$4.92 \times 10^5V/cm$
		碳化温度	232.2℃	介质常数	3.70(60HZ30°F/–1.℃)
抗压强度	70MPa			功率因子	$0.07(10^6 周)$
抗弯强度	104MPa	限氧指数	60	体积电阻(23℃)	$3.4 \times 10^{15}\Omega/cm$

(2) 管径—温度—压力等级关系(表 2.8.1–5)

管径—温度—压力等级关系表

表 2.8.1–5

公称直径(in)	基本外径(mm)	基本壁厚 t(mm)	压力等级(MPa)23℃ Ft=1	备　注
1/2	21.35	3.75	5.86	
3/4	26.65	3.95	4.76	1.温度–压力等级的折减系数向厂家咨询
1	33.40	4.55	4.34	
1–1/4	42.20	4.85	3.59	
1–1/2	48.25	5.10	3.24	
2	60.30	5.55	2.76	2.本资料为广东中山环宇实业有限公司的产品资料
3	88.90	7.65	2.55	
4	114.30	8.60	2.21	
6	168.30	11.00	1.93	
8	219.10	12.70	1.72	

(3) 管道支撑间距见表 2.8.1–6

水温(℃)	支 架 间 距 （mm）								
	15	20	25	32	40	50	80	100	150
20	700	750	800	850	1000	1200	1500	1650	1800
40	650	700	750	800	950	1100	1400	1500	1650
60	600	650	700	750	900	1000	1250	1350	1500
80	550	600	650	700	800	900	1100	1200	1350

注：垂直管道的支架间距可按本表水平间距增加 1/4 长度。

8.1.3 无规共聚聚丙烯 PP – R 管材

依据 ISO/DIS15874 国际标准其管材的物理力学性能和公称外径、最小壁厚、外径和最小壁厚允许误差、管件物理力学性能详见 DBJ/T 01—49—2000《低温热水地板辐射供暖技术规程》附录 B、附录 C、附录 D。

（1）无规共聚聚丙烯 PP – R 管材的规格

无规共聚聚丙烯 PP – R 管材的规格与标准尺寸率 SDR、管系列 S 和使用系数(安全系数)C 有关。其中［注：第(1)～(2)条的技术参数均摘录自北京青云联合化学建材技术有限公司的企业标准］。

SDR = 管材外径(d_e)/管材厚度(e)；管系数 $S = (SDR - 1)/2$

A. PP – R 管材产品规格尺寸如表 2.8.1 – 7。

PP – R 管材的产品规格   表 2.8.1 – 7

公称外径 (de)	壁 厚 e						长度 (L)
	管 系 列 S						
	6.3	5	4	3.2	2.5	2	
	标 准 尺 寸 率 SDR						
	13.6	11	9	7.4	6	5	
20			2.3	2.8	3.4	4.0	
25		2.3	2.8	3.5	4.2	5.0	
32	2.4	2.9	3.6	4.4	5.4	6.4	
40	3.0	3.7	4.5	5.5	6.7	8.0	
50	3.7	4.6	5.6	6.9	8.3	10.0	4000 ± 10
63	4.7	5.8	7.1	8.6	10.5	12.6	
75	5.5	6.8	8.4	10.1	12.5	15.0	
90	6.6	8.2	10.1	12.3	15.0	18.0	
110	8.1	10.0	12.3	15.1	18.3	22.0	

B. PP－R管材标准尺寸率SDR与管材公称压力P_N的关系(表2.8.1－8、表2.8.1－9)。

当使用系数(安全)C＝1.5时　　　　　　　　　　表2.8.1－8

管系列 S	标准尺寸率 SDR	公称压力 P_N
6.3	13.6	0.8
5	11	1.0
4	9	1.25
3.2	7.4	1.6
2.5	6	2.0
2	5	2.5

当使用系数(安全)C＝1.25时　　　　　　　　　表2.8.1－9

管系列 S	标准尺寸率 SDR	公称压力 P_N
6.3	13.6	1.0
5	11	1.25
4	9	1.6
3.2	7.4	2.0
2.5	6	2.5
2	5	3.2

C. PP－R管材不同使用条件下允许的工作压力P_N(表2.8.1－10、表2.8.1－11)。

当使用系数(安全)C＝1.5时　　　　　　　　　表2.8.1－10

使用温度 (℃)	使用年限 (供参考) (年)	管 系 列 S					
		6.3	5	4	3.2	2.5	2
		标 准 尺 寸 率 SDR					
		13.6	11	9	7.4	6	5
		允许工作压力 P_N (MPa)					
10	1	1.40	1.76	2.38	2.78	3.50	4.42
	5	1.31	1.66	2.10	2.64	3.32	4.18
	10	1.28	1.61	2.04	2.55	3.22	4.04
	25	1.24	1.56	1.97	2.47	3.11	3.91

使用温度（℃）	使用年限（供参考）（年）	管 系 列 S					
		6.3	5	4	3.2	2.5	2
		标 准 尺 寸 率 SDR					
		13.6	11	9	7.4	6	5
		允许工作压力 P_N （MPa）					
10	50	1.23	1.52	1.92	2.40	3.03	3.81
	100	1.18	1.48	1.87	2.34	2.95	3.71
20	1	1.19	1.50	1.89	2.38	3.00	3.78
	5	1.12	1.41	1.78	2.23	2.81	3.54
	10	1.09	1.37	1.73	2.17	2.73	3.44
	25	1.05	1.33	1.67	2.11	2.65	3.34
	50	1.02	1.29	1.63	2.04	2.57	3.24
	100	1.00	1.25	1.59	1.99	2.49	3.14
30	1	1.01	1.28	1.62	2.02	2.55	3.21
	5	0.95	1.20	1.51	1.90	2.39	3.01
	10	0.92	1.16	1.47	1.83	2.31	2.91
	25	0.89	1.12	1.42	1.77	2.23	2.81
	50	0.86	1.09	1.38	1.73	2.18	2.74
	100	0.84	1.06	1.34	1.69	2.12	2.64
40	1	0.86	1.08	1.36	1.71	2.15	2.71
	5	0.80	1.01	1.28	1.60	2.02	2.54
	10	0.78	0.98	1.24	1.56	1.96	2.47
	25	0.75	0.94	1.19	1.50	1.88	2.37
	50	0.73	0.92	1.15	1.45	1.83	2.31
	100	0.70	0.89	1.12	1.41	1.78	2.24
50	1	0.73	0.92	1.16	1.45	1.83	2.21
	5	0.68	0.85	1.08	1.35	1.70	2.14
	10	0.66	0.82	1.05	1.31	1.65	2.07
	25	0.63	0.80	1.01	1.26	1.59	2.00

使用温度(℃)	使用年限(供参考)(年)	管 系 列 S					
		6.3	5	4	3.2	2.5	2
		标 准 尺 寸 率 SDR					
		13.6	11	9	7.4	6	5
		允许工作压力 P_N （MPa）					
50	50	0.62	0.77	0.98	1.22	1.54	1.94
	100	0.60	0.74	0.95	1.18	1.49	1.87
60	1					1.54	1.94
	5					1.43	1.80
	10					1.38	1.74
	25					1.33	1.67
	50					1.27	1.60
70	1					1.30	1.64
	5					1.19	1.50
	10					1.17	1.47
	25					10.1	1.27
	50					0.85	1.07
80	1					1.09	1.37
	5					0.96	1.20
	10					0.80	1.00
	25					0.64	0.80
95	1					0.77	0.97
	5					0.50	0.63
	10					0.42	0.53

当使用系数(安全)C = 1.25 时　　　　　　表 2.8.1-11

使用温度(℃)	使用年限(供参考)(年)	管 系 列 S					
		6.3	5	4	3.2	2.5	2
		标 准 尺 寸 率 SDR					
		13.6	11	9	7.4	6	5
		允许工作压力 P_N(MPa)					
10	1	1.68	2.11	2.86	3.34	4.20	5.29
	5	1.58	2.00	2.51	3.16	3.98	5.01
	10	1.54	1.93	2.45	3.06	3.85	4.85
	25	1.49	1.87	2.37	2.96	3.73	4.69
	50	1.48	1.82	2.31	2.88	3.63	4.57
	100	1.43	1.77	2.25	2.81	3.44	4.45
20	1	1.42	1.80	2.27	2.86	3.60	4.53
	5	1.35	1.69	2.14	2.68	3.38	4.25
	10	1.31	1.64	2.08	2.61	3.28	4.13
	25	1.27	1.60	2.01	2.53	3.18	4.01
	50	1.23	1.55	1.96	2.45	3.09	3.89
	100	1.20	1.50	1.91	2.38	2.99	3.77
30	1	1.22	1.53	1.94	2.43	3.06	3.85
	5	1.14	1.44	1.81	2.28	2.87	3.61
	10	1.11	1.39	1.76	2.20	2.77	3.49
	25	1.07	1.34	1.70	2.13	2.68	3.37
	50	1.04	1.31	1.65	2.07	2.61	3.29
	100	1.01	1.28	1.61	2.02	2.55	3.21
40	1	1.04	1.29	1.64	2.05	2.58	3.25
	5	0.97	1.21	1.54	1.92	2.42	3.05
	10	0.94	1.18	1.49	1.87	2.36	2.97
	25	0.91	1.13	1.43	1.80	2.26	2.85
	50	0.88	1.10	1.39	1.75	2.20	2.77
	100	0.85	1.07	1.35	1.69	2.13	2.69

使用温度（℃）	使用年限（供参考）（年）	管系列 S					
		6.3	5	4	3.2	2.5	2
		标准尺寸率 SDR					
		13.6	11	9	7.4	6	5
		允许工作压力 P_N(MPa)					
50	1	0.88	1.10	1.39	1.75	2.20	2.77
	5	0.82	1.02	1.29	1.62	2.04	2.57
	10	0.79	0.99	1.26	1.57	1.97	2.49
	25	0.76	0.96	1.21	1.52	1.91	2.41
	50	0.74	0.93	1.17	1.47	1.85	2.33
	100	0.72	0.89	1.14	1.42	1.78	2.25
60	1				1.47	1.85	2.33
	5				1.37	1.72	2.17
	10				1.32	1.66	2.08
	25				1.26	1.59	2.00
	50				1.21	1.53	1.92
70	1				1.24	1.56	1.96
	5				1.14	1.43	1.80
	10				1.11	1.40	1.76
	25				0.96	1.21	1.52
	50				0.81	1.02	1.28
80	1				1.04	1.31	1.64
	5				0.91	1.15	1.44
	10				0.76	0.96	1.20
	25				0.61	0.76	0.96
92	1				0.73	0.92	1.16
	5				0.48	0.61	0.76
	10				0.40	0.51	0.64

(2) 无规共聚聚丙烯 PP-R 管材的主要技术性能指标(表 2.8.1-12)

无规共聚聚丙烯 PP-R 管材的主要技术性能指标　　　表 2.8.1-12

项　　　目		指　　　标	
		管　材	管　件
密度	g/cm³	0.9	
弹性模量 E	20℃,MPa	800	
热膨胀系数	℃⁻¹	1.5×10^{-4}	
导热系数	w/m℃	0.24	
纵向回缩率	%	≤2	
冲击试验	%	破损率≤10	
熔体流动速率 g/10min,230℃/2.16kg		≤0.65	≤0.65
液压试验	短期:20℃,1h,环应力 16MPa	无渗漏	无渗漏
	长期:95℃,1000h,环应力 3.5MPa	无渗漏	无渗漏
热稳定性试验 110℃,8760h,环应力 1.9MPa		无渗漏	无渗漏

(3) 聚丙烯塑料管材和管件的物理机械性能:(本资料为我国 SG78—74 标准和 JISK6742、JISK6743 标准,它比 ISO/DIS15874 国际标准低,仅供增加对管材性能知识参考)

比重(g/cm³):0.90~0.91　　　　抗拉强度(MPa):30.0~39.0

断裂伸长率(%):≥200　　　　　线膨胀系数:(10.8~11.2)10⁻⁵/℃

热变形温度(在 0.46 MPa 条件下)℃:100~116

硬度(洛氏 R):95~105　　　　　常温下使用压力:0.60 MPa

(4) 无规共聚聚丙烯 PP-R 管材在实际工程应用时应注意的使用环境问题:从表 2.8.1-10、表 2.8.1-11 可以看出无规共聚聚丙烯 PP-R 管材随管内输送介质温度的升高,其机械强度(承压能力)剧减,因此以用于冷水供应系统为宜;若用于热水供应系统,以管内输送热水温度≤60℃为宜,不宜用于管内输送热水温度 $t > 60℃$ 的热水供应和供暖系统。若用于室内热水供应系统,其管内输送热水温度不宜 $t > 65℃$,且宜选择使用(安全)系数 $C = 1.25$、SDR 值 =7.4、6、5 或使用(安全)系数 $C = 1.5$、SDR 值 =6、5 的管材。

8.1.4　交联聚乙烯 PE-X 管材

依据 ISO/DIS15875 国际标准其管材的物理力学性能和公称外径、最小壁厚、外径和最小壁厚允许误差、管件物理力学性能详见 DBJ/T 01—49—2000《低温热水地板辐射供暖技术规程》附录 B、附录 C、附录 D。

(1) 交联聚乙烯 PE-X 管材的规格与性能

交联聚乙烯 PE-X 管材的规格与标准尺寸率 SDR、管系列 S 和使用系数(安全系数)

C 有关。其中[注:第(1)条的技术参数均摘录自北京华源亚太化学建材有限责任公司和北京青云联合化学建材技术有限公司的企业标准]。

SDR = 管材外径(d_e)/管材厚度(e);管系数 $S = (SDR - 1)/2$

A. 交联聚乙烯 PE - X 管材产品规格尺寸(表2.8.1 - 13)。

交联聚乙烯 PE - X 管材产品规格尺寸　　　　　　表 2.8.1 - 13

公称外径 (d_e)	北京华源亚太化学建材有限责任公司				不同公称直径的误差(mm)	北京青云联合化学建材技术有限公司	
	壁　厚　e　(mm)					壁厚 e (mm)	内径 d_i (mm)
	管　系　列　S						
	6.3	5	4	3.15			
	标　准　尺　寸　率　SDR						
	13.6	11	9	7.3			
12						1.8	8.4
16	1.3	1.8	1.8	2.2	+ 0.30	2.0	12.0
20	1.5	1.9	2.3	2.8	+ 0.30	2.0	16.0
25	1.9	2.3	2.8	3.5	+ 0.30	2.3	20.4
32	2.4	2.9	3.6	4.4	+ 0.30	2.9	26.2
40	3.0	3.7	4.5	5.5	+ 0.40	3.7	32.6
50	3.7	4.6	5.6	6.9	+ 0.50	4.6	40.8
60						5.8	51.4
63	4.7	5.7	7.1	8.7	+ 0.50		

B. PE - X 管材不同使用条件下允许的工作压力 P_N(表2.8.1 - 14)。

PE - X 管材不同使用条件下允许的工作压力　　　　　　表 2.8.1 - 14

使用温度 (℃)	使用年限 (供参考) (年)	北京华源亚太化学建材有限责任公司				北京青云联合化学建材技术有限公司
		管　系　列　S				
		6.3	5	4	3.15	
		标　准　尺　寸　率　SDR				
		13.6	11	9	7.3	
		允许工作压力 P_N(MPa)				
20						1.25
40						1.05

使用温度（℃）	使用年限（供参考）（年）	北京华源亚太化学建材有限责任公司				北京青云联合化学建材技术有限公司
		管 系 列 S				
		6.3	5	4	3.15	
		标 准 尺 寸 率 SDR				
		13.6	11	9	7.3	
		允许工作压力 P_N(MPa)				
50	1	0.89	1.12	1.41	1.77	
	5	0.87	1.10	1.38	1.74	
	10	0.86	1.09	1.37	1.72	
	25	0.85	1.07	1.35	1.70	
	50	0.85	1.07	1.34	1.69	
	100	0.84	1.06	1.33	1.67	
60	1	0.79	1.00	1.26	1.58	
	5	0.78	0.98	1.23	1.55	
	10	0.77	0.97	1.22	1.54	0.80
	25	0.76	0.96	1.21	1.52	
	50	0.75	0.95	1.20	1.51	
70	1	0.71	0.89	1.13	1.42	
	5	0.70	0.88	1.10	1.39	
	10	0.69	0.87	1.09	1.38	
	25	0.68	0.86	1.08	1.36	
	50	0.67	0.85	1.07	1.35	
80	1	0.64	0.80	1.01	1.27	
	5	0.63	0.79	0.99	1.24	
	10	0.62	0.78	0.98	1.23	0.50
	25	0.61	0.77	0.97	1.22	
90	1	0.57	0.72	0.91	1.14	
	5	0.56	0.71	0.89	1.12	
	10	0.55	0.70	0.88	1.11	

使用温度(℃)	使用年限(供参考)(年)	北京华源亚太化学建材有限责任公司				北京青云联合化学建材技术有限公司
		管　系　列　S				
		6.3	5	4	3.15	
		标　准　尺　寸　率　SDR				
		13.6	11	9	7.3	
		允许工作压力 P_N(MPa)				
95	1	0.54	0.68	0.86	1.08	0.40
	5	0.53	0.67	0.84	1.06	
	10	0.53	0.66	0.83	1.05	

C. PE - X 管材的物理化学力学性能(表2.8.1 - 15)。

PE - X管材的物理化学力学性能　　　　表 2.8.1 - 15

项　目	单位	北京华源亚太化学建材有限责任公司				北京青云	试验方法
		要求	静液压强度(MPa)	温度(℃)	试验时间(h)	测试值	
密　度	g/cm³					0.950	
交联度(硅烷交联)	%	≤65				70 ~ 75	
拉伸失效率	%					400	
纵向收缩率	%	≤3		120	厚度≤8mm　　　　1 8mm＜厚度≤16mm　2 厚度＞16mm　　　4		
拉伸屈服应力	MPa					25	
管内耐压强度(A) 　　　　　(B) 　　　　　(C) 　　　　　(D) 　　　　　(E)	MPa	试验中破裂	12.0 4.8 4.7 4.6 4.4	20 95 95 95 95	1 1 22 135 1000		
硬　　度	kg/mm²					70	
软化点温度	℃					130	
软化温度	℃					135	
膨胀系数	℃⁻¹					1.4×10^{-4}	
热稳定性		无破坏或泄漏	2.5	110			
导热系数	w/m℃					0.33	

（2）聚乙烯塑料管材和管件的物理性能：（本资料为我国 SG78—74 标准和 JISK6742、JISK6743 标准，它比 ISO/DIS15874 国际标准低，仅供增加对管材性能知识参考，其性能应以 1.3.1 项的参数为准）。

常温下使用压力（MPa）：　　　　高压　　0.8　　低压　　0.6

拉伸强度（MPa）：≥0.8　　　　断裂伸长率（%）：≥200

液压试验：2 倍使用压力，保持 5min 无破裂、无渗漏现象。

室内给水和室外埋地部分的使用温度≤45℃，工作压力不超过 0.5 MPa。

（3）交联聚乙烯 PE－X 管材在实际工程应用时应注意的使用环境问题：从表 2.8.1－13、表 2.8.1－14 可以看出交联聚乙烯 PE－X 管材随管内输送介质温度的升高，其机械强度（承压能力）剧减，因此以用于冷水供应系统为宜；若用于热水供应系统，以管内输送热水温度≤60℃为宜，不宜用于管内输送热水温度＞60℃的热水供应和供暖系统。若用于室内热水供应系统，其管内输送热水温度不宜＞65℃，且宜选择 SDR 值＝9、7.3 的管材。

8.1.5　聚丁烯 PB 管材

依据 ISO/DIS15876 国际标准其管材的物理力学性能和公称外径、最小壁厚、外径和最小壁厚允许误差、管件物理力学性能详见 DBJ/T 01—49—2000《低温热水地板辐射供暖技术规程》附录 B、附录 C、附录 D。聚丁烯 PB 管材的规格性能和应用中应注意的问题与 PP－R、PE－X 塑料管道类同，不再赘述。

8.1.6　交联铝塑复合 XPAP 管材的规格与性能

依据 ASTM F1281—1998 美国材料与试验协会标准，其管材的物理力学性能和公称外径、最小壁厚、外径和最小壁厚允许误差、管件物理力学性能详见 DBJ/T 01—49—2000《低温热水地板辐射供暖技术规程》附录 B、附录 C、附录 D。

依据 CECS105:2000《建筑给水铝塑复合管管道工程技术规程》的规定应符合如下的要求。

（1）交联铝塑复合 XPAP 管材的截面尺寸：依据 CECS 105:2000《建筑给水铝塑复合管管道工程技术规程》第 3.2.2 条的规定，交联铝塑复合 XPAP 管材的截面尺寸应符合表 2.8.1－16 和表 2.8.1－17 的要求。

搭接焊铝塑复合管基本结构尺寸（mm）　　　　　　表 2.8.1－16

公称外径 De	外　径		壁　厚		内层聚乙烯 最小厚度	外层聚乙烯 最小厚度	铝层最 小厚度
	最小值	偏差	最小值	偏差			
12	12	＋0.30	1.60	＋0.40	0.70	0.40	0.18
14	14	＋0.30	1.60	＋0.40	0.80	0.40	0.18
16	16	＋0.30	1.65	＋0.40	0.90	0.40	0.18
20	20	＋0.30	1.90	＋0.40	1.00	0.40	0.23

公称外径 De	外径		壁厚		内层聚乙烯最小厚度	外层聚乙烯最小厚度	铝层最小厚度
	最小值	偏差	最小值	偏差			
25	25	+ 0.30	2.25	+ 0.50	1.10	0.40	0.23
32	32	+ 0.30	2.90	+ 0.50	1.20	0.40	0.28
40	40	+ 0.40	4.00	+ 0.60	1.80	0.70	0.35
50	50	+ 0.50	4.50	+ 0.70	2.00	0.80	0.45
63	63	+ 0.60	6.00	+ 0.80	3.00	1.00	0.55
75	75	+ 0.70	7.50	+ 1.00	3.00	1.00	0.65

对接焊铝塑复合管基本结构尺寸(mm)　　　　　　　　表 2.8.1－17

公称外径 De	外径		壁厚		内层聚乙烯最小厚度	外层聚乙烯最小厚度	铝层最小厚度
	最小值	偏差	最小值	偏差			
12	12	+ 0.30	1.60	+ 0.40	0.70	0.40	0.18
14	14	+ 0.30	1.60	+ 0.40	0.80	0.40	0.18
16	16	+ 0.30	1.65	+ 0.40	0.90	0.40	0.18
20	20	+ 0.30	1.90	+ 0.40	1.00	0.40	0.23
25	25	+ 0.30	2.25	+ 0.50	1.10	0.40	0.23
32	32	+ 0.30	3.00	+ 0.50	1.40	0.60	0.60
40	40	+ 0.40	3.50	+ 0.50	1.65	0.70	0.75
50	50	+ 0.50	4.00	+ 0.60	1.80	0.80	1.00
63	63	+ 0.60	5.00	+ 0.60	2.20	1.00	1.20
75	75	+ 0.70	7.50	+ 1.00	3.00	1.20	1.65

(2) 交联铝塑复合 XPAP 管材的机械性能:

A. 产品的变形气压试验:依据 CECS 105∶2000《建筑给水铝塑复合管管道工程技术规程》第 3.2.3 条的规定。将交联铝塑复合 XPAP 管材浸入水槽,一端封堵,另一端通入 1.0MPa 的压缩空气,稳压 3min,管壁应无膨胀、无裂纹、无泄漏。

B. 产品的静液压强度检验:依据 CECS 105∶2000《建筑给水铝塑复合管管道工程技术

规程》第 3.2.4 条的规定,其静液压强度检验应符合表 2.8.1－18 要求。

静液压强度检验

表 2.8.1－18

管材用途	试验温度(℃)	静液压强度(MPa)	持续时间(h)	合格指标
冷水管	60 ± 2	2.48 ± 0.07	10	管壁无膨胀、无破裂、无泄漏
热水管	82 ± 2	2.72 ± 0.07		

C. 产品的环径向拉伸力和爆破强度检验:依据 CECS 105:2000《建筑给水铝塑复合管管道工程技术规程》第 3.2.4 条的规定,其环径向拉伸力和爆破强度检验应符合表 2.8.1－19要求。

交联铝塑复合 XPAP 管材环径向拉伸力和爆破强度检验标准

表 2.8.1－19

公称外径 (mm)	管环径向拉伸力(N)		爆破强度 (MPa)
	中密度聚乙烯复合管	高密度聚乙烯复合管	
12	2000	2100	7.0
14	2100	2300	7.0
16	2100	2300	6.0
20	2400	2500	5.0
25	2400	2500	4.0
32	2600	2700	4.0
40	3300	3500	4.0
50	4200	4400	4.0
63	5100	5300	3.5
75	6000	6300	3.5

8.2 管道安装前应具备的条件

8.2.1 施工准备工作应齐全:

(1) 设计图纸及其他技术文件齐全,并已经过会审。

(2) 已按批准的施工组织设计或施工方案进行技术交底。

（3）材料、施工力量、机具和专用机具等已具备，能保证正常施工。

（4）施工场地及施工用水、用电、材料贮放场地等临时设施能满足施工需要。

8.2.2　对建筑物的结构、设计图纸、施工方案及其他工种的配合措施已熟悉和了解。安装人员已熟悉管材的一般性能，掌握安装的基本操作要点，严禁盲目施工。

8.2.3　施工现场的环境温度应与管材、管件存放地点（或库房）的环境温度应接近，相关较大时应于安装前将管材、管件存放在现场一定时间，使其温度接近施工现场的环境温度。粘接环境温度低于−10℃时，应采取防寒、防冻措施。

8.2.4　室内明装管道的敷设应在土建粉饰（或粘贴面层）完毕后进行；暗装管道的管槽必须采用 1:2 水泥砂浆填补粉刷完毕；埋地管道应在土建回填土夯实以后，再重新挖沟，严禁在回填土之前或未经夯实的土层中敷设；敷设的管道沟底和沟壁土建的防水、粉刷、管道支架预埋应基本完毕。

8.2.5　施工现场的通风、防火、防毒技术措施完备、可靠，并经安全部门验收合格。设备、管材及配件的进场验收已进行且验收合格。

8.2.6　冬期施工的防寒、防冻措施应准备就绪、安全可靠，并经相关部门验收合格。

8.3　材料的质量要求

8.3.1　管材、管件和胶粘剂应有明显准确的生产厂家名称（或商标）、规格、主要技术特性的标志，包装上应有批号、数量、生产日期（胶粘剂尚应有使用有效期限）、执行标准、检验员代号。防火套管、阻火圈应有规格、耐火极限、生产厂名等标志。

8.3.2　管材、管件和胶粘剂应有国家准许生产的资质证书和采用标准说明书，同时应有产品的物理性能、机械性能、化学成分的出厂质量检验合格证明书及使用说明书等。

8.3.3　管材和管件的管壁颜色应一致，无色泽不均匀及分解变色线。

8.3.4　管材的内外表面应光滑、平整、清洁，不允许有分层、针孔、气泡、夹渣、起（脱）皮、裂纹、裂口、碰撞凹陷和划痕，卷材的截面应无明显的椭圆变形。但允许有压入物等轻微的、局部的划痕、凹坑和斑点等缺陷，其划痕和凹坑的深度应不超过管材外径允许的误差的范围。

一般塑料给水管材的划痕允许深度 Δh 如下：

公称外径 $De \leqslant 75mm$　　划痕深度 $\Delta h < 0.3mm$；

公称外径 $De \leqslant 110mm$　　划痕深度 $\Delta h < 0.4mm$；

公称外径 $De \leqslant 160mm$　　划痕深度 $\Delta h < 0.5mm$；

公称外径 $De \leqslant 200mm$　　划痕深度 $\Delta h < 0.6mm$。

铝塑复合给水管材的划痕允许深度 Δh 如下：

公称外径 $De \leqslant 32mm$　　划痕深度 $\Delta h < 0.3mm$；

公称外径 $De \leqslant 40mm$　　划痕深度 $\Delta h < 0.4mm$；

公称外径 $De \leqslant 50mm$　　划痕深度 $\Delta h < 0.5mm$；

公称外径 $De \leqslant 63mm$　　划痕深度 $\Delta h < 0.6mm$；

公称外径 $De \leqslant 75mm$　　划痕深度 $\Delta h < 0.7mm$。

8.3.5 管材的外径允许的偏差应是正偏差,一般允许偏差如下:

公称外径 $De \leqslant 75mm$　　0≤允许偏差 $\Delta h \leqslant +0.3mm$;

公称外径 $De \leqslant 110mm$　　0≤允许偏差 $\Delta h = +0.4mm$;

公称外径 $De \leqslant 160mm$　　0≤允许偏差 $\Delta h = +0.5mm$;

公称外径 $De \leqslant 200mm$　　0≤允许偏差 $\Delta h = +0.6mm$。

铝塑复合管材允许的偏差如下:

公称外径 $De \leqslant 32mm$　　0≤允许偏差 $\Delta h = +0.3mm$;

公称外径 $De \leqslant 40mm$　　0≤允许偏差 $\Delta h = +0.4mm$;

公称外径 $De \leqslant 50mm$　　0≤允许偏差 $\Delta h = +0.5mm$;

公称外径 $De \leqslant 63mm$　　0≤允许偏差 $\Delta h = +0.6mm$;

公称外径 $De \leqslant 75mm$　　0≤允许偏差 $\Delta h \leqslant +0.7mm$。

8.3.6 管材在同一截面处壁厚的偏差不得超过14%。

8.3.7 胶粘剂应属于同一厂家的产品,胶内不得含有团块和不溶颗粒与杂质,并且不得呈胶凝状态和分层现象,未搅拌时不得有析出物,不同生产厂家生产的胶粘剂和型号不同的胶粘剂不得混合使用。

8.3.8 施工及安装的专用工具必须与产品配套,属于同一厂家的产品,且必须标有生产厂家的厂名、出厂合格证和使用说明书。

8.3.9 铜质管件必须符合现行国家 GB/T 5232《加工黄铜》标准中的 HPb59 – 1 的要求。管件必须是管材生产厂家的配套产品。管件表面应光滑无毛刺,无缺损和变形,无气泡和沙眼。同一口径的锁紧螺帽、紧箍环应能互换。管件内使用的密封圈材质应符合给水卫生标准要求的丁氰橡胶或硅橡胶。

8.4　材料的运输和存储

8.4.1　管材、管件和胶粘剂存储

(1) 管材、管件和胶粘剂不得露天存放,应存放在库房或简易的棚屋内。存放库房或简易棚屋内应有良好的通风,室温不宜大于 40℃,不得曝晒。存放的库房或简易棚屋要有防火、避光措施,并防止阳光直射和远离热源,与热源的距离不得小于1m。注意防火安全,严禁与油类或化学品混合堆放。管材堆放在平整的场地上,堆放应水平、有规则,避免局部压弯管道。堆放管材的支垫物宽度不得小于 75mm,间距不得大于1m,外悬端部不宜超过 500mm,叠放高度不得超过 1~1.5m。管件原箱堆码不宜超过 3 箱。

(2) 胶粘剂等应存放于阴凉、干燥、安全可靠,且远距火源的危险品库房内。

8.4.2　管材、管件和胶粘剂的运输

管材、管件和胶粘剂的运输、装卸和搬运应轻放,不得抛、摔、拖、滚,避免接触油污和受剧烈碰撞、尖锐物的冲击。

胶粘剂运输的环境应阴凉、干燥、安全可靠,且远距火源。

8.5 管材的切割

8.5.1 管材切割的准备工作

(1) 管材切割必须在分项技术交底之后，且设计中的矛盾得到圆满解决之后进行。

(2) 管材切割前其连接的设备的型号规格必须定型，尺寸确定，连接支管的甩口位置、走向必须确定，现场定位核实准确无误。

(3) 管材切割前对管路中配套的阀件、伸缩器、防火套管、阻火圈的安装位置现场定位必须核实准确无误。

(4) 管材切割前对进场的管材应进行清除垃圾、杂物、泥砂、油污等项的清洁工作，公称外径 $De \leqslant 32mm$ 的卷状管材应进行管道展开、调直。施工过程中对管材的开口和敞口应及时堵塞防止管材、管件污染。

8.5.2 管材的截断与弯曲

(1) 管材的截断：

A. 截断前应检查管材的规格、长度、材质是否符合设计要求，管口的毛刺、不平整处应整理完好，端面与轴线应垂直。

B. 复合管材的截断应使用专用的管剪或管子割刀器进行裁剪。一般的塑料管材的裁管可选用细齿的木工锯或手锯、割刀或专用断管机具进行切割。

C. 切面应平整，垂直于管轴线，并去掉断口处的毛刺、毛边。切口端部应削成倒角，倒角长度宜为 2.5～3.0mm，倒角坡口后管端厚度为壁厚的 1/3～1/2，倒角一般为 10°～15°。完成倒角后应将残屑清除干净，不留毛刺。

(2) 管材的弯曲：需要进行弯曲的管道应采用专用弯管器进行弯曲。公称外径 $De \leqslant 25mm$ 管道采用在管内放置专用弹簧后，用手直接加力弯曲；公称外径 $De \geqslant 32mm$ 管道采用专用弯管器弯曲。管道的弯曲半径以管轴心计不得小于管道 5 倍公称外径 De，而 PB 和 PE－X 管道不得小于管道 6 倍公称外径 De，且应一次弯曲成型，不得多次弯曲。

8.6 管材的连接

8.6.1 承插粘贴连接

(1) 承插粘贴连接的插入深度以承插口长度的 1/2～1/3 为宜，并作出标志。

(2) 承插粘贴连接的管道粘接时应将承口内侧和插口外侧擦拭干净，无尘砂、无水迹，有油污的应用清洁剂擦净。

(3) 承插粘贴连接的承插口内外侧胶粘剂的涂刷应先涂刷管件承口内侧，后涂刷插口外侧，胶粘剂的涂刷应迅速、均匀、适量、不得漏涂。涂满胶粘剂后，应在 20s 内完成粘接，若操作过程中胶粘剂出现干涸，应清除干涸的胶粘剂后，重新涂抹。

（4）承插粘贴连接的管子插入方向应找正，插入后应将管道旋转90°，但旋转不得超过1/4圈，且不得插到底后再进行旋转。管道承插过程中也不得用锤子击打。管道插入深度至少应超过标志深度，插接好后应将插口处多余的胶粘剂清除干净。

（5）初粘接的接头应避免受力，需静置固化一定时间，牢靠后再进行粘接。

（6）粘接环境温度低于－10℃时，应采取防寒、防冻措施。不得使用冻结的胶粘剂，也不得采用明火或电炉等加热装置加热胶粘剂。

（7）溶剂粘接连接主要用于PVC－U聚氯乙烯给水（排水）管道和PVC－U聚氯乙烯热水给水管道。

8.6.2 承插胶圈密封柔性连接

（1）承插胶圈密封柔性连接一般用于较大管径的埋地塑料管道。

（2）承插胶圈密封柔性连接前必须检查管材、管件及胶圈的质量，清理干净承口内侧（包括胶圈凹槽）和插口外侧，不得有土或其他杂物，将橡胶圈安装在承口凹槽内，不得扭曲，异型胶圈必须安装正确，不得装反。

（3）承插胶圈密封柔性连接的管端插入长度必须留出由于温差产生的管道伸长量，伸长量应按施工时闭合温差计算确定，一般情况下可按表2.8.6－1采用。

管长 6m 时管端的温差伸长量　　　　　　　　　　　　　　表 2.8.6－1

插入时最低环境温度（℃）	设计最大温差（℃）	伸长量（mm）
≥15	25	10.5
10~15	30	12.6
5~10	35	14.7

注：1. 表中管道运行中内外介质最高温度按40℃计算，当大于40℃时应按实际温升计算。

　　2. 管长不是6m时，伸长量可按管道实际长度依比例增减。

（4）承插胶圈密封柔性连接时将插口端对准承口，并保持管道轴线平直，将其一次插入，直至标志线均匀外露在承口端部。

（5）承插胶圈密封柔性连接主要用于PVC－U聚氯乙烯给水（排水）管道。

8.6.3 过渡连接

（1）不同材质的两种管材或管材与管件（或阀门、消火栓）之间可采用过渡连接。过渡连接的两端接头构造必须与两端连接接头形式相适应。

（2）过渡连接的连接件一般采用特制的管件，与各端管道或附件的连接应遵循下列规定：

A. 阀门、消火栓或钢管为法兰接头时，过渡件与其连接端必须采用相应的法兰接头，其法兰的螺栓孔的位置和直径必须与连接端的法兰一致。

B. 连接不同材质的管材采用承插连接时，过渡件与其连接端必须采用相应的承插式接头,其承口的内径或插口的外径及密封圈的规格等必须符合连接端承口和插口的要求;当不同材质管材为平口端时,宜采用套筒式接头连接,套筒内径必须符合两端连接件不同外径的规定。

C. 与 PVC – U(CPVC)管管端的连接宜采用柔性接头,并优先采用套筒式、活接头等快速连接件。当连接的 PVC – U(CPVC)管管端为承插式接头连接时,过渡件应采用相应的承口或插口连接。

D. 过渡件宜采用工厂制作的产品,并优先采用 PVC – U(CPVC)注塑成型或二次加工成型的管件。

8.6.4 塑料管与金属管配件的螺纹连接

(1) 塑料管与金属管配件采用螺纹连接的塑料管材,其连接部位管材的公称外径应为 $De \leqslant 63mm$。

(2) 塑料管与金属管配件的连接采用螺纹连接时,必须采用注射成型的螺纹塑料管件。其管件螺纹部分的最小壁厚不得小于表 2.8.6 – 2 的规定。

注射塑料管件螺纹处管壁最小壁厚的尺寸(mm)　　　　　　表 2.8.6 – 2

塑料管外径	20	25	32	40	50	63
螺纹处的壁厚	4.5	4.8	5.1	5.5	6.0	6.5

(3) 注射成型的螺纹塑料管件与金属管配件螺纹连接时,宜将塑料管件作为外螺纹,金属管配件作为内螺纹;若塑料管件作为内螺纹,则宜使用在注射螺纹,端外部嵌有金属加固圈的塑料连接件。

(4) 注射成型的螺纹塑料管件与金属管配件螺纹连接宜采用聚四氟乙烯生料带作为密封填充物,不宜使用厚白漆、麻丝作为密封填充物。

8.6.5 卡套式的连接

(1) 卡套式的连接一般用于铝塑复合给水管道和 PE – X 交联聚乙烯给水管道的连接,卡套式连接有承插卡环夹紧式和卡套 C 形紧箍环螺帽锁紧式两个系列。前者用于交联聚乙烯 PE – X 管材和聚丁烯 PB 管材的连接,后者用于交联铝塑复合 XPAP 管材的连接。卡套式的连接应符合以下的安装程序。

(2) 卡套式的连接前应检查管口的切割质量,若管口有毛刺、不平整或端面不垂直管道轴线时,应进行修正。

(3) 卡套式的连接前应用专用的刮刀将管口处的聚乙烯内层削成坡口,坡角为 20°~30°,深度 1.0~1.5mm,完成倒角后用清洁纸或布将坡口擦净,并用整圆器将管口整圆。

(4) 将锁紧螺帽、C 形紧箍环套在管上,用力将管芯插入管内直至管口达到管芯根部。

(5) 将 C 形紧箍环移至距离管口 0.5~1.5mm 处,再将锁紧螺帽与管件本体拧紧。

8.6.6 热熔式或电熔式插接连接

（1）热熔式电熔式插接连接（它们均为电热熔接）一般用于 PP‑R 无规共聚聚丙烯塑料和聚丁烯 PB 管材。管剪和焊接机、管道配件均为生产厂家配套供应。与金属管道或与给水器具的连接则采用带金属嵌件的管件连接。

（2）热熔式或电熔式插接连接的熔接工具分手持式和台式两种，手持式熔接工具适用于较小管径的管道，台式熔接工具适用于较大管径的管道。

（3）热熔式或电熔式插接连接分剪管、热熔、插接三个工序进行。

（4）热熔式或电熔式插接连接前应检查管口的切割质量，若管口有毛刺、不平整或端面不垂直管道轴线时，应进行修正。

（5）热熔式或电熔式插接连接应严格按厂家规定的技术参数进行操作，在加热和插接过程中不得转动管材和管件。

（6）热熔式或电熔式插接连接时应将管材直线插入管件中，插入深度应符合要求，管材和管件的中轴线应重合，不得有偏差出现。

（7）热熔式或电熔式插接连接后的正常熔接在结合面处应有一均匀的熔接圈。

8.7 给水塑料和复合管材的水压试压标准

8.7.1 建筑硬聚氯乙烯给水管道 PVC‑U 的水压试验

（1）室外埋地建筑硬聚氯乙烯给水管道 PVC‑U 的水压试验：详见 CECS 17：2000 第 10 章第 10.1、10.2、10.3 节。

（2）室内建筑硬聚氯乙烯给水管道 PVC‑U 的水压试验：依据 CECS 41：92《建筑给水硬聚氯乙烯管道设计与施工验收规程》第五章的规定进行。其试验标准为：

试验压力为管道系统工作压力的 1.5 倍，但不得小于 0.6MPa。

试验进行时间：对于粘接管道水压试验必须在粘接连接安装 4h 后进行。

水压试验步骤：注满水后升压时间不得少于 10min，升至试验压力后稳压 1h，观察接头部位是否渗漏；若无渗漏，则再补压至试验压力值后，如 15min 内的压力降不超过 0.05MPa 为合格。

8.7.2 无规共聚聚丙烯 PP‑R 管道的水压试验

关于实际工程系统和管段的强度水压试验标准。

（1）用于低温热水辐射供暖系统应执行 DBJ 01—49—2000《低温热水地板辐射供暖应用技术规程》第 6.2 条、第 6.3 条和 GB 50242—2002《建筑给水排水与采暖工程施工质量验收规范》第 8.6.1 条的规定。

（2）用于分户热计量供暖系统应依据 DBJ 01—605—2000《新建集中供暖住宅分户热计量设计技术规程》第 5.1.5 条、第 5.1.6 条和 GB 50242—2002《建筑给水排水与采暖工程施工质量验收规范》第 8.6.1 条的规定，执行相应的技术规范和规程的水压试验标准。

(3) 用于室内给水(冷、热、消防喷洒系统),当设计选择的管材工作压力等级符合前述 PP - R 物理机械性能要求时,仍然按 GB 50242—2002《建筑给水排水与采暖工程施工质量验收规范》第 4.2.1 条、第 6.2.1 条规定执行。

8.7.3 交联聚乙烯 PE - X 管道的水压试验

关于实际工程系统和管段的强度水压试验标准。

(1) 用于低温热水辐射供暖系统应执行 DBJ 01—49—2000《低温热水地板辐射供暖应用技术规程》第 6.2 条、第 6.3 条和 GB 50242—2002《建筑给水排水与采暖工程施工质量验收规范》第 8.6.1 条的规定。

(2) 用于分户热计量供暖系统应依据 DBJ 01—605—2000《新建集中供暖住宅分户热计量设计技术规程》第 5.1.5 条、第 5.1.6 条和 GB 50242—2002《建筑给水排水与采暖工程施工质量验收规范》第 8.6.1 条的规定,执行相应的技术规范和规程的水压试验标准。

(3) 用于室内给水(冷、热、消防喷洒系统),当设计选择的管材工作压力等级符合前述 PE - X 管材物理机械性能要求时,仍然按 GB 50242—2002《建筑给水排水与采暖工程施工质量验收规范》第 8.6.1 条的规定执行。或按厂家规定水压试验压力为工作压力 P 的 1.5 倍,最低不得低于 0.6MPa 进行试压。

8.7.4 聚丁烯 PB 管道的水压试验

聚丁烯 PB 管材的规格性能和应用中应注意的问题与 PP - R、PE - X 塑料管道类同。

8.7.5 交联铝塑复合 XPAP 管材在实际工程系统和管段安全的强度水压试验标准

(1) 用于低温热水辐射供暖系统应执行 DBJ 01—49—2000《低温热水地板辐射供暖应用技术规程》第 6.2 条、第 6.3 条和 GB 50242—2002《建筑给水排水与采暖工程施工质量验收规范》第 8.6.1 条的规定。

(2) 用于分户热计量供暖系统应依据 DBJ 01—605—2000《新建集中供暖住宅分户热计量设计技术规程》第 5.1.5 条、第 5.1.6 条和 GB 50242—2002《建筑给水排水与采暖工程施工质量验收规范》第 8.6.1 条的规定,执行相应的技术规范和规程的水压试验标准。

(3) 用于室内给水(冷、热供应系统)中,按 CECS 105:2000《建筑给水铝塑复合管管道工程技术规程》第 6.0.4 条的规定进行。即实验压力为系统的工作压力的 1.5 倍,但不小于 0.6 MPa;试验时系统压力升压时间不应小于 10min,升至试验压力后停止加压,稳压1h,观察各接口部位应无渗漏现象;稳压 1h 后,再补压至规定的试验压力值,15min 内,压力降不超过 0.05MPa 为合格。

以上水压试验合格后,再进行持压试验(严密性试验),将系统再次升压至规定的试验压力值,持续 3h,压力下降终止值应不低于 0.6MPa,且无渗漏为合格。

(4) 高层建筑给水和消防喷洒系统的水压试验:当设计选择的交联铝塑复合 XPAP 管材工作压力等级符合前述物理机械性能要求时,仍然按 GB 50242—2002《建筑给水排水与采暖工程施工质量验收规范》第 4.2.1 条、第 6.2.1 条的规定执行。

8.8 建筑给水塑料及铝塑复合管材在采购和使用中的几点实施意见

8.8.1 建筑给水塑料及铝塑复合管道、管件材质的抗拉强度远比热镀镀锌钢管材质钢材低，且其承压能力随管内输送介质温度的增加而急剧下降，因此同一材质、同一规格（外径 De）产品的压力等级较多。不同的使用环境（管内输送介质温度、使用的工作压力、使用年限、室内或户外埋地敷设等）其选用的管道压力等级也不同，在订货和进场检验时，不仅要检查其价格、外观质量、规格、材质、相关技术文件的齐备和有效性，更应注意产品的压力等级是否与设计的使用环境相符。

8.8.2 理清此类管材的物理化学机械性能及产品规格，熟悉产品出厂机械性能检测液压试验标准和各项产品性能指标（包括卫生标准）的重要性，防止采购不合格产品而引起工程质量事故和卫生中毒事故的发生。

8.8.3 理清出厂机械性能检测液压试验标准与施工现场工程安装质量系统强度水压试验标准的区别，纠正为了一时的方便，不加区分地采取统一的超高标准水压试验压力（如"冷水管道试验压力为管道系统工作压力的 1.5 倍，但不得小于 1.0MPa；热水管道试验压力为管道系统工作压力的 2.0 倍，但不得小于 1.5MPa"）。杜绝水压试验压力超高而造成爆管质量事故的产生。

8.8.4 不同管材、不同使用环境施工现场管道的水压试验标准应按相关规范和规程的规定进行。

8.8.5 随着新产品不断开发并投入实际工程中应用，而相应的安装规程的制定总是有一段时间的滞后，况且某些新产品往往是某同类产品的衍生物，如 PVC－U、CPVC 均是聚氯乙烯树脂 PVC 的衍生物，其基本成分均为氯乙烯单体的聚合物，仅是为了局部改良某些物理和机械性能，添加了某些添加剂，或改变了某些生产工艺而已。因此，在实际工程应用中，除了管道强度和严密性水压试验标准应依据相应的施工规范执行外，安装工艺采用的标准可结合实际工程的具体情况，参照生产厂家的企业标准或同类产品的安装工艺进行。

8.8.6 在应用上述的管道连接方法时，应依据不同的管道材质和工程实际的需要，选用不同的连接方法。

8.8.7 在室内供暖工程和冷热水供应工程中，埋地（或埋入楼板垫层内）管道应按 DBJ 01—49—2000《低温热水地板辐射供暖应用技术规程》第 5.2 条做好绝热层的铺设或规范、设计要求做好保温措施。低温热水地板辐射供暖绝热层的铺设可以参照图 2.7.6－1、图 2.7.6－2 施工。

图 2.8.8－1 预埋区域显示预埋件

8.8.8 埋地（楼板）管道应采取可靠技术措施防止地面在二次装修时、受重物压迫或高温传热而受损坏垫层和管道，为此可在垫层浇筑时在管线敷设区域边缘预埋标志物（图 2.8.8－1）伸出地面，待混凝土垫层养护期满后，再设置明显的标志物（如用耐擦拭涂料划线标识）。

8.9 编后与主要参考资料

8.9.1 编后

本资料是编者参照相关的不同规范和规程,从中汇编整理而成。本文若有不贴切的地方,以原规程或原规范为准。并希望在实施过程中发现的问题和修改意见及时反馈回公司,以便及时进行修正。

8.9.2 主要参考资料

(1) CECS 17:2000《埋地硬聚氯乙烯给水管道工程技术规程》

(2) CECS 41:92《建筑给水硬聚氯乙烯管道设计与施工验收规程》

(3) DBJ/T 01—49—2000《低温热水地板辐射供暖技术规程》

(4) DBJ 01—605—2000《新建集中供暖住宅分户热计量设计技术规程》

(5) GB 50242—2002《建筑给水排水及采暖工程施工质量验收规范》

(6) CECS 105:2000《建筑给水铝塑复合管管道工程技术规程》

(7)《新型建筑材料应用手册》中国 建筑工业出版社 1987 年 12 月

(8) 北京青云联合化学建材技术有限公司《无规共聚聚丙烯管道、交联聚乙烯管道产品说明书》

(9) 北京华源亚太化学建材有限责任公司《华源 PE－X 交联聚乙烯管产品说明书》

(10) 北新塑管有限公司《PP－R 管材、铝塑复合管、硬质聚氯乙烯系列管材管件产品说明书》

(11) 北京华夏海湾塑胶制品有限公司《UPVC 管材管件系列产品说明书》

(12) 广东中山市环宇实业有限公司《CPVC 管材管件系列产品说明书》

9 紫铜管和黄铜管管道安装技术指南

9.1 总　则

9.1.1 本《指南》是本公司在工程建设中进行铜质管道安装质量控制的指导性文件。

9.1.2 本《指南》是依据 GB 50242—2002《建筑给水排水及采暖工程施工质量验收规范》第 1.0.2 条及 GBJ 15—88《建筑给排水设计规范》(1997 年版)、GB 50243—2002《通风与空调工程施工质量验收规范》的相关条文编写的。

9.1.3 工业与民用建筑的室内采暖与卫生工程和民用建筑群(小区)的室外给水及空调制冷工程中采用铜管的质量应符合 GB 1528—87《拉制纯铜管》、GB 1529—87《拉制黄铜管》的技术要求。

9.1.4 铜管安装的工艺和质量要求尚应符合 GB 50242—2002《建筑给水排水及采暖工程施工质量验收规范》、GBJ 15—88《建筑给排水设计规范》(1997 年版)、GB 50243—2002《通风与空调工程施工质量验收规范》的相关规定。

9.1.5 工业用的铜管道安装的工艺和质量要求尚应符合 GB 50235—97《工业管道工程施工及验收规范》的相关规定。

9.1.6 紫铜设备和铜管的手工钨极氩弧焊及黄铜设备和铜管的氧乙炔焊应符合 GB 50236—98《现场设备、工业管道焊接工程施工及验收规范》第 8.2.1 条～第 8.3.6.3 条的规定。

9.2 材　质

9.2.1 卫生工程使用的紫(纯)铜管有裸紫(纯)铜管和包塑紫(纯)铜管两种;制冷工程输送制冷剂的管道一般采用裸紫(纯)铜管;工业建筑工程一般采用裸紫(纯)铜管、包塑紫(纯)铜管和黄铜管等。

9.2.2 紫(纯)铜管和黄铜管的机械性能和化学成分应符合 GB 5231—85、GB 1527—87～GB 1530—87 和表 2.9.2－1 的要求。

纯铜和黄铜的机械性能和化学成分表　　　　　　表 2.9.2－1

材料类别	牌号	材料状态	机械性能			化学成分(%)				比重	主要用途
			抗拉强度	伸长率		主要成分					
			σ_b	δ_5	δ_{10}	铜	锌	磷	杂质含量总和		
			MPa ≥	%		≥			≤		
纯(紫)铜	二号 T_2	硬	300～320	35		99.90			0.1	8.9	导电用的
	三号 T_3	软	210	35		99.70			0.3	8.89	一般用的
	四号 T_4	硬	250	35		99.50			0.5	8.89	一般用的
	TUP	—	190	35		99.95		0.01～0.04	0.49	8.89	焊接用的铜材
黄铜	H96	硬	210	42	35	67.0～70.0	余量		0.3	8.60	机械零件
		半硬	190	42	35						
		软	300								
	H68	硬	400			60.5～63.5	余量		0.5	8.43	垫圈弹簧螺钉及其他
		半硬	340	34	30						
		软	300	43	38						

9.2.3 紫(纯)铜管和包塑紫(纯)铜管的标志及规格：

(1) 裸紫(纯)铜管、包塑紫(纯)铜管和黄铜管的标志为铜管外径×壁厚($\phi \times \delta$)，单位mm。

(2) 裸紫(纯)铜管和包塑紫(纯)铜管的规格见表2.9.2－2。

裸紫(纯)铜管和包塑紫(纯)铜管规格 　　　　　表2.9.2－2

序号	规　　格　　($\phi \times \delta$)mm					外径误差		单位重量
	EN1057－1996	英制	国标	常规	包塑	最大	最小	
1	$\phi 15 \times 0.7$	1/2	$\phi 16 \times 1.0$	$\phi 15 \times 0.7$	$\phi 15 \times 0.7$			
2	$\phi 22 \times 0.9$	3/4	$\phi 22 \times 1.5$	$\phi 22 \times 0.9$	$\phi 22 \times 0.9$			
3	$\phi 28 \times 0.9$	1	$\phi 28 \times 1.5$	$\phi 28 \times 0.9$	$\phi 28 \times 0.9$			
4	$\phi 35 \times 1.2$	1 1/4	$\phi 35 \times 1.5$	$\phi 35 \times 1.2$	$\phi 35 \times 1.2$			
5	$\phi 42 \times 1.4$	1 1/2	$\phi 42 \times 2.0$	$\phi 42 \times 1.4$	$\phi 42 \times 1.2$	$+10\%\delta$	$-10\%\delta$	
6	$\phi 54 \times 1.2$	2	$\phi 55 \times 2.0$	$\phi 54 \times 1.5$				
7	$\phi 66.7 \times 1.2$	2 1/2	$\phi 70 \times 2.5$	$\phi 67 \times 1.8$				
8	$\phi 76.1 \times 1.5$	3	$\phi 85 \times 2.5$	$\phi 76 \times 2.2$				
9		4	$\phi 105 \times 2.5$	$\phi 108 \times 2.5$				

9.2.4 紫(纯)铜管和包塑紫(纯)铜管的材质

(1) 采用铜管和配件应有产品合格证书和材质试验报告书。铜管的管径、壁厚及材质的化学成分应符合设计和国标要求。其表面及内壁均应光洁，无疵孔、裂缝、结疤、尾裂或气孔。黄铜管不得有绿锈和严重脱锌。纵向划痕深度应不大于0.03mm，局部凸出高度不大于0.35mm。疤块、碰伤的凹坑深度不超过0.03mm，且其表面积不超过管子表面积的5‰。

(2) 铜管的内外表面应干净无污染，安装时应清理管子内壁的污物，并用汽油或其他有机溶剂擦洗铜管的插入部分表面，以防止任何油脂、氧化物、污渍或灰尘影响钎料对母体的焊接性能，使焊接产生缺陷。

铜管件(接头)若有污垢，应用铜丝或钢丝刷刷净，不得用不清洁的工具进行处理。

9.3　铜管的安装

9.3.1　铜管的调直

弯曲的铜管应调直后再安装。铜管调直宜在管内充砂用调直器调直或采用木锤子或橡皮锤子，在铺木垫板的平台上进行，不得用铁锤敲打。调直后管内应清理干净，并放置平直，防止其表面被硬物划伤。

9.3.2 铜管的切割

铜管切口表面应平整,不得有毛刺、凹凸等缺陷,切口平面允许倾斜,偏差为管子直径的 1%。

9.3.3 铜管的连接方法有四种

即喇叭口翻边连接(亦称卡套连接,适用于 $\phi25mm$ 以下的管子)、焊接(主要采用钎焊,一般适用于 $\phi25mm$ 以下的管子,如银钎焊和铜钎焊)、连接件或法兰连接、螺纹连接。铜管连接应符合下列规定。

(1)喇叭口翻边连接(亦称卡套连接):喇叭口翻边连接的管道应保持同轴,当公称直径小于或等于 50mm 时,其偏差不应大于 1mm;当公称直径大于 50mm 时,其偏差不应大于 2mm。制作喇叭口的管段应预先退火、锉平、管口毛刺刮光,再用专用工具制作。喇叭口外径应小于紧固螺母内径 0.3~0.5mm,以免紧固时喇叭口被螺母的内径卡死,扭坏接管,以至不能保证密封。同时翻边时也不得出现裂纹,分层豁口及褶皱等缺陷,并有良好的密封面。

(2)螺纹连接:螺纹连接一般用于工业管道,且螺纹连接的管子应有一定的壁厚,套丝后管壁的净厚度应能承受管内流体的安全压力,管螺纹应完整,螺纹的断丝和缺丝的缺损不得大于螺纹全扣数 10%,螺纹的连接应牢固,螺纹根部应有外露螺纹,其螺纹部分应涂以石墨甘油。

(3)焊接连接:铜管的焊接连接可采用对焊、承插式焊接及套管式焊接,其中承口的扩口深度不应小于管径,扩口方向应迎向介质流向。

A. 管道的钎焊:普通铜管的焊接连接主要采用钎焊(如银钎焊和铜钎焊)。普通管道钎焊一般采用搭接焊接或套接连接,管道采用搭接连接的搭接长度为管壁厚度的 6~8倍;当管道的公称直径(指外径)小于 25mm 时,搭接长度为管道公称直径(外径)ϕ 的 1.2~1.5 倍。管道采用套接连接的套管长度为 $L=2~2.5\phi$,ϕ 为管道外径,但承口的扩口长度不应小于管径。钎焊后的管件必须在 8h 内进行清洗,可用湿布擦拭焊接部分(常用的方法是用煮沸的含 10%~15% 的明矾水溶液涂刷接头处,然后用水冲洗擦干),以稳定焊接部分和除去残留的熔剂和熔渣,避免腐蚀。焊后的正常焊缝应无气孔、无裂纹和无未熔合等缺陷。

B. 铜管的对接焊连接:铜管的对接焊连接一般用于工业管道系统。工业管道紫铜设备和管道一般采用手工钨极氩弧焊的对接焊连接;黄铜设备和管道一般采用手工的氧乙炔焊的对接焊连接,其焊接工艺和质量应符合 GB 50236—98《现场设备、工业管道焊接工程施工及验收规范》第 8.2.1 条~第 8.3.6.3 条的规定。

C. 焊接采用氧-乙炔加热火焰时,火焰应呈中性或略带还原性,加热时焊炬应沿管子作环向转动,使之均匀加热,一般预热至呈暗色为宜。

D. 焊接时应均匀加热被焊接的管件,并用加热的钎料(焊剂、焊粉)沾取适量钎料(焊剂、焊粉)均匀涂抹在焊缝上。当温度达到 650~750℃ 时,送入钎料(焊剂、焊粉),切勿将火焰直接加热钎料(焊剂、焊粉),以免因毛细管作用和润湿作用致使熔化后的液体钎料

(焊剂、焊粉)在缝内渗透。当钎料(焊剂、焊粉)全部熔化时停止加热,否则钎料(焊剂、焊粉)会不断往里渗透,不能形成饱满的焊角。

(4) 连接件或法兰连接:铜管采用法兰连接时铜管与法兰的连接有焊接和翻边连接两种。铜管采用法兰连接时必须采用凹凸法兰,并在凹槽内填装密封垫片。密封垫片的材料——对于输送介质为氟利昂,水的管道采用胶质石棉垫或紫铜环;对于输送介质为氮气的管道采用胶质石棉垫或铅片。铜管与法兰采用翻边连接时管道的翻边宽度见表 2.9.3 – 1。

铜管与法兰翻边连接时的翻边宽度(mm)　　　　　表 2.9.3 – 1

公称直径	15	20	25	32 ~ 100	125 ~ 200
翻边宽度	11	13	16	18	20

9.3.4　气焊材料的选用

焊铜管时采用的焊丝其成分应力求与基层金属的化学成分基本一致。焊接时可采用下列的焊丝。

(1) 焊铜时的焊丝:当壁厚为 $\delta = 1 \sim 2mm$ 时,焊丝成分为纯铜(电解铜,含杂质 < 0.4%);当壁厚为 $\delta = 3 \sim 10mm$ 时,焊丝成分为铜 99.8%、磷 0.2%;当壁厚为 $\delta > 10mm$ 时,焊丝成分为磷 0.2%、硅 0.15% ~ 0.35%、其余为铜。

(2) 焊黄铜时的焊丝:铜 62%、硅 0.45% ~ 0.5%,其余为含锌量或硅 0.2% ~ 0.3%、磷 0.15%,其余为含铜量。

(3) 气焊用的熔剂(焊剂、焊粉):气焊用熔剂的性能——熔点约 650℃,呈酸性反应,应能有效地熔融氧化铜和氧化亚铜,焊接时生成液态熔渣覆盖于焊缝表面,防止金属氧化。常用铜焊及合金铜焊熔剂(焊剂、焊粉)见表 2.9.3 – 2。

常用铜焊及合金铜焊熔剂　　　　　表 2.9.3 – 2

硼酸 H_3BO_3	硼砂 Na_2BO_3	磷酸氢钠 Na_2HPO_4	碳酸钾 K_2CO_3	氯化钠 NaCl
100				
	100			
50	50			
25	75			
35	50	15		
	56		32	22

9.3.5　铜管的弯曲

铜管及铜合金管道的弯管可先将管内充填无杂质的干细砂,并用木锤敲实,再热弯或冷弯。热弯后管内不易清除的细砂可用浓度 15％～20％的氢氟酸在管内存留 3h 使其溶蚀，再用 10％～15％的碱溶液中和，然后以干净水冲洗，再在 120～150℃温度下历时 3～4h 烘干。

冷弯一般用于紫铜管，冷弯前也应先将管内充填无杂质的干细砂，并用木锤敲实，再进行冷弯，冷弯前先将管道加热至 540℃时，立即取出管道，并将其加热部分浇水，待其冷却后再放到台具上弯制。

热弯或冷弯后管道的椭圆率不应大于 8％，弯管的直边长度不应小于管径，且不小于 30mm。

9.3.6　铜波纹膨胀节的安装

安装铜波纹膨胀节时，其前后的直管长度不得小于 100mm。

9.3.7　铜管安装的支架

铜管水平管道最大支撑支架的间距按表 2.9.3－3 设置。

表 2.9.3－3

铜管水平管道最大支撑支架的间距

公称外径 ϕ(mm)	立管间距(mm)	横管间距(mm)	公称直径 ϕ(mm)	立管间距(mm)	横管间距(mm)
8	500	400	45	1300	1000
10	600	400	55	1600	1200
15	700	500	70	1800	1400
18	800	500	80	2000	1600
22	900	600	85	2200	1800
28	1000	700	96	2500	2200
35	1100	800	100	3000	2500

GB 50242—2002《建筑给水排水及采暖工程施工质量验收规范》第 3.3.10 条表 3.3.10 规定值见表 2.9.3－4。

表 2.9.3－4

铜管管道支架的最大间距

公称直径(mm)		15	20	25	32	40	50	65	80	100	125	150	200
支架的最大间距(m)	垂直管道	1.8	2.4	2.4	3.0	3.0	3.0	3.5	3.5	3.5	3.5	4.0	4.0
	水平管道	1.2	1.8	1.8	2.4	2.4	2.4	3.0	3.0	3.0	3.0	3.5	3.5

注：对以上两表进行比较，表 2.9.3－3 比表 2.9.3－4 偏于安全，一般情况下采用表 2.9.3－4，但对于管径较小的铜管和制冷工程建议采用表 2.9.3－4 的数据。

9.3.8 管道穿越无防水要求的墙体、梁、板的做法应符合下列规定

(1) 应设置穿越墙体、梁、板的钢制套管,钢制套管的内径应比穿越管道的公称外径大 30～40mm。垂直穿梁、板的钢制套管底部应与梁、板底平齐,钢制套管上端高出地面 20～50mm;水平穿墙、梁的钢制套管的两端应与墙体、梁两侧表面平齐。

(2) 管道靠近穿越孔洞的一端应设固定支撑件将管道固定。

(3) 管道与钢制套管或孔洞之间的环形缝隙应用防水材料填塞密实。

9.3.9 管道固定支撑件的设置

(1) 无伸缩补偿装置的直管段,固定支撑件的最大间距:冷水管道不宜大于 6.0m,热水管道不宜大于 3.0m,且应配置在管道配件附近。

(2) 管道采用伸缩补偿器的直管段,固定支撑件的间距应经计算确定,管道伸缩补偿器应设在两个固定支撑件的中间部位。

(3) 管道伸缩量 ΔL 的计算:

$$\Delta L = 16.8 \times 10^{-6}(T_1 + T_2)L$$

式中 ΔL——管道热伸长(冷压缩)量(mm);

T_1——管内介质温度(℃);

T_2——管道安装地点环境温度(℃),室内取 -5℃,室外取供暖室外计算温度;

L——计算管道的长度(m);

16.8×10^{-6}——铜材的线膨胀系数(mm/m·℃)。

(4) 采用管道折角进行伸缩补偿时,悬臂长度不应大于 3.0m,自由臂长度不应小于 300mm。

(5) 固定支撑件的管卡与管道表面应为面接触,管卡的宽度宜为管道公称外径的 1/2,收紧管卡时不得损坏管壁。

(6) 滑动支撑件的管卡应卡住管道,可允许管道轴向滑动,但不允许管道产生横向位移,管道不得从管卡中弹出。

(7) 连接制冷机的吸、排气管道须设单独支架。管径小于或等于 20mm 的铜管道,在阀门等处应设置支架。

9.3.10 埋地管道的敷设应符合下列规定

(1) 埋地进户管应先安装室内部分的管道,待土建室外施工时再进行室外部分管道的安装与连接。但管道的敞口应临时堵严,防止异物进入。

(2) 进户管穿越外墙处应预留孔洞,孔洞高度应根据建筑物沉降量决定,一般管顶以上的净高不宜小于 100mm。公称外径 ϕ 不小于 40mm 的管道,应采用水平折弯后进户。

(3) 管道在室内穿出地坪处应设长度不小于 100mm 的金属套管,套管的根部应插嵌入地坪层内 30～50mm。

(4) 埋地管道管沟底部的地基承载力不应小于 80kN/m²,且不得有尖硬凸出物。管沟

回填时管道周围 100mm 以内的填土不得含有粒径大于 10mm 的尖硬石(砖)块。

(5) 室外埋地管道的管顶覆土深度除应不小于冰冻线深度外,非行车地面不宜小于 300mm;行车地面不宜小于 600mm。

(6) 埋地敷设的管道及管件应做外防腐处理。

9.3.11 制冷剂输送管道的安装应符合 GB 50243—2002《通风与空调工程施工质量验收规范》第 8.2.5 条、第 8.3.4 条的相关规定

9.4 铜管管道的试验

9.4.1 给水管道(包括室内热水供应系统等)的强度和严密性试验

(1) 单项试压:即主要管道安装后或隐蔽前的管道应进行水压试验。

给水管道的水压试验依据 GB 50242—2002《建筑给水排水及采暖工程施工质量验收规范》第 4.2.1 条规定,其水压试验压力为系统工作压力的 1.5 倍,且不得小于 0.6MPa;也不应大于 1.0MPa。即:

$$0.6 \text{ MPa} \leqslant 1.5P \leqslant 1.0 \text{ MPa}$$

试验时将压力升至试验压力,但升压时间不应小于 10min,停止加压后,在稳压 10min 内若试验压力下降 $\Delta P \leqslant 0.05$MPa,外观检查,无渗漏,则将试验压力再降至工作压力 P 后,然后再稳压进行全面外观检查,无渗漏为合格。

这里的工作压力 P 应是系统中最不利的某层用水点的资用压力(使用压力)与该用水点至系统最低点(或试压泵所在的层数)的高差之和,即

$$(\Delta P + 0.01\Delta h) \qquad \text{MPa}$$

式中 ΔP——某层用水点的资用压力(MPa);

Δh——该用水点至系统最低点(或试压泵所在的层数)的高差(m)。

热水给水管道的水压试验依据 GB 50242—2002《建筑给水排水及采暖工程施工质量验收规范》第 6.2.1 条规定,其水压试验压力为系统顶点的工作压力加 0.1MPa,同时在系统顶点的试验压力不小于 0.3MPa。

试验时将压力升至试验压力,但升压时间不应小于 10min,停止加压后,在稳压 10min 内若试验压力下降 $\Delta P \leqslant 0.02$MPa,外观检查,无渗漏,则将试验压力再降至工作压力 P 后,然后再稳压进行全面外观检查,无渗漏为合格。

(2) 综合试验:整个系统安装完后应进行系统的综合水压试验,试验压力同单项试验压力,但稳压时限为 1h,允许的压力降仍然为 $\Delta P \leqslant 0.05$MPa(热水供应系统为 $\Delta P \leqslant 0.02$MPa)然后将压力降至工作压力 P 后,再稳压进行全面外观检查,无渗漏为合格。

(3) 生产、生活、消防合用给水系统:依据 GB 50242—2002《建筑给水排水及采暖工程施工质量验收规范》第 4.2.1 条规定,其试验压力为 $1.5P$ 倍,但应试验压力 $\leqslant 1.0$MPa。在稳压 10min 内压力下降 $\Delta P \leqslant 0.05$MPa,然后将压力降至工作压力 P 后,再稳压进行全面外观检查,无渗漏为合格。

9.4.2 热水供暖系统的强度和严密性试验

依据 GBJ 242—82 第 6.2.8 条规定。

(1) 单项试压:即主要管道安装后或隐蔽前的管道应进行水压试验。

A. 多层建筑:试验压力为 0.7MPa,且 5min 内无渗漏,压力降 $\Delta P \leqslant 0.02$MPa 为合格;

B. 高层建筑:高层建筑应依据系统布局情况,采取分区段、分系统进行水压试验,试验压力为 1.2MPa,且 5min 内无渗漏,压力降 $\Delta P \leqslant 0.02$MPa 为合格;

C. 严密性试验:强度试验后,将试验压力再降至工作压力 P 后,稳压进行全面检查,无渗漏为合格。

(2) 综合试验:即系统安装后的全面水压试验。依据 GB 50242—2002《建筑给水排水及采暖工程施工质量验收规范》第 8.6.1 条规定,室内热水供暖系统的综合试验压力应满足两个条件,并取其中最大值作为水压试验压力。第一个条件是试验压力等于系统顶点(最高点)的工作压力加 0.1MPa;第二个条件是试验压力必须维持系统顶点(最高点)的压力不小于 0.3MPa。依此推论,试验压力应满足的第二个条件是:

$$(0.3 + 0.01\Delta h) \qquad\qquad\qquad\qquad \text{MPa}$$

式中 Δh——为系统顶点与试压泵所在楼层楼面标高之差(m)。

依据上述条件,具体到实际工程中,对于不同类型的建筑其水压试验压力的取值分别为:

A. 多层建筑:试验压力在 0.5MPa 和 $(0.3 + 0.01\Delta h)$MPa 中取最大值进行试验,且在 5min 内压力降 $\Delta P \leqslant 0.02$MPa,且全面检查,无渗漏为合格。

B. 高层建筑:高层建筑应依据系统布局情况,采取分区段、分系统进行水压试验。试验压力在 0.8MPa 和 $(0.3 + 0.01\Delta h)$MPa 中取最大值进行试验,且在 5min 内压力降 $\Delta P \leqslant$ 0.02MPa,全面检查,无渗漏为合格;若试验压力大于系统最低层散热器所能承受的最大试验压力,则应分层分段进行试验。

C. 严密性试验:强度试验后,再将压力降至工作压力 P 后,再稳压进行全面检查,无渗漏为合格。

(3) 室外温度 $t \leqslant 150$℃高温热水供热工程的强度和严密性试验:依据 GB 50242—2002《建筑给水排水及采暖工程施工质量验收规范》第 8.6.1 条和第 11.3.1 条规定,水压试验压力为系统工作压力的 1.5 倍,但不得小于 0.6MPa,且 10min 内压力降 $\Delta P \leqslant$ 0.05MPa,且全面外观检查,无渗漏后,再将试验压力降至系统的工作压力 P,稳压进行全面外观检查,无渗漏为合格。

(4) 室内高温热水供暖系统的强度和严密性试验:依据 GB 50242—2002《建筑给水排水及采暖工程施工质量验收规范》第 8.6.1 条规定,试验压力为系统顶点工作压力加 0.4MPa,试验过程同低温热水供暖系统。

严密性试验:强度试验后,将压力降至工作压力 P,再稳压进行全面检查,无渗漏为合格。

9.4.3 制冷剂输送管道的强度和真空度试验

制冷剂输送管道的强度和真空度试验应符合 GB 50243—2002《通风与空调工程施工质量验收规范》第 8.2.1 条的相关规定。

(1) 制冷剂输送系统管道的强度和真空度试验前应进行系统吹污,吹污可用压力 0.6MPa 的干燥压缩空气;氟利昂系统可用惰性气体,用白布检查 5min 无污物为合格。吹污后应将系统中阀门的阀芯拆下清洗(安全阀除外)。

(2) 制冷剂输送系统的气密性试验:制冷剂输送系统的气密性试验应分高压、低压两步进行。试验介质可采用氮气、二氧化碳气或干燥的压缩空气,试验压力按表 2.9.4-1 的试验压力取值。

系统气密性的试验压力(绝对大气压)　　　　　表 2.9.4-1

系统压力	活塞式制冷机			离心式制冷机
	R717、R502	R22	R12、R134a	R11、R123
低压系统	1.8	1.8	1.2	0.3
高压系统	2.0	2.5	1.6	0.3

A. 低压制冷剂输送系统的气密性试验

试验前在高、低压部分安装压力表,拆去原系统中不宜承受过高压力的部件和阀件(如恒压阀、压力控制器、热力膨胀阀等),并用其他阀门或管道代替,开启手动膨胀阀和管路上其他阀门,自高压系统的任何一处向系统充氮气,并使压力达到试验的低压试验压力,即停止充气。观察系统压力下降情况,若无明显下降,则用肥皂液进行检漏。若检查无渗漏,则稳压保持 24h。前 6h 系统的压力降不应大于 0.03MPa,后 18 h 除因环境温度变化而引起的误差外(一般不超过 0.01~0.03 MPa),若压力无变化为合格。

B. 高压制冷剂输送系统的气密性试验

低压制冷剂输送系统压力试验合格以后,再继续充气对制冷剂输送系统的高压部分进行压力试验。当压力达到试验的高压试验压力时,即停止充气,观察系统压力下降的情况,若无明显的压力下降,则用肥皂液进行检漏。若无渗漏,则稳压保持 24h,前 6h 系统的压力降不应大于 0.03 MPa,后 18 h 除因环境温度变化而引起的误差外(一般不超过 0.01~0.03MPa),若压力无变化为合格。

(3) 制冷剂输送系统的检漏

制冷剂输送系统的检漏方法有肥皂水检漏、检漏灯检漏和电子自动检漏仪检漏等方法。

A. 肥皂水检漏

当制冷剂输送系统内达到一定压力(低压系统不低于 0.2MPa)后,用肥皂水涂抹各连接、焊接和紧固等可疑部位,若发现有不断扩大的气泡出现,即说明有泄漏存在。

B. 检漏灯检漏

检漏灯(也称卤素灯)对氟利昂制冷剂输送系统是一种简便有效的检漏工具。如果检漏灯吸入的空气中含有氟利昂气体,则氟利昂遇到火焰后便分解为氟、氯元素,这些元素与灯头上炽热的铜丝网接触即合成卤素铜化合物,并使火焰变成光亮的绿色、深绿色。当氟利昂大量泄漏时,火焰则变成紫罗兰色或深蓝色,以至火焰熄灭。但系统泄漏严重时不宜采用检漏灯检漏,以免产生光气引起中毒事故。

C. 电子卤素检漏仪检漏

这种检漏仪对卤素的检漏灵敏度很高,反应速度快,重量轻,携带方便。

(4) 制冷剂输送系统的抽真空试验

抽真空试验可用系统本身的压缩机对系统进行抽真空,大型的制冷剂输送系统也可用专门的真空泵对系统进行抽真空。制冷剂输送系统抽真空试验的余压对于氨输送系统不应高于 8kPa,氟利昂输送系统不应高于 5.3kPa。稳压保持 24h 后,氨输送系统压力以无变化为合格;氟利昂输送系统压力回升值不应大于 0.53kPa。

9.4.4 铜管管道的冲洗与脱脂

(1) 铜管管道的冲洗

A. 给水工程铜管管道的冲洗试验

包括生活、生产、热水供应的铜管管道,铜管给水管道在安装完毕交付使用前均应进行冲洗,要求较高的生活给水系统尚要求对系统管道进行消毒。冲洗水源一般为自来水,冲洗流量以该系统最大的设计流量或流速 $\geqslant 1.5\text{m/s}$ 的流速进行冲洗,直至各出水口的水色、透明度与进水侧的水色、透明度目测一致为合格。(冲洗水源压力不足的应设加压泵加压;不得用水压试验的无压泄水代替冲洗试验。排放水应引入可靠的排水井或沟中,排放管道的截面不得小于被排放管道截面的 60%,排水时不得形成负压)

B. 铜管热水供暖工程管道的冲洗试验

铜管热水供暖管道系统在安装完毕交付使用前均应对系统管道进行冲洗。

(A) 管道冲洗前应将管道系统上安装的流量孔板、滤网、温度计等阻碍污物通过的设施临时拆除,待管道冲洗合格后再重新安装好。

(B) 铜管热水供暖管道的冲洗水源为清水(自来水、无杂质透明度清澈未消毒的天然地表水、地下水)。冲洗水压及冲洗要求同给水工程。

C. 制冷剂输送系统管道的吹污(脱脂)试验

依据 GB 50243—2002《通风与空调工程施工质量验收规范》第 8.3.6 条的规定,制冷剂输送系统应用压力为 0.6MPa 的干空气(或氮气,氟利昂系统可用惰性气体,如氩气)吹污,在排气口用白布检查,5min 内白布上无污物为合格。吹洗后应将阀门芯拆下清洗(安全阀除外)。试验单应按系统分段编号进行填写。有要求管道脱脂的尚应进行脱脂试验,脱脂试验详 4.4.2 款。

D. 输送纯净水、高纯净水,洁净压缩空气、氢、氮、燃气管道及真空管道的吹洗试验:依据 JGJ 71—90 第 4.2.2 条、第 4.2.3 条规定系统管道安装完毕后,运行前必须进行清洗,清洗后输送水质化验必须符合设计要求。纯净水、高纯净水等管道的清洗与脱脂试验的步骤是:

（A）用清水将管内外的脏物、泥砂冲洗干净；

（B）再用 5% 的 NaOH 水溶液将其浸泡 2h 后，用刷子刷洗干净，用清水冲至出水为中性；

（C）然后用无油压缩空气吹干；

（D）再用塑料布将洗净的管道两端包扎封口待用，防止再污染。

（2）纯净水、高纯净水输送管道脱脂试验的脱脂工艺流程：纯净水、高纯净水输送管道的脱脂工艺流程是：

吹扫—四氯化碳脱脂—温水冲洗—洗涤剂洗净—温水冲洗—干燥—封口—保管

具体实例：

吹扫：用 8 号铁丝中间扎白布在管腔来回拉动擦净；

脱脂：把管道搁在架子上，在管道两端头设一个槽子，用手摇泵将四氯化碳原液冲入管内，来回循环脱脂，以除净管内腔油渍；

温水洗：把脱脂过的管道浸泡在 40～50℃ 的温水槽内清洗，管道内腔用洗净机械在软轴头包扎一块白布，开动洗净机来回上下清洗洗净。洗涤剂溶液浓度在 2%～3% 之间，倒入槽中，把槽中溶液加温至 40～50℃，在槽内进行动态洗净，洗后用温水冲洗管子内腔，冲净为止；

干燥：用无油干燥的热压缩空气或用高压鼓风机吹干；

封闭：用塑料布加入松套法兰盘之间。

9.4.5　铜管管道的通水试验（仅用于给水工程）

（1）多层建筑铜管管道系统的通水试验

室内铜管给水系统通水试验时应按设计要求同时开放最大数量的配水点，观察是否全部达到设计额定流量。若因条件限制达不到规定流量时，卫生器具应 100% 做满水排泄试验，满水试验水量应达到卫生器具的溢水口处，并检查器具溢水口排泄通畅能力及排水点的通畅情况，管路、设备无堵塞、无渗漏为合格。

（2）高层建筑铜管管道系统的通水试验

高层建筑应依据系统布局情况，采取分区段、分层、分系统进行通水试验。

9.5　紫铜管和黄铜管管道安装的工程质量检验评定标准

依据 GB 50242—2002《建筑给水排水及采暖工程施工质量验收规范》第 4.1.1 条、第 4.1.6 条～第 4.1.8 条、第 4.2.8 条、第 4.2.9 条、第 6.2.2 条～第 6.2.7 条及第 8.2.2 条、第 8.2.3 条、第 8.2.6 条～第 8.2.12 条、第 8.2.14 条、第 8.2.16 条～第 8.2.18 条和 GB 50243—2002《通风与空调工程施工质量验收规范》第 8.1.1 条、第 8.1.2 条、第 8.2.4 条、第 8.2.5 条、第 8.3.4 条～第 8.3.6 条、GB 50184—93《工业管道工程质量检验评定标准》第 3.1.1 条、第 3.1.2 条、第 3.4.1 条、第 3.4.2 条、第 4.2.6 条、第 6.2.6 条、第 6.6.2 条～第 6.6.4 条等条款的有关规定。室内冷、热水铜管给水管道、铜管道热水供暖系统和通风空调铜管制冷剂输送系统的安装质量应符合下列规定：

9.5.1 铜管安装质量保证项目如表2.9.5－1和表2.9.5－2。

安装质量保证项目　　　　　　　　　　　　　　表2.9.5－1

	项　目	质　量　标　准	检查方法	检查数量
1	管子、部件、焊接材料	型号、规格、质量必须符合设计要求和规范规定。即第2.1条～第2.3条的规定	检查合格证、进场验收记录和试验记录	按系统全部检查
2	阀门	型号、规格和强度、严密性试验及需作解体检验的阀门，必须符合设计要求和规范的规定。	检查合格证和逐个试验记录	
3	脱脂[1]	忌油的管道、部件、附件、垫片和填料等，脱脂后必须符合设计要求和规范规定	检查脱脂记录	
4	焊缝表面	不得有裂纹、气孔和未熔合等缺陷；钎焊缝应光洁，不应有较大焊瘤及焊接边缘熔化等缺陷。	观察和用放大镜检查	按系统内管道焊口全部检查
5	焊缝探伤检查(主要用于工业管道的安装)[2]	黄铜气焊焊缝的射线探伤必须按设计或规范规定的数量检查。工作压力在10MPa以上者，必须100%检查；工作压力在10MPa以下者，固定焊口为10%，转动焊口为5%	检查探伤记录，必要时可按规定检查的焊口数抽查10%	按系统内管道焊口全部检查
6	焊缝机械性能检查(同5项)	焊接头的机械性能必须符合表5.1.2的规定	检查试验记录	
7	弯管表面	不得有裂纹、分层、凹坑和过烧等缺陷	观察检查	按系统抽查10%，但不少于3件
8	管道试压	管道强度、严密性试验、抽真空试验、管道冲洗脱脂试验、通水试验必须符合设计要求和规范规定	按系统检查分段试验记录	按系统全部检查
9	清洗、吹除	管道系统必须按设计要求和规范规定进行清洗、吹除	检查清洗、吹除试样或记录	

注：1　一般给水管道和热水供暖管道无此要求。
　　2　一般给水管道和热水供暖管道无此要求，它多发生于工业管道系统。

紫铜、黄铜焊接接头机械性能　　　　　　　　　表2.9.5－2

序号	项　　　　目		质量要求
1	抗拉强度 σ_b(MPa)　　黄铜气焊	PN≤10MPa	300～350
		PN>10MPa	330～350
2	冷弯角度 α　　　　　黄铜气焊	PN≤10MPa	$d=2s$，≥120°
		PN>10MPa	$d=2s$，≥180°

序号	项　目			质量要求
3	★常温冲击值(J/cm²)	黄铜气焊	PN > 10MPa	大于 100
4	/抗剪强度 σ(MPa)	焊料 301	紫铜—紫铜钎焊	大于 160
			黄铜—黄铜钎焊	大于 160
		焊料 302	紫铜—紫铜钎焊	大于 180
			黄铜—黄铜钎焊	大于 180
		焊料 601	紫铜—紫铜钎焊	大于 250
			黄铜—黄铜钎焊	大于 250
		焊料 601	紫铜—黄铜钎焊	大于 220

注:1. 直径较小的管道焊缝,可用压扁试验代替冷弯,并必须符合有关规定。

　　2. d—弯轴直径,s—试件厚度。

　　3. ★需作低温冲击韧性试验者,必须符合有关规定。

9.5.2 安装质量的基本项目见表 2.9.5－3。

安装质量的基本项目　　　　　　　　　表 2.9.5－3

	项　目	质　量　标　准	检查方法	检查数量
1	支吊托架安装	位置正确、平正、牢固。支架同管道之间应用石棉板、软金属垫或木垫隔开,且接触紧密。活动支架的活动面与支撑面接触良好,移动灵活。吊架的吊杆应垂直,丝扣完整。锈蚀、污垢应清除干净,油漆均匀,无漏涂,附着良好	用手拉动和观察检查	按系统内支、吊托架的件数抽查 10%,但不应少于 3 件
2	钎焊焊缝	表面光洁,不应有较大焊瘤及焊接边缘熔化等缺陷	观察检查	按系统内的管道焊口全部检查
3	法兰连接	对接应紧密、平行、同轴,与管道中心线垂直。螺栓受力应均匀,并露出螺母 2~3 扣,垫片安置正确。检查法兰管口翻边折弯处为圆角,表面无折皱、裂纹和刮伤	用扳手拧试、观察和用尺检查	按系统内法兰类型各抽查 10%,但不应少于 3 处,有特殊要求的法兰应逐个检查
4	管道坡度	应符合设计要求和规范规定	检查测量记录或用水准仪(水平尺)检查	按系统每 50m 直线管段抽查 2 段,不足 50m 抽查 1 段
5	补偿器安装	Ⅱ形补偿器的两臂应平直,不应扭曲,外圆弧均匀。水平管道安装时,坡向应与管道一致。波纹及填料式补偿器安装的方向应正确	观察和用水平尺检查	按系统全部检查
6	阀门安装	位置、方向应正确,连接牢固、紧密。操作机构灵活、准确。有特殊要求的阀门应符合有关规定	观察和做起闭检查或检查试验记录	按系统内阀门的类型各抽查 10%,但不应少于 2 个。有特殊要求的应逐个检查

9.5.3 安装质量允许偏差的项目见表2.9.5-4。

安装质量允许偏差的项目　　　　　　　　　　表 2.9.5-4

	项　目			允许偏差	检查方法	检查数量
1	坐标及标高	室外	埋　地	25mm	检查测量记录或用经纬仪、水准仪(水平尺)、直尺拉线和用尺量检查	按系统检查管道起点、终点、分支点和变向点
			地沟、架空	15mm		
		室　内	架　空	10mm		
			地沟	15mm		
2	水平管道纵、横方向弯曲	每米	$\phi \leqslant 100$	0.5mm	吊线和尺量	全长为25m以上;按每50m抽2段,不足50m不小于1段;有隔墙以隔墙分段抽查5%,但不小于5段
			$\phi > 100$	1.0mm		
		全长	$\phi \leqslant 100$	不大于 13mm		
			$\phi > 100$	不大于 25mm		
3	立管垂直度	每　米		2 mm	用吊线和尺量检查	一根为一段两层及以上按楼层分段,各抽查5%,但不小于10段
		全长(5 m以上)		不大于 10 mm		
4	成排管段	再同一平面上		5 mm	用尺和拉线检查	按系统抽查10%
		间距		+5 mm		
5	交叉	管外壁和保温层间隙		+10mm	用尺检查	管道交叉处按系统全部检查
6	弯管椭圆率	紫铜		8%	用尺和外卡钳检查	按系统抽查10%,但不小于3件
		黄铜		8%		
7	弯管弯曲角度	$PN \leqslant 10\text{MPa}$	每米	±3 mm	用样板和尺检查	按系统抽查10%,但不小于3件;一般用于大口径的工业管道
			最长	±10 mm		
		$PN > 10\text{MPa}$	每米	±1.5 mm		
8	弯管折皱不平度	$PN < 10\text{MPa}$		2 mm	用尺和卡钳检查	
9	Π形补偿器外形尺寸	悬臂长度		10 mm	用尺和拉线检查	按系统全部检查
		平直度	每米	≤3 mm		
			全长	≤10 mm		
10	补偿器预拉(压)长度	Π形补偿器		±10 mm	检查预拉(压)记录	按系统全部检查
		波纹、填料式		±5mm		

项	目		允许偏差		检查方法	检查数量
11	焊口平直度	管壁厚度	≤10	管壁厚度的1/10	用尺和样板检查	
			>10	1mm		
12	焊缝加强层		高 度	+1mm	用焊接检验尺检查	按系统内管道焊口全部检查
			宽 度	+1mm		
13	咬 肉		深 度	<0.5 mm	用尺和焊接检验尺检查	
		长度	连续长度	10 mm		
			总长度(两侧)	小于焊缝长度的25%		

10 供热外线管网概算提纲

10.1 依据建筑总平面布置图拟定外线管网平面布置图

10.2 依据各分栋建筑的结构性质和建筑面积概算
各建筑物的供暖热耗

10.2.1 工业、民用建筑及企业辅助建筑的热耗量概算

$$Q = A_0 q = abNq$$

式中　Q——建筑物的供暖设计计算耗热量(W);

　　　A_0——建筑物的建筑面积(m^2);

　　　q——建筑物的供暖设计计算平面热指标(W/ m^2);

　　　a、b——建筑物平面轴线尺寸的长度和宽度(m);

　　　N——建筑物的楼层总层数。

10.2.2 民用建筑的供暖设计计算平面热指标 q(W/ m^2)(表 2.10.2 - 1)

建筑物的性质	热指标 q	建筑物的性质	热指标 q
住　宅	46～70	商　店	64～87
办公楼、教室	50～81	单层住宅	80～105
医院、幼儿园	64～80	食堂、餐厅	116～140
旅　馆	58～70	大礼堂、体育馆	116～163
图书馆	46～75		

10.2.3　工业厂房的供暖设计计算平面热指标 $q(\mathrm{W/m^2})$

$$q = (t_n - t_w)(1 + \beta)\{2H(a + b)[k_q + \delta(k_c - k_q)](ab)^{-1} + k_T + k_{dz}\}$$

式中　　　　t_n——室内供暖计算温度(℃)；

t_w——室外供暖计算温度(℃)；

H——建筑物的总高度(m)；

k_q、k_c、k_T、k_{dz}——墙体、窗户、顶棚、综合地面的传热系数；

δ——窗墙面积比，即 $\delta = F_C/F_q$（F_C、F_q 窗、墙的面积）；

β——附加系数，见表 2.10.2－2。

其他符号同上。

工业厂房供暖设计计算平面热指标的附加系数 β 值(%)　　　表 2.10.2－2

窗户类型	无天窗的厂房		有天窗的厂房	
	$H < 10$	$H > 10$	$H < 10$	$H > 10$
单层玻璃窗	30	35	40	45
单、双层玻璃窗	25	30	35	40
双层玻璃窗	20	25	30	35

H—厂房高度 m，当由高度不同的两跨组成的车间时，h 取其平均值。

10.3　热网负荷的概算

依据各建筑物计算的热负荷，求出热网各管段的热负荷或介质(热水或蒸汽)的流量。

10.4　供热管网管径的确定

供热管网各回路管径的确定，可将每一回路概略地分为始、中、末三段，并利用相应的概算表(表 2.10.4－1～表 2.10.4－7)进行概算，求出回路各管段的管径和管道的沿程摩擦阻力。

热水管网管道估算表

表 2.10.4－1

管径 (mm)	95/70℃ 热水供热管段的负荷											
	同程式系统			异 程 式 系 统								
				末 端			中 端			始 端		
	kg/h	kcal/h	W	kg/h	kcal/h	w	kg/h	kcal/h	W	kg/h	kcal/h	W
15	126	3150	3663.5	95	2375	2762.2	126	3150	3663.5	151	3775	4390.3
20	297	7425	8635.3	229	5725	6658.2	297	7425	8635.3	351	8775	10205.3
25	530	13250	15409.8	404	10100	11746.3	530	13250	15409.8	635	15875	18462.6
32	1149	28725	33407.2	871	21775	25324.3	1149	28725	33407.2	1369	34225	39803.7
40	1710	42750	49718.3	1310	32750	38088.3	1710	42750	49718.3	2022	50550	58789.7
50	3372	84300	98040.9	2552	63800	74199.4	3372	84300	98040.9	3988	99700	115951.1
70	6339	158475	184306.4	4889	122225	142147.7	6339	158475	184306.4	7534	188350	219051.1
80	10832	270800	314940.4	8347	208675	242689	10832	270800	314940.4	12630	315750	367217.3
100	21898	547450	636684.4	16544	413600	481016.8	21898	547450	636684.4	25756	643900	748855.7
125	38000	950000	1104850	30000	750000	872250	38000	950000	1104850	44000	1100000	1279300
150	60000	1500000	1744500	46000	1150000	1337450	60000	1500000	1744500	70000	1750000	2035250
200	80000	2000000	2326000	60000	1500000	1744500	80000	2000000	2326000	92000	2300000	2674900
250	154000	3850000	4477550	125000	3130000	3640190	154000	3850000	4477550	178000	4450000	5175350
300	260000	6500000	7559500	210000	5250000	6105750	260000	6500000	7559500	290000	7250000	8431750

高压蒸汽管道概算选择表

表 2.10.4－2

管道的位置	$P = 200\text{kPa}$			$\rho = 1.129\text{kg/m}^2$			$r = 2202\text{kJ/kg}$		
	末 段			中 段			始 段		
管径 (mm)	每米摩阻损失 $h_F = 30\text{Pa/m}$			每米摩阻损失 $h_F = 50\text{Pa/m}$			每米摩阻损失 $h_F = 70\text{Pa/m}$		
	kg/h	kcal/h	W	kg/h	kcal/h	W	kg/h	kcal/h	W
$DN = 15$	≤1.4	≤600	≤700	≤1.4	≤600	≤700	≤1.4	≤600	≤700
$DN = 20$	5	2580	3000	5	2580	3000	5	2580	3000
$DN = 25$	6	3010	3500	7	3985	4500	9	4870	5500
$DN = 32$	12	6450	7500	16	8400	9500	17	9300	10500

$P = 200\text{kPa}$				$\rho = 1.129\text{kg}/\text{m}^2$				$r = 2202\text{kJ}/\text{kg}$		
管道的位置	末　段			中　段			始　段			
管径 （mm）	每米摩阻损失 $h_F = 30\text{Pa}/\text{m}$			每米摩阻损失 $h_F = 50\text{Pa}/\text{m}$			每米摩阻损失 $h_F = 70\text{Pa}/\text{m}$			
	kg/h	kcal/h	W	kg/h	kcal/h	W	kg/h	kcal/h	W	
$DN = 40$	17	9030	10500	23	12400	14000	27.8	14950	16880	
$DN = 50$	34.5	18060	21000	46	24800	28000	56	30100	34000	
$DN = 70$	69	36100	42000	91	49270	55625	109.6	59520	67200	
$\phi89 \times 4$	110	58040	67500	145.4	78800	89000	175.8	95210	107500	
$\phi108 \times 4$	192.8	101500	118000	258.6	139950	158000	313.3	169560	191430	
$\phi133 \times 4$	353.4	185730	216000	474	274580	310000	584.9	310000	350000	
$\phi159 \times 4$	578	303500	353000	776.8	420700	475000	936.3	507290	572730	
$\phi219 \times 4$	4298	2261800	2630500	6384	3460900	3907400	7916	4291400	4845080	
$\phi245 \times 6.5$	7092	3732600	4340960	8781	4760400	5374500	10807	5858700	6614500	
$\phi278 \times 7$	8778	4120000	5372670	11172	6056600	6837900	13566	7354500	8303200	

高压蒸汽管道概算选择表　　　　　　　　　表 2.10.4－3

$P = 300\text{kPa}$				$\rho = 1.651\text{kg}/\text{m}^2$				$r = 2164\text{kJ}/\text{kg}$		
管道的位置	末　段			中　段			始　段			
管径 （mm）	每米摩阻损失 $h_F = 30\text{Pa}/\text{m}$			每米摩阻损失 $h_F = 50\text{Pa}/\text{m}$			每米摩阻损失 $h_F = 70\text{Pa}/\text{m}$			
	kg/h	kcal/h	W	kg/h	kcal/h	W	kg/h	kcal/h	W	
$DN = 15$	≤4	≤2150	≤2500	≤4	≤2150	≤2500	≤4	≤2150	≤2500	
$DN = 20$	≤7	≤3870	≤4500	≤7	≤3870	≤4500	≤7	≤3870	≤4500	
$DN = 25$	9	4730	5500	12	6020	7000	13.5	7100	8250	
$DN = 32$	11	9460	11000	24.5	12680	14750	29	15220	17700	
$DN = 40$	26	13760	16000	36	18920	22000	43	22360	26000	
DN = 50	53	27520	32000	70	36110	42000	85.7	44430	51670	
$DN = 70$	108	55890	65000	140	72230	84000	168.7	87420	101670	
$\phi89 \times 4$	166	86000	100000	223.5	116080	135000	270	140000	162860	
$\phi108 \times 4$	298	154780	180000	397	206360	240000	478.7	248400	288890	

$P = 300\text{kPa}$				$\rho = 1.651\text{kg}/\text{m}^2$				$r = 2164\text{kJ}/\text{kg}$	
管道的位置	末 段			中 段			始 段		
管径 (mm)	每米摩阻损失 $h_F = 30\text{Pa}/\text{m}$			每米摩阻损失 $h_F = 50\text{Pa}/\text{m}$			每米摩阻损失 $h_F = 70\text{Pa}/\text{m}$		
	kg/h	kcal/h	W	kg/h	kcal/h	W	kg/h	kcal/h	W
$\phi 133 \times 4$	541	286600	333333	729	378330	440000	876.4	455000	529160
$\phi 159 \times 4$	894.4	464300	540000	1186.7	616200	716670	1443	749300	871430
$\phi 219 \times 4$	7468	386240	4492000	9709	5021500	5839960	11350	5870200	6827000
$\phi 245 \times 6.5$	10470	5415000	6297700	13828	7151800	8317530	16100	8326800	9684100
$\phi 278 \times 7$	13070	6759700	7861600	16800	8688900	10105200	19840	10261170	11933740

高压蒸汽管道概算选择表

表 2.10.4 - 4

$P = 400\text{kPa}$				$\rho = 1.163\text{kg}/\text{m}^2$				$r = 2133\text{kJ}/\text{kg}$	
管道的位置	末 段			中 段			始 段		
管径 (mm)	每米摩阻损失 $h_F = 30\text{Pa}/\text{m}$			每米摩阻损失 $h_F = 50\text{Pa}/\text{m}$			每米摩阻损失 $h_F = 70\text{Pa}/\text{m}$		
	kg/h	kcal/h	W	kg/h	kcal/h	W	kg/h	kcal/h	W
$DN = 15$	$\leqslant 5$	$\leqslant 2580$	$\leqslant 3000$	$\leqslant 5$	$\leqslant 2580$	$\leqslant 3000$	$\leqslant 5$	$\leqslant 2580$	$\leqslant 3000$
$DN = 20$	$\leqslant 10$	$\leqslant 5160$	$\leqslant 6000$	$\leqslant 10$	$\leqslant 5160$	$\leqslant 6000$	$\leqslant 10$	$\leqslant 5160$	$\leqslant 6000$
$DN = 25$	$\leqslant 14$	$\leqslant 6880$	$\leqslant 8000$	15.3	7880	9170	18.5	9260	10770
$DN = 32$	24.5	12470	14500	33	16770	19500	39.8	20100	23390
$DN = 40$	35.8	18200	21200	47.6	25000	29143	57.9	29600	34440
$DN = 50$	72	36700	42670	94.5	48900	56875	116	59100	68750
$DN = 70$	141	71600	83300	188.1	95660	111250	228	116080	135000
$\phi 89 \times 4$	228	116080	135000	304	154700	180000	365.8	186000	216360
$\phi 108 \times 4$	405	206300	240000	540	275100	320000	651.4	331600	385700
$\phi 133 \times 4$	743	378300	440000	981.5	500000	581250	1191.5	606600	705500
$\phi 159 \times 4$	1203.3	612600	712500	1621	825400	960000	1950	992700	1154540
$\phi 219 \times 4$	10078	5137500	5975000	13014	6634500	7715940	15362	7831000	9107800
$\phi 245 \times 6.5$	15140	8976200	8976200	19410	9895000	11507840	22905	11676700	13580000
$\phi 278 \times 7$	18958	9664500	11239900	24460	12469000	14501900	28590	14574800	16950500

管道的位置	室　内						室　外		凝洁水管道	
管径 （mm）	末　段		中　段		始　段				水平管道	垂直管道
	kcal/h	W	kcal/h	W	kcal/h	W	kcal/h	W	kcal/h	kcal/h
$DN=15$	1185	1378	1706	1984	2115	2460	2464	2866	4000	6000
$DN=20$	2858	3324	3987	4637	4837	5625	5804	6750	15000	22000
$DN=25$	5015	5832	7084	8329	8767	10196	10126	11777	28000	42000
$DN=32$	10825	12590	15377	17883	19006	22104	21835	25394	68000	100000
$DN=40$	17343	19007	23011	26762	28296	32908	32768	38109	104000	155000
$DN=50$	43506	50578	59742	69459	73632	85634	85346	99257	175000	320000
$DN=70$	60995	70937	85522	99462	105224	122376	121791	141643	600000	900000
$\phi 89\times 4$	104327	121332	145708	16946	175955	204636	204901	238300	750000	1120000
$\phi 108\times 4$	208227	242168	294622	342645	359970	418645	417011	484984	1100000	1650000
$\phi 133\times 4$	315924	367420	445166	517728	547799	637090	631093	733961		
$\phi 159\times 4$	582025	676895	809038	940911	998619	1161394	1160427	1349577		

管　径	单　位	$DN=15$	$DN=20$	$DN=25$	$DN=32$	$DN=40$	$DN=50$	$DN=70$	$DN=80$	$DN=100$
$L\leqslant 50$	kcal/h	2800	70000	125000	270000	375000	650000	1850000	2250000	3100000
	W	3256	81410	145375	314010	436125	75590	2151550	2616750	5000300
$50<L$ $\leqslant 100$	kcal/h	18000	45000	80000	175000	250000	440000	1250000	1500000	2000000
	W	29034	72585	129040	282275	403250	709720	2016250	2419500	3226000
$L\leqslant 100$	kcal/h	8000	25000	40000	85000	115000	215000	600000	750000	1100000
	W	12904	40325	64520	137105	185495	346795	967800	1209750	1774300

管道类别		$25\sim 50$	70	80	100	125	150	200	250	300	350	400	450	500
蒸汽 管道	放气管	15	15	15	20	20	20	25	25	25	32	32	32	40
	启动排水管	25	25	25	25	25	25	50	50	80	80	80	100	100

管道类别		25～50	70	80	100	125	150	200	250	300	350	400	450	500
蒸汽管道	永久疏水管	15	15	15	15	20	20	20	20	20	25	25	25	25
	疏水器旁通管	15	15	15	15	20	20	20	20	20	25	25	25	25
凝结水管	放气管	15	15	15	20	20	20	25	25	32	32			
	排水管	25	25	25	40	50	50	80	80	80	100	100		
热水管道	放气管	15	15	15	20	20	20	25	25	25	32	32		
	排水管	25	25	25	40	50	50	80	80	80	100	100		

10.5 管道总阻力及热水供暖系统的循环输送泵扬程计算

10.5.1 管道总阻力 H_0

$$H_0 = (1 + 0.1) \sum h_{IJ} L_{IJ} \qquad \text{Pa}$$

式中　H_0——管路总阻力(Pa)；

L_{IJ}——第 I-J 段管路的长度(m)；

h_{IJ}——第 I-J 段管路的沿程摩擦阻力(热水供暖系统按 80Pa/m 计算)(Pa/m)；

0.1——局部阻力占沿程摩擦阻力的百分比值；

I、J——管段的编号(I、J=0,1,2,3,4……)。

10.5.2 热水供暖系统循环输送水泵的扬程 H

$$H = kH_0 = (1.05 \sim 1.2)H_0$$

式中　H——循环水泵的扬程(Pa)；

k——安全系数,为 1.05～1.2。

10.5.3 热水供暖系统循环输送水泵的流量 Q

$$Q = 1.05 \sim 1.15 Q_0$$

式中　Q_0——系统的计算总循环水量(m³/h)。

10.6 多层建筑供暖热耗失量的概算(本概算也可用于建筑物室内房间热耗失量的概算)

$$Q = A_0 q$$

10.6.1 平面热指标 q

$$q = (t_n - t_w)[q] \qquad \text{kcal/m}^2\text{h(或 w/ m}^2\text{)}$$

式中 $[q]$——建筑热耗失量系数,kcal/m²h℃(或 w/ m²℃)。

10.6.2 建筑热耗失量系数 $[q]$

$$[q] = k_Z f$$

式中 k_Z——建筑整体综合传热系数,kcal/m²h℃(或 w/ m²℃);

f——每平方米建筑面积平均负担外围护结构的散热面积,m²/ m²。

10.6.3 每平方米建筑面积平均负担外围护结构的散热面积 f

$$f = \frac{2h}{BLH}(BH + LH + BL)$$

式中 B、L、H——建筑物的宽、长及总高度(m)。

$$h = \frac{H}{n}$$

式中 h——建筑物的平均高度(m);

n 建筑物的层数。

10.6.4 建筑物整体综合传热系数 k_Z

$$k = \frac{BH(k_{EZ} + k_{WZ}) + LH(k_{SZ} + k_{NZ}) + BH(k_T + k_{FZ})}{2(BH + LH + BL)}$$

式中 k_{iZ}——$i = E$(东墙)、W(西墙)、S(南墙)、N(北墙)、T(屋面)、F(地面);

$k_{TZ} = k_T$(即屋面传热系数);

$k_{IZ} = 0.3 \sim 0.4$(地面综合传热系数)。

10.6.5 外墙综合传热系数 k_{iZ} 查表 2.10.6 – 1 说明

(1) 外墙均为实心砖砌体。

(2) 除了 240 砖墙有外抹 20 厚水泥砂浆外,其余均为清水砖墙。

(3) 北外墙仅厨房考虑设有无窗阳台门外,其余房间均不开门。

(4) 本表按窗墙比 $\delta = F_C / F_q = 0.25$ 制定(F_q 为墙面的毛面积)。

(5) 表中综合传热系数的单位为 kcal/m²h℃,若采用 w/ m²℃ 则表中数值应乘以系数 1.163。

(6) 若围护结构墙体的材质不同,墙体的综合传热系数应增加一修正值 Δk_{iZ},即:

$$k_{iZ} = \Delta k_{iZ} + k_{iZ0} = 0.75(k_{iq} + k_{iq0})$$

式中 k_{iZ0}——查得表中的数值;

k_{iZ}——现围护结构材质的实际综合传热系数;

k_{iq}——现外墙围护结构材质实际的传热系数;

k_{iq0}——表中外墙围护给构材质的传热系数。

（7）本表也可用于单个房间的热损耗计算。

外墙综合传热系数表　　　　　　　　　　　　　　　　　表 2.10.6-1

门窗材料			木　　　框				金　属　框			
风速(m/s)			2	3	4	5	2	3	4	5
240厚砖墙内外粉刷	单层玻窗	k_{NZ}	3.417	3.760	4.336	4.851	3.301	3.645	4.120	4.466
		k_{EZ},k_{WZ}	2.907	3.086	3.445	3.731	2.892	3.083	3.375	3.566
		k_{SZ}	2.300	2.452	2.742	2.971	2.287	2.439	2.686	2.838
	单层阳台门窗	k_{NZ}	4.711	5.409	5.974	6.701	4.934	5.418	6.200	6.926
		k_{EZ},k_{WZ}	3.949	4.249	4.747	5.209	4.063	40365	4.833	4.617
		k_{SZ}	3.240	3.482	3.899	4.260	3.341	3.583	3.971	4.338
	无门窗洞	k_{NZ}	1.744		1.779		1.744		1.779	
		k_{EZ},k_{WZ}	1.657		1.692		1.657		1.692	
		k_{SZ}	1.308		1.343		1.308		1.343	
300厚砖墙有内粉刷	单层玻窗	k_{NZ}	3.281	3.624	4.118	4.703	3.164	3.509	3.972	4.316
		k_{EZ},k_{WZ}	2.778	2.956	3.303	3.589	2.763	2.954	3.243	3.425
		k_{SZ}	2.198	2.351	2.628	2.875	2.185	2.337	2.572	2.724
	单层阳台门窗	k_{NZ}	4.578	5.275	5.879	60566	4.801	5.285	6.065	6.791
		k_{EZ},k_{WZ}	3.831	4.123	4.636	5.088	3.945	4.246	4.714	5.099
		k_{SZ}	3.148	3.389	3.803	4.164	3.248	3.490	3.876	4.243
	无门窗洞	k_{NZ}	1.562		1.593		1.562		1.593	
		k_{EZ},k_{WZ}	1.484		1.515		1.484		1.515	
		k_{SZ}	1.172		1.203		1.172		1.203	
360厚砖墙有内粉刷	外玻璃窗 单层玻窗	k_{NZ}	3.142	3.486	4.047	4.562	3.026	3.370	3.831	4.175
		k_{EZ},k_{WZ}	2.646	2.825	3.170	3.456	2.631	2.882	3.100	3.291
		k_{SZ}	2.094	2.247	2.522	2.751	2.081	2.234	2.466	2.619
	外玻璃窗 双层玻窗	k_{NZ}	2.227	2.467	2.844	3.222	2.180	2.420	2.730	3.403
		k_{EZ},k_{WZ}	1.871	2.005	2.229	2.439	1.895	2.028	2.216	2.350
		k_{SZ}	1.481	1.588	1.774	1.942	1.498	1.405	1.762	1.869

门窗材料			木　　框				金　属　框			
风速(m/s)			2	3	4	5	2	3	4	5
360厚砖墙有内粉刷	阳台门窗	单层玻窗 k_{NZ}	4.414	5.141	5.701	6.428	4.666	5.151	5.927	6.645
		k_{EZ}, k_{WZ}	3.352	4.012	4.515	4.967	3.826	4.127	4.592	4.977
		k_{SZ}	3.233	3.295	3.706	4.068	3.154	3.396	3.779	4.146
		双层玻窗 k_{NZ}	3.458	3.942	4.701	5.428	3.728	4.212	4.974	5.619
		k_{EZ}, k_{WZ}	2.637	2.874	3.318	3.717	2.808	3.069	3.384	3.810
		k_{SZ}	2.171	2.380	2.722	3.041	2.322	2.532	2.855	3.131
	无门窗洞	k_{NZ}	1.378		1.405		1.378		1.405	
		k_{EZ}, k_{WZ}	1.309		1.336		1.309		1.336	
		k_{SZ}	1.033		1.061		1.033		1.061	
490厚砖墙有内粉刷	外玻璃窗	单层玻窗 k_{NZ}	2.934	3.275	3.832	4.347	2.816	3.160	3.616	3.960
		k_{EZ}, k_{WZ}	2.446	2.625	2.965	3.251	2.432	2.622	2.895	3.086
		k_{SZ}	1.936	2.089	2.359	2.588	1.923	2.076	2.303	2.456
		双层玻窗 k_{NZ}	2.016	2.257	2.628	3.006	1.970	2.210	2.515	2.756
		k_{EZ}, k_{WZ}	1.672	1.805	2.024	2.234	1.695	1.828	2.011	2.145
		k_{SZ}	1.323	1.430	1.611	1.779	1.341	1.448	1.600	1.706
	阳台门窗	单层玻窗 k_{NZ}	4.239	4.936	5.493	6.219	4.462	4.946	5.718	6.445
		k_{EZ}, k_{WZ}	3.531	3.831	4.330	4.782	3.645	3.945	4.407	4.793
		k_{SZ}	2.910	3.152	3.559	3.651	3.011	3.253	3.633	4.000
		双层玻窗 k_{NZ}	3.253	3.728	4.493	5.219	3.523	4.008	4.766	5.410
		k_{EZ}, k_{WZ}	2.456	2.718	3.132	3.531	2.627	2.887	3.199	3.625
		k_{SZ}	2.027	2.237	2.575	2.893	2.179	2.389	2.708	2.984
	无门窗洞	k_{NZ}	1.097		1.119		1.097		1.119	
		k_{EZ}, k_{WZ}	1.042		1.064		1.042		1.064	
		k_{SZ}	0.823		0.845		0.823		0.845	
620厚砖墙有内粉刷	双层外玻璃窗	k_{NZ}	1.877	2.117	2.487	2.875	1.830	2.071	2.373	2.614
		k_{EZ}, k_{WZ}	1.539	1.673	1.890	2.100	1.562	1.696	1.877	2.010
		k_{SZ}	1.219	1.326	1.504	1.672	1.236	1.343	1.493	1.600

门窗材料			木		框		金	属	框	
风速(m/s)			2	3	4	5	2	3	4	5
620厚砖墙有内粉刷	阳台门窗	k_{NZ}	3.118	3.602	4.354	5.081	3.388	3.872	4.627	5.272
		k_{EZ}, k_{WZ}	2.336	2.598	3.009	3.408	2.507	2.767	3.077	3.483
		k_{SZ}	2.091	2.348	2.477	2.796	2.235	2.492	2.611	2.887
	无门窗洞	k_{NZ}	0.9113		0.9295		0.9113		0.9295	
		k_{EZ}, k_{WZ}	0.8657		0.8840		0.8657		0.8840	
		k_{SZ}	0.6835		0.7017		0.6835		0.7017	

11 热力管道固定支架间距、管道伸缩量、推力及伸缩器的设置

由于热力管道中流体(热水、蒸汽、冷媒及其他冷热介质)的热膨胀或冷缩,往往会造成管道连接零部件的损坏,因此应考虑伸缩补偿,即设自然或伸缩补偿器。在补偿器的两端应设固定支架;固定支架与补偿器之间应设导向滑动支架,以免管道伸缩时因管道伸缩引起管道脱离支架,而引起破坏。固定支架与补偿器的布置应尽量均匀。做法可参考91SB暖112～113。

11.1 管道伸缩量 ΔL 的计算

$$\Delta L = 0.012(t_1 - t_2)L \qquad\qquad \text{mm}$$

式中　ΔL——管道热伸长(冷压缩)量(mm);

　　　t_1——管内介质的温度(℃);

　　　t_2——管道安装地点的安装温度,室内取供暖室内计算温度;室外采用地沟敷设时取0℃;室外架空敷设时取供暖室外计算温度(注:有的资料建议室内取 -5℃,室外取供暖室外计算温度;也有的资料建议取最冷月的平均室外计算温度)(℃);

　0.012——钢材线膨胀系数(mm/m℃);

　　　L——管道计算长度(m)。

546

11.2 固定支架的间距选择表

固定支架的间距选择表见表 2.11.2 – 1。

固定支架的间距选择 表 2.11.2 – 1

伸缩量 ΔL(mm)	热媒温度与安装环境温度之差下固定支架允许的间距(m)		
	95℃	85℃	65℃
25	≤22	≤24	≤35
50	23 ~ 44	25 ~ 48	36 ~ 60
75	45 ~ 66	49 ~ 72	61 ~ 90
100	67 ~ 88	73 ~ 96	91 ~ 120

11.3 Ⅱ型补偿器规格选用表(由管道的伸缩量和管径查表)

Ⅱ型补偿器规格选用表见表 2.11.3 – 1 和图 2.11.3 – 1。

Ⅱ型补偿器规格选用表 表 2.11.3 – 1

伸缩量(mm)	管径(mm)	DN = 25		DN = 32		DN = 40		DN = 50		DN = 70		DN = 80		DN = 100		DN = 125		DN = 150	
	弯曲半径 mm	R = 134		R = 169		R = 192		R = 240		R = 304		R = 356		R = 432		R = 532		R = 636	
	边长(mm)	a	b	a	b	a	b	a	b	a	b	a	b	a	b	a	b	a	b
25	长方形	780	520	830	580	860	620	820	650										
	方 形	600	600	650	650	680	680	700	700										
50	长方形	1200	720	1300	800	1280	830	1280	880	1250	930	1200	1000	1400	1130	1550	1300	1550	1400
	方 形	840	840	930	920	970	970	980	980	1000	1000	1050	1050	1200	1200	1300	1300	1400	1400
75	长方形	1500	880	1600	950	1660	1020	1720	1100	1700	1150	1730	1220	1800	1350	2050	1550	2080	1680
	方 形	1050	1050	1150	1150	1200	1200	1300	1300	1300	1300	1350	1350	1450	1450	1600	1600	1750	1750
100	长方形	1750	1000	1900	1100	1920	1150	2020	1250	2000	1300	2130	1420	2350	1600	2450	1750	2650	1950
	方 形	1200	1200	1320	1320	1400	1400	1500	1500	1500	1500	1600	1600	1700	1700	1900	1900	2050	2050

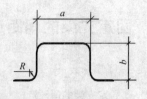

图 2.11.3 - 1 Ⅱ型伸缩器

11.4 管道固定支架(固定点)之间允许的最大距离

管道固定支架(固定点)之间允许的最大距离见表 2.11.4 - 1、图 2.11.4 - 1

管道固定支架最大间距 $L(\mathrm{m})$ 表 2.11.4 - 1

| 公称直径 DN | 固 定 支 架 最 大 间 距 (mm) | | | | | Γ型边的最大间距 | | $DN \geqslant 50$ 管道的 T 型固定支架固定点与支(立)管分叉点之间在不同温度(表压力)时允许的最大间距(m) | | | |
| | Ⅱ型伸缩器 | | 套筒形伸缩器 | | 波纹 | 长边 | 短边 | | | | |
	架空、地沟	无沟	架空、地沟	无沟				热水温度(℃)	蒸汽表压力(MPa)	民用建筑	工业建筑
25	30	30				15	2				
32	35	35				18	2.5				
40	45	45				20	3				
50	50	50				24	3.5	60		55	65
70	55	55				24	4	70		45	57
80	60	60				30	5	80		40	50
100	65	65				30	5.5	90		35	45
125	70	70	50	30	15	30	6	95		33	42
150	80	70	55	35	15	30	6	100		32	40
200	90	90	60	50	15			110	0.5	30	37
250	100	90	70	60	15			120	1.0	26	32
300	115	110	80	65	20			130	1.8	25	30
350	130	110	90	65	20			140	2.7	22	27
400	145	110	100	70	20			143	3.0	22	27

公称直径 DN	固定支架最大间距（mm）					Γ型边的最大间距		DN≥50管道的T型固定支架固定点与支（立）管分叉点之间在不同温度（表压力）时允许的最大间距(m)	
	Π型伸缩器		套筒形伸缩器		波纹	长边	短边		
	架空、地沟	无沟	架空、地沟	无沟					
450	160	125	120	80	20	151	4.0	22	27
500	180	125				158	5.0		25
600	200	125				164	6.0		25
						170	7.0		24
						175	8.0		24
						179	9.0		24
						183	10.0		24

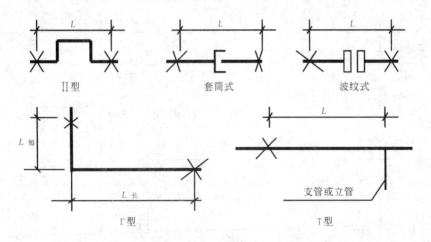

图 2.11.4 – 1　管道固定支架之间的距离

11.5　管道推力 P 的计算

（以便向结构专业提供计算资料或由图集 91SB 暖的说明核定选择固定支架的资料）

依据材料力学原理，当材料受力处于弹性变形极限状态之内时，材料的应力与应变成正比的关系，即虎克（HOOKE）定律。其数学表达式为：

$$\delta L = P/EF$$

或

$$P = \frac{\delta L E F}{L} = k \frac{\delta L}{L} = \alpha k(t_2 - t_1) = 12k(t_2 - t_1)10^{-6}$$

式中　δL 即ΔL——管道热伸长(或冷缩)量(cm);

P——管道因热伸长(或冷缩)引起的推(拉)力(kg 或 N);

E——钢材的弹性模量变 $E = 2 \times 10^6 \mathrm{kg}/\mathrm{cm}^2 = 2\mathrm{MPa}$;

F——管道的截面积(cm^2);

k——系数($k = EF$);

L——管道计算长度(cm);

α——钢材的线膨胀系数 $\alpha = 0.012\mathrm{mm/m℃} = 12 \times 10^{-6}\mathrm{cm/cm℃}$;

t_2、t_1——同前。

常用管材的有关系数 k 见表 2.11.5-1。

注:本推力以轴心受拉(压)的理想状态计算,用于估算和控制大概值用,未考虑 Ⅱ 型补偿器等因偏心弯曲、支架摩擦等的影响因素,准确计算见《供热工程》(哈尔滨建筑工程学院 天津大学等编写,1980 年 9 月中国建筑工业出版社出版)等有关资料。

常用管材的有关系数 k　　　　　　　　　　　　表 2.11.5-1

直径(mm)		DN15	DN20	DN25	DN32	DN40	DN50	DN70	DN80	89×4
断面(cm^2)		1.68	2.07	3.09	3.98	4.89	6.21	8.45	10.6	10.7
EF 值	10^6kg	3.35	4.15	6.18	7.95	9.79	12.4	16.9	21.3	21.4
	10^6N	32.9	40.7	60.6	78.0	96.0	122	166	209	210
αk 值	kg/℃	41	50	75	96	118	149	203	256	257
	N/℃	395	489	728	936	1152	1464	1992	2508	2520

直径(mm)		DN100	108×4	DN125	133×4.5	DN150	159×4.5	219×6	273×6
断面(cm^2)		13.8	13.1	19.2	18.2	22.7	21.9	40.2	50.4
EF 值	10^6kg	27.7	26.2	38.3	36.4	45.4	43.7	80.3	101
	10^6N	272	257	376	357	450	429	788	988
αk 值	kg/℃	333	315	460	437	545	525	964	1212
	N/℃	3264	3084	4512	4404	5520	5148	9456	11856

注:EF 值即 k 值。

11.6 Ⅱ型伸缩器的制作和支架水平推力
(摘录自图集91SB供暖分册的说明)

11.6.1 制作材料一般为无缝钢管。$DN \leqslant 40$ 可采用焊接钢管，$DN \geqslant 50$ 应用无缝钢管制作；$DN \leqslant 150$ 时采用煨制弯头，弯曲半径 $R = 4D$（D 为外径）；$DN \geqslant 150$ 时采用焊接或冲压弯头，$R = D + 50$。

11.6.2 固定支架的水平推力按 Ⅱ 型伸缩器的拐角点计算，热媒温度 $\leqslant 150℃$，$L_3 = 0.5L_2$，R 如前，施工见图 2.11.6 – 1。

11.6.3 由上图计算出的支架负载及水平推力（kg）见表 2.11.6 – 1。

11.6.4 凡管道支架间距及水平推力与上述不同时，应另行计算。

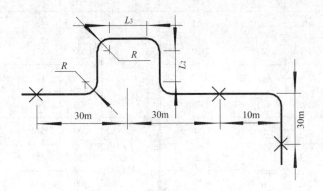

图 2.11.6 – 1 固定支架位置的设置

支架负载及水平推力　　　　　　　　　　　　表 2.11.6 – 1

公称直径(mm)		15	20	25	32	40	50	65	80	100	125	150	200	250	300
垂直负载	保温 单管	20	30	30	45	60	70	110	130	165	325	400	620	870	1160
	保温 双管	40	50	60	90	128	140	220	260	330	650	800	1240	1740	2320
	不保温 单管	10	15	20	30	35	45	80	105	135	200	260	440	660	920
	不保温 双管	20	30	40	60	70	90	160	210	270	400	520	880	1320	1840
水平推力	保温 单管	90	100	120	130	150	220	280	380	490	680	896	1690	2036	2988
	保温 双管	180	200	240	260	300	440	560	760	980	1360	1792	3380	4072	5976
	不保温 单管	20	30	45	60	80	120	190	270	380	500	720	1470	1771	2687
	不保温 双管	40	60	90	120	150	240	380	540	760	1000	1440	2940	3542	5374

11.7　钢制焊接弯头和渐变径短管尺寸表

表2.11.7 - 1、表2.11.7 - 2选自国标《给排水标准图集》S311 - 1 ~ 5、9 ~ 13;焊缝高度等于壁厚 δ。

异径管(渐变径管)规格尺寸表(给水排水标准图集 S311 - 9 ~ 13)　表 2.11.7 - 1

DN_1	DN_2	L	δ	重量 kg/个	DN_1	DN_2	L	δ	重量 kg/个
80	50	209	4	1.31		125	499	8	22.0
	70	168	4	1.34	300	150	449	8	20.9
100	50	248	4	1.94		200	352	8	18.0
	70	198	4	1.74		250	250	8	14.0
	80	188	4	1.77		150	548	9	32.0
125	100	198	4	2.28	350	200	451	9	29.0
150	100	248	4.5	3.17		250	349	9	24.0
	125	198	4.5	2.78		300	249	9	18.7
200	100	351	6	8.20		200	549	9	38.5
	125	301	6	7.20	400	250	449	9	33.7
	150	251	6	6.73		300	349	9	28.5
250	100	449	7	14.40		350	248	9	21.5
	125	399	7	13.30		250	549	9	44.3
	150	349	7	12.80	450	300	449	9	39.0
	200	252	7	10.20		350	348	9	32.0
450	400	248	9	24.5		(mm)			
500	300	549	9	51.0	800	450	848	9	121.0
	350	448	9	43.0		500	748	9	111.0
	400	348	9	36.0		600	548	9	87.0
	450	248	9	26.3		700	348	9	59.0
600	350	648	9	69.5		500	948	9	150.0
	400	548	9	58.0	900	600	748	9	121.0
	450	448	9	53.2		700	548	9	100.0
	500	348	9	42.0		800	348	9	67.0

DN_1	DN_2	L	δ	重量 kg/个	DN_1	DN_2	L	δ	重量 kg/个
	400	748	9	95.5		600	948	9	196.0
700	450	648	9	84.0	1000	700	748	9	132.0
	500	548	9	73.0		800	548	9	119.0
	600	348	9	51.2		900	348	9	78.0

注:额定工作压力 $DN \leqslant 600$, $P_N \leqslant 1.6MPa$; $DN = 700 \sim 1000$, $P_N \leqslant 1.0MPa$。

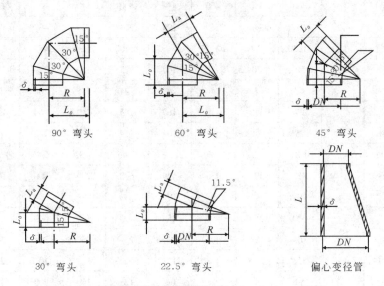

90° 弯头　60° 弯头　45° 弯头

30° 弯头　22.5° 弯头　偏心变径管

注:1. 本图尺寸依据给排水标准图 SB11-1 ～ 6、9 ～ 13 绘图。
　　2. 同心变径管的高度与偏心变径相同。

图 2.11.7 - 1　钢制焊接弯头和偏心变径管

钢制(焊接)弯头规格尺寸表(给水排水标准图集 S311 - 1 ～ 5)　表 2.11.7 - 2

	DN		50	70	80	100	125	150	200	250	300
90°弯头	δ	mm	3.5	4	4	4	4	4.5	6	7	8
	R		90	110	130	160	185	210	260	260	260
	L_0		125	144	164	194	224	244	292	300	300
	重量	kg	1.22	1.77	2.15	3.20	4.56	7.20	15.65	22.00	29.00
	DN		350	400	450	500	600	700	800	900	1000
	δ	mm	9	9	9	9	9	9	9	9	9
	R		300	350	400	450	490	540	640	680	730
	L_0		339	389	439	489	529	579	679	719	769
	重量	kg	42.30	58.50	65.20	93.80	120.0	152.0	214.0	244.0	314.0

	DN		50	70	80	100	125	150	200	250	300
	δ	mm	3.5	4	4	4	4	4.5	6	7	8
60°	R		90	110	130	160	185	210	260	260	260
弯	L_0		95	104	114	134	149	159	192	190	190
头	重量	kg	1.03	1.43	1.88	2.34	3.32	5.18	11.15	17.00	20.50
	DN		350	400	450	500	600	700	800	900	1000
	δ	mm	9	9	9	9	9	9	9	9	9
	R		300	350	400	450	490	540	640	680	730
	L_0		21	244	269	299	324	354	409	434	459
	重量	kg	31.50	41.10	53.50	66.50	85.00	103.5	145.0	171.0	202.0
	DN		50	70	80	100	125	150	200	250	300
	δ	mm	3.5	4	4	4	4	4.5	6	7	8
45°	R		90	110	130	160	185	210	260	260	260
弯	L_0		75	84	94	104	119	129	142	150	150
头	重量	kg	0.84	1.09	1.60	1.73	2.46	3.82	8.45	12.60	18.70
	DN		350	400	450	500	600	700	800	900	1000
	δ	mm	9	9	9	9	9	9	9	9	9
	R		300	350	400	450	490	540	640	680	730
	L_0		164	184	204	224	244	264	304	324	344
	重量	kg	23.20	33.8	41.20	51.20	66.00	81.00	110.0	127.0	150.0
	DN		50	70	80	100	125	150	200	250	300
	δ	mm	3.5	4	4	4	4	4.5	6	7	8
30°	R		90	110	130	160	185	210	260	260	260
弯	L_0		65	69	74	84	89	94	112	110	110
头	重量	kg	0.58	1.02	1.22	1.71	2.26	3.26	6.62	11.00	13.29
	DN		350	400	450	500	600	700	800	900	1000
	δ	mm	9	9	9	9	9	9	9	9	9
	R		300	350	400	450	490	540	640	680	730
	L_0		119	134	144	159	174	184	209	224	234
	重量	kg	17.00	24.60	29.70	35.89	47.40	58.20	75.40	91.00	105.2
22.5°	DN		50	70	80	100	125	150	200	250	300
	δ	mm	3.5	4	4	4	4	4.5	6	7	8
弯	R		90	110	130	160	185	210	260	260	260
头	L_0		55	59	64	69	79	84	92	95	95
	重量	kg	0.49	0.86	1.06	1.43	2.00	2.90	5.46	9.50	11.50

	DN		350	400	450	500	600	700	800	900	1000
22.5°弯头	δ	mm	9	9	9	9	9	9	9	9	9
	R		300	350	400	450	490	540	640	680	730
	L_0		99	109	119	129	139	149	164	174	184
	重量	kg	14.08	19.90	24.39	29.38	38.00	47.50	59.50	71.00	83.50

注:额定工作压力 $DN \leqslant 600$，$P_N \leqslant 1.6MPa$；$DN = 700 \sim 1000$，$P_N \leqslant 1.0MPa$。

12 无法兰金属通风管道制作安装简介

12.1 概　述

本资料依据原 GB 50243—97《通风与空调工程施工质量验收规范》第 3.1.10 条的编制说明"矩形风管规格不一,管面宽度可由 100mm 直至 4000mm,板材厚度可由 0.5 ~ 1.2mm,且无法兰连接形式、加工方法、风管压力等级的不同,故本条文不便具体规定连接形式的尺寸,以便施工时酌情处理"和 GB 50243—2002《通风与空调工程施工质量验收规范》第 4.3.3 条的编制说明"金属无法兰风管与法兰风管相比,虽在加工工艺上存在着较大的差别,但对其整体质量的要求应是相同的"的原则编写的。

为了解决希望能获得一定更具体规定人员的愿望,编者依据相关技术文献的材料,提出个人的意见供参考。

再者,因编者手中资料有限和实际经验所限制,不恰当的问题必然存在,且对现场安装工具的类别和某些零部件的具体细部加工,尚需加工、安装人员进一步调研和开发,本文仅作为参考资料之用。

12.2 无法兰金属风管连接节点的构造

12.2.1 常见无法兰风管的连接方法

风道的无法兰连接可以节约大量的钢材,降低工程造价,但是要有相应的风道加工机械和安装工具。常见的风道无法兰连接有如下几种:

(1) 抱箍式连接:(主要用于圆形和螺旋风道)在风道端部轧制凸棱(把每一管段的两端轧制出鼓筋,并使其一端缩为小口),安装时按气流方向把小口插入大口,并在外面扣以两块半圆形双凸棱钢制抱箍抱合,最后用螺栓穿入抱箍耳环中拧紧螺栓将抱箍固定。

（2）插接式连接：(也称插入式连接,主要用于矩形和圆形风道)安装时先将预制带凸棱的短管插入风道内,然后用铆钉将其铆紧固定。

（3）插条式连接：(主要用于矩形风道)安装时将风道的连接端轧制成平折咬口,将两段风道合拢,插入不同形式的插条,然后压实平折咬口即可。安装时应注意将有耳插条的折耳在风道转角处拍弯,插入相邻的插条中;当风道边长较长插条需对接时,也应将折耳插入相邻的另一根插条中。

（4）单立咬口连接：(主要用于矩形和圆形风道)见图 2.12.2 - 1。

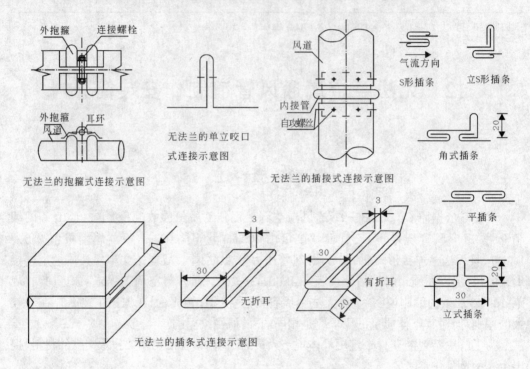

图 2.12.2 - 1　无法兰风道连接示意图

12.2.2　无法兰圆形风管的连接

（1）无法兰圆形风管的芯管连接形式

无法兰圆形风管的连接形式一般采用芯管连接形式,芯管有鼓形加强型和直管角钢加强型两种,鼓形加强型芯管的构造形式见图 2.12.2 - 2。不同圆形风管芯管长度、自攻螺丝(或铆钉)个数、外径允许偏差见表 2.12.2 - 1。抱箍式连接有立筋抱箍连接和水平抱箍连接两种,其连接形式见图 2.12.2 - 1 和表

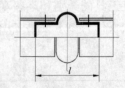

图 2.12.2 - 2　无法兰钢板风管连接示意图

2.12.2 - 2(原表详见 GB 50243—2002《通风与空调工程施工质量验收规范》第 4.3.3 条的表 4.3.3 - 1)。

（2）无法兰圆形风管的连接节点的构造形式

无法兰圆形风管的连接节点构造形式详见表 2.12.2 - 2。

风管直径 D （mm）	芯管长度 l （mm）	自攻螺丝或抽心铆钉数量（个）	管道外径允许偏差（mm）	
			风管	芯管
120	120(60)	3×2（即 $\phi 2$）	$-1 \sim 0$	$-3 \sim -4$
300	160(80)	4×2（即 $\phi 2$）		
400	200(100)	4×2（即 $\phi 2$）	$-2 \sim 0$	$-4 \sim -5$
700	200(100)	6×2（即 $\phi 2$）		
900	200(100)	8×2（即 $\phi 2$）		
1000	200(100)	8×2（即 $\phi 2$）		

注：芯管长度栏中括号内数值为某些资料推荐的数值。

圆形风管无法兰连接形式　　　　表 2.12.1 - 2

无法兰连接形式		附件板厚 （mm）	接口要求	使用范围
承插连接		—	插入深度 ≥ 30mm，有密封要求	低压风管直径 < 700mm
带加强筋承插		—	插入深度 ≥ 20mm，有密封要求	中、低压风管
角钢加固承插		—	插入深度 ≥ 20mm，有密封要求	中、低压风管
芯管连接		≥ 管板厚	插入深度 ≥ 20mm，有密封要求	中、低压风管
立筋抱箍连接		≥ 管板厚	翻边与楞筋匹配一致，紧固严密	中、低压风管
抱箍连接		≥ 管板厚	对口尽量靠近不重叠，抱箍应居中	中、低压风管宽度 ≥ 100mm

12.2.3　无法兰矩形风管的连接

无法兰矩形风管的连接节点可按不同情况采用承插式、插条式及薄钢板弹簧夹式连接,见图 2.12.2 - 3。

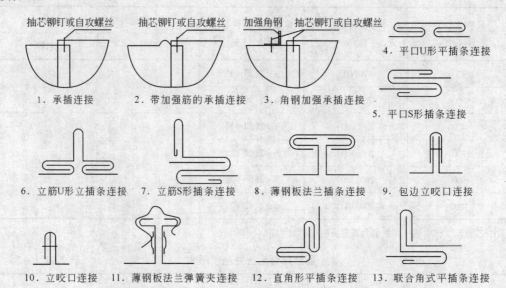

图 2.12.2 - 3 矩形风管无法兰连接的节点形式

无法兰矩形风管的连接应采取密封措施,以减少漏风量,在管内压力 P = 800Pa 范围内,有密封措施连接的无法兰矩形风管的漏风率仅为角钢法兰连接风管漏风率的 2% 左右;而无密封措施连接的无法兰矩形风管的漏风率比角钢法兰连接风管的漏风率要高出 6 ~ 30 倍。

（1）无法兰矩形风管连接节点的构造形式

无法兰矩形风管连接节点的构造形式见表 2.12.2 - 3（原表详见 GB 50243—2002《通风与空调工程施工质量验收规范》第 4.3.3 条的表 4.3.3 - 2）。

（2）无法兰矩形风管的应用范围

A. 矩形风管大边长 $b \leqslant 1000$mm 的无法兰连接

（A）插条法兰连接形式的应用范围

当前国内尚无标准,一般可按下列原则选用:

a. 当风管大边长 b = 120 ~ 630mm 时,其风管的上下大边采用 S 形插条连接,其左右两侧边采用 U 形（或称 C 形）插条连接。

b. 当风管大边长 b = 630 ~ 1000mm 时,其风管的上下大边应采用立筋 S 形插条连接,其左右两侧边仍采用 U 形（或称 C 形）插条连接,以增加其牢固性。

（B）插条法兰连接的制作要求

a. 采用 U 形（或称 C 形）插条法兰时,风管末端下料要考虑翻边量,一面要预留100mm,并折成 180°翻边,可用单平口机进行翻边;U 形（或称 C 形）插条法兰两端制成带舌接头,并长出 20 ~ 40mm,见图 2.12.2 - 4。安装时应先插装风管上下水平插条,然后插装竖直插条,插装到位后,即将舌头折弯,贴压在已插装好的水平插条上,达到定位的目的,使两节风管在顶部和底部的连接处有加固的效果。

<table>
<tr><td colspan="3" align="center">矩形风管无法兰连接形式</td><td align="right">表 2.12.2 - 3</td></tr>
</table>

无法兰连接形式		附件板厚(mm)	使用范围
S形插条		≥0.7	低压风管单独使用连接处必须有固定措施
C形插条		≥0.7	中、低压风管
立插条		≥0.7	中、低压风管
立咬口		≥0.7	中、低压风管
包边立咬口		≥0.7	中、低压风管
薄钢板法兰插条		≥1.0	中、低压风管
薄钢板法兰弹簧夹		≥1.0	中、低压风管
直角形平插条		≥0.7	低压风管
立联合角形插条		≥0.8	低压风管

注:薄钢板法兰风管也可采用铆接法兰条连接的方法。

b. S形插条一般用于大尺寸风管的上下平面的对接上,它可以提高风管的对接刚度。采用S形插条对接风管时,风管的下料长度要加长 22mm 的 90°折边量和与上下风管边的 26mm 重叠量,详见图 2.12.2 - 5。

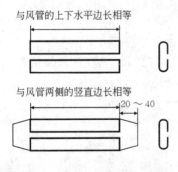

图 2.12.2 - 4　U形插条连接要求

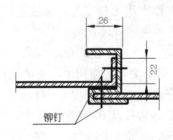

图 2.12.2 - 5　S形插条连接要求

和U形(或称C形)插条连接风管一样,采用S形插条时,要使两节风管在顶部和底部的连接处有加固的效果,将风管两平面在S形插条内滑插塞入后,用铆钉铆死,再将风管两个小边插入U形(或称C形)插条内,最后将带舌接头弯折扣紧。

c.采用立筋S形插条与普通S形插条的连接方法相同,所不同的是风管下料长度增加量应根据插条的尺寸来决定,将其增加的长度折成90°,再与插条连接,用铆钉铆死,然后将立筋部分折回90°,与风管连接部分重叠,以增加风管系统的刚性。

d.风管插条连接形式如图2.12.2-6所示。

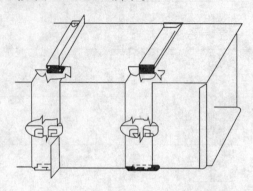

图 2.12.2-6 风管的插条连接形式

B.矩形风管大边长1000mm < b≤2500mm 的无法兰连接:当矩形风管大边长1000mm < b≤2500mm 时,一般采用 TDF 和 TDC 连接,TDF 和 TDC 连接工艺的制作要求如下:

(A)TDF 连接的工艺要求

TDF 连接工艺是将风管本身两端扳边自成法兰,再通过法兰角和法兰夹将两段风管连接。采用该方法连接可用于风管大边长度1000~1500mm 范围的矩形风管。TDF 连接为表2.12.2-3(原表详见 GB 50243—2002《通风与空调工程施工质量验收规范》第4.3.3条的表4.3.3-2)中的薄钢板弹簧夹无法兰风管连接形式。其安装工艺工序如下:

a.在四个角插入法兰角。

b.将风管扳边自成法兰,并在四周均匀地填充密封胶。

c.风管法兰组合时,从法兰的四个角套入法兰夹。

d.用四个螺栓上紧法兰角。

e.采用专用工具或虎钳将法兰夹压紧。

f.法兰夹的安装:

(a)法兰夹与法兰四角距离为150mm,两个法兰夹之间的空格为230mm 左右。

(b)每个法兰边需用法兰夹的数量。

边长1500mm 4个 边长900mm~1200mm 3个 边长600mm 2个

边长450mm 以下的,在中间位置设置1个法兰夹。

法兰夹的压紧连接方法见图2.12.2-7。

(B)TDC 连接的工艺要求

TDC 连接是采用插接式(也称组合式)风管法兰连接,可用于风管长边1500~2500mm

的风管连接,其工艺程序如下:

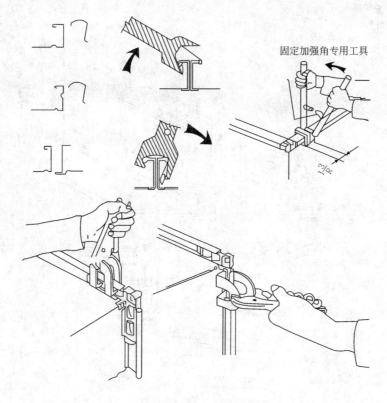

固定加强角专用工具

图 2.12.2 – 7 法兰夹的压紧连接方法

a. 根据风管大边和小边长度压制四根法兰条和四个法兰角;

b. 法兰角插入法兰条组成插接式风管法兰,并将风管的四边插入法兰条内;

c. 检查和调整法兰口的平整度后,将法兰条与风管铆接;

d. 两段风管组合前应在法兰面均匀填充密封胶条,组合时将法兰夹插入并在法兰角上用螺栓固定,最后用专用工具或手虎钳将法兰夹连同两个法兰钳紧。

TDC 的连接形式见图 2.12.2 – 8。

(3) 无法兰风管连接的质量要求

A. 无法兰风管连接的接口和连接件应符合表 2.12.2 – 2 和表 2.12.2 – 3(原表详见 GB 50243—2002《通风与空调工程施工质量验收规范》第 4.3.3 条的表 4.3.3 – 1 和表 4.3.3 – 2)的要求。圆形风管的芯管连接应符合表 2.12.2 – 1(即 GB 50243—2002《通风与空调工程施工质量验收规范》第 4.3.3 条的表 4.3.3 – 3)的要求。

B. 薄钢板法兰矩形风管的接口及连接件,其尺寸应准确,形状应规则,接口处应严密;薄钢板法兰的折边(或法兰条)应平直,弯曲度不应大于 5/1000;弹性插条或弹簧夹应与薄钢板法兰相匹配;角件与风管薄钢板法兰四角接口的固定应稳固、紧贴,端面应平整、相连处不应有缝隙大于 2mm 的连续穿透缝。

C. 采用 U 形(或称 C 形)、S 形插条连接的矩形风管其边长不应大于 630mm,插条与风管加工插口的宽度应匹配一致,其允许偏差为 2mm;连接应平整、严密,插条两端压倒长度不应小于 20mm。

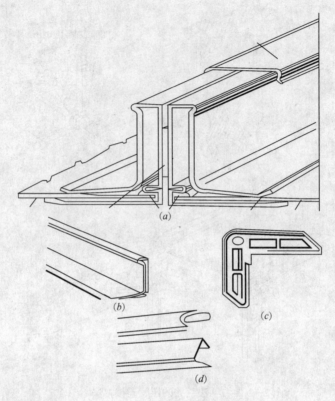

图 2.12.2-8　TDC 的连接
(a)连接形式;(b)法兰条;(c)法兰角;(d)法兰夹

　　D. 采用立口、包边立口连接的矩形风管,其立筋的高度应大于或等于同规格风管的角钢法兰宽度。同一规格风管的立口、包边立口的高度应一致,折角应是直角、直线度允许偏差为 5/1000;咬口连接铆钉的间距不应大于 150mm,铆钉间隔应均匀;立咬口四角连接处的铆固应紧密、无孔洞。

　　E. 无法兰连接风管的风管材质和管壁厚度应符合 GB 50243—2002《通风与空调工程施工质量验收规范》第 4.1.1 条的规定。

12.3　无法兰风管连接的密封和咬口漏风量测试

12.3.1　无法兰风管连接的密封

　　无法兰矩形风管的连接应采取密封措施,以减少漏风量,在管内压力 $P = 800Pa$ 范围内,有密封措施连接的无法兰矩形风管的漏风率仅为角钢法兰连接风管漏风率的 2% 左右;而无密封措施连接的无法兰矩形风管的漏风率比角钢法兰连接风管的漏风率要高出

6～30倍。

用于无法兰风管连接密封的密封胶带主要有牛皮纸胶带、塑料膜胶带、铝箔纸胶带、玻璃布胶带和密封胶等。上述前四种胶带都是一面带胶,可以直接贴在需要密封处的表面上,但粘贴后耐久性较差。且如果粘贴表面不清理干净,还容易自行脱落。一般采用进口的铝箔纸胶带和密封胶密封,其质量较好。图 2.12.3 - 1 是采用密封胶密封的示意图。

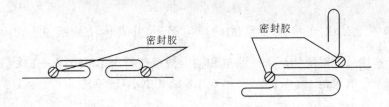

图 2.12.3 - 1 无法兰连接后的密封

12.3.2 无法兰风管连接咬口严密性的测试要求

(1) 无法兰连接风管制作后应按照 GB 50243—2002《通风与空调工程施工质量验收规范》第 4.2.5 条的规定进行风管的严密性试验。

(2) 无法兰连接风管的强度应能满足在 1.5 倍工作压力下接缝处无开裂。

(3) 矩形风管的允许漏风量应符合下列规定:

低压系统风管　　$Q_L \leqslant 0.1056 P^{0.65}$

中压系统风管　　$Q_M \leqslant 0.0352 P^{0.65}$

高压系统风管　　$Q_H \leqslant 0.0117 P^{0.65}$

式中　Q_L、Q_M、Q_H——在系统相应的工作压力下,单位风管展开面积在单位时间内的允许漏风量($m^3/h \cdot m^2$);

　　　P——风管系统中的工作压力(Pa)。

(4) 低压、中压系统圆形无法兰连接风管的允许漏风量为矩形风管允许漏风量的 50%。

(5) 排烟、除尘、低温系统无法兰连接风管的允许漏风量按中压系统风管允许的漏风量确定。

(6) 1～5 级净化空调系统无法兰连接风管的允许漏风量按高压系统风管的允许漏风量确定。

(7) 无法兰连接风管系统的允许漏风量检测方法按 GB 50243—2002《通风与空调工程施工质量验收规范》附录 A 进行。

(8) 无法兰连接风管系统的灯光检漏应符合 GB 50243—2002《通风与空调工程施工质量验收规范》附录 A 的要求。

12.3.3 无法兰风管连接咬口严密性测试的抽验数量

(1) 无法兰风管连接咬口严密性测试的抽验数量应符合 GB 50243—2002《通风与空

调工程施工质量验收规范》第 4.2.5 条第 5 款的规定,即按风管的类别和材质分别抽查,抽查数量不得少于 3 件和 15m²。

(2) 无法兰连接风管应有出厂合格证书和漏光检测和漏风率检测合格的试验资料。

(3) 无法兰连接风管产品的出厂包装和运输应符合 GB 50243—2002《通风与空调工程施工质量验收规范》和 JGJ 71—90《洁净室施工验收规范》相关类别通风空调系统的规定。

12.3.4 无法兰连接风管系统的严密性的测试和抽验数量

无法兰连接风管系统的严密性测试和抽验数量应符合 GB 50243—2002《通风与空调工程施工质量验收规范》第 4.2.5 条、第 6.2.8 条和 JGJ 71—90《洁净室施工验收规范》的相关规定。

13 供热锅炉及辅助设备安装

13.1 一般规定

13.1.1 适用范围

(1) 建筑供热和生活热水供应的额定工作压力不大于 1.25MPa、热水温度不超过 130℃的整装蒸汽和热水锅炉及辅助设备安装工程的质量检验与验收应执行 GB 50242—2002《建筑给水排水及采暖工程施工质量验收规范》的规定。

(2) 散装或额定工作压力不大于 2.5MPa 的现场组装的固定式蒸汽锅炉和固定式承压热水锅炉的安装工程的质量检验与验收应执行 GB 50273—98《工业锅炉安装工程施工及验收规范》的规定。

13.1.2 相关的标准和规定

(1) 适用于本技术标准的整装锅炉及辅助设备安装工程的质量检验与验收,除了执行本技术标准的规定外,尚应符合现行国家有关规范、规程和标准规定。

(2) 管道设备和容器的保温

A. 管道设备和容器的保温应在防腐和水压试验验收合格后进行。

B. 设备和容器的保温应采用粘接保温钉固定保温层,或采用金属碟形帽保温钉、勾钉焊接固定保温层(仅适用于金属基层的设备和容器)。

C. 塑料粘接保温钉应呈梅花形布局,保温钉的间距一般为 200mm。

D. 金属碟形帽保温钉或勾钉焊接固定时,钉距一般为 250mm。

13.1.3 锅炉主机及大型辅助设备进场的准备

(1) 锅炉主机及大型辅助设备应在设备基础浇筑验收合格后进场就位安装。

（2）锅炉主机及大型辅助设备进场前应依据设计预留吊装孔位置和现场的场地具体情况拟定进场方案,准备好相应的吊装、运输设备和机具。

（3）锅炉主机及大型辅助设备进场前应依据吊装方案和现场具体情况制定相应的安全措施。

13.2 锅炉主机的安装

13.2.1 主控项目

（1）锅炉设备基础的质量要求

A. 锅炉设备安装前应进行验收,且验收合格才能进行锅炉设备的就位安装。

B. 锅炉设备基础的质量要求:

（A）混凝土的强度必须达到设计要求。

（B）基础的坐标、标高、几何尺寸和地脚螺栓孔的位置和尺寸、检查方法应符合表2.13.2-1的要求。

锅炉及辅助设备基础的允许偏差和检验方法　　　　表 2.13.2-1

序号	项　　　目		允许偏差(mm)	检查方法
1	基础坐标位置		20	经纬仪、拉线、尺量
2	基础各不同平面的标高		0, -20	水准仪、拉线、尺量
3	基础平面外形尺寸		20	尺量检查
4	凸台上平面尺寸		0, -20	
5	凹穴尺寸		+20,0	
6	基础上平面水平度	每　米	5	水平仪(水平尺)和楔形塞尺检查
		全　长	10	
7	竖向偏差	每　米	5	经纬仪或吊线和尺量
		全　长	10	
8	预埋地脚螺栓	标高(顶端)	+20,0	水准仪、拉线和尺量
		中心距(根部)	2	
9	预留地脚螺栓孔	中心位置	10	尺　量
		深　度	+20,0	
		孔壁垂直度	10	吊线和尺量

序号	项　目		允许偏差(mm)	检查方法
10	预留活动地脚螺栓锚板	中心位置	5	拉线和尺量
		标　高	+20,0	
		水平度(带槽锚板)	5	水平尺和楔形塞尺检查
		水平度(带螺纹孔锚板)	2	

(2) 非承压锅炉的安装

A．非承压锅炉的安装应严格按设计或设备产品说明书的要求施工。

B．非承压锅炉的锅筒顶部必须敞口或装设大气连通管,连通管上不得安装阀门。

C．检验方法:对照设计图纸或设备产品说明书进行检查。

(3) 天然气释放管或大气排放管的安装

A．以天然气为燃料的燃气锅炉的天然气释放管或大气排放管不得直接通向大气,应通向贮存或处理装置。

B．检查方法:对照设计图纸检查。

(4) 燃油锅炉的安装

A．两台或两台以上燃油锅炉共用一个烟囱时,每台锅炉的烟道上均应配备风阀或挡板装置。

B．两台或两台以上燃油锅炉共用一个烟囱时,应具备有操作调节和闭锁功能。

C．检查方法:观察和手扳检查。

(5) 锅炉的锅筒和集箱的安装

A．锅炉的锅筒和水冷壁的下集箱及后棚管的后集箱的最低处排污管道不得采用螺纹连接。

B．检查方法:观察检查。

(6) 锅炉和汽、水系统的水压试验

A．锅炉本体的水压试验

依据 GB 50273—98《工业锅炉安装工程施工及验收规范》第 5.0.1 条和 GB 50242—2002《建筑给水排水及采暖工程施工质量验收规范》第 13.2.6 条的规定,锅炉的汽、水系统及其附属装置安装完毕应做水压试验。

B．锅炉本体水压试验前应将连接在上面的安全阀、仪表拆除,安全阀、仪表等的阀座可用盲板法兰封闭,待水压试验完毕后再安装上。同时水压试验前应将锅炉、集箱内的污物清理干净,水冷壁、对流管束应畅通。然后封闭人孔、手孔,并再次检查锅炉本体、连接管道、阀门安装是否妥当。并检查各拆卸下来的阀件阀座的盲板是否封堵严密,盲板上的放水放气管安装质量和长度是否合适,并引至安全地点进行排放。

C．依据 GB 50273—98《工业锅炉安装工程施工及验收规范》第 5.0.3 条和 GB 50242—2002《建筑给水排水及采暖工程施工质量验收规范》第 13.2.6 条的规定,锅炉本体的水压试验压力应符合表 2.13.2 – 2 的规定。

锅炉汽、水系统的水压试验压力　　　　　　　表 2.13.2 – 2

序号	设 备 名 称	工作压力(MPa)	试验压力(MPa)
1	锅炉本体	$P < 0.59$	$1.5P$ 但不小于 0.2
		$0.59 \leqslant P \leqslant 1.18$	$P + 0.3$
		$P > 1.18$	$1.25P$
2	可分式省煤器	P	$1.25P + 0.5$
3	非承压锅炉	大气压	0.2

注：工作压力 P 对蒸汽锅炉指锅筒工作压力，对热水锅炉指锅炉的额定出水压力。铸铁锅炉水压试验同热水锅
炉非承压锅炉水压试验压力为 0.2MPa，试验期间压力应保持不变。

D. 水压试验应符合如下条件

(A) 试验的环境温度应不低于 5℃，低于 5℃时应采取防冻措施。

(B) 水温应高于周围的露点温度。

(C) 锅炉内应充满水，待排尽空气后方可关闭放空阀。

(D) 当初步检查无漏水现象时，再缓慢升压。当升至 0.3 ~ 0.4MPa 时应进行一次检查，必要时可拧紧人孔、手孔和法兰的螺栓。

(E) 当水压上升至额定工作压力时，暂停升压，检查各部分应无漏水或变形等异常现象。然后应关闭就地水位计，继续升压到试验压力，在试验压力下保持 5min，其间压力降 $\Delta P \leqslant 0.02MPa$(或 $\Delta P \leqslant 0.05MPa$)。最后将压力回降到额定工作压力进行检查，检查期间压力保持不变、不渗不漏。同时观察检查各部件不得有残余变形，各受压元件金属壁和焊缝上不得有水珠和水雾，胀口不应滴水珠。

(F) 水压试验后应及时将锅炉内的水全部放尽，在冰冻期应采取防冻措施。

(G) 每次水压试验应有记录，水压试验合格后应办理签证手续。

E. 依据 GB 50273—98《工业锅炉安装工程施工及验收规范》第 5.0.2 条的规定，主气阀、出水阀、排污阀、给水阀、给水止回阀应一起进行水压试验。试验压力见锅炉汽、水系统的水压试验压力表 2.13.2 – 2。

F. 检验方法：

(A) 在 10min 内试验压力下测试的压力降不超过 0.02MPa。在工作压力下进行检查压力不降，系统不渗不漏。

(B) 观察检查，不得有残余变形，受压元件金属壁和焊缝上不得有水珠和水雾。

(7) 铸铁省煤器的水压试验应符合如下条件

A. 铸铁省煤器的水压试验压力

依据 GB 50273—98《工业锅炉安装工程施工及验收规范》第 5.0.3 条、第 5.0.4 条、第 5.0.5 条的规定，试验压力为 $1.25P + 0.49MPa$。

B. 试验过程和要求

充满水后将压力升至 0.3~0.4MPa 时,应进行检查,没有问题后再继续升压,压力升至试验压力 2.08MPa 时稳压 5min,且压力降≤0.05MPa。然后将压力降到工作压力 1.27MPa,再进行检查无渗漏为合格。

C. 检验方法:水压试验和观察检查。

(8) 机械炉排的冷态运转试验应符合如下条件

A. 机械炉排安装完毕后应做冷态运转试验,连续运转时间不应少于 8h。

B. 检验方法:观察运转试验的全过程。

(9) 锅炉本体管道及管件的焊接质量

A. 焊缝表面的外形尺寸应符合图纸和工艺文件的规定,焊缝高度不得低于母材表面,焊缝与母材应圆滑过渡。

B. 焊缝及热影响区表面无裂纹、未熔合、未焊透、夹渣、弧坑和气孔等缺陷。

C. 管道焊口尺寸的允许偏差应符合表 2.13.2-3 的规定。

D. 无损探伤检验结果应符合锅炉本体设计的相关要求。

E. 检验方法:观察和检查无损探伤检验报告。

钢管管道焊口允许偏差和检验方法　　　　　　　表 2.13.2-3

序号	项　　目		允许偏差	检验方法
1	焊口平直度	管壁厚度 10mm 以内	管壁厚 1/4	焊接检验尺和游标卡尺检查
2	焊缝加强面	高　度	+1mm	
		宽　度		
3	咬　边	深　度	小于 0.5mm	直尺检查
		长度 连续长度	25mm	
		总长度(两侧)	小于焊缝长度的 10%	

13.2.2　一般项目

(1) 锅炉设备安装的坐标、标高、中心线和垂直度的允许偏差和检验方法应符合表 2.13.2-4 的规定。

锅炉安装的允许偏差和检验方法　　　　　　　表 2.13.2-4

序号	项　　目		允许偏差(mm)	检验方法
1	坐　标		10	经纬仪、拉线和尺量
2	标　高		±5	水准仪、拉线和尺量
3	中心线 垂直度	卧式锅炉炉体全高	3	吊线和尺量
4		立式锅炉炉体全高	4	

(2) 组装链条炉排安装的允许偏差和检验方法应符合表 2.13.2－5 的规定。

组装链条炉排安装的允许偏差和检验方法　　　　　　表 2.13.2－5

序号	项　　目		允许偏差(mm)	检验方法
1	炉排中心位置		2	经纬仪、拉线和尺量
2	墙板的标高		±5	水准仪、拉线和尺量
3	墙板的垂直度,全高		3	吊线和尺量
4	墙板间两对角线的长度之差		5	钢丝线和尺量
5	墙板框的纵向位置		5	经纬仪、拉线和尺量
6	墙板顶面的纵向水平度		长度 1/1000,且≤5	拉线、水平尺和尺量
7	墙板间的间距	跨度≤2m	+3,0	钢丝线和尺量
		跨度>2m	+5,0	
8	两墙板的顶面在同一水平面上相对高差		5	水准仪、吊线和尺量
9	前轴、后轴的水平度		长度 1/1000	拉线、水平尺和尺量
10	前轴和后轴轴心线相对标高差		5	水准仪、吊线和尺量
11	各轨道在同一水平面上的相对高差		5	水准仪、吊线和尺量
12	相邻两轨道间的距离		±2	钢丝线和尺量

(3) 往复炉排安装的允许偏差和检验方法应符合表 2.13.2－6 的规定。

往复炉排安装的允许偏差和检验方法　　　　　　表 2.13.2－6

序号	项　　目		允许偏差(mm)	检验方法
1	两侧板的相对标高		3	水准仪、吊线和尺量
2	两侧板间的间距	跨度≤2m	+3,0	钢丝线和尺量
		跨度>2m	+4,0	
3	两侧板的垂直度,全高		3	吊线和尺量
4	两侧板间两对角线的长度之差		5	钢丝线和尺量
5	片的纵向间隙		1	钢板尺量
6	炉排两侧的间隙		2	

(4) 铸铁省煤器的安装应符合下列要求。

A. 铸铁省煤器安装前的外观检查

(A) 安装前应认真检查省煤器四周嵌填的石棉绳是否严密牢固,外壳箱板是否平整、各部结合是否严密,缝隙过大的应进行调整。

(B)肋片有无损坏,每根省煤器管上破损的翼片数不应大于总翼片数的5%;整个省煤器中有破损翼片的根数不应大于总根数的10%。

B.铸铁省煤器支承架安装允许的偏差和检验方法应符合表2.13.2-7的要求。

C.省煤器的出口处(或入口处)应按设计或锅炉图纸要求安装阀门和管道。

检查方法:对照设计图纸检查。

铸铁省煤器支承架安装允许的偏差和检验方法　　　　表 2.13.2-7

序号	项　　目	允许偏差(mm)	检验方法
1	支承架的位置	3	经纬仪、拉线和尺量
2	支承架的标高	0,+5	水准仪、吊线和尺量
3	支承架的纵向和横向水平度(每米)	1	水平尺和塞尺检查

(5)锅炉本体安装应按设计和产品说明书要求布置坡度,并坡向排污阀。

检查方法:用水平尺或水准仪检查。

(6)锅炉由炉底送风的风室及锅炉底座与基础之间必须封、堵严密。

检查方法:观察检查。

(7)电动调节阀门的调节机构与电动执行机构的转臂应在同一平面上,传动部分应灵活、无空行程及卡阻现象,其行程及伺服时间应满足使用要求。

检查方法:操作时观察检查。

13.3　辅助设备及管道的安装

13.3.1　主控项目

(1)辅助设备基础验收必须达到下列要求

A.辅助设备基础的混凝土强度必须达到设计的要求。

B.辅助设备基础的坐标、标高、几何尺寸和螺栓孔位置必须符合本标准表2.13.2-1的要求。

C.检查方法:对照设计图纸按表2.13.2-1的规定进行检查。

(2)风机试运转和调试应符合下列要求

A.每台风机试运转运行的时间不小于2h。

B.检查叶轮旋转方向正确、运转平稳、无异常振动和声响。

C.电机功率符合设备文件的规定。

D.在额定转速下连续运转2h后,滑动轴承和机壳最高温度不超过60℃,滚动轴承最高温度不超过80℃。

E.轴承径向单振幅应符合下列要求:

（A）风机转速小于 1000r/min 时，不应超过 0.10mm。

（B）风机转速为 1000 ~ 1500r/min 时，不应超过 0.08mm。

F. 填写试运转记录单，记录单中应有温升、噪声等参数的实测数据及运转情况记录。抽查数量 100%。

G. 检查方法：观察、核对设计文件和设备使用说明书，用温度计检查，用测振仪检查。

（3）一般水泵的单机试运转和安装要求

A. 水泵等设备的单机试运转应在安装预检合格和配管安装后进行，每台设备应有独立的安装预检记录单和单机运转试验单。

B. 检查叶轮旋转方向正确，无异常振动和声响，紧固连接部位无松动。

C. 电机功率符合设备文件的规定。

D. 水泵连接运转 2h 后滑动轴承和机壳最高温度不超过 70℃，滚动轴承最高温度不超过 75℃。

E. 水泵型号、规格、技术参数（流量、扬程、转速、功率）、轴承和电机发热的温升、噪声应符合设计要求和产品性能指标。

F. 为了测流量，应在机组前后事先安装测试口，以便安装测试仪表。

G. 填写试运转记录单。记录单中应有温升、噪声等参数的实测数据及运转情况记录。抽查数量 100%。

（4）大型水泵的单机试运转应符合如下要求

A. 水泵试运转前应作以下检查：

（A）原动机（电机）的转向应符合水泵的转向。

（B）各紧固件连接部位不应松动。

（C）润滑油脂的规格、质量、数量应符合设备技术文件的规定；有预润滑要求的部位应按设备技术文件的规定进行预润滑。

（D）润滑、水封、轴封、密封冲洗、冷却、加热、液压、气动等附属系统管路应冲洗干净，保持通畅。

（E）安全保护装置应灵敏、齐全、可靠。

（F）盘车灵活、声音正常。

（G）泵和吸入管路必须充满输送的液体，排尽空气，不得在无液体的情况下启动；自吸式水泵的吸入管路不需充满输送的液体。

（H）水泵启动前的出入口阀门应处于下列启闭位置：

a. 入口阀门全开；

b. 出口阀门离心式水泵全闭，其他形式水泵全开（混流泵真空引水时全闭）；

c. 离心式水泵不应在出口阀门全闭的情况下长期运转，也不应在性能曲线的驼峰处运转，因在此点运行极不稳定。

B. 泵在设计负荷下连续运转不应少于 2h，且应符合下列要求：

（A）附属系统运转正常，压力、流量、温度和其他要求符合设备技术文件规定。

（B）运转中不应有不正常的声音。

（C）各静密封部位不应渗漏。

（D）各紧固连接部位不应松动。

（E）填料的温升正常，滚动轴承的温度不应高于 75℃，滑动轴承的温度不应高于 70℃。

（F）电动机的电流应不超过额定值。

（G）泵的安全保护装置应灵敏、可靠。

C. 运转结束后应做好如下工作：

（A）关闭泵出入口阀门和附属系统的阀门。

（B）输送易结晶、凝固、沉淀等介质泵，停泵后应及时用清水或其他介质冲洗泵和管路，防止堵塞。

（C）放净泵内的液体，防止锈蚀和冻裂。

D. 填写大型水泵试运行、调试记录单。试运转记录单中应有温升、噪声等参数的实测数据及运转情况记录。抽查数量 100%。

（5）分汽缸（分水器、集水器）的水压试验应符合如下要求

A. 分汽缸（分水器、集水器）的水压试验应执行 GB 50242—2002《建筑给水排水及采暖工程施工质量验收规范》第 13.3.3 条的规定，分汽缸（分水器、集水器）安装前应做水压试验，试验压力为工作压力的 1.5 倍，但不得小于 0.6MPa。

B. 检查方法：试验时在试验压力下，维持 5min，无压降、无渗漏为合格。

（6）各种贮水箱与罐体的水压试验和满水试验

A. 各种敞口贮水箱与罐体的满水试验应符合如下要求

各种敞口贮水箱与罐体的满水试验执行 GB 50242—2002《建筑给水排水及采暖工程施工质量验收规范》第 4.4.3 条、第 6.3.5 条、第 8.3.2 条、第 13.3.4 条的规定，各类敞口水箱（罐体）应单个进行满水试验，灌水高度是将水灌至各类敞口水箱（罐体）的溢水口或灌满，并静置观察 24h，各连接件不渗不漏为合格。并填写记录单。

B. 各种密闭贮水箱与罐体的水压试验应符合如下要求

各种密闭贮水箱与罐体的水压试验执行 GB 50242—2002《建筑给水排水及采暖工程施工质量验收规范》第 4.4.3 条、第 6.3.5 条、第 8.3.2 条、第 13.3.4 条的规定，密闭水箱（罐）的水压试验必须符合设计和本规范的规定，试验压力为工作压力的 1.5 倍，但不得小于 0.4MPa，在试验压力下 10min 内压力不下降，不渗不漏为合格。

C. 灌水和水压试验，并观察检查。

（7）埋地油罐的气密性试验

埋地油罐埋地前应做气密性试验，试验压力为工作压力的 1.5 倍，但不得小于 0.03MPa，在试验压力下观察 30min 不渗不漏无压降为合格。

检查方法：水压试验和观察检查。

（8）连接锅炉和辅助设备的工艺管道的水压试验应符合如下要求

A. 连接锅炉和辅助设备的工艺管道安装完毕后必须进行系统的水压试验。

B. 系统的水压试验的试验压力为系统中最大的工作压力的 1.5 倍。在试验压力维持 10min，内降不超过 0.05MPa，然后将试验压力降至工作压力，进行系统外观检查，不渗不漏为合格。

C. 检查方法:水压试验和观察检查。

(9) 各种设备主要操作通道的净距离如设计无明确要求时不应小于 1.5m,辅助操作通道的净距离不应小于 0.8m。

检查方法:尺量检查。

(10) 管道的连接法兰、焊缝和连接管件,以及管道上的仪表、阀门的安装位置应便于检查修理,并不得紧贴墙壁、楼板或管架。

检查方法:观察检查。

(11) 管道焊接质量应符合如下要求

A. 焊缝表面的外形尺寸应符合图纸和工艺文件的规定,焊缝高度不得低于母材表面,焊缝与母材应圆滑过渡。

B. 焊缝及热影响区表面无裂纹、未熔合、未焊透、夹渣、弧坑和气孔等缺陷。

C. 管道焊口尺寸的允许偏差应符合表 2.13.3 – 1 的规定。

D. 无损探伤检验结果应符合锅炉本体设计的相关要求。

E. 检验方法:观察和检查无损探伤检验报告。

钢管管道焊口允许偏差和检验方法 　　　　　　　　表 2.13.3 – 1

序号	项 目		允许偏差	检验方法
1	焊口平直度	管壁厚度 10mm 以内	管壁厚 1/4	焊接检验尺和游标卡尺检查
2	焊缝加强面	高　度	+ 1mm	
		宽　度		
3	咬　边	深　度	小于 0.5mm	直尺检查
		长度　连续长度	25mm	
		总长度(两侧)	小于焊缝长度的 10%	

13.3.2　一般项目

(1) 锅炉辅助设备安装的允许偏差应符合表 2.13.3 – 2 的规定。

锅炉辅助设备安装的允许偏差和检查方法 　　　　　　表 2.13.3 – 2

序号	项 目		允许偏差(mm)	检 查 方 法
1	送、引风机	坐　标	10	经纬仪或拉线和尺量
		标　高	± 5	水准仪、拉线和尺量
2	各种静置设备(各种容器、箱、罐体)	坐　标	15	经纬仪或拉线和尺量
		标　高	± 5	水准仪、拉线和尺量
		垂直度(每米)	2	吊线和尺量

序号	项目		允许偏差(mm)	检查方法
3	离心式水泵	泵体水平度(每米)	0.1	水平尺和楔形塞尺检查
	联轴器同心度	轴向倾斜(每米)	0.8	水准仪、百分表(测微螺钉)和塞尺检查
		径向位移	0.1	

（2）连接锅炉及辅助设备的工艺管道安装允许偏差应符合表 2.13.3－3 的规定。

工艺管道安装允许偏差和检查方法　　　　　表 2.13.3－3

序号	项目		允许偏差(mm)	检查方法
1	坐标	架空	15	水准仪、拉线和尺量
		管沟	10	
2	标高	架空	±15	水准仪、拉线和尺量
		管沟	±10	
3	水平管道纵、横方向的弯曲	$DN \leqslant 100\text{mm}$	2‰,最大 50	直尺、拉线检查
		$DN > 100\text{mm}$	3‰,最大 70	
4	立管垂直度		2‰,最大 15	吊线和尺量
5	成排管道间距		长度 1/1000	直尺尺量
6	交叉管道的外壁或绝热层间距		10	

（3）单斗式提升机安装应符合下列要求。

A. 间距偏差不大于 2mm。

B. 垂直式导轨的垂直度偏差不大于 1‰,倾斜式导轨的倾斜度偏差不大于 2‰。

C. 料斗的吊点与料斗垂心在同一垂线上,重合度偏差不大于 10mm。

D. 行程开关位置应准确,料斗运行平稳,翻转灵活。

E. 检验方法:吊线坠、拉线及尺量检查。

（4）锅炉送、引风机的安装质量应符合下列要求。

A. 锅炉送、引风机转动应灵活,无卡碰等现象。

B. 锅炉送、引风机的传动部位应设置安全防护装置。

C. 检验方法:观察和启动检查。

（5）一般水泵安装的外观检查应符合下列要求。

A. 水泵的外观质量检查泵壳不应有裂纹、砂眼及凹凸不平等缺陷。多级泵的平衡管路应无损伤或折陷现象。蒸汽往复泵的主要部件、活塞及活动轴必须灵活。

B. 一般水泵的单机试运转

（A）叶轮与泵壳不应相碰,进、出口部位的阀门应灵活。

（B）水泵运行时不应有异常振动和响声,紧固连接部位不应有松动。

（C）壳体密封处不得渗漏,无特殊要求情况下,普通填料泄漏量不应大于 60ml/h,机械密封的泄漏量不应大于 5ml/h。

（D）轴封的温升应正常和符合产品说明书的要求。

（E）检验方法:通电、操作和测温检查。

（6）大型水泵单机试运转时应符合下列要求。

A. 大型水泵运行时不应有异常振动和响声,各连接紧固连接部位不应有松动。

B. 填料的温升正常;在无特殊要求的情况下,普通软填料宜有少量的渗漏（每分钟不超过 10~20 滴）;机械密封的渗漏量不宜大于 10ml/h（每分钟约 3 滴）。

C. 振动振幅应符合设备技术文件规定;如无规定,而又需要测试振幅时,测试结果应符合下列要求（用手提振动仪测量）表 2.13.3-4。

水泵允许振幅值 表 2.13.3-4

转速 r/min	≤375	>375~600	>600~750	>750~1000	>1000~1500
振幅≤（mm）	0.18	0.15	0.12	0.10	0.08

转速 r/min	>1500~3000	>3000~6000	>6000~12000	>12000
振幅≤（mm）	0.06	0.04	0.03	0.02

（7）手摇泵的安装质量要求应符合下列规定。

A. 手摇泵应垂直安装。

B. 手摇泵的安装高度如设计无要求时,泵中心线距地面高度为 800mm。

C. 检验方法:吊线和尺量检查。

（8）注水器安装高度如设计无要求时,注水器中心距地面高度为 1.0~1.2m。
检验方法:尺量检查。

（9）除尘器的安装质量应符合下列要求。

A. 除尘器的安装应牢固,位置和进、出口方向应正确。

B. 烟管与引风机连接时应采用软接头,不得将烟管的重量压在风机上。

C. 检验方法:观察检查。

（10）热力除氧器和真空除氧器的排汽管应通向室外,直接排入大气。
检验方法:观察检查。

（11）软化水设备罐体的视镜应布置在便于观察的方向。树脂装填的高度应按设备说明书要求进行。

检验方法:对照说明书,观察检查。

（12）管道及设备保温层的厚度和平整度的允许偏差应符合表 2.13.3-5 的规定。

（13）在涂刷油漆前,必须清除管道及设备表面的灰尘、污垢、锈斑、焊渣等物。涂漆的厚度应均匀,不得有脱皮、起泡、流淌和漏涂等缺陷。

检验方法:现场观察检查。

管道及设备保温层的厚度和平整度的允许偏差和检查方法   表 2.13.3－5

序号	项 目		允许偏差(mm)	检 验 方 法
1	厚 度		$+0.1\delta, -0.05\delta$	用钢针刺入
2	表 面平 整 度	卷 材	5	用 2m 靠尺和楔形塞尺检查
		涂 抹	10	

注:δ 为保温层厚度。

（14）烟囱的安装应符合下列要求

A．烟囱的加工和验收

（A）烟囱的设置和采用材质、规格、加工工艺。烟囱的材质应为冷轧钢板不锈钢钢板与铝合金板材,厚度应符合设计要求。为了保证质量,本工程拟委托专业加工厂加工。

（B）为了保证烟囱的质量,烟囱加工制作前应编制加工工艺和加工质量标准。烟囱加工工艺和加工质量标准主要有材质要求、原材料的除锈及防腐要求、焊工等级要求、焊接质量采用标准和要求、焊缝质量检测和检测报告记录要求、外观质量要求等。

（C）制定严格进场检查技术条件和检验制度:检测内容应有加工厂家的材质报告书、焊工等级证书、各种检测记录和加工质量报告书;外观检查有几何尺寸(直径、长度、厚度、圆度等)、防腐质量(遍数和结合紧密性、外表的光泽度)以及各项外观质量及数量。

（D）检验方法:对照设计和加工工艺及质量标准检查加工测试报告单和外观观察、尺量检查。

B．烟囱的吊装应符合下列要求

（A）烟囱的就位和调整烟囱的垂直度的方案应符合安装条件、安装质量和安装安全规程的规定。

（B）烟囱就位后,连接前应检查其位置、垂直度(允许偏差为 1/1000)、水平度、水平管道吊架等,烟囱的水平度、垂直度及防腐保温的各项指标和安装质量应符合 GB 50243—2002《通风与空调工程施工质量验收规范》的误差要求和质量要求。

a．固定拉索严禁拉在避雷针和避雷网上。

b．穿越屋面的位置应按设计要求做好烟囱穿越屋面的隔热保护套、填料和防水措施,以达到防火防渗漏要求。

c．烟囱的垂直度允许偏差为 1/1000、总偏差不应大于 20mm。烟囱的水平度允许偏差为 3/1000、总偏差不应大于 20mm。

d．水平烟囱的坡度应符合设计要求,并在最低处设置凝结水排放装置。

e．垂直烟囱的固定支架间距不得超过 4m,单根烟囱最少应有两个固定支架。

f．烟囱固定支架的抱箍应符合国标图集的要求。

（C）烟囱的连接采用石棉板绳作垫料,螺栓头一律朝上。螺栓外露长度为其直径的0.5 倍。螺栓应对称拧紧,防止各个螺栓拧紧度不均,结合不严。

（D）烟囱拉绳的安装:拉绳应按设计要求成 120°分布。拉绳与地平面成 45°布置,在距离地面≥3m 的地方设绝缘子,以隔离其与地面的导电联系。在拉绳的适当位置设花篮螺丝以便拉紧拉绳,并拧紧绳卡和基础螺栓将烟囱固定。

(E) 按设计要求做好避雷线的安装与验收。

(F) 检验方法:对照设计和规范要求及外观观察、尺量检查。

C. 烟囱的保温应符合如下要求

(A) 烟囱的保温材料的材质和厚度应符合设计要求,保温层外表面应加做保护套,保护套可采用 $\delta = 0.5\text{mm}$ 厚的铝质薄板或热镀镀锌钢板。圆筒形的保温壳最好采用工厂制作,订货时应按烟囱外径向厂家预订圆筒形的保温壳,以便于施工。

(B) 安装前应严格进行材料进场检验,不合格品的保温板不得采用一律退回。保温板的厚度应均匀,就位前应进行挑选,以保证安装后烟囱的外径粗细一致。

(C) 保温层的安装应自下而上,逐步推进,并用细铁丝捆绑牢靠。

(D) 保温层安装后再进行铝薄板的外壳安装。铝薄板的加工和安装工艺应符合 GB 50243—2002《通风与空调工程施工及验收规范》的技术要求。

(E) 为防止雨水渗漏,在烟囱根部应加防雨罩。防雨罩应将土建的烟囱出口台度覆盖住,防雨罩的上端应与烟囱保温层的外保护层铆接牢靠,接缝处应用密封胶封堵严密。

(F) 检验方法:对照设计和规范要求外观观察、尺量检查。

13.4 安全附件的安装

13.4.1 主控项目

(1) 锅炉和省煤器安全阀的定压和调整应符合下列的规定

A. 依据 GB 50273—98《工业锅炉安装工程施工及验收规范》第 6.2.2 条的规定,锅筒上必须安装两个安全阀。锅炉上安装有两个安全阀时,其中一个的启动压力应比另一个的启动压力高。

B. 依据 GB 50242—2002《建筑给水排水及采暖工程施工质量验收规范》第 13.4.1 条的规定,当供热锅炉仅安装一个安全阀时,安全阀按较低值定压。

C. 依据 GB 50273—98《工业锅炉安装工程施工及验收规范》第 6.2.2 条和 GB 50242—2002《建筑给水排水及采暖工程施工质量验收规范》第 13.4.1 条的规定,当供热锅炉仅安装一个安全阀时,安全阀按较低值定压。锅炉的其他辅助设备应安装一个安全阀。

D. 依据 GB 50242—2002《建筑给水排水及采暖工程施工质量验收规范》第 13.4.1 条和 GB 50273—98《工业锅炉安装工程施工及验收规范》第 6.2.2 条的规定,锅炉及其辅助设备安全阀的定压和调整应符合表 2.13.4 – 1 的规定。

E. 蒸汽锅炉省煤器安全阀的启动压力为安装地点工作压力的 1.1 倍,即 1.4MPa。其调整应在锅炉严密性试验前用水压试验的方法进行。

(2) 锅炉和省煤器等辅助设备上安全阀的安装

A. 安全阀安装前必须逐个进行严密性试验,并应送锅炉检测中心检验其始启压力、起座压力、回座压力,在整定压力下安全阀应无渗漏和冲击现象。经调整合格的安全阀应铅封和做好标志。

设　备	蒸汽锅炉		热水锅炉		蒸汽锅炉	热水锅炉
安全阀的编号	1	2	1	2	分汽缸、热交换器、分水器、集水器	分汽缸、热交换器、分水器、集水器
起始压力 MPa	1.04P = 1.32MPa	1.06P = 1.35MPa	1.12P = 1.43MPa $\geqslant P + 0.07$	1.14P = 1.45MPa $\geqslant P + 0.10$	1.04P = 1.32MPa	1.43MPa

注:1. P——为安装地点的工作压力。

　　2. 表中蒸汽锅炉额定工作压力按 $P = 1.27$MPa 折算。热水锅炉额定工作压力按热水温度为130℃的汽化压力 P 折算。

B. 安全阀应垂直安装,并装设排泄放气(水)管,排泄放气(水)管的直径应严格按设计规格安装,不得随意改变大小,也不得小于安全阀的出口截面积。

C. 安全阀与连接设备之间不得接有任何分叉的取汽或取水管道,也不得安装阀门。

D. 安全阀的排泄放气(水)管应通至室外安全地点,坡度应坡向室外。排泄放气(水)管上不得安装阀门。

E. 安全阀的排泄放气(水)管的设置应一个阀门一根,不得几根并联排放。

F. 设备水压试验时应将安全阀卸下,安全阀的阀座可用盲板法兰封闭,待水压试验完毕后再安装。

G. 检验方法:检查定压证书和现场观察检查。

(3) 压力表的刻度限值应大于或等于工作压力的 1.5 倍,表盘直径不得小于 100mm。

检验方法:现场观察和尺量检查。

(4) 水位计的安装应符合下列规定。

A. 依据 GB 50273—98《工业锅炉安装工程施工及验收规范》第 6.1.8 条、GB 50242—2002《建筑给水排水及采暖工程施工质量验收规范》第 13.4.3 条及劳动人事部《蒸汽锅炉安全技术监察规程》的有关规定,每台锅炉应安装两副水位计(额定蒸发量≤0.2t/h 的锅炉可以只安一副)。水位计应按设计和规范要求安装在易观察的地方(当安装地点距离操作地面高于 6m 时应加装低位水位计,低位水位计的连接管应单独接到锅筒上,其连接管的内径应≥18mm,并有防冻措施。锅炉水位监视的低位水位计在控制室内应有两个可靠的低位水位表)水位表的安装应符合规范的有关规定。

B. 水位计安装前应检查旋塞的转动是否灵活,填料是否符合要求,不符合要求的应更换填料,玻璃管或玻璃板应干净透明。

C. 安装时应使水位计的两个表口保持垂直和同心,玻璃管不得损坏,填料要均匀,接头要严密。

D. 水位计的泄水管应接至安全处。当锅炉安装有水位报警器时,其泄水管可与水位计的泄水管接在一起,但报警器的泄水管上应单独安装一个截止阀,不允许只在合用管段上安装一个阀门。

E. 水位计安装后应划出最高、最低水位的明显标志,最低安全水位比可见边缘水位至少应高 25mm;最高安全水位应比可见边缘水位至少应低 25mm。

F. 当采用玻璃水位计时应安装防护罩,防止损坏伤人。

G. 电触点式水位表的零点应与锅筒的正常水位重合。

H. 采用双色水位表时,每台锅炉只能装设一个,另一个装普通水位表。

I. 水位表应有放水旋塞(或阀门)和接到安全地点的放水管。

J. 检验方法:现场观察和尺量检查。

(5) 锅炉的高低水位报警器和超温、超压报警器及联锁保护装置必须按设计要求安装齐全和有效。

检验方法:现场启动、联动试验并做好试验记录。

13.4.2 一般项目

(1) 安装压力表必须符合下列规定:

A. 压力表必须安装在便于观察和吹洗的位置,并防止受高温、冰冻和振动的影响,同时要有足够的照明。

B. 压力表必须设有存水弯管。存水弯管采用钢管煨制时,管道内径不应小于 10mm,采用铜管煨制时,管道内径不应小于 6mm。

C. 压力表和存水弯管之间应安装三通旋塞。

D. 检验方法:观察和尺量检查。

(2) 测压仪表取源部件在水平工艺管道上安装时,取压口的方位应符合下列规定:

A. 测量液体压力的,在工艺管道的下半部与管道水平中心线成 $0 \sim 45°$ 夹角范围内。

B. 测量蒸汽压力的,在工艺管道的上半部或下半部与管道水平中心线成 $0 \sim 45°$ 夹角范围内。

C. 测量气体压力的,在工艺管道的上半部。

D. 检验方法:观察和尺量检查。

(3) 温度计的安装应符合下列要求:

A. 安装在管道和设备上的套管温度计,底部应插入流动介质内,不得装在引出的管段上或死角处。

B. 压力式温度计的温感器(温包)应装在管道的中心,全部浸入介质内。温度计的毛细管应有规则的固定和保护措施,多余的部分应卷曲好固定在安全处,防止硬拉硬扯将毛细管扯断。毛细管的转弯处弯曲半径不应小于 50mm。

C. 压力式温度计的表盘应安装在便于观察的地方。安装完毕应在表盘上画出高运行温度的标志。

D. 安装时温度计的丝接部分应涂白色铅油,密封垫应涂机油石墨。

E. 热电偶温度计的保护套应按规定保证应有的插入深度。

F. 检验方法:观察和尺量检查。

(4) 温度计与压力表在同一管道上安装时,按介质流动方向温度计应在压力表的下游处安装,如温度计需要在压力表的上游处安装时,其间距不应小于 300mm。

检验方法:观察和尺量检查。

(5)减压阀的安装应符合下列要求:

A. 安装前应检查减压阀的进场验收记录单,审查其使用介质、介质温度、减压等级、弹簧的压力等级(如公称压力为 $P=1.568MPa$ 的减压阀,配备有压力段为 $0\sim0.3MPa$、$0.2\sim0.8MPa$、$0.7\sim1.1MPa$ 三种减压段的弹簧)等参数是否符合设计和规范的要求。

B. 安装前应将减压阀送到有检测资格的检测单位进行检测与校定,并出具检测报告试验单,方可进行就位安装。

C. 减压阀的进出口压力差应 $\geqslant0.15MPa$。

D. 检验方法:检查测试报告单和观察检查。

(6)排污阀的安装应符合下列要求:

A. 依据锅炉安全技术监察规程规定,排污阀安装前应送到相关检测单位进行检测与校验,并出具检测记录单。

B. 排污阀的型号应为专用的快速排放的球阀或旋塞,不得采用螺旋升降的截止阀或闸板阀,排污阀的规格应符合规范和设计要求。

C. 排污阀的排污管应尽量减少弯头,所有的弯头或弯曲管道均应采用煨制制造,其弯曲半径 $R\geqslant1.5D$(D 为管道外径)。排污管应按设计要求接到室外安全的排放地方。明管部分应加固定支架。排污管的坡度应坡向室外。

D. 为了操作方便,排污阀的手柄应朝向外侧。

E. 检验方法:检查测试报告单和观察检查。

13.5 烘炉、煮炉和试运行

13.5.1 主控项目

(1)锅炉的烘炉应符合下列要求

A. 烘炉试验的适用范围和实施过程

(A)烘炉试验的适用范围:锅炉设备的烘炉试验仅对炉膛内有耐火砖炉墙砌体、炉外有耐火砖炉墙、保温材料和一般红砖炉墙砌体的锅炉才存在着烘炉试验。

(B)烘炉试验的实施条件:烘炉前应依据 GB 50273—98《工业锅炉安装工程施工及验收规范》第 9.1.1 条的规定制定烘炉方案,烘炉时尚应具备下列条件。

a. 锅炉房、锅炉本体锅炉设备有关配套设备、水处理设备、汽水、排污、输煤(输气)除渣、送风、排烟、除尘、脱硫、照明及动力电源的配电、循环冷却水等系统均应安装完毕,并经过试运转合格。防腐保温工程施工完毕并验收合格。

b. 锅炉内外的砌体砌筑和绝热工程施工完毕,并经炉体漏风率测试合格。

c. 水位计、压力表、测温仪表等烘炉用的热工和电气仪表均应安装完毕,且测试合格。

d. 锅炉给水水质应符合现行国家标准《低压锅炉水质标准》的规定。

e. 锅筒及集箱上的膨胀指示器应安装完毕,在冷状态下应调整到零。

f. 炉墙上的测温点或灰浆取样应设置完毕,且应有烘炉温升曲线图。

g. 炉膛内及通道内应清理干净,尤其是容易卡住炉排的铁块、焊渣、焊条头、铁钉等应清理干净,炉门及两侧的检查孔已打开。炉排各部位的油杯、所有设备的油杯、油箱均应加满润滑油,并检查无误。

h. 管道、风道、烟道、灰道、阀门及挡板均应标明介质流向、开启方向和开度指示。

i. 炉排应冷态试运行 8h 以上(运行速度最小应在二级以上),经检查及调整达到炉排无卡住现象、无跑偏现象,炉排长销轴与两侧板的间距应大致相等,主炉排片与链轮齿啮合应良好,各链轮齿应同位,炉排片无断裂,煤闸板两端到炉排面的距离应相等,各风室的调节阀应灵活等。

j. 烘炉的木材、煤炭或蒸汽源应准备充足,用于炉排的燃料应没有铁钉等金属杂物。经过软化处理的炉水应注满。以上各注意事项和准备经检查无误后,方可进行烘炉试验。

B. 烘炉方法

依据 GB 50273—98《工业锅炉安装工程施工及验收规范》第 9.1.1 条的规定和现场的条件,可采用火焰或蒸汽等方法。

C. 烘炉时间

依据 GB 50273—98《工业锅炉安装工程施工及验收规范》第 9.1.5 条的规定,烘炉时间应根据锅炉类型、砌体湿度和自然通风干燥程度确定,宜为 14～16d。但整体安装的锅炉宜为 2～4d(最好不少于 4d)。

D. 烘炉应符合的条件

(A) 火焰烘炉法

依据 GB 50273—98《工业锅炉安装工程施工及验收规范》第 9.1.3 条的规定。

a. 火焰应集中在炉膛中央,先用木材烘烤 12h,若炉膛较湿可适当延长。烘炉初期采用文火烘焙,初期以后的火势应均匀,并逐日缓慢加大。

b. 链条炉排在烘炉过程中应定期转动,并防止烧坏炉排。

c. 依据不同炉排的结构,烘炉温升速度应按过热器后(或相当的位置)的烟气温度测定值确定,温升速度应符合下列条件。

(a) 重型炉墙第一天温升不宜大于 50℃,以后每天温升不宜大于 20℃,后期每天温升不宜大于 220℃。

(b) 砖砌轻型炉墙每天温升不应大于 80℃,后期每天温升不应大于 160℃。

(c) 耐火浇筑料炉墙养护期后方可开始烘炉,温升每小时不应大于 10℃,后期烟温不应大于 160℃,在最高温度范围内的持续时间不应小于 24h。

d. 当炉墙特别潮湿时,应适当减慢温升速度,延长烘炉时间。

e. 依据 GB 50273—98《工业锅炉安装工程施工及验收规范》第 9.1.6 条的规定,烘炉时应经常检查砌体的膨胀情况。当出现裂纹或变形迹象时应减慢升温速度,并应查明原因采取相应的技术措施。

f. 依据 GB 50273—98《工业锅炉安装工程施工及验收规范》第 9.1.8 条的规定,烘炉过程中应测定和绘制实际升温曲线图。

(B) 蒸汽烘炉法

依据 GB 50273—98《工业锅炉安装工程施工及验收规范》第 9.1.4 条的规定。

a. 蒸汽压力应采用 0.3～0.4MPa 的饱和蒸汽从水冷壁集箱的排污阀处连续均匀地送入锅炉,逐渐加热炉水。炉水的水位应保持正常,温度宜为 90℃,烘炉后宜采用火焰烘炉。

b. 应开启必要的挡板和炉门排除湿气,并应使炉墙各部均能烘干。

c. 依据 GB 50273—98《工业锅炉安装工程施工及验收规范》第 9.1.6 条的规定。烘炉时应经常检查砌体的膨胀情况。当出现裂纹或变形迹象时应减慢升温速度,并应查明原因采取相应的技术措施。

d. 依据 GB 50273—98《工业锅炉安装工程施工及验收规范》第 9.1.8 条的规定,烘炉过程中应测定和绘制实际升温曲线图。

E. 烘炉合格的判断标准

依据 GB 50273—98《工业锅炉安装工程施工及验收规范》第 9.1.7 条的规定。

(A) 当采用炉墙灰浆试样法时,在燃烧室两侧墙的中部、炉排上方 1.5～2.0m 处,或燃烧器的上方 1.0～1.5m 处和两侧墙的中部取黏土砖、红砖的丁字交叉缝处的灰浆样品各 50g 测定,其含水率均应在 2.5%～7% 之间。

(B) 当采用测温法时,在燃烧室两侧墙中部、炉排上方 1.5～2.0m 处,或燃烧器的上方 1.0～1.5m 处测定红砖墙外表面向内 100mm 处的温度应达到 50℃,并继续维持 48h,或测定过热器两侧墙粘土砖与绝热层结合处的温度应达到 100℃,并继续维持 48h。

F. 检验方法:测试和观察检查。

(2) 锅炉设备煮炉应符合下列要求

A. 依据 GB 50273—98《工业锅炉安装工程施工及验收规范》第 9.2.1 条的规定,在烘炉末期,当炉墙红砖灰浆含水率降到 10% 时,或当规范第 9.1.7 条第 2 款所述的温度达到要求时,即可进行煮炉。若厂家规定其产品不必煮炉的可以不进行此工序。煮炉可以和烘炉同时进行,但不升压。依据 GB 50273—98《工业锅炉安装工程施工及验收规范》第 9.2.5 条的规定,煮炉时间宜为 2～3d。煮炉的最后 24h 宜使炉内压力保持在额定工作压力的 75%。在较低压力下煮炉时,应适当延长煮炉时间。

B. 依据 GB 50273—98《工业锅炉安装工程施工及验收规范》第 9.2.2 条、第 9.2.3 条的规定,煮炉开始的加药量应符合锅炉设备技术文件的规定,若无规定应按表 2.13.5－1 的配方加药。

煮炉时的加药配方   表 2.13.5－1

药 品 名 称	加药量 （kg/m³ 水）	
	铁锈较薄	铁锈较厚
氢氧化钠 NaOH	2～3	3～4
磷酸三钠 $Na_3PO_4 \cdot 12H_2O$	2～3	2～3

注:1. 药量按 100% 的纯度计算。

2. 无磷酸三钠时,可用碳酸钠代替,用量为磷酸三钠的 1.5 倍。

3. 单独使用碳酸钠煮炉时,每立方米水中加 6kg 碳酸钠。

C. 药品应溶解成溶液后方可加入炉中,配制和加入药液时应采取安全措施。加药时锅炉水位应在低水位,煮炉时药液不得进入过热器。

D. 煮炉期间应定期从锅筒和水冷壁下集箱取水样化验,进行水质分析。当炉水碱度低于 45mol/L 时,应补充加药。

E. 煮炉结束后应交替进行持续上水和排污,直到水质达到标准,然后停止排水,冲洗锅炉内部和曾与药物接触过的阀门,并应清除锅筒、集箱内的沉积物,检查排污阀,应无堵塞现象。

F. 检查锅筒、集箱内壁应无油垢。擦去附着物后金属表面应无锈斑。

G. 检验方法:检查煮炉的全过程。

(3) 锅炉设备的联合试运转应符合下列要求

A. 试运行应在煮炉之后,且应具备以下条件。

(A) 锅炉启动的准备:启动前应检查炉内及系统内有无遗留物品,各相关阀门和检测仪表是否处于启动的开启或关闭状态。

(B) 热水锅炉应注满水,蒸汽锅炉水位应达到规定的水位高度。

(C) 循环泵、给水泵注水器、鼓风机的运转是否正常,安全阀、水位计、电控及电源系统、燃气供应系统、燃烧设备的调试是否达到运行条件,给水水质是否符合要求。

(D) 送风系统的漏风试验已经进行(可用正压法进行试验,即关闭炉门、灰门、看火孔、烟道排烟门等,然后用鼓风机鼓风,炉内能维持 50 ~ 100Pa 正压;再用发烟设备产生烟雾,由送风机吸入口吸入,送入炉内,检查无渗漏为合格)。

(E) 与室外供热管网应隔绝。

(F) 安全阀应全部开启。调整安全阀的启动压力,锅炉带负荷运行 24 ~ 48h,运行正常为合格。

B. 依据 GB 50242—2002《建筑给水排水及采暖工程施工质量验收规范》第 13.5.3 条和 GB 50273—98《工业锅炉安装工程施工及验收规范》第 9.3.4 条的规定,锅炉在烘炉、煮炉合格后和安全阀调整后,应进行带负荷的连续 48h 试运行,同时应进行安全阀的热状态定压检验和调整。整体出厂的锅炉宜进行 4 ~ 24h 的带负荷的连续 48h 试运行,一运行正常为合格。

C. 运行时应检查的内容

(A) 检查锅炉设备和附属设备的热工性能和机械性能。

(B) 测试锅炉给水和炉水的水质是否符合标准,水质测试应另行记录。

(C) 测试炉膛温度、排烟温度、排烟烟尘浓度,烟尘中的含硫化物、氮化物浓度是否符合国家规定的排放标准。炉膛温度、排烟温度和排放烟尘浓度、硫化物、氮化物浓度的测试由环保部门检测,但在运行记录中应有反映(应有记录)。

(D) 运行中尚应记录送风机、引风机、给水泵的运行情况和相关参数的实测数据。

(E) 然后综合评估是否符合设计和规范要求。

D. 检验方法:检查运行的全过程。

13.5.2　一般项目

（1）如果选用的锅炉厂家出厂时已对炉内进行清洁处理，为避免炉体化学损伤厂家不同意再进行煮炉试验，则可不必进行。如果选用的锅炉厂家出厂时无说明，则应按 GB 50242—2002《建筑给水排水及采暖工程施工质量验收规范》第 13.5.1 条～第 13.5.4 条及 GB 50273—98《工业锅炉安装工程施工及验收规范》第 9.2.1 条～第 9.2.8 条的要求进行煮炉试验，煮炉时间一般 2～3d。

（2）煮炉结束后锅筒和集箱内壁应无油垢，擦去附着物后金属表面应无锈斑。

检查方法：打开锅筒和集箱检查孔检查。

13.6　换热站安装

13.6.1　主控项目

（1）热交换器的水压试验

依据 GB 50242—2002《建筑给水排水及采暖工程施工质量验收规范》第 13.6.1 条规定，水－水热交换器和汽－水热交换器的水部分的试验压力为 1.5 倍的工作压力，时限 10min 内，压力不降、不渗不漏为合格。汽－水热交换器的蒸汽部分的试验压力应不低于蒸汽供汽压力加 0.3MPa；热水部分应不低于 0.4MPa，在试验压力下时限 10min 内，压力不降、不渗不漏为合格。

检查方法：旁站和检查试验报告。

（2）高温水系统中，循环水泵和换热器的相对安装位置应按设计文件施工。

检查方法：对照设计图纸检查。

（3）壳式热交换器的安装，如设计无要求时，其封头与墙壁或屋顶的距离不得小于换热管的长度。

检查方法：观察和尺量检查。

13.6.2　一般项目

（1）换热站内设备安装的允许偏差应符合锅炉辅助设备安装的允许偏差和检查方法表 2.13.2－1 的规定。

（2）换热站内的循环水泵、调节阀、减压器、疏水器、除污器、流量计等的安装应符合 GB 50242—2002《建筑给水排水及采暖工程施工质量验收规范》的相关规定。

（3）换热站内管道的安装的允许偏差应符合工艺管道安装允许偏差和检查方法表 2.13.2－2 的规定。

（4）管道和设备保温层的厚度和平整度的允许偏差应符合管道及设备保温层的厚度和平整度的允许偏差和检查方法表 2.13.2－2 的规定。

14 通风与空调系统的调试

14.1 作业条件

14.1.1 通风空调系统的调试必须在系统安装完毕,各项安装工序的质量符合设计、施工规范验收标准检验合格,相应施工技术资料齐全并核验合格后进行。

14.1.2 通风空调系统的调试必须在系统运行所需的水、电、气、压缩空气等供应源和系统安装应具备使用条件后进行。

14.1.3 通风空调系统的调试必须在土建装修基本完工,房间门窗等维护结构安装就绪,具备封闭条件后进行。

14.1.4 通风空调系统的调试必须在涉及到调试条件的测试参数测试孔,检查操作调试部件和仪器、仪表的土建检查(操作井)等设施齐备的条件下进行。

14.1.5 通风空调系统调试前必须由承包单位负责编制,并报请监理工程师审核批准的通风空调调试方案。

14.1.6 通风空调系统调试前必须按照通风空调调试方案要求准备好调试仪表、工具、辅助测试附件和记录表格。

14.1.7 通风空调系统调试之前必须将系统中的调节阀、防火阀、排烟阀、送风口、回风口内的阀板、叶片调整在设计的工作状态位置。

14.1.8 通风空调系统的调试必须由建设、监理、施工及分包单位联合对上述第1.1条～第1.7条规定的内容进行全面检查,全部符合设计、施工、规范及调试操作条件要求后进行。

14.1.9 通风空调系统风量调试前,应先对风机进行单机试运转,检验设备完好,符合设计要求方可以进行系统调试工作。

14.1.10 通风空调系统调试前必须按通风空调调试方案要求,组织调试人员熟悉通风空调系统的全部设计资料、测试的状态参数,领会设计意图,掌握管网系统、冷热源系统、电气自控系统的工作原理,熟悉测试仪表的性能、使用条件和操作维护规程。

14.2 通风空调系统调试方案的编制

14.2.1 通风空调系统调试成果是检验设计功能能否满足建筑内部环境状态、工艺条件保障必不可少的工序,也是分清工程质量事故归属(建设方、设计方、施工方)的有效依据,更是节约能源减轻环境污染的有效措施。

14.2.2 通风空调系统调试方案由通风空调安装工程的总承包单位编制,分包单位配合。

14.2.3 通风空调系统调试方案的主要内容有系统划分、设计功能介绍,调试项目和要求,测试程序、各项设计参数和与其对应采用检测方法、检测仪表的选择,各项参数测孔数量和位置的安装,测试辅助附件的制作、测试仪器和仪表的校验,测试系统图的绘制,参加测试人员的确定,工作职责的划分和实施计划的安排,注意事项等。

14.2.4 通风空调系统调试方案应经监理工程师审核批准后实施。

14.3 一般规定

14.3.1 通风空调系统调试应由施工单位负责、监理单位监督,建设单位和设计单位参与和配合。

14.3.2 通风空调系统调试结束后,必须提供完整的调试资料和报告。

14.3.3 通风空调系统调试的检测仪器和仪表。

(1) 通风空调系统调试的检测仪器和仪表应有出厂合格证书和鉴定文件。

(2) 通风空调系统调试的检测仪器和仪表的性能应稳定可靠,其精度等级及最小分度值应能满足测定要求,并符合国家有关计量法及鉴定规程的规定。

(3) 通风空调系统调试的检测仪器和仪表应严格执行计量法,不准使用无鉴定合格印章、合格证或超过鉴定周期、鉴定不合格的计量仪器和仪表。

(4) 通风空调系统综合性能评定采用检测仪器和仪表的精度级别应高于被测对象的级别。

14.3.4 通风与空调系统调试前应做如下的检查

(1) 核定通风机、电动机的型号、规格是否与设计相符。

(2) 检查设备机座固定螺栓是否拧紧,减振台座是否平稳,传动皮带松紧是否合适,联轴节是否找正。

(3) 检查转动处轴承润滑油是否充足,油品是否正确。

(4) 检查电源接线和电机接地是否可靠。

(5) 检查风机的调节阀门开启是否灵活,定位是否可靠。

(6) 检查检测仪器和仪表安装位置、规格型号、量程精度等级是否正确,安装是否可靠。

(7) 检查与空调系统相关联的制冷系统、供热系统、供汽系统、冷却系统设备安装,系统安装等是否符合设计要求和运行条件。

14.3.5 一般通风与空调系统的调试

(1) 通风与空调系统无生产负荷的联合试运转及调试,应在制冷设备和通风与空调设备单机试运转合格后进行。

(2) 空调系统带冷(热)源的正常试运转不应少于8h,当竣工季节与设计条件相差较大时,仅做不带冷(热)源试运转。

(3) 通风除尘系统的连续试运转不应少于2h。

14.3.6 净化空调系统的调试

(1) 净化空调系统试运行前应在回风、新风入口处和粗、中效过滤器前设置临时用的过滤器(无纺布等),实行对系统的保护。

(2) 净化空调系统试运行前应对洁净室进行全面的清扫、擦净,然后系统运行不小于24h达到清洁和稳定要求进行。

(3) 进行洁净室室内参数(洁净度、风速、温湿度、静压及静压差等)检测应在静态下或按合约规定进行。

(4) 进入洁净室进行设计参数测试人员不宜多于3人,且必须穿与洁净室洁净度级别相适应的洁净工作服。

14.3.7 综合性能的测定与调整

(1) 通风与空调工程交工前,应进行系统生产负荷的综合效能试验的测定与调整。

(2) 通风与空调工程带生产负荷的综合效能试验的测定与调整,应在已具备生产试运行的条件下进行,运行由建设单位负责(包括支付检测单位的经费),设计、施工单位配合。

(3) 通风与空调工程带生产负荷的综合效能试验测定与调整的项目,应由建设单位依据工程的性质、工艺和设计要求进行确定。当建设单位和设计图纸均无明确要求时,通风与空调工程带生产负荷的综合效能试验测定项目可按第(4)款、第(5)款、第(6)款、第(7)款、第(8)款的规定确定。

(4) 通风、除尘系统综合效能试验可包括下列项目:

A. 室内空气中含尘浓度或有害气体浓度与排放浓度的测定。

B. 吸气罩罩口气流特性的测定。

C. 除尘器阻力和除尘效率的测定。

D. 空气油烟、酸雾过滤装置净化效率的测定。

(5) 空调系统综合效能试验可包括下列项目:

A. 送回风口空气状态参数(风速、风量、射流风口的流场分布、送风温度、送风湿度等)的测定与调整。

B. 空气调节机组性能参数(风量、全压、出口余压、制冷量、制热量、加湿量、过滤效率、漏风量等)的测定与调整。

C. 室内噪声的测定。

D. 室内空气温度和相对湿度的测定与调整。

E. 对气流有特殊要求的空调区域的空气流速的测定。

(6) 恒温恒湿空调系统综合效能试验可包括下列项目:

A. 恒温恒湿空调系统综合效能试验的测试项目除应包括第(5)款的所有项目外,尚应增加下列项目。

B. 室内静压和它与相邻房间(或走道、室外)静压差的测定。

C. 空调机组各功能段(送风机段、回风机段、粗过滤段、中过滤段、高效过滤段、表冷交换段、热交换段、加湿段等)性能的测定和调整。

D. 室内气流组织的测定。

(7) 净化空调系统综合效能试验可包括下列项目:

A. 净化空调系统综合效能试验的测试项除应包括第(6)款恒温恒湿空调系统综合效能试验的测试的所有项目外,尚应增加下列项目。

B. 生产负荷状态下洁净室室内空气洁净级别等级的测定,洁净室和洁净区洁净等级及悬浮粒子浓度限值表 1.8.7 – 12。

C. 洁净室室内空气浮游菌浓度和室内沉降菌菌落度的测定。

D. 洁净室室内空气自净时间的测定。

E. 空气洁净度(级别等级)高于 5 级(原 100 级)的洁净室,除了应进行净化空调系统综合性能试验项目的测定外,尚应增加设备泄漏控制和防污染扩散等特定项目的测定。

F. 空气洁净度高于或等于 5 级的洁净室,可进行单向流流线平行度的检测,在工作区内气流流向偏离规定方向的角度不大于 15°。

G. 当洁净室室内其他参数的测试项目可以参照表 1.8.7 – 3 与设计、建设单位协商执行。表中规定测试项目为主控项目,其余为一般项目。

(8) 防排烟系统综合效能试验的测定项目:

防排烟系统综合效能试验的测定项目为模拟状态下安全区正压变化测定和烟雾扩散试验等。

(9) 净化空调系统综合效能检测单位和检测状态的确定

净化空调系统综合效能检测单位和检测状态,宜由建设单位、设计单位和施工单位三方协商确定。

14.4 系统调试主控项目

14.4.1 通风与空调工程安装完毕,必须进行系统的测定和调整(简称调试)

系统调试应包括下列项目:

(1) 设备单机试运转。

(2) 系统无生产负荷下的联合试运转与调试。

(3) 检查数量与检查方法。

检查数量:全部。

检查方法:观察、旁站、查阅调试记录。

14.4.2 设备单机试运转及调试应符合下列规定

(1) 通风机、空调机组中风机的单机试运转

A. 通风机、空调机组中风机的单机试运转应执行 GB 50243—2002《通风与空调工程施工质量验收规范》第 9.2.7 条、第 11.2.2 条的规定。

B. 检查叶轮旋转方向正确、运转平稳、无异常振动和声响。

C. 电机功率符合设备文件的规定。

D. 在额定转速下连续运转 2h 后,滑动轴承和机壳最高温度不超过 70℃,滚动轴承最高温度不超过 80℃。

E. 填写试运转记录单,记录单中应有温升、噪声等参数的实测数据及运转情况记录。抽查数量 100%,每台运行时间不小于 2h。

（2）一般水泵的单机试运转

A．水泵的单机试运转应执行 GB 50243—2002《通风与空调工程施工质量验收规范》第9.2.7条、第11.2.1条、第11.2.2条、第13.3.1条的规定。

B．水泵等设备的单机试运转应在安装预检合格和配管安装后进行，每台设备应有独立的安装预检记录单和单机运转试验单。

C．检查叶轮旋转方向正确，无异常振动和声响，紧固连接部位无松动。

D．电机功率符合设备文件的规定。

E．水泵连接运转2h后滑动轴承和机壳最高温度不超过70℃，滚动轴承最高温度不超过75℃。

F．水泵型号、规格、技术参数（流量、扬程、转速、功率）、轴承和电机发热的温升、噪声应符合设计要求和产品性能指标。

G．为了测流量，应在机组前后事先安装测试口，以便安装测试仪表。

H．填写试运转记录单。记录单中应有温升、噪声等参数的实测数据及运转情况记录。抽查数量100%。

（3）大型水泵的单机试运转

A．水泵试运转前应作以下检查：

（A）原动机（电机）的转向应符合水泵的转向。

（B）各紧固件连接部位不应松动。

（C）润滑油脂的规格、质量、数量应符合设备技术文件的规定；有预润滑要求的部位应按设备技术文件的规定进行预润滑。

（D）润滑、水封、轴封、密封冲洗、冷却、加热、液压、气动等附属系统管路应冲洗干净，保持通畅。

（E）安全保护装置应灵敏、齐全、可靠。

（F）盘车灵活、声音正常。

（G）泵和吸入管路必须充满输送的液体，排尽空气，不得在无液体的情况下启动；自吸式水泵的吸入管路不需充满输送的液体。

（H）水泵启动前的出入口阀门应处于下列启闭位置：

a．入口阀门全开；

b．出口阀门离心式水泵全闭，其他形式水泵全开（混流泵真空引水时全闭）；

c．离心式水泵不应在出口阀门全闭的情况下长期运转，也不应在性能曲线的驼峰处运转，因在此点运行极不稳定。

B．泵在设计负荷下连续运转不应少于2h，且应符合下列要求：

（A）附属系统运转正常，压力、流量、温度和其他要求符合设备技术文件规定。

（B）运转中不应有不正常的声音。

（C）各静密封部位不应渗漏。

（D）各紧固连接部位不应松动。

（E）填料的温升正常，滚动轴承的温度不应高于75℃，滑动轴承的温度不应高于70℃。

（F）电动机的电流应不超过额定值。

（G）泵的安全保护装置应灵敏、可靠。

C. 运转结束后应做好如下工作：

（A）关闭泵出入口阀门和附属系统的阀门。

（B）输送易结晶、凝固、沉淀等介质泵，停泵后应及时用清水或其他介质冲洗泵和管路，防止堵塞。

（C）放净泵内的液体，防止锈蚀和冻裂。

D. 填写大型水泵试运行、调试记录单。试运转记录单中应有温升、噪声等参数的实测数据及运转情况记录。检查数量 100%。

（4）冷却塔的单机试运转

A. 冷却塔的单机试运转应执行 GB 50243—2002《通风与空调工程施工质量验收规范》第 9.2.7 条、第 11.2.2 条的规定。

B. 冷却塔风机试运转应按本条第 14.4.2‑（1）款的规定。

C. 冷却塔本体应稳固、无异常振动和声响，其噪声应符合设计要求和产品性能指标。

D. 冷却塔风机和冷却水系统循环试运行不少于 2h，运行中无异常情况出现。

E. 检查数量 100%。

F. 填写冷却塔试运转记录单。记录单中应有实测数据及运转情况记录。

（5）制冷机组、单元式空调机组的单机试运转

A. 制冷机组、单元式空调机组的单机试运转应执行的标准：制冷机组、单元式空调机组的单机试运转应执行 GB 50243—2002《通风与空调工程施工质量验收规范》第 9.2.7 条、第 11.2.2 条的规定，设备参数应符合设备文件和国家标准 GB 50274—98《制冷设备、空气分离器设备安装工程施工及验收规范》的规定，并正常运转不小于 8h。

B. 活塞式制冷压缩机和压缩机组的单机试运转：执行 GB 50274—98《制冷设备、空气分离器设备安装工程施工及验收规范》第 2.2.6 条、第 2.2.7 条的规定，压缩机和压缩机组的空负荷和空气负荷试运转应符合下列要求。

（A）应先拆去汽缸盖和吸、排气阀组并固定汽缸套。启动压缩机并运行 10min，停车后检查各部位的润滑和温升应无异常。而后应再继续运转 4h。运转应平稳，无异常声响和剧烈振动。

（B）主轴承外侧面和轴封外侧面的温度应正常，油泵供油应正常。油封处不应有滴漏现象。停车后检查汽缸内壁面应无异常的磨损。

（C）压缩机和压缩机组吸、排气阀组安装固定后，应调整活塞的止点间隙，并符合设备的技术文件规定。启动压缩机当吸气压力为大气压时，其排气压力对于有水冷却的应为 0.3MPa（绝对压力）；对于无水冷却的应为 0.2MPa（绝对压力）；并继续运转且不得少于 1h。运转应平稳，无异常声响和剧烈振动。吸、排气阀片跳动声响应正常。各连接部位、轴封、填料、汽缸盖和阀件应无漏气、漏油、漏水现象。空气负荷试运转后应拆洗空气滤清器和油过滤器，并更换润滑油。

（D）油压调节阀的操作应灵活，调节油压宜比吸气压力高 0.15～0.3MPa。同时能量调节装置的操作应灵活、正确。汽缸套冷却水进口水温不应大于 35℃，出口水温不应大于 45℃。压缩机各部位的允许温升应符合表 2.14.4‑1。

压缩机各部位的允许温升		表 2.14.4 – 1
检 查 部 位	有水冷却(℃)	无水冷机(℃)
主轴外侧面	≤40	≤60
轴封外侧面		
润滑油	≤40	≤50

(E) 执行 GB 50274—98《制冷设备、空气分离器设备安装工程施工及验收规范》第 2.2.8 条的规定,压缩机和压缩机组应进行抽真空试运转。抽真空试运转应关闭吸、排气截止阀,并启动放气通孔,开动压缩机进行抽真空。曲轴箱压力应迅速抽至 0.015MPa(绝对压力);油压不应低于 0.1MPa。

(F) 压缩机和压缩机组的负荷试运转除了应符合 GB 50274—98《制冷设备、空气分离器设备安装工程施工及验收规范》第 2.2.7 条相关部分的规定外,尚应符合第 2.2.9 条的规定。

C. 螺杆式制冷机组的单机试运转:螺杆式制冷机组的试运转和负荷试运转应符合 GB 50274—98《制冷设备、空气分离器设备安装工程施工及验收规范》第 2.3.3 条、第 2.3.4 条的规定。

D. 离心式制冷机组:离心式制冷机组的试运转和负荷试运转应符合 GB 50274—98《制冷设备、空气分离器设备安装工程施工及验收规范》第 2.4.3 条、第 2.4.4 条、第 2.4.6 条的规定。

E. 溴化锂吸收式制冷机组:溴化锂吸收式制冷机组的安装和各辅助设备的试运转、负荷试运转应符合 GB 50274—98《制冷设备、空气分离器设备安装工程施工及验收规范》第 2.7.2 条 ~ 第 2.7.10 条、第 2.4.6 条的规定。

F. 制冷机组、单元式空调机组的单机试运转的检查数量为 100%。

G. 制冷机组、单元式空调机组的单机试运转记录单的填写:应每台单独填写试运转记录单。

(6) 净化空调器、局部净化设备(各类洁净工作台、静电自净器、洁净干燥箱等)空气吹淋室的单机试运转

A. 净化空调器、局部净化设备(各类洁净工作台、静电自净器、洁净干燥箱等)空气吹淋室的单机试运转应符合设备技术文件的有关规定。

B. 净化空调器、局部净化设备(各类洁净工作台、静电自净器、洁净干燥箱等)空气吹淋室的单机试运转和单元式空调机组的单机试运转一样,也应符合国家标准 GB 50274—98《制冷设备、空气分离器设备安装工程施工及验收规范》的规定,并正常运转不小于 8h。

(7) 电控防火、防排烟风阀(口)的试运转

电控防火、防排烟风阀(口)的手动、电动操作应灵活、可靠,信号正确。抽查数量第 14.4.2 – (1)款中按风机数量的 10%,但不得少于 1 个。第 14.4.2 – (2)款、第 14.4.2 – (3)款、第 14.4.2 – (4)款、第 14.4.2 – (5)款按系统中风阀数量的 20%抽查,但不得少于 1 个。

14.4.3 系统无生产负荷的联合试运转及调试

(1) 通风空调系统风量的检测与平衡调试

A. 通风空调系统安装后应进行系统各分路及各风口风量的调试和测量,并填写记录单。系统风量的平衡一般采用基准风口法进行测试。

B. 基准风口法的调试步骤:见图 1.9.5 - 6。

(A) 风量调整前先将所有三通调节阀(图 1.9.5 - 7)的阀板置于中间位置,而系统总阀门处于某实际运行位置,系统其他阀门全部打开。然后启动风机,初测全部风口的风量,计算初测风量与设计风量的比值(百分比),并列于记录表格中。然后启动风机,初测全部风口的风量,计算初测风量与设计风量的比值(百分比),并列于记录表格中。

(B) 在各支路中选择比值最小的风口作为基准风口,进行初调。

(C) 先调整各支路中最不利的支路,一般为系统中最远的支路。用两套测试仪器同时测定该支路基准风口(如风口 1)和另一风口的风量(如风口 2),调整另一个风口(风口 2)前的三通调节阀(如三通调节阀 a),使两个风口的风量比值近似相等;之后,基准风口的测试仪器不动,将另一套测试仪器移到另一风口(如风口 3),再调试另一风口前的三通调节阀(如三通调节阀 b),使两个风口的风量比值近似相等。如此进行下去,直至此支路各个风口的风量比值均与基准风口的风量比值近似相等为止。

(D) 同理调整其他支路,各支路的风口风量调整完后,再由远及近,调整两个支路(如支路Ⅰ和支路Ⅱ)上的手动调节阀(如手动调节阀 B),使两支路风量的比值近似相等,如此进行下去。

(E) 各支路送风口的送风量和支路送风量调试完后,最后调节总送风道上的手动调节阀,使总送风量等于设计总送风量,则系统风量平衡调试工作基本完成。

(F) 但总送风量和各风口的送风量能否达到设计风量,尚取决于送风机的出率是否与设计选择相符。若达不到设计要求就应寻找原因,进行其他方面的调整,具体详见"测试中发现问题的分析与改进办法"部分。调整达到要求后,在阀门的把柄上用油漆做好标记,并将阀位固定。

(G) 为了自动控制调节能处于较好的工况下运行,各支路风道及系统总风道上的对开式电动比例调节阀在调试前,应将其开度调节在 80% ~ 85% 的位置,以利于运行时自动控制的调节和系统处于较好的工况下运行。

(H) 风量测定值的允许误差:风口风量测定值的误差为 15%,系统风量的测定值应大于设计风量 10% ~ 20%,但不得超过 20%。

C. 流量等比分配法(也称动压等比分配法)

此方法用于支路较少,且风口调整试验装置(如调节阀、可调的风口等)不完善的系统。系统风量的调整一般是从最不利的环路开始,逐步调向风机出风段。如图 1.9.5 - 8 所示,先测出支管 1 和 2 的风量,并用支管上的阀门调整两支管的风量,使其风量的比值与设计风量的比值近似相等。然后测出并调整支管 4 和 5、支管 3 和 6 的风量,使其风量的比值与设计风量的比值都近似相等。最后测定并调整风机的总风量,使其等于设计的总风量。这一方法称"风量等比分配法"。调整达到要求后,在阀门的把柄上用油漆记上标记,并将阀位固定。

（2）系统无生产负荷的联合试运转及调试符合下列规定

A．系统总风量调试结果与设计风量的偏差应不大于 10%。

B．空调冷热水、冷却水总流量测试结果与设计流量的偏差应不大于 10%。

C．舒适性空调的温度、相对湿度应符合设计的要求。恒温恒湿房间室内空气温度、相对湿度及波动范围应符合设计规定。

D．检查数量:按风管系统数量抽查 10%,且不得少于 1 个系统。

E．抽查方法:观察、旁站、查阅调试记录。

（3）防排烟系统联合试运行与调试

A．防排烟系统联合试运行与调试结果(风量及正压),必须符合设计与消防的规定。

B．系统总风量调试结果与设计风量的偏差应不大于 10%。

C．正压送风的室内外静压差不得少于 25 ± 5Pa。

D．检查数量:按总系统数量抽查 10%,且不得少于 2 个楼层。

E．检查方法:观察、旁站、查阅调试记录。

（4）净化空调系统的联合试运行与调试

净化空调系统的联合试运行与调试结果除了应符合第(2)款的规定外,尚应符合下列的规定。

A．单向流洁净室空调系统的系统总风量调试结果与设计风量的允许偏差为 0 ~ 20%,室内各风口风量与设计风量的允许偏差为 15%。

新风量与设计新风量的允许偏差为 10%。

B．单向流洁净室空调系统的系统室内截面平均风速的允许偏差为 0 ~ 20%,且风速不均匀度不应大于 0.25。

新风量与设计新风量的允许偏差为 10%。

C．相邻洁净室之间和洁净室与非洁净室之间的静压差应不小于 5Pa。洁净室与室外的静压差应不小于 10Pa。

D．室内空气洁净度等级必须符合设计规定的等级或在商定验收状态下的等级要求。

高于等于 5 级的单向流洁净室,在门开启的状态下,测定距离门 0.6m 的室内侧工作高度处的空气含尘浓度也不应超过室内洁净度等级上限的规定。

E．非单向流洁净室洁净度测试时,测试仪表采集头不得置于高效过滤送风口之下,应有一定的距离。

F．检查数量:调试记录全查,测点抽查 5%,且不得少于 1 个测点。

G．检查方法:检查、验证调试记录,按 GB 50243—2002《通风与空调工程施工质量验收规范》附录 B 的要求进行测试校验。

14.5　一般调试项目

14.5.1　设备单机试运转及调试应符合下列规定

（1）一般水泵的单机试运转

A．水泵运行时不应有异常振动与响声。紧固连接部位不应有松动。

B．壳体密封处不得渗漏，无特殊要求情况下，普通填料泄漏量不应大于 60mL/h，机械密封的泄漏量不应大于 5mL/h。

C．轴封的温升应正常。

（2）大型水泵的单机试运转

A．大型水泵运行时不应有异常振动与响声。各连接紧固部位不应有松动。

B．填料的温升正常，在无特殊要求的情况下，普通软填料宜有少量的渗漏（每分钟不超过 10~20 滴）；机械密封的渗漏量不宜大于 10mL/h（每分钟约 3 滴）。

C．振动振幅应符合设备技术文件规定；如无规定，而又需要测试振幅时，测试结果应符合（用手提振动仪测量）表 1.8.2-1。

（3）风机、空调机组、风冷热泵等设备的单机试运转

A．风机、空调机组、风冷热泵等设备运行应平稳，无异常振动与响声。

B．风机、空调机组、风冷热泵等设备运行时，产生的噪声不宜超过产品性能说明书的规定值。

（4）风机盘管机组的单机试运转

A．风机盘管机组的单机试运转应执行 GB 50243—2002《通风与空调工程施工质量验收规范》第 13.3.1 条的规定风机盘管的三速、温控开关动作应正确，并与机组运行状态一一对应。

B．抽查数量为 10%，但不少于 5 台。

C．检查方法：观察、旁站、查阅试运转记录。

14.5.2　通风空调工程系统无生产负荷的联合试运转及调试应符合下列规定

（1）通风工程系统无生产负荷的联合试运转及调试应符合下列规定

A．系统联动试运转中设备及各主要部件的联动必须符合设计要求，动作协调、正确，无异常现象。

B．系统经过平衡调整，各风口或吸风罩的风量与设计风量的允许偏差不应大于 15%。

C．湿式除尘器的供水与排水系统运行应正常。

（2）空调工程系统无生产负荷的联合试运转及调试还应符合下列规定

A．空调工程水系统（空调冷热水循环系统、冷却水循环系统等）：

（A）空调工程水系统（空调冷热水循环系统、冷却水循环系统等）应冲洗干净、不含杂物，并排除管道系统中的空气。

（B）空调工程水系统（空调冷热水循环系统、冷却水循环系统等）连续运行应达到正常、平稳。

（C）空调工程水（空调冷热水循环系统、冷却水循环系统等）循环系统水泵的压力和电机的电流不应出现大幅度的波动。

（D）系统平衡调整后，各空调机组的水流量应符合设计要求，允许偏差为 20%。

B. 各种自动计量检测元件和执行机构的工作应能正常,满足建筑设备自动化(* BA、FA 等)系统对被测定参数进行检测和控制的要求。

C. 多台冷却塔并联运行时,各冷却塔的进、出水量应能达到均衡一致。

D. 空调室内的噪声应符合设计规定的要求。

E. 有压差要求的房间、厅堂与其他相邻房间之间的压差,舒适性空调为正压 0 ~ 25Pa,工艺性空调应符合设计的规定。

F. 制冷、空调机组设备噪声声功率级的测定:

(A) 有环境噪声要求的场所,制冷、空调机组应按现行国家标准 GB 9068《采暖通风与空气调节设备噪声声功率级的测定——工程法》的规定进行测定。洁净室内的噪声应符合设计规定。

(B) 检查测定数量:按系统数量抽查 10%,且不得少于 1 个系统或 1 间房间。

(C) 检查方法:观察、用仪表测量检查及查阅调试记录。

G. 通风与空调工程的控制和监测设备:

(A) 通风与空调工程的控制和监测设备应能与系统的检测元件和执行机构正常沟通。

(B) 通风与空调工程的系统状态参数应能正确显示。

(C) 设备连锁、自动调节、自动保护应能正确动作。

(D) 检查测定数量:按系统或监测系统总数抽查 30%,且不得少于 1 个系统。

(E) 检查方法:旁站观察及查阅调试记录。

(3) 通风与空调工程系统设计参数的检测

A. 通风与空调工程系统在进行无生产负荷的联合试运转及调试还应符合下列规定时,应对系统室内的设计参数进行检测。

B. 通风与空调工程系统室内的设计参数测定应依据系统的类别(一般通风、空调或洁净空调)的设计要求和相应规范的规定进行测定。

C. 通风与空调工程系统室内的设计参数测定值应符合设计和规范的要求。

(4) 洁净室室内空气浮游菌浓度和室内沉降菌菌落度的测定

A. 洁净室室内空气浮游菌浓度的测定可参照 GB/T 16293《医药工业洁净室(区)悬浮菌的测定方法》进行。

B. 洁净室室内空气沉降菌菌落度的测定可参照 GB/T 16294《医药工业洁净室(区)沉降菌的测定方法》进行。

C. 洁净室室内空气浮游菌浓度和室内沉降菌菌落度的测定与使用情况(工艺条件)和工艺运行前对洁净室内的消毒措施和实施状况有关,故一般交工前不做此两项测试。具体如何进行,应与设计、建设、监理单位共同商定。

附录:补充测试记录表见 1.21"暖卫通风空调工程施工技术管理记录表集"表式 C6 - 6 - 3A、表式 C6 - 6 - 3B、表式 C6 - 6 - 3C、表式 C6 - 6 - 3D。

---

* BA——Building Automation　建筑楼宇自动化。　　FA——Fire Alarm　火灾报警自动化。

15 给水、排水、供暖、通风空调工程相关试验规定汇编

本汇编共 55 项,包含 GB 50235—97《工业金属管道工程施工及验收规范》(部分)、GB 50242—2002《建筑给水排水及采暖工程施工质量验收规范》、GB 50243—2002《通风与空调工程施工质量验收规范》、GB 50261—96《自动喷水灭火系统施工及验收规范》(部分)、GB 50273—98《工业锅炉安装工程施工及验收规范》、GB 50274—98《制冷设备、空气分离设备安装工程施工及验收规范》(部分)、GB 50275—98《压缩机、风机、泵安装工程施工及验收规范(部分)》、GBJ 134—90《人防工程施工及验收规范》、JGJ 71—90《洁净室施工及验收规范》内的相关内容。在引用中应注意两点,即删去与所在工程无关的内容;注明与引用工程的实际试验压力和工作压力。

15.1 进场阀门强度和严密性试验

依据 GB 50242—2002《建筑给水排水及采暖工程施工质量验收规范》第 3.2.4 条、第 3.2.5 条和 GB 50243—2002《通风与空调工程施工质量验收规范》第 8.3.5 条、第 9.2.4 条规定。

(1) 各专业各系统主控阀门和设备前后阀门的水压试验

A. 试验数量及要求:100%逐个进行编号、试压、填写试验单,并进行标识存放,安装时对号入座。本项目包括减压阀、止回阀、调节阀、水泵结合器等。

B. 试压标准:强度试验将该阀门额定工作压力的 1.5 倍作为试验压力;精密性试验将该阀门额定工作压力的 1.1 倍作为试验压力。在观察时限内试验压力应保持不变,且壳体填料和阀瓣密封面不渗不漏为合格。

阀门强度试验和严密性试验的时限见表 2.15.1 – 1。

阀门强度试验和精密性试验的时限　　　　　　表 2.15.1 – 1

公称直径 DN (mm)	最短试验持续时间(s)			
	严密性试验			强度试验
	金属密封	非金属密封	制冷剂管道	
≤50	15	15	30	15
65 ~ 200	30	15		60
250 ~ 450	60	30		180
≥500	120	60		

（2）其他阀门的水压试验：其他阀门的水压试验标准同上，但试验数量按规范规定为：

A．按不同进场日期、批号、不同厂家(牌号)、不同型号、规格进行分类。

B．每类分别抽10%，但不少于1个进行试压，合格后分类填写试压记录单。

C．10%中有不合格的，再抽20%(含第一次共计30%)进行试压后，如果又出现不合格的，则应100%进行试压。但本工程第二批(20%)中又出现不合格的，应全部退货。

D．阀门应有北京市用水器具注册证书。

15.2   水暖附件的检验

（1）进场的管道配件(管卡、托架)应有出厂合格证书。

（2）应按91SB3图册附件的材料明细表中各型号的零件规格、厚度及加工尺寸相符，且外观美观，与卫生器具结合严密等要求进行验收。

15.3   卫生器具的进场检验

（1）卫生器具应有出厂合格证书。

（2）卫生器具的型号规格应符合设计要求。

（3）卫生器具外观质量应无碰伤、凹陷、外突等质量事故。

（4）卫生器具的排水口应阻力小，泄水通畅，避免泄水太慢。

（5）坐式便桶盖上翻时停靠应稳，避免停靠不住而下翻。

（6）器具进场必须经过严格交接检，填写检验记录，没有合格证、检验记录，不能就位安装。

15.4   太阳能集热器的水压试验

依据 GB 50242—2002《建筑给水排水及采暖工程施工质量验收规范》第6.3.1条规定，在安装太阳能集热器玻璃前应对集热器排管和上、下集管进行水压试验。试验压力为1.5倍的工作压力，时限10min内，压力不降、不渗不漏为合格。

15.5   热交换器的水压试验

依据 GB 50242—2002《建筑给水排水及采暖工程施工质量验收规范》第6.3.2条、第13.6.1条规定，水－水热交换器和汽－水热交换器的水部分的试验压力为1.5倍的工作压力，时限10min内，压力不降、不渗不漏为合格。汽－水热交换器的蒸汽部分的试验压力应不低于蒸汽供汽压力加0.3MPa；热水部分应不低于0.4MPa，在试验压力下时限10min内，压力不降、不渗不漏为合格。

15.6　组装后散热器的水压试验

依据 GB 50242—2002《建筑给水排水及采暖工程施工质量验收规范》第 8.3.1 条规定,组对后或整组出厂的散热器,在安装前应做水压试验。

试验数量及要求:要 100% 进行试验,试验压力为工作压力(设计工作压力)的 1.5 倍,但不小于 0.6MPa,试验时间 2~3min 内,压力不降、不渗不漏为合格。试压后办理散热器组对预检记录和水压试验记录单(按系统分层填写)。

15.7　金属辐射板水压试验

依据 GB 50242—2002《建筑给水排水及采暖工程施工质量验收规范》第 8.4.1 条规定,辐射板在安装前应做水压试验。

试验数量及要求:要 100% 进行试验,试验压力为工作压力(设计工作压力)的 1.5 倍,但不小于 0.6MPa,试验时间 2~3min 内,压力不降、不渗不漏为合格。试压后办理散热器组对预检记录和水压试验记录单(按系统分层填写)。

15.8　室内生活给水管道和消防栓供水管道的水压试验

(1) 试压力类:单项试压——分局部隐检部分和分各系统(或每根立管)进行试压,应分别填写试验记录单。

系统综合试压——按系统分别进行。

(2) 试压标准:

单项试压:单项试压的试验压力,当系统工作压力 $P \leqslant 1.0MPa$ 时,依据 GB 50242—2002《建筑给水排水及采暖工程施工质量验收规范》第 4.2.1 条规定,各种材质的给水系统的水压试验压力均为系统工作压力的 1.5 倍,但不小于 0.6MPa。

A. 金属和复合管道系统:将系统压力升至试验压力,在试验压力下观察 10min 内,压力降 $\Delta P \leqslant 0.02MPa$,检查不渗不漏后,再将压力降至工作压力进行外观检查,不渗不漏为合格。

B. 塑料管道系统:将系统压力升至试验压力,在试验压力下稳压 1h 压力降 $\Delta P \leqslant 0.05MPa$,检查不渗不漏后,再将压力降至工作压力的 1.15 倍,稳压 2h,压力降 $\Delta P \leqslant 0.03MPa$,同时进行各连接处的外观检查,不渗不漏为合格。

综合试压:试验方法同压力同单项试压,其试压标准不变。

15.9　室内热水供应管道的水压试验

(1) 试压分类:单项试压——分局部隐检部分和分各系统(或每根立管)进行试压,应分别填写试验记录单。

系统综合试压——按系统分别进行。

（2）试压标准：

单项试压：单项试压的试验压力，当系统工作压力 $P \leqslant 1.0$MPa 时，依据 GB 50242—2002《建筑给水排水及采暖工程施工质量验收规范》第 6.2.1 条规定，热水管道在保温前应进行水压试验。各种材质的热水供应系统的水压试验压力应符合两个条件。

A. 热水供应系统的水压试验压力应为系统顶点的工作压力加 0.1MPa。

B. 在热水供应系统顶点的水压试验压 $\geqslant 0.3$MPa。

（3）钢管或复合管道系统：将系统压力升至试验压力，在试验压力下观察 100min 内，压力降 $\Delta P \leqslant 0.02$MPa，检查不渗不漏后，再将压力降至工作压力进行外观检查，不渗不漏为合格。

（4）塑料管道系统：将系统压力升至试验压力，在试验压力下稳压 1h，压力降 $\Delta P \leqslant 0.05$MPa，检查不渗不漏后，再将压力降至工作压力的 1.15 倍，稳压 2h，压力降 $\Delta P \leqslant 0.03$MPa，同时进行各连接处的外观检查，不渗不漏为合格。

综合试压：试验方法同压力同单项试压，其试压标准不变。

15.10 冷却水管道及空调冷热水循环管道的水压试验

依据 GB 50243—2002《通风与空调工程施工质量验收规范》第 9.2.3 条的规定。

（1）系统水压试验压力：

A. 当系统工作压力 $\leqslant 1.0$MPa 时，系统试验压力为 1.5 倍工作压力，但不小于 0.6MPa；

B. 当系统工作压力 > 1.0MPa 时，系统试验压力为工作压力加 0.5MPa；

C. 各类耐压塑料管道的强度的试验压力为 1.5 倍工作压力，严密性试验压力为 1.15 倍工作压力。

（2）试验要求：

A. 大型或高层建筑垂直位差较大的冷热媒循环水系统、冷却水系统宜采用分区、分层试压和系统试压相结合的方法进行水压试验。

B. 一般建筑可采用系统试压的方法。

（3）试验标准：

A. 分区、分层试压：分区、分层试压是对相对独立的局部区域的管道进行试压。试验时将系统压力升至试验压力，在试验压力下稳压 10min，压力不得下降，再将试验压力降至工作压力，在 60min 内，压力不得下降，外观检查，不渗不漏为合格。

B. 系统试压：系统试压是在各分区管道与系统主、干管全部连通后，对整个系统的管道进行的试压。试验压力以最低点的压力为准，但最低点的压力不得超过管道与组成件的承受压力。当系统压力升至试验压力后稳压 10min，压力降 $\Delta P \leqslant 0.02$MPa，检查不渗不漏。然后再将系统压力降至工作压力进行外观检查，不渗不漏为合格。

15.11　空调凝结水管道的充水试验

依据 GB 50243—2002《通风与空调工程施工质量验收规范》第 9.2.3 条第 4 款的规定。空调凝结水管道采用冲水试验,不渗不漏为合格。

15.12　室内消防栓供水系统的试射试验

依据 GB 50242—2002《建筑给水排水及采暖工程施工质量验收规范》第 4.3.1 条的规定,室内消火栓系统安装完成后,应取屋顶层(或水箱间内)的试射消火栓和首层取两处消火栓进行实地试射试验,试验的水柱和射程应达到设计的要求为合格。

15.13　室内消防自动喷洒灭火系统管道的试压

依据 GB 50261—96《自动喷水灭火系统施工及验收规范》第 6.2.1 条 ~ 第 6.2.4 条的规定。

管道强度严密性试验记录 (表式 C6－5－2)		编　号	J2－1
			1－002
工程名称	×××图书馆工程	试验日期	年　月　日
试验部位	给水系统 GL1	材质及规格	热镀镀锌钢管 DN40

试验要求:

　1. 试压泵安装地上一层,系统工作压力为 0.6MPa,试验压力为 0.9MPa;压力表的精度为 1.5 级,量程为 1.0MPa。

　2. 试验要求是:试验压力升至工作压力后,稳压进行检查,未发现问题,继续升压。当压力升至试验压力后,稳压 10min,检查系统压力降 ΔP 应≤试验允许的压力降 0.05MPa,检查无渗漏;

　3. 然后将压力降至工作压力 0.6 MPa 后,稳压进行检查,不渗不漏为合格。

试验情况记录:

　1. 自 08 时 30 分开始升压,至 09 时 25 分达到工作压力 0.6MPa,稳压检查,发现八层主控制阀门前的可拆卸法兰垫料渗水问题;经卸压进行检修处理后,10 时 05 分修理完毕。10 时 15 分又开始升压,至 11 时 02 分达到工作压力 0.6 MPa,稳压检查,未发现异常现象。

　2. 自 11 时 20 分开始升压做超压试验,至 11 时 55 分升压达到试验压力 0.9MPa,维持 10min 后,压力降为 0.01MPa。

　3. 压力降 ΔP 为 0.01MPa≤允许压力降 0.05MPa,维持 10min,经检查未发现渗漏等现象。

管道强度严密性试验记录 （表式 C6 - 5 - 2）		编　号	J2 - 1
			1 - 002

试验结论： 符合设计和规范要求 				
参加人 员签字	建设(监理)单位	施工单位		
		技术负责人	质检员	工　长

本表由施工单位填写，城建档案馆、建设单位、施工单位各保存一份。

（1）试压分类：单项试压——分隐检部分和系统局部进行试压，并分别填写试验记录单。

综合试压——按系统分别进行。

（2）试验环境与条件：

A. 试验环境温度：水压试验的试验环境温度不宜低于 5℃，当低于 5℃时，水压试验应采取防冻措施。

B. 试验条件：水压试验的压力表应不少于 2 只，精度不应低于 1.5 级，量程应为试验压力的 1.5 ~ 2 倍。

C. 试验环境准备：系统冲洗方案已确定，不能参与试验的设备、仪表、阀门、附件应加以拆除或隔离。

（3）试验压力的要求：

A. 当系统设计工作压力 ≤ 1.0MPa 时，水压强度试验压力应为设计工作压力的 1.5 倍，但不低于 1.4MPa。

B. 当系统设计工作压力 > 1.0MPa 时，水压强度试验压力为该设计工作压力加 0.4MPa。

C. 水压强度试验的达标要求：系统或单项水压强度试验的测点应设在系统管网的最低点。对管网注水时应将管网中的空气排净，并缓慢升压，当系统压力达到试验压力时，稳压 30min，目测管网应无渗漏和无变形，且系统压力降 $\Delta P \leqslant 0.05$MPa 为合格。

（4）系统严密性试验：系统严密性试验（即综合试压或通水试验）。严密性试验应在水压强度试验和管网冲洗试验合格后进行。试验压力为在工作压力，在工作压力下稳压 24h，进行全面检查，不渗不漏为合格。

（5）自动喷水灭火系统的水源干管、进户管和埋地管道应在回填前单独进行或与系统一起进行水压强度试验和严密性试验。

15.14 室内干式喷水灭火系统和预作用喷洒灭火系统的气压试验

依据 GB 50261—96《自动喷水灭火系统施工及验收规范》第 6.1.1 条、第 6.3.1 条、第 6.3.2 条的规定,消防自动喷洒灭火系统应做水压试验和气压试验。

(1) 水压试验:同一般湿式消防自动喷洒灭火系统(详见 15.13 项)。

(2) 气压试验:

A. 气压试验的介质:气压试验的介质为空气或氮气。

B. 气压试验的标准:气压严密性试验的试验压力为 0.28MPa,且在试验压力下稳压 24h,压力降 $\Delta P \leqslant 0.01$ MPa 为合格。

15.15 室内蒸汽、热水供暖系统管道的水压试验

(1) 单项试验:包括局部隐蔽工程的单项水压试验及分支路或整个系统与设备和附件连接前的水压试验,应分别填写记录单。

(2) 综合试验:是系统全部安装完后的水压试验,应按系统分别进行试验,并填写记录单。

(3) 试验标准:依据 GB 50242—2002《建筑给水排水及采暖工程施工质量验收规范》第 8.1.1 条、第 8.6.1 条的规定,热媒温度 ≤130℃ 的热水和饱和蒸汽压力 ≤0.7MPa 的供暖系统安装完毕,保温和隐蔽之前应进行水压试验。

A. 一般蒸汽、热水供暖系统:蒸汽、热水供暖系统的试验压力应满足两个条件。

(A) 供暖系统的试验压力应以系统顶点工作压力加 0.1MPa 作为试验压力;

(B) 供暖系统顶点的试验压力还应 ≥0.3MPa。

B. 高温热水供暖系统:高温热水供暖系统的试验压力应为系统顶点工作压力加 0.4MPa 作为试验压力;

C. 使用塑料或复合管道的热水供暖系统:使用塑料或复合管道的热水供暖系统的试验压力应满足两个条件。

(A) 供暖系统的试验压力应以系统顶点工作压力加 0.2MPa 作为试验压力;

(B) 供暖系统顶点的试验压力还应 ≥0.4MPa。

(4) 合格标准:

A. 钢管和复合管道的供暖系统:采用钢管和复合管道的供暖系统在系统试验压力下,稳压 10min 内压降 $\Delta P \leqslant 0.02$ MPa,外观检查不渗不漏后,然后再将系统压力降至工作压力,稳压进行外观检查不渗不漏为合格。

B. 塑料管道的供暖系统:采用塑料管道的供暖系统在系统试验压力下,稳压 1h 内压力降 $\Delta P \leqslant 0.05$ MPa,外观检查不渗不漏后,然后再将系统压力降至 1.15 倍工作压力,稳压 2h 内压力降 $\Delta P \leqslant 0.03$ MPa,同时进行外观检查不渗不漏为合格。

15.16　低温热水地板辐射供暖系统的水压试验

(1) 依据 GB 50242—2002《建筑给水排水及采暖工程施工质量验收规范》第 8.4.1 条、第 8.5.2 条的规定,低温热水地板辐射板安装前应进行水压试验(详见本条第 7 款,注:这里的低温热水地板辐射板是属于工厂的产品)。

(2) 地面下盘管安装完毕后隐蔽前必须进行水压试验,试验压力为系统工作压力的 1.5 倍,但不小于 0.6MPa。试验时系统压力升至试验压力后,稳压 1h 内压力降 $\Delta P \leqslant$ 0.05MPa,同时进行外观检查不渗不漏为合格。

15.17　室外供热蒸汽管道、供热热水管道和蒸汽凝结水管道的水压试验

依据 GB 50242—2002《建筑给水排水及采暖工程施工质量验收规范》条 11.1.1 条、第 11.3.1 条的规定,热媒温度≤130℃的热水和饱和蒸汽压力≤0.07MPa 的室外供热管网安装完毕,保温和隐蔽之前应进行水压试验。

(1) 单项试验:包括局部隐蔽工程的单项水压试验及分支路或整个系统与设备和附件连接前的水压试验,应分别填写记录单。

(2) 综合试验:是系统全部安装完后的水压试验,应按系统分别试验,并填写记录单。

(3) 试验标准:试验压力为供热管道的工作压力的 1.5 倍,但不小于 0.6MPa。在试验压力下,稳压 10min 内压降 $\Delta P \leqslant$ 0.05MPa,外观检查不渗不漏,然后再将系统压力降至工作压力后,进行外观检查不渗不漏为合格。

15.18　室外给水管道的水压试验

(1) 依据 GB 50242—2002《建筑给水排水及采暖工程施工质量验收规范》第 9.2.5 条的规定,室外给水管网必须进行水压试验,试验压力为系统工作压力的 1.5 倍,但不小于 0.6MPa。

(2) 达标标准:

A. 管材为钢管、铸铁管的系统:管材为钢管、铸铁管的给水管网,在试验压力下,稳压 10min 内压降 $\Delta P \leqslant$ 0.05MPa,外观检查不渗不漏,然后再将压力降至工作压力后,进行外观检查,压力应保持不变,不渗不漏为合格。

B. 管材为塑料管的系统:管材为塑料管的给水管网,在试验压力下,稳压 1h 内压降 $\Delta P \leqslant$ 0.05MPa,外观检查不渗不漏,然后再将系统压力降至工作压力后,进行外观检查,压力应保持不变,不渗不漏为合格。

15.19　室外消火栓给水系统的水压试验

依据 GB 50242—2002《建筑给水排水及采暖工程施工质量验收规范》第 9.3.1 条的规定,试验压力为工作压力的 1.5 倍,但不得小于 0.6MPa,在试验压力下 10min 内压力降 ΔP $\leqslant 0.05$MPa,然后降至工作压力,进行检查,压力保持不变,不渗不漏为合格。

15.20　密闭水箱(罐)的水压试验

依据 GB 50242—2002《建筑给水排水及采暖工程施工质量验收规范》第 4.4.3 条、第 6.3.5 条、第 8.3.2 条、第 13.3.4 条的规定,密闭水箱(罐)的水压试验必须符合设计和本规范的规定,试验压力为工作压力的 1.5 倍,但不得小于 0.4MPa,在试验压力下 10min 内压力不下降,不渗不漏为合格。

15.21　锅炉本体的水压试验

(1) 依据 GB 50273—98《工业锅炉安装工程施工及验收规范》第 5.0.1 条的规定,锅炉的汽、水系统及其附属装置安装完毕应做水压试验。锅炉本体水压试验前应将连接在上面的安全阀、仪表拆除,安全阀、仪表等的阀座可用盲板法兰封闭,待水压试验完毕后再安装上。同时水压试验前应将锅炉、集箱内的污物清理干净,水冷壁、对流管束应畅通。然后封闭人孔、手孔,并再次检查锅炉本体、连接管道、阀门安装是否妥当。并检查各拆卸下来的阀件阀座的盲板是否封堵严密,盲板上的放水放气管安装质量和长度是否合适,并引至安全地点进行排放。

(2) 依据 GB 50273—98《工业锅炉安装工程施工及验收规范》第 5.0.3 条和 GB 50242—2002《建筑给水排水及采暖工程施工质量验收规范》第 13.2.6 条的规定,水压试验压力应符合表 2.15.21－1 的规定。

锅炉汽、水系统的水压试验压力　　　　　　　　　表 2.15.21－1

序　号	设备名称	工作压力(MPa)	试验压力(MPa)
1	锅炉本体	$P < 0.59$	1.5P 但不小于 0.2
		$0.59 \leqslant P \leqslant 1.18$	$P + 0.3$
		$P > 1.18$	1.25P
2	可分式省煤器	P	1.25$P + 0.5$
3	非承压锅炉	大气压	0.2

注:工作压力 P 对蒸汽锅炉指锅筒工作压力,对热水锅炉指锅炉的额定出水压力。铸铁锅炉水压试验同热水锅炉
非承压锅炉水压试验压力为 0.2MPa,试验期间压力应保持不变。

(3) 水压试验应符合如下条件：

A. 试验的环境温度应不低于5℃,低于5℃时应采取防冻措施。

B. 水温应高于周围的露点温度。

C. 锅炉内应充满水,待排尽空气后方可关闭放空阀。

D. 当初步检查无漏水现象时,再缓慢升压。当升至0.3~0.4MPa时应进行一次检查,必要时可拧紧人孔、手孔和法兰的螺栓。

E. 当水压上升至额定工作压力时,暂停升压,检查各部分应无漏水或变形等异常现象。然后应关闭就地水位计,继续升压到试验压力,在试验压力下保持5min,其间压力降 $\Delta P \leqslant 0.02$ MPa(GB 50273—98为 $\Delta P \leqslant 0.05$ MPa)。最后将压力回降到额定工作压力进行检查,检查期间压力保持不变、不渗不漏。同时观察检查各部件不得有残余变形,各受压元件金属壁和焊缝上不得有水珠和水雾,胀口不应滴水珠。

F. 水压试验后应及时将锅炉内的水全部放尽,在冰冻期应采取防冻措施。

G. 每次水压试验应有记录,水压试验合格后应办理签证手续。

(4) 依据GB 50273—98《工业锅炉安装工程施工及验收规范》第5.0.2条的规定,主气阀、出水阀、排污阀、给水阀、给水止回阀应一起进行水压试验。试验压力见锅炉汽、水系统的水压试验压力表2.15.21－1。

15.22 锅炉和热力站附件的水压试验

(1) 分汽缸(分水器、集水器)的水压试验:GB 50242—2002《建筑给水排水及采暖工程施工质量验收规范》第13.3.3条的规定,分汽缸(分水器、集水器)安装前应做水压试验,试验压力为工作压力的1.5倍,但不得小于0.6MPa。试验时在试验压力下,维持5min,无压降、无渗漏为合格。

(2) 省煤器安装前的检查和试验:

A. 外观检查:安装前应认真检查省煤器四周嵌填的石棉绳是否严密牢固,外壳箱板是否平整、各部结合是否严密,缝隙过大的应进行调整。肋片有无损坏,每根省煤器管上破损的翼片数不应大于总翼片数的5%;整个省煤器中有破损翼片的根数不应大于总根数的10%。

B. 水压试验:外观检查无问题后,应进行水压试验。依据GB 50273—98《工业锅炉安装工程施工及验收规范》第5.0.3条~第5.0.5条的规定,试验压力为 $1.25P + 0.49$ MPa(例锅炉的工作压力为1.27MPa,故试验压力为2.08MPa)。试验时将压力升至0.3~0.4MPa时,应进行检查,没有问题后再继续升压,压力升至试验压力(例2.08MPa)时稳压5min,且压力降 $\leqslant 0.05$ MPa。然后将压力降到工作压力(例1.27MPa),再进行检查无渗漏为合格。

15.23 氢气、氮气和氩气输送管道的强度和严密性试验

(1) 依据设计要求管道安装完后,应进行介质为空气或水的强度试验。介质为空气

或氮气的严密性试验。

(2) 试验条件应符合 GB 50235—97《工业金属管道工程施工及验收规范》第 7.5.2 条的试验前提规定。

(3) 当试验介质为液体时,依据 GB 50235—97《工业金属管道工程施工及验收规范》第 7.5.3 条第 7.5.3.12 款规定,试验压力应缓慢升压,待到试验压力时,稳压 10min,再将压力降至设计压力,停压 30min,压力不降、系统无渗漏为合格;

当试验介质为气体时,依据 GB 50235—97《工业金属管道工程施工及验收规范》第 7.5.3 条、第 7.5.4 条第 7.5.4.4 款规定。

(A) 试验前必须用空气进行预试验,试验压力为 0.2MPa。

(B) 试验时应逐步应缓慢升压,当压力升至试验压力的 50% 时,如未发现异状或渗漏。继续按试验压力的 10% 逐级升压,每级稳压 3min,直至试验压力为止。稳压 10min,再将压力降至设计压力,停压时间应根据查漏工作需要而定,以发泡剂检验系统无渗漏为合格。

(4) 系统的设计压力见表 2.15.23 – 1。

氢气、氮气和氩气管道的设计工作压力和试验压力　　　表 2.15.23 – 1

管道设计压力 (MPa)	强度试验压力		严密性试验压力	
	试验介质	试验压力(MPa)	试验介质	试验压力(MPa)
≤0.3	洁净水	$1.15P = 0.35$	干燥空气	$1P$
	干燥空气	$1.15P = 0.35$	干燥氮气	$1P$
0.4	洁净水	$1.5P = 0.6$	干燥空气	$1P = 0.4$
			干燥氮气	$1P$

(5) 安全阀启闭压力试验:安全阀启闭压力试验按设计要求试验介质为干燥的压缩空气或干燥的氮气,试验压力为系统工作压力的 1.15 倍,即 0.35MPa 或 0.46MPa。每个阀门应连续试验不少于 3 次。

15.24　大口径无缝钢管焊缝的超声波试验

大口径无缝钢管焊缝应依据 GB 50235—97《工业金属管道工程施工及验收规范》第 7.4.4 条的规定进行超声波检验。检验标准详见 GB 50235—97《工业金属管道工程施工及验收规范》和 GB 50236—98《现场设备、工业管道焊接工程施工及验收规范》相关规定。

15.25　灌水和满水试验

(1) 室内排水管道的灌水试验:

A. 隐蔽或埋地的排水管道的灌水试验:依据 GB 50242—2002《建筑给水排水及采暖

工程施工质量验收规范》第 5.2.1 条的规定,隐蔽或埋地的排水管道在隐蔽前必须进行灌水试验。

B. 灌水试验的标准:灌水试验应分立管、分层进行,并按每根立管分层填写记录单。试验的标准是灌水高度应不低于底层卫生器具的上边缘或底层地面的高度,灌满水15min 水面下降后,再将下降水位灌满,持续 5min 后,若水位不再下降,管道及接口不渗漏为合格。

(2)室内排雨水管道的灌水试验:依据 GB 50242—2002《建筑给水排水及采暖工程施工质量验收规范》第 5.3.1 条的规定,安装在室内的雨水管道应做灌水试验,试验按每根立管进行,灌水高度应由屋顶雨水漏斗至立管根部排出口的高差,灌满 15min 后,再将下降水面灌满,保持 5min,若水面不再下降,且外观无渗漏为合格。

(3)卫生器具的满水和通水试验:依据 GB 50242—2002《建筑给水排水及采暖工程施工质量验收规范》第 7.2.2 条的规定,洗面盆、洗涤盆、浴盆等卫生器具交工前应做满水和通水试验,并按每单元进行试验和填表。灌水高度是将水灌至卫生器具的溢水口或灌满,各连接件不渗不漏为合格。卫生器具通水试验时给、排水应畅通。

(4)各种贮水箱和高位水箱满水试验:依据 GB 50242—2002《建筑给水排水及采暖工程施工质量验收规范》第 4.4.3 条、第 6.3.5 条、第 8.3.2 条、第 13.3.4 条的规定,各类敞口水箱应单个进行满水试验,并填写记录单。试验标准同卫生器具,但静置观察时间为24h,不渗不漏为合格。

15.26　供暖系统伸缩器预拉伸试验

依据 GB 50242—2002《建筑给水排水及采暖工程施工质量验收规范》第 8.2.2 条的规定,应按系统按个数 100% 进行试验,并按个数分别填写记录单。

15.27　管道冲洗和消毒试验

(1)管道冲洗试验应按专业、按系统、分别进行,即室内供暖系统、室内给水系统、室内消火栓供水、室内热水供应系统,并分别填写记录单。

(2)管内冲水的流速和流量要求

A.(室内、室外)生活给水系统的冲洗和消毒试验:依据 GB 50242—2002《建筑给水排水及采暖工程施工质量验收规范》第 4.2.3 条、第 9.2.7 条的规定,生产给水管道在交付使用之前必须进行冲洗和消毒,并经过有关部门取样检验,水质符合国家《生活饮用水标准》方可使用,检测报告由检测部门提供。

(A)管道的冲洗:管道的冲洗流速 ≥ 1.5m/s,为了满足此流速要求,冲洗时可安装临时加压泵。

(B)管道的消毒:管道的消毒依据 GB 50268—97《给水排水管道工程施工及验收规范》第 10.4.4 条的规定,管道应采用含量不低于 20mg/L 氯离子浓度的清洁水浸泡 24h,再冲洗,直至水质管理部门取样化验合格为止。

B. 消火栓及消防喷洒供水管道的冲水试验:依据 GB 50242—2002《建筑给水排水及采暖工程施工质量验收规范》第 4.2.3 条、第 9.3.2 条的规定,消火栓供水管道管内冲洗流速≥1.5m/s,为了满足此流速要求,若管内流速达不到时,冲洗时可安装临时加压泵。消防喷洒系统供水管道管内冲洗流速≥3.0m/s。

C. 室内热水供应系统的冲洗:依据 GB 50242—2002《建筑给水排水及采暖工程施工质量验收规范》第 6.2.3 条的规定,热水供应系统竣工后应进行管道冲洗,管道的冲洗流速≥1.5m/s。

D. 供暖管道的冲水试验:依据 GB 50242—2002《建筑给水排水及采暖工程施工质量验收规范》第 8.6.2 条的规定,供暖系统管道试压合格后应进行冲洗和清扫过滤器和除污器,管道冲洗前应将流量孔板、虑网、温度计等暂时拆除,待冲洗完后再安上。冲洗流量和压力按设计最大流量和压力进行(若设计说明未标注,则按道管内流速≥1.5m/s 进行)。

(3) 达标标准:一直到各出水口排出水不含泥砂、铁屑等杂质,水色不浑浊,出水口水色和透明度、浊度与进水口侧一样为合格。

(4) 蒸汽管道的吹洗:依据 GB 50235—97《工业金属管道工程施工及验收规范》第 8.4.1 条~第 8.4.6 条的规定,蒸汽管道的吹洗用蒸汽,蒸汽压力和流量与设计同,但流速应≥30m/s,管道吹洗前应慢慢升温,并及时排泄凝结水,待暖管温度恒温 1h 后,再次进行吹扫,应吹扫三次。

15.28 输送氢、氮、氩气管道的吹洗试验

氢气、氮气、氩气管道清洗与脱脂工艺的要求

(1) 管道的冲洗应严格按照设计说明的要求与步骤进行,检验质量应符合 GB 50235—97《工业金属管道工程施工验收规范》第 8.2.1 条~第 8.2.6 条的规定进行管道冲洗。

(2) 管道的空吹应严格按照设计说明的要求与步骤进行,检验质量应符合 GB 50235—97《工业金属管道工程施工及验收规范》第 8.3.1 条~第 8.3.3 条的规定进行空吹除尘。

(3) 管道空吹的介质为干燥的空气或氮气,空吹的气体流速应不少于 20m/s,直至无铁锈、焊渣及其他污物为止。

15.29 输送氢、氮、氩气管道的脱脂

(1) 经空吹的管道和管件应按设计规定进行脱脂处理。

(2) 脱脂采用工业四氯化碳或其他高效脱脂剂。

(3) 管子和管件外表面的脱脂可用干净不脱落纤维的布料或丝绸织物浸蘸脱脂剂擦拭。

(4) 管子和管件内表面的脱脂可在管内注入脱脂剂,管端用木塞或其他方法堵严封闭。将管子放平浸泡 1~1.5h,每隔 15min 转动管子一次,使整个管子内表面能均匀得到

洗涤。脱脂后应用无油的干燥压缩空气或干燥的氮气进行吹干,直至无脱脂剂的气味为止。

(5) 脱脂工艺应严格按照设计说明的要求与步骤进行,检验质量应符合 HGJ 202—82《脱脂工程施工及验收规范》和设计说明的要求。

(6) 四氯化碳为有毒的易挥发液体,能使人通过呼吸中毒,因此应制定安全操作规程,加强人身防护和运输安全。脱脂废液的排放应进行检验,必须符合工业三废的排放标准。

15.30 氢气、氮气、氩气管道阀门清洗与脱脂前的拆卸清除污物与研磨要求

(1) 阀门拆洗后再组装的技术要求较高,为了保证拆洗组装后能保证阀门零件不磨损和严密性,因此应安排技术水平较高、责任心较强的工人负责。

(2) 擦拭布料应用较柔软和干净的布料,不得用纤维粗硬和污染的布料擦拭。

(3) 阀门的研磨技术性很强,应委托专业厂家进行,并索取研磨质量证明书。

15.31 输送纯净水、高纯净水,洁净压缩空气、氢、氮、燃气管道及真空管道的吹洗试验

依据 JGJ 71—90《洁净室施工及验收规范》第 4.2.2 条、第 4.2.3 条规定系统管道安装完毕后,运行前必须进行清洗,清洗后输送水质化验必须符合设计要求。纯净水、高纯净水等管道的清洗与脱脂试验的步骤是:

(1) 用清水将管内外的脏物、泥沙冲洗干净;

(2) 再用 5% 的 NaOH 水溶液将其浸泡 2h 后,用刷子刷洗干净,用清水冲至出水为中性;

(3) 然后用无油压缩空气吹干;

(4) 再用塑料布将洗净的管道两端包扎封口待用,防止再污染。

15.32 纯净水、高纯净水输送管道脱脂试验的脱脂工艺流程

纯净水、高纯净水输送管道的脱脂工艺流程是:

吹扫—四氯化碳脱脂—温水冲洗—洗涤剂洗净—温水冲洗—干燥—封口—保管

具体实例:

吹扫:用 8 号铁丝中间扎白布在管腔来回拉动擦净。

脱脂:把管道搁在架子上,在管道两端头设一个槽子,用手摇泵将四氯化碳原液冲入管内,来回循环脱脂,以除净管内腔油渍。

温水洗:把脱脂过的管道浸泡在 40~50℃ 的温水槽内清洗,管道内腔用洗净机械在软轴头包扎一块白布,开动洗净机来回上下清洗洗净。洗涤剂溶液浓度在 2%~3% 之间,倒入槽中,把槽中溶液加温至 40~50℃,在槽内进行动态洗净,洗后用温水冲洗管子

609

内腔,冲净为止。

干燥:用无油干燥的热压缩空气或用高压鼓风机吹干。

封闭:用塑料布加入松套法兰盘之间。

15.33　供暖工程铜管热水管道的冲洗试验

铜管热水供暖管道系统在安装完毕交付使用前均应对系统管道进行冲洗。

(1) 管道冲洗前应将管道系统上安装的流量孔板、滤网、温度计等阻碍污物通过的设施临时拆除,待管道冲洗合格后再重新安装好。

(2) 供暖铜管热水管道的冲洗水源为清水(自来水、无杂质透明度清澈未消毒的天然地表水、地下水),冲洗水压及冲洗要求同给水工程。

15.34　通水试验

(1) 试验范围:要求做通水试验的有室内冷热供水系统、室内消火栓供水系统、卫生器具。

(2) 试验要求:

A. 室内冷热水供水系统:依据 GB 50242—2002《建筑给水排水及采暖工程施工质量验收规范》第 4.2.2 条的规定,应按设计要求同时开放最大数量的配水点,观察和开启阀门、水嘴等放水是否全部达到额定流量。若条件限制,应对卫生器具进行 100% 满水排泄试验检查通畅能力,无堵塞、无渗漏为合格。

B. 室内卫生器具满水和通水试验:依据 GB 50242—2002《建筑给水排水及采暖工程施工质量验收规范》第 7.2.2 条的规定,洗面盆、洗涤盆、浴盆等卫生器具应做满水和通水试验,按每单元进行试验和填表,满水高度是灌至溢水口或灌满后,各连接件不渗不漏;通水试验时给、排水畅通为合格。

15.35　室内排水管道通球试验

依据 GB 50242—2002《建筑给水排水及采暖工程施工质量验收规范》第 5.2.5 条的规定,排水主立管及水平干管均应做通球试验。

(1) 通球试验:通球试验应按不同管径做横管和立管试验。立管试验后按立管编号分别填写记录单,横管试验后按每个单元分层填写记录单。

(2) 试验球直径如下:通球的球径应不小于排水管直径的 2/3,大小见表 2.15.35 - 1。

(3) 合格标准:通球率必须达到 100%。

通球试验的试验球直径　　　　　　　　　　表 2.15.35 - 1

管　径(mm)	150	100	75	50
胶球直径(mm)	100	70	50	32

15.36　锅炉受热面管子的通球实验

依据 GB 50273—98《工业锅炉安装工程施工及验收规范》第 4.2.1 条第六款的规定,锅炉受热面管子应做通球试验。通球后应有可靠的封闭措施。通球的直径应符合表 2.15.36 – 1 的规定。

通球直径　　　　　　　　　　　　　　　　　　　　　表 2.15.36 – 1

弯管直径	$< 2.5 D_W$	$\geq 2.5 D_W$,且 $< 3.5 D_W$	$\geq 3.5 D_W$
通球直径	$0.70 D_0$	$0.80 D_0$	$0.85 D_0$

注:D_W——管子公称外径;D_0——管子公称内径。

15.37　供暖系统的热工调试

依据 GB 50242—2002《建筑给水排水及采暖工程施工质量验收规范》第 8.6.3 条的规定,供暖系统冲洗完毕后,应进行充水、加热和运行、调试,观察、测量室内温度应满足设计要求,并按分系统填写记录单。

15.38　通风风道、部件、系统、空调机组的检漏试验

(1) 通风风道的制作要求

依据 GB 50243—2002《通风与空调工程施工质量验收规范》第 4.2.5 条的规定,风道的制作必须通过工艺性的检测或验证,其强度和严密性要求应符合设计或下列规定。即:

A. 风道的强度应能满足在 1.5 倍工作压力下接缝处无开裂。

B. 矩形风道的允许漏风量应符合以下规定:

低压系统风道　　　$Q_L \leq 0.1056 P^{0.65}$

中压系统风道　　　$Q_M \leq 0.0352 P^{0.65}$

高压系统风道　　　$Q_H \leq 0.0117 P^{0.65}$

式中　Q_L、Q_M、Q_H——在相应的工作压力下,单位面积(风道的展开面积)风道在单位时间内允许的漏风量($m^3/h \cdot m^2$);

P——风道系统的工作压力(Pa)。

C. 低压、中压系统的圆形金属风道、复合材料风道及非法兰连接的非金属风道的允许漏风量为矩形风道的允许漏风量的 50%。

D. 砖、混凝土风道的允许漏风量不应大于矩形风道规定允许漏风量的 1.5 倍。

E. 排烟、除尘、低温送风系统风道的允许漏风量应符合中压系统风道的允许漏风量标准(低压中压系统均同)。1 ~ 5 级净化空调系统按高压系统风道的规定执行。

F. 检查数量及合格标准:

（A）检查数量：按风道系统类别和材质分别抽查，但不得少于 3 件及 15m²。

（B）检查方法及合格标准：检查产品合格证明文件和测试报告书，或进行强度和漏风量检测。低压系统依据 GB 50243—2002《通风与空调工程施工质量验收规范》第 6.1.2 条的规定，在加工工艺得到保证的前提下可采用灯光检漏法检测。

（2）通风系统和空调机组的检漏试验：依据 GB 50243—2002 第 6.1.2 条的规定，风道系统安装后，必须进行严密性检验，合格后方能交付下一道工序施工。风道严密性检验以主、干管为主。

A．通风系统管道安装的灯光检漏试验：依据 GB 50243—2002《通风与空调工程施工质量验收规范》第 6.1.2 条、第 6.2.8 条和 GB 50243—2002《通风与空调工程施工质量验收规范》附录 A 的规定，通风系统管段安装后应分段进行灯光检漏，并分别填写检测记录单。

（A）测试装置：见图 1.6.4–1。

（B）灯光检漏的标准：低压系统抽查率为 5%，合格标准为每 10m 接缝的漏光点不大于 2 处，且 100m 接缝的漏光点不大于 16 处为合格。

中压系统抽查率为 20%，合格标准为每 10m 接缝的漏光点不大于 1 处，且 100m 接缝的漏光点不大于 8 处为合格。

高压系统抽查率为 100%，应全数合格。

B．通风系统漏风量的检测：

（A）测试装置：通风管道安装时应分系统、分段进行漏风量检测，其检测装置如图 1.8.7–2 所示，连接示意图见图 1.8.7–3。

（B）检测数量：依据 GB 50243—2002《通风与空调工程施工质量验收规范》第 6.2.8 条和 GB 50243—2002《通风与空调工程施工质量验收规范》附录 A 的规定。低压系统抽查率为 5%，中压系统抽查率为 20%，高压系统抽查率为 100%。

（C）合格标准：详见本节第（1）款。

C．通风与空调设备漏风量的检测：依据 GB 50243—2002《通风与空调工程施工质量验收规范》第 7.1.1 条、第 7.2.3 条和 GB 50243—2002《通风与空调工程施工质量验收规范》附录 A 的规定。

（A）现场组装的组合式空调机组：其漏风量的检测必须符合现行国家标准 GB/T 14294《组合式空调机组》的规定。

测试装置：见图 1.8.7–1。

检测数量：依据 GB 50243—2002《通风与空调工程施工质量验收规范》第 7.2.3 条的规定。一般空调机组抽查率为总数的 20%，但不少于 1 台。净化空调机组 1～5 级洁净空调系统抽查率为总数的 100%；6～9 级洁净空调系统抽查率为 50%。

合格标准：详见本节第（1）款。

（B）除尘器：依据 GB 50243—2002《通风与空调工程施工质量验收规范》第 7.2.4 条的规定。

a．型号、规格、进出口方向必须符合设计要求。

b．现场组装的除尘器壳体应做漏风量检测，在工作压力下允许的漏风量为 5%，其中离心式除尘器为 3%,布袋式除尘器、电除尘器抽查数量为 20%。

c. 布袋式除尘器、电除尘器的壳体和辅助设备接地应可靠,抽查数量 100%。

(C) 高效过滤器:高效过滤器安装前需进行外观检查和仪器检漏。

a. 外观检查:目测不得有变形、脱落、断裂等破损现象。

b. 抽检数量:仪器检漏抽检数量为 5%,仪器检漏应符合产品质量文件要求。

15.39　通风系统的重要设备(部件)–DA–1型射流风机设计参数的试验

通风系统的重要设备(部件)应按规范和说明书进行试验和填写试验记录单(图 2.15.39–1)。

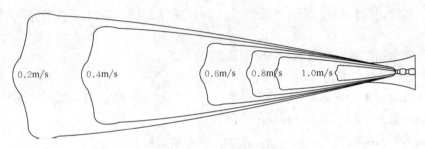

图 2.15.39–1　DA–1型射流风机设计参数要求

15.40　风机性能的测试

大型风机应进行风机风量、扬程、转速、功率、噪声、轴承温度、振动幅度等的测试,测试装置如图 1.9.5–11 所示。

15.41　水泵的单机试运转

依据 GB 50243—2002《通风与空调工程施工质量验收规范》第 9.2.7 条、第 11.2.1 条、第 11.2.2 条和 GB 50242—2002《建筑给水排水及采暖工程施工质量验收规范》第 13.3.1 条的规定。水泵等设备的单机试运转应在安装预检合格和配管安装后进行,每台设备应有独立的安装预检记录单和单机运转试验单。试运转按 GB 50243—2002《通风与空调工程施工质量验收规范》第 9.2.7 条、第 11.2.1 条、第 11.2.2 条和 GB 50242—2002《建筑给水排水及采暖工程施工质量验收规范》第 13.3.6 条要求,检查叶轮旋转方向正确,无异常振动和声响,紧固连接部位无松动,电机功率符合设备文件的规定,水泵连续运转 2h 后滑动轴承和机壳最高温度不超过 70℃,滚动轴承最高温度不超过 75℃。水泵型号、规格、技术参数(流量、扬程、转速、功率)、轴承和电机发热的温升、噪声应符合设计要求和产品性能指标。无特殊要求情况下,普通填料泄漏量不应大于 60ml/h,机械密封的泄漏量不应大于 5ml/h。试运转记录单中应有温升、噪声等参数的实测数据及运转情况记录。抽查数量 100%，每台运行时间不小于 2h。为了测流量，应在机组前后事先安装测试口，以便安装测试仪表。

15.42　大型水泵的试运转

A．水泵试运转前应作以下检查：

（A）原动机(电机)的转向应符合水泵的转向。

（B）各紧固件连接部位不应松动。

（C）润滑油脂的规格、质量、数量应符合设备技术文件的规定，有预润滑要求的部位应按设备技术文件的规定进行预润滑。

（D）润滑、水封、轴封、密封冲洗、冷却、加热、液压、气动等附属系统管路应冲洗干净，保持通畅。

（E）安全保护装置应灵敏、齐全、可靠。

（F）盘车灵活、声音正常。

（G）泵和吸入管路必须充满输送的液体，排尽空气，不得在无液体的情况下启动；自吸式水泵的吸入管路不需充满输送的液体。

（H）水泵启动前的出入口阀门应处于下列启闭位置：

a．入口阀门全开；

b．出口阀门离心式水泵全闭，其他形式水泵全开(混流泵真空引水时全闭)；

c．离心式水泵不应在出口阀门全闭的情况下长期运转；也不应在性能曲线的驼峰处运转，因在此点运行极不稳定。

B．泵在设计负荷下连续运转不应少于 2h，且应符合下列要求：

（A）附属系统运转正常，压力、流量、温度和其他要求符合设备技术文件规定。

（B）运转中不应有不正常的声音。

（C）各静密封部位不应渗漏。

（D）各紧固连接部位不应松动。

（E）滚动轴承的温度不应高于 75℃，滑动轴承的温度不应高于 70℃。

（F）填料的温升正常，在无特殊要求的情况下，普通软填料宜有少量的渗漏(每分钟不超过 10~20 滴)；机械密封的渗漏量不宜大于 10ml/h(每分钟约 3 滴)。

（G）电动机的电流应不超过额定值。

（H）泵的安全保护装置应灵敏、可靠。

（I）振动振幅应符合设备技术文件规定，如无规定，而又需要测试振幅时，测试结果应符合下列要求(用手提振动仪测量)表 1.8.2－1。

C．运转结束后应做好如下工作：

（A）关闭泵出入口阀门和附属系统的阀门。

（B）输送易结晶、凝固、沉淀等介质泵，停泵后应及时用清水或其他介质冲洗泵和管路，防止堵塞。

（C）放净泵内的液体，防止锈蚀和冻裂。

D. 填写水泵安装和试运行、调试记录单。

15.43 通风机、空调机组中风机的单机试运转

依据 GB 50243—2002《通风与空调工程施工质量验收规范》第 9.2.7 条、第 11.2.2 条的规定。检查叶轮旋转方向正确、运转平稳、无异常振动和声响，电机功率符合设备文件的规定，在额定转速下连续运转 2h 后滑动轴承和机壳最高温度不超过 70℃，滚动轴承最高温度不超过 80℃。试运转记录单中应有温升、噪声等参数的实测数据及运转情况记录。抽查数量 100%，每台运行时间不小于 2h。

15.44 新风机组、风机盘管、制冷机组、单元式空调机组 的单机试运转

依据 GB 50243—2002《通风与空调工程施工质量验收规范》第 9.2.7 条、第 11.2.2 条的规定，设备参数应符合设备文件和国家标准 GB 50274—98《制冷设备、空气分离器设备安装工程施工及验收规范》的规定，并正常运转不小于 8h。依据 GB 50243—2002《通风与空调工程施工质量验收规范》第 11.3.1 条的规定风机盘管的三速温控开关动作应正确，抽查数量为 10%，但不少于 5 台。

（1）活塞式制冷压缩机和压缩机组：依据 GB 50274—98《制冷设备、空气分离器设备安装工程施工及验收规范》第 2.2.6 条、第 2.2.7 条的规定，压缩机和压缩机组的空负荷和空气负荷试运转应符合下列要求。

A. 应先拆去汽缸盖和吸、排气阀组并固定汽缸套。启动压缩机并运行 10min，停车后检查各部位的润滑和温升应无异常。而后应再继续运转 1h。运转应平稳，无异常声响和剧烈振动。

B. 主轴承外侧面和轴封外侧面的温度应正常，油泵供油应正常。油封处不应有滴漏现象。停车后检查汽缸内壁面应无异常的磨损。

C. 压缩机和压缩机组吸、排气阀组安装固定后，应调整活塞的止点间隙，并符合设备的技术文件规定。启动压缩机当吸气压力为大气压时，其排气压力对于有水冷却的应为 0.3MPa（绝对压力）；对于无水冷却的应为 0.2MPa（绝对压力），并继续运转且不得少于 1h。运转应平稳，无异常声响和剧烈振动。吸、排气阀片跳动声响应正常。各连接部位、轴封、填料、汽缸盖和阀件应无漏气、漏油、漏水现象。空气负荷试运转后应拆洗空气滤清器和油过滤器，并更换润滑油。

D. 油压调节阀的操作应灵活，调节油压宜比吸气压力高 0.15～0.3MPa。同时能量调节装置的操作应灵活、正确。汽缸套冷却水进口水温不应大于 35℃，出口水温不应大于 45℃。压缩机各部位的允许温升应符合表 2.15.44－1。

E. 依据 GB 50274—98《制冷设备、空气分离器设备安装工程施工及验收规范》第 2.2.8 条的规定，压缩机和压缩机组应进行抽真空试运转。抽真空试运转应关闭吸、排气

截止阀,并启动放气通孔,开动压缩机进行抽真空。曲轴箱压力应迅速抽至 0.015MPa(绝对压力);油压不应低于 0.1MPa。

压缩机各部位的允许温升

表 2.15.44 – 1

检 查 部 位	有水冷却(℃)	无水冷机(℃)
主轴外侧面	≤40	≤60
轴封外侧面		
润滑油	≤40	≤50

F. 压缩机和压缩机组的负荷试运转除了应符合 GB 50274—98《制冷设备、空气分离器设备安装工程施工及验收规范》第 2.2.7 条相关部分的规定外,尚应符合第 2.2.9 条的规定。

(2)螺杆式制冷机组:螺杆式制冷机组的试运转和负荷试运转应符合 GB 50274—98《制冷设备、空气分离器设备安装工程施工及验收规范》第 2.3.3 条、第 2.3.4 条的规定。

(3)离心式制冷机组:离心式制冷机组的试运转和负荷试运转应符合 GB 50274—98《制冷设备、空气分离器设备安装工程施工及验收规范》第 2.4.3 条、第 2.4.4 条、第 2.4.6 条的规定。

(4)溴化锂吸收式制冷机组:溴化锂吸收式制冷机组的安装和各复述设备的试运转、负荷试运转应符合 GB 50274—98《制冷设备、空气分离器设备安装工程施工及验收规范》第 2.7.2 条 ~ 第 2.7.10 条、第 2.4.6 条的规定。

15.45 冷却塔的单机试运转

依据 GB 50243—2002《通风与空调工程施工质量验收规范》第 9.2.7 条、第 11.2.2 条的规定,冷却塔本体应稳固、无异常振动和声响,其噪声应符合设计要求和产品性能指标。抽查数量 100%,系统运行时间不小于 2h。风机试运转见第 15.43 项。

15.46 电控防火、防排烟风阀(口)的试运转

电控防火、防排烟风阀(口)的手动、电动操作应灵活、可靠,信号正确。抽查数量第 35 款中按风机数量的 10%,但不得少于 1 个。按系统中风阀数量的 20%抽查,但不得少于 1 个。

15.47 新风系统、排风系统风量的检测与平衡调试

新风系统、排风系统安装后应进行系统各分路及各风口风量的调试和测量,并填写记录单。系统风量的平衡一般采用基准风口法进行测试。现以图 1.9.5 – 6 为例说明基准

风口法的调试步骤。

(1) 风量调整前先将所有三通调节阀(图 1.9.5 - 7)的阀板置于中间位置,而系统总阀门处于某实际运行位置,系统其他阀门全部打开。然后启动风机,初测全部风口的风量,计算初测风量与设计风量的比值(百分比),并列于记录表格中。然后启动风机,初测全部风口的风量,计算初测风量与设计风量的比值(百分比),并列于记录表格中。

(2) 在各支路中选择比值最小的风口作为基准风口,进行初调。

(3) 先调整各支路中最不利的支路,一般为系统中最远的支路。用两套测试仪器同时测定该支路基准风口(如风口 1)和另一风口的风量(如风口 2),调整另一个风口(风口 2)前的三通调节阀(如三通调节阀 a),使两个风口的风量比值近似相等;之后,基准风口的测试仪器不动,将另一套测试仪器移到另一风口(如风口 3),再调试另一风口前的三通调节阀(如三通调节阀 b),使两个风口的风量比值近似相等。如此进行下去,直至此支路各个风口的风量比值君与基准风口的风量比值近似相等为止。

(4) 同理调整其他支路,各支路的风口风量调整完后,再由远及近,调整两个支路(如支路Ⅰ和支路Ⅱ)上的手动调节阀(如手动调节阀 B),使两支路风量的比值近似相等,如此进行下去。

(5) 各支路送风口的送风量和支路送风量调试完后,最后调节总送风道上的手动调节阀,使总送风量等于设计总送风量,则系统风量平衡调试工作基本完成。

(6) 但总送风量和各风口的送风量能否达到设计风量,尚取决于送风机的出率是否与设计选择相符。若达不到设计要求就应寻找原因,进行其他方面的调整,具体详见"测试中发现问题的分析与改进办法"部分。调整达到要求后,在阀门的把柄上用油漆做好标记,并将阀位固定。

(7) 为了自动控制调节能处于较好的工况下运行,各支路风道及系统总风道上的对开式电动比例调节阀在调试前,应将其开度调节在 80% ~ 85% 的位置,以利于运行时自动控制的调节和系统处于较好的工况下运行。

(8) 风量测定值的允许误差:风口风量测定值的误差为 10 % ,系统风量的测定值应大于设计风量 10% ~ 20% ,但不得超过 20%。

(9) 流量等比分配法(也称动压等比分配法):此方法用于支路较少,且风口调整试验装置(如调节阀、可调的风口等)不完善的系统。系统风量的调整一般是从最不利的环路开始,逐步调向风机出风段。如图 1.9.5 - 8 所示,先测出支管 1 和 2 的风量,并用支管上的阀门调整两支管的风量,使其风量的比值与设计风量的比值近似相等。然后测出并调整支路 4 和 5、支管 3 和 6 的风量,使其风量的比值与设计风量的比值都近似相等。最后测定并调整风机的总风量,使其等于设计的总风量。这一方法称"风量等比分配法"。调整达到要求后,在阀门的把柄上用油漆记上标记,并将阀位固定。

15.48　空调房间室内参数的检测

空调房间室内参数(温湿度、洁净度、静压及房间之间的静压压差等)应分夏季和冬季分别检测,并分别填写各种试验记录单。检测参数见 GB 50243—2002《通风与空调工程施工质量验收规范》和 JGJ 70—90《洁净室施工及验收规范》的相关规定和设计要求。

15.49　通风工程系统无生产负荷联动试运转及调试

通风工程系统安装完成后，应按 GB 50243—2002《通风与空调工程施工质量验收规范》第 11.3.2 条的规定进行无生产负荷的系统联动试运转和调试，其要求如下：

A. 系统联动试运转中，设备及主要部件的联动必须符合设计要求，动作协调、正确，无异常现象。

B. 系统经过平衡调整后各风口或吸气罩的风量与设计风量的允许偏差不应大于 15%。

C. 湿式除尘器的供水与排水系统运行应正常。

15.50　空调工程系统无生产负荷联动试运转及调试

空调工程系统安装完成后，应按 GB 50243—2002《通风与空调工程施工质量验收规范》第 11.3.3 条的规定进行无生产负荷的系统联动试运转和调试。其要求如下：

A. 空调工程水系统应冲洗干净、不含杂物，并排除管道系统中的空气；系统连续运行应达到正常、平稳；水泵的压力和水泵电机的电流不应出现大幅度波动。系统平衡调整后，各空调机组的水流量应符合设计要求，允许偏差为 20%。

B. 各种自动计量检测元件和执行机构的工作应正常，满足建筑设备自动化（BA、FA 等）系统对被测定参数进行检测和控制的要求。

C. 多台冷却塔并联运行时，各冷却塔的进、出水量应达到均衡一致。空调室内噪声应符合设计要求。

D. 有压差要求的房间、厅堂与其他相邻房间之间的压差应符合：

（A）舒适性空调的正压为 0~25Pa。

（B）工艺性空调应符合设计要求。

E. 有环境噪声要求的场所，制冷、空调机组应按现行国家标准 GB 9068《采暖通风与空气调节设备噪声声功率级的测定——工程法》的规定进行测定。洁净室的噪声应符合设计的规定。

F. 检查数量和检查方法：

检查数量：按系统数量抽查 10%，且不得少于一个系统或一间房间。

检查方法：观察、用仪表测量检查及查阅调试记录。

15.51　通风与空调工程的控制和监控设备的调试

通风与空调工程的控制和监控设备应依据 GB 50243—2002《通风与空调工程施工质量验收规范》第 11.3.4 条的规定进行调试，调试结果通风与空调工程的控制和监控设备应能与系统的检测元件和执行机构正常沟通，系统的状态参数应能正确显示，设备连锁、自动调节、自动保护应能正确动作。

检查数量:按系统或监测系统总数抽查 30%,且不得少于一个系统。

检查方法:旁站观察,查阅调试记录。

15.52 制冷剂输送管道的强度和真空度试验

制冷剂输送管道的强度和真空度试验应符合 GB 50243—2002《通风与空调工程施工及验收规范》第 8.2.10 条、第 8.3.6 条及 GB 50274—98《制冷设备、空气分离器设备安装工程施工及验收规范》的相关规定。

(1) 制冷剂输送系统的吹污:制冷剂输送系统管道的强度和真空度试验前应进行系统吹污,吹污可用压力 0.5~0.6MPa 的干燥压缩空气或用氟利昂系统可用惰性气体如氮气,按系统顺序反复进行多次吹扫,并在排污口处设靶检查(如用白布),检查 5min 无污物为合格。吹污后应将系统中阀门的阀芯拆下清洗(安全阀除外)干净后,重新组装。

(2) 制冷剂输送系统和阀门的气密性试验:依据 GB 50274—98《制冷设备、空气分离器设备安装工程施工及验收规范》第 2.5.3 条、第 2.5.11 条的规定,制冷剂输送系统的气密性试验应分高压、低压两步进行。试验介质可采用氮气、二氧化碳气或干燥的压缩空气。制冷剂输送系统和阀门的试验压力按表 2.15.52-1 的试验压力取值。

系统气密性的试验压力(绝对大气压)　　　　　　表 2.15.52-1

系统压力	活塞式制冷机			离心式制冷机
	R717、R502	R22	R12、R134a	R11、R123
低压系统	1.8	1.8	1.2	0.3
高压系统	2.0	高冷凝压力 2.5	高冷凝压力 1.6	0.3
		低冷凝压力 2.0	低冷凝压力 1.2	

A. 低压制冷剂输送系统的气密性试验:试验前在高、低压部分安装压力表,拆去原系统中不宜承受过高压力的部件和阀件(如恒压阀、压力控制器、热力膨胀阀等),并用其他阀门或管道代替,开启手动膨胀阀和管路上其他阀门,自高压系统的任何一处向系统充氮气,并使压力达到试验的低压试验压力,即停止充气。观察系统压力下降情况,若无明显下降,则用肥皂液进行检漏。若检查无渗漏,则稳压保持 24h。前 6h 系统的压力降不应大于 0.03 MPa,后 18 h 开始记录压力降,除因环境温度变化而引起的误差外(一般不超过 0.01~0.03MPa),若压力按下式计算不超过 1% 为合格。

$$\Delta P = P_1 - \left[(273 + t_1)/(273 + t_2)\right]P_2$$

式中　　ΔP——压力降(MPa);

P_1——开始时系统中气体的压力(MPa 绝对压力);

P_2——结束时系统中气体的压力(MPa 绝对压力);

t_1——开始时系统中气体的温度(℃);

t_2——结束时系统中气体的温度(℃)。

B. 高压制冷剂输送系统的气密性试验:低压制冷剂输送系统压力试验合格以后,再继续充气对制冷剂输送系统的高压部分进行压力试验。当压力达到试验的高压试验压力时,即停止充气,观察系统压力下降的情况,若无明显的压力下降,则用肥皂液进行检漏。若无渗漏,则稳压保持24h,前6h系统的压力降不应大于0.03MPa,后18h开始记录压力降,除因环境温度变化而引起的误差外(一般不超过0.01~0.03MPa),若压力降按上式计算不超过1%为合格。

(3) 制冷剂输送系统的检漏:制冷剂输送系统的检漏方法有肥皂水检漏、检漏灯检漏和电子自动检漏仪检漏等方法。

A. 肥皂水检漏:当制冷剂输送系统内达到一定压力(低压系统不低于0.2MPa)后,用肥皂水涂抹各连接、焊接和紧固等可疑部位,若发现有不断扩大的气泡出现,即说明有泄漏存在。

B. 检漏灯检漏:检漏灯(也称卤素灯)对氟利昂制冷剂输送系统是一种简便有效的检漏工具。如果检漏灯吸入的空气中含有氟利昂气体,则氟利昂遇到火焰后便分解为氟、氯元素,这些元素与灯头上炽热的铜丝网接触即合成卤素铜化合物,并使火焰变成光亮的绿色、深绿色。当氟利昂大量泄漏时,火焰则变成紫罗兰色或深蓝色,以至火焰熄灭。但系统泄漏严重时不宜采用检漏灯检漏,以免产生光气引起中毒事故。

C. 电子卤素检漏仪检漏:这种检漏仪对卤素的检漏灵敏度很高,反映速度快,重量轻,携带方便。

(4) 制冷剂输送系统的抽真空试验:抽真空试验可用系统本身的压缩机对系统进行抽真空,大型的制冷剂输送系统也可用专门的真空泵对系统进行抽真空。制冷剂输送系统抽真空试验的余压对于氨输送系统不应高于8kPa,氟利昂输送系统不应高于5.3kPa。稳压保持24h后,氨输送系统压力以无变化为合格;氟利昂输送系统压力回升值不应大于0.5kPa。但依据GB 50274—98《制冷设备、空气分离器设备安装工程施工及验收规范》第2.6.5条要求应符合设备技术文件的规定。

(5) 其他制冷剂系统的严密性和抽真空试验:详见GB 50274—98《制冷设备、空气分离设备安装工程施工及验收规范》的相关部分。

15.53 锅炉的各项参数测试和试运转

A. 锅炉的高低水位报警器和超温、超压报警器及连锁保护装置的联动试验:依据GB 50242—2002《建筑给水排水及采暖工程施工质量验收规范》第13.4.4条及GB 50273—98《工业锅炉安装工程施工及验收规范》第6.1.9条、第6.1.10条规定,应对锅炉的高低水位报警器和超温、超压报警器及连锁保护装置进行启动、联动试验,验证这些装置安装是否齐全和有效,并做好记录。

B. 锅炉的煮炉试验:如果选用的锅炉厂家出厂时已对炉内进行清洁处理,为避免炉体化学损伤厂家不同意再进行煮炉试验,则可不必进行。如果选用的锅炉厂家出厂时无说明,则应按GB 50242—2002《建筑给水排水及采暖工程施工质量验收规范》第13.5.1条~

第 13.5.4 条及 GB 50273—98《工业锅炉安装工程施工及验收规范》第 9.2.1 条～第 9.2.8 条的要求进行煮炉试验,煮炉时间一般 2～3d。

C. 锅炉联合试运行试验:锅炉机组及其附属系统的单机试运行与联合试运行同期进行。

(A) 锅炉启动的准备:启动前应检查炉内及系统内有无遗留物品,各相关阀门和检测仪表是否处于启动的开启或关闭状态。

(B) 炉水是否注满或注到应有的水位,循环泵、给水泵、鼓风机的运转是否正常,安全阀、水位计、电控及电源系统、燃气供应系统、燃烧设备的调试是否达到运行条件,给水水质是否符合要求。

(C) 送风系统的漏风试验已经进行(可用正压法进行试验,即关闭炉门、灰门、看火孔、烟道排烟门等,然后用鼓风机鼓风,炉内能维持 50～100Pa 正压;再用发烟设备产生烟雾,由送风机吸入口吸入,送入炉内,检查无渗漏为合格)。

(D) 调整安全阀的启动压力,锅炉带负荷运行 24～48h,运行正常为合格。

(E) 运行过程应检查锅炉设备及附属设备的热工性能和机械性能,测试给水、炉水水质、炉膛温度、排烟温度及烟气的含尘、含硫化合物、含氮化合物、一氧化碳、二氧化碳等有害物质的浓度是否符合国家规定的排放标准(此项应事先委托环保部门测试)。同时测试锅炉的出率(即发热量或蒸发量)、压力、温度等参数,与此同时测试给水泵、引(鼓)风机的相关参数。

15.54　洁净室有关参数的测试

(1) 风道和风口断面风量 L、平均动压 P_d、平均风速 v 的计算

A. 风道和风口断面风量、平均动压、平均风速的测量条件

风道和风口断面风量、平均动压、平均风速的测量一般随系统的平衡调试同时进行。

B. 风道和风口断面风量、平均动压、平均风速测量的仪表

(A) 风道断面风量、平均动压、平均风速测量的仪表(表 2.15.54 - 1)。

风道断面风量、平均动压、平均风速测量的仪表　　　　表 2.15.54 - 1

序号	设备和仪表名称	型号	规格或量程	精度等级	数量	单位
1	标准型毕托管		外径 $\phi10$		1	台
2	倾斜微压测定仪	TH - 130 型	0～1500Pa	1.5Pa	1	套

(B) 风口断面风量、平均风速测量的仪表(表 2.15.54 - 2)。

风口断面风量、平均风速测量的仪表　　　　表 2.15.54 - 2

设备和仪表名称	型号	规格或量程	精度等级	数量	单位
热球式风速风温表	RHAT - 301 型	0～30m/s - 20～85℃	<0.3m/s±3 0.3℃	2	台

或选毕托管和微压计等仪表进行测定。

C. 风道和风口断面测量扫描测点的确定

(A) 圆形断面风道测点和风口扫描测点的确定

圆形断面风道测点和风口扫描测点的布局按图 1.8.7 – 5 确定,但测定内圆环数按表 1.8.7 – 6 选取。

(B) 矩形断面风道测点和风口扫描测点的确定

矩形断面风道测点和风口扫描测点的布局按图 1.8.7 – 6 确定,但依据 GB 50243—2002《通风与空调工程施工质量验收规范》附录 B.1 第 B.1.2 条第 1 款规定,匀速扫描移动不应少于 3 次,测点个数不应少于 6 个。

D. 采用表 2.15.54 – 1 仪表测试时风道和风口断面风量 L、平均动压 P_d、平均风速 v 的计算

(A) 风道和风口断面平均动压 P_d 的计算

$$P_d = \left[\sum (P_{dk})^{0.5} / n \right]^2$$

式中　　P_d——断面平均动压(Pa);

P_{dk}——断面测点动压(Pa);

n——测点数。

(B) 平均风速 v 的计算

$$v = (2P_d / \gamma)^{0.5} = 1.29(P_d)^{0.5} \qquad\qquad \text{m/s}$$

(C) 风道断面风量 L

$$L = 1.29A(P_d)^{0.5} \qquad\qquad \text{m}^3/\text{h}$$

式中　　A——风道断面面积(m^2)。

E. 采用表 2.15.54 – 2 仪表测试时风口断面风量 L、平均风速 v 的计算:

(A) 平均风速 v 的计算:

$$V_d = \sum V_{dk} / n$$

式中　　V_d——断面平均风速(m/s);

V_{dk}——断面测点风速(m/s);

n——测点数。

(B) 风口风量 L 的计算:

$$L = A \cdot V_d \qquad\qquad \text{m}^3/\text{h}$$

式中　　A——风道断面面积(m^2)。

(C) 风口、房间和系统风量测定的允许相对误差

a. 风口风量、房间和系统风量测定相对误差值 Δ 的计算

$$\Delta = \left[(L_{\text{实测值}} - L_{\text{设计值}}) / L_{\text{设计值}} \right] \%$$

式中　　$L_{\text{实测值}}$——实测风量值(m^3/h);

$L_{\text{设计值}}$——设计风量值(m^3/h)。

b. 系统允许相对误差值

依据 GB 50243—2002《通风与空调工程施工质量验收规范》第 11.2.3 条第 1 款、第 11.2.5 条第 2 款规定,$\Delta \leqslant 10\%$。

c. 风口允许相对误差值

依据 GB 50243—2002《通风与空调工程施工质量验收规范》第 11.3.2 条第 2 款规定, $\Delta \leqslant 15\%$。

F. 洁净室室内风量的测定

(A) 单向流洁净室的室内风量的测定

测定离高效过滤器 0.3m,垂直于气流的截面。截面上的测点间距不宜大于 0.6m,测点数不应少于 5 个,将测点的算术平均值,作为平均风速。平均风速与洁净室截面的乘积为洁净室的送风量。

(B) 非单向流洁净室的室内风量的测定

a. 风口法测定:可采用风口法,测定高效过滤送风口的平均风速与风口净截面积之积。

b. 支管法测定:利用测定风口上支管的断面的平均风速与风管断面积之积。

G. 风口、房间和系统风量采用记录单

风口、房间和系统风量采用记录单为表式 C6 – 6 – 3 或 C6 – 6 – 3A(见附录表集)。

(2) 室内温湿度及噪声的测量

A. 室内温湿度的测定

(A) 测点布置和测试方法

室内测点布置为送风口、回风口、室内中心点、工作区测三点。室中心和工作区的测点高度距地面 0.8m,距墙面 $\geqslant 0.5$m,但测点之间的间距 $\leqslant 2.0$m;房间面积 $\leqslant 50$m^2 的测点 5 个,每超过 $20 \sim 50$m^2 增加 $3 \sim 5$ 个。测定时间间隔为 30min。测试方法采用悬挂温度计、湿度计,定时考察测试。或采用便携式 RHTH – I 型温湿度测试仪表定时测试。

(B) 测定仪表选择

温度计、干湿球温度计或其他便携式 RHTH – I 型温湿度测试仪表,见表 2.15.54 – 3。

室内温度测试仪表 表 2.15.54 – 3

序号	仪表名称	型号规格	量 程	精度等级	数量
1	水银温度计	最小刻度 0.1℃	0 ~ 50℃		5
2	水银温度计	最小刻度 0.5℃	0 ~ 50℃		10
3	酒精温度计	最小刻度 0.5℃	0 ~ 100℃		10
4	热球式温湿度表	RHTH – 1 型	– 20 ~ 85℃ 0 ~ 100%	5	
6	热球式风速风温表	RHAT – 301 型	0 ~ 30m/s、– 20 ~ 85℃	< 0.3m/s、± 0.3℃	5
7	干湿球温度计	最小分度 0.1℃	– 26 ~ 51℃		5

(C) 测试条件

室内温湿度的测定应在系统风量平衡调试完毕后进行,也可与系统联合试运转同时进行。

B. 允许误差值和采用的记录单

（A）测定值的允许误差：室温和相对湿度允许误差详见设计要求。

（B）测点数量要求：见表 2.15.54 - 4。

室内温湿度测点数

表 2.15.54 - 4

波 动 范 围	洁净室面积≤50m²	每增加 20 ~ 50m²
$\Delta t = \pm 0.5 \sim \pm 2\text{℃}$	5 个	增加 3 ~ 5 个
$\Delta RH = \pm 5\% \sim \pm 10\%$		
$\Delta t = \pm 0.5\text{℃}$	点间距不应大于 2m,点数不应少于 5 个	
$\Delta RH = \pm 5\%$		

（C）室内温湿度测试记录单采用表式 C6 - 6 - 3B（见相关记录表集）。

C. 室内噪声的测定

噪声测定采用五点布局（图 1.8.7 - 7）和普通噪声仪（如 CENTER320 型或其他型号的噪声测定仪）。测定时间间隔同温度测定。测点高度距离地面 1.1 ~ 1.5m,房间面积≤50m² 可仅测中间点,设计无要求的不测。测试记录单采用 C6 - 6 - 3C（见相关记录表集）。室内噪声的测定应在系统风量平衡调试完毕后,也可与系统联合试运转同时进行。

（3）室内风速的测定

依据设计和工艺的要求安排测点的分布并绘制出平面图,主要应重点测试工作区和对工艺影响较大的地方（如控制通风柜操作口周围的风速,以免风速过大将通风柜内的污染空气搅乱溢出柜外或影响柜内的操作,通风柜入口测定风速应大于设计风速 v,但误差不应超过 20%）。采用仪表为 RHAT - 301 型热球式风速风温仪或 MODEL24/6111 型热线式风速仪。室内风速的测定应在系统平衡调试完毕后,也可与系统联合试运转同时进行。

（4）洁净室静压和静压差的测试：

A. 洁净室室内静压测试的前提（洁净度的测定条件）

（A）土建精装修已完成和空调系统等设备已安装完毕。

（B）空调系统已进行风量平衡调试和单机试运转完毕。

（C）各种风口已安装就绪。

（D）系统联合试运转已进行且测试合格后进行。

（E）测定前应按洁净室的要求进行长度清洁工作,并且空调系统应提前运行 12h。

（F）进入洁净室的测试人员应穿白色的工作服,戴洁净帽,鞋应套洁净鞋套。进入人员应受控制,一般不超过 3 人。

B. 洁净室室内静压的测试方法

测定设备应用灵敏度不低于 2.0Pa 的微压计检测,一般采用最小刻度等于 1.6Pa 的倾斜式微压计和胶管。测试时将门关闭,并将测定的胶管（最好口径在 5mm 以下）从墙壁上的孔洞伸入室内,测试口在离壁面不远处垂直气流方向设置,测试口周围应无阻挡和气流干扰最小。洞口平均风速大于或等于 2.0m/s 时可采用热球风速仪。测得静压值与设计要求值的误差值不应超过设计允许的误差值或 ±5Pa。

C. 需测试静压差的项目

需测试静压差的项目有室内与走廊静压差、高效过滤器和有要求设备前后的静压差等。相邻不同级别的洁净室之间和洁净室与非洁净室之间测得的静压差值应大于 5Pa；洁净室与室外测得的静压差值应大于 10Pa。

(5) 洁净度的测定

A. 测点数和测定状态的确定

洁净度的测试委托总公司技术部测定。

(A) 洁净度的测定状态

依据 GB 50243—2002《通风与空调工程施工质量验收规范》规定测定状态为静态或空态。

(B) 洁净度的测定点数

依据 GB 50243—2002《通风与空调工程施工质量验收规范》附录 B.4 规定每间房间测点数确定,见表 1.8.7 – 9,测点布局可按图 1.8.7 – 7 五点布局原则进行。当测点少于五点或多于五点时,其中一点应放在房间中央,且测点尽量接近工作区,但不得放在送风口下。测点距地面 0.8～1.0m。

(C) 测定洁净度的最小采样量

依据 GB 505243—2002《通风与空调工程施工质量验收规范》附录 B.4 规定测定洁净度的最小采样量见表 1.8.7 – 10。

B. 采用测试仪器

洁净度的测试采用 BCJ – 1 激光粒子计数器(或其他型号的激光粒子计数器),测得含尘计数浓度应小于设计允许值(如 8 级应 $\leqslant 3500$ 个/L)。

C. 室内洁净度测定值的计算

(A) 室内平均含尘量 N 的计算

$$N = \frac{C_1 + C_2 + \cdots\cdots C_i}{n}$$

(B) 测点平均含尘浓度的标准误差 σ_N

$$\sigma_N = \sqrt{\frac{\sum_{i-1}^{n}(C_i - N)^2}{n(n-1)}}$$

(C) 每个采点上的平均含尘浓度 C_i

$$C_i \leqslant 洁净级别上限$$

(D) 室内平均含尘浓度与置信度误差浓度之和(测试浓度的校核)

$$N + t\sigma \leqslant 洁净级别上限$$

式中　　n——测点数量;

　　　　C_i——每个采点上的平均含尘浓度;

　　　　t——置信度上限为 95% 时,单侧 t 分布的系数,其值见表 1.8.7 – 11。

D. 洁净度测定合格标准:详见表 1.8.7-12。

(6) 洁净室截面平均流速和速度不均匀度的检测

A. 测点位置

(A) 垂直单向流和非单向流洁净室

测点选择距离墙体或围护结构内表面大于 0.5m,离地面高度 0.5~1.5m 作为工作区。

(B) 水平单向流洁净室

选择以送风墙或围护结构内表面 0.5m 处的纵断面高度作为第一工作面。

B. 测定断面的测点数和测定仪器的要求

测点数和测定仪器的要求与室内温湿度的测点数同表 2.15.54-5。

C. 测定仪器操作要求

(A) 测定风速应采用测定架固定风速仪,以避免人体干扰。

(B) 不得不用手持风速仪时,手臂应伸至最长位置,尽量使人体远离测头。

D. 风速不均匀度的计算

风速不均匀度 β_0 按下式计算,一般值不应大于 0.25。

$$\beta_0 = s/v$$

式中　　s——各测点风速的平均值;

　　　　v——标准差。

E. 洁净室内气流流形的测定

洁净室内气流流形的测定宜采用发烟或悬挂丝线的方法进行观察测量与记录。然后标在记录的送风平面的气流流形图上。一般每台过滤器至少对应一个观察点。

(7) 综合评定检测

(A) 综合评定工作的组织和对评定单位的要求

上述测试为竣工验收测试,竣工验收后,交付使用前,尚应由甲方委托建设部建筑科学研究院空调研究所测定,或其他具备国家认定检测资质的检测单位测定。但核定单位必须是与甲方、乙方、设计三方同时没有任何关系的单位。

(B) 综合评定检测的项目

依据 JGJ 71—90《洁净室施工及验收规范》第 5.3.2 条规定见表 1.8.7-3。

(C) 测定结果由检测单位提供测试资料、评定结论和提出出现相关问题的责任方,综合评定的费用由甲方支付。

15.55　人防工程通风系统的调试

依据 GB 50238—94《人民防空地下室设计规范》第 5.2.13 条及 GBJ 134—90《人防工程施工及验收规范》第 15.0.1 条的规定。

(1) 防毒密闭管路及密闭阀应的气密性试验,当充气压力为 $P = 5.06 \times 10^4$ Pa(即 0.0506MPa),并维持 5min,经检查不漏气为合格。

(2) 过滤吸收器(即滤毒器)的气密性试验,当试验充气压力 $P = 1.06 \times 10^4$ Pa(即 0.0106MPa)后,5min 内压力降 $\Delta P \leqslant 660$Pa 为合格。

(3) 设有滤毒器过滤通风系统的防空地下室应在口部和排风机房设测压装置,测定室内与室外的静压差,其超压值应为 30~50Pa(即室内应维持 +30~+50Pa 的静压值)。

(4) 野战防空工程最后一道防毒通道与室外应维持 20~100Pa 的超压值。

16 ISO 金属基层表面碟形帽金属保温钉焊接固定工艺简介

以往金属基层(管道、箱体等)表面板式或毡式保温层的固定均采用塑料碟形帽保温钉胶粘固定的施工工艺。该工艺存在安装工序多、工期长、挥发物污染环境、损害人体健康、易脱落、外表不易平整、施工质量和观感效果差等缺陷。而 ISO 金属基层表面碟形帽金属保温钉焊接固定工艺则克服上述缺陷,且固结牢靠、表面平整、观感效果好,成本低、进度快的优点,它适用于 $\delta \geqslant 0.75mm$ 金属基层表面保温板(毡)的固定。

16.1 HBS BOLZENSCHWEISS SYSTEME ISO 型碟形帽金属保温钉焊接固定单元的组成

ISO 型碟形帽金属保温钉焊接固定单元由 CD1500 型电容储能钉尖触点放电电焊机(Capacitor – Discharge – Welding Unit With Tip Ignition—Gap – And Contact Welding 也称动力单元 Power Unit)、PMK – 20 ISO TS 型金属碟形帽保温钉焊枪(Stud Welding Gun 图 2.16.1 – 1)、输送电缆(Cable)、接地(接零)电缆(Ground Cable)、组成。

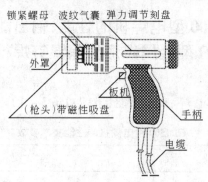

图 2.16.2 – 1 PMK – 20 ISO TS 示意图

16.2 ISO 型碟形帽金属保温钉焊接固定单元(动力单元 Power Unit)工艺流程图

ISO 型碟形帽金属保温钉焊接固定单元工艺流程图见图 2.16.2 – 1。

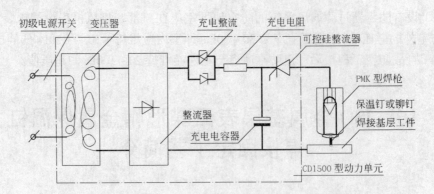

图 2.16.2 – 1　CD1500 动力单元焊接工艺流程图

16.2.1　充电过程

充电过程是充电电流开关(Charging Current Switch)闭合(ON)，初级交流电源在变压器 (Transformer)和整流器(Rectifier)的整流电路中被变压和整流。电容器(Capacitors)通过充电电阻(Charging Resistor)进行充电。

16.2.2　焊接放电过程

当焊接时，充电电流开关断开(OFF)，充电线路断路，电容停止充电，并在可控硅整流器(SCR)的整流、激发下充电电容放电形成焊接电流，焊接电流经过输送电缆、焊枪、金属碟形帽保温钉、基层材料(工件)和接地(接零)电缆构成焊接电流回路，实现钉尖触点大电流的电弧焊接工艺流程。

16.3　CD1500 型电焊机的性能、输出能量的调节和 PMK – 20 ISO TS 型金属碟形帽保温钉焊枪焊接参数的调节

16.3.1　CD1500 型电焊机的性能(表 2.16.3 – 1)

CD1500 型电焊机的性能技术参数　　　　　　表 2.16.3 – 1

项　　目	技　术　参　数
焊接方式	电容储能
电容量	66 000 μF
充电量	1600 ws (最高可达)
焊接时间	1~3 ms /个
电流调节	无级调节
充电电压	60~220 V

项　　　　　目	技　术　参　数
焊接范围(直径)	M3 ~ M8　$\phi 2 ~ 8$
焊接材料	低碳钢、不锈钢、铜、铝合金
焊接频率	12 ~ 40 个 / min
供电电源	115 / 230 V，　50 / 60 Hz，10 AT
绝缘等级	IP 22
外形尺寸	430mm × 130mm × 230mm($L × W × H$)
重量	12 kg

16.3.2　CD1500 型电焊机能量输出的调节

应依据不同基层表面的材质和碟形帽金属保温钉的直径调节电焊机上能量输出刻度盘(图 2.16.3 - 1)的指针,使电焊机输出的能量参数符合基层表面材质和碟形帽保温钉直径的优化焊接要求。

16.3.3　PMK - 20 ISO TS 型碟形帽金属保温钉焊枪焊接参数的调节

在实施焊接工作前,为了获得最佳的焊接质量,应依据碟形帽金属保温钉的直径和材质、保温基层金属的材质和规格对 PMK - 20 ISO TS 型碟形帽金属保温钉焊枪上的弹簧压力调节器(图 2.16.3 - 2)和 CD1500 型碟形帽金属保温钉电焊机上能量输出刻度盘指针设置进行调节以便获得最佳的焊接效果。

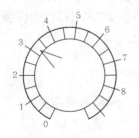
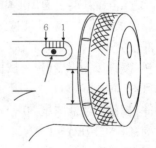

图 2.16.3 - 1　DC1500 动力单元能量输出调节刻度盘　　图 2.16.3 - 2　焊枪弹簧压力的设置

16.4　PMK - 20 ISO TS 型碟形帽金属保温钉焊枪的工作原理

如图 2.16.4 - 1 所示,将碟形帽金属保温钉置于枪头(Gun Head)的磁性吸盘上,并抵压在保温材料的表面,再加压将碟形帽金属保温钉压入保温材料中,直至钉尖与基层材料(焊接工件)的表面接触[图 2.16.4 - 1(1)]。继续推压碟形帽金属保温钉,直到保温材料

反作用的弹力终止(即压不进去为止),此时该处保温层表面高度比原来表面高度后退 2
~5mm[图 2.16.4－1(2)];然后扣动板机按钮(Trigger Switch),此时枪内被压缩的弹簧
(Pressure Spring)被释放,弹力推动活塞(Spindle),将吸盘上的碟形帽金属保温钉一直抵在
被保温的金属基层表面上。与此同时安装在板机盒内的触点开关闭合,将系统的充电电
路关闭,同时接通动力单元(Power Unit)储能电容器的放电电路,储能电容器(Capacitor
Battery)的电能被释放,并通过碟形帽金属保温钉、被保温的基层金属体、电源接地(接零)
线、电焊机及焊枪内部的相关部件构成瞬间放电回路,造成电容器瞬间放电,在巨大的放
电瞬间电流作用下,碟形帽金属保温钉的钉尖(Tip)和基层表面之间产生电弧[图
2.16.4－1(3)],这一电弧将碟形帽金属保温钉的尖端和基层材料表面熔化。同时在焊枪
弹力的压迫下 1~2mm 长的碟形帽金属保温钉钉尖被熔入金属内,两者被焊接在一起[图
2.16.4－1(4)]。

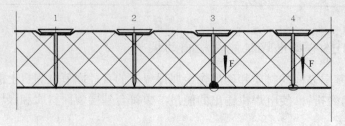

图 2.16.4－1　保温钉焊接流程示意图

16.5　ISO 金属基层表面碟形帽金属保温钉焊接固定工艺的试验结论和实际工程应用的评价

16.5.1　ISO 金属基层表面碟形帽金属保温钉焊接固定工艺的试验

通过对焊件 120h 的"乙酸盐雾连续喷雾"试验。结论是"焊点部位的腐蚀速度和未经
焊接损伤的部位完全一样"。现将试验报告摘录如下:

检验材料:镀锌板上焊点(每一试样均有三个焊点)

检验项目:乙酸盐雾

检验条件:氯化钠溶液浓度 50±5g/L,pH 值:3.0~3.3;盐雾箱内温度:35±2℃

检验标准:GB/T 10125—1997

喷雾方式:连续喷雾

检验结果:见表 2.16.5－1。

碟形帽金属保温钉焊接固定工艺检验结果　　　　表 2.16.5－1

试样	试验时间(h)	检　　验　　结　　果
1	120	3h 镀锌板和焊点均出现白锈;100h 镀锌板和焊点均出现红锈;120h 红锈均加重,但焊点未松动,焊点部分腐蚀速度与其他部分无区别

试样	试验时间(h)	检 验 结 果
2	120	3h 镀锌板和焊点均出现白锈;100h 镀锌板和焊点均出现红锈;120h 红锈加重,但焊点未松动,焊点部分腐蚀速度与其他部分无区别
3	120	3h 镀锌板和焊点均出现白锈;100h 镀锌板和焊点均出现红锈;120h 红锈加重,但焊点未松动,焊点部分腐蚀速度与其他部分无区别

16.5.2　ISO 金属基层表面碟形帽金属保温钉焊接固定工艺在实际工程中应用的评价

通过人民大会堂观众厅通风管道的改造及解放军总医院门诊楼工程的应用实践,其与塑料碟形帽保温钉胶粘固定工艺的比较有如下优点:

(1) 减少对保温基层表面的清洁工序

塑料碟形帽保温钉胶粘固定工艺为了保证塑料碟形帽保温钉能牢靠粘贴,必须对基层表面进行彻底的清洁工作。但碟形帽金属保温钉焊接固定工艺是焊接连接,对基层表面的清洁性无特殊要求,多数情况下可减少此工序。

(2) 节省施工时间加速施工进度

节省施工时间体现在如下几个方面:

A. 减少基层表面的清洁工序和塑料碟形帽保温钉胶粘固定等待 12～24h 的凝固工序。

B. 金属基层表面保温钉焊接固定工艺将整个施工步骤合并为一,施工速度快(12～40 个/min),而塑料碟形帽保温钉胶粘固定施工工艺表面清洁、刷胶、粘钉、铺保温材料、上加固固定带等必须一步一步地往前进行,施工速度慢。

C. 金属基层表面保温钉焊接固定工艺每平方米使用的保温钉个数少(底面 10 个/m^2、其他位置 6 个/m^2),而塑料碟形帽保温钉胶粘固定工艺每平方米使用的保温钉个数多(底面 20 个/m^2、其他位置 12 个/m^2)。

(3) 粘贴质量牢固可靠,外观平整归一

焊接固定的牢固程度肯定比粘贴吊挂固定强,且焊接固定的保温钉长度统一,加压压力一致,因此所有固定点的松紧度也一致,这就使得保温层表面更加平整,外表美观。

(4) 不受保温基层表面形状的限制,任何形状的保温基层表面均能保证施工质量。

(5) 施工现场的施工环境对施工质量无关,因此不受季节性限制。

(6) 无有害化学物质挥发物产生,不污染环境,对人员无伤害现象。

(7) 采取边铺边固定的一次性安装施工工艺,减少施工人员的高空作业的频率和时间,因而减少工伤事故的发生频率。

(8) 工程造价

降低造价方面:主要体现在两个方面。即施工工艺简化,减少施工人员数量和施工期限,从而减少工人施工工资的支出;另一方面金属保温钉每个进价 0.08 元/只,将来调价后约 0.10 元/只,而塑料保温钉每个进价 0.04～0.05 元/只,考虑粘胶约 0.05～0.06 元/只。上面已阐明每平方米的用量塑料保温钉是金属保温钉的一倍,因此每平方米的造价比约为 1.00 元/m² 与 1.00～1.10 元/m² 之比。

增加设备投资成本方面:ISO 金属基层表面碟形帽金属保温钉焊接设备一套价格人民币在 1.5 万元左右,这对于小规模的施工单位,特别在当前大量使用劳务队的现状下,要获得推广是比较困难的。

17 ISO 金属基层表面盘状保温钉焊接固定工艺技术规程(摘录)

主编单位:中国新兴建设开发总公司第五公司　主要起草人:欧阳金练

17.1 总 则

17.1.1 为了在建筑安装工程中正确使用 ISO 金属基层表面金属盘状保温钉焊接固定设备和焊接固定工艺的技术,做到技术先进、工艺合理、安全无污染、工程质量可靠、经济效益高,特制定本规程。

17.1.2 本规程适用于新建、改扩建工程表面为平面或表面为曲率半径较大的金属管道、设备和金属结构构件表面为矿棉、岩棉、阻燃聚苯乙烯硬塑料板、阻燃聚苯乙烯软泡沫塑料板、聚氨脂发泡隔热板等板式或毡式保温材料的固定。

17.1.3 本规程对于管内或设备内输送(或储存)的介质温度 $t \leqslant 9℃$ 时,应根据周围环境条件进行碟形帽保温钉表面防结露验算。验算可采用下列公式。

$$t = (kLt_1 + t_2)(KL + 1)^{-1}$$

$$t > t_L$$

式中　t——碟形帽金属保温钉表面温度($℃$);

　　　t_1——风道周围环境温度($℃$);

　　　t_2——风道内介质温度($℃$);

　　　t_L——风道周围环境的露点温度($℃$);

　　　L——保温钉长度(cm);

　　　K——系数(碟形帽金属保温钉的碟形帽直径为 30mm、保温钉的直径为 1.8mm 时,$k = 41.667$)。

17.1.4 本规程不适用于基层为非导电材质的非金属管道、设备和非金属构件的保温层固定安装工程,也不适用于金属表面覆盖非导电材质的金属管道、设备和非金属构件的保温层固定安装工程。但某些非金属表面的板式或毡式保温、隔(吸)声材料,经过适当的技术处理后(如在非金属基层事先埋设可导电的金属板条,构成焊接电流回路),也可以使用。

17.1.5 本规程采用的设备是德国 HBS 公司开发的布尔金斯威士系列(BOLZEN-

SCHWESS SYSTEME CD1500 型电容储能钉尖触点放电电焊机 Capacitor – Discharge – Welding Unit With Tip Ignition—Gap – And Contact Welding)和 PMK – 20 ISO TS 型金属盘状保温钉焊枪(Stud Welding Gun)等主要设备,及国内引进该技术参数和制造工艺生产的同类设备。

17.1.6　本规程的配套规范和规程是 GB 50185—93《工业设备及管道绝热工程质量检验评定标准》、GB 50243—2002《通风与空调工程施工质量验收规范》、GB 50242—2002《建筑给水排水及采暖工程施工质量验收规范》、GB 50235—97《工业金属管道工程施工及验收规范》、GB 50273—98《工业锅炉安装工程施工及验收规范》、GB 50274—98《制冷设备、空气分离设备安装工程施工及验收规范》、GB 50264—97《工业设备及管道绝热工程设计规范》等。

17.2　设备与材料

17.2.1　本规程采用的焊接设备为德国 HBS 公司(BOLZENSCHWESS SYSTEME)ISO 系列金属基层表面金属盘状保温钉焊接固定工艺的焊接固定系统。

(1) 本规程采用的焊接固定系统的配套设备有

CD1500 型电容储能钉尖触点放电电焊机(Capacitor – Discharge – Welding Unit With Tip Ignition—Gap – And Contact Welding 也称动力单元—Power Unit)、PMK – 20 ISO TS 型金属盘状保温钉焊枪(Stud Welding Gun)、输送电缆(cable)、接地(接零)电缆(Ground Cable)等。

(2) CD1500 型金属盘状保温钉电焊机的供货范围和性能技术参数见表 2.16.3 – 1。

(3) PMK120 ISO TS 型焊枪(Stud Welding Gun)的性能和技术参数见表 2.17.2 – 1。

(4) PMK120 ISO TS 型碟形帽金属保温钉焊枪(Stud Welding Gun)的易损件有吸盘(Chuck)、铜垫圈(Copper Plate)、衬套(Spacer ISO TS),见图 2.17.2 – 2～图 2.17.2 – 3。

17.2.2　本规程采用碟形帽金属保温钉的材质及规格要求

(1) 碟形帽金属保温钉的规格:详见表 2.17.2 – 3 和图 2.17.2 – 4(左图为透视图,右图为正视图)。

PMK – 20 ISO TS 型焊枪(Stud Welding Gun)的性能和技术参数　表 2.17.2 – 1

项　　目	技　术　参　数
焊接范围(盘状金属保温钉直径)	$\phi 2～3.5$ mm
焊接长度(盘状金属保温钉长度)	9.5～152.4 mm
焊钉类型	盘状金属保温钉(使用特殊夹头)
焊接材料	低碳钢,不锈钢
电缆规格	电缆断面 $25 m^2$ 或 $50 m^2$,长度 10 m
外形尺寸	185mm×40mm×135mm($L×W×H$)
重　　量	0.7kg(不含电缆)

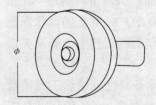

图 2.17.2 – 1　吸盘(Chuck)　图 2.17.2 – 2　铜垫圈(Copper Plate)　图 2.17.2 – 3　衬套(Spacer ISO TS)

碟形帽金属保温钉的的规格　　　　　　　　　　表 2.17.2 – 2

圆盘直径(mm)		30	38
圆盘厚度(mm)		0.4 ~ 0.6	
圆钉直径(mm)		1.8 ~ 2.0	2.5 ~ 2.7
圆钉长度(mm)		9.5 ~ 54	9.5 ~ 152.4
材　质	圆盘	镀锌钢板	
	圆钉	低碳钢(镀锌)或不锈钢	

图 2.17.2 – 4　与 PMK – 20 ISO TS 型保温钉焊枪配套使用的碟形帽保温钉

(2) 碟形帽金属保温钉的材质还应符合 CD1500 型电焊机可焊接材料的组合要求(即使用要求)

碟形帽金属保温钉在焊接过程中,因碟形帽金属保温钉和基层两种金属材料受热熔化后能在熔坑中混合,使得加热区材料的性质发生变化。为维持焊接后材料性质基本与焊接前一致。一般碟形帽金属保温钉钢材的含碳量应低于 0.20%,否则被熔化后基层金属的含碳量将比碟形帽金属保温钉的含碳量高,致使材质变硬、变脆。因此不同焊接基层表面的材质与被焊接蝶形帽金属保温钉的材质应是相同的,或相互匹配。较合适的可焊接材料的组合见表 2.17.2 – 3。

可焊接材料的组合表　　　　　　　　　　表 2.17.2 – 3

母材(保温基层)材质		盘状保温钉材质		
		St37.5	1.4301	Cu Zn37
碳素钢材	C 35	1	1	1
碳素钢材	C 60	0	2	0

母材(保温基层)材质	盘状保温钉材质		
	St37.5	1.4301	Cu Zn37
镀锌层厚度＜25μm 的钢板	2	2	1
铬镍不锈钢材　　Cr Ni	2	1	2

注:1—焊接质量好的组合:金属盘状保温钉在受拉和弯曲试验中断裂,但不能拔出。

2—焊接质量满意的组合:金属盘状保温钉在弯曲试验和拉伸试验中被拔出。

0—不能焊接的组合:金属盘状保温钉不会断裂,但在拉伸和弯曲试验中被拔出,且不能恢复原来的强度。

(3) 碟形帽金属保温钉的材质还应符合现行国家标准《碳钢焊条》、《低合金钢焊条》和《焊接用钢丝》等有关规范的规定。

(4) 碟形帽金属保温钉的长度应与保温层的厚度相匹配,可参照表 2.17.2－4 进行选用。

碟形帽金属保温钉的长度选用表　　　　　　　　表 2.17.2－4

保温层厚度 δ(mm)	20	30	40	50	60	70	80	90	100	≥120
保温钉长度 L(mm)	21.5	31.5	41.5	51.	61	71	81	91	101	$\delta+0.5$
保温钉直径 ϕ(mm)	1.8				2.0			2.5		
碟形帽直径 ϕ(mm)	30						38			
碟形帽厚度 Δ(mm)	0.4					0.5			0.6	

(5) 碟形帽金属保温钉应采用 CD1500 型碟形帽金属保温钉电焊机和 PMK－20 ISO TS 型碟形帽金属保温钉焊枪(Stud Welding Gun)生产厂家的配套产品,或 CD1500 型碟形帽金属保温钉电焊机和 PMK－20 ISO TS 型碟形帽金属保温钉焊枪(Stud Welding Gun)生产厂家指定的配套厂家生产的专用配件。不得随意采购其他非专业厂家生产的冒牌产品或伪劣产品。

(6) 碟形帽金属保温钉应有出厂产品合格证书和具有国家批准化验资质单位的材质化验报告书。

17.3　质量要求

17.3.1　为了提高和增进碟形帽金属保温钉的焊接质量,焊接前对基层表面有污染的应先进行简易的清洁工作,确保焊接基层和碟形帽金属保温钉之间有良好的导电性,以达到焊接质量的优质要求。

17.3.2　焊接质量尚应符合本规程第 1.0.5 条相关规范、规程的有关质量规定和第 2.2.3 条～第 2.2.5 条的相关规定。

17.3.3　为了保证焊接质量,风道与建筑构件之间应有适当的安装间距,其最小间距应符合下列要求。

(1) 风道与建筑构件之间表面的距离 S(图 2.17.3-1)

$$S \geqslant 2\delta + 185$$

式中　　δ——保温棉厚(mm)；

　　185——焊枪长度(mm)。

(2) 风道与风道之间表面的距离 S_1(图 2.17.5-1)

$$S_1 \geqslant 3\delta + 185$$

式中　　δ——保温棉厚(mm)；

　　185——焊枪长度(mm)。

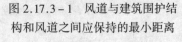

图 2.17.3-1　风道与建筑围护结构和风道之间应保持的最小距离

(3) 若满足不了上述第(1)款、第(2)款的要求时,可采取如下的技术措施。

A. 进行施工工序的调整,即先安装风道,后进行建筑围护结构的施工与安装。

B. 事先进行图样放线,在风道拼接处预留安装洞(即在风道法兰连接处预留安装洞),采用先风道保温,后吊装拼接的施工方案,此方案也是风道本身拼接安装的需要。

17.3.4　金属基层表面碟形帽保温钉焊接固定工艺每平方米保温面积上需用的金属盘状保温钉数量一般按管道或设备的表面所处位置确定

(1) 金属基层表面处于管道或罐体(构件)底部的按 10 个/m^2 配置。

(2) 金属基层表面处于管道或罐体(构件)的侧面、顶部的按 6 个/m^2 进行施工。

(3) 金属保温钉的布局宜采用梅花形布局或矩形方格布局,应间距均匀,布局合理。

17.3.5　碟形帽金属保温钉焊接的质量检测

(1) 每批碟形帽金属保温钉焊接后,应用手工进行扳拔检查其焊接的牢靠性,以不脱落为准。

(2) 每批碟形帽金属保温钉焊接后,抽查数量应不少于每批的 5%(但不少于一个)。

(3) 碟形帽金属保温钉焊接的质量拉拔检测的工具,是经过检验校正合格的手持弹簧称和直径 $\phi 1.0 \sim \phi 1.5$mm 的普通棉绳或直径 $\phi 0.55$(24 号)镀锌低碳钢丝。

(4) 碟形帽金属保温钉焊接的质量拔检测方法是将棉绳一侧套住金属盘状保温钉,另一侧套住弹簧称的挂钩,然后垂直保温基层表面,用力向外拉。同时记录弹簧称拉力的读数。

(5) 当弹簧称拉力的读数 $\geqslant 5$kg 时,碟形帽金属保温钉未被拔掉为合格。

(6) 弹簧称每年必须经国家批准有资质的机构进行校验一次。

17.4　工程验收

17.4.1　保温板(毡)安装前应核验风道(或罐体、构件)的安装质量、位置及相关工序和配件的安装质量的验收单,当确定一切验收手续符合要求后才能进行风道(或罐体、构件)的保温工序。

17.4.2　保温板(毡)安装后应分段进行互检、交接检和工程预检,并填写预检记录单。

17.4.3　暗装风道(或罐体、构件)封闭前应对风道(或罐体、构件)保温板(毡)安装工序进行隐检验收,有损坏的应进行修复,经再次验收合格后才能进行封闭工序。

17.4.4　保温板(毡)安装的安装质量应符合 GB 50242—2002《建筑给水排水及采暖工程施工质量验收规范》、GB 50243—2002《通风与空调工程施工质量验收规范》、GB 50235—97《工业金属管道工程施工及验收规范》、GB 50273—98《工业锅炉安装工程施工及验收规范》、GB 50274—98《制冷设备、空气分离设备安装工程施工及验收规范》、GB 50264—97《工业设备及管道绝热工程设计规范》等规范相关条文的质量要求。

18　联轴器不同轴度的测量和离心风机叶轮间隙的安装要求

18.1　联轴器不同轴度的测量方法

测量联轴器不同轴度(图 2.18.1 – 1),应在联轴器端面和圆周上均匀分布的四个位置,即 0°、90°、180°、270°进行测量,其测量方法如下:

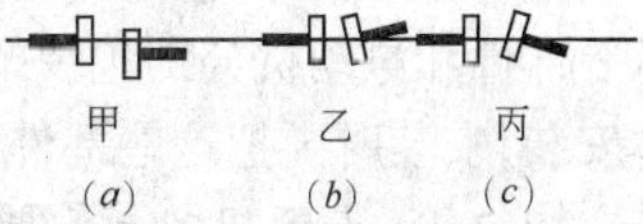

18.1.1　将半联轴器 A 和 B 暂时相互连接,装设专用工具或在圆周上划出对准线,如图 2.18.1 – 2(*a*)所示。

18.1.2　将半联轴器 A 和 B 一起转动,使专用工具或对准线顺次转至 0°、90°、180°、270°四个位置,在每个位置上测得两个半联轴器的径向数值(或间隙)*a* 和轴向数值(或间隙)*b*,记录成图 2.18.1 – 2(*b*)的形式。

18.1.3　对测出数值进行复核:

图 2.18.1 – 1　两轴的不同轴度
(*a*)径向移动;(*b*)倾斜;
(*c*)同时具有径向移动和倾斜

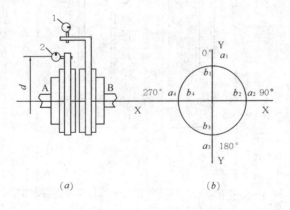

图 2.18.1 – 2　测量不同轴度
(*a*)专用工具;(*b*)记录形式

(1) 将联轴器再向前转,核对各位置的测量数值有无变动。

(2) $a_1 + a_3$ 应等于 $a_2 + a_4$, $b_1 + b_3$ 应等于 $b_2 + b_4$。

18.1.4 不同轴度应按下列公式计算:

(1) $a_X = (a_2 - a_4)/2$ $\qquad a_Y = (a_1 - a_3)/2$ $\qquad a = (a_X^2 + a_Y^2)^{1/2}$

式中 a_X——两轴轴线在 X—X 方向的径向位移;

$\qquad a_Y$——两轴轴线在 Y—Y 方向的径向位移;

$\qquad a$——两轴轴线的实际径向位移。

(2) $\theta_X = (b_2 - b_4)/d$ $\qquad \theta_Y = (b_1 - b_3)/d$ $\qquad \theta = (\theta_X^2 + \theta_Y^2)^{1/2}$

式中 d——测点处的直径;

$\qquad \theta_X$——两轴轴线在 X—X 方向的倾斜度;

$\qquad \theta_Y$——两轴轴线在 Y—Y 方向的倾斜度;

$\qquad \theta$——两轴轴线的实际倾斜度。

18.2 离心风机叶轮间隙的安装要求

由于通风机的部件较大,为了便于运输,制造厂不能整体供应,是把机壳、叶轮、轴、轴承等部件和电动机分别包装配套运往现场。因此较大的离心风机均为解体供应和现场解体安装,安装时要把这些部件和电动机装配成一体,这项工作也称为机械总装。

18.2.1 通风机各部件要由安装钳工进行拆卸、清洗、轴瓦研刮等工作。

18.2.2 间隙

这里指的是叶轮和集流器喇叭口的交接间隙,见图 2.18.2 - 1。对口形式的轴向间隙 A,一般应小于叶轮直径的 1%。

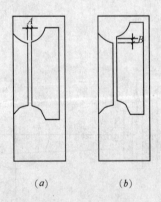

图 2.18.2 - 1 高心风机的叶轮与进风口喇叭间隙示意图
(a)对口交接;(b)套口交接

套口形式的轴向重叠长度 A,应大于或等于叶轮直径的 1%;径向间隙 B 不大于叶轮直径的 0.5% ~ 1%。如果这一间隙过大,由于机壳内与进口之间有压力差,机壳内的气

638

流就会通过间隙返回叶轮进口,形成泄漏损失,降低通风机的效率。因此,在总装通风机时,只要叶轮和喇叭口不发生摩擦应尽量减少这个间隙。

18.2.3 叶轮

叶轮如装配不好,就会出现运动不平衡,产生振动、噪声和出力减少。为了确保叶轮的正常运转,叶轮的跳动不应超过表 2.18.2-1 的规定。

叶轮径向和轴向跳动允许值(mm)   表 2.18.2-1

叶轮直径(mm)	≥200~600	600~1000	1000~1400	1400~2000	2000~2600	2600~3200
后盘、前盘径向跳动	1.5	2.0	3.0	3.5	4.0	5.0
后盘轴向跳动	1.5	2.5	3.5	4.0	5.0	6.0
前盘轴向跳动	2.0	3.0	4.0	5.0	6.0	7.0